Service Operation

Erschienen bei TSO (The Stationery Office) und erhältlich unter:

Online
www.tsoshop.co.uk

Postadresse, Telefon, Fax & E-Mail
TSO
PO Box 29, Norwich NR3 1GN, Großbritannien
Bestellung per Telefon/Allgemeine Anfragen: +44 (0) 870 6005522
Bestellung per Fax: +44 (0) 870 600 5533
E-Mail: customer.services@tso.co.uk
Textfon: +44 (0) 870 240 3701

TSO Shops
16 Arthur Street, Belfast BT1 4GD, Nordirland
Tel.: +44 (0) 28 9023 8451; Fax: +44 (0) 28 9023 5401
71 Lothian Road, Edinburgh EH3 9AZ, Großbritannien
Tel.: +44 (0) 870 606 5566; Fax: +44 (0) 870 606 5588

TSO@Blackwell und andere akkreditierte Vertreter

Herausgegeben für das Office of Government Commerce unter der Lizenz des Controllers of Her Majesty's Stationery Office.

© Crown Copyright 2007

Dies ist ein durch das Crown Copyright urheberrechtlich geschütztes Mehrwertprodukt, für dessen Weiterverwendung eine von OPSI erteilte Click-Use Licence für Mehrwertmaterial erforderlich ist.

Anträge auf Weiterverwendung, Reproduktion oder erneuter Veröffentlichung des Materials [in dieser Veröffentlichung/auf dieser Site] sind an OPSI, Information Policy Team, St Clements House, 2-16 Colegate, Norwich, NR3 1BQ, Großbritannien,
Tel.: +44 (0) 1603 621000; Fax: +44 (0) 1603 723000;
E-Mail: hmsolicensing@cabinet-office.x.gsi.gov.uk zu richten. Das Antragsformular steht ebenfalls auf der Website von OPSI unter http://www.opsi.gov.uk/click-use/value-added-licence-information/index.htm zur Verfügung.

OPSI wird dann in Absprache mit dem Office of Government Commerce (OGC) eine Mehrwertlizenz basierend auf den Standardrichtlinien einschließlich der Zahlungsbedingungen auf die individuellen Anforderungen abstimmen.

Das OGC Logo ® ist eine eingetragene Marke des Office of Government Commerce.

ITIL ® ist eine eingetragene Marke sowie eine eingetragene Gemeinschaftshandelsmarke des Office of Government Commerce, die beim U.S. Patent and Trademark Office eingetragen ist.

Das Swirl Logo ™ ist eine eingetragene Marke des Office of Government Commerce.

Erstveröffentlichung 2007

ISBN 978-0-11-331141-5

Gedruckt in Großbritannien für The Stationery Office

Inhalt

Abbildungsverzeichnis		v
Tabelleverzeichnis		vi
OGC – Vorwort		vii
Chief Architect – Vorwort		viii
Einleitung		ix
Danksagungen		x

1 Einführung — 3
- 1.1 Überblick — 3
- 1.2 Kontext — 3
- 1.3 Zweck — 8
- 1.4 Vorhergesehener Einsatzbereich — 8
- 1.5 Übersicht über die Kapitel — 8

2 Service Management als Practice — 13
- 2.1 Was ist Service Management? — 13
- 2.2 Was sind Services? — 14
- 2.3 Funktionen und Prozesse im Verlauf des Lebenszyklus — 14
- 2.4 Grundlagen der Service Operation — 16

3 Prinzipien der Service Operation — 23
- 3.1 Funktionen, Gruppen, Teams, Abteilungen und Geschäftsbereiche — 23
- 3.2 Gleichgewicht in der Service Operation — 24
- 3.3 Bereitstellen eines Service — 33
- 3.4 Mitwirkung der Service Operation Mitarbeiter beim Service Design und bei der Service Transition — 33
- 3.5 Operative Gesundheit — 34
- 3.6 Kommunikation — 35
- 3.7 Dokumentation — 37

4 Service Operation Prozesse — 41
- 4.1 Event Management — 42
- 4.2 Incident Management — 53
- 4.3 Request Fulfilment — 64
- 4.4 Problem Management — 67
- 4.5 Access Management — 77
- 4.6 Operative Aktivitäten von Prozessen aus anderen Lebenszyklusphasen — 82

5 Allgemeine Service Operation Aktivitäten — 91
- 5.1 Monitoring und Steuerung — 92
- 5.2 IT-Betrieb — 103
- 5.3 Mainframe Management — 107
- 5.4 Management und Support von Servern — 107
- 5.5 Netzwerkmanagement — 108
- 5.6 Speichern und Archivieren — 109
- 5.7 Datenbankadministration — 110
- 5.8 Management von Directory-Services — 111
- 5.9 Desktop Support — 111
- 5.10 Middleware Management — 112
- 5.11 Internet-/Web-Management — 112
- 5.12 Facilities Management und Rechenzentrumsmanagement — 113
- 5.13 Information Security Management und Service Operation — 115
- 5.14 Verbesserung operativer Aktivitäten — 116

6 Organisieren der Service Operation — 121
- 6.1 Funktionen — 121
- 6.2 Service Desk — 124
- 6.3 Technical Management — 137
- 6.4 IT Operations Management — 142
- 6.5 Application Management — 145

6.6	Rollen und Zuständigkeiten in der Service Operation	159	**Anhang B: Kommunikation in der Service Operation**		**213**
6.7	Service Operation Organisationsstrukturen	166	B1	Routinemäßige Kommunikation im Betrieb	213

7 Technologische Überlegungen — 177

7.1	Allgemeine Anforderungen	177
7.2	Event Management	178
7.3	Incident Management	179
7.4	Request Fulfilment	180
7.5	Problem Management	180
7.6	Access Management	180
7.7	Service Desk	181

8 Implementieren der Service Operation — 185

8.1	Management von Changes in der Service Operation	185
8.2	Service Operation und Projektmanagement	186
8.3	Risikobewertung und Risikomanagement in der Service Operation	186
8.4	Operative Mitarbeiter im Service Design und in der Service Transition	186
8.5	Planung und Implementierung von Service Management Technologien	187

9 Herausforderungen, kritische Erfolgsfaktoren und Risiken — 193

9.1	Herausforderungen	193
9.2	Kritische Erfolgsfaktoren	195
9.3	Risiken	198

Nachwort — 203

Anhang A: Ergänzende Leitlinien — 207

A1	COBIT	207
A2	ISO/IEC 20000	207
A3	CMMI	208
A4	Balanced Scorecard	208
A5	Qualitätsmanagement	208
A6	ITIL und das OSI-Framework	208

Anhang B: Kommunikation in der Service Operation — 213

B1	Routinemäßige Kommunikation im Betrieb	213
B2	Kommunikation beim Schichtwechsel	214
B3	Performance Reporting	214
B4	Kommunikation in Projekten	215
B5	Kommunikation im Hinblick auf Changes	216
B6	Kommunikation über Ausnahmesituationen	217
B7	Kommunikation im Notfall	219
B8	Kommunikation mit Anwendern und Kunden	219

Anhang C: Kepner und Tregoe — 227

C1	Definieren des Problems	227
C2	Beschreiben des Problems	227
C3	Bestimmen möglicher Ursachen	227
C4	Testen der wahrscheinlichsten Ursache	227
C5	Nachweisen der tatsächlichen Ursache	227

Anhang D: Ishikawa-Diagramm — 231

Anhang E: Detaillierte Beschreibung des Facilities Management — 235

E1	Gebäudemanagement	235
E2	Unterbringung der Komponenten	235
E3	Energieversorgungsmanagement	236
E4	Umgebungsbedingungen und Alarmsysteme	236
E5	Arbeitsschutz	238
E6	Physische Zutrittskontrolle	238
E7	Warenausgang und -eingang	238
E8	Beteiligung am Vertragsmanagement	238
E9	Wartung	239

Anhang F: Physische Zutrittskontrolle — 243

Liste der Abkürzungen — 249

Liste der Definitionen — 251

Abbildungsverzeichnis

Sämtliche Diagramme in dieser Publikation dienen der Darstellung von ITIL Service Management Practice Konzepten und Informationen. Sie wurden erstellt, um die Schlüsselkonzepte visuell hervorzuheben, und verfolgen nicht die Einhaltung formaler Methoden oder Standards für Technisches Zeichnen. Das ITIL Service Management Practices Integrated Service Model ist bezüglich der Standards für Technisches Zeichnen normgerecht und ist zur Vollständigkeit der Details als Referenz heranzuziehen. Weitere Informationen dazu finden Sie unter www.best-management-practice.com/itil.

Abbildung 1.1 – Quellen der Service Management Practice

Abbildung 1.2 – ITIL Kernpublikationen

Abbildung 2.1 – Gespräch über die Definition und die Bedeutung von Services

Abbildung 2.2 – Ein grundlegender Prozess

Abbildung 3.1 – Gleichgewicht zwischen externem und internem Fokus

Abbildung 3.2 – Gleichgewicht zwischen Stabilität und Reaktionsfähigkeit

Abbildung 3.3 – Gleichgewicht zwischen Servicequalität und Servicekosten

Abbildung 3.4 – Gleichgewicht zwischen Kosten und Qualität

Abbildung 3.5 – Gleichgewicht zwischen reaktiv und proaktiv

Abbildung 4.1 – Der Event Management Prozess

Abbildung 4.2 – Incident Management Prozessfluss

Abbildung 4.3 – Incident-Kategorisierung auf mehreren Ebenen

Abbildung 4.4 – Problem Management Prozessfluss

Abbildung 4.5 – Wichtigere Ursachen im Vergleich zu weniger bedeutenden Ursachen

Abbildung 4.6 – Service Knowledge Management System

Abbildung 5.1 – Erreichen eines hohen Reifegrads im Technologiemanagement

Abbildung 5.2 – Der Monitor Control Loop

Abbildung 5.3 – Komplexer Monitor Control Loop

Abbildung 5.4 – ITSM Monitor Control Loop

Abbildung 6.1 – Service Operation Funktionen

Abbildung 6.2 – Lokaler Service Desk

Abbildung 6.3 – Zentralisierter Service Desk

Abbildung 6.4 – Virtueller Service Desk

Abbildung 6.5 – Application Management Lebenszyklus

Abbildung 6.6 – Rolle der Teams im Application Management Lebenszyklus

Abbildung 6.7 – Organisation des IT-Betriebs nach technischer Spezialisierung (Beispiel)

Abbildung 6.8 – Eine Abteilung, die auf der Durchführung bestimmter Aktivitäten basiert

Abbildung 6.9 – Organisation des IT-Betriebs nach geografischem Standort

Abbildung 6.10 – Struktur für ein zentralisiertes IT Operations Management, Technical Management und Application Management

Abbildung D.1 – Beispiel für die Vorbereitung eines Ishikawa-Diagramms

Abbildung D.2 – Beispiel eines abgeschlossenen Ishikawa-Diagramms

Tabelleverzeichnis

Tabelle 3.1 – Beispiele für extremen Fokus auf internen und auf externen Aspekten

Tabelle 3.2 – Beispiele für extremen Fokus auf Stabilität und auf Reaktionsfähigkeit

Tabelle 3.3 – Beispiele für extremen Fokus auf Qualität und auf Kosten

Tabelle 3.4 – Beispiele für extrem reaktives und proaktives Verhalten

Tabelle 4.1 – Einfaches Codierungssystem für die Priorität

Tabelle 4.2 – Pareto-Diagramm für die Rangfolge der Ursachen

Tabelle 5.1 – Aktives und passives, reaktives und proaktives Monitoring

Tabelle 6.1 – Umfragetechniken und -Tools

Tabelle 6.2 – Organisatorische Rollen

Tabelle B.1 – Anforderungen an die Kommunikation für IT Services

Tabelle B.2 – Anforderungen an die Kommunikation beim Schichtwechsel

Tabelle B.3 – Anforderungen an das Performance Reporting: IT Service

Tabelle B.4 – Anforderungen an das Performance Reporting: Service Operation Team oder Abteilung

Tabelle B.5 – Anforderungen an das Performance Reporting: Infrastruktur oder Prozess

Tabelle B.6 – Kommunikation innerhalb von Projekten

Tabelle B.7 – Kommunikation bei der Übergabe von Projekten

Tabelle B.8 – Kommunikation bei Changes

Tabelle B.9 – Kommunikation bei Ausnahmesituationen

Tabelle B.10 – Kommunikation bei Notfällen

Tabelle B.11 – Kommunikation mit Anwendern und Kunden

Tabelle F.1 – Einrichtungen zur Zutrittskontrolle

OGC – Vorwort

Seit der erstmaligen Konzeption hat sich ITIL zu dem Ansatz für das IT Service Management weiterentwickelt, der weltweit die größte Akzeptanz erfährt. Dieser Erfolg bringt jedoch auch die Verantwortung mit sich zu gewährleisten, dass die Leitlinien mit der sich verändernden globalen Business-Umgebung Schritt halten. Die Anforderungen an das Service Management orientieren sich an der technologischen Entwicklung, an veränderten Business-Modellen und an steigenden Kundenerwartungen. Die Erstellung der neuesten Version von ITIL ist unsere Antwort auf diese Entwicklungen.

Diese Publikation stellt eine der fünf Kernpublikationen dar, die die IT Service Management Practices erläutern, die ITIL ausmachen. Sie ist das Ergebnis eines zweijährigen Projekts zum Review und zur Aktualisierung der Leitlinien. Zahlreiche Service Management Experten weltweit haben die Entwicklung des Inhalts dieser Publikationen unterstützt. Ihr Erfahrungsschatz und Wissen hat dazu beigetragen, Ihnen eine Vielzahl konsistenter Leitlinien auf hohem Qualitätsniveau bereitzustellen. Unterstützt werden diese durch eine kontinuierliche Weiterentwicklung eines umfassenden Qualifikationsschemas in Verbindung mit akkreditierten Schulungs- und Beratungsangeboten.

Egal, ob Sie Teil eines globalen Unternehmens, einer Behörde oder eines kleinen Betriebs sind: ITIL ermöglicht Ihnen den Zugang zu einem erstklassigen Service Management Erfahrungsschatz mit weltweitem Renommee. Kurz gesagt, ITIL sorgt dafür, dass IT Services dort ankommen, wo sie hingehören: ins Zentrum eines erfolgreichen Geschäftsbetriebs.

Peter Fanning

Acting Chief Executive

Office of Government Commerce

Chief Architect – Vorwort

Die Anleitung zur ITIL Service Management Practice basiert auf der Struktur des Servicelebenszyklus. Alle Phasen des Lebenszyklus umfassen dieselbe übergeordnete Practice, die sich auf Prozesse, Funktionen, Aktivitäten, Organisationsmodelle und Messungen stützt. Damit kann das IT Service Management (ITSM) in Business-Prozesse integriert werden, messbare Werte liefern und die Weiterentwicklung der ITSM-Branche fördern, um eine exzellente Servicequalität liefern zu können.

In keinem anderen Bereich des ITIL Servicelebenszyklus sind die Auswirkungen unserer Arbeit als Service Provider für den Kunden so deutlich spürbar wie in der Phase Service Operation, also dem Servicebetrieb.. In dieser Phase werden jeden Tag die Ergebnisse aus der Strategy-, der Design-, der Transition- und der Improvement-Phase eingebracht und unterstützt.

Der Band Service Operation macht das Service Management im Business lebendig. Darüber hinaus werden in dieser Phase des Servicelebenszyklus die Verantwortlichkeiten für die Service-Performance, die Personen, die die Services erstellen, und die Technologie, die sie ermöglichen, überwacht, gesteuert und bereitgestellt.

Dieser Band bietet Unterstützung dabei, eine erstklassige Servicequalität zu erreichen und den Wert des ITSM aus einer umfassenden Perspektive, fokussiert auf das Business zu betrachten. Egal, ob die ITIL Practice Neuland für Sie ist oder ob Sie bereits viel Erfahrung in der praktischen Anwendung von ITIL gesammelt haben, die Informationen in diesem Band erweitern Ihre Kenntnisse und Ihr Wissen dazu, wie Sie sich mit der Implementierung der Service Operation zu einem branchenführenden Service Provider entwickeln können.

Ein Sprichwort sagt: „Aus Erfahrung wird man klug". Die Informationen im Band *Service Operation* beruhen auf der mehr als zwanzigjährigen ITSM-Erfahrung von Experten, Geschäftsleuten und praktischen Anwendern des ITSM weltweit und deren fundierten Erkenntnissen, was erstklassige Servicequalität tatsächlich ausmacht und wie sie erreicht werden kann.

Jeder, der am Betrieb von Services beteiligt ist, wird von den Leitlinien auf den folgenden Seiten dieser Publikation profitieren. *Service Operation* bietet die besten Ratschläge und Leitlinien, die weltweit gesammelt wurden, und zeigt auf, welche Möglichkeiten sich für Sie in Zukunft eröffnen.

Sharon Taylor
Chief Architect, ITIL Service Management Practices

Einleitung

Dieser Band umfasst und ersetzt die operativen Aspekte der Publikationen ITIL Service Support und Service Delivery und deckt darüber hinaus den Großteil aus dem ICT Infrastructure Management ab. Er beinhaltet die operativen Aspekte aus den Publikationen Planning to Implement, Application Management, Software Asset Management und Security Management.

Die grundlegenden Prinzipien des Best Practice IT Service Management, die in früheren Versionen von ITIL behandelt wurden, bleiben unverändert. Die Gültigkeit vernunftbasierter Prinzipien bleibt schließlich weiterhin bestehen!

Technologien, Tools und Beziehungen sind allerdings ständigen Anpassungen unterworfen. Sogar in der relativ kurzen Zeit seit Fertigstellung der neuesten Version von ITIL haben sie sich grundlegend verändert. Das relevante Material aus früheren Versionen wird erneut einsetzt und wo irgend möglich aktualisiert, doch es werden auch viele neue Konzepte und Branchenpraktiken eingeführt. So erhalten Sie in einem einzigen Band die gesamten Best Practice Leitlinien für die Service Operation von heute für ein modernes Business in einer technologiebasierten Umgebung.

KONTAKTINFORMATIONEN

Die vollständigen Angaben zu den unter dem ITIL Banner veröffentlichten Material finden Sie unter www.best-management-practice.com/itil.

Weitere Informationen zur Qualifikation und Schulungsakkreditierung finden Sie unter www.itil-officialsite.com

oder wenden Sie sich an:

APMG Service Desk
Sword House
Totteridge Road
High Wycombe
Buckinghamshire
HP13 6DG
Großbritannien

Tel.: +44 (0) 1494 452450
E-Mail: servicedesk@apmg.co.uk

Danksagungen

Chief Architect und Autoren

Sharon Taylor (Aspect Group Inc)	Chief Architect
David Cannon (HP)	Autor
David Wheeldon (HP)	Autor

Autoren-Team von ITIL

Das ITIL Autoren-Team unterstützte dieses Handbuch durch Kommentare und eine umfassende Abstimmung der Inhalte über alle Publikationen hinweg. So möchten wir uns auch bei den anderen ITIL Autoren bedanken, insbesondere bei Jeroen Bronkhorst (HP), Gary Case (Pink Elephant), Ashley Hannah (HP), Majid Iqbal (Carnegie Mellon University), Shirley Lacy (ConnectSphere), Vernon Lloyd (Fox IT), Ivor Macfarlane (Guillemot Rock), Michael Nieves (Accenture), Stuart Rance (HP), Colin Rudd (ITEMS) and George Spalding (Pink Elephant).

Mentoren

Christian Nissen und Paul Wilkinson.

Weitere unterstützende Beteiligung

Zahlreiche Personen unterstützten diese Publikation zur Service Operation durch ihre Zeit und wertvolle Erfahrungen. Jim Clinch als OGC Project Manager bedankt sich bei HP für die Unterstützung des Autoren-Teams bei der Entwicklung dieser Publikation, insbesondere bei Peter Doherty und Robert Stroud sowie bei Jenny Dugmore, Convenor of Working Group ISO/IEC 20000, Janine Eves, Carol Hulm, Aidan Lawes und Michiel van der Voort für ihre Unterstützung.

Der Dank der Autoren gilt auch Stuart Rance und Ashley Hanna von Hewlett-Packard, Christian F Nissen (Itilligence), Maria Vase (Itilligence), Eu Jin Ho (UBS), Jan Bjerregaard, (Sun Microsystems), Jan Øberg (ØBERG Partners), Lars Zobbe Mortensen (Zobbe Consult & Zoftware), Mette Nielsen (Carlsberg IT), Michael Imhoff (IBM), Niels Berner (Novo Nordisk), Nina Schertiger (HP), Signe-Marie Hernes Bjerke (DNV), Steen Sverker Nilsson (Westergaard CSM), Ulf Myrberg (BiTa), Russell Jukes, Debbi Jancaitis, Sheldon Parmer, Ramon Alanis, Tim Benson und Nenen Ong of Hewlett-Packard IT, Jaye Thompson, Dee Seymour, Andranik Ziyalyan, Young Chang, Lauren Abernethy, April McCowan, Becky Wershbale, Rob Garman, Scott McPherson, Sandra Breading, Rick Streeter, Leon Gantt, Charlotte Devine, Greg Algorri, Mary Fischer, Bill Thayer und Diana Osberg von The Walt Disney Company's Enterprise IT, Dennis Deane und John Sowerby of DHL, Richard Fahey und Chris Hughes von HP Global Delivery Application Services, Cindi Locker und Dhiraj Gupta von Progressive Casualty Insurance Company, Peter Doherty und Robert Stroud von Computer Associates und Paul Tillston von Hewlett-Packard, Brian Jakubec, Vernon Blakes, Angela Chin, Colin Lovell, Ken Hamilton, Rose Lariviere, Jenny McPhee, Tom Nielsen, Roc Paez, Lloyd Robinson, Paul Wilmot, Jeanette Smith und Ken Wendle von Hewlett-Packard.

Für die Entwicklung von ITIL Service Management Practices im Hinblick auf die aktuelle Best Practice und die Erstellung von Publikationen von dauerhaftem Wert hat das OGC in jeder einzelnen Prozessphase ausführliches Feedback von unterschiedlichen Stakeholdern weltweit eingeholt. Das OGC möchte sich dazu bei folgenden Personen und deren Organisationen für ihren Beitrag zur Erweiterung und Aktualisierung dieser ITIL Leitlinien bedanken:

ITIL Advisory Group

Pippa Bass, OGC; Tony Betts, Independent; Signe-Marie Hernes Bjerke, Det Norske Veritas; Alison Cartlidge, Xansa; Diane Colbeck, DIYmonde Solutions Inc; Ivor Evans, DIYmonde Solutions Inc; Karen Ferris, ProActive; Malcolm Fry, FRY-Consultants; John Gibert, Independent; Colin Hamilton, RENARD Consulting Ltd; Lex Hendriks, EXIN; Carol Hulm, British Computer Society-ISEB; Tony Jenkins, DOMAINetc; Phil Montanaro, EDS; Alan Nance, ITPreneurs; Christian Nissen, Itilligence; Don Page, Marval Group; Bill Powell, IBM; Sergio Rubinato Filho, CA; James Siminoski, SOScorp; Robert E. Stroud, CA; Jan van Bon, Inform-IT; Ken Wendle, HP; Paul Wilkinson, Getronics PinkRoccade; Takashi Yagi, Hitachi.

Review-Team

Jorge Acevedo, Computec S.A; Valerie Arraj, InteQ; Colin Ashcroft, City of London; Martijn Bakker, Getronics PinkRoccade; Jeff Bartrop, BT & Customer Service Direct; John Bennett, Centram Ltd; Niels Berner, Novo Nordisk; Ian Bevan, Fox IT; Signe-Marie Hernes Bjerke, DNV; Jan Bjerregaard, Sun Microsystems; Enrico Boverino, CA; Stephen Bull, Sierra Systems; Bradley Busch, InTotality; Howard Carpenter, IBM; Diane Colbeck, DIYmonde Solutions Inc; Nicole Conboy, Nicole Conboy & Associates; Sharon Dale, aQuip International; Sandra Daly, Dawling Consultancy; Michael Donahue, IBM; Paul Donald, Lucid

IT; Juan Antonio Fernandez, Quint Wellington Redrood; Juan Jose Figueiras, Globant; Rae Garrett, Pink Elephant; Klaus Goedel, HP; Detlef Gross, Automation Consulting Group GmbH; Matthias Hall, University of Dundee; Lex Hendriks, EXIN; Jabe Hickey, IBM; Kevin Hite, Microsoft; Eu Jin Ho, UBS; Michael Imhoff, IBM; Scott Jaegar, Plexant; Tony Jenkins, DOMAINetc; Tony Kelman-Smith, HP; Peter Koepp, Independent; Joanne Kopcho, Capgemini America; Debbie Langenfield, IBM; Sarah Lascelles, Interserve Project Services Ltd; Peter Loos, Accenture Services GmbH; Emmanuel Marchand, Advens; Jesus Martin, Ibermatica SA; Phil Montanaro, EDS; Luis Moran, Independent; Lars Zobbe Mortensen, Zobbe Consult & Zoftware; Ron Morton, HP; Darren Murtagh, Retravision; Ulf Myrberg, BiTa; Mette Nielsen, Carlsberg IT; Steen Sverker Nilsson, Westergaard CSM; Jan Øberg, ØBERG Partners; Eddy Peters, CTG; Poul Mols Poulsen, Coop Norden IT; Bill D Powell, IBM; Roger Purdie, The Art of Service; Padmini Ramamurthy, Satyam Computer Services Ltd; Frances Scarff, OGC; Nina Schertiger, HP; Markus Schiemer, Unisys; Barbara Schiesser, Swiss ICT; Klaus Seidel, Microsoft; Gilbert Silva, Techbiz Informatica Ltd; Joseph Stephen, Department of Transportation, US Government; Michala Sterling, Mid Sussex District Council; Rohan Thuraisingham, Friends Provident Management Services Ltd; Matthew Tolman, Sandvik; Jan van Bon, Inform-IT; Maria Vase, ITILLIGENCE; Christoph Wettstein, CLAVIS klw AG; Andi Wijaya, IBM; Aaron Wolfe, Pink Elephant; Takashi Yagi, Hitachi; YoungHoon Youn, IBM.

Deutsche Übersetzung

Das Übersetzungsprojekt wurde unter der Leitung des itSMF Deutschland e. V. durchgeführt.

Viele engagierte Menschen haben dabei geholfen, dieses Buch ins Deutsche zu übersetzen. Nicht wenige von ihnen haben durch große und kleine Taten im Verborgenen dazu beigetragen. Ihnen allen sei an dieser Stelle ausdrücklich gedankt.

Translation project manager (Germany)
Björn Hinrichs   Serview GmbH

Translation project team (Germany)
Bernd Broksch   Siemens AG
Kai Haasis   Fujitsu Siemens Computers GmbH

Translation project manager (UK)
Mark Lillycrop   itSMF International Ltd.

Übersetzung:
Monika Dauer   Technische Übersetzungen und Lokalisierung

Am Proof Reading haben die folgenden Angehörigen des Arbeitskreises Publikationen im itSMF Deutschland e. V. mitgewirkt:

Bernd Broksch	Siemens AG
Katrin Franz	7P Consulting GmbH
Andreas Giegler	Ropardo AG
Julian Godley	ICIS Installations Ltd.
Mark Gohr	exagon consulting & solutions gmbh
Kai Haasis	Fujitsu Siemens Computers GmbH
Erik Heimann	Universität Duisburg-Essen (Campus Essen)
Björn Hinrichs	Serview GmbH
Michael Hofschneider	Standard Life Versicherung
Mirko Jahn	DCON Software & Service AG
Stefan Klarenaar	exagon consulting & solutions gmbh
Ulrich Klemm	SITGATE AG
Kristian Koschuschmann	IT CC GmbH
Ralf Krebs	7P Consulting GmbH
Judith Puchert	7P Consulting GmbH
Thomas Rausch	Siemens AG
Matthias Rose	Fachhochschule Hannover
Edgar Scholz	Siemens AG

1 Einführung

1 Einführung

Dieser Band bietet Best Practices und Leitlinien an, um alle Aspekte des täglichen Betriebs von Informationstechnologie-Services (IT Services) einer Organisation zu bewältigen. Er befasst sich mit den Fragen in Bezug auf beteiligte Personen, Prozesse, Infrastrukturtechnologie und Beziehungen, die für die wirtschaftliche Bereitstellung von IT Services in höchster Qualität erforderlich sind, um den Bedürfnissen des Business gerecht zu werden.

Mit dem Einzug neuer Technologien und den nunmehr verschwommenen Grenzen zwischen den traditionellen Technologie-Silos von Hardware, Netzwerken, Telefonie und Application Management wurde ein überarbeiteter Ansatz für das Management des Servicebetriebs erforderlich. Organisationen greifen zur Bereitstellung ihrer IT bei optimalen Kosten und ausreichender Flexibilität zunehmend auf unterschiedliche Möglichkeiten zurück. Sie nutzen dabei Konzepte wie Utility IT, „Pay-per-Use" IT Services, Virtualisierung, dynamische Kapazitäten und Adaptive Enterprise Computing sowie Möglichkeiten des Task-Sourcing und Outsourcing.

Diese Alternativen führen zu einer Fülle von IT-Business-Beziehungen, sowohl intern als auch extern, die ebenso komplex sind, wie die zu verwaltenden und zu steuernden Technologien. Erfolg und Überleben des Business hängen zunehmend von diesen komplexen Beziehungen ab.

1.1 ÜBERBLICK

Die Service Operation ist die Phase im ITSM-Lebenszyklus, die für die tagtäglichen Geschäftstätigkeiten verantwortlich ist.

Die Service Operation kann als „Produktionsstätte" der IT angesehen werden. Sie richtet sich verstärkt auf die täglichen Aktivitäten und die Infrastruktur, die für die Bereitstellung von Services erforderlich sind. Dieser Band setzt jedoch das Verständnis voraus, dass der hauptsächliche Zweck der Service Operation in der Bereitstellung und der Unterstützung von Services besteht. Das Management der Infrastruktur und der operativen Aktivitäten müssen diesen Zweck stets unterstützen.

Sorgfältig geplante und implementierte Prozesse bringen keinen Nutzen, wenn der tägliche Betrieb dieser Prozesse nicht korrekt durchgeführt, gesteuert und verwaltet wird. Ebenso wenig sind Serviceverbesserungen möglich, wenn nicht täglich systematisch Aktivitäten zur Überwachung der Performance, Bewertung von Messergebnissen und Sammlung von Daten während der Service Operation durchgeführt werden.

Mitarbeiter im Bereich Service Operation sollten über Prozesse und Support-Tools verfügen, mit denen sie einen Überblick über Service Operation und Service Delivery haben (statt nur einzelne Komponenten zu betrachten, wie Hardware, Softwareanwendungen und Netzwerke, aus denen sich der gesamte Service aus der Business-Perspektive zusammensetzt) um alle Bedrohungen oder Ausfälle in Bezug auf die Servicequalität erkennen zu können.

Bei der Bereitstellung von Services, als Ganzes oder in Teilen, durch einen oder mehrere Partner-/Supplier-Organisationen muss die Sicht der Service Operation auf den gesamten Service auch die externen Aspekte der Servicebereitstellung einschließen. Darüber hinaus ist zu überlegen, ob gemeinsam genutzte oder aneinander gekoppelte Prozesse oder Tools erforderlich sind, um organisationsübergreifende Arbeitsabläufe durchführen zu können.

Bei der Service Operation handelt es sich weder um eine Organisationseinheit noch um einen einzelnen Prozess. Sie beinhaltet jedoch mehrere Funktionen und viele Prozesse und Aktivitäten, die in Kapitel 4, 5 und 6 erläutert sind.

1.2 KONTEXT

1.2.1 Service Management

Die IT ist ein häufig verwendeter Begriff, dessen Bedeutung sich je nach dem Kontext ändert. Aus der ersten Perspektive heraus betrachtet handelt es sich bei IT-Systemen, Anwendungen und der Infrastruktur um Komponenten oder Komponententeilgruppen eines größeren Produkts. Sie ermöglichen Prozesse und Services oder sind in Prozesse und Services integriert. Aus der zweiten Perspektive betrachtet handelt es sich bei der IT um eine Organisation mit einem eigenen Satz an Fähigkeiten und Ressourcen. Es können unterschiedliche Typen von IT-Organisationen vorhanden sein, wie Fachbereiche, gemeinsam genutzte Service-Einheiten und Kernbereiche auf Unternehmensebene.

Aus einer dritten Perspektive betrachtet ist die IT eine Kategorie von Services, die vom Business genutzt werden. Bei diesen Services handelt es sich in der Regel um IT-Anwendungen und um die Infrastruktur, die im Paket als Services von internen IT-Organisationen oder externen Service Providern angeboten werden. IT-Kosten werden als Business-Ausgaben behandelt. Aus einer vierten Perspektive heraus betrachtet handelt es sich bei der IT um eine Kategorie von Business-Assets, die einen kontinuierlichen Nutzen für die Organisation erbringen, der sie angehören, wie unter anderem Erlöse, Einnahmen und Gewinne. IT-Kosten werden als Investitionen behandelt.

1.2.2 Good Practice im öffentlichen Bereich

Organisationen bewegen sich in dynamischen Umgebungen mit der Notwendigkeit kontinuierlich zu lernen und sich anzupassen. Zeitgleich müssen die Leistung gesteigert und Kompromisse eingegangen werden. Kunden, die Vorteile durch Service Provider erzielen möchten, stehen unter einem ähnlichen Druck. Sie verfolgen die Sourcing-Strategien, die für ihre eigenen Geschäftsinteressen den größten Nutzen bringen. In vielen Ländern bestehen in Behörden und nicht gewinnorientierten Organisationen ähnliche Outsourcing-Trends, damit eine operative Effektivität erreicht werden kann. Damit erhöht sich der Druck auf Service Provider im Vergleich zu den möglicherweise für den Kunden zur Verfügung stehenden Alternativen, einen Wettbewerbsvorteil zu erlangen und dauerhaft beizubehalten. Der Anstieg an Outsourcing-Aktivitäten stellt insbesondere für interne Service Provider eine ungewohnte Wettbewerbssituation dar.

Organisationen messen sich daher an vergleichbaren Anbietern und versuchen, die durch mangelnde Fähigkeiten bedingten Lücken zu schließen. Eine Methode dazu besteht in der Übernahme der branchenweit eingesetzten Good Practices. Good Practices werden von verschiedenen Quellen bereitgestellt, wie öffentlichen Frameworks, Standards und proprietärem Wissen von Organisationen und Einzelpersonen (siehe Abbildung 1.1).

Öffentliche Frameworks und Standards bieten im Vergleich zu proprietärem Wissen bestimmte Vorteile:

- Proprietäres Wissen ist tief in der Organisation verwurzelt und kann daher nur schwer übernommen, repliziert oder übertragen werden, auch wenn eine Zusammenarbeit mit den Wissensträgern besteht. Ein

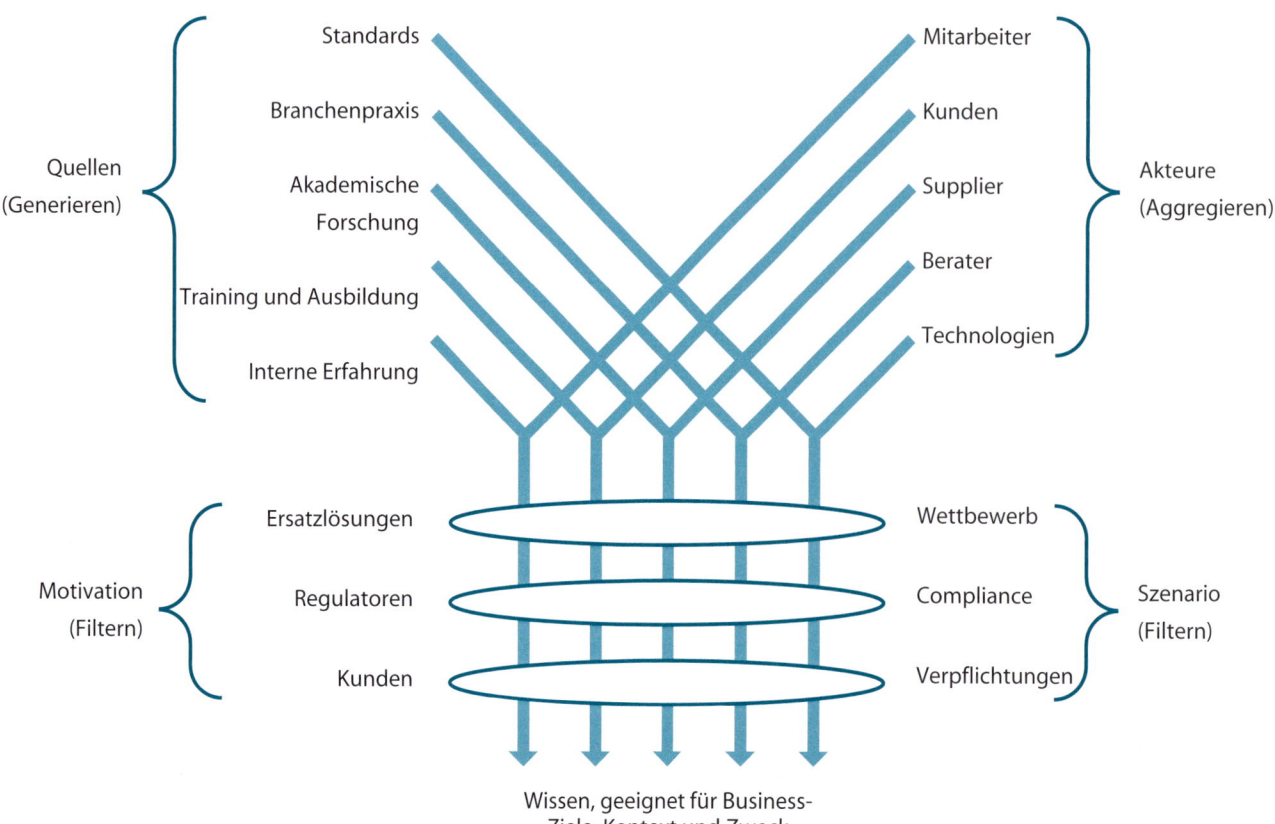

Abbildung 1.1 – Quellen der Service Management Practice

- solches Wissen liegt in Form von implizitem Wissen vor, das nicht exakt definiert und kaum dokumentiert ist.
- Proprietäres Wissen ist an den lokalen Kontext und spezielle Business-Bedürfnisse angepasst, so dass es nicht selten ganz besondere Eigentümlichkeiten aufweist. Sofern keine übereinstimmenden Begleitumstände bei den jeweiligen Wissensempfängern bestehen, ist der Einsatz des Wissens eventuell weniger effektiv.
- Die Träger von proprietärem Wissen erwarten eine Gegenleistung für ihre langfristigen Investitionen. Sie stellen ein solches Wissen nur unter kommerziellen Bedingungen im Rahmen von Erwerbs- und Lizenzvereinbarungen bereit.
- Öffentlich verfügbare Frameworks und Standards, wie ITIL, COBIT, CMMI, eSCM-SP, PRINCE2, ISO 9000, ISO/IEC 20000 und ISO/IEC 27001 wurden anders als die eingeschränkten Erfahrungen einer einzelnen Organisation für unterschiedlichste Umgebungen und Situationen validiert. Sie unterliegen einer umfassenden Prüfung über mehrere Organisationen und Disziplinen hinweg. Sie wurden von unterschiedlichsten Partnern, Suppliern und Wettbewerbern eingehend untersucht.
- Das Wissen öffentlicher Frameworks wird innerhalb einer größeren Expertengruppe schneller und einfacher durch allgemein verfügbare Schulungs- und Zertifizierungsmaßnahmen verbreitet. Organisationen können sich ein solches Wissen einfacher über den Arbeitsmarkt aneignen.

Wenn öffentliche Frameworks und Standards missachtet werden, können für eine Organisation unnötige Nachteile entstehen. Organisationen sollten ihr eigenes proprietäres Wissen zusätzlich zu dem Wissensstand pflegen, der auf öffentlichen Frameworks und Standards basiert. Eine organisationsübergreifende Zusammenarbeit und Koordination wird durch eine gemeinsame Praxis und Standards unterstützt.

1.2.3 ITIL und Good Practice im Service Management

Im Rahmen dieser Publikation wird das ITIL Framework als Quelle einer Good Practice im Service Management erläutert. ITIL wird von Organisationen weltweit eingesetzt, um Fähigkeiten im Bereich des Service Management zu entwickeln und zu verbessern. ISO/IEC 20000 bietet einen formalen und universellen Standard für Organisationen, die für ihre Service Management Fähigkeiten Audits und Zertifizierungen erhalten möchten. Während es sich bei ISO/IEC 20000 um einen zu erreichenden und zu pflegenden Standard handelt, bietet ITIL einen Wissensgehalt, der zum Verständnis des Standards beiträgt.

Die ITIL Library umfasst folgende Komponenten:

- **ITIL Kernpublikationen:** Best Practice Leitlinien für alle Organisationstypen, die Services für ein Business bereitstellen
- **ITIL Complementary Guidance (ergänzende ITIL Veröffentlichungen):** ein ergänzender Satz an Publikationen mit Leitlinien für bestimmte Branchen, Organisationstypen, Betriebsmodelle und Technologiearchitekturen

Der ITIL Kern umfasst fünf Publikationen (siehe Abbildung 1.2). Jede der Publikationen bietet Leitlinien, die für einen integrierten Ansatz in Übereinstimmung mit den Standardspezifikationen von ISO/IEC 20000 erforderlich sind:

- Service Strategy
- Service Design
- Service Transition
- Service Operation
- Continual Service Improvement

Jede der Publikationen behandelt Fähigkeiten, die sich direkt auf die Leistung eines Service Providers auswirken. Die Struktur des ITIL Kerns entspricht einem Lebenszyklus. Dieser wiederholt sich schrittweise und ist mehrdimensional. Der Lebenszyklus stellt sicher, dass Organisationen so strukturiert sind, dass sie ihre Fähigkeiten in einem Bereich ausnutzen können, um Erfahrungen und Verbesserungen auf andere Bereiche übertragen zu können. Der Kernbereich soll Service Management Fähigkeiten durch dauerhafte Grundsätze, Methoden und Hilfsmittel strukturieren, stabilisieren und stärken. Damit werden Investitionen geschützt und die erforderliche Basis für Maßnahmen, Lernprozesse und Verbesserungen geschaffen.

Die Leitlinien in ITIL können für den Einsatz in unterschiedlichen Business-Umgebungen und organisatorischen Strategien angepasst werden. Die Complementary Guidance bietet die Flexibilität, um den Kerninhalt in den verschiedensten Umgebungen zu implementieren. Praktische Anwender können die Complementary Guidance bei Bedarf einsetzen, um den Kernbereich in einem bestimmten Business-Kontext voranzutreiben, ähnlich wie Autoreifen für spezielle Fahrzeugtype, Einsatzbereiche und Straßenverhältnisse ausgewählt werden. Somit soll die Beständigkeit und Übertragbarkeit von Wissens-Assets gefördert und

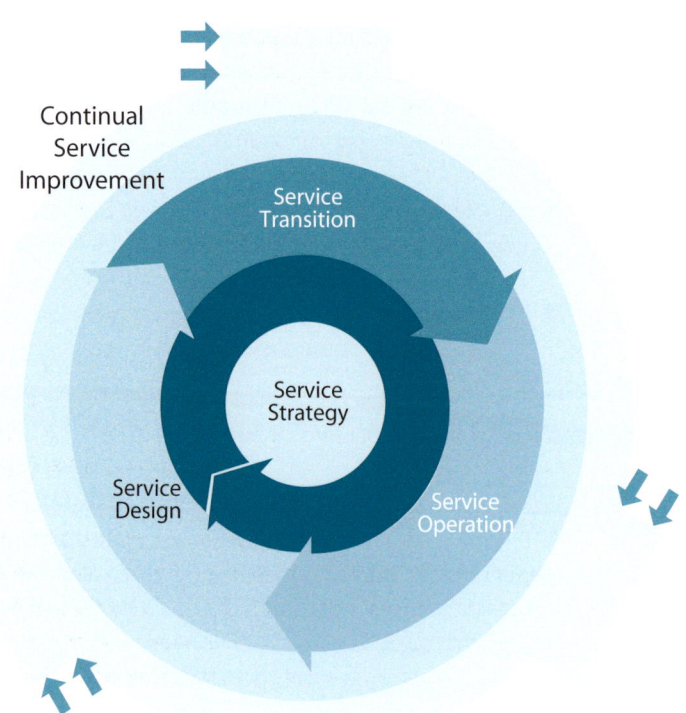

Abbildung 1.2 – ITIL Kernpublikationen

Investitionen in Service Management Fähigkeiten geschützt werden.

1.2.3.1 Service Strategy (Servicestrategie)

Der Band Service Strategy bietet Leitlinien für das Design, die Entwicklung und die Implementierung des Service Management und zwar nicht nur als organisatorische Fähigkeit sondern auch als strategisches Asset. Dabei werden Informationen zu den Grundsätzen bereitgestellt, die der Praxis des Service Management zugrunde liegen und die für die Entwicklung von Service Management Richtlinien, Leitlinien und Prozessen im gesamten ITIL Servicelebenszyklus eingesetzt werden können. Die Leitlinien aus der Service Strategy unterstützen die Bereiche Service Design, Service Transition (Serviceüberführung), Service Operation (Servicebetrieb) und Continual Service Improvement (kontinuierliche Serviceverbesserung). Die in Service Strategy behandelten Themen umfassen die Entwicklung von internen und externen Märkten, Service-Assets, den Servicekatalog sowie die Implementierung der Strategie über den gesamten Servicelebenszyklus hinweg. Andere wichtige Themen sind unter anderem das Financial Management, das Service Portfolio Management, die organisatorische Entwicklung und strategische Risiken.

Organisationen nutzen diese Leitlinien, um Ziele und Erwartungen in Bezug auf die Performance bei der Servicebereitstellung für die Kunden und Markträume zu definieren und Möglichkeiten identifizieren, auswählen und entsprechend priorisieren zu können. Die Service Strategy soll sicherstellen, dass Organisationen in der Lage sind, Kosten und Risiken in Verbindung mit ihren Serviceportfolios angemessen zu steuern und nicht nur eine operative Effektivität, sondern auch eine unverwechselbare Performance zu erreichen, um sich von den Wettbewerbern abgrenzen zu können. Entscheidungen zur Service Strategy führen zu weit reichenden Konsequenzen, die auch erst mit einer gewissen Verzögerung eintreten können.

Organisationen, die bereits nach ITIL arbeiten, können anhand dieser Publikation einen strategischen Review ihrer ITIL-basierten Service Management Fähigkeiten durchführen und die Abstimmung zwischen diesen Fähigkeiten und ihren Business-Strategien verbessern. Dieser Teil von ITIL ermutigt die Leser dazu, die bestehende Routine zu durchbrechen und darüber nachzudenken, warum etwas getan werden muss, bevor überlegt wird, wie das geschehen soll. Die Antworten auf die erste Frage schaffen eine größere Nähe zum Kunden-Business. Die Service Strategy erweitert für das ITIL Framework den Kreis des herkömmlichen Zielpublikums über die ITSM Experten hinaus.

1.2.3.2 Service Design

Der Band Service Design bietet Leitlinien für das Design und die Entwicklung von Services und Service Management Prozessen. Sie umfasst Design-Grundsätze und -Methoden, mit denen strategische Ziele in Serviceportfolios und Service-Assets umgesetzt werden können. Der Umfang von Service Design beschränkt sich dabei nicht auf neue Services. Er umfasst die Changes und Verbesserungen, die erforderlich sind, um den Nutzen für den Kunden im Verlauf des Servicelebenszyklus, die Kontinuität von Services, das Erreichen von Service Levels und die Konformität mit Standards und Bestimmungen zu verbessern oder beizubehalten. Organisationen erhalten so Anleitungen für die Entwicklung von Design-Fähigkeiten für das Service Management.

1.2.3.3 Service Transition (Serviceüberführung)

Der Band Service Transition bietet Leitlinien für die Entwicklung und Verbesserung der Fähigkeiten für die Überführung neuer und geänderter Services in den Betrieb. Diese Publikation stellt Anleitungen dazu bereit, wie die Anforderungen aus der Service Strategy, die in das Service Design eingebracht werden, in der Service Operation effektiv umgesetzt werden, während zugleich die Risiken eines Ausfalls und einer Unterbrechung steuerbar sind. Die Publikation kombiniert die Praxis aus dem Release Management, Program Management und Risikomanagement und integriert diese in den praktischen Kontext des Service Managements. Sie bietet Leitlinien für das Management der Komplexität in Bezug auf Änderungen von Services und Service Management Prozessen, um Innovationen zu erzielen und zugleich unerwünschte Folgen zu vermeiden. Die Publikation erläutert Leitlinien für die Übergabe der Servicesteuerung zwischen Kunden und Service Providern.

1.2.3.4 Service Operation (Servicebetrieb)

Diese Ausgabe behandelt die Management-Praxis in Bezug auf den Servicebetrieb. Sie bietet Leitlinien, um Effektivität und Effizienz bei der Bereitstellung und Unterstützung von Services zu erzielen und einen Wert für den Kunden und den Service Provider zu sichern. Die strategische Zielerreichung erfolgt letztendlich im Servicebetrieb, der damit zu einer entscheidenden Fähigkeit wird. Die Publikation bietet Leitlinien zur Beibehaltung der Stabilität im Servicebetrieb, so dass Änderungen im Design, in der Größenordnung, im Umfang und in den Service Levels umgesetzt werden können. Organisationen erhalten detaillierte Prozessleitlinien, Methoden und Hilfsmittel für zwei wichtige Steuerungsperspektiven: reaktiv und proaktiv. Manager und praktische Anwender erhalten das Wissen, mit dem sie bessere Entscheidungen für Bereiche treffen können, wie für das Management der Serviceverfügbarkeit, die Bedarfssteuerung, die Optimierung der Kapazitätsauslastung, die Zeitplanung für Betriebsabläufe und die Behebung von Problemen. Die Publikation umfasst Leitlinien zur Unterstützung des Betriebs durch neue Modelle und Architekturen, wie gemeinsam genutzte Services, Utility Computing, Webservices und mobile Handelsgeschäfte.

Das tägliche operative Management von IT Services wird weitgehend dadurch beeinflusst, wie gut die gesamte IT Service Strategy einer Organisation definiert ist und wie gut die ITSM-Prozesse geplant und implementiert wurden. Dieser Band ist die vierte Publikation in der Reihe ITIL Service Management Practices. Für Informationen zu Best Practice Leitlinien für die wichtigen Phasen Service Strategy, Service Design und Service Transition sollten die entsprechenden anderen Publikationen herangezogen werden, bevor Sie sich mit dem Band Service Operation befassen.

Die Service Operation ist von großer Bedeutung, da Ereignisse im tagtäglichen Betriebsablauf auftreten und sich nachteilig auf die Servicequalität auswirken können. Die Art und Weise, in der die IT-Infrastruktur und ihre unterstützenden ITSM-Prozesse betrieben werden, wirkt sich unmittelbar und direkt auf die Servicequalität aus.

1.2.3.5 Continual Service Improvement (kontinuierliche Serviceverbesserung)

Diese Ausgabe stellt instrumentelle Leitlinien für die Ermöglichung und den Erhalt der Wertschöpfung des Kunden durch ein besseres Design, eine bessere Transition (Überführung) und einen besseren Betrieb von Services bereit. Sie kombiniert Grundsätze, die Praxis und Methoden aus dem Qualitätsmanagement, dem Change Management und der Verbesserung von Fähigkeiten. Organisationen lernen, schrittweise und umfassende Verbesserungen in der Servicequalität, operative Effizienz und Business-Kontinuität umzusetzen. Die Publikation umfasst Leitlinien für die Verknüpfung von Verbesserungsanstrengungen und -ergebnissen mit der Service Strategy, dem Service Design und der Service Transition. Es wird ein geschlossener Feedback-Kreislauf erstellt, der auf dem im Standard ISO/IEC 20000 angegebenen Modell „Plan-Do-Check-Act" (Planen-Durchführen-Überprüfen-Handeln, PDCA) basiert, in den Input für Changes aus jedweden Planungsperspektiven eingebracht werden können.

1.3 ZWECK

Service Operation ist eine entscheidende Phase im ITSM-Lebenszyklus. Sorgfältig geplante und implementierte Prozesse bringen keinen Nutzen, wenn der tägliche Betrieb dieser Prozesse nicht korrekt durchgeführt, gesteuert und verwaltet wird. Ebenso wenig sind Serviceverbesserungen möglich, wenn die täglichen Aktivitäten zur Überwachung der Performance, Bewertung von Messgrößen und Sammlung von Daten während der Service Operation nicht systematisch durchgeführt werden.

Mitarbeiter im Bereich Service Operation sollten über Prozesse und Support-Tools verfügen, mit denen sie einen Überblick über Service Operation und Service Delivery haben (statt nur einzelne Komponenten zu betrachten, wie Hardware, Softwareanwendungen und Netzwerke, aus denen sich der gesamte Service aus der Business-Perspektive zusammensetzt) um alle Bedrohungen oder Ausfälle in Bezug auf die Servicequalität erkennen zu können.

Bei der Bereitstellung von Services, als Ganzes oder in Teilen, durch einen oder mehrere Partner-/Supplier-Organisationen muss die Sicht der Service Operation auf den gesamten Service auch die externen Aspekte der Servicebereitstellung einschließen. Darüber hinaus ist zu überlegen, ob gemeinsam genutzte oder aneinander gekoppelte Prozesse oder Tools erforderlich sind, um organisationsübergreifende Arbeitsabläufe durchführen zu können.

1.4 VORHERGESEHENER EINSATZBEREICH

Diese Publikation sollte zusammen mit den anderen vier Publikationen gelesen werden, aus denen der ITIL Servicelebenszyklus besteht.

Die Leser sollten wissen, dass die Best Practice Leitlinien in dieser und in den anderen Publikationen keine Verfahren vorschreiben. Alle Organisationen sind individuell und müssen die Leitlinien nach ihren individuellen Bedürfnissen, ihrer jeweiligen Umgebung und ihrer eigenen Kultur übernehmen und anpassen. Dabei müssen die Größe, Fertigkeiten/Ressourcen, Kultur, Finanzierung, Prioritäten und der bestehende ITSM-Reifegrad der Organisation berücksichtigt und die Leitlinien entsprechend modifiziert werden, um eine Abstimmung mit den Bedürfnissen der Organisation zu erreichen.

Für Organisationen, die sich erstmalig mit ITIL befassen, könnte ein initiales Assessment zum Vergleich der aktuellen Prozesse und Practices der Organisation mit den von ITIL empfohlenen Prozessen und Practices ein sinnvoller Ausgangspunkt sein. Diese Assessments werden im Band zu Continual Service Improvement ausführlicher erläutert.

Wenn deutliche Diskrepanzen bestehen, müssen diese eventuell im Laufe der Zeit in den Phasen behandelt werden, um die Business-Prioritäten der Organisation einzuhalten und dem gerecht zu werden, was die Organisation einbringen und sich leisten kann.

1.5 ÜBERSICHT ÜBER DIE KAPITEL

Kapitel 2 stellt das Konzept des Service Management als Practice vor. Hier wird das Service Management als strategische und professionelle Komponente für jedwede Organisation positioniert. Dieses Kapitel bietet darüber hinaus einen Überblick über die Service Operation als kritische Komponente der Service Management Practice.

Die Schlüsselprinzipien der Service Operation werden in Kapitel 3 dieser Publikation behandelt. Diese Prinzipien stellen einige der grundlegenden Konzepte und Prinzipien dar, auf denen die übrige Publikation basiert.

Kapitel 4 deckt die Prozesse ab, die in der Service Operation ausgeführt werden. Der Großteil der Service Operation Prozesse ist reaktiv. Dies liegt in der Natur der Aktivitäten, die auszuführen sind, um IT Services unter stabilen und soliden Bedingungen betreiben zu können. Dieses Kapitel behandelt jedoch auch proaktive Prozesse, die unterstreichen, dass das Ziel der Service Operation Stabilität ist – und nicht Stagnation. Die Service Operation sollte stets nach Möglichkeiten suchen, Abläufe zu verbessern und wirtschaftlicher zu machen. Proaktive Prozesse spielen dabei eine wichtige Rolle.

Kapitel 5 behandelt eine Reihe von allgemeinen Service Operation Aktivitäten, also Gruppen von Aktivitäten und Verfahren, die von Service Operation Funktionen ausgeführt werden. Bei diesen spezialisierten und häufig technischen Aktivitäten handelt es sich nicht um Prozesse im eigentlichen Sinn, dennoch sind sie für die Fähigkeit IT Services in hoher Qualität und effizient bereitzustellen unabdingbar.

Kapitel 6 befasst sich mit den organisatorischen Aspekten der Service Operation – den Einzelpersonen oder Gruppen, die Service Operation Prozesse oder Aktivitäten ausführen – und beinhaltet einige Leitlinien zu Organisationsstrukturen für die Service Operation.

Kapitel 7 beschreibt die Hilfsmittel, Tools und Technologie, die in der Service Operation eingesetzt werden.

Kapitel 8 erläutert einige Aspekte der Implementierung, die vor dem Eintritt in die Operation-Phase des Lebenszyklus zu berücksichtigen sind.

Kapitel 9 hebt die Herausforderungen, kritischen Erfolgsfaktoren und Risiken hervor, die während der Service Operation auftreten, während das Nachwort die Publikation zusammenfasst und abschließt.

Neben ITIL stehen IT-Managern weitere Leitlinien zur Verfügung. Im Anhang sind einige der wichtigsten zusätzlichen Frameworks, Methoden und Ansätze aufgeführt, die häufig in Verbindung mit ITIL während der Service Operation eingesetzt werden.

Service Management als Practice

2

2 Service Management als Practice

2.1 WAS IST SERVICE MANAGEMENT?

Das Service Management ist die Gesamtheit der spezialisierten organisatorischen Fähigkeiten, die zur Generierung eines Mehrwerts für Kunden in Form von Services verfügbar sind. Die Fähigkeiten stehen in Form von Funktionen und Prozessen zur Verwaltung von Services im Verlauf des Lebenszyklus zur Verfügung, mit der Spezialisierung in Strategy, Design, Transition, Operation und Continual Improvement. Die Fähigkeiten stellen die Kapazität, die Kompetenz und das Selbstvertrauen in Bezug auf Aktionen der Serviceorganisation dar. Die Umwandlung von Ressourcen in wertvolle Services ist das Kernelement des Service Management. Ohne diese Fähigkeiten stellt eine Serviceorganisation lediglich eine Zusammenstellung von Ressourcen dar, die für sich allein genommen für den Kunden nur zu einem geringen nutzbaren Wert führt.

> **Definition von Service Management**
>
> Das Service Management ist die Gesamtheit der spezialisierten organisatorischen Fähigkeiten, die zur Generierung eines Mehrwerts für Kunden in Form von Services verfügbar sind.

Organisatorische Fähigkeiten werden durch die Herausforderungen geprägt, die mit diesen zu bewältigen sind. Ein Beispiel dafür ist, wie Toyota um 1950 einzigartige Fähigkeiten entwickelte, um sich den Herausforderungen aus einer geringeren Unternehmensgröße und niedrigem finanziellen Kapital im Vergleich zu den amerikanischen Konkurrenten zu stellen. Toyota entwickelte neue Fähigkeiten in der Produktionsplanung, in der Produktionssteuerung und im Supplier Management, um die Einschränkungen zu kompensieren, die sich aus nicht zu finanzierenden großen Lagerbeständen, die limitierte Anzahl an Komponenten, der Nichtherstellung von Rohstoffen oder der nicht im Eigentum befindenden Produktionsfirmen ergaben. [Quelle: Magretta, Joan 2002. *What Management Is: How it works and why it's everyone's business*. (Basic Management. Alles, was man wissen muss.) The Free Press.] Service Management Fähigkeiten werden durch folgende Herausforderungen geprägt, durch die sich Services von anderen wertschaffenden Wirtschaftssektoren wie Produktion, Bergbau und Landwirtschaft unterscheiden:

- Immaterielle Ergebnisse und Zwischenprodukte der Serviceprozesse: schwer messbar, steuerbar und validierbar (oder nachprüfbar).
- Der Bedarf ist eng an die Kunden-Assets gekoppelt: Anwender und andere Kunden-Assets, wie Prozesse, Anwendungen, Dokumente und Transaktionen, sind durch den Bedarf bedingt und steigern die Serviceproduktion.
- Enger Kontakt zu Produzenten und Abnehmern von Services: wenig oder kein Puffer zwischen Kunde, dem Business mit direktem Kundenkontakt und dem Business ohne direkten Kundenkontakt.
- Kurzlebigkeit des Service-Ergebnisses und der Servicekapazität: Der Wert für den Kunden besteht in der Zusicherung der Servicekontinuität bei gleichbleibender Qualität. Provider müssen sicherstellen, dass der Nachfrage des Kunden stets ein angemessenes Angebot gegenübersteht.

Das Service Management ist allerdings mehr als nur ein Satz an Fähigkeiten. Es ist darüber hinaus über eine professionelle Praxis, die durch eine breite Basis an Wissen, Erfahrungen und Fertigkeiten unterstützt wird. Eine globale Gemeinschaft aus Einzelpersonen und Organisationen öffentlicher und privater Bereiche fördert das Wachstum und die Reife des Service Management. Formale Schemas für Schulung, Weiterbildung und Zertifizierung praktizierender Organisationen und Einzelpersonen beeinflussen die Qualität. Best Practices in der Branche, akademische Forschung und formale Standards tragen zum intellektuellen Kapital des Service Management bei und profitieren davon.

Der Ursprung des Service Management liegt in den traditionellen Service-Business-Organisationen, wie Fluggesellschaften, Banken, Hotels und Telefonunternehmen. Der praktische Einsatzbereich wurde erweitert, als IT-Organisationen einen serviceorientierten Ansatz zur Verwaltung von IT-Anwendungen, der IT-Infrastruktur und IT-Prozessen übernahmen. Die Lösung für Business-Probleme und die Unterstützung von Business-Modellen, Strategien und Betrieb wird immer häufiger in Form von Services umgesetzt. Der zunehmende Zuspruch für gemeinsam genutzte Services und Outsourcing-Aktivitäten führte zu einem Anstieg in der Anzahl von Service Provider Organisationen, einschließlich von Providern interner Organisationsbereiche. Das hat wiederum zur Stärkung der Service Management Practice bei gleichzeitig wachsenden Herausforderungen geführt.

2.2 WAS SIND SERVICES?

2.2.1 Das Werteangebot

> **Definition von Service**
>
> Ein Service ist eine Möglichkeit, einen Mehrwert für Kunden zu erbringen, indem das Erreichen der von den Kunden angestrebten Ergebnisse erleichtert oder gefördert wird. Dabei müssen die Kunden selbst keine Verantwortung für bestimmte Kosten und Risiken tragen.

Services sind eine Möglichkeit, einen Mehrwert für Kunden zu erbringen, indem das Erreichen der von den Kunden angestrebten Ergebnisse erleichtert oder gefördert wird. Dabei müssen die Kunden selbst keine Verantwortung für bestimmte Kosten und Risiken tragen. Ergebnisse werden durch Services unterstützt, indem die Leistung gesteigert und der Einfluss von Einschränkungen abgeschwächt wird. Dadurch wird die Wahrscheinlichkeit für die erwünschten Ergebnisse erhöht (Abbildung 2.1).

2.3 FUNKTIONEN UND PROZESSE IM VERLAUF DES LEBENSZYKLUS

2.3.1 Funktionen

Bei Funktionen handelt es sich um Organisationseinheiten, die auf die Ausführung bestimmter Aufgaben spezialisiert und für bestimmte Ergebnisse verantwortlich sind. Sie sind in sich geschlossene Einheiten mit Fähigkeiten und Ressourcen, die für die jeweilige Leistungsfähigkeit und Ergebnisse erforderlich sind. Zu den Fähigkeiten gehören auch die Arbeitsmethoden der Funktion. Funktionen verfügen über ihren eigenen Wissensgehalt, der durch Erfahrungen aufgebaut wird. Sie bilden die Struktur und Stabilität von Organisationen.

Funktionen sind eine Methode zur Organisationsstrukturierung für die Implementierung des Spezialisierungsgrundsatzes. Funktionen definieren in der Regel Rollen und die zugehörigen Berechtigungen und Zuständigkeiten für bestimmte Abläufe und Ergebnisse. Die Koordination zwischen den Funktionen durch gemeinsam genutzte Prozesse ist ein allgemeines Muster für das Design der Organisation. Funktionen optimieren ihre Arbeitsmethoden eher lokal, um sich

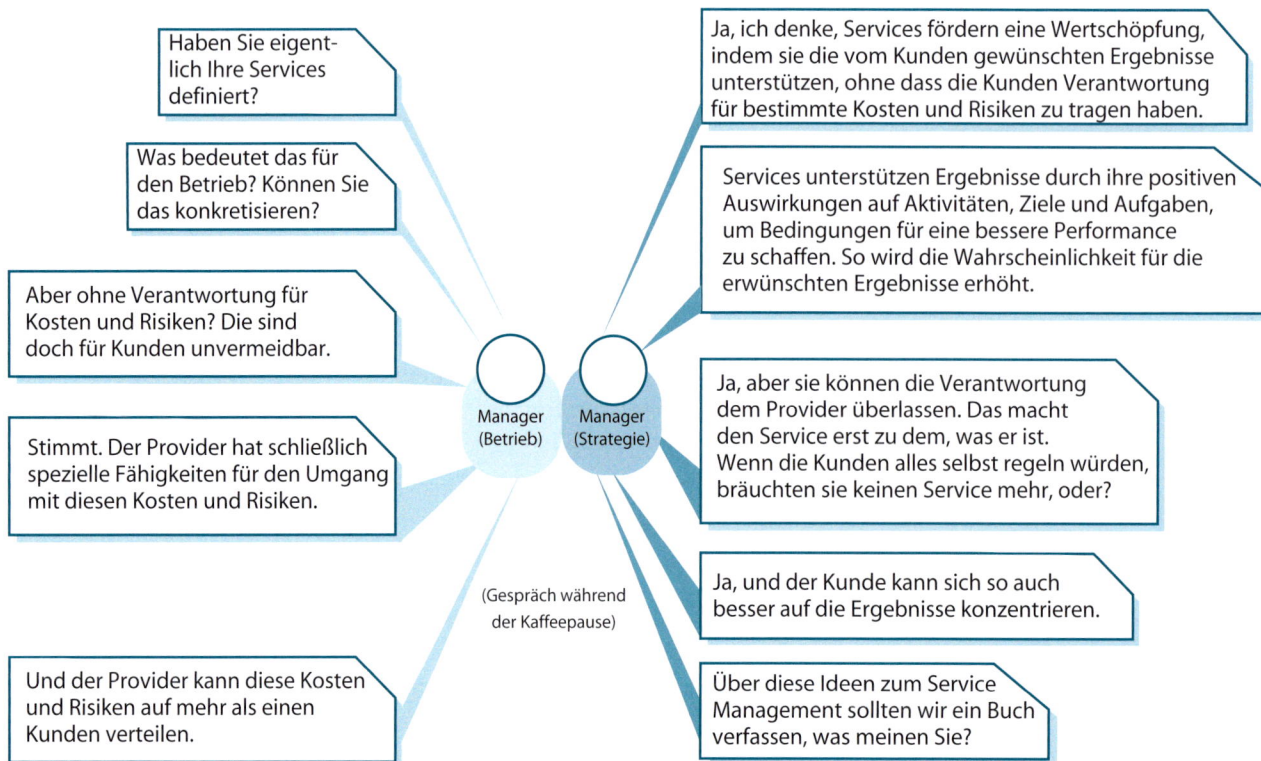

Abbildung 2.1 – Gespräch über die Definition und die Bedeutung von Services

auf die zugewiesenen Ergebnisse zu konzentrieren. Eine schlechte Koordination zwischen den Funktionen in Verbindung mit einem nach innen gerichteten Fokus führt zu isolierten funktionalen Einheiten, die eine für den Erfolg der Organisation insgesamt entscheidende Abstimmung und Feedback behindern. Prozessmodelle helfen dabei, dieses Problem der funktionalen Hierarchien durch eine Verbesserung einer funktionsübergreifenden Koordination und Steuerung zu verhindern. Gut definierte Prozesse können die Produktivität sowohl innerhalb der Funktionen als auch funktionsübergreifend verbessern.

2.3.2 Prozesse

Prozesse sind Beispiele für Systeme mit einem geschlossenen Kreislauf, da sie Changes und einen Übergang zu einem Ziel ermöglichen und Feedback für sich selbst verstärkende und selbst korrigierende Aktionen ausnutzen (siehe Abbildung 2.2). Dabei muss der gesamte Prozess sowie der Aspekt, wie ein Prozess sich in einen anderen einfügt, berücksichtigt werden.

Prozessdefinitionen beschreiben Aktionen, Abhängigkeiten und Abfolgen. Prozesse verfügen über folgende Merkmale:

- **Prozesse sind messbar** – Der Prozess kann in einer relevanten und maßgeblichen Weise gemessen werden. Er wird durch die Performance gesteuert. Manager messen die Kosten, Qualität und andere Variablen, während praktische Anwender sich mit der Dauerhaftigkeit und Produktivität befassen.
- **Sie haben spezifische Ergebnisse** – Ein Prozess wird implentiert, um ein bestimmtes Ergebnis zu erzielen. Dieses Ergebnis muss eindeutig identifizierbar und messbar sein. Während Changes zählbar sind, ist es nicht möglich, die Anzahl beendeter Service Desks zu bestimmen.
- **Prozesse verfügen über Kunden** – Jeder Prozess stellt seine primären Ergebnisse für einen Kunden oder Stakeholder bereit. Die Kunden können organisationsintern oder organisationsextern angesiedelt sein. Unabhängig davon müssen die Prozesse die Erwartungen der Organisationen erfüllen.
- **Sie reagieren auf bestimmte Events** – Ein Prozess kann fortlaufend oder schrittweise verlaufen, sollte aber immer auf einen bestimmten Auslöser zurückzuführen sein.

Häufig werden Funktionen mit Prozessen verwechselt. Das Capacity Management wird beispielsweise häufig für einen Service Management Prozess gehalten. Zunächst einmal ist das Capacity Management eine organisatorische Fähigkeit mit spezialisierten Prozessen und Arbeitsmethoden. Ob es sich dabei um eine Funktion oder einen Prozess handelt oder nicht, hängt allein vom organisatorischen Design ab. Die Annahme, dass es sich beim Capacity Management ausschließlich um einen Prozess handeln kann, ist falsch. Beim Capacity Management kann die Kapazität gemessen und gesteuert werden, es kann aber auch ermittelt werden, ob die Kapazität für einen bestimmten Zweck geeignet ist. Davon auszugehen, dass es sich beim Capacity Management immer um einen Prozess mit separaten zählbaren Ergebnissen handelt, kann ein Fehler sein.

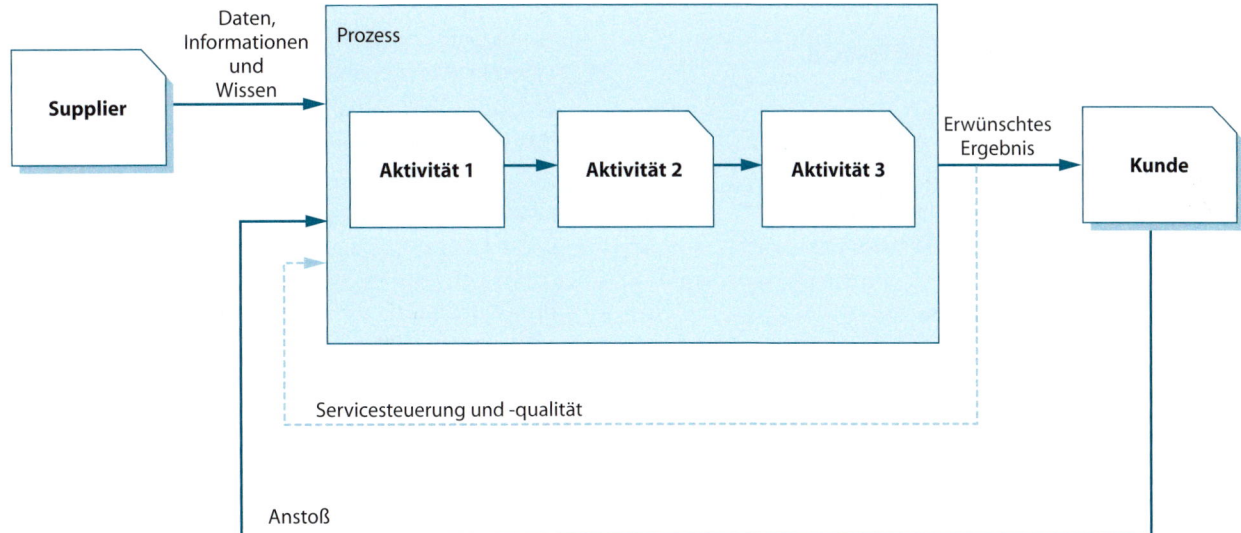

Abbildung 2.2 – Ein grundlegender Prozess

2.3.3 Spezialisierung und Koordination im Lebenszyklus

Im Lebenszyklusansatz sind eine Spezialisierung und Koordination erforderlich. Dies wird durch das Feedback und die Steuerung zwischen den Funktionen und Prozessen innerhalb der Elemente und zwischen den Elementen des Lebenszyklus ermöglicht. Das vorherrschende Muster im Lebenszyklus ist der sequenzielle Prozess ausgehend von der SS (Service Strategy) über SD-ST-SO (Service Design-Service Transition-Service Operation) und wieder zurück zur SS über das CSI (Continual Service Improvement). Dabei handelt es sich jedoch nicht um das einzige Aktionsmuster. Jedes Element des Lebenszyklus enthält Feedback- und Steuerungspunkte.

Die Kombination mehrerer Perspektiven ermöglicht eine größere umgebungs- und situationsübergreifende Flexibilität und Steuerung. Der Lebenszyklusansatz bildet die realen Gegebenheiten der meisten Organisationen ab, in denen ein effektives Management mehrere Steuerungsperspektiven benötigt. Die für das Design, die Entwicklung und die Verbesserung der Service Management Prozesse verantwortlichen Personen können eine prozessbasierte Steuerungsperspektive übernehmen. Die für das Management von Vereinbarungen, Verträgen und Services verantwortlichen Personen profitieren dagegen vielleicht eher von einer lebenszyklusbasierten Steuerungsperspektive mit separaten Phasen. Beide Steuerungsperspektiven werden durch eine systemorientierte Denkweise unterstützt. Durch jede der Steuerungsperspektiven können Muster deutlich werden, die aus einer anderen Perspektive unter Umständen gar nicht erkennbar sind.

2.4 GRUNDLAGEN DER SERVICE OPERATION

2.4.1 Zweck und Ziel

Der Zweck der Service Operation besteht in der Koordination und Ausführung der Aktivitäten und Prozesse, die für die Bereitstellung und das Management von Services, gemäß vereinbarter Service Levels, für Business-Anwender und Kunden erforderlich sind. Die Service Operation ist darüber hinaus für das fortlaufende Management der Technologie verantwortlich, die für die Bereitstellung und die Unterstützung von Services eingesetzt wird.

Sorgfältig geplante und implementierte Prozesse sind kaum nutzbringend, wenn der tägliche Betrieb dieser Prozesse nicht korrekt durchgeführt, gesteuert und verwaltet wird. Ebenso wenig sind Serviceverbesserungen möglich, wenn die täglichen Aktivitäten zur Überwachung der Performance, Bewertung von Messgrößen und Sammlung von Daten während der Service Operation nicht systematisch durchgeführt werden.

2.4.2 Umfang

Die Service Operation schließt die Ausführung sämtlicher fortlaufenden Aktivitäten ein, die für die Bereitstellung und die Unterstützung von Services erforderlich sind. Zum Umfang der Service Operation gehören:

- **Die Services selbst:** Alle Aktivitäten, die Teil eines Service sind, sind in die Service Operation eingeschlossen, unabhängig davon, ob sie vom Service Provider, einem externen Supplier, dem Anwender oder Kunden dieses Service durchgeführt werden.
- **Service Management Prozesse:** Das fortlaufende Management und die Ausführung vieler Service Management Prozesse werden in der Service Operation durchgeführt. Auch wenn der Ursprung einiger der ITIL Prozesse (wie das Change Management und das Capacity Management) im Service Design oder der Service Transition Phase des Servicelebenszyklus liegt, werden diese kontinuierlich in der Service Operation genutzt. Einige Prozesse sind nicht gesondert in der Service Operation enthalten, wie die Strategiedefinition, der eigentliche Design-Prozess. Diese Prozesse konzentrieren sich mehr auf langfristige Planungs- und Verbesserungsaktivitäten, die nicht zum direkten Umfang der Service Operation gehören. Die Service Operation stellt dafür jedoch Input bereit und beeinflusst diese als Teil des Lebenszyklus des Service Management.
- **Technologie:** Für die Bereitstellung sämtlicher Services ist Technologie in irgendeiner Form erforderlich. Das Management dieser Technologie erfolgt nicht separat, sondern als integrierter Teil des Service Management selbst. Daher befasst sich ein Großteil dieser Publikation mit dem Management der Infrastruktur, die für die Bereitstellung von Services erforderlich ist.
- **Personen:** Unabhängig davon, welche Services, Prozesse und Technologie verwaltet und gesteuert werden, geht es immer um die beteiligten Personen. Sie generieren den Bedarf an Services und Produkten der Organisation, und sie entscheiden, wie dies geschieht. Letztendlich erfolgt das Management der Technologie, Prozesse und Services durch die

beteiligten Personen. Wenn diese Tatsache ignoriert wird, führt dies (wie bereits beobachtet) zum Scheitern der Service Management Projekte.

2.4.3 Wert für das Business

Jede Phase im ITIL Servicelebenszyklus schafft einen Wert für das Business. So wird der Servicewert beispielsweise in der Service Strategy modelliert, die Kosten des Service werden im Service Design und der Service Transition prognostiziert und validiert, und die Maßnahmen zur Optimierung werden im Continual Service Improvement identifiziert. Der Betrieb, also die Operation, von Services erfolgt dort, wo die Pläne, Designs und Optimierungsmaßnahmen ausgeführt und gemessen werden. Aus Sicht des Kunden wird der tatsächliche Wert in der Service Operation erkennbar.

Bei diesem Konzept bestehen allerdings auch gewisse Nachteile:

- Sobald ein Service konzipiert und getestet ist, wird erwartet, dass er innerhalb der Ziele für das Budget und den Return on Investment ausgeführt werden kann, die zu einem früheren Zeitpunkt im Lebenszyklus festgelegt wurden. In der Realität führen jedoch nur wenige Organisationen eine effektive Kostenplanung für das fortlaufende Management von Services durch. Es ist sehr einfach, die Kosten für ein Projekt zu quantifizieren. Viel schwieriger ist es jedoch zu quantifizieren, was der Service nach einer dreijährigen Betriebszeit kosten wird.
- Es ist schwierig, eine Finanzierung während der operativen Phase zu erhalten, um ein mangelhaftes Design zu korrigieren oder unvorhergesehenen Anforderungen zu erfüllen, da diese nicht Teil des ursprünglichen Werteangebots waren. In vielen Fällen lassen sich solche Schwierigkeiten erst nach einer gewissen Betriebszeit erkennen. Die meisten Organisationen verfügen über keine formalen Mechanismen, um operative Services auf ihr Design und ihren Wert hin zu überprüfen. Die Behebung solcher Schwierigkeiten wird dem Incident und Problem Management überlassen – so als wäre dies eine rein operative Angelegenheit.
- Es ist schwierig, eine zusätzliche Finanzierung für Tools oder Aktionen (einschließlich Schulungen) zu erhalten, mit denen die Effizienz der Service Operation verbessert werden soll. Das liegt zum Teil daran, dass diese nicht direkt an die Funktionalität eines bestimmten Service gekoppelt sind, und zum Teil an der Erwartungshaltung des Kunden, dass diese Kosten bereits von Beginn an in den Kosten für den Service enthalten sein sollten. Leider ändert sich die Technologie rasend schnell. Schon kurz nach dem Deployment einer Lösung für das effiziente Management von Services sind neue Technologien verfügbar, die die Aufgaben schneller, kostengünstiger und effektiver erledigen können.
- Sobald ein Service einige Zeit betrieben wurde, wird er Teil der Baseline, die das Business in Bezug auf die IT Services erwartet. Versuche, den Service zu optimieren oder neue Tools einzusetzen, um diesen effektiver zu verwalten und zu steuern, gelten nur dann als erfolgreich, wenn der Service vorher viele Schwierigkeiten verursacht hat. Anders ausgedrückt werden einige Services als selbstverständlich angesehen und jegliche Aktionen zu deren Optimierung werden als „Optimierung von Services ohne Notwendigkeit" eingestuft.

Diese Publikation enthält eine Reihe von Vorschlägen zu Prozessen, Funktionen und Maßnahmen für den Umgang mit den oben genannten Schwierigkeiten.

2.4.4 Optimieren der Service Operation Performance

Es bestehen zwei Methoden für die Optimierung der Service Operation:

- **Langfristige inkrementelle Verbesserung:** Basiert auf der Evaluierung der Performance und dem Ergebnis aller Service Operation Prozesse, Funktionen und Ergebnisse im Laufe der Zeit. Die Berichte werden analysiert, und es wird eine Entscheidung dazu getroffen, ob Verbesserungen erforderlich sind, und, falls ja, wie diese am besten durch das Service Design und die Transition implementiert werden können. Beispiele dazu umfassen das Deployment eines neuen Tool-Satzes, Änderungen am Prozessdesign, Rekonfiguration der Infrastruktur etc. Diese Art von Verbesserungen wird detailliert im Band Continual Service Improvement erläutert.
- **Kurzfristige fortlaufende Verbesserung** der Arbeitspraxis innerhalb der Service Operation Prozesse, Funktionen und Technologie selbst. Dazu gehören in der Regel kleinere Verbesserungen, die ohne grundsätzliche Änderungen am Prozess oder der Technologie implementiert werden. Beispiele dafür umfassen Tuning-Maßnahmen, Workload Balancing, personelle Umstrukturierung und Schulung etc.

Einige Details zu beiden Aspekten werden zwar im Umfang von Service Operation diskutiert, der Band Continual Service Improvement bietet jedoch ein

Framework und Alternativen, mit denen Verbesserungen als Teil der gesamten Unterstützung der Business-Ziele vorangetrieben werden können.

2.4.5 Prozesse innerhalb der Service Operation

Eine Reihe von Schlüsselprozessen der Service Operation müssen aneinander gekoppelt werden, um eine effektive Gesamtstruktur für die IT-Unterstützung zu erhalten. Diese Gesamtstruktur wird kurz hier erläutert, während die einzelnen Prozesse detailliert in Kapitel 4 beschrieben werden.

2.4.5.1 Event Management

Das Event Management überwacht alle Events, die in der gesamten IT-Infrastruktur auftreten, um den normalen Betrieb überwachen und Ausnahmebedingungen erkennen und eskalieren zu können.

2.4.5.2 Incident und Problem Management

Das Incident Management konzentriert sich auf die schnellstmögliche Wiederherstellung von unerwartet beeinträchtigten oder unterbrochenen Services, um die Auswirkungen auf das Business zu minimieren.

Das Problem Management umfasst: die Root Cause Analysis, um die Ursache für Incidents zu ermitteln und zu lösen, proaktive Aktivitäten, um zukünftige Probleme/Incidents zu ermitteln und zu verhindern, und einen Known Error Teilprozess, um eine schnellere Diagnose und Lösung zu ermöglichen, für den Fall, dass weitere Incidents auftreten.

2.4.5.3 Request Fulfilment

Das Request Fulfilment ist der Prozess, bei dem Service Requests (Serviceanträge) – von denen viele kleinere Changes mit niedrigerem Risiko sind – behandelt werden. Dies erfolgt zunächst über den Service Desk, wobei jedoch ein separater Prozess ähnlich dem Incident Management eingesetzt wird, allerdings mit separaten Records (Aufzeichnungen) und Tabellen für das Request Fulfilment, die ggf. mit den Incident oder Problem Records verknüpft sind, die die Notwendigkeit des Request initiiert haben. Für einen Service Request müssen in der Regel einige Voraussetzungen definiert und eingehalten werden (Bedarf muss erwiesen sein, wiederholbar, vorab genehmigt, als Verfahren definiert sein).

Um einen oder mehrere Incidents, Probleme oder Known Errors zu lösen, kann eine Art Change erforderlich sein. Kleinere, häufig standardisierte, Changes können über den Request Fulfilment Prozess behandelt werden. Umfassendere Changes, Changes, die ein höheres Risiko bedingen, oder unregelmäßige Changes müssen jedoch einen formalen Change Management Prozess durchlaufen.

2.4.5.4 Access Management

Das Access Management ist der Prozess, bei dem autorisierten Anwendern das Recht zur Nutzung eines Service erteilt wird, während der Zugriff für nicht autorisierte Anwender verweigert wird. Dafür müssen autorisierte Anwender genau identifiziert werden können und dann deren Zugriffsmöglichkeiten für den Service entsprechend den Anforderungen während der unterschiedlichen Phasen im Mitarbeiter- oder Vertragslebenszyklus gesteuert und verwaltet werden. Das Access Management wird in einigen Organisationen auch als Identitäts-Management (Identity Management) oder Berechtigungs-Management bezeichnet.

2.4.6 Funktionen innerhalb der Service Operation

Prozesse allein führen noch nicht zu einer effektiven Service Operation. Darüber hinaus sind eine stabile Infrastruktur und Mitarbeiter mit den entsprechenden Fertigkeiten erforderlich. Dafür stützt sich die Service Operation auf mehrere Gruppen von qualifizierten Mitarbeitern, die sich alle auf die Prozesse konzentrieren, mit denen es möglich ist, die Infrastruktur an die Anforderungen des Business anzupassen.

Diesen Gruppen sind die vier hier aufgeführten Hauptfunktionen zugeteilt, die detailliert in Kapitel 6 erläutert sind.

2.4.6.1 Service Desk

Der Service Desk ist die erste Anlaufstelle für Anwender bei Serviceunterbrechungen, bei Service Requests oder auch bei einigen Kategorien von Requests for Change. Der Service Desk bietet für die Anwender eine Anlaufstelle zur Kommunikation und für mehrere IT-Gruppen und -Prozesse eine Anlaufstelle zur Koordination.

2.4.6.2 Technical Management

Das Technical Management stellt detaillierte technische Fertigkeiten und Ressourcen bereit, die für die Unterstützung des fortlaufenden Betriebs der IT-Infrastruktur erforderlich sind. Das Technical Management spielt auch beim Design, beim Testen, beim Release und bei Verbesserungen von IT Services eine wichtige Rolle. In kleineren Organisationen kann dieses Fachwissen in einer einzigen Abteilung verwaltet und gesteuert werden, in größeren Organisationen verteilt es sich jedoch meist auf eine Reihe von technisch spezialisierten Abteilungen.

2.4.6.3 IT Operations Management

Das IT Operations Management führt die täglichen operativen Aktivitäten aus, die für das Management der IT-Infrastruktur erforderlich sind. Diese erfolgen in Abstimmung mit den im Service Design definierten Performance-Standards. In einigen Organisationen ist dafür eine einzelne, zentralisierte Abteilung zuständig, während in anderen manche Aktivitäten zentralisiert sind und manche von verteilten oder spezialisierten Abteilungen bereitgestellt werden. Das IT Operations Management verfügt über zwei eindeutige Funktionen mit meist formalen Organisationsstrukturen. Diese sind:

- IT Operations Control (Steuerung des IT-Betriebs), die in der Regel von Operator-Mitarbeitern im Schichtbetrieb erfolgt und sicherstellt, dass die routinemäßigen operativen Aufgaben ausgeführt werden. Die IT Operations Control übernimmt auch zentralisierte Monitoring- und Steuerungsaktivitäten, in der Regel über eine Operations Bridge oder ein Network Operations Centre.
- Das Facilities Management befasst sich mit dem Management der physischen IT-Umgebung, in der Regel sind dies Rechenzentren oder Computerräume. In vielen Organisationen sind das Technical und Application Management zusammen mit der IT Operations in großen Rechenzentren untergebracht.

2.4.6.4 Application Management

Das Application Management ist verantwortlich für das Management von Anwendungen über ihren gesamten Lebenszyklus hinweg. Die Application Management Funktion unterstützt und wartet operative Anwendungen und spielt auch beim Design, beim Testen und bei Verbesserungen von Anwendungen, die Teil von IT Services sind, eine wichtige Rolle. Das Application Management wird meist basierend auf dem Anwendungsportfolio der Organisation in unterschiedliche Abteilungen aufgeteilt, um die Spezialisierung zu vereinfachen und eine speziellere Unterstützung zu ermöglichen.

2.4.6.5 Schnittstellen zu anderen Phasen des Service Management Lebenszyklus

Es werden auch mehrere andere Prozesse während der Service Operation ausgeführt oder unterstützt, die jedoch in den anderen Phasen des Service Management Lebenszyklus angestoßen werden. Diese werden im letzten Teil von Kapitel 4 erläutert. Dazu gehören:

- Change Management: Ein wichtiger Prozess, der eng an das Configuration Management und Release Management gekoppelt sein sollte. Diese Themen werden vor allem im Band Service Transition behandelt.
- Capacity und Availability Management: Werden im Band Service Design behandelt.
- Financial Management: Wird im Band Service Strategy behandelt.
- Knowledge Management: Wird im Band Service Transition behandelt.
- IT Service Continuity: Wird im Band Service Design behandelt.
- Service Reporting und Servicemessung: Werden im Band Continual Service Improvement behandelt.

Prinzipien der Service Operation 3

3 Prinzipien der Service Operation

Bei der Service Operation besteht die Gefahr, dass das Management der alltäglichen Aktivitäten und der Technologie primär zum Selbstzweck durchgeführt wird. Die Service Operation ist allerdings in einem sehr viel weiter gefassten Kontext zu betrachten. Als Teil des Service Management Lebenszyklus ist die Service Operation für die Ausführung von Prozessen verantwortlich, die die Kosten und die Qualität von Services optimieren. Als Teil der Organisation muss sie dem Business die Erreichung seiner Ziele ermöglichen. Als Teil der Technologie sorgt sie für einen effektiven Betrieb der Komponenten, die die Services unterstützen. Die in diesem Kapitel beschriebenen Prinzipien sollen den praktischen Anwendern der Service Operation dabei helfen, ein Gleichgewicht zwischen all diesen Rollen zu finden und sich auf ein effektives Management der alltäglichen Aspekte zu konzentrieren, ohne dabei den Gesamtkontext aus den Augen zu verlieren.

3.1 FUNKTIONEN, GRUPPEN, TEAMS, ABTEILUNGEN UND GESCHÄFTSBEREICHE

In der Service Operation Publikation werden verschiedene Begriffe zur Beschreibung der Art und Weise verwendet, wie Mitarbeiter organisiert sind, um Prozesse oder Aktivitäten auszuführen. Für die einzelnen Begriffe gibt es mehrere Definitionen, wobei es in dieser Publikation nicht darum geht, in die Diskussion um die beste Definition einzusteigen. Die folgenden Definitionen sind allgemein formuliert und nicht als Vorschriften zu verstehen. Sie sind nur zur Definition von Annahmen angegeben und sollen zum Verständnis dieser Inhalte beitragen. Der Leser sollte diese Prinzipien auf die Praxis in der eigenen Organisation anwenden.

- **Funktion:** Eine Funktion ist ein logisches Konzept für die Personen und automatisierten Maßnahmen, die einen definierten Prozess, eine Aktivität oder eine Kombination aus Prozessen oder Aktivitäten ausführen. In großen Organisationen kann eine Funktion aufgeteilt und von verschiedenen Abteilungen, Teams und Gruppen ausgeführt werden. Sie kann aber auch in den Verantwortungsbereich eines einzelnen Organisationsbereichs (z. B. dem Service Desk) fallen. In kleineren Organisationen kann eine Person oder eine Gruppe mehrere Funktionen übernehmen – die Technical Management Abteilung könnte beispielsweise auch die Service Desk Funktion übernehmen.
- **Gruppe:** Eine Gruppe bezeichnet mehrere Personen mit bestimmten Gemeinsamkeiten. In dieser Publikation werden Personen, die ähnliche Aktivitäten ausführen, als „Gruppe" bezeichnet – auch wenn sie mit verschiedenen Technologien arbeiten, unterschiedlichen organisatorischen Strukturen oder sogar verschiedenen Unternehmen angehören. Gruppen sind gewöhnlich keine formalen organisatorischen Strukturen, sondern bei der Definition allgemeiner Prozesse in der Organisation äußerst hilfreich – z. B. sorgen sie dafür, dass alle Personen, die Incidents lösen, den Incident Record auf einheitliche Weise ausfüllen. In dieser Publikation bezeichnet der Begriff „Gruppe" keine Gruppe von Unternehmen, die zum selben Konzern gehören.
- **Team:** Ein Team ist eine formalere Art einer Gruppe. Es handelt sich dabei um Personen, die zur Erreichung eines gemeinsamen Ziels zusammenarbeiten, jedoch nicht unbedingt derselben organisatorischen Struktur angehören müssen. Die Teammitglieder können alle an einem Standort angesiedelt sein oder von verschiedenen Standorten aus virtuell zusammenarbeiten. Der Einsatz von Teams ist sinnvoll, wenn Zusammenarbeit gefordert ist oder eine vorübergehende Situation eintritt. Beispiele für Teams sind Projektteams, Anwendungsentwicklungsteams (die häufig aus Mitarbeitern verschiedener Geschäftsbereiche bestehen) und Incident- sowie Problemlösungsteams.
- **Abteilung:** Abteilungen sind formale organisatorische Strukturen, die bestimmte definierte Aktivitäten regelmäßig ausführen. Sie sind hierarchisch strukturiert und werden von Managern geleitet, die in der Regel für die Ausführung der Aktivitäten und für das tägliche Management der Mitarbeiter in der Abteilung verantwortlich sind.
- **Geschäftsbereich:** Ein Geschäftsbereich umfasst mehrere Abteilungen, die zusammengefasst wurden, häufig aufgrund ihrer geographischen Lage oder nach Produktlinie. Ein Geschäftsbereich ist in der Regel eigenständig und kann alle Aktivitäten einer Supply Chain (Lieferkette) selbst planen und ausführen.
- **Rolle:** Eine Rolle bezeichnet mehrere zusammenhängende Verhaltensweisen oder Aktionen, die von einer Person, einem Team oder einer Gruppe

in einem bestimmten Kontext ausgeführt werden. Eine Technical Management Abteilung kann bei der Diagnose der zugrunde liegenden Ursache von Incidents beispielsweise die Rolle des Problem Management übernehmen. Von dieser Abteilung wird u. U. jedoch auch erwartet, dass sie zu einem anderen Zeitpunkt eine andere Rolle übernimmt, z. B. dass sie die Auswirkung von Changes bewertet (Change Management Rolle) oder die Leistung der in ihrem Bereich verwendeten Geräte überwacht (Capacity Management Rolle) usw. Der Umfang ihrer Rolle und wodurch die Ausübung dieser Rolle ausgelöst wird, wird durch den jeweiligen Prozess definiert und vom Line Manager vereinbart.

3.2 GLEICHGEWICHT IN DER SERVICE OPERATION

Die Service Operation ist nicht auf die wiederholte Ausführung standardmäßiger Verfahren oder Aktivitäten beschränkt. Alle Funktionen, Prozesse und Aktivitäten sind so konzipiert, dass sie spezifische und vereinbarte Levels der Services für eine sich kontinuierlich verändernde Umgebung bereitstellen.

Das führt zu einem Konflikt: Einerseits soll der Status quo gewahrt werden, andererseits sind Anpassungen an die veränderten Business- und technologischen Umgebungen notwendig. Eine der Schlüsselrollen der Service Operation ist daher der Umgang mit diesem Konflikt und die Schaffung eines Gleichgewichts zwischen gegensätzlichen Prioritäten.

Dieser Abschnitt der Publikation beschäftigt sich mit einigen der wichtigsten Spannungsfeldern und Konflikten und beschreibt, wie IT-Organisationen ein Ungleichgewicht erkennen können, wenn sie mehr zu dem einen oder dem anderen Extrem tendieren. Darüber hinaus enthält dieser Abschnitt hilfreiche Informationen dazu, wie dieser Konflikt gelöst und dadurch eine Annäherung an einen Best Practice Ansatz ermöglicht wird. Jeder Konflikt bietet somit eine Chance auf Wachstum und Verbesserung.

3.2.1 Die interne Sicht der IT (interne IT-View) im Gegensatz zur externen Sicht des Business (externe Business-View)

Der größte Konflikt in allen Phasen des ITSM Lebenszyklus besteht zwischen der Betrachtung der IT als Gruppe von IT Services (externe Business-View) und der Betrachtung der IT als Gruppe von Technologiekomponenten (interne IT-View).

- Die externe Sicht auf die IT entspricht der Art und Weise, wie Services von Anwendern und Kunden wahrgenommen werden. Sie verstehen nicht immer alle Einzelheiten der Technologie, die zum Management dieser Services verwendet wird. Manchmal interessieren sie sich auch nicht dafür. Für sie zählt nur, dass die Services anforderungsgerecht und wie vereinbart bereitgestellt werden.
- Die interne Sicht der IT entspricht der Art und Weise, wie IT-Komponenten und Systeme gesteuert und verwaltet werden, damit die Services bereitgestellt werden können. Da IT-Systeme komplex und vielseitig sind, bedeutet das häufig, dass die Technologie von verschiedenen Teams oder Abteilungen gesteuert wird, die alles daran setzen, für „ihre" Systeme eine gute Leistung und hohe Verfügbarkeit zu erreichen.

Für die Bereitstellung von Services sind beide Sichten erforderlich. Organisationen, die sich nur auf die Business-Anforderungen konzentrieren, ohne darüber nachzudenken, wie die Services bereitgestellt werden können, machen Zusagen, die sie letztendlich nicht einhalten können. Organisationen, die sich dagegen nur auf die internen Systeme konzentrieren, ohne darüber nachzudenken, welche Services sie unterstützen, stellen letztendlich Services zu hohen Kosten und geringen Mehrwert bereit.

Das mögliche Auftreten von Rollenkonflikten zwischen der externen und der internen Sicht ist auf zahlreiche Variablen zurückzuführen, wie der Reife der Organisation, ihrer Managementkultur, ihrer Geschichte usw. Daher ist es schwierig, ein Gleichgewicht zu finden. Die meisten Organisationen neigen eher zu einer der beiden Rollen. Natürlich ist keine Organisation ausschließlich auf die interne oder die externe Sicht fixiert. Vielmehr nehmen sie im Normalfall eine Position ein, die zwischen den beiden Rollen liegt. Dies ist in Abbildung 3.1 dargestellt:

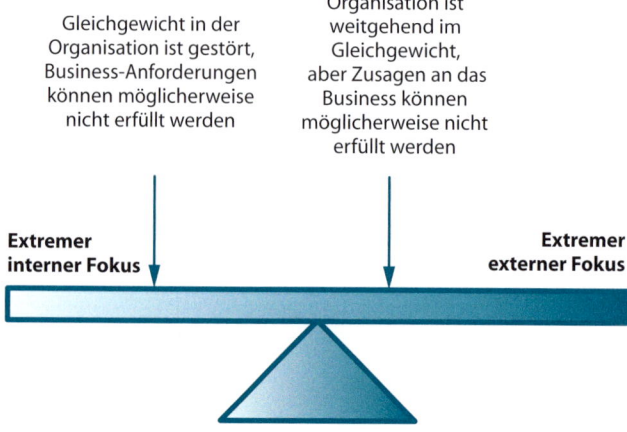

Abbildung 3.1 – Gleichgewicht zwischen externem und internem Fokus

Tabelle 3.1 enthält einige Beispiele für Merkmale der Positionen an den äußeren Enden des Spektrums. Mithilfe dieser Tabelle können Organisationen beurteilen, zu welchem Extrem sie eher tendieren. Die tatsächlichen Positionen, die Organisationen anstreben sollten, können mit dieser Tabelle nicht ermittelt werden.

Diese Liste bedeutet nicht, dass der externe Schwerpunkt unwichtig ist. Der ganze Zweck des Service Management besteht darin, Services bereitzustellen, die die Ziele der gesamten Organisation erfüllen. Entscheidend ist, die Services kundengerecht zu strukturieren. Die Servicequalität kann dennoch leiden, wenn nicht bedacht wird, wie die Services bereitgestellt werden.

Tabelle 3.1 – Beispiele für extremen Fokus auf interne und auf externe Aspekte

	Extremer interner Fokus	Extremer externer Fokus
Primärer Fokus	Leistung und Management von Geräten, Systemen und Mitarbeitern der IT-Infrastruktur, wobei das Endergebnis des IT Service nur eine untergeordnete Rolle spielt	Erreichen einer hohen IT Service Performance, wobei nebensächlich ist, wie diese Performance erreicht wird
Messgrößen	■ Schwerpunkt auf technischer Performance, ohne anzugeben, was das für die Services bedeutet ■ Interne Messgrößen (z. B. Netzwerkverfügbarkeit) werden dem Business anstelle von Messgrößen zur Service-Performance gemeldet	■ Schwerpunkt auf externen Messgrößen, ohne den internen Mitarbeitern zu zeigen, wie diese abgeleitet oder verbessert werden können ■ Von den internen Mitarbeitern wird erwartet, dass sie ihre eigenen Messgrößen zur Messung der internen Leistung festlegen
Kunden-/Anwendererfahrung	■ Hohe Konsistenz bei der Bereitstellung, wobei nur ein Bruchteil der Business-Anforderungen abgedeckt werden ■ Einsatz eines „Push"-Ansatzes für die Bereitstellung, d. h. vorzugsweise wird ein Standardsatz an Services für alle Geschäftsbereiche verwendet	■ Mangelhafte Konsistenz bei der Bereitstellung ■ „Die IT ist mit guten Mitarbeitern mit guten Absichten besetzt, doch die Umsetzung ist nicht immer optimal" ■ Reaktiver Betriebsmodus ■ Einsatz eines „Pull"-Ansatzes für die Bereitstellung," d. h. vorzugsweise werden kundenspezifische Services auf Anfrage bereitgestellt
Betriebsstrategie	■ Allgemeiner Standardbetrieb ■ Alle neuen Services müssen mit der aktuellen Architektur und den geltenden Verfahren kompatibel sein	■ Mehrere Bereitstellungsteams und mehrere Technologien ■ Neue Technologien erfordern neue Betriebsansätze und häufig neue IT-Betriebsteams
Verfahren und Handbücher	Fokus ausschließlich auf dem effektiven Management der Technologie und nicht darauf, wie sich deren Performance auf die IT Services auswirkt	Fokus primär auf den auszuführenden Aktivitäten und dem Zeitpunkt und weniger auf dem „Wie"
Kostenstrategie	■ Kostensenkung ausschließlich durch Technologiekonsolidierung ■ Optimierung der betrieblichen Verfahren und Ressourcen ■ Business-Auswirkung von Kostensenkungen sind häufig erst später erkennbar ■ Return on Investment Berechnungen konzentrieren sich ausschließlich auf Kosteneinsparungen oder Amortisationsdauer	■ Budgetzuweisung abhängig davon, welcher Geschäftsbereich augenscheinlich den größten Bedarf hat ■ Weniger präsente oder „lautstarke" Geschäftsbereiche erhalten häufig schlechtere Services, weil ihre Services nicht genügend Finanzmittel erhalten

	Extremer interner Fokus	Extremer externer Fokus
Schulungen	Schulungen zur Weitergabe von Wissen; neue Operations-Mitarbeiter müssen lernen, wie Aktivitäten ausgeführt werden, nicht warum	■ Schulungen werden auf Projektbasis durchgeführt ■ Es gibt keine Standardschulungen, weil sich die operativen Verfahren und Technologien ständig verändern
Operations-Mitarbeiter	■ Spezialisierte Mitarbeiter, die ihrem technischen Fachgebiet entsprechend eingesetzt werden ■ Mitarbeiter gehen fälschlicherweise davon aus, dass gute technische Errungenschaften einen guten Kundenservice bedeuten	■ Mitarbeiter mit allgemeinen Fertigkeiten, die z. T. ihren technischen Fähigkeiten entsprechend und z. T. aufgrund ihrer Beziehung zu einem Geschäftsbereich eingesetzt werden ■ Stützung auf „heroische Leistungen", von Mitarbeitern, die außergewöhnliches Engagement bei der Lösung von Problemen zeigen, die durch bessere interne Prozesse gar nicht aufgetreten wären

Um bei der Service Operation ein Gleichgewicht zwischen dem internen und dem externen Schwerpunkt zu wahren, ist ein gezielter, langfristiger Ansatz erforderlich, der in allen Phasen des ITSM Lebenszyklus zur Anwendung kommt. Dazu wird Folgendes benötigt:

- Verständnis dazu, welche Services vom Business genutzt und warum sie verwendet werden
- Kenntnis der relativen Bedeutung und Auswirkung dieser Services auf das Business
- Kenntnis der Technologie und deren Einsatz zur Bereitstellung der IT Services
- Mitwirkung der Service Operation an Continual Service Improvement Projekten, die Möglichkeiten aufzeigen sollen, mehr bereitzustellen, die Servicequalität zu verbessern und die Kosten zu reduzieren
- Verfahren und Handbücher, die die Rolle des IT-Betriebs für das Management der Technologie und die Bereitstellung von IT Services festlegen
- ein eindeutig differenzierter Satz an Messgrößen zur Bewertung der Erreichung von Servicezielen, die an das Business weitergeleitet werden, sowie Messgrößen zur Bewertung der Effizienz und Effektivität der Service Operation, die an die IT-Manager weitergeleitet werden
- genaue Kenntnisse aller Mitarbeiter des IT-Betriebs darüber, wie sich die Performance der Technologie auf die Bereitstellung der IT Services auswirkt und wie sich diese im Gegenzug auf das Business und die Business-Zielsetzung auswirken
- ein Satz von Standardservices, die konsistent für alle Geschäftsbereiche bereitgestellt werden, und ein Satz von Nicht-Standardservices (manchmal kundenspezifische Services), die nur bestimmten Geschäftsbereichen bereitgestellt werden – zusammen mit einem Satz von Standard Operating Procedures (Standardbetriebsabläufen, SOPs), die beide Anforderungen erfüllen
- eine Kostenstrategie, die die Anforderungen verschiedener Geschäftsbereiche mit den Kosteneinsparungen abstimmt, die durch die Optimierung der vorhandenen Technologie oder Investitionen in neue Technologie entstehen – und ein Verständnis der Kostenstrategie seitens aller betroffenen IT-Ressourcen
- eine wertebasierte statt einer kostenbasierten Return on Investment Strategie
- Einbeziehung der Mitarbeiter des IT-Betriebs in die Service Design und Service Transition Phasen des ITSM-Lebenszyklus
- Input von und Feedback zur Continual Service Improvement zur Identifizierung von Bereichen mit einem Ungleichgewicht und Möglichkeiten zur Bestimmung und Durchsetzung von Verbesserungen
- eine klare Kommunikation und ein genauer Schulungsplan für das Business; viele Organisationen erstellen zwar hervorragende Kommunikationspläne für Projekte, haben jedoch Probleme, diese in der operativen Phase umzusetzen

3.2.2 Stabilität versus Reaktionsfähigkeit

Ganz gleich, wie gut Funktionalität und Design eines IT Service sind, wenn die Servicekomponenten nicht verfügbar sind oder inkonsistente Leistung erbringen, ist der Service nur halb so gut.

Das bedeutet, der Servicebetrieb muss dafür sorgen, dass die IT-Infrastruktur stabil und dem Design entsprechend verfügbar ist. Dem Servicebetrieb muss jedoch auch bewusst sein, dass die Business- und IT-Anforderungen Änderungen unterworfen sind.

Manche dieser Änderungen entwickeln sich nach und nach, sind also evolutionär. Funktionalität, Performance und Architektur einer Plattform können sich beispielsweise über einen Zeitraum von mehreren Jahren ändern. Jede Änderung beinhaltet die Chance, dem Business Services auf einem höheren Level bereitzustellen. Bei evolutionären Änderungen kann geplant werden, wie auf die Änderung reagiert werden soll. So wird die Stabilität gewährleistet, während auf die Änderungen reagiert wird.

Viele Änderungen passieren allerdings sehr schnell und manchmal unter enormem Druck. Beispiel: Eine Geschäftseinheit erhält überraschend einen Auftrag, für den zusätzliche IT Services, mehr Kapazität und schnellere Antwortzeiten notwendig sind. Die Fähigkeit, auf diese Art von Änderungen zu reagieren, ohne andere Services zu beeinträchtigen, ist eine große Herausforderung.

Vielen IT-Organisationen gelingt es nicht, dieses Gleichgewicht herzustellen. Sie neigen dazu, sich entweder auf die Stabilität der IT-Infrastruktur oder eine schnelle Reaktionsfähigkeit bei Änderungen zu fokussieren.

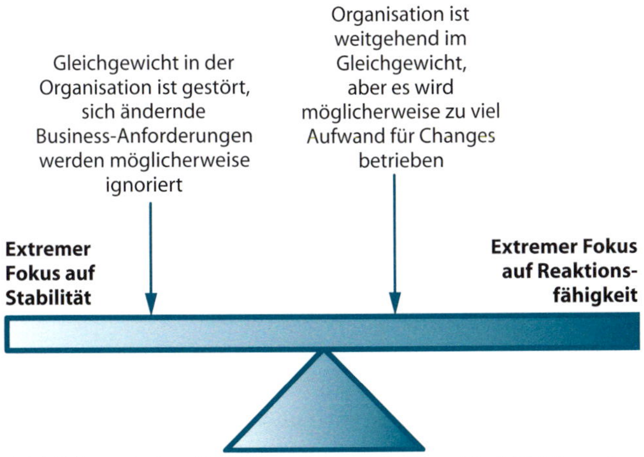

Abbildung 3.2 – Gleichgewicht zwischen Stabilität und Reaktionsfähigkeit

Tabelle 3.2 enthält einige Bespiele für Merkmale der Positionen an den äußeren Enden des Spektrums. Mithilfe dieser Tabelle können Organisationen beurteilen, zu welchem Extrem sie eher tendieren. Die tatsächlichen Positionen, die Organisationen anstreben sollten, können mit dieser Tabelle nicht ermittelt werden.

Damit eine IT-Organisation ein Gleichgewicht zwischen Stabilität und Reaktionsfähigkeit im Bereich Service Operation erreicht, sind folgende Aktionen erforderlich:

- Sicherstellen, dass Investitionen in Technologien getätigt werden und Prozesse flexibel und anpassungsfähig sind, z. B. Technologie zur Virtualisierung von Servern und Applikationen sowie Verwendung von Change-Modellen (siehe Publikation Service Transition)
- Erstellung eines starken Service Level Management (SLM) Prozesses, der von der Service Design Phase bis zur Continual Service Improvement Phase des ITSM Lebenszyklus aktiv ist
- Förderung der Integration zwischen SLM und den anderen Service Design Prozessen, damit die Business-Anforderungen den richtigen operativen IT-Aktivitäten und IT-Komponenten der IT-Infrastruktur zugewiesen werden können; die Modellierung der Auswirkungen von Changes und Verbesserungen wird dadurch einfacher
- Initiieren von Changes in der frühest möglichen Phase des ITSM Lebenszyklus; dadurch wird sichergestellt, dass sowohl funktionale Anforderungen (Business) als auch Management- und Betriebsanforderungen (nichtfunktionale Anforderungen) gemeinsam bewertet und erstellt oder geändert werden können
- Sicherstellen, dass die IT so frühzeitig wie möglich bei Business-Changes im Change-Prozess mitwirkt, damit Skalierbarkeit, Konsistenz und Erreichbarkeit der IT Services, die für Business-Changes erforderlich sind, gewährleistet sind
- Service Operation Teams sollten Input zum fortlaufenden Design und zur Optimierung der Architekturen und IT Services liefern (siehe Publikationen Service Design und Service Strategy)
- Implementierung und Verwendung des SLM, um zu vermeiden, dass Manager und Mitarbeiter des Business und der IT informelle Vereinbarungen aushandeln

3.2.3 Servicequalität versus Servicekosten

Die Service Operation wird kontinuierlich benötigt, um den Kunden und Anwender IT Service gemäß dem vereinbarten Level bereitzustellen und gleichzeitig die Kosten und die Ressourcenauslastung zu optimieren.

Tabelle 3.2 – Beispiele für extremen Fokus auf Stabilität und auf Reaktionsfähigkeit

	Extremer Fokus auf Stabilität	Extremer Fokus auf Reaktionsfähigkeit
Primärer Fokus	■ Technologie ■ Entwicklung und Optimierung der Standardtechniken und -prozesse für das IT-Management	■ Ergebnis für das Business ■ Zustimmung zu erforderlichen Änderungen, bevor festgelegt wird, wie sie bereitgestellt werden können
Typische auftretende Probleme	IT kann unter Beweis stellen, dass sie SOPs und Operational Level Agreements (OLAs) einhält, selbst wenn es keine Abstimmung mit den Business-Anforderungen gibt	IT-Mitarbeiter stehen für die Definition oder Ausführung von Routineaufgaben nicht zur Verfügung, weil sie mit Projekten für neue Services beschäftigt sind
Strategien zur Weiterentwicklung von Technologie	■ Wachstumsstrategie basierend auf der Analyse der bestehenden Nachfrage nach vorhandenen Systemen ■ Neue Services stoßen auf Widerstand; Geschäftsbereiche übernehmen manchmal die Verantwortung für „ihre eigenen" Systeme, um neue Services nutzen zu können	■ Technologieanschaffungen für jede neue Business-Anforderung ■ Einsatz verschiedener Technologien und Lösungen für ähnliche Ergebnisse, um geringfügig variierende Business-Anforderungen zu erfüllen
Eingesetzte Technologie zur Bereitstellung von IT Services	Einsatz von vorhandener oder Standardtechnologie; Services müssen entsprechend den gegebenen Parametern angepasst werden	Übermäßige Bereitstellung; es werden keine Versuche unternommen, den neuen Service an die bestehende Infrastruktur anzupassen; für jedes neue Projekt wird die entsprechende Technologie erworben
Capacity Management	■ Prognosen basieren auf Projektionen der aktuellen Auslastung ■ System-Performance wird durch Tuning und Demand Management auf einem konstanten Level gehalten, nicht durch die Prognose und das Management der Auslastung	■ Prognosen basieren individuell auf der zukünftigen Business-Aktivität für jeden Service und ignorieren die IT-Aktivität oder andere IT Services ■ Bestehende Auslastung ist irrelevant

Abbildung 3.3 zeigt die Investition, die zur Bereitstellung eines Service mit steigendem Qualitätsniveau erforderlich ist.

In Abbildung 3.3 führt eine Qualitätssteigerung zu einem Anstieg der Servicekosten und umgekehrt. Das Verhältnis ist jedoch nicht immer direkt proportional:

- Am Anfang des Servicelebenszyklus ist eine wesentliche Verbesserung der Servicequalität mit einem relativ geringen Kostenaufwand möglich. Die Steigerung der Serviceverfügbarkeit von 55 % auf 75 % ist beispielsweise relativ problemlos möglich und erfordert keine große Investition.
- Später im Servicelebenszyklus sind selbst minimale Verbesserungen der Qualität ziemlich kostenintensiv. Um beispielsweise eine Steigerung der Serviceverfügbarkeit von 96 % auf 99,9 %

zu erzielen, sind erhebliche Investitionen in Hochverfügbarkeitstechnologie, Support-Mitarbeiter und Hilfsmittel notwendig.

Das mag zwar logisch klingen, doch viele Organisationen stehen unter einem enormen Druck, die Servicequalität zu erhöhen und gleichzeitig Kosten zu senken. In Abbildung 3.3 ist das Verhältnis zwischen Kosten und Qualität manchmal umgekehrt. Es ist möglich, die Qualität zu verbessern und gleichzeitig die Kosten zu senken (im Normalfall im Bereich der Optimierung). Dieser Vorgang wird normalerweise in der Phase Service Operation initiiert und in der Phase Continual Service Improvement fortgeführt. Einige Kosteneinsparungen können schrittweise im Laufe der Zeit erreicht werden, doch die meisten Kosteneinsparungen sind nur einmal möglich. Beispiel: Ein doppelt vorhandenes Software-Tool kann nur

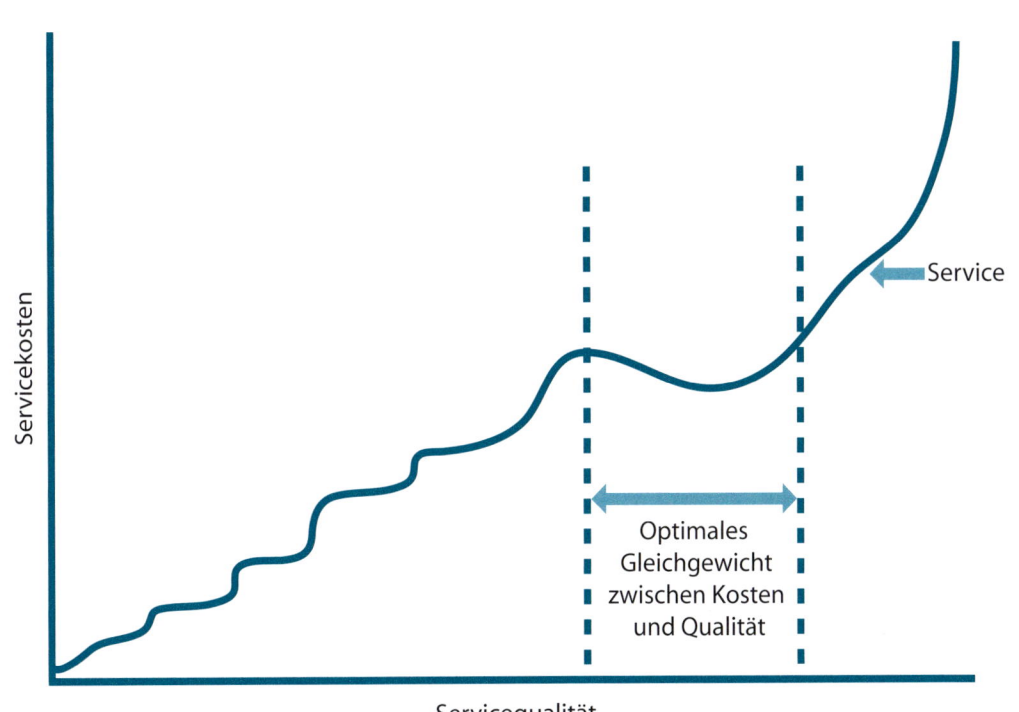

Abbildung 3.3 – Gleichgewicht zwischen Servicequalität und Servicekosten

einmal abgeschafft werden, um Kosteneinsparungen zu erzielen.

Eine Schlüsselrolle im Service Management besteht darin, ein Gleichgewicht zwischen Kosten und Qualität (dargestellt zwischen den gestrichelten Linien in Abbildung 3.3) zu finden. Es gibt keine Branchennorm für diesen Bereich, da jeder Service abhängig von der Art des Service und der Art des Business-Ziels einen anderen Optimierungsbereich aufweist. Das Business kann z. B. zu zusätzlichen Ausgaben bereit sein, um Hochverfügbarkeit für einen kritischen Service zu erzielen, und sich dafür mit der niedrigeren Qualität eines administrativen Hilfsmittels arrangieren.

Das angestrebte Gleichgewicht zwischen Kosten und Qualität sollte in der Service Strategy und Service Design Phase des Lebenszyklus festgelegt werden. In vielen Organisationen fällt diese Aufgabe jedoch den Service Operation Teams zu – von denen viele nicht alle Fakten kennen oder nicht autorisiert sind, diese Entscheidung zu treffen.

Leider kommt es auch häufig vor, dass Organisationen sehr viel Geld ausgeben, ohne dass sich die Qualität wesentlich verbessert. Die Continual Service Improvement Phase kann die Ursache dieser Ineffizienz ermitteln, das optimale Gleichgewicht für diesen Service bewerten und einen Korrekturplan ausarbeiten.

Es ist wichtig, das richtige Gleichgewicht zu finden. Wenn der Schwerpunkt zu stark auf der Qualität liegt, bieten die IT Services mehr als nötig und verursachen höhere Kosten. Dies könnte zu Diskussionen über Preisreduzierungen der Services führen. Liegt der Schwerpunkt zu sehr auf den Kosten, gelingt es der IT zwar, das Budget einzuhalten oder sogar zu unterschreiten. Dabei läuft die IT Gefahr, dem Business qualitativ minderwertige IT Services anzubieten.

Anmerkung: Wie viel ist zu viel?

Seit einigen Jahren stehen IT-Organisationen unter dem Druck, ihre Kosten zu reduzieren. In vielen Fällen führte das zur Optimierung von Kosten und Qualität. Es gab jedoch auch Fälle, in denen die Kosten so weit gesenkt wurden, dass die Qualität darunter litt. Dies hatte zunächst nur minimale Konsequenzen – eine geringfügig längere Incident-Lösungszeit und ein kleiner Anstieg der Incident-Anzahl. Im Laufe der Zeit spitzte sich die Lage jedoch zu. Die Mitarbeiter mussten länger arbeiten, um die höhere Auslastung zu bewältigen, und die Infrastruktur für die Services war nicht mehr auf dem neuesten Stand.

Es gibt keine einfache Formel, mit der sich überprüfen lässt, ob die Kosten zu stark gesenkt wurden, doch mit einem guten SLM kann das Bewusstsein der Kunden für die Auswirkungen von zu drastischen

> Kosteneinsparungen geschärft werden. Wenn die ersten Anzeichen dafür richtig gedeutet werden, kann eine Organisation diese Situation besser korrigieren.

Mit Service Level Anforderungen – und einem genauen Verständnis für den Business-Zweck eines Service und für potenzielle Risiken – kann sichergestellt werden, dass der Service zu angemessenen Kosten bereitgestellt wird. Dadurch kann eine übermäßige Erweiterung des Service verhindert werden, nur weil das verfügbare Budget das zulässt, bzw. eine Einschränkung des Service, nur weil das Business die Management- und Betriebsanforderungen (nichtfunktionale Anforderungen) der Lösung nicht verstanden hat. In beiden Fällen wäre der Kunde mit der Lösung unzufrieden, und eine Überarbeitung oder Anpassung des Service an die Anforderungen, die beim Service Design festgelegt wurden, würde noch mehr Kosten verursachen.

Tabelle 3.3 enthält einige Beispiele für Merkmale der Positionen an den äußeren Enden des Kosten-/Qualitätsspektrums. Mithilfe dieser Tabelle können Organisationen beurteilen, zu welchem Extrem sie eher tendieren. Die tatsächlichen Positionen, die Organisationen anstreben sollten, können mit dieser Tabelle nicht ermittelt werden.

Bei einem Gleichgewicht kann die Bereitstellung des Service Level, der zur Erfüllung der Business-Anforderungen erforderlich ist, bei optimalen Kosten gewährleistet werden. Dazu wird Folgendes benötigt:

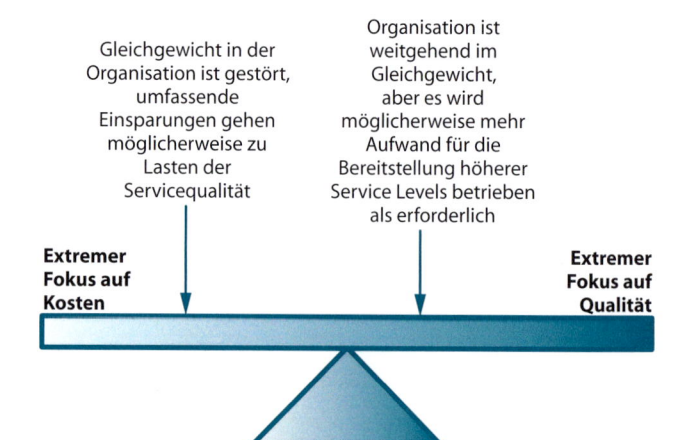

Abbildung 3.4 – Gleichgewicht zwischen Kosten und Qualität

- ein Financial Management Prozess und Tools, die die Kosten für die Bereitstellung von IT Services ermitteln und alternative Methoden der Servicebereitstellung zu unterschiedlichen Kosten modellieren. Beispiel: Ein Vergleich der Kosten für die Bereitstellung eines Service mit 98 % Verfügbarkeit oder 99,9 % Verfügbarkeit; oder die Kosten für die Bereitstellung eines Service mit oder ohne zusätzliche Funktionalität.
- Sicherstellen, dass Entscheidungen hinsichtlich Kosten bzw. Qualität von den zuständigen Managern in der Service Strategy und Service Design Phase getroffen werden. Manager des IT-Betriebs sind im Allgemeinen nicht in der Lage, Business-Chancen zu bewerten und sollten ausschließlich Finanzentscheidungen hinsichtlich der betrieblichen Effizienz treffen.

Tabelle 3.3 – Beispiele für extremen Fokus auf Qualität und auf Kosten

	Extremer Fokus auf Qualität	Extremer Fokus auf Kosten
Primärer Fokus	Bereitstellung des vom Business geforderten Qualitätsniveaus um jeden Preis	Einhaltung des Budgets und Reduzierung von Kosten
Typische auftretende Probleme	■ Explodierende Budgets ■ IT Services liefern mehr als für den Business-Erfolg notwendig ■ Steigender Bedarf nach hoch qualitativen Services	■ Einschränkung der Servicequalität anhängig von der Budgetverfügbarkeit durch die IT ■ Eskalationen seitens des Business, um mehr Service von der IT zu erhalten
Financial Management	Die IT verfügt über keine Methode, die Kosten für IT Services zu kommunizieren; Kostenrechnungsmethoden basieren auf einer Kumulationsmethode (z. B. Kosten der IT pro Anwender)	Finanzberichte werden ausschließlich für budgetierte Beträge erstellt; es gibt keine Möglichkeit, Aktivitäten der IT mit der Bereitstellung von IT Services zu verknüpfen

3.2.4 Reaktives Verhalten versus proaktivem Verhalten

Eine reaktive Organisation handelt erst, wenn sie durch eine externe Motivation dazu veranlasst wird, z. B. eine neue Business-Anforderung, eine neu entwickelte Anwendung oder eine Eskalation der Beschwerden von Anwendern und Kunden. Leider konzentrieren sich viele Organisationen auf das reaktive Management, weil sie fälschlicherweise der Ansicht sind, dass dies die einzige Möglichkeit ist, konsistente und stabile Services bereitzustellen. Dadurch wird proaktives Verhalten der Mitarbeiter im Bereich Service Operation aktiv verhindert. Das führt paradoxerweise dazu, dass die Abkehr vom proaktiven Service Management letztendlich den Aufwand und die Kosten der reaktiven Aktivitäten erhöhen und die Stabilität und Konsistenz der Services zusätzlich gefährdet werden.

Eine proaktive Organisation ist ständig auf der Suche nach Möglichkeiten, die aktuelle Situation zu verbessern. Sie überprüft laufend die interne und externe Umgebung und sucht nach Anzeichen für Änderungen mit potenziellen Auswirkungen. Proaktives Verhalten gilt in der Regel als positiv, besonders weil sich die Organisation damit in einer sich ständig verändernden Umgebung einen Wettbewerbsvorteil sichern kann. Ein übermäßig proaktives Verhalten kann jedoch teuer werden und dazu führen, dass die Mitarbeiter vom Wesentlichen abgelenkt werden. Häufig wird das optimale Ergebnis erreicht, wenn ein Gleichgewicht zwischen reaktivem und proaktivem Verhalten gefunden wird.

Grundsätzlich ist es besser, IT Services proaktiv zu verwalten, das zu planen oder zu erreichen ist jedoch nicht ganz einfach. Dies liegt daran, dass der Aufbau einer proaktiven IT-Organisation von vielen Faktoren abhängt. Einige davon werden nachfolgend genannt:

- Der Reifegrad der Organisation. Je länger die Organisation bereits einen konsistenten Satz an IT Services bereitstellt, desto wahrscheinlicher ist es, dass sie die Beziehung zwischen der IT und dem Business sowie zwischen der IT-Infrastruktur und den IT Services versteht.
- Die Kultur der Organisation. Bei manchen Organisationen steht Innovation im Mittelpunkt der Kultur. Diese Organisationen agieren tendenziell eher proaktiv. Andere Organisationen wiederum konzentrieren sich eher darauf, den Status quo zu halten. Sie stehen Veränderungen kritisch gegenüber und handeln eher reaktiv.
- Die Rolle der IT im Business und ihr Auftrag, die Strategie und Taktik des Business zu beeinflussen. Beispiel: Bei einem Unternehmen, bei dem der CIO Vorstandsmitglied ist, ist die IT-Organisation mit hoher Wahrscheinlichkeit viel proaktiver und handlungsfreudiger als bei einem Unternehmen, dessen IT als notwendiges Übel angesehen wird.
- Inwieweit Managementprozesse und -Tools integriert sind. Je besser die Integration, desto besser sind mögliche Chancen erkennbar.
- Der Reifegrad und der Umfang des Knowledge Management in der Organisation. Dies trifft insbesondere auf Organisationen zu, die historische Daten – v. a. Availability Management und Problem Management Daten – effektiv gespeichert und organisiert haben.

Was den Reifegrad anbelangt, haben neuere Organisationen natürlich andere Prioritäten und Erfahrungen als ältere Organisationen – die Best Practice einer reifen Organisation muss nicht zwangsläufig für eine jüngere Organisation geeignet sein. Folglich könnte ein Ungleichgewicht entstehen, weil eine Organisation reifer oder weniger reif ist. Beachten Sie folgende Punkte:

- Organisationen mit einem geringeren Reifegrad (oder Organisationen mit neueren IT Services oder Technologien) sind im Allgemeinen reaktiver, weil sie einfach nicht alle Variablen im Zusammenhang mit dem Betrieb ihres Business oder der Bereitstellung von IT Services kennen.
- IT-Mitarbeiter in neueren Organisationen neigen dazu, Generalisten zu sein, weil nicht eindeutig ist, was für die Bereitstellung stabiler IT Services für das Business benötigt wird.
- Incidents und Probleme in neueren Organisationen sind verhältnismäßig schwer vorhersehbar, weil die Technologie relativ neu ist und sich schnell ändert.
- Reifere Organisationen neigen eher zu proaktivem Verhalten, weil sie über mehr Daten und Berichte verfügen und die typischen Incident- und Workflow-Muster kennen. Folglich können Ausnahmen viel leichter prognostiziert werden.
- In reifen Organisationen unterhalten die IT-Mitarbeiter tendenziell engere Beziehungen zum Business und können deshalb proaktiver agieren, was die Erfüllung von sich ändernden Business-Anforderungen angeht. Dies trifft insbesondere zu, wenn die IT als strategische Komponente des Business angesehen wird.

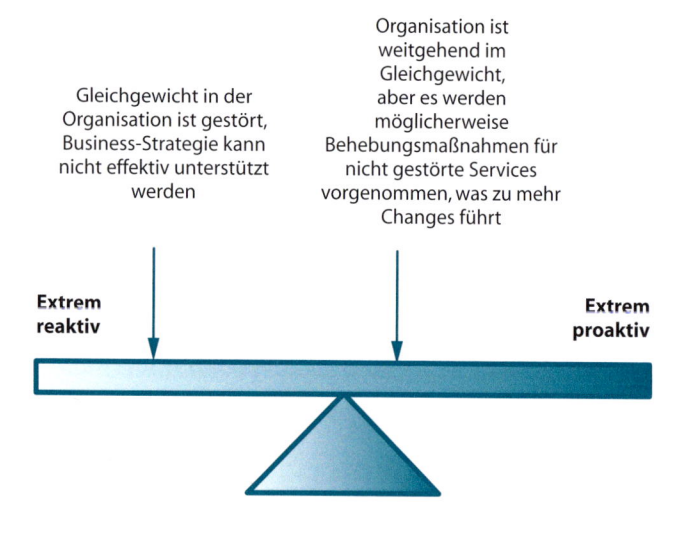

Abbildung 3.5 – Gleichgewicht zwischen reaktiv und proaktiv

Links (Extrem reaktiv): Gleichgewicht in der Organisation ist gestört, Business-Strategie kann nicht effektiv unterstützt werden

Mitte: Organisation ist weitgehend im Gleichgewicht, aber es werden möglicherweise Behebungsmaßnahmen für nicht gestörte Services vorgenommen, was zu mehr Changes führt

Tabelle 3.4 enthält einige Bespiele für Merkmale der Positionen an den äußeren Enden des Spektrums. Mithilfe dieser Tabelle können Organisationen beurteilen, zu welchem Extrem sie eher tendieren. Die tatsächlichen Positionen, die Organisationen anstreben sollten, können mit dieser Tabelle nicht ermittelt werden.

Grundsätzlich ist proaktives Verhalten in der Service Operation gut, es gibt jedoch Situationen, in denen reaktives Verhalten gefordert ist. Die Rolle der Service Operation ist es deshalb, ein Gleichgewicht zwischen reaktivem und proaktivem Verhalten zu finden. Dazu ist Folgendes erforderlich:

- Formale Problem Management und Incident Management Prozesse, die zwischen Service Operation und Continual Service Improvement integriert sind.

Tabelle 3.4 – Beispiele für extrem reaktives und proaktives Verhalten

	Extrem reaktiv	Extrem proaktiv
Primärer Fokus	Reagieren auf Business-Anforderungen und Incidents nachdem sie bekannt sind	Antizipieren von Business-Anforderungen, bevor sie bekannt werden, bzw. von Problemen, bevor sie eintreten
Typische auftretende Probleme	▪ Lange Vorbereitungen zur Bereitstellung neuer Services, weil jedes Projekt wie das erste Projekt behandelt wird ▪ Ähnliche Incidents treten immer wieder auf, weil es keine Möglichkeit zur Trendermittlung für sie gibt ▪ Hohe Mitarbeiterfluktuation und niedrige Arbeitsmoral, weil die IT-Mitarbeiter immer wieder bei verschiedenen Projekten eingesetzt werden und nie einen stabilen Satz an IT Services fertig stellen können	▪ Noch bevor die Anforderungen bekannt sind, werden Ausgaben getätigt; dies kann zu IT-Anschaffungen führen, die nie eingesetzt werden, weil die IT die falschen Anforderungen prognostiziert hat oder das Projekt gestoppt wurde ▪ Die IT-Mitarbeiter sind tendenziell schon lange Zeit in der Organisation und gehen davon aus, dass sie die Business-Anforderungen besser kennen als das Business selbst
Capacity-Planung	Erst wenn Kapazitätsprobleme auftreten, werden zusätzliche Kapazitäten organisiert, die bis zum nächsten kapazitätsabhängigen Incident ausreichen.	Kapazitätsprobleme werden antizipiert, und Investitionen getätigt, um diese zu vermeiden – auch wenn der Eintritt des Szenarios unwahrscheinlich ist
IT Service Continuity Planung	▪ Pläne werden erst bei einem Major Event oder Disaster erstellt ▪ Die IT-Pläne konzentrieren sich auf die Wiederherstellung der Schlüsselsysteme, ohne sicherzustellen, dass das Business seine Prozesse wiederherstellen kann	Überplanung (und zu hohe Kosten) für IT-Wiederherstellungsoptionen; im Normalfall können die meisten IT Services unverzüglich wiederhergestellt werden, unabhängig von Auswirkung oder Priorität
Change Management	▪ Changes werden häufig gar nicht oder in letzter Minute als Notfall-Change erfasst ▪ Nicht genügend Zeit für ordentliche Auswirkungs- und Kostenbewertungen ▪ Changes werden unzureichend getestet und gesteuert, so dass es zu vielen Incidents kommt	Changes werden beantragt und implementiert, selbst wenn sie nicht unbedingt erforderlich sind, d. h. es wird viel Zeit für die Reparatur von Komponenten aufgewendet, die nicht reparaturbedürftig sind

- Die Fähigkeit, technische Defekte sowie den Business-Bedarf zu priorisieren. Dies muss während der Service Operation geschehen, doch die entsprechenden Mechanismen müssen während der Service Strategy und dem Service Design implementiert werden. Zu diesen Mechanismen können Kategorisierungssysteme für Incidents sowie Eskalationsverfahren und -Tools gehören, die die Bewertung der Auswirkungen von Changes erleichtern.
- Daten vom Configuration und Asset Management, damit sie bei Bedarf genutzt werden können, Projektzeit eingespart wird und genauere Entscheidungen getroffen werden können.
- Kontinuierliches Engagement des SLM bei der Service Operation.

3.3 BEREITSTELLEN EINES SERVICE

Allen Mitarbeitern der Service Operation muss bewusst sein, dass es ihre Aufgabe ist, dem Business einen „Service bereitzustellen". Sie müssen einen zeitnahen (schnelle Reaktion und Bereitstellung von Anforderungen), professionellen und bequemen Service bereitstellen, der dem Business die Ausführung der eigenen Aktivitäten ermöglicht, so dass die Anforderungen der kommerziellen Kunden erfüllt werden können und das Business erfolgreich ist.

Es ist wichtig, dass die Mitarbeiter nicht nur darin geschult werden, wie sie die IT Services liefern und unterstützen, sondern auch darin, was bei der Bereitstellung dieser Services zu berücksichtigen ist. Beispielsweise können auch kompetente Mitarbeiter, die einen Service effektiv liefern, unzufriedene Kunden haben, wenn sie unsensibel oder herablassend auftreten. Umgekehrt ist auch ein ausgesprochen zuvorkommendes Verhalten gegenüber dem Kunden nicht hilfreich, wenn der Service nicht geliefert wird.

Ein kritischer Faktor für den Erfolg eines Service Providers ist die Zeit und der Aufwand, die bzw. der in die Einstellung und Schulung von Mitarbeitern investiert wird, damit Kompetenz im Umgang mit und beim Management von Kundenbeziehungen und -interaktionen entwickelt werden kann. Dieser Aufwand sollte dem zur Entwicklung technischer Kompetenzen für das Management der IT-Umgebung in nichts nachstehen.

3.4 MITWIRKUNG DER SERVICE OPERATION MITARBEITER BEIM SERVICE DESIGN UND BEI DER SERVICE TRANSITION

Es ist wichtig, dass die Service Operation Mitarbeiter beim Service Design und bei der Service Transition und unter Umständen auch bei der Service Strategy einbezogen werden.

Eine Voraussetzung für ein Gleichgewicht in der Service Operation sind effektive Service Design Prozesse. Dadurch erhält das IT Operations Management:

- eine genaue Definition der Ziele und Performance-Kriterien für IT Services
- eine Verbindung zwischen den Spezifikationen des IT Service und der Performance der IT-Infrastruktur
- die Definition von betrieblichen Performance-Anforderungen
- eine Abstimmung von Services und Technologie
- die Möglichkeit, die Auswirkung bei Technologieänderungen und bei Änderungen der Business-Anforderungen zu modellieren
- geeignete Kostenmodelle (z. B. kunden- oder servicebasiert) zur Evaluierung von Return on Investment und Kostenreduzierungsstrategien

In welcher Form das IT Operations Management einbezogen wird, sollte genau abgewogen werden. Das Service Design ist eine Phase im Service Management Lebenszyklus, die eine Reihe von Prozessen verwendet, und keine von der Service Operation unabhängige Funktion. Folglich kommen viele Personen, die am Service Design beteiligt sind, aus dem IT Operations Management.

Dieser Umstand sollte nicht nur gefördert werden, sondern die Service Operation Mitarbeiter sollten an ihrem Engagement bei Service Design Aktivitäten gemessen werden – und solche Aktivitäten sollten in Tätigkeitsbeschreibungen, Rollen usw. berücksichtigt werden. Auf diese Weise kann Kontinuität zwischen Business-Anforderungen und Technologie-Design sowie -Betrieb gewährleistet werden. Darüber hinaus wird sichergestellt, dass das Design auch umgesetzt werden kann. Die IT Operations Management Mitarbeiter sollten aus Konsistenzgründen auch bei der Service Transition einbezogen werden, damit sowohl die vorgegebenen Business-Anforderungen als auch die Management- und Betriebsanforderungen (nichtfunktionale Anforderungen) erfüllt werden können.

Für diese Aktivitäten müssen Ressourcen bereitgestellt und der Zeitaufwand berücksichtigt werden.

3.5 OPERATIVE GESUNDHEIT

Viele Organisationen vergleichen das Monitoring und die Steuerung der Service Operation mit Maßnahmen zu Kontrolluntersuchungen der Gesundheit.

In diesem Sinne kann die IT-Infrastruktur als Organismus betrachtet werden, dessen Lebensfunktionen überwacht werden können. Das bedeutet, dass nicht jede Komponente jedes IT-Systems separat kontinuierlich überwacht werden muss, um seine Funktionsfähigkeit sicherzustellen.

Die operative Gesundheit kann ermittelt werden, indem einige wichtige „Lebensfunktionen" von Geräten oder Services isoliert betrachtet werden, die als kritisch für die erfolgreiche Ausführung der Vital Business Function definiert sind. Dies könnte etwa die Bandbreitenauslastung eines Netzwerksegments oder die Arbeitsspeicherauslastung eines wichtigen Servers sein. Wenn diese Funktionen im normalen Bereich liegen, ist das System gesund und muss nicht weiter beobachtet werden. Dieser verringerte Monitoring-Aufwand führt zu Kosteneinsparungen und bewirkt, dass sich die operativen Teams und Abteilungen auf die Bereiche konzentrieren können, die für den Erfolg des Service relevant sind.

Wie bei Organismen ist es jedoch wichtig, die Systeme von Zeit zu Zeit intensiv zu untersuchen, um Probleme zu erkennen, die sich nicht unmittelbar auf die Lebenssignale auswirken. Beispiel: Ein Datenträger kann tadellos funktionieren, obwohl er in Kürze seinen Grenzwert für die Mean Time Between Failures (durchschnittliche Zeit zwischen zwei Ausfällen, MTBF) erreicht. In diesem Fall sollte das System außer Betrieb genommen und gründlich untersucht werden. Das Endergebnis muss jedoch immer sein, dass der Service als Ganzes funktioniert. Das bedeutet, dass Untersuchungen von Komponenten mit Untersuchungen des End-to-End-Service im Gleichgewicht stehen sollten. Die Definition, was zu überwachen ist, und die Festlegung, was als gesund bzw. nicht gesund gilt, wird im Service Design vorgenommen, insbesondere im Availability Management und SLM.

Die operative Gesundheit richtet sich nach der Fähigkeit, Incidents und Probleme durch Investitionen in eine zuverlässige und wartbare Infrastruktur zu vermeiden. Dies wird durch ein gutes Availability Design und Proactive Problem Management erreicht. Gleichzeitig hängt die operative Gesundheit auch von der Fähigkeit ab, Fehler zu identifizieren und effektiv zu lokalisieren, so dass sie den Service minimal beeinträchtigen. Dies erforderte ein starkes (vorzugsweise automatisiertes) Incident und Problem Management.

Das Konzept der operativen Gesundheit hat auch den spezialisierten Bereich der „Selbstheilungssysteme" hervorgebracht. Dies ist eine Anwendung des Availability, Capacity, Knowledge, Incident und Problem Management und bezeichnet ein System, das unter schwierigsten Betriebsbedingungen eingesetzt werden kann und die meisten Incidents und Known Errors erkennt, diagnostiziert und behebt. Selbstheilungssysteme sind unter verschiedenen Bezeichnungen bekannt, z. B. als autonome Systeme, adaptive Systeme und dynamische Systeme. Selbstheilungssysteme zeichnen sich u. a. durch folgende Eigenschaften aus:

- Die Ausfallsicherheit ist im System integriert, z. B. mehrere redundante Datenträger oder Prozessoren. Das System kann so vor Hardwareausfällen geschützt werden, weil der Betrieb mit der zweiten Hardwarekomponente fortgesetzt werden kann.
- Die Ausfallsicherheit für die Software, Daten und das Betriebssystem ist ebenfalls im System integriert, z. B. gespiegelte Datenbanken (eine Datenbank wird auf ein Backup-Gerät dupliziert) und Disk Striping Technologie (mit der einzelne Datenbits auf ein Datenträger-Array verteilt werden, so dass bei einem Datenträgerausfall nur ein Teil der Daten verloren geht, die mit Algorithmen problemlos wiederhergestellt werden können).
- Die Möglichkeit, die Verarbeitung von einem physischen Gerät an ein anderes zu übergeben, ohne den Service zu unterbrechen. Dies kann als Reaktion auf einen Ausfall geschehen oder bei starker Auslastung des Geräts (manche Systeme sind so konzipiert, dass sie die Auslastung der Verarbeitung fortlaufend verteilen, um die verfügbare Kapazität optimal zu nutzen; dies wird auch Virtualisierung genannt).
- Integrierte Monitoring-Hilfsprogramme, mit denen das System Events erkennen und bestimmen kann, ob sich das System im normalen Betrieb befindet oder nicht.
- Eine Correlation Engine (siehe Abschnitt 4.1.5.6 zum Event Management). Das System kann damit die Bedeutung der einzelnen Events ermitteln und bestimmen, ob es eine vordefinierte Antwort für dieses Event gibt.
- Eine Reihe von Diagnose-Tools, wie Diagnoseskripte, Fehlerbäume sowie eine Datenbank mit Known Errors und gängigen Workarounds. Sie kommen zum Einsatz,

sobald ein Fehler festgestellt wird, um die richtige Antwort zu ermitteln.
- Die Fähigkeit, Anwender durch einen Alarm oder die Auslösung eines Incident auf die Notwendigkeit eines Eingriffs aufmerksam zu machen.

Das Konzept der operativen Gesundheit ist zwar kein Kernkonzept der Service Operation, doch es ist eine hilfreiche Metapher, mit der festgelegt werden kann, was überwacht werden muss und wie häufig vorsorgende Maßnahmen erforderlich sind.

Welche Komponenten auf ihre operative Gesundheit hin untersucht werden sollen und wann, sollte im Service Design festgelegt, in der Service Transition getestet sowie verbessert und ggf. im Continual Service Improvement optimiert werden.

3.6 KOMMUNIKATION

Eine gute Kommunikation mit anderen IT-Teams und Abteilungen, Anwendern und internen Kunden sowie zwischen den Service Operation Teams und den jeweiligen Abteilungen ist sehr wichtig. Problematische Situationen können häufig durch eine intensive Kommunikation vermieden oder abgeschwächt werden.

Dieser Abschnitt bietet einen Überblick über die Kommunikation, die in der Service Operation stattfinden sollte. Dies ist kein isolierter Prozess, sondern eine Checkliste für die Art der Kommunikation, die für eine effektive Service Operation erforderlich ist.

Ein wichtiger Grundsatz lautet, dass die gesamte Kommunikation einen bestimmten Zweck verfolgen oder eine Aktion nach sich ziehen muss. Informationen sollten nur dann kommuniziert werden, wenn es eine eindeutige Zielgruppe gibt. Diese Zielgruppe sollte aktiv über die Notwendigkeit dieser Kommunikation und den Einsatz der Informationen mit entschieden haben.

Eine ausführliche Beschreibung der für die Service Operation typischen Kommunikationsarten finden Sie zusammen mit einer Beschreibung der typischen Zielgruppe und den Aktionen, die das Ergebnis der jeweiligen Kommunikation darstellen, in Anhang B dieser Publikation. Dazu gehören:

- routinemäßige Kommunikation im Betrieb
- Kommunikation beim Schichtwechsel
- Performance Reporting
- Kommunikation in Projekten
- Kommunikation im Hinblick auf Changes
- Kommunikation über Ausnahmesituationen
- Kommunikation im Notfall
- Schulungen zu neuen oder kundenspezifischen Prozessen und Service Designs
- Kommunikation im Hinblick auf Strategie und Design mit Service Operation Teams

Beachten Sie, dass es weder ein vorgegebenes Kommunikationsmedium noch einen festen Ort oder eine bestimmte Regelmäßigkeit gibt. In manchen Organisationen findet die Kommunikation in Meetings statt. Andere Organisationen ziehen wiederum die Kommunikation per E-Mail oder mit Service Management Tools vor.

Aus diesem Grund sollte es eine Richtlinie für die Kommunikation innerhalb von Teams oder Abteilungen und für die einzelnen Prozesse geben. Diese Richtlinie sollte zwar formal, doch nicht übertrieben umfassend oder komplex sein. Beispiel: Ein Manager kann festlegen, dass die gesamte Kommunikation zu Changes per E-Mail erfolgen muss. Solange dies in den SOPs der Abteilung (in welcher Form auch immer) festgelegt ist, muss dafür keine eigene Richtlinie erstellt werden.

Der typische Inhalt der Kommunikation ist relativ konsistent, sobald Prozesse definiert sind, die Kommunikationsmittel ändern sich jedoch mit jeder neu eingeführten Technologie. Die Liste der Alternativen wächst und umfasst heute u. a.:

- E-Mail an herkömmliche Clients oder Mobilgeräte
- SMS-Nachrichten
- Pager
- Instant Messaging und webbasierte Chats
- Voice over Internet Protocol (VoIP) Dienstprogramme, die aus jedem webfähigen Gerät ein günstiges Kommunikationsmedium machen
- Dienstprogramme für Telefonkonferenzen und virtuelle Meetings, die die Meeting-Kultur revolutioniert haben, weil große Entfernungen kein Hindernis mehr darstellen
- Dienstprogramme für die Dokumentenfreigabe

Die eigentlichen Kommunikationsmittel sind nicht Gegenstand dieser Publikation. Doch auf folgende Punkte soll an dieser Stelle hingewiesen werden:

- Die Kommunikation hat höchste Priorität, und die Kommunikationsmittel müssen diesem Ziel gerecht werden. Die Notwendigkeit einer sicheren Kommunikation schließt einige der o. g. Kommunikationsmittel möglicherweise von vornherein aus. Manche VoIP-Optionen kommen aufgrund von Qualitätsvorgaben nicht in Frage.

- Grundsätzlich kann jedes Kommunikationsmittel verwendet werden, solange alle Stakeholder wissen, wie und wann die Kommunikation stattfindet.

3.6.1 Meetings

Verschiedene Organisationen kommunizieren auf unterschiedliche Weise. Verteilte Organisationen müssen sich häufig auf E-Mail-Funktionen und Einrichtungen für Telefonkonferenzen verlassen können. Organisationen mit relativ reifen Service Management Prozessen und Tools stützen sich bei der Kommunikation oft auf ihre Tools und Prozesse (z. B. ein Incident Management Tool zur Eskalation und Verfolgung von Incidents anstelle von E-Mails oder Telefonanrufen bei Änderung des Bearbeitungsstatus).

Andere Organisationen wiederum bevorzugen die Kommunikation in Meetings. Allerdings darf es nicht so weit gehen, dass nur während Meetings effektiv gearbeitet wird oder nur hier das Management beteiligt ist. Da persönliche Meetings häufig höhere Kosten verursachen (z. B. für Anreise, Zeit für informelle Gespräche, Getränke usw.), sollten die Organisatoren von Meetings den Wert des Meetings der Anzahl und Identität der Teilnehmer sowie der Zeit, die sie für die Anreise und das Meeting aufwenden, gegenüberstellen.

Meetings dienen dazu, gemeinsame Ziele oder Aktivitäten effektiv an eine Gruppe von Personen zu kommunizieren. Sie sollten gut vorbereitet und möglichst kurz gehalten werden. Im Wesentlichen soll es um die Erleichterung von Aktionen gehen. Es ist nicht unbedingt sinnvoll, ein Meeting anzuberaumen, wenn die Informationen effektiv auf automatisierte Weise kommuniziert werden können.

Für den Erfolg eines Meetings ist eine Reihe von Faktoren entscheidend. Diese mögen zwar logisch und ganz offensichtlich erscheinen, dennoch geraten sie manchmal in Vergessenheit:

- Erstellen Sie eine genaue Tagesordnung, und kommunizieren Sie diese, um sicherzustellen, dass das Ziel des Meetings erreicht wird und es nicht zu Diskussionen kommt, die am Thema vorbei gehen.
- Stellen Sie sicher, dass die Teilnahmeregeln verstanden wurden. Organisationen stellen im Normalfall offizielle Meeting-Regeln auf, die von relativ informell bis sehr formell reichen können.
- Machen Sie Notizen zu Problemstellungen, die nicht direkt für den Zweck des Meetings relevant sind, jedoch herangezogen werden können, wenn Diskussionsbedarf besteht.
- Meeting-Protokolle: Es sollten Regeln darüber aufgestellt werden, wann ein Protokoll erstellt wird. Mit Protokollen können Personen an die ihnen zugewiesenen Aktionen erinnert und der Fortschritt von delegierten Aktionen überwacht werden. Damit kann auch sichergestellt werden, dass funktionsübergreifende Entscheidungen und Aktionen verfolgt werden.
- Verwenden Sie Techniken zur Förderung des gewünschten Engagements. Wenn Verbesserungen diskutiert werden, ist beispielsweise die „Keep, Stop, Start"-Technik (Beibehalten, Beenden, Starten) sehr sinnvoll. Die Teilnehmer werden aufgefordert, die Punkte zu nennen, die weiterhin beibehalten werden sollen, Punkte, die abgeschlossen oder beendet werden sollen, und Initiativen oder Maßnahmen, die gestartet werden sollen.

Es folgen einige Beispiele typischer Meetings:

3.6.1.1 Das Operations-Meeting

An Operations-Meetings nehmen normalerweise die Manager der Abteilungen, Teams oder Gruppen des IT-Betriebs teil. Sie werden zu Beginn jedes Arbeitstags oder jeder Arbeitswoche abgehalten. Der Zweck dieser Art von Meeting ist es, die Mitarbeiter auf Problemstellungen hinzuweisen, die für den Betrieb relevant sind (z. B. Change Schedules, Business Events, Wartungspläne usw.), und ihnen die Möglichkeit zu bieten, die bekannten Schwierigkeiten anzusprechen. So kann sichergestellt werden, dass alle Abteilungen eines Rechenzentrums synchronisiert werden.

In Organisationen, die auf verschiedene Standorte verteilt sind, sind tägliche Operations Meetings häufig nicht möglich. In diesen Fällen ist es wichtig, die Tagesordnung der Meetings zu koordinieren und sicherzustellen, dass jedes Meeting zwei Teile umfasst:

1. Im ersten Teil des Meetings werden Aspekte angesprochen, die die Organisation als Ganzes betreffen, z. B. neue Richtlinien oder Changes und Business Events, die alle Standorte betreffen.
2. Im zweiten Teil des Meetings werden Aspekte angesprochen, die nur den jeweiligen Standort betreffen, z. B. lokale Operations-Zeitpläne, Changes an lokalen Geräten usw.

Den Vorsitz der Operations Meetings hat meist der IT Operations Manager oder ein leitender Operations Manager. Die Teilnehmer sind alle Manager und Abteilungsleiter (außer die, die gerade keine Schicht haben). Es ist auch sinnvoll, wenn mindestens ein Vertreter des Service Desks am Meeting teilnimmt, damit der

Service Desk immer über Situationen informiert ist, die zu Incidents führen könnten.

Falls Vorschläge zur Verbesserung der Services oder Prozesse gemacht werden, sollten diese notiert und an das für die Continual Service Improvement zuständige Team weitergeleitet werden.

3.6.1.2 Abteilungs-, Gruppen- oder Team-Meetings

Diese Meetings sind prinzipiell mit den Operations Meetings vergleichbar, sie betreffen jedoch einzelne Abteilungen, Gruppen oder Teams des IT-Betriebs. Jeder Manager oder Abteilungsleiter gibt die relevanten Informationen aus dem Operations Meeting an sein Team weiter.

Darüber hinaus werden folgende Punkte in diesen Meetings besprochen:

- ausführlichere Diskussion der noch aktuellen Incidents, Probleme und Changes mit folgenden Informationen:
  - bis dato erreichter Fortschritt
  - Bestätigung der noch anstehenden Aufgaben
  - geschätzte Fertigstellungszeit
  - Anforderung zusätzlicher Ressourcen, falls erforderlich
  - Diskussion über potenzielle Probleme oder Bedenken
- Bestätigung der Mitarbeiterverfügbarkeit für Dienstpläne
- Bestätigung der Urlaubsplanung

3.6.1.3 Kunden-Meetings

Abgesehen von den regelmäßigen Service Level Review Meetings müssen von Zeit zu Zeit Meetings mit Kunden abgehalten werden. Nachfolgend einige Beispiele:

- Nachbesprechung nach schwerwiegenden Incidents. Zweck dieser Meetings ist es, die Beziehung zum Kunden zu retten, aber auch dafür zu sorgen, dass die IT über alle Informationen verfügt, damit ein erneutes Auftreten verhindert wird. Kunden haben die Gelegenheit, Informationen zu unvorhergesehenen Business-Auswirkungen mitzuteilen. Bei diesen Meetings kann vereinbart werden, welche Maßnahmen ergriffen werden, falls ähnliche Incidents in Zukunft auftreten.
- Ein Kundenforum, das für unterschiedliche Zwecke genutzt werden kann, einschließlich zum Testen von Ideen für neue Services oder Lösungen oder zum Sammeln von Anforderungen für neue oder überarbeitete Services oder Verfahren. Dabei handelt es sich um regelmäßige Meetings mit Kunden, in denen allgemeine Fragen besprochen werden.

3.7 DOKUMENTATION

Das IT Operations Management sowie alle Technical und Application Management Teams und Abteilungen sind an der Erstellung und Verwaltung zahlreicher Dokumente beteiligt. Diese werden in den Kapiteln 4, 5 und 6 dieser Publikation einzeln aufgeführt und betreffen:

- Mitwirkung an der Definition und Verwaltung von Prozesshandbüchern für alle Prozesse, an denen sie beteiligt sind. Dies umfasst Prozesse in anderen Phasen des IT Service Management Lebenszyklus (z. B. Capacity Management, Change Management, Availability Management) sowie alle Prozesse der Service Operation Phase.
- Einrichtung eigener technischer Verfahrenshandbücher. Diese müssen immer auf dem aktuellen Stand sein und müssen, sobald neues Material relevant wird, über die Change-Steuerung hinzugefügt werden. Die Verfahren sollten stets so strukturiert sein, dass die Ziele und Einschränkungen, die in übergeordneten Service Management Prozessen wie SLM definiert sind, erfüllt werden können. Beispiel: Ein technisches Verfahren für das Management von Servern sollte stets sicherstellen, dass die in den Operational Level Agreements und Service Level Agreements (SLAs) vereinbarten Verfügbarkeits- und Performance-Levels erreicht werden.
- Mitwirkung an der Erstellung und Verwaltung von Planungsdokumenten, z. B. Capacity- und Availability-Pläne sowie IT Service Continuity Pläne.
- Mitwirkung an der Erstellung und Verwaltung des Serviceportfolios. Dazu gehören die Kostenermittlung und die Gewährleistung, dass jeder geplante Service auch betrieben werden kann.
- Mitwirkung an der Definition und Verwaltung der Arbeitsanweisungen für das Service Management Tool zur Erfüllung der Reporting-Anforderungen.

Service Operation Prozesse

4

4 Service Operation Prozesse

Die in Abschnitt 2.4.5 aufgeführten Prozesse werden in diesem Kapitel ausführlich behandelt. Zur Referenzierung wird zuerst kurz die allgemeine Struktur vorgestellt, bevor weiter hinten im Kapitel die einzelnen Prozesse ausführlich beschrieben werden. Beachten Sie, dass die Rollen der einzelnen Prozesse und die für sie verwendeten Hilfsmittel in Kapitel 6 und 7 beschrieben werden.

- Das **Event Management** ist der Prozess, der alle in der IT-Infrastruktur auftretenden Events überwacht, um den normalen Betrieb zu gewährleisten und Ausnahmebedingungen erkennen und eskalieren zu können.
- Das **Incident Management** konzentriert sich auf die möglichst schnelle Wiederherstellung des Service zur Minimierung der Auswirkungen auf das Business.
- Das **Problem Management** beinhaltet die Analyse der zugrunde liegenden Ursache zur Bestimmung und Behebung der Ursache von Events und Incidents, proaktive Aktivitäten zur Ermittlung und Vermeidung zukünftiger Probleme/Incidents und einen Known Error Unterprozess für eine schnellere Diagnose und Lösung weiterer Incidents.
HINWEIS: Ohne diese Unterscheidung zwischen Incidents und Problemen sowie separaten Incident und Problem Records besteht die Gefahr, dass:
  - Incidents zu früh im gesamten Support-Zyklus abgeschlossen und keine Maßnamen zur Vermeidung eines erneuten Auftretens ergriffen werden, d. h. dieselben Incidents müssen immer wieder behoben werden, oder
  - Incidents offen gelassen werden, damit eine Analyse der zugrunde liegenden Ursache vorgenommen werden kann und nicht mehr erkennbar ist, wann der Service des Anwenders tatsächlich wiederhergestellt wurde, d. h. SLA-Ziele werden u. U. nicht erreicht, obwohl der Service entsprechend den Erwartungen der Anwender wiederhergestellt wurde. Dies führt häufig zu einer größeren Anzahl offener Incidents, von denen viele nie geschlossen werden, es sei denn, es wird eine regelmäßige Bereinigung durchgeführt. Das kann zu einer äußerst demotivierenden Situation führen und ein effektives Erkennen der aktuellen Schwierigkeiten verhindern.
- Das **Request Fulfilment** beinhaltet das Management von Kunden- oder Anwenderanfragen, die nicht als Incident in Folge einer unerwarteten Serviceverzögerung oder -unterbrechung generiert wurden. Manche Organisationen behandeln diese Anfragen als „Kategorie" von Incidents und verwalten und steuern die Informationen über ein Incident Management System – während andere (aufgrund der großen Anzahl oder Business-Priorität dieser Anfragen) die Bereitstellung von separaten Request Fulfilment Fähigkeiten über den Request Fulfilment Prozess erleichtern. Für das Management von Kunden- und Anwenderanfragen, die Einrichtungen, Bewegungen und Betriebsmittel betreffen, sowie von Anfragen hinsichtlich IT Services ist mittlerweile die Verwendung eines formalen Request Fulfilment Prozesses gängig. Diese Anfragen sind im Allgemeinen nicht an dieselben SLA-Messgrößen geknüpft, und die Trennung der Records und des Prozessflusses hat sich in vielen Organisationen als Best Practice durchgesetzt.
- **Access Management**: Das ist der Prozess, mit dem autorisierten Anwendern das Recht zur Verwendung eines Service erteilt wird, während nicht autorisierten Anwendern der Zugriff verweigert wird. Dafür müssen autorisierte Anwender genau identifiziert werden können und dann deren Zugriffsmöglichkeiten für den Service entsprechend den Anforderungen während der unterschiedlichen Phasen im Human Resources (HR) oder Vertragslebenszyklus gesteuert und verwaltet werden. Das Access Management wird in einigen Organisationen auch als Identitäts-Management (Identity Management) oder Berechtigungs-Management bezeichnet.

Es gibt darüber hinaus eine Reihe anderer Prozesse, die in der Service Operation ausgeführt oder unterstützt werden, jedoch in anderen Phasen des Service Management Lebenszyklus initiiert werden. Die operativen Aspekte dieser Prozesse werden im letzten Abschnitt dieses Kapitels besprochen. Sie umfassen:

- das Change Management, einen wichtigen Prozess, der eng mit dem Configuration Management und dem Release Management verknüpft sein sollte. Diese Themen werden überwiegend in der Publikation Service Transition behandelt.
- das Capacity und Availability Management, deren operative Aspekte in dieser Publikation behandelt werden. Die eigentlichen Prozesse werden ausführlich in der Publikation Service Design beschrieben.

- das Financial Management, das in der Publikation Service Strategy beschrieben wird.
- das Knowledge Management, das in der Publikation Service Transition behandelt wird.
- die IT Service Continuity, die in der Publikation Service Design behandelt wird.
- das Service Reporting und Servicemessungen, die in der Publikation Continual Service Improvement beschrieben werden.

4.1 EVENT MANAGEMENT

Ein Event kann definiert werden als jedes erkennbare Auftreten, das für das Management der IT-Infrastruktur oder die Bereitstellung des IT Service sowie für die Bewertung der Auswirkung einer Serviceabweichung von Bedeutung ist. Events sind normalerweise Benachrichtigungen, die von einem IT Service, einem Configuration Item (CI) oder einem Monitoring Tool erzeugt werden.

Für eine effektive Service Operation muss der Status der Infrastruktur bekannt sein und jegliche Abweichungen vom normalen oder erwarteten Betrieb müssen erkannt werden. Dies ist mit guten Monitoring- und Steuersystemen möglich, die auf zwei Arten von Tools basieren:

- Tools für aktives Monitoring, mit denen die Schlüssel-CIs abgefragt werden, um ihren Status und ihre Verfügbarkeit zu ermitteln. Alle Ausnahmen generieren einen Alarm, der an das zuständige Tool oder Team kommuniziert werden muss, damit entsprechende Maßnahmen eingeleitet werden.
- Tools für passives Monitoring, die operative Alarme oder die von CIs generierte Kommunikation ermitteln und aufeinander abstimmen.

4.1.1 Zweck und Ziel

Das Event Management ermöglicht die Erkennung von Events, deren logische Einordnung und die Festlegung geeigneter Maßnahmen. Demnach ist das Event Management die Grundlage für operatives Monitoring und operative Steuerung (siehe Anhang B).

Wenn diese Events so programmiert sind, dass sie operative Informationen sowie Warnungen und Ausnahmen kommunizieren, können sie als Basis für die Automatisierung einer Vielzahl von Operations Management Aktivitäten verwendet werden, z. B. die Ausführung von Skripten auf Remote-Geräten, die Vorlage von Aufträgen zur Verarbeitung oder sogar die dynamische Verteilung der Servicenachfrage auf mehrere Geräte zur Verbesserung der Performance.

Das Event Management öffnet also die Tür zur Ausführung zahlreicher Service Operation Prozesse und Aktivitäten. Darüber hinaus bietet es eine Möglichkeit, die tatsächliche Performance und das tatsächliche Verhalten mit Design-Standards und SLAs zu vergleichen. Das Event Management bildet folglich auch die Grundlage für die Servicezusicherung, das Service Reporting und die Serviceverbesserung. Dieser Bereich wird in der Publikation Continual Service Improvement ausführlicher beschrieben.

4.1.2 Umfang

Das Event Management kann auf alle Aspekte des Service Management angewendet werden, die gesteuert werden müssen und automatisiert werden können. Dazu gehören:

- Configuration Items:
  - Manche CIs werden überwacht, weil sich ihr Status nicht ändern darf (ein Switch in einem Netzwerk muss z. B. aktiviert bleiben; das wird von einem Event Management Tool durch das Monitoring der Antworten auf „Pings" sichergestellt).
  - Andere CIs werden wiederum überwacht, weil sich ihr Status häufig ändern muss. Das Event Management kann diese Vorgänge automatisieren und das CMS aktualisieren (z. B. die Aktualisierung eines Dateiservers).
- Umgebungsbedingungen (z. B. Feuer- und Raucherkennung)
- Monitoring der Softwarelizenz zur Gewährleistung der optimalen/legalen Lizenznutzung und -zuweisung
- Sicherheit (z. B. Erkennen von unberechtigten Eindringlingen)
- normale Aktivität (z. B. Verfolgung der Verwendung einer Anwendung oder der Performance eines Servers)

> **Unterschied zwischen Monitoring und Event Management**
>
> Diese zwei Bereiche sind eng miteinander verknüpft, dennoch unterscheiden sie sich geringfügig. Beim Event Management geht es primär darum, relevante Benachrichtigungen hinsichtlich des Status der IT-Infrastruktur und der Services zu generieren und zu erkennen.
>
> Das Monitoring ist zwar zur Erkennung und Verfolgung dieser Benachrichtigungen erforderlich, es ist jedoch weiter gefasst als das Event Management. Mit Überwachungs-Tools wird beispielsweise der Status

eines Geräts überprüft, um seinen Betrieb innerhalb der akzeptablen Grenzwerte sicherzustellen, auch wenn das Gerät keine Events generiert.

Einfacher gesagt: Das Event Management wird für Vorfälle eingesetzt, die speziell zur Überwachung generiert werden. Anhand der Überwachung werden diese Vorfälle verfolgt; es werden jedoch auch Bedingungen, die keine Events generieren, aktiv ermittelt.

4.1.3 Wert für das Business

Das Event Management besitzt im Allgemeinen nur einen indirekten Wert für das Business, doch die Basis für seinen Wert kann wie folgt ermittelt werden:

- Das Event Management stellt Mechanismen zur frühzeitigen Erkennung von Incidents bereit. In vielen Fällen können die Incidents erkannt und der geeigneten Gruppe zugewiesen werden, damit Maßnahmen ergriffen werden, bevor der Service tatsächlich ausfällt.
- Mit dem Event Management ist bei bestimmten automatisierten Aktivitäten das Monitoring nach Ausnahmen möglich – so wird kosten- und ressourcenintensives Echtzeit-Monitoring überflüssig, und Ausfallzeiten werden reduziert.
- Wenn das Event Management in andere Service Management Prozesse (wie das Availability oder Capacity Management) integriert ist, kann es Statusänderungen oder Ausnahmen signalisieren, die der zuständigen Person bzw. dem zuständigen Team ein frühzeitiges Eingreifen ermöglichen, so dass die Prozess-Performance verbessert wird. Das Business profitiert so von einem insgesamt effektiveren und effizienteren Service Management.
- Das Event Management liefert die Grundlage für automatisierte Vorgänge. Dadurch wird die Effizienz verbessert, und kostenintensive Personalressourcen können für innovativere Tätigkeiten eingesetzt werden, wie z. B. für die Konzeption neuer oder verbesserter Funktionalitäten oder die Definition neuer Möglichkeiten des Technologie-Einsatzes für einen höheren Wettbewerbsvorteil.

4.1.4 Richtlinien, Prinzipien und grundlegende Konzepte

Es gibt viele unterschiedliche Arten von Events, wie:

- Events, die einen regulären Betrieb angeben:
  - Benachrichtigung über den Abschluss einer geplanten Aktivität
  - Anmeldung eines Anwenders bei einer Anwendung
  - Eingang einer E-Mail beim vorgesehenen Empfänger
- Events, die eine Ausnahme angeben:
  - Anmeldeversuch eines Anwenders bei einer Anwendung mit dem falschen Passwort
  - Auftreten einer ungewöhnlichen Situation in einem Business-Prozess, die eine Ausnahme signalisieren könnte und weitere Business-Untersuchungen erfordert (z. B. zeigt ein Webseitenalarm, dass eine Site zur Zahlungsautorisierung nicht verfügbar ist, wodurch die finanzielle Genehmigung von Business-Transaktionen beeinträchtigt wird)
  - Nutzungsrate einer Geräte-CPU über einem akzeptablen Niveau
  - Ermittlung einer nicht autorisierten Softwareinstallation bei einem PC-Scan
- Events, die einen ungewöhnlichen, aber keinen Ausnahmebetrieb angeben. Sie weisen darauf hin, dass die Situation genauer überwacht werden muss. In manchen Fällen löst sich die Situation von selbst auf, z. B. bei einer ungewöhnlichen Auslastungskombination – nach Abschluss der Aktivitäten wird der normale Betrieb wieder aufgenommen. In anderen Fällen kann ein Eingreifen des Operators erforderlich sein, wenn die Situation sich wiederholt oder zu lange andauert. Diese Regeln oder Richtlinien werden in den Monitoring- und Steuerungszielen für dieses Gerät oder diesen Service definiert. Beispiele für solche Events sind:
  - Bis zum höchsten akzeptablen Performance Level einer Arbeitsspeicherauslastung fehlen nur noch 5 %.
  - Die Fertigstellungszeit einer Transaktion liegt 10 % über der normalen Zeit.

Bei diesen Beispielen sind zwei Faktoren von Bedeutung:

- Was genau kennzeichnet den normalen Betrieb im Gegensatz zu einem ungewöhnlichen Betrieb bzw. einer Ausnahme? Hierfür gibt es keine allgemein gültige Regel. Beispiel: Ein Hersteller kann als Benchmark eine Arbeitsspeicherauslastung von 75 % für Anwendung X als optimal festlegen. Unter den konkreten Bedingungen unserer Organisation verlängern sich die Antwortzeiten jedoch bei einer Auslastung von über 70 %. Der nächste Abschnitt geht darauf ein, wie diese Zahlen ermittelt werden.
- Bei allen Events werden Nachrichten in irgendeiner Form versendet und empfangen. Diese werden allgemein Event-Benachrichtigungen genannt und

treten nicht willkürlich auf. Die nächsten Abschnitte zeigen genau auf, wie Events definiert, generiert und erfasst werden.

4.1.5 Prozessaktivitäten, -methoden und -techniken

Abbildung 4.1 bietet einen allgemeinen Überblick über das Event Management. Sie sollte zu Referenzzwecken und zur Definition und nicht als Event Management Diagramm verwendet werden. Die einzelnen Aktivitäten dieses Prozesses werden unten beschrieben.

4.1.5.1 Event-Eintritt

Events treten ununterbrochen ein, doch nicht alle werden erkannt oder registriert. Deshalb ist es wichtig, dass jeder, der an Design, Entwicklung, Management und Support der IT Services und der dafür verwendeten IT-Infrastruktur beteiligt ist, weiß, welche Art von Events erkannt werden müssen.

Dieses Thema wird in Abschnitt 4.1.10.1 mit dem Titel „Instrumentierung" beschrieben.

4.1.5.2 Event-Benachrichtigung

Die meisten CIs sind so konzipiert, dass sie bestimmte Informationen zu ihren Eigenschaften über eine von zwei Möglichkeiten weitergeben:

- Ein Management-Tool führt eine Abfrage für ein Gerät durch und sammelt bestimmte Zieldaten. Dies wird häufig als „Polling" bezeichnet.
- Das CI generiert eine Benachrichtigung, wenn bestimmte Bedingungen erfüllt sind. Die Fähigkeit zur Erstellung dieser Benachrichtigungen muss im Design implementiert und in den CIs integriert werden, z. B. Programmcode, der in eine Anwendung eingefügt wird.

Event-Benachrichtigungen können proprietär sein, d. h. Events können nur mit dem Management-Tool des Herstellers erkannt werden. Die meisten CIs generieren Event-Benachrichtigungen jedoch mit einem offenen Standard wie SNMP (Simple Network Management Protocol).

Viele CIs sind so konfiguriert, dass sie einen Standardsatz von Events generieren, die auf der Erfahrung des Designers im Hinblick darauf beruhen, was für den Betrieb eines CI benötigt wird. Darüber hinaus können sie zusätzliche Event-Typen generieren, indem sie den relevanten Event-Generierungsmechanismus aktivieren. Bei anderen CI-Typen muss eine Art von „Agent"-Software installiert werden, die das Monitoring initiiert. Diese Monitoring-Funktion wird häufig kostenlos zur Verfügung gestellt, manchmal entstehen jedoch Kosten für die Lizenzierung des Tools.

Im Idealfall definiert der Service Design Prozess, welche Events generiert werden müssen, und legt fest, wie dies für jeden CI-Typ geschieht. In der Service Transition werden die Optionen zur Event-Generierung festgelegt und getestet.

In vielen Organisationen wird jedoch nach der Trial-and-Error-Methode definiert, welche Events generiert werden. Systemmanager verwenden den Standardsatz von Events als Basis und optimieren die CIs nach und nach, so dass die Events je nach Bedarf generiert bzw. nicht generiert werden. Das Problem bei diesem Ansatz ist, dass nur die unmittelbaren Bedürfnisse der für das Gerätemanagement verantwortlichen Mitarbeiter berücksichtigt und eine gute Planung oder Verbesserungen dadurch nicht leichter werden. Darüber hinaus gestaltet es sich sehr schwierig, den Service für alle Geräte und Mitarbeiter zu überwachen und zu verwalten. Eine Möglichkeit, dieses Problem in den Griff zu bekommen, besteht in der Überprüfung der Events im Rahmen der kontinuierlichen Verbesserungsaktivitäten.

Als allgemeines Prinzip bei der Event-Benachrichtigung gilt: Je bedeutungsvoller die enthaltenen Daten und je konkreter das Zielpublikum, desto einfacher können Entscheidungen zu Events getroffen werden. Operator-Mitarbeiter werden häufig mit codierten Fehlermeldungen konfrontiert und wissen nicht, wie sie darauf reagieren oder was sie damit anfangen sollen. Aussagekräftige Benachrichtigungen sowie klar definierte Rollen und Zuständigkeiten müssen in der Service Design und Service Transition Phase (siehe Abschnitt 4.1.10.1 zum Thema „Instrumentierung") artikuliert und dokumentiert werden. Wenn Rollen und Zuständigkeiten nicht in einem allgemeinen Alarm klar definiert sind, weiß niemand, wer was macht. Dies kann zu Versäumnissen oder doppeltem Aufwand führen.

4.1.5.3 Event-Erkennung

Sobald eine Event-Benachrichtigung generiert wurde, wird sie von einem Agent erkannt, der auf demselben System ausgeführt wird, oder direkt an ein Management-Tool übertragen, das darauf spezialisiert ist, Events zu lesen und ihre Bedeutung zu interpretieren.

4.1.5.4 Event-Filterung

Bei der Filterung geht es darum zu entscheiden, ob das Event an ein Management-Tool kommuniziert oder ignoriert wird. Wenn das Event ignoriert wird, wird es

Service Operation Prozesse | **45**

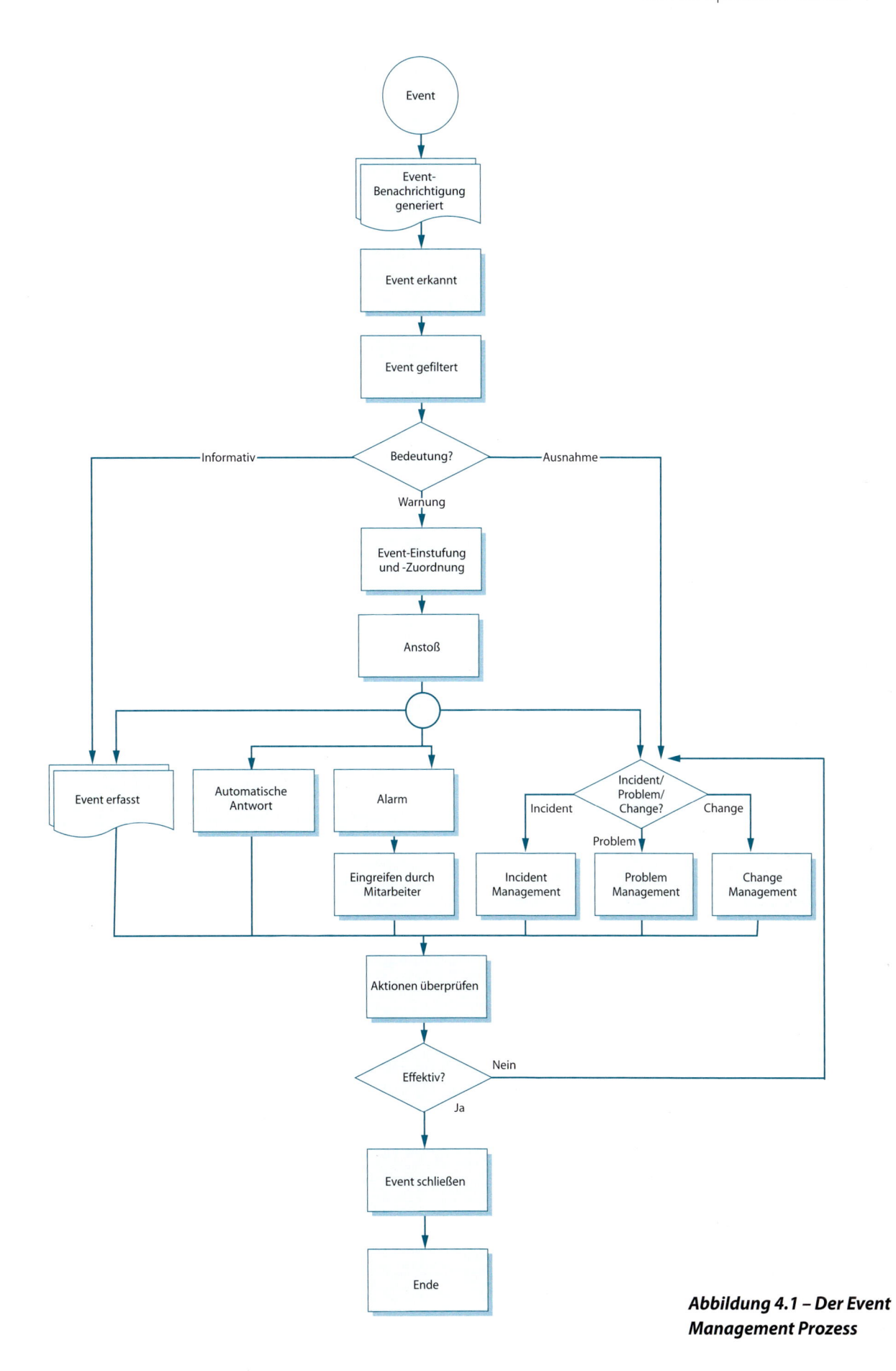

Abbildung 4.1 – Der Event Management Prozess

gewöhnlich in einer Protokolldatei des Geräts erfasst, doch es werden keine weiteren Maßnahmen ergriffen.

Der Grund für die Filterung liegt darin, dass es nicht immer möglich ist, die Event-Benachrichtigung zu deaktivieren, selbst wenn entschieden wurde, dass die Generierung dieses Event-Typs nicht notwendig ist. Es kann auch festgelegt werden, dass nur die erste einer Reihe von wiederholten Event-Benachrichtigungen übermittelt wird.

Bei der Filterung erfolgt eine erste Einstufung, d. h. es wird festgelegt, ob es sich um ein informatives Event, eine Warnung oder eine Ausnahme handelt (siehe nächsten Schritt). Diese Einstufung wird gewöhnlich von einem Agent vorgenommen, der sich im CI oder auf einem Server befindet, der mit dem CI verbunden ist.

Die Filterung ist nicht immer erforderlich. Bei manchen CIs ist jedes Event von Bedeutung, so dass es direkt in die Correlation Engine des Management-Tools übernommen wird, auch wenn es dupliziert wird. Es kann auch möglich sein, alle unerwünschten Event-Benachrichtigungen zu deaktivieren.

4.1.5.5 Bedeutung von Events

Jede Organisation erstellt eigene Kategorien für die Bedeutung von Events, doch es empfiehlt sich, mindestens drei allgemeine Kategorien zu verwenden.

- **Informativ:** Bezeichnet ein Event, das keine Maßnahmen erfordert und keine Ausnahme darstellt. Diese Events werden in der Regel für einen bestimmten Zeitraum im System oder in den Serviceprotokolldateien gespeichert. Mit informativen Events wird typischerweise der Status eines Geräts oder Service überprüft oder der erfolgreiche Abschluss einer Aktivität bestätigt. Sie können auch zur Erstellung von Statistiken (wie die Anzahl der bei einer Anwendung angemeldeten Anwender in einem bestimmten Zeitraum) und als Input für Untersuchungen (z. B. welche Aufträge erfolgreich abgeschlossen wurden, bevor die Transaktionsverarbeitung fehlschlug) verwendet werden. Beispiele für informative Events:
  - Ein Anwender meldet sich bei einer Anwendung an.
  - Ein Auftrag in der Batch-Warteschlange wird erfolgreich abgeschlossen.
  - Ein Gerät geht online.
  - Eine Transaktion wird erfolgreich abgeschlossen.
- **Warnung:** Eine Warnung ist ein Event, welches generiert wird, wenn sich ein Service oder ein Gerät einem Grenzwert nähert. Mit Warnungen sollen die richtigen Personen, Prozesse oder Tools benachrichtigt werden, damit die Situation überprüft wird und geeignete Maßnahmen zur Vermeidung einer Ausnahme ergriffen werden können. Bei Geräteausfällen werden in der Regel keine Warnungen generiert. Es gibt jedoch unterschiedliche Auffassungen darüber, ob beim Ausfall eines redundanten Geräts eine Warnung oder eine Ausnahme generiert wird (da der Service ja noch verfügbar ist). Es ist sinnvoll, jeden Ausfall als Ausnahme zu behandeln, da ein erheblich höheres Risiko eines Incidents mit Auswirkungen auf das Business besteht. Beispiele für Warnungen:
  - Die Arbeitsspeicherauslastung eines Servers beträgt derzeit 65 % und steigt weiter an. Bei 75 % sind die Antwortzeiten zu lange, so dass das OLA dieser Abteilung nicht mehr eingehalten wird.
  - Die Kollisionsrate eines Netzwerks ist in der letzten Stunde um 15 % gestiegen.
- **Ausnahme:** Eine Ausnahme bedeutet, dass der Betrieb eines Service oder eines Geräts derzeit nicht ordnungsgemäß verläuft (wie immer dies definiert ist). Das bedeutet im Normalfall, dass gegen ein OLA oder SLA verstoßen wurde und das Business beeinträchtigt wird. Ein Totalausfall, eingeschränkte Funktionalität oder eine herabgesetzte Performance sind Beispiele für Ausnahmen. Beachten Sie jedoch, dass eine Ausnahme nicht immer einen Incident darstellt. Eine Ausnahme kann beispielsweise generiert werden, wenn ein nicht autorisiertes Gerät im Netzwerk erkannt wird. Abhängig von den Richtlinien der Organisation zum Incident und Change Management wird in diesem Fall ein Incident Record oder ein Request for Change (oder beidem) verwendet. Beispiele für Ausnahmen:
  - Ein Server ist ausgefallen.
  - Die Antwortzeit einer Standardtransaktion im Netzwerk beträgt über 15 Sekunden.
  - Über 150 Anwender sind gleichzeitig bei der Hauptbuch-Anwendung angemeldet.
  - Ein Segment des Netzwerks reagiert nicht auf Routineanfragen.

4.1.5.6 Event-Einstufung und -Zuordnung

Bei einem bedeutenden Event muss entschieden werden, wie bedeutend das Event ist und welche Maßnahmen ergriffen werden müssen. An dieser Stelle wird der Stellenwert des Events bestimmt.

Die Einstufung und Zuordnung wird gewöhnlich von einer „Correlation Engine" vorgenommen, die normalerweise in einem Management-Tool integriert ist, das die Events in einer vorgegebenen Reihenfolge mit verschiedenen Kriterien und Regeln verglichen. Diese Kriterien werden häufig Business-Regeln genannt, obwohl sie eigentlich ziemlich technisch sind. Dies ist darauf zurückzuführen, dass das Event Auswirkungen auf das Business haben kann. Mit den Regeln können Level und Art der Business-Auswirkung bestimmt werden.

Eine Correlation Engine wird entsprechend der beim Service Design erstellten Performance-Standards und weiterer für die Betriebsumgebung geltenden Leitlinien programmiert.

Beispiele für die von Correlation Engines berücksichtigten Elemente:

- Anzahl ähnlicher Events (z. B. das dritte Mal, dass derselbe Anwender sich mit dem falschen Passwort angemeldet hat; eine Business-Anwendung meldet ein ungewöhnliches Verwendungsmuster für ein Mobiltelefon, das auf den Verlust oder Diebstahl des Geräts hinweisen könnte)
- Anzahl der CIs, die ähnliche Events generieren
- ob eine bestimmte Aktion mit dem Code oder den Daten im Event verknüpft ist
- ob das Event eine Ausnahme darstellt
- ein Vergleich der Auslastungsinformationen des Events mit einem maximalen oder minimalen Standard (z. B. hat das Gerät einen Grenzwert überschritten?)
- ob zur weiteren Untersuchung des Events weitere Daten erforderlich sind und unter Umständen sogar eine Sammlung dieser Daten durch Polling eines anderen Systems oder einer anderen Datenbank
- Kategorisierung des Events
- Zuweisung einer Prioritätsebene für das Event

4.1.5.7 Anstoß

Wenn bei der Einstufung und Zuordnung ein Event festgestellt wird, wird eine Antwort benötigt. Der Mechanismus zur Initiierung dieser Antwort wird als Anstoß bezeichnet.

Es gibt verschiedene Anstoßtypen, die jeweils für die zu initiierende Aufgabe konzipiert sind. Einige Beispiele dafür sind:

- Anstoß für Incidents, die einen Record im Incident Management System generieren und somit den Incident Management Prozess auslösen
- Anstoß für Changes, die einen Request for Change (RFC) generieren und somit den Change Management Prozess auslösen
- ein Anstoß durch einen genehmigten RFC, der zwar implementiert wurde, jedoch das Event ausgelöst hat, oder durch einen nicht autorisierten Change, der erkannt wurde – in beiden Fällen erfolgt die Weiterleitung an das Change Management zur Prüfung
- Skripte, die bestimmte Aktionen ausführen, wie die Übergabe von Batchjobs oder den Neustart eines Geräts
- Paging-Systeme, die Personen oder Teams per Mobiltelefon über Events informieren
- Anstoß für Datenbanken, die den Zugriff eines Anwenders auf bestimmte Records oder Felder einschränken oder Einträge in der Datenbank erstellen oder löschen

4.1.5.8 Auswahl der Antwort

Zum jetzigen Zeitpunkt im Verlauf des Prozesses steht eine Reihe von Antwortoptionen zur Verfügung. Dabei ist es wichtig zu wissen, dass die Antwortoptionen beliebig kombiniert werden können. Beispiel: Der Protokolleintrag wird u. U. zu einem späteren Zeitpunkt benötigt, gleichzeitig muss das Event jedoch an die Operations Management Mitarbeiter eskaliert werden, damit sie die notwendigen Maßnahmen einleiten.

Die Optionen im Flussdiagramm sind nur Beispiele. Jede Organisation besitzt ihre eigenen Optionen, die mit Sicherheit weitaus komplexer sind. Beispielsweise gibt es für die verschiedenen Technologien eine Vielzahl von automatischen Antworten. Der Prozess, mit dem festgelegt wird, welche die geeignete Antwort ist und wie sie auszuführen ist, ist in diesem Flussdiagramm nicht dargestellt. Einige der verfügbaren Optionen sind:

- **Event erfasst:** Unabhängig von der ausgeführten Aktivität empfiehlt es sich, einen Record für das Event und alle folgenden Maßnahmen zu erstellen. Das Event kann als Event Record im Event Management Tool erfasst werden oder einfach als Eintrag im Systemprotokoll des Geräts oder der Anwendung verbleiben, von dem bzw. der das Event generiert wurde. In diesem Fall müssen die zuständigen Operations Management Mitarbeiter die Protokolle jedoch regelmäßig überprüfen, und es muss klare Anweisungen zur Verwendung der einzelnen Protokolle geben. Dabei ist jedoch zu beachten, dass die Event-Informationen in den Protokollen erst dann aussagekräftig sind, wenn ein Incident eintritt. Die Technical Management Mitarbeiter können dann mithilfe der Protokolle feststellen, wo die Ursache des Incident liegt. Das bedeutet, dass die Event Management Verfahren für die einzelnen Systeme oder Teams Standards darüber definieren müssen, wie lange Events in den Protokollen verbleiben, bevor sie archiviert und gelöscht werden.

- **Automatische Antwort:** Manche Events sind so gut bekannt, dass die entsprechenden Antworten bereits definiert und automatisiert sind. Dies ist im Normalfall das Ergebnis eines guten Designs oder vorheriger Erfahrung (beim Problem Management). Der Anstoß initiiert die Aktion und evaluiert anschließend, ob sie erfolgreich abgeschlossen wurde. Trifft dies nicht zu, wird ein Incident oder Problem Record erstellt. Beispiele für automatische Antworten sind:
  - Neustart eines Geräts
  - Neustart eines Service
  - Übergabe eines Auftrags an den Batch
  - Ändern eines Parameters für ein Gerät
  - Sperren eines Geräts oder einer Anwendung zum Schutz vor unberechtigtem Zugriff
    Hinweis: Die Sperre eines Geräts kann dazu führen, dass autorisierte Anwender den Service nicht mehr nutzen können. Diese Tatsache kann von einem Angreifer bewusst ausgenutzt werden. Daher ist sorgfältig abzuwägen, ob diese automatisierte Aktion sinnvoll ist. Es empfiehlt sich, diese Antwort mit einem Eingriff durch eine Person zu kombinieren, damit die automatisierte Aktion schnell überprüft und genehmigt werden kann.

- **Alarm und Eingreifen durch Mitarbeiter:** Wenn ein Event einen manuellen Eingriff erfordert, muss es eskaliert werden. Der Zweck des Alarms ist sicherzustellen, dass die Person mit den für das Event notwendigen Kenntnissen benachrichtigt wird. Der Alarm enthält alle Informationen, die diese Person benötigt, um die geeignete Aktion festzulegen – einschließlich Verweise auf erforderliches Dokumentationsmaterial (z. B. Benutzerhandbücher). Dieser Vorgang ist nicht zwangsläufig mit der funktionalen Eskalation eines Incident identisch, bei der die Wiederherstellung eines Service innerhalb eines vereinbarten Zeitrahmens im Vordergrund steht (wofür u. U. eine Reihe von Aktivitäten ausgeführt werden müssen). Bei einem Alarm muss ein Mitarbeiter oder ein Team eine bestimmte Aktion ausführen, möglicherweise mit einem bestimmten Gerät und zu einer bestimmten Zeit, z. B. eine Tonerkassette austauschen, wenn der Toner einen niedrigen Stand erreicht).

- **Incident, Problem oder Change?** Bei manchen Events ist es notwendig, dass die geeignete Antwort über den Incident, Problem oder Change Management Prozess erfolgen muss. Diese Prozesse werden nachfolgend genauer beschrieben, an dieser Stelle sei jedoch erwähnt, dass ein einzelner Incident einen dieser drei Prozesse oder eine beliebige Kombination daraus initiieren kann – z. B. wird ein nicht kritischer Serverausfall als Incident erfasst, doch wenn es keinen Workaround gibt, wird ein Problem Record erstellt, um die zugrunde liegende Ursache und eine Lösung zu ermitteln. Ein RFC wird erfasst, damit ein alternativer Server die Verarbeitung übernimmt, während das Problem gelöst wird.

- **Öffnen eines RFC:** Es gibt zwei Situationen im Event Management Prozess, in denen ein RFC erstellt werden kann:
  - **Wenn eine Ausnahme eintritt: Beispiel:** Die Überprüfung eines Netzwerksegments zeigt, dass zwei neue Geräte ohne die erforderliche Genehmigung hinzugefügt wurden. In diesem Fall könnte ein RFC geöffnet werden, der veranlasst, dass sich der Change Management Prozess mit der Ausnahme auseinandersetzt (als Alternative zum eher konventionellen Ansatz, einen Incident zu öffnen, der über den Service Desk an das Change Management weitergeleitet wird). Die Untersuchung durch das Change Management ist in diesem Beispiel sinnvoll, da nicht autorisierte Changes darauf schließen lassen, dass der Change Management Prozess nicht effektiv war.
  - **Bei der Einstufung und Zuordnung wird festgestellt, dass ein Change erforderlich ist:** In diesem Beispiel bestimmt die Event-Einstufungs-/Zuordnungsaktivität, dass ein Change die richtige Antwort auf ein Event ist. Beispiel: Ein Performance-Grenzwert wurde erreicht, und ein Parameter auf einem wichtigen Server muss optimiert werden. Wie kann die Einstufungs-/Zuordnungsaktivität dies bestimmen? Die Aktivität wurde entsprechend programmiert, entweder im Service Design Prozess oder weil diese Situation schon einmal eingetreten ist und diese Aktion vom Problem Management oder Operations Management in die Correlation Engine eingefügt wurde.

- **Öffnen eines Incident Record:** Wie ein RFC kann auch ein Incident unmittelbar nach dem Erkennen der Ausnahme generiert werden oder wenn die Correlation Engine festlegt, dass ein bestimmter Event-Typ oder eine Event-Kombination einen Incident darstellt. Wenn ein Incident Record geöffnet wird, sollten möglichst viele Informationen eingefügt werden – mit Verknüpfungen zu den betreffenden Events und wenn möglich einem ausgefüllten Diagnoseskript.

- **Öffnen eines Problem Record oder Erstellen einer Verknüpfung zu einem Problem Record:** Ein Problem Record wird selten ohne zugehörige Incidents geöffnet (z. B. als Folge einer Serviceausfallanalyse (siehe Service Design Publikation) oder einer Reifebewertung oder aufgrund einer hohen Anzahl von Netzwerkzugriffsfehlern, obwohl es noch nicht zu einem Ausfall gekommen ist). In den meisten Fällen wird bei diesem Schritt ein Incident mit einem vorhandenen Problem Record verknüpft. Dies hilft den Problem Management Teams dabei, den Schweregrad und die Auswirkung des Problems neu zu bewerten und kann dazu führen, dass einem noch ungelösten Problem eine andere Priorität zugewiesen wird. Mit einigen der besseren Tools ist es allerdings möglich, die Auswirkung von Incidents zu bewerten und sofern berechtigt automatisch einen Problem Record zu erstellen, , damit sofort mit der Analyse der zugrunde liegenden Ursache begonnen werden kann.
- **Besondere Incident-Typen:** In manchen Fällen weist ein Event auf eine Ausnahme hin, die sich nicht direkt auf einen IT Service auswirkt, z. B. wenn eine redundante Klimaanlage ausfällt oder eine unberechtigte Person in das Rechenzentrum eingedrungen ist. Für diese Events gelten folgende Leitlinien:
  - Ein Incident sollte mit einem Incident-Modell erfasst werden, das für diese Art von Ausnahme geeignet ist, z. B. Operations Incident oder Security Incident. (Weitere Informationen zu Incident-Modellen finden Sie in Abschnitt 4.2.4.2.)
  - Der Incident sollte an die Gruppe eskaliert werden, die diese Art von Incident verwaltet und steuert.
  - Da es zu keinem konkreten Ausfall gekommen ist, sollte das Incident-Modell widerspiegeln, dass es sich um eine operative und nicht um einen Serviceproblematik handelte. Die Statistiken werden in der Regel nicht an Kunden oder Anwender weitergegeben, außer sie verdeutlichen, dass das in die Redundanz finanzierte Geld gut investiert ist.
  - Diese Incidents sollten nicht bei der Berechnung von Ausfallzeiten verwendet werden. Vielmehr zeigen sie, wie proaktiv die IT bei der Bereitstellung von Services war.

4.1.5.9 Überprüfen von Aktionen

Da täglich Tausende von Events generiert werden, ist es formal nicht möglich, jedes einzelne Event zu überprüfen. Doch es ist wichtig zu überprüfen, ob alle bedeutenden Events oder Ausnahmen richtig behandelt wurden, bzw. Trends oder die Anzahl der Event-Typen zu verfolgen usw. Dieser Vorgang kann in vielen Fällen automatisiert werden, z. B. Polling eines Servers, der mit einem automatisierten Skript neu gestartet wurde, um sicherzustellen, dass er richtig funktioniert

Wenn Events einen Incident, ein Problem und/oder einen Change initiiert haben, sollte der Aktions-Review keine Wiederholung eines anderen Reviews sein, der im Rahmen dieser Prozesse ausgeführt wurde. Vielmehr soll damit gewährleistet werden, dass die Übergabe zwischen dem Event Management Prozess und anderen Prozessen wie geplant erfolgt ist und die erwartete Aktion tatsächlich stattgefunden hat. Dadurch wird sichergestellt, dass Incidents, Probleme oder Changes, die vom Operations Management ausgehen, nicht zwischen den Teams oder Abteilungen verloren gehen.

Der Review wird auch als Input für die kontinuierliche Verbesserung sowie die Evaluierung und das Audit des Event Management Prozesses verwendet.

4.1.5.10 Schließen von Events

Manche Events bleiben so lange offen, bis eine bestimmte Aktion erfolgt, z. B. ein Event, das mit einem offenen Incident verknüpft ist. Die meisten Events werden jedoch weder „geöffnet" noch „geschlossen".

Informative Events werden einfach erfasst und dann als Input für andere Prozesse, wie Backup und Storage Management, verwendet. Automatische Antwort-Events werden in der Regel mit der Generierung eines zweiten Events geschlossen. Beispiel: Ein Gerät generiert ein Event und wird über eine automatische Antwort neu gestartet. Sobald das Gerät wieder online ist, generiert es ein Event, das die Schleife effektiv schließt und das erste Event löscht.

Manchmal ist es sehr schwer, die geöffneten Events und die Benachrichtigungen zum Schließen miteinander in Verbindung zu bringen, weil sie verschiedene Formate aufweisen. Optimal ist es, wenn Geräte in der Infrastruktur für „Öffnen"- und „Schließen"-Events dasselbe Format verwenden und Angaben zur Statusänderung machen. So kann die Einstufung und Zuordnung im Prozess einfach den „Öffnen"- und „Schließen"-Benachrichtigungen zugewiesen werden.

Events, die einen Incident, ein Problem oder einen Change generiert haben, sollten formal mit einer Verknüpfung zum entsprechenden Record vom anderen Prozess geschlossen werden.

4.1.6 Anstoß, Input und Output und Prozessschnittstellen

Das Event Management kann von einem beliebigen aufgetretenen Event initiiert werden. Es muss nur definiert werden, welche dieser aufgetretenen Events von Bedeutung sind und bei welchen Handlungsbedarf besteht. Mögliche Anstöße sind:

- Ausnahmen bei einem beliebigen Level der CI-Performance, der in den Design-Spezifikationen, OLAs oder SOPs definiert ist
- Ausnahmen bei automatisierten Verfahren oder Prozessen, z. B. ein Routine-Change, der einem Build-Team zugewiesen wurde, wurde nicht rechtzeitig abgeschlossen
- eine Ausnahme in einem Business-Prozess, der vom Event Management überwacht wird
- die Fertigstellung einer automatisierten Aufgabe oder eines automatisierten Auftrags
- eine Statusänderung eines Geräts oder eines Datenbank-Records
- Zugriff auf eine Anwendung oder Datenbank durch einen Anwender oder ein automatisiertes Verfahren bzw. eine automatisierte Aufgabe
- eine Situation, in der ein Gerät, eine Datenbank oder Anwendung usw. einen vordefinierten Grenzwert der Performance erreicht

Das Event Management kann mit allen Prozessen interagieren, für die Monitoring und Steuerung notwendig sind. Besonders betrifft das jene Prozesse, die nach Eintritt eines oder mehrerer Events kein Echtzeit-Monitoring, jedoch eine Form von Intervention erfordern. Beispiele für Interaktionen mit anderen Prozessen:

- Interaktion mit Business-Anwendungen und/oder Business-Prozessen, damit potenziell wichtige Business-Events erkannt werden und entsprechend reagiert werden kann (z. B. wenn eine Business-Anwendung auf eine ungewöhnliche Aktivität bei einem Kundenkonto hinweist, die auf einen Betrugsfall oder eine Sicherheitsverletzung schließen lässt).
- Die primären ITSM-Beziehungen bestehen zum Incident, Problem und Change Management. Diese Interaktionen werden ausführlich in Abschnitt 4.1.5.8 beschrieben.
- Capacity und Availability Management sind kritisch für die Definition von bedeutenden Events, geeigneten Grenzwerten und Maßnahmen, die bei deren Erreichen zu ergreifen sind. Im Gegenzug verbessert das Event Management die Performance und Verfügbarkeit von Services, indem auf Events reagiert wird, sobald sie eintreten, und indem Berichte zu tatsächlichen Events und Event-Mustern erstellt werden, um (durch Vergleiche mit SLA-Zielen und KPIs) zu bestimmen, ob Aspekte des Infrastrukturdesigns oder des Betriebs verbessert werden können.
- Das Configuration Management kann Events verwenden, um den aktuellen Status jedes CIs in der Infrastruktur zu ermitteln. Durch den Vergleich von Events mit den autorisierten Baselines im Configuration Management System (CMS) kann festgestellt werden, ob ein nicht autorisierter Change in der Organisation stattfindet (siehe Publikation Service Transition).
- Das Asset Management (ausführliche Beschreibung in der Service Design und Service Transition Publikation) kann mit dem Event Management den Lebenszyklusstatus von Assets bestimmen. Ein Event kann beispielsweise generiert werden, um zu signalisieren, dass ein neues Asset erfolgreich konfiguriert wurde und nun operativ ist.
- Events können eine hilfreiche Informationsquelle sein, die in Knowledge Management Systemen integriert werden können. Performance-Muster können beispielsweise mit Business-Aktivitäten korreliert und als Input für zukünftige Entscheidungen bezüglich des Designs und der Strategie verwendet werden.
- Das Event Management kann eine wichtige Rolle spielen, wenn es darum geht, potenzielle Auswirkungen von SLAs frühzeitig zu erkennen und jegliche Fehler möglichst schnell zu beheben, so dass die Auswirkungen auf die Serviceziele minimal sind.

4.1.7 Informationsmanagement

Zu den wichtigsten Informationen für das Event Management zählen:

- SNMP-Nachrichten, sind eine Standardmethode, um technische Informationen zum Status der Komponenten einer IT-Infrastruktur zu kommunizieren.
- Management Information Bases (MIBs) von IT-Geräten. Eine MIB ist die Datenbank zu jedem Gerät mit Informationen zum Gerät, einschließlich Betriebssystem, BIOS-Version, Konfiguration der Systemparameter usw. Für die Generierung von Events ist entscheidend, dass MIBs abgefragt und mit einer Norm verglichen werden können.
- Agent-Software für Überwachungs-Tools von Anbietern.
- Correlation Engines enthalten ausführliche Regeln zur Bestimmung der Bedeutung von Events und

geeigneten Antworten auf die Events. Details hierzu sind in Abschnitt 4.1.5.6 enthalten.
- Es gibt keinen Standard Event Record für alle Event-Typen. Der genaue Inhalt und das genaue Format des Record hängen von den verwendeten Tools und den überwachten Elementen ab (ein Server und die Change Management Tools weisen beispielsweise ganz unterschiedliche Daten auf und verwenden wahrscheinlich verschiedene Formate). Es gibt jedoch einige Schlüsseldaten, die gewöhnlich von jedem Event für eine Analyse benötigt werden. Dazu gehören:
  - Gerät
  - Komponente
  - Art des Ausfalls
  - Datum/Uhrzeit
  - Ausnahmeparameter
  - Wert

4.1.8 Messgrößen

Zur Beurteilung der Effektivität und Effizienz des Event Management Prozesses sollten für jeden relevanten Messzeitraum folgende Messgrößen verwendet werden:

- Anzahl der Events nach Kategorie
- Anzahl der Events nach Bedeutung
- Anzahl und Prozentsatz der Events, für die ein Eingriff durch eine Person erforderlich war und ob dieser Eingriff vorgenommen wurde
- Anzahl und Prozentsatz der Events, die zu Incidents oder Changes geführt haben
- Anzahl und Prozentsatz der Events, die durch bestehende Probleme oder Known Errors verursacht wurden; dies kann zu einer Änderung der Priorität der Arbeitsschritte zu diesem Problem oder Known Error führen
- Anzahl und Prozentsatz der wiederholten oder duplizierten Events; dadurch wird das Tuning der Correlation Engine verbessert, damit keine unnötigen Events generiert werden und eine bessere Funktionalität zur Event-Generierung für neue Services konzipiert werden kann
- Anzahl und Prozentsatz der Events, die auf Perfomance-Schwierigkeiten hinweisen (z. B. Zunahme der Anzahl von Überschreitungen der Transaktionsgrenzwerte einer Anwendung in den letzten sechs Monaten)
- Anzahl und Prozentsatz der Events, die auf potenzielle Verfügbarkeitsschwierigkeiten hinweisen (z. B. Ausfallsicherheit durch alternative Geräte oder intensive Verteilung der Auslastung)
- Anzahl und Prozentsatz des Event-Typs pro Plattform oder Anwendung
- Anzahl und Verhältnis der Events im Vergleich zur Anzahl der Incidents

4.1.9 Herausforderungen, kritische Erfolgsfaktoren und Risiken

4.1.9.1 Herausforderungen

Es gibt eine Reihe von Herausforderungen, die es zu bewältigen gilt:

- Es kann zunächst schwierig sein, die finanziellen Mittel für die erforderlichen Tools aufzubringen sowie die Voraussetzungen für die Installation und die Nutzung der Vorteile der Tools zu schaffen.
- Eine der größten Herausforderungen ist die richtige Filterung einzustellen. Bei einer falschen Filterung kann es passieren, dass eine Flut von relativ unbedeutenden Events auf sie einströmt oder sie relativ wichtige Events erst zu spät erkennen.
- Das Rollout der erforderlichen Monitoring-Agenten über die gesamte IT-Infrastruktur kann sich sehr schwierig gestalten und über einen längeren Zeitraum erstrecken – es besteht die Gefahr, dass andere Aktivitäten anstehen, die Ressourcen beanspruchen und das Rollout verzögern.
- Der Erwerb der erforderlichen Kenntnisse kann zeit- und kostenintensiv sein.

4.1.9.2 Kritische Erfolgsfaktoren

Um die nötige Finanzierung zu erhalten, sollte ein überzeugender Business Case vorbereitet werden, der aufzeigt, dass der Nutzen eines effektiven Event Management die Kosten bei Weitem überwiegen kann, so dass ein positiver Return on Investment entsteht.

Einer der wichtigsten kritischen Erfolgsfaktoren ist die richtige Filterung. Dies wird allerdings dadurch verkompliziert, dass sich die Bedeutung von Events ändert. Beispiel: Es ist normal, wenn sich ein Anwender bei einem System anmeldet, doch wenn dieser Anwender nach dem Austritt aus der Organisation versucht, sich anzumelden, ist dies eine Sicherheitsverletzung.

Drei wichtige Punkte sind zu beachten, um die richtige Filterung zu erhalten:

- Integrieren Sie das Event Management nach Möglichkeit in alle Service Management Prozesse. Dadurch wird sichergestellt, dass nur die Events ausgegeben werden, die für diese Prozesse von Bedeutung sind.

- Konzipieren Sie neue Services mit dem Event Management im Hinterkopf. (Ausführliche Informationen hierzu finden Sie in Abschnitt 4.1.10.)
- Versuch und Irrtum. Ganz gleich, wie sorgfältig das Event Management vorbereitet wird, es gibt immer Event-Klassen, die nicht richtig gefiltert werden. Daher muss das Event Management einen formalen Prozess zur Evaluierung der Effektivität der Filterung beinhalten.

Für das Rollout der Monitoring-Agent-Software in der gesamten IT-Infrastruktur ist eine gründliche Planung erforderlich. Dieses Unterfangen sollte als Projekt angesehen werden, für das realistische Zeitvorgaben festgelegt und die geeigneten Ressourcen zugewiesen werden, die für die gesamte Projektdauer geschützt werden müssen.

4.1.9.3 Risiken

Die größten Risiken wurden bereits oben genannt: gescheiterte Finanzierung, Sicherstellung der richtigen Filterung und zu wenig Dynamik beim Rollout der erforderlichen Monitoring-Agenten in der IT-Infrastruktur. Wenn diese Risiken ignoriert werden, könnte dies den Erfolg des Event Management negativ beeinflussen.

4.1.10 Design für das Event Management

Das Design eines effektiven Event Management wird nicht erst erstellt, wenn ein Service in die Operations-Phase übergegangen ist. Da das Event Management die Basis für das Monitoring der Performance und der Verfügbarkeit eines Service ist, sollten die genauen Ziele und Mechanismen für das Monitoring in den Availability und Capacity Management Prozessen festgelegt und vereinbart werden (siehe Publikation Service Design).

Das bedeutet jedoch nicht, dass das Design des Event Management von einer Gruppe von Systementwicklern separat durchgeführt und dann zusammen mit dem zu verwaltenden System an das Operations Management übergeben wird. Genauso wenig bedeutet das, dass das Event Management statisch ist, sobald das Design festgelegt und vereinbart wurde. Im täglichen Betrieb werden weitere Events, Prioritäten, Alarme und andere Verbesserungen definiert, die über den Continual Improvement Prozess in die Service Strategy, das Service Design usw. einfließen.

Von den Service Operation Funktionen wird erwartet, dass sie am Design des Service und dessen Messverfahren mitwirken (siehe Abschnitt 3.4).

Die Design-Bereiche des Event Management umfassen:

4.1.10.1 Instrumentierung

Die Instrumentierung ist die Definition dessen, welche Aspekte der CIs überwacht werden kann, und die Art und Weise, wie deren Verhalten beeinflusst werden kann. Anders ausgedrückt: Mit der Instrumentierung wird definiert und konzipiert, wie die IT-Infrastruktur und IT Services überwacht und gesteuert werden.

Bei der Instrumentierung müssen einerseits verschiedene Entscheidungen getroffen und andererseits Mechanismen zur Ausführung dieser Entscheidungen entworfen werden.

Beispiele für Entscheidungen, die getroffen werden müssen:

- Was muss überwacht werden?
- Welche Art von Monitoring wird benötigt (z. B. aktives oder passives Monitoring, Performance-Monitoring oder Output-Monitoring)?
- Wann müssen wir Events generieren?
- Welche Art von Informationen müssen im Event kommuniziert werden?
- An wen richten sich die Nachrichten?

Beispiele für Mechanismen, die konzipiert werden müssen:

- Wie werden Events generiert?
- Verfügt das CI bereits standardmäßig über Event-Generierungsmechanismen und, falls ja, welcher davon wird verwendet? Sind sie ausreichend oder müssen dem CI weitere Mechanismen oder Informationen hinzugefügt werden?
- Welche Daten werden für den Event Record eingegeben?
- Werden Events automatisch generiert, oder muss ein Polling für das CI durchgeführt werden?
- Wo werden Events erfasst und gespeichert?
- Wie werden zusätzliche Daten gesammelt?

Hinweis: Hier gibt es eine wesentliche Schnittstelle zum Anwendungsdesign. Alle Anwendungen sollten so codiert sein, dass aussagekräftige und detaillierte Fehlermeldungen/-codes unmittelbar beim Ausfall generiert werden – damit sie in die Events einbezogen werden können und eine schnelle Diagnose und Lösung der zugrunde liegenden Ursache ermöglichen. Ausführliche Informationen zur Notwendigkeit, dieses Fehler-Messaging zu berücksichtigen und zu testen finden Sie in der Publikation Service Transition.

4.1.10.2 Generierung von Fehlermeldungen

Fehlermeldungsfunktionen sind für alle Komponenten (Hardware, Software, Netzwerke usw.) wichtig. Dafür müssen alle Softwareanwendungen so konzipiert sein, dass sie das Event Management unterstützen. Dazu können die Ausgabe aussagekräftiger Fehlermeldungen und/oder Fehlercodes gehören, die den konkreten Ausfallpunkt und die wahrscheinlichste Ursache eindeutig angeben. In solchen Fällen sollte beim Testen neuer Anwendungen auch die genaue Event-Generierung getestet werden.

Neuere Technologien wie Java Management Extensions (JMX) oder HawkNL™ liefern die Tools für die Erstellung verteilter, webbasierter, modularer und dynamischer Lösungen für das Management und Monitoring von Geräten, Anwendungen und serviceorientierten Netzwerken. Damit wird erreicht, dass Programmierer weniger oder gar keine Fehlermeldungen mehr in den Code einfügen müssen – dies führt zu einer wichtigen Normalisierungsebene und Unabhängigkeit vom Code.

4.1.10.3 Event-Erkennung und Alarmmechanismen

Ein gutes Event Management Design umfasst auch das Design von Tools zum Filtern, Korrelieren und Eskalieren von Events sowie die Eingabe von Daten in diese Tools.

In die Correlation Engine etwa müssen die Regeln und Kriterien eingegeben werden, die die Bedeutung sowie die konkreten Aktionen für die verschiedenen Event-Typen festlegen.

Für ein ausgereiftes Design der Event-Erkennung und der Alarmmechanismen wird Folgendes benötigt:

- Business-Kenntnisse zu allen Business-Prozessen, die über das Event Management verwaltet und gesteuert werden
- genaue Kenntnisse der Service Level Anforderungen des Service, der von den einzelnen CIs unterstützt wird
- Kenntnisse darüber, wer die CIs unterstützt
- Kenntnisse darüber, was einen normalen bzw. ungewöhnlichen Betrieb der CIs kennzeichnet
- Kenntnisse zur Bedeutung verschiedener ähnlicher Events (für dasselbe CI oder mehrere ähnliche CIs)
- Verständnis dazu, welche Kenntnisse für die effektive Unterstützung von CIs notwendig sind
- Informationen, die für die Diagnose von Problemen mit dem CI hilfreich sind
- Kenntnisse zur Incident-Priorisierung und -Kategorisierungscodes, so dass diese Codes angegeben werden können, falls ein Incident Record erstellt werden muss
- Kenntnisse zu anderen CIs, die vom betreffenden CI abhängig sind, oder zu den CIs, von denen wiederum das betreffende CI abhängig ist

- Verfügbarkeits- oder Known Error Informationen von Anbietern oder bereits gesammelte Erfahrung

4.1.10.4 Identifizierung von Grenzwerten

Die eigentlichen Grenzwerte werden nicht vom Event Management festgelegt oder verwaltet. Wenn die Grenzwerte jedoch nicht während des Instrumentierungsprozesses richtig konzipiert und kommuniziert werden, ist es schwierig, den geeigneten Performance-Level für die einzelnen CIs festzulegen.

Hinzu kommt, dass die meisten Grenzwerte nicht konstant sind. Sie setzen sich in der Regel aus mehreren miteinander verknüpften Variablen zusammen. Beispiel: Wie viele Anwender gleichzeitig angemeldet sein können, bevor die Antwortzeit sich verlängert, hängt davon ab, welche anderen Aufträge auf dem Server aktiv sind. Dieses Wissen kann häufig nur durch Erfahrung erworben werden, d. h. die Correlation Engine muss laufend optimiert und über den Continual Service Improvement Prozess aktualisiert werden.

4.2 INCIDENT MANAGEMENT

> Gemäß der ITIL Terminologie ist ein „Incident" wie folgt definiert:
>
> Eine nicht geplante Unterbrechung eines IT Service oder eine Qualitätsminderung eines IT Service. Auch ein Ausfall eines Configuration Item ohne bisherige Auswirkungen auf einen Service ist ein Incident. Beispiel: Ein Ausfall einer oder mehrerer Festplatten in einer gespiegelten Partition.
>
> Das Incident Management ist der Prozess, der für alle Incidents verantwortlich ist. Dazu können Ausfälle, von Anwendern gestellte Fragen (in der Regel über einen Anruf beim Service Desk), Fragen von technischen Mitarbeitern oder von den Event Monitoring Tools automatisch erkannte und gemeldete Events gehören.

4.2.1 Zweck und Ziel

Wichtigstes Ziel des Incident Management Prozesses ist die möglichst schnelle Wiederherstellung des normalen Servicebetriebs und die Minimierung der negativen Auswirkungen auf den Business-Betrieb. So werden bestmögliche Servicequalität und -verfügbarkeit erreicht. „Normaler Servicebetrieb" wird als Servicebetrieb innerhalb der SLA-Grenzen definiert.

4.2.2 Umfang

Das Incident Management berücksichtigt alle Events, die einen Service unterbrechen oder unterbrechen könnten. Dazu gehören Events, die direkt von Anwendern kommuniziert werden, entweder über den Service Desk oder über eine Schnittstelle vom Event Management an Incident Management Tools.

Incidents können auch von technischen Mitarbeitern gemeldet und/oder erfasst werden (wenn sie z. B. etwas Ungewöhnliches bei einer Hardware- oder Netzwerkkomponente feststellen, können sie einen Incident melden oder erfassen und an den Service Desk weiterleiten). Das bedeutet jedoch nicht, dass alle Events Incidents sind. Viele Event-Klassen führen nicht zu Unterbrechungen, sondern weisen vielmehr auf einen normalen Betrieb hin oder sind rein informativ (siehe Abschnitt 4.1).

Sowohl Incidents als auch Service Requests werden zwar an den Service Desk gemeldet, dennoch muss zwischen beiden unterschieden werden. Service Requests stellen keine Unterbrechung eines vereinbarten Service dar, sondern sie sind eine Möglichkeit, Kundenbedürfnisse zu erfüllen und können der Erreichung eines vereinbarten SLA-Ziels dienen. Service Requests werden im Rahmen des Request Fulfilment Prozesses behandelt (siehe Abschnitt 4.3).

4.2.3 Wert für das Business

Der Wert des Incident Management liegt in folgenden Punkten:

- Die Fähigkeit, Incidents zu erkennen und zu beheben, so dass sich die Ausfallzeiten des Business verkürzen, was wiederum eine höhere Serviceverfügbarkeit bedeutet. Das bedeutet, dass das Business die Funktionalität des Service optimal nutzen kann.
- Die Fähigkeit, die IT-Aktivität mit Echtzeit-Business-Prioritäten abzustimmen. Das Incident Management ist in der Lage, Business-Prioritäten zu erkennen und Ressourcen nach Bedarf dynamisch zuzuweisen.
- Die Fähigkeit, potenzielle Serviceverbesserungen zu identifizieren. Dies ist möglich, wenn verstanden wird, was einen Incident darstellt und die Aktivitäten der operativen Mitarbeiter des Business bekannt sind.
- Der Service Desk kann bei der Abwicklung von Incidents weitere Service- oder Schulungsanforderungen der IT oder des Business identifizieren.

Das Incident Management wird im Business stark wahrgenommen, und sein Wert ist einfacher als der vieler anderer Service Operation Bereiche erkennbar. Aus diesem Grund ist das Incident Management häufig einer der ersten Prozesse, die in Service Management Projekten implementiert werden. Dies hat zusätzlich den Vorteil, dass mit dem Incident Management die Aufmerksamkeit auf andere wichtige Bereiche gelenkt werden kann – Ausgaben oder die Implementierung anderer Prozesse können so gerechtfertigt werden.

4.2.4 Richtlinien, Prinzipien und grundlegende Konzepte

Es gibt einige grundlegende Aspekte, die im Zusammenhang mit dem Incident Management berücksichtigt und entschieden werden müssen. Diese Aspekte werden in diesem Abschnitt beschrieben.

4.2.4.1 Zeitvorgaben

Für alle Phasen der Incident-Abwicklung sind Zeitvorgaben erforderlich (die abhängig von der Prioritätsebene des Incident variieren) – basierend auf der vollständigen Incident-Antwort und den Lösungszielen in SLAs –, die als Ziele in OLAs und Underpinning Contracts (UCs) erfasst werden müssen. Alle Support-Gruppen müssen über diese Zeitvorgaben informiert werden. Zur Automatisierung von Zeitvorgaben und Eskalation des Incident entsprechend den vordefinierten Regeln sollten Service Management Tools verwendet werden.

4.2.4.2 Incident-Modelle

Viele Incidents sind nicht neu – sie betreffen ein in der Vergangenheit aufgetretenes Ereignis, das jederzeit wieder auftreten kann. Aus diesem Grund ist es für viele Organisationen hilfreich, Standard-Incident-Modelle vorzudefinieren und diese auf die entsprechenden Incidents anzuwenden, sobald sie auftreten.

Mithilfe eines Incident-Modells können die Schritte vordefiniert werden, die bei der Abwicklung eines Prozesses (in diesem Fall für eine bestimmte Art von Incident) vereinbarungsgemäß ausgeführt werden sollen. Anschließend können zum Management des erforderlichen Prozesses Support-Tools eingesetzt werden. Dadurch wird sichergestellt, dass Standard-Incidents entsprechend einem vordefinierten Ablauf und in einem vorgegebenen Zeitrahmen behandelt werden.

Incidents, die eine spezielle Behandlung erfordern, können auf diese Weise weitergeleitet werden (z. B. können sicherheitsrelevante Incidents an das Information Security Management weitergeleitet werden, kapazitäts-

und Performance-relevante Incidents an das Capacity Management).

Das Incident-Modell sollte folgende Informationen enthalten:

- die zur Abwicklung des Incident erforderlichen Schritte
- die chronologische Reihenfolge, in der die Schritte ausgeführt werden sollen, mit festgelegten Abhängigkeiten oder Vorgaben für eine gemeinsame Verarbeitung
- Zuständigkeiten; wer hat was zu tun
- Zeitrahmen und Grenzwerte für die auszuführenden Aktionen
- Eskalationsverfahren; wer muss wann kontaktiert werden
- alle erforderlichen Aktivitäten zur Beweissicherung (besonders relevant bei sicherheits- und kapazitätsrelevanten Incidents)

Diese Modelle sollten als Input für die Support-Tools verwendet werden, mit denen Abwicklung, Management und Eskalation des Prozesses automatisiert werden kann.

4.2.4.3 Major Incidents

Für Major Incidents muss ein separates Verfahren mit einem kürzeren Zeitrahmen und höherer Dringlichkeit verwendet werden. Eine Definition eines Major Incident muss vereinbart und idealerweise auf das Gesamtsystem der Incident-Priorisierung abgestimmt werden – damit sie im Major Incident Prozess abgewickelt werden.

Hinweis: Es kommt vor, dass die Terminologie nicht konsistent verwendet und/oder ein Major Incident mit einem Problem verwechselt wird. In der Praxis bleibt ein Incident immer ein Incident – seine Auswirkungen können zwar größer werden bzw. seine Priorität kann steigen, so dass ein Major Incident daraus wird, aber aus einem Incident wird niemals ein Problem. Ein Problem ist die grundsätzliche Ursache eines oder mehrerer Incidents und muss immer separat behandelt werden.

Unter Umständen müssen auch Incidents mit niedriger Priorität – wegen ihrer möglichen Business-Auswirkung – über dieses Verfahren abgewickelt werden. Es gibt aber auch Major Incidents, die nicht über dieses Verfahren abgewickelt werden müssen, wenn Ursache und Lösung offensichtlich sind und die für die Ziele vereinbarten Lösungszeiten problemlos mit dem normalen Incident-Prozess eingehalten werden können – vorausgesetzt die Auswirkung bleibt relativ gering.

Sofern erforderlich, sollte das Verfahren für Major Incidents die dynamische Bildung eines separaten Teams für Major Incidents unter direkter Leitung des Incident Manager vorsehen, das sich ausschließlich auf diesen Incident konzentriert, um sicherzustellen, dass die geeigneten Ressourcen bereitgestellt werden und der richtige Schwerpunkt gesetzt wird, so dass eine schnelle Lösung erreicht wird. Wenn der Service Desk Manager auch die Rolle des Incident Manager übernimmt (z. B. in einer kleinen Organisation), muss eine andere Person bestimmt werden, die dem Untersuchungsteam für Major Incidents vorsteht – auf diese Weise werden Zeit- oder Prioritätskonflikte vermieden. Letztendlich berichtet dieser Service Desk Manager jedoch auch an den Incident Manager.

Sofern gleichzeitig die Ursache des Incident untersucht werden muss, muss auch der Problem Manager einbezogen werden. Der Incident Manager muss jedoch dafür sorgen, dass die Servicewiederherstellung und die Untersuchung der zugrunde liegenden Ursache voneinander getrennt bleiben. Der Service Desk kümmert sich darum, dass alle Aktivitäten erfasst und die Anwender laufend über jegliche Fortschritte informiert werden.

4.2.5 Prozessaktivitäten, -methoden und -techniken

Der beim Incident Management einzuhaltende Prozess ist in Abbildung 4.2 dargestellt. Der Prozess umfasst die folgenden Schritte.

4.2.5.1 Incident-Identifizierung

Mit der Behandlung eines Incident kann erst begonnen werden, wenn das Auftreten eines Incident bekannt wird. Aus der Sicht des Business ist es normalerweise nicht akzeptabel abzuwarten, bis der Incident spürbare Auswirkungen auf den Anwender hat und dieser sich dann an den Service Desk wendet. Soweit möglich, sollten alle Schlüsselkomponenten überwacht werden, so dass Ausfälle oder potenzielle Ausfälle frühzeitig erkannt werden und der Incident Management Prozess schnell gestartet werden kann. Im Idealfall sollten Incidents behoben werden, bevor sie Auswirkungen für den Anwender haben!

Weitere Einzelheiten dazu finden Sie in Abschnitt 4.1.

4.2.5.2 Incident-Erfassung

Alle Incidents müssen vollständig erfasst und mit einem Datum und einer Uhrzeit versehen werden, ganz gleich, ob sie durch einen Anruf beim Service Desk gemeldet oder automatisch von einem Event-Alarm erkannt werden.

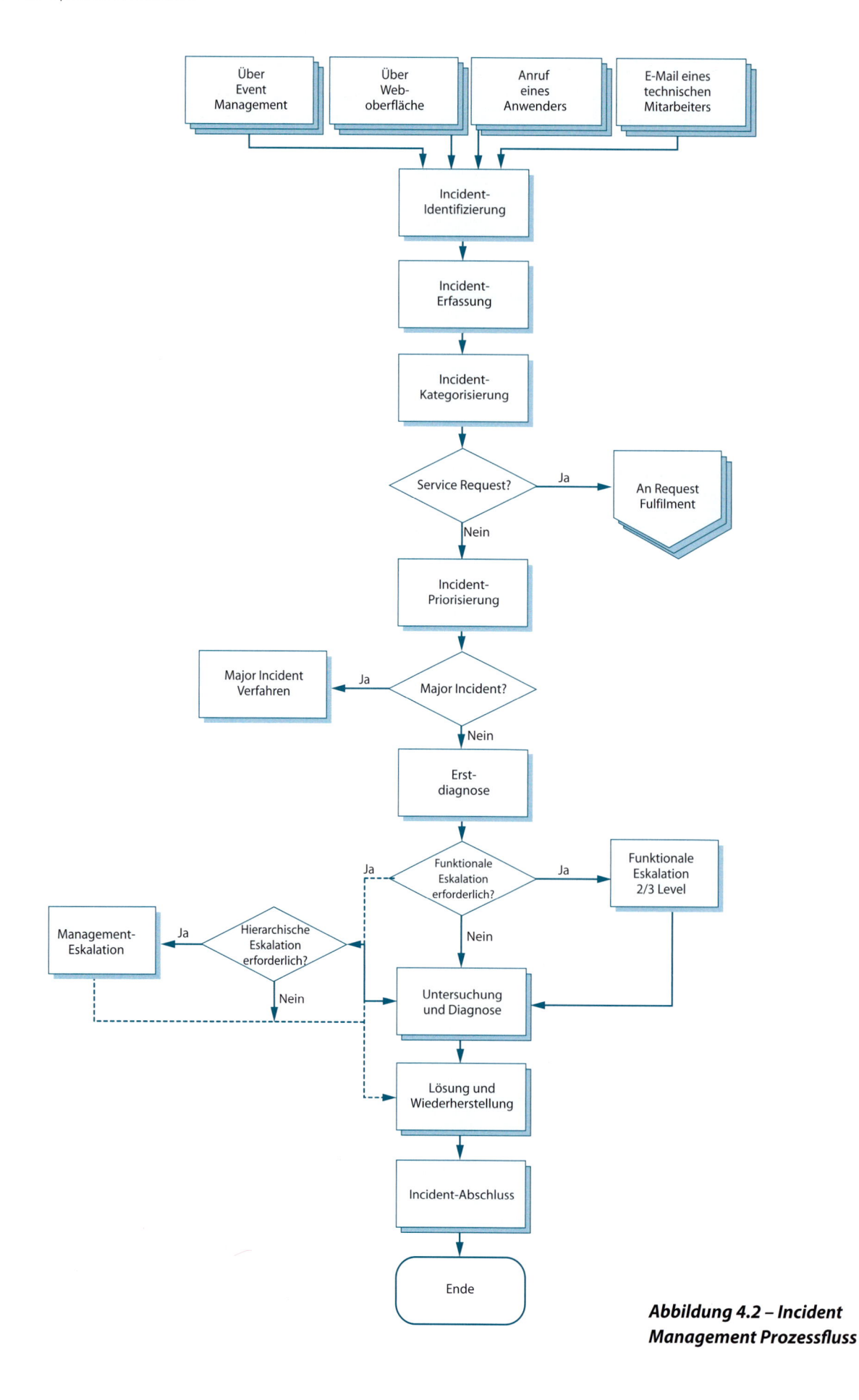

Abbildung 4.2 – Incident Management Prozessfluss

Hinweis: Wenn der Service Desk und/oder die Support-Mitarbeiter Kunden besuchen, um sich mit einem Incident zu beschäftigen, werden sie unter Umständen gebeten, sich auch um andere Incidents zu kümmern – „wenn sie schon einmal da sind". Wenn dieser Bitte nachgekommen wird, muss für jeden weiteren Incident ein Incident Record erstellt werden , damit wird sichergestellt, dass ein historischer Record angelegt und die ausgeführte Arbeit erfasst ist.

Alle die Art des Incident betreffenden relevanten Informationen müssen erfasst werden, so dass ein vollständiger historischer Record entsteht – und für den Fall, dass der Incident an eine andere Support-Gruppe weitergeleitet wird, alle relevanten Informationen, die hilfreich sein könnten, vorliegen.

In den meisten Fällen werden folgende Informationen für den Incident benötigt:

- eindeutige Referenznummer
- Incident-Kategorisierung (häufig unterteilt in zwei bis vier Unterkategorie-Ebenen)
- Dringlichkeit des Incident
- Auswirkung des Incident
- Incident-Priorisierung
- Datum/Uhrzeit der Erfassung
- Name/Kennung der Person und/oder Gruppe, die den Incident erfasst
- Art der Benachrichtigung (Telefon, automatisch, E-Mail, persönlich usw.)
- Name/Abteilung/Telefon/Standort des Anwenders
- Rückfragemethode (Telefon, Brief usw.)
- Beschreibung der Symptome
- Incident-Status (aktiv, in Bearbeitung, geschlossen usw.)
- betroffenes CI
- Support-Gruppe/Person, der der Incident zugewiesen ist
- verknüpftes Problem/Known Error
- Aktivitäten zur Lösung des Incident
- Datum und Uhrzeit der Lösung
- Abschlusskategorie
- Datum und Uhrzeit des Abschlusses

Hinweis: Wenn der Service Desk nicht rund um die Uhr erreichbar ist und die Verantwortung für die Erfassung und Bearbeitung von First-Level Incidents zeitweise bei einer anderen Gruppe liegt, z. B. IT Operations oder dem Netzwerk-Support, müssen die Incident-Details trotzdem genau so präzise erfasst werden. Die Mitarbeiter müssen entsprechend geschult und auf diese Notwendigkeit aufmerksam gemacht werden.

4.2.5.3 Incident-Kategorisierung

Bei der Ersterfassung muss ein geeigneter Code für die Incident-Kategorisierung zugewiesen werden, damit die Art der Benachrichtigung genau erfasst wird. Dies ist später bei der Betrachtung der Incident-Typen/Häufigkeit von Bedeutung, um Trends für das Problem Management, das Supplier Management und andere ITSM-Aktivitäten festzulegen.

Beachten Sie, dass die Prüfung der Service Requests (Serviceanträgen) in diesem Prozess nicht impliziert, dass es sich bei Service Requests um Incidents handelt. Damit wird lediglich der Tatsache Rechnung getragen, dass Service Requests manchmal fälschlicherweise als Incidents erfasst werden (z. B. wenn ein Anwender den Antrag auf der Webseite irrtümlich als Incident stellt). Mit dieser Prüfung werden entsprechende Anträge entdeckt und sichergestellt, dass sie an den Request Fulfilment Prozess weitergeleitet werden.

Die Kategorisierung auf mehreren Ebenen ist mit den meisten Tools möglich – in der Regel mit drei oder vier Detailebenen. Ein Incident kann beispielsweise wie in Abbildung 4.3 kategorisiert werden.

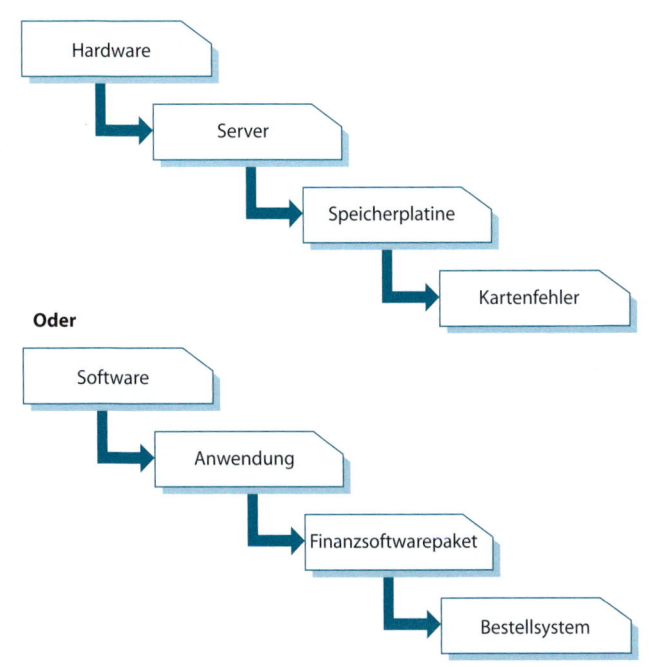

Abbildung 4.3 – Incident-Kategorisierung auf mehreren Ebenen

Da jede Organisation einzigartig ist, ist es schwierig, allgemeine Empfehlungen zu den in einer Organisation zu verwendenden Kategorien abzugeben, besonders auf niedrigen Ebenen. Es gibt jedoch eine Technik, mit deren Hilfe Organisationen einen für sie geeigneten Satz von Kategorien ermitteln können – wenn sie bei Null anfangen! Folgende Schritte sind erforderlich:

1. Machen Sie Brainstorming in den betroffenen Support-Gruppen. Beziehen Sie dabei den SD-Supervisor sowie Incident und Problem Manager mit ein.
2. Legen Sie anhand der Ergebnisse die obersten Kategorien fest, und fügen Sie eine „zusätzliche" Kategorie hinzu. Richten Sie die geeigneten Erfassungs-Tools ein, und verwenden Sie diese Kategorien in einer Testphase.
3. Die Testphase sollte eher kurz sein, allerdings so lange, dass mehrere hundert Incidents in die einzelnen Kategorien fallen. Bei einer zu langen Testphase würde die Analyse zu lange dauern.
4. Analysieren Sie die Incidents, die in der Testphase erfasst wurden. Die Anzahl der Incidents, die in den verschiedenen hohen Kategorien erfasst wurden, zeigt, ob sich die Kategorien lohnen – mit einer genaueren Analyse der „zusätzlichen" Kategorie können weitere benötigte hohe Kategorien identifiziert werden.
5. Mithilfe einer Aufspaltungsanalyse für die Incidents in den verschiedenen hohen Kategorien wird ermittelt, welche niedrigen Kategorien erforderlich sind.
6. Überprüfen und wiederholen Sie diese Schritte nach einiger Zeit (etwa einem bis drei Monaten) und danach in regelmäßigen Abständen, um sicherzustellen, dass die Kategorien weiterhin relevant sind. Machen Sie sich bewusst, dass wesentliche Änderungen der Kategorisierung Schwierigkeiten beim Incident-Trending oder beim Management-Reporting verursachen können – Änderungen der Kategorisierung sollten also nur vorgenommen werden, wenn dies unbedingt erforderlich ist.

Wenn ein bestehendes Kategorisierungsschema angewendet wird, damit jedoch keine zufrieden stellenden Ergebnisse erzielt werden, kann dieses Schema mithilfe des Grundkonzepts der o. g. Technik geprüft und verändert werden.

HINWEIS: In manchen Fällen liegen zum Zeitpunkt der Incident-Erfassung nicht alle bzw. nur unvollständige oder irreführende Details vor. Deshalb ist es wichtig, die Kategorisierung des Incident zu prüfen und beim Abschluss des Anrufs ggf. zu aktualisieren (in einem separaten Abschluss-Kategorisierungsfeld, damit die ursprüngliche Kategorisierung nicht verfälscht wird). Weitere Informationen finden Sie in Abschnitt 4.2.5.9.

4.2.5.4 Incident-Priorisierung

Ein weiterer wichtiger Aspekt bei der Erfassung von Incidents ist die Festlegung und Zuweisung eines geeigneten Priorisierungsocdes – damit wird bestimmt, wie der Incident von Support-Tools und Support-Mitarbeitern behandelt wird.

Die Priorisierung wird in der Regel unter Berücksichtigung der Dringlichkeit des Incident (wie schnell das Business eine Lösung benötigt) und des Ausmaßes der Auswirkung festgelegt. Ein Indikator für die Auswirkung ist häufig (jedoch nicht immer) die Anzahl der betroffenen Anwender. Wobei in manchen Fällen der Wegfall des Service für einen einzelnen Anwender wesentliche Auswirkungen auf das Business haben kann – es kommt immer darauf an, wer was macht – mit Zahlen allein lässt sich die Priorität also nicht evaluieren. Weitere Faktoren, die das Ausmaß der Auswirkung beeinflussen können:

- Risiko für Leib und Leben
- Anzahl der betroffenen Services – u. U. mehrere Services
- Ausmaß des finanziellen Verlusts
- Auswirkung auf das geschäftliche Ansehen
- Rechts- oder Gesetzesverstöße

In Tabelle 4.1 wird verdeutlicht, wie diese Elemente effektiv berechnet werden und die richtige Prioritätsebene für die einzelnen Incidents abgeleitet werden kann:

Tabelle 4.1 – Einfaches Codierungssystem für die Priorität

		Auswirkung		
		Hoch	Mittel	Niedrig
Dringlichkeit	Hoch	1	2	3
	Mittel	2	3	4
	Niedrig	3	4	5

Prioritätscode	Beschreibung	Angestrebte Lösungszeit
1	Kritisch	1 Stunde
2	Hoch	8 Stunden
3	Mittel	24 Stunden
4	Niedrig	48 Stunden
5	Planung	Geplant

In allen Fällen sollten die Support-Mitarbeiter konkrete Leitlinien – und praktische Beispiele – erhalten, damit sie die Dringlichkeit und den Grad der Auswirkung richtig einschätzen und die entsprechende Priorität zuweisen können. Die entsprechenden Leitlinien sollten bei den Service Level Verhandlungen erstellt werden.

Es gibt allerdings Situationen, in denen die normalen Prioritätsebenen z. B. aufgrund bestimmter Business-Gründe außer Kraft gesetzt werden müssen. Wenn ein Anwender der Meinung ist, dass die Prioritätsebene eines Incident über den normalen Leitlinien liegen sollte, sollte der Service Desk diesem Anliegen nachkommen. Wenn sich im Nachhinein herausstellt, dass dies falsch war, kann dies offline auf Managementebene geklärt werden und nicht während der Anwender noch am Telefon ist.

In manchen Organisationen werden die Incidents von VIPs (hochrangige Führungskräfte, Diplomaten, Politiker usw.) mit höherer Priorität als normalerweise behandelt. Entsprechende Vorgaben sollten in den Leitlinien für die Service Desk Mitarbeiter zur Anwendung der Prioritätsebenen behandelt und dokumentiert werden, damit allen Mitarbeitern die Regeln für VIPs bekannt sind und sie auch wissen, wer in diese Kategorie fällt.

Die Priorität eines Incident kann dynamisch sein – wenn sich die Bedingungen ändern oder ein Incident nicht in der im SLA vorgegebenen Zeit gelöst werden kann, muss die Priorität entsprechend der neuen Situation geändert werden.

Hinweis: Manche Tools besitzen Einschränkungen, die die automatische Berechnung der Performance im Hinblick auf die SLA-Ziele schwierig machen, wenn sich die Priorität während der Lebensdauer eines Incident ändert. Wenn sich die Umstände ändern, muss die Priorität jedoch entsprechend angepasst werden – ggf. müssen auch die Reporting Tools manuell angepasst werden. Tools mit solchen Einschränkungen sollten im Idealfall nicht ausgewählt werden.

4.2.5.5   Erste Diagnose

Wenn der Incident über den Service Desk abgewickelt wird, muss der Service Desk Analyst die Erstdiagnose durchführen. Dies geschieht in der Regel noch während der Anwender am Telefon ist – sofern der Antrag auf diesem Weg eingeht. Auf diese Weise wird versucht, alle Symptome des Incident herauszufinden und zu ermitteln, was genau schief gelaufen ist und welche Korrekturmaßnahmen erforderlich sind. In dieser Phase sind Diagnoseskripte und Known Error Informationen besonders hilfreich für eine frühzeitige und genaue Diagnose.

Der Service Desk Analyst löst den Incident nach Möglichkeit noch während der Anwender am Telefon ist. Bei erfolgreicher Lösung wird der Incident sofort wieder geschlossen.

Wenn es dem Service Desk Analyst nicht gelingt, den Incident zu lösen während der Anwender noch am Telefon ist, die Aussichten jedoch gut sind, dass der Service Desk den Incident in der vorgegebenen Zeit ohne Unterstützung anderer Support-Gruppen lösen kann, sollte der Analyst den Anwender über die geplanten Schritte informieren, ihm die Incident-Referenznummer mitteilen und versuchen, eine Lösung zu finden.

4.2.5.6   Incident-Eskalation

- **Funktionale Eskalation.** Sobald klar wird, dass der Service Desk den Incident alleine nicht lösen kann (oder die vorgegebene Zeit zur Lösung durch den Erstkontakt überschritten wurde – je nachdem, was zuerst eintritt), muss der Incident sofort für weiteren Support eskaliert werden.
  Wenn die Organisation über eine Second-Level Support-Gruppe verfügt und der Service Desk der Meinung ist, dass der Incident von dieser Gruppe gelöst werden kann, sollte der Incident an diese Gruppe weitergeleitet werden. Wenn offensichtlich ist, dass zur Lösung des Incident detaillierte technische Kenntnisse erforderlich sind oder die Second-Level Gruppe den Incident in der vereinbarten Zeit nicht lösen konnte (je nachdem, was zuerst eintritt), muss der Incident sofort an die entsprechende Third-Level Support-Gruppe eskaliert werden. Third-Level Support-Gruppen sind nicht zwangsläufig intern angesiedelt, es kann sich dabei auch um Drittparteien wie Software-Supplier, Hardwarehersteller oder Wartungsfirmen handeln. Die Regeln für die Eskalation und Bearbeitung von Incidents müssen in OLAs und UCs mit internen und externen Support-Gruppen vereinbart werden.
  Hinweis: Die Verantwortlichkeit für den Incident bleibt beim Service Desk! Ganz gleich, an wen ein Incident während seiner Lebenszeit weitergeleitet wird, die Verantwortlichkeit bleibt immer beim Service Desk. Der Service Desk muss immer den Fortschritt erfassen, Anwender informieren und den Incident schließen.
- **Hierarchische Eskalation.** Bei schwerwiegenden Incidents (z. B. Incidents mit Priorität 1) müssen die zuständigen IT-Manager informiert werden. Die hierarchische Eskalation wird auch angewendet, wenn die Schritte „Untersuchung und Diagnose" sowie „Lösung und Instandsetzung" zu lange dauern oder sich als zu schwierig erweisen. Die hierarchische

Eskalation sollte der Managementkette nach oben folgen, so dass leitende Manager informiert und darauf vorbereitet sind, die notwendigen Maßnahmen zu ergreifen, wie zusätzliche Ressourcen zuweisen oder Supplier/Wartungsfirmen einbinden. Die hierarchische Eskalation kommt auch zum Einsatz, wenn unklar ist, wem der Incident zugewiesen werden muss. Natürlich kann die hierarchische Eskalation auch von den betroffenen Anwendern oder dem Kundenmanagement initiiert werden. Deshalb ist es wichtig, IT-Manager zu informieren, damit sie sich entsprechend auf die Eskalation vorbereiten können.

Die genauen Ebenen und Zeitvorgaben für die funktionale und die hierarchische Eskalation müssen unter Berücksichtigung der SLA-Ziele vereinbart und in den Support-Tools integriert werden, die anschließend zur Überwachung und Steuerung des Prozessflusses im vorgegebenen Zeitrahmen verwendet werden.

Der Service Desk sollte den Anwender über die Eskalation informieren und sicherstellen, dass der Incident Record entsprechend aktualisiert wird, damit die Historie der Aktionen vollständig ist.

Hinweis zur Incident-Zuweisung

In einer Warteschlange kann es mehrere Incidents mit derselben Priorität geben – d. h. die Service Desk und/oder Incident Management Mitarbeiter müssen zunächst gemeinsam mit den Managern der verschiedenen Support-Gruppen, an die die Incidents eskaliert werden, die Reihenfolge festlegen, in der die Incidents abgearbeitet werden. Diese Manager müssen dafür sorgen, dass die Incidents mit der richtigen Priorität für das Business bearbeitet werden. Es darf nicht passieren, dass sich die Mitarbeiter zuerst die „besten Stücke" herauspicken.

4.2.5.7 Untersuchung und Diagnose

Bei Incidents, bei denen der Anwender lediglich Informationen benötigt, sollte der Service Desk den Service Request relativ schnell beantworten und lösen können. Wenn jedoch ein Defekt gemeldet wird, handelt es sich um einen Incident, für den wahrscheinlich ein gewisser Untersuchungs- und Diagnoseaufwand erforderlich ist.

Jede der Support-Gruppen, die an der Incident-Bearbeitung beteiligt ist, untersucht und diagnostiziert, was falsch gelaufen ist. Sämtliche Aktionen in diesem Zusammenhang (einschließlich Details der verschiedenen Aktionen zur Lösung oder Neuerstellung des Incident) sollten vollständig im Incident Record dokumentiert werden, so dass immer ein kompletter historischer Record aller Aktivitäten vorliegt.

Hinweis: Wenn Untersuchung und Diagnose (oder Lösung und Wiederherstellung) nacheinander ausgeführt werden, geht wertvolle Zeit verloren. Nach Möglichkeit sollten diese Aktivitäten parallel ausgeführt werden, um Zeitverzögerungen zu vermeiden. Dafür sollten Support-Tools entwickelt und/oder ausgewählt werden. Allerdings müssen die Aktivitäten genau koordiniert werden, besonders die Lösungs- oder Wiederherstellungsaktivitäten. Andernfalls können Konflikte zwischen den Aktionen der verschiedenen Gruppen auftreten oder eine Lösung noch verkompliziert werden.

Die Untersuchung beinhaltet in den meisten Fällen folgende Aktionen:

- genaue Bestimmung dessen, was falsch gelaufen ist oder vom Anwender benötigt wird
- Verständnis der chronologischen Reihenfolge von Events
- Bestätigung der vollständigen Auswirkung des Incident einschließlich Anzahl und Umfang der betroffenen Anwender
- Identifizierung von Events, die den Incident ausgelöst haben könnten (z B. ein kürz durchgeführter Change, eine Anwenderaktion?)
- Suchabfragen nach bisherigen Vorkommnissen in vorhandenen Incident/Problem Records und/oder Known Error Datenbanken oder Fehlerprotokollen bzw. Wissensdatenbanken von Herstellern/Suppliern

4.2.5.8 Lösung und Wiederherstellung

Wenn eine mögliche Lösung ins Auge gefasst wurde, sollte sie angewendet und getestet werden. Die konkreten Aktionen und die an der Wiederherstellung beteiligten Personen können abhängig von der Art des Defekts variieren, doch denkbar wären beispielsweise folgende Aktionen:

- Der Anwender wird gebeten, unter Anleitung Aktivitäten auf dem eigenen Desktop oder Remote-Gerät durchzuführen.
- Der Service Desk implementiert die Lösung entweder zentral (z. B. durch den Neustart eines Servers) oder remote mithilfe einer Software, über die der Desktop des Anwenders zur Diagnose und Implementierung einer Lösung gesteuert werden kann.
- Spezialisierte Support-Gruppen werden mit der Implementierung bestimmter Wiederherstellungsaktionen beauftragt (z. B.

Neukonfiguration eines Routers durch den Netzwerk-Support).
- Ein externer Lieferant oder eine externe Wartungsfirma werden mit der Behebung des Fehlers betraut.

Wenn eine Lösung gefunden wurde, müssen noch umfangreiche Tests durchgeführt werden, um sicherzustellen, dass die Wiederherstellung abgeschlossen ist und der Service vollständig für den bzw. die Anwender wiederhergestellt ist.

HINWEIS: Manchmal ist es notwendig, dass zwei oder mehr Gruppen separate, u. U. jedoch koordinierte Wiederherstellungsaktionen durchführen, damit eine Gesamtlösung implementiert werden kann. In diesen Fällen muss das Incident Management die Aktivitäten koordinieren und sich mit allen beteiligten Parteien absprechen.

Ungeachtet der durchgeführten Aktionen oder der ausführenden Personen muss der Incident Record kontinuierlich mit allen relevanten Informationen und Details aktualisiert werden, so dass stets eine vollständige Historie vorliegt.

Die Gruppe, die die Lösung implementiert hat, muss den Incident zurück an den Service Desk geben, damit dieser ihn schließen kann.

4.2.5.9 Incident-Abschluss

Der Service Desk sollte überprüfen, ob der Incident vollständig und zur Zufriedenheit der Anwender gelöst ist und die Anwender mit dem Schließen des Incident einverstanden sind. Darüber hinaus sollte der Service Desk folgende Punkte prüfen:

- **Abschlusskategorisierung.** Prüfen und bestätigen Sie, dass die anfängliche Incident-Kategorisierung richtig war, oder, falls sich herausgestellt hat, dass die Kategorisierung falsch war, aktualisieren Sie den Record so, dass die richtige Abschlusskategorisierung für den Incident erfasst wird. Holen Sie hierfür bei Bedarf Empfehlungen von den an der Wiederherstellung beteiligten Gruppen ein.
- **Anwenderzufriedenheitsumfrage.** Führen Sie telefonisch oder per E-Mail eine Anwenderzufriedenheitsumfrage für den vereinbarten Prozentsatz der Incidents aus.
- **Incident-Dokumentation.** Holen Sie die noch ausstehenden Details ein, und stellen Sie sicher, dass der Incident Record vollständig dokumentiert ist, so dass ein kompletter historischer Record mit einer ausreichend genauen Detailebene vorliegt.
- **Fortlaufendes oder wiederkehrendes Problem?** Bestimmen Sie (zusammen mit den für die Lösung zuständigen Gruppen), ob es wahrscheinlich ist, dass der Incident erneut auftritt, und entscheiden Sie, ob präventive Maßnahmen notwendig sind, um dies zu vermeiden. Erstellen Sie in derartigen Fällen gemeinsam mit dem Problem Management einen Problem Record, damit präventive Maßnahmen initiiert werden können.
- **Formaler Abschluss.** Schließen Sie den Incident Record formal.

Hinweis: Manche Organisationen nutzen eine automatische Abschlussperiode für bestimmte oder sogar für alle Incidents (z. B. werden Incidents automatisch nach zwei Arbeitstagen geschlossen, wenn es keine erneute Kontaktaufnahme seitens des Anwenders gibt). Ob dieser Ansatz sinnvoll ist, muss mit den Anwendern besprochen und vereinbart werden. Damit alle Anwender und IT-Mitarbeiter darüber informiert sind, müssen die entsprechenden Pläne veröffentlicht werden. Bei bestimmten Incidents ist von dieser Methode abzuraten – etwa bei Major Incidents, Incidents von VIPs usw.

Regeln für die erneute Öffnung von Incidents

Trotz größter Sorgfalt kann es passieren, dass Incidents erneut auftreten, auch wenn sie formal geschlossen wurden. Für diese Fälle empfiehlt es sich, vordefinierte Regeln darüber zu haben, ob und wann ein Incident wieder geöffnet werden kann. Es kann beispielsweise sinnvoll sein festzulegen, dass ein Incident wieder geöffnet werden kann, falls er innerhalb eines Arbeitstages erneut auftritt. Nach Ablauf dieses Zeitraums muss jedoch ein neuer Incident erstellt werden, der mit dem bzw. den vorherigen Incidents verknüpft wird.

Der genaue Zeitgrenzwert und die genauen Zeitregeln können zwischen den verschiedenen Organisationen variieren. Es sollten jedoch klare Regeln vereinbart und dokumentiert sein und allen Service Desk Mitarbeitern klare Leitlinien vorgegeben werden, um ein einheitliches Verhalten zu erreichen.

4.2.6 Anstoß, Input und Output und Prozessschnittstellen

Incidents können auf unterschiedliche Weise angestoßen werden. Am häufigsten ruft ein Anwender beim Service Desk an oder füllt einen webbasierten Incident-Erfassungsbildschirm aus. Zunehmend werden Incidents jedoch automatisch über Event Management Tools eingebracht. Technische Mitarbeiter können potenzielle Ausfälle erkennen und einen Incident erstellen oder den

Service Desk darum bitten, so dass der Defekt behoben werden kann. Manche Incidents werden auch von Suppliern initiiert, die eine Benachrichtigung zu einer potenziellen oder tatsächlichen Schwierigkeit senden, die behandelt werden muss.

Mögliche Schnittstellen zum Incident Management sind:

- **Problem Management:** Das Incident Management ist Teil des Gesamtprozesses zur Behandlung von Problemen in der Organisation. Incidents werden häufig von zugrunde liegenden Problemen verursacht, die gelöst werden müssen, um ein erneutes Auftreten des Incident zu verhindern. Beim Incident Management werden all diese Incidents erfasst.
- **Configuration Management:** Liefert die Daten, die zur Identifizierung und weiteren Bearbeitung von Incidents erforderlich sind. Mit dem CMS können u. a. defekte Geräte ermittelt und die Auswirkungen eines Incident bewertet werden. Darüber hinaus werden damit die Anwender ermittelt, die von potenziellen Problemen betroffen sind. Das CMS enthält auch Informationen darüber, welche Incident-Kategorien den verschiedenen Support-Gruppen zugewiesen werden sollen. Im Gegenzug kann das Incident Management den Status defekter CIs verwalten. Es kann dem Configuration Management auch bei der Prüfung der Infrastruktur helfen, wenn an der Lösung eines Incident gearbeitet wird.
- **Change Management:** Wenn ein Change erforderlich ist, um einen Workaround oder eine Lösung zu implementieren, muss dieser als RFC erfasst und vom Change Management bearbeitet werden. Im Gegenzug kann das Incident Management die Incidents erkennen und lösen, die auf fehlgeschlagene Changes zurückzuführen sind.
- **Capacity Management:** Das Incident Management stößt das Performance Monitoring an, wenn ein Performance-Problem vorzuliegen scheint. Das Capacity Management kann Workarounds für Incidents entwickeln.
- **Availability Management:** Verwendet Incident Management Daten zur Bestimmung der Verfügbarkeit von IT Services und zur Identifizierung von Verbesserungsmöglichkeiten für den Incident-Lebenszyklus.
- **SLM:** Die Fähigkeit, Incidents in einer vorgegebenen Zeit zu lösen, ist ein entscheidender Aspekt bei der Bereitstellung eines vereinbarten Service Level. Das Incident Management ermöglicht dem SLM die Definition messbarer Antworten bei Serviceunterbrechungen. Darüber hinaus liefert es Berichte, die dem SLM die objektive und regelmäßige Prüfung von SLAs ermöglichen. Insbesondere kann das Incident Management bei der Definition der Schwachstellen von Services behilflich sein, so dass das SLM Aktionen im Rahmen des Serviceverbesserungsplans festlegen kann. Weitere Einzelheiten finden Sie in der Continual Service Improvement Publikation. Das SLM definiert akzeptable Service Levels, innerhalb derer das Incident Management agiert, einschließlich:
  - Incident-Antwortzeiten
  - Definitionen von Auswirkungen
  - angestrebte Behebungszeiten
  - Servicedefinitionen, die Anwendern zugewiesen sind
  - Regeln für die Anforderung von Services
  - Erwartungen für die Weitergabe von Feedback an Anwender

4.2.7 Informationsmanagement

Die meisten beim Incident Management verwendeten Informationen stammen von folgenden Quellen:

- **Incident Management Tools** mit Informationen über:
  - Historie von Incidents und Problemen
  - Incident-Kategorien
  - Maßnahmen, die zur Lösung von Incidents ergriffen wurden
  - Diagnoseskripte, die First-Level Analysten bei der Lösung von Incidents behilflich sind oder zumindest Informationen sammeln, die Second- oder Third-Level Analysten bei einer schnelleren Lösung helfen
- **Incident Records** mit folgenden Daten:
  - eindeutige Referenznummer
  - Incident-Klassifizierung
  - Datum und Uhrzeit der Erfassung und alle Folgeaktivitäten
  - Name und Identität der Person, die den Incident Record erfasst und aktualisiert
  - Name/Organisation/Kontakt der betroffenen Anwender
  - Beschreibung der Incident-Symptome
  - Details zu ergriffenen Maßnahmen bezüglich Diagnose, Lösung oder Neuerstellung des Incident
  - Kategorie, Auswirkung, Dringlichkeit und Priorität des Incident
  - Beziehung zu anderen Incidents, Problemen, Changes oder Known Errors
  - Abschlussdetails einschließlich Zeit, Kategorie, ergriffene Maßnahmen und Identität der Person, die den Record schließt

Das Incident Management benötigt auch Zugriff auf das CMS. So können die vom Incident betroffenen CIs ermittelt und die Auswirkungen des Incident eingeschätzt werden.

Die Known Error Datenbank liefert wichtige Informationen zu möglichen Lösungen und Workarounds. Nähere Erläuterungen hierzu finden Sie in Abschnitt 4.4.7.2.

4.2.8 Messgrößen

Zur Beurteilung der Effektivität und Effizienz des Incident Management Prozesses und seines Betriebs sollten folgende Messgrößen überwacht und aufgezeichnet werden:

- Gesamtanzahl der Incidents (als Kontrollmessgröße)
- Aufteilung der Incidents in die einzelnen Phasen (z. B. erfasst, in Arbeit, geschlossen usw.)
- Umfang des aktuellen Incident-Rückstands
- Anzahl und Prozentsatz der Major Incidents
- mittlere Durchlaufzeit bis zur Incident-Lösung oder -Umgehung, aufgeteilt in Auswirkungscodes
- Prozentsatz der Incidents, die in der vereinbarten Antwortzeit bearbeitet werden (Ziele für Incident-Antwortzeiten können in SLAs festgelegt werden, z. B. nach Auswirkungs- und Dringlichkeitscodes)
- durchschnittliche Kosten pro Incident
- Anzahl der wieder geöffneten Incidents als Prozentsatz der Gesamtanzahl
- Anzahl und Prozentsatz der falsch zugewiesenen Incidents
- Anzahl und Prozentsatz der falsch kategorisierten Incidents
- Prozentsatz der vom Service Desk geschlossenen Incidents ohne Verweis an andere Support Levels (häufig „erste Anlaufstelle" genannt)
- Anzahl und Prozentsatz der pro Service Desk Agent bearbeiteten Incidents
- Anzahl und Prozentsatz der remote gelösten Incidents ohne einen Besuch vor Ort
- Anzahl der Incidents pro Incident-Modell
- Unterteilung der Incidents nach Tageszeit, um Spitzen zu ermitteln und die Ressourcenzuweisung zu koordinieren

Berichte sollten unter Leitung des Incident Manager erstellt werden, der zusammen mit dem Service Desk und den für Incidents zuständigen Support-Gruppen einen Zeitplan und eine Verteilerliste ausarbeitet. Die Verteilerlisten müssen mindestens das IT Service Management und spezialisierte Support-Gruppen enthalten. Die Daten sollten u. U. auch Anwendern und Kunden zur Verfügung gestellt werden, z. B. über SLA-Berichte.

4.2.9 Herausforderungen, kritische Erfolgsfaktoren und Risiken

4.2.9.1 Herausforderungen

Die folgenden Herausforderungen stellen sich beim Incident Management:

- Die Fähigkeit, Incidents möglichst frühzeitig zu erkennen. Dies erfordert die Schulung der Anwender, die Incidents melden, der Einsatz von Super-Usern (siehe Abschnitt 6.2.4.5) und die Konfiguration von Event Management Tools.
- Alle Mitarbeiter (technische Teams sowie Anwender) davon überzeugen, dass alle Incidents erfasst werden müssen, sowie die Förderung des Einsatzes von webbasierten Funktionen zur Selbsthilfe (wodurch die Unterstützung beschleunigt und Ressourcenanforderungen reduziert werden können).
- Verfügbarkeit von Informationen über Probleme und Known Errors. Auf diese Weise erfahren Incident Management Mitarbeiter von vorherigen Incidents und können den Status von Lösungen verfolgen.
- Integration im CMS zur Bestimmung der Beziehungen zwischen CIs und zum Verweis auf die Historie von CIs bei der Durchführung von First-Level Support.
- Integration im SLM-Prozess. Dadurch kann das Incident Management die Auswirkung und Priorität von Incidents richtig einschätzen sowie die Definition und Anwendung von Eskalationsverfahren vereinfachen. Das SLM profitiert von den Informationen, die beim Incident Management gesammelt wurden, z. B. um zu bestimmen, ob die Performance-Ziele für den Service Level realistisch und erreichbar sind.

4.2.9.2 Kritische Erfolgsfaktoren

Die folgenden Faktoren sind für den Erfolg des Incident Management entscheidend:

- ein guter Service Desk – der Schlüssel zu einem erfolgreichen Incident Management
- klar definierte Ziele, auf die hingearbeitet wird – entsprechend der Definition in den SLAs
- kundenorientierte und technisch geschulte Support-Mitarbeiter mit angemessenen Kenntnisgraden während aller Phasen des Prozesses
- integrierte Support Tools zur Förderung und Steuerung des Prozesses
- OLAs und UCs, die das richtige Verhalten aller Support-Mitarbeiter fördern

4.2.9.3 Risiken

Die Risiken eines erfolgreichen Incident Management sind vergleichbar mit einigen der Herausforderungen und gegensätzlich zu einigen der oben genannten kritischen Erfolgsfaktoren. Dazu gehören:

- zu hohes Aufkommen von Incidents, die aufgrund fehlender oder unzureichend geschulter Ressourcen nicht innerhalb eines akzeptablen Zeitrahmens bearbeitet werden können
- „festgefahrene" Incidents, bei denen aufgrund unzureichender Support Tools, die keine angemessene Alarmfunktion bieten und den Fortschritt nicht abfragen, keine Fortschritte erzielt werden
- Fehlen von hilfreichen und/oder zeitnahen Informationsquellen aufgrund unzureichender Tools oder mangelnder Integration
- fehlende Abstimmung von Zielen oder Aktionen aufgrund von schlecht abgesprochenen oder nicht vorhandenen OLAs und/oder UCs

4.3 REQUEST FULFILMENT

Der Begriff „Service Request" ist eine allgemeine Bezeichnung für die vielen unterschiedlichen Bedarfskonstellationen, mit denen Anwender die IT-Abteilung konfrontieren. In vielen Fällen handelt es sich im Grunde um geringfügige Changes – geringes Risiko, häufiges Auftreten, geringe Kosten usw. (z. B. ein Antrag auf Änderung eines Passworts, ein Antrag für die Installation einer zusätzlichen Softwareanwendung auf einer bestimmten Workstation, ein Antrag zur Verlagerung bestimmter Komponenten der Desktop-Geräte) oder einfach nur eine Abfrage von Informationen – doch aufgrund ihres Ausmaßes, des geringen Risikos und ihrer Häufigkeit empfiehlt es sich, einen separaten Prozess anzuwenden, statt die normalen Incident und Change Management Prozesse zu beeinträchtigen und zu behindern.

4.3.1 Zweck und Ziel

Das Request Fulfilment bezeichnet die Prozesse zur Bearbeitung der Service Requests von Anwendern. Die Ziele des Request Fulfilment Prozesses umfassen:

- die Bereitstellung eines Kanals für Anwender, über den sie Standardservices anfordern und erhalten können, für die ein vordefinierter Genehmigungs- und Qualifikationsprozess existiert
- die Bereitstellung von Informationen für Anwender und Kunden hinsichtlich der Verfügbarkeit von Services und das Verfahren zum Abrufen dieser Services
- die Ermittlung und Bereitstellung der Komponenten für die angeforderten Standardservices (z. B. Lizenzen und Softwaremedien)
- Unterstützung mit allgemeinen Informationen, bei Beschwerden oder Kommentaren

4.3.2 Umfang

Der zur Erfüllung eines Request erforderliche Prozess richtet sich immer nach dem konkreten Request – im Normalfall kann er jedoch in verschiedene Einzelaktivitäten unterteilt werden. In manchen Organisationen werden die Service Requests über die Incident Management Prozesse (und Tools) abgewickelt, wobei sie als bestimmter Incident-Typ behandelt werden (diese „Incidents", bei denen es sich tatsächlich um Service Requests handelt, werden mithilfe eines Kategorisierungssystems auf höchster Ebene ermittelt).

Einen wesentlichen Unterschied gibt es allerdings: Ein Incident ist gewöhnlich ein ungeplantes Event, während ein Service Request in der Regel geplant werden kann und sollte.

In einer Organisation, in der sehr viele Service Requests bearbeitet werden müssen und sehr unterschiedliche oder spezialisierte Aktionen zur Erfüllung dieser Requests notwendig sind, kann es sinnvoll sein, die Service Requests als komplett eigenständigen Arbeitsablauf zu behandeln und sie als separaten Record-Typ zu erfassen und zu verwalten.

Das ist besonders dann empfehlenswert, wenn die Organisation den Zuständigkeitsbereich des Service Desks erweitert, so dass er sich nicht nur um IT-bezogene Problemstellungen kümmert, sondern auch die Anlaufstelle für andere Servicetypen oder Service Requests ist – beispielsweise bei einem Request für den Service eines Kopiergeräts oder sogar wenn Schwierigkeiten beim Gebäudemanagement auftreten, wie der Austausch einer Lampe oder die Reparatur eines Lecks im Abwassersystem.

Hinweis: Jede Organisation kann selbst entscheiden und dokumentieren, welche Requests über den Request Fulfilment Prozess abgewickelt werden sollen und welche im formaleren Change Management Prozess besser aufgehoben sind. Es gibt immer Grauzonen, so dass keine allgemein gültige Richtlinie aufgestellt werden kann.

4.3.3 Wert für das Business

Der Wert des Request Fulfilment liegt darin, einen schnellen und effektiven Zugriff auf die Standardservices zu ermöglichen, mit deren Hilfe die Business-Mitarbeiter ihre Produktivität oder die Qualität der Business-Services oder Produkte verbessern können.

Das Request Fulfilment trägt effektiv dazu bei, die Bürokratie bei der Beantragung der Nutzung bestehender oder neuer Services und beim Zugriff darauf zu reduzieren und damit auch die Kosten für die Bereitstellung dieser Services zu senken. Mit der Zentralisierung des Fulfilment können diese Services auch besser gesteuert werden. Dadurch können wiederum Kosten reduziert werden, weil zentrale Verhandlungen mit Suppliern geführt werden und die Kosten für den Support sinken.

4.3.4 Richtlinien, Prinzipien und grundlegende Konzepte

Viele Service Requests werden immer wieder gestellt, d. h. es lohnt sich, einen vordefinierten Prozessfluss (ein Modell) zu erarbeiten, in dem die verschiedenen Phasen zur Erfüllung des Request, die beteiligten Einzelpersonen oder Support-Gruppen, die zeitlichen Vorgaben und die Eskalationspfade berücksichtigt werden. Service Requests werden in der Regel durch die Implementierung eines Standard-Change erfüllt. (Weitere Einzelheiten zu Standard-Changes finden Sie in der Service Transition Publikation.) Die Verantwortlichkeit für einen Service Request liegt beim Service Desk, der die Anwenderanfragen überwacht, eskaliert, verschickt und häufig erfüllt.

4.3.4.1 Request-Modelle
Manche Service Requests treten häufig auf und erfordern eine konsistente Bearbeitung, damit die vereinbarten Service Levels erreicht werden können. Zu diesem Zweck erstellen viele Organisationen vordefinierte Request-Modelle (die im Normalfall in irgendeiner Form die vorherige Genehmigung durch das Change Management umfassen). Dieses Konzept ist vergleichbar mit dem der Incident-Modelle, die bereits in Abschnitt 4.2.4.2 beschrieben wurden, jedoch angewendet auf Service Requests.

4.3.5 Prozessaktivitäten, -methoden und -techniken

4.3.5.1 Menüauswahl
Das Request Fulfilment bietet großartige Möglichkeiten zur Selbsthilfe. Mithilfe der entsprechenden Technologie können Anwender einen Service Request generieren, der mit Service Management Tools verknüpft wird. Im Idealfall sollten die Anwender über eine webbasierte Menüauswahl Details zu Service Requests aus einer vordefinierten Liste auswählen und eingeben können. Mit der Angabe von Bereitstellungszielen und/oder der Implementierung von Zielen/Datumsangaben (unter Berücksichtigung der SLA-Ziele) können die richtigen Erwartungen gesetzt werden. Wenn Organisationen IT-Support durch Selbsthilfe anbieten, ist die Kombination mit einem Request Fulfilment System sinnvoll.

Spezielle Web Tools für diese Art von „Einkaufswagen" können zusammen mit Schnittstellen direkt zu den im Backend integrierten ITSM-Tools verwendet werden oder mit anderen allgemeineren Tools zur Automatisierung von Business-Prozessen oder Enterprise Resource Planning (ERP) Tools, die zum Management der Request Fulfilment Aktivitäten genutzt werden können.

4.3.5.2 Finanzielle Genehmigung
Ein wichtiger zusätzlicher Schritt, der im Zusammenhang mit Service Requests erforderlich ist, ist die finanzielle Genehmigung.

Die meisten Requests wirken sich irgendwie finanziell aus, ganz gleich, welche kommerziellen Absprachen getroffen wurden. Die Kosten für die Erfüllung des Request müssen zunächst ermittelt werden. Für Standard-Requests können u. U. Festpreise vereinbart werden, die bei der jährlichen Finanzplanung der Organisation vorab genehmigt werden können. In allen anderen Fällen muss eine Kostenschätzung erstellt und dem Anwender zur finanziellen Genehmigung vorgelegt werden. (Der Anwender benötigt u. U. die Genehmigung von einer höheren Stufe der Management- bzw. Finanzkette.) Wenn die Genehmigung vorliegt, muss der Prozess nicht nur die Erfüllung des Request, sondern auch die Leistungsverrechnung (Abrechnung oder Cross-Charging) für die geleistete Arbeit umfassen – sofern die Leistungsverrechnung angewendet wird.

4.3.5.3 Weitere Genehmigungen
In manchen Fällen sind weitere Genehmigungen erforderlich, etwa die sich auf Einhaltung von Vorschriften bezieht oder eine allgemeine Business-Genehmigung. Das Request Fulfilment muss in der Lage sein, diese Genehmigungen bei Bedarf zu definieren und zu überprüfen.

4.3.5.4 Fulfilment
Die eigentliche Fulfilment-Aktivität hängt von der Art des Service Request ab. Bestimmte einfachere Arten von Requests können vom Service Desk erledigt werden, der als First-Level Support agiert, während andere Service

Requests zum Fulfilment an spezialisierte Gruppen und/ oder Supplier weitergeleitet werden müssen.

In manchen Organisationen gibt es spezialisierte Fulfilment-Gruppen (für die Annahme, Zusammenstellung und Versendung der Requests), aber bestimmte Fulfilment-Aktivitäten werden an externe Anbieter ausgelagert. Der Service Desk sollte den Fortschritt überwachen und erfassen und die Anwender unabhängig von der tatsächlichen Fulfilment-Quelle immer auf dem Laufenden halten.

4.3.5.5 Abschluss

Wenn der Service Request erfüllt wurde, muss er wieder an den Service Desk zurückgegeben werden, damit dieser ihn schließt. Der Service Desk sollte den Abschlussprozess wie in Abschnitt 4.2.5.9 beschrieben anwenden und sicherstellen, dass der Anwender mit dem Ergebnis zufrieden ist.

4.3.6 Anstoß, Input und Output und Prozessschnittstellen

Die meisten Requests werden durch den Anruf eines Anwenders beim Service Desk oder durch das Ausfüllen eines webbasierten Selbsthilfe-Formulars angestoßen. Im zweiten Fall kann häufig aus einem Portfolio der verfügbaren Request-Typen ausgewählt werden. Die wichtigsten Schnittstellen zum Request Fulfilment sind:

- **Service Desk/Incident Management:** Viele Service Requests gehen über den Service Desk ein und können zunächst über den Incident Management Prozess abgewickelt werden. Bei manchen Organisationen werden alle Requests auf diesem Weg bearbeitet, während andere Organisationen aus den zuvor in diesem Kapitel genannten Gründen einen separaten Prozess vorziehen.
- Zwischen **Request Fulfilment, Release, Asset und Configuration Management** ist ebenfalls eine enge Verknüpfung erforderlich, da manche Requests das automatische Deployment von neuen oder Upgrade-Komponenten betreffen. In diesen Fällen kann das „Release" vordefiniert, erstellt und getestet werden, das Deployment erfolgt jedoch erst auf Anfrage der interessierten Parteien. Nach dem Deployment muss das CMS entsprechend aktualisiert werden. Gegebenenfalls sind auch Prüfungen/Aktualisierungen der Softwarelizenz erforderlich.

In manchen Fällen müssen IT-bezogene Service Requests mit den Incidents oder Problemen verknüpft werden, die zum Request geführt haben (wie bei allen anderen Arten von Change).

4.3.7 Informationsmanagement

Das Request Fulfilment stützt sich auf Informationen aus folgenden Quellen:

- Die Service Requests enthalten folgende Informationen:
  - Welcher Service wird angefordert?
  - Wer hat den Service angefordert und autorisiert?
  - Welcher Prozess wird zum Fulfilment des Request verwendet?
  - Wem wurde der Request zugewiesen und welche Maßnahmen wurden ergriffen?
  - An welchem Datum und zu welcher Uhrzeit wurden der Request erfasst und Maßnahmen ergriffen?
  - Details zum Abschluss
- Requests for Change: Manchmal wird der Request Fulfilment Prozess von einem RFC initiiert. Dies ist in der Regel der Fall, wenn sich der Service Request auf einen CI bezieht.
- Serviceportfolio, damit der Umfang des vereinbarten Service Request ermittelt werden kann.
- Sicherheitsrichtlinien geben vor, welche Steuermechanismen bei der Bereitstellung des Service ausgeführt oder eingehalten werden müssen, z. B. sicherstellen, dass der Antragsteller autorisiert ist, auf den Service zuzugreifen, oder dass die Software lizenziert ist.

4.3.8 Messgrößen

Zur Beurteilung der Effektivität und Effizienz des Request Fulfilment sollten folgende Messgrößen verwendet werden (jede Messgröße muss nach Request-Typ in der Periode unterteilt werden):

- Gesamtanzahl der Service Requests (als Kontrollmessgröße)
- Unterteilung der Service Requests in die einzelnen Phasen (z. B. erfasst, in Arbeit, abgeschlossen usw.)
- Größe des aktuellen Rückstands ausstehender Service Requests
- durchschnittliche Durchlaufzeit zur Bearbeitung der einzelnen Service Request Typen
- Anzahl und Prozentsatz der Service Requests, die im vereinbarten Zeitrahmen abgeschlossen werden
- durchschnittliche Kosten pro Service Request Typ
- Grad der Kundenzufriedenheit hinsichtlich der Bearbeitung von Service Requests (ermittelt in einer Kundenzufriedenheitsumfrage)

4.3.9 Herausforderungen, kritische Erfolgsfaktoren und Risiken

4.3.9.1 Herausforderungen

Die folgenden Herausforderungen stellen sich bei der Einführung des Request Fulfilment:

- genaue Definition und Dokumentation der Request-Typen, die im Request Fulfilment Prozess bearbeitet werden (und der Typen, die vom Service Desk bearbeitet und als Incidents behandelt werden, sowie der Typen, die den formalen Change Management Prozess durchlaufen müssen), so dass alle Beteiligten den Umfang genau kennen
- Einrichtung von Selbsthilfefunktionen für den Bereich mit direktem Kundenkontakt, die den Anwendern die Interaktion mit dem Request Fulfilment Prozess ermöglichen

4.3.9.2 Kritische Erfolgsfaktoren

Das Request Fulfilment ist von folgenden kritischen Erfolgsfaktoren abhängig:

- Vereinbarung, welche Services standardisiert werden und wer diese anfordern darf. Die Kosten für diese Services müssen ebenfalls vereinbart werden. Dies kann im Rahmen des SLM-Prozesses geschehen. Jegliche Abweichungen der Services müssen ebenfalls definiert werden.
- Veröffentlichung der Services für Anwender als Teil des Servicekatalogs. Es ist wichtig, dass dieser Teil des Servicekatalogs leicht zugänglich ist, z. B. im Intranet, und als primäre Informationsquelle von Anwendern genutzt wird, die Zugriff auf einen Service benötigen.
- Definition eines Fulfilment-Standardverfahrens für die einzelnen beantragten Services. Dies umfasst Beschaffungsrichtlinien sowie die Fähigkeit, Beschaffungs- und Dienstleistungsaufträge zu generieren.
- Ein Single Point of Contact, bei dem der Service beauftragt werden kann. Dies wird meist vom Service Desk übernommen oder in Form eines Intranet-Antrags. Es können jedoch auch automatisierte Anträge sein, die direkt an das Request Fulfilment oder das Beschaffungssystem weitergeleitet werden.
- Self Sevice Tools, die eine Anwender-Oberfläche bereitstellen. Es ist wichtig, dass diese in die Backend Fulfilment Tools integriert werden können, die häufig vom Incident oder Change Management verwaltet und gesteuert werden.

4.3.9.3 Risiken

Folgende Risiken können sich beim Request Fulfilment auftreten:

- unklar definierter Umfang, so dass unklar ist, was vom Prozess erwartet werden kann
- unzureichend entworfene oder implementierte Benutzeroberflächen, so dass es den Anwendern schwer fällt, den gewünschten Antrag zu stellen
- unzureichend entworfene oder ausgeführte Backend Fulfilment Prozesse, die das Volumen oder die Art der Requests nicht bewältigen können
- unzureichende Monitoring-Einrichtungen, so dass keine genauen Messgrößen erfasst werden können

4.4 PROBLEM MANAGEMENT

ITIL definiert ein „Problem" als unbekannte Ursache eines oder mehrerer Incidents.

4.4.1 Zweck und Ziel

Das Problem Management ist der Prozess, der für das Management des Lebenszyklus aller Probleme zuständig ist. Wichtigstes Ziel des Problem Management ist es, Probleme und daraus resultierende Incidents zu verhindern, das wiederholte Auftreten von Incidents auszuschließen und die Auswirkungen von nicht vermeidbaren Incidents zu minimieren.

4.4.2 Umfang

Das Problem Management umfasst alle Aktivitäten, die zur Diagnose der zugrunde liegenden Ursachen von Incidents und zur Lösung der entsprechenden Probleme erforderlich sind. Außerdem muss es sicherstellen, dass die gefundene Lösung mithilfe geeigneter Steuerungsverfahren, speziell aus dem Bereich des Change und Release Management, implementiert wird.

Das Problem Management verwaltet zudem Informationen zu Problemen und passenden Workarounds und Lösungen, so dass die Organisation in der Lage ist, Anzahl und Auswirkungen von Incidents im Laufe der Zeit zu reduzieren. Dabei spielt die leistungsstarke Schnittstelle zwischen Problem und Knowledge Management und die Unterstützung durch Tools wie der Known Error Datenbank eine wichtige Rolle.

Incident und Problem Management sind zwar separate Prozesse, stehen jedoch in enger Beziehung zueinander und verwenden in der Regel die gleichen Tools und ähnliche Systeme zur Kategorisierungs-, Auswirkungs- und Prioritätscodierung. Damit ist eine effektive Kommunikation bei ähnlichen Incidents und Problemen gewährleistet.

4.4.3 Wert für das Business

Das Problem Management arbeitet Hand in Hand mit dem Incident und Change Management, um die Verfügbarkeit und Qualität von IT Services zu steigern. Bei der Lösung von Incidents werden die entsprechenden Informationen erfasst. Dank dieser Informationen können im Laufe der Zeit dauerhafte Lösungen identifiziert werden, mit denen sich Anzahl und Lösungszeit von Incidents reduzieren lassen. Dies begünstigt kürzere Ausfallzeiten und Unterbrechungen von Business-kritischen Systemen.

Weiterer Nutzen besteht in:

- der höheren Verfügbarkeit von IT Services.
- der höheren Produktivität von Business- und IT-Mitarbeitern.
- niedrigeren Ausgaben für Workarounds und Behebungsmaßnahmen, die nicht funktionieren.
- niedrigeren Kosten für die Abwehr oder Lösung wiederholt auftretender Incidents.

4.4.4 Richtlinien, Prinzipien und grundlegende Konzepte

Dem Problem Management liegen einige wichtige Konzepte zugrunde, die von Anfang an berücksichtigt werden müssen. Dazu gehören:

4.4.4.1 Problemmodelle

Viele Probleme treten einmalig auf und müssen individuell behandelt werden. Es kann jedoch auch sein, dass einige Incidents aufgrund nicht behandelter oder zugrunde liegender Probleme wiederholt auftreten. (So kann beispielsweise ein Problem in Kauf genommen werden, wenn die Kosten für eine dauerhafte Lösung hoch sind und die Entscheidung gegen eine kostenaufwendige Lösung gefällt wurde.)

Für eine schnellere Diagnose sollte nicht nur ein Known Error Record in der Known Error Datenbank erfasst werden (siehe Abschnitt 4.4.5.7), sondern auch ein Problemmodell erstellt werden, mit dem solche Probleme in Zukunft leichter behandelt werden können. Dieses Problemmodell ist einem Incident-Modell vergleichbar, wie in Abschnitt 4.2.4.2 beschrieben, das sowohl auf Probleme als auch Incidents anwendbar ist.

4.4.5 Prozessaktivitäten, -methoden und -techniken

Das Problem Management besteht aus zwei Hauptprozessen:

- aus dem reaktiven Problem Management, das in der Regel als Teil der Service Operation ausgeführt wird und daher in dieser Publikation erläutert wird
- aus dem proaktiven Problem Management, das zwar in der Phase der Service Operation initiiert wird, aber in der Regel Teil des Continual Service Improvement ist und in der entsprechenden Publikation ausführlicher erläutert wird

Der reaktive Problem Management Prozess ist in Abbildung 4.4 dargestellt. In diesem Diagramm ist der normale Prozessfluss vereinfacht abgebildet. In der Praxis können sich einige der Zustände wiederholen oder müssen modifiziert werden, um an bestimmte Situationen angepasst zu werden.

4.4.5.1 Problemerkennung

Den meisten Organisationen stehen verschiedene Möglichkeiten zur Problemerkennung zur Verfügung. Dazu gehören:

- Vermutung oder Erkennung einer unbekannten Ursache für einen oder mehrere Incidents seitens des Service Desks und anschließende Erfassung eines Problem Record. Der Service Desk hat unter Umständen den Incident zwar gelöst, konnte jedoch die Ursache nicht eindeutig bestimmen und befürchtet, dass der Incident erneut auftritt. In diesem Fall erstellt er einen Problem Record, mit dem die zugrunde liegende Ursache beseitigt werden kann. Wenn andererseits von Anfang an offensichtlich ist, dass ein oder mehrere Incidents durch ein schwerwiegendes Problem verursacht werden, wird unverzüglich ein Problem Record erfasst.
- Analyse eines Incident durch eine technische Support-Gruppe, die zu dem Ergebnis kommt, dass dem Incident (wahrscheinlich) ein Problem zugrunde liegt.
- Automatische Erkennung eines Infrastruktur- oder Anwendungsfehlers und automatischer Einsatz von Event/Alarm-Tools zur Erfassung eines Incident, für den ein Problem Record erforderlich sein kann.
- Benachrichtigung durch einen Supplier oder Anbieter, dass ein Problem besteht, das gelöst werden muss.
- Analyse von Incidents als Teil des proaktiven Problem Management, die die Erfassung eines Problem Record zur genaueren Untersuchung des zugrunde liegenden Fehlers erforderlich macht.

Häufige und regelmäßige Analysen von Incident- und Problemdaten sind erforderlich, um Trends aufzuspüren, sobald sie erkennbar sind. Dies erfordert eine aussagekräftige und genaue Kategorisierung der Incidents/Probleme und eine regelmäßige

Service Operation Prozesse | **69**

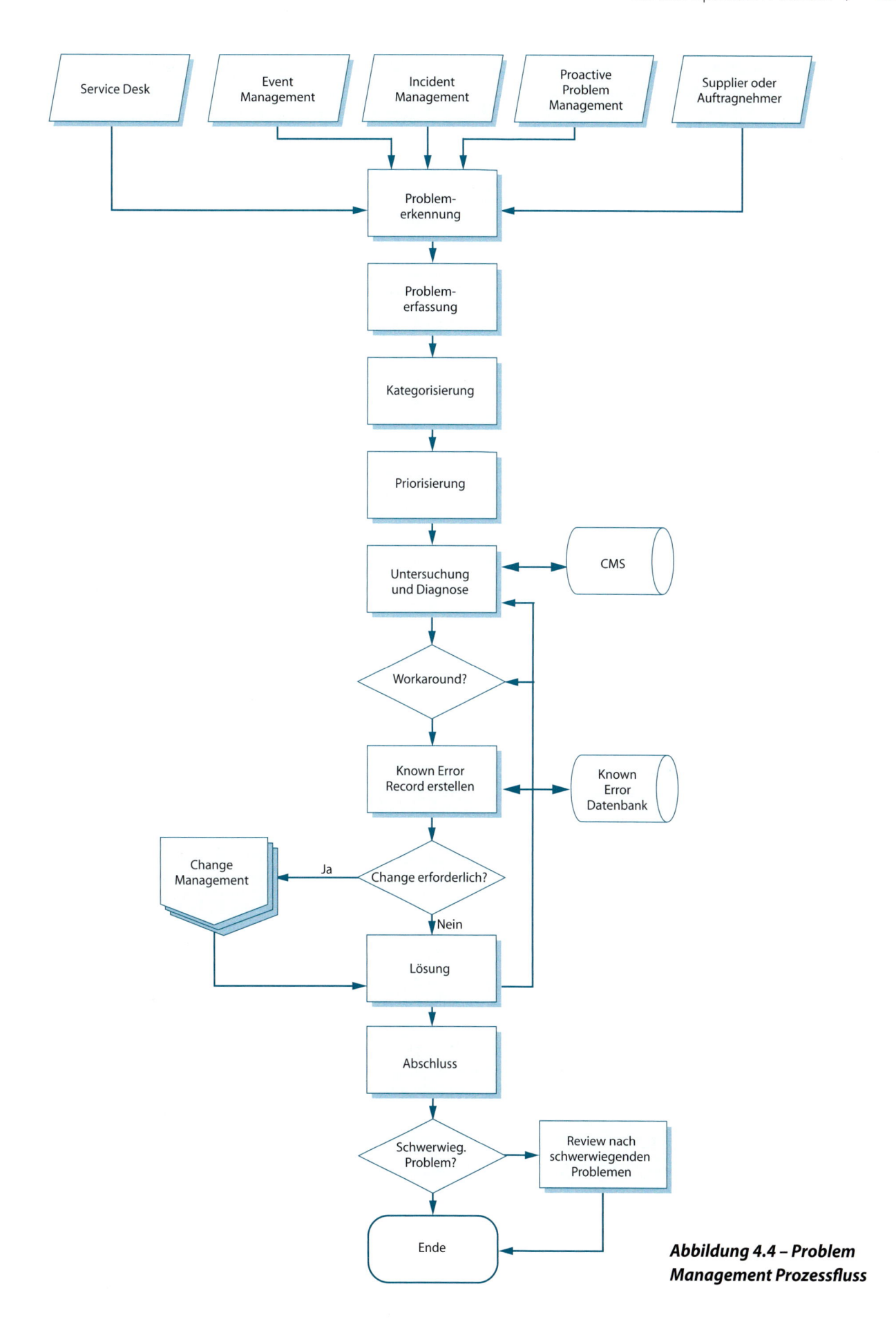

```
[Service Desk]  [Event Management]  [Incident Management]  [Proactive Problem Management]  [Supplier oder Auftragnehmer]
                           │
                           ▼
                    Problemerkennung
                           │
                           ▼
                    Problemerfassung
                           │
                           ▼
                    Kategorisierung
                           │
                           ▼
                    Priorisierung
                           │
                           ▼
                Untersuchung und Diagnose ◄──► CMS
                           │
                           ▼
                      ◇ Workaround? ◇
                           │
                           ▼
                Known Error Record erstellen ◄──► Known Error Datenbank
                           │
                           ▼
        Ja ◄── ◇ Change erforderlich? ◇
        │                  │ Nein
        ▼                  ▼
  Change Management ──►  Lösung
                           │
                           ▼
                       Abschluss
                           │
                           ▼
                  ◇ Schwerwieg. Problem? ◇ ──► Review nach schwerwiegenden Problemen
                           │
                           ▼
                         Ende
```

Abbildung 4.4 – Problem Management Prozessfluss

Berichterstattung über Muster und Bereiche ihres vermehrten Auftretens. Eine Berichterstattung mit „Top Ten"-Listen und Abfrage niedrigerer Detailebenen ist bei der Trendermittlung sinnvoll.

Nähere Erläuterungen zum Umgang mit Trends finden Sie im Band Continual Service Improvement.

4.4.5.2 Problemerfassung

Unabhängig von der Erkennungsmethode müssen alle relevanten Problemdetails erfasst werden, so dass ein vollständiger historischer Record vorliegt. Dieser muss mit einem Datum-/Zeitstempel versehen sein, um eine adäquate Kontrolle und Eskalation zu ermöglichen.

Es muss ein Querverweis zu dem bzw. den Incidents vorhanden sein, die die Erstellung des Problem Record ausgelöst haben. Außerdem müssen alle relevanten Details aus dem bzw. den Incident Records in den Problem Record kopiert werden. Welche Details anzugeben sind, variiert von Fall zu Fall, meist gehören jedoch dazu:

- Anwenderdetails
- Servicedetails
- Gerätedetails
- Datum/Zeit der ursprünglichen Erfassung
- Prioritäts- und Kategorisierungsdetails
- Incident-Beschreibung
- Details aller diagnostischen oder ergriffenen Wiederherstellungsmaßnahmen

4.4.5.3 Problemkategorisierung

Probleme müssen wie Incidents (vorzugsweise mit demselben Codierungssystem) kategorisiert werden, so dass die Art des Problems in Zukunft leicht verfolgt werden kann und aussagekräftige Management-Informationen gewonnen werden können.

4.4.5.4 Problempriorisierung

Probleme müssen auf die gleiche Art und Weise und aus den gleichen Ursachen heraus wie Incidents priorisiert werden. Zusätzlich müssen die Häufigkeit und die Auswirkungen entsprechender Incidents berücksichtigt werden. Das bereits in Tabelle 4.1 beschriebene Codierungssystem (das zur Festlegung von Prioritätsstufen die Auswirkung mit der Dringlichkeit kombiniert) dient zur einheitlichen Priorisierung von Problemen und Incidents. Allerdings müssen die Definitionen und Leitlinien, die für die Art eines Problems kennzeichnend sind, und die entsprechenden Serviceziele für jede Stufe unabhängig voneinander formuliert werden.

Eine Problempriorisierung muss auch den Schweregrad des Problems berücksichtigen. Der Schweregrad gibt an, wie schwerwiegend ein Problem aus Sicht der Infrastruktur ist. In diesem Kontext ist die Beantwortung folgender Fragen hilfreich:

- Kann das System wiederhergestellt werden, oder muss es ersetzt werden?
- Welche Kosten fallen dabei an?
- Wie viele Mitarbeiter mit welchen Fertigkeiten werden zur Lösung des Problems benötigt?
- Wie viel Zeit nimmt die Lösung des Problems in Anspruch?
- Wie umfangreich ist das Problem (wie viele CIs sind z. B. davon betroffen)?

4.4.5.5 Problemuntersuchung und -diagnose

Um die dem Problem zugrunde liegende Ursache zu erkennen, muss eine Untersuchung stattfinden. Wie schnell und auf welche Art und Weise diese Untersuchung durchgeführt wird, hängt von der Auswirkung, dem Schweregrad und der Dringlichkeit des Problems ab. Ressourcen und Fachwissen werden im adäquaten Umfang benötigt, um eine Lösung zu finden, die dem zugeordneten Prioritätscode und dem Serviceziel für die jeweilige Prioritätsstufe entspricht.

Es gibt eine Reihe hilfreicher Techniken zur Problemlösung, die bei der Diagnose und Lösung von Problemen helfen können und entsprechend zum Einsatz kommen sollten. Diese Techniken werden weiter unten in diesem Abschnitt noch ausführlicher erläutert.

Das CMS muss zur Bestimmung des Auswirkungsgrads und zur genauen Ermittlung und Diagnose des Fehlerpunkts eingesetzt werden. Die Known Error Datenbank (KEDB) sollte ebenso herangezogen werden wie Abgleichstechniken (z. B. Schlüsselwortsuche), um festzustellen, ob das Problem bereits zu einem früheren Zeitpunkt aufgetreten ist und welche Lösung angewendet wurde.

Oft ist es hilfreich, den Fehler zu simulieren, um herauszufinden, worin die Schwierigkeiten lagen, und anschließend verschiedene Möglichkeiten auszuprobieren, um die geeignetste und kostengünstigste Lösung für das Problem zu finden. Um weitere Unterbrechungen für den Anwender zu vermeiden, muss ein Testsystem eingerichtet werden, das die Produktionsumgebung widerspiegelt.

Viele Problemanalyse-, Diagnose- und Lösungstechniken stehen zur Verfügung und zahlreiche Forschungen wurden bereits auf diesem Gebiet durchgeführt. Zu den hilfreichsten und am häufigsten verwendeten Techniken gehören:

- **Chronologische Analyse:** Bei einem schwierigen Problem liegen oft widersprüchliche Berichte über das Geschehene und dessen Zeitpunkt vor. Daher ist es sehr hilfreich, alle Events in chronologischer Reihenfolge kurz zu dokumentieren, um die zeitliche Abfolge nachvollziehen zu können. Dadurch lässt sich oft erkennen, welche Events von anderen ausgelöst wurden, oder können Forderungen ignoriert werden, die nicht durch die Abfolge von Events unterstützt werden.
- **Schadenswertanalyse:** Hier werden die Auswirkungen eines Incident oder Problems oder dessen Art näher betrachtet. Statt nur die Anzahl von Incidents/Problemen einer bestimmten Art in einem bestimmten Zeitraum zu analysieren, wird eine gründlichere Analyse durchgeführt, um genau zu bestimmen, welcher Schadensgrad der Organisation/dem Business durch die Incidents/Probleme entstanden ist. Zur Berechnung des Schadensgrads kann eine Formel entwickelt werden. Dabei werden gewöhnlich folgende Aspekte berücksichtigt:
  - die Anzahl der betroffenen Personen
  - die Dauer der verursachten Ausfallzeit
  - die Kosten für das Business (falls diese berechnet oder geschätzt werden können)

  Bei Berücksichtigung all dieser Faktoren ergibt sich eine detaillierteres Bild der Incidents/Probleme oder der Incident-/Problemarten, die den größten Schaden verursachen. Dadurch können die Dinge, die wirklich relevant sind und deren Lösung höchste Priorität haben sollte, leichter in den Mittelpunkt gerückt werden.
- Kepner und Tregoe: Charles Kepner und Benjamin Tregoe haben eine hilfreiche Methode der Problemanalyse entwickelt, die formal zur Untersuchung tiefer gehender Probleme verwendet werden kann. Sie haben folgende Phasen definiert.
  - Definition des Problems
  - Beschreibung des Problems hinsichtlich Identität, Ort, Uhrzeit und Größe
  - Bestimmung möglicher Ursachen
  - Testen der wahrscheinlichsten Ursache
  - Nachweisen der tatsächlichen Ursache

  Diese Methode wird in Anhang C noch ausführlicher beschrieben.
- **Brainstorming:** Oft ist es sinnvoll, die entscheidenden Personen physisch oder mithilfe elektronischer Medien zusammenzubringen und ein Brainstorming zu veranstalten, bei dem Ideen über mögliche Ursachen und Maßnahmen zur Lösung des Problems eingebracht werden. Brainstorming-Sitzungen können sehr konstruktiv und innovativ sein. Genauso wichtig ist aber auch, dass eine Person, beispielsweise der Problem Manager, das Resultat und alle vereinbarten Maßnahmen dokumentiert und einen bestimmten Grad an Kontrolle über die Sitzungen hat.
- **Ishikawa-Diagramm:** Kaoru Ishikawa (1915 - 1989), eine führende Persönlichkeit auf dem Gebiet der Qualitätskontrolle in Japan, hat ein Diagramm zur Dokumentation von Ursachen und Wirkungen entwickelt, das bei der Identifizierung von Fehlern oder Schwachstellen bzw. Verbesserungsmaßnahmen hilfreich sein kann. Ein solches Diagramm gibt gewöhnlich das Resultat einer Brainstorming-Sitzung wieder, in dem Problemlöser Vorschläge anbieten können. Das Hauptziel wird als Stamm und die primären Faktoren werden als Zweige des Diagramms dargestellt. Die sekundären Faktoren werden anschließend als kleine Verästelungen hinzugefügt. Das Diagramm fördert die Diskussion und steigert das Verständnis für ein komplexes Problem. Ein Beispieldiagramm dazu finden Sie in Anhang D.
- **Pareto-Analyse:** Dies ist eine Technik, bei der wichtige mögliche Ursachen von belanglosen getrennt werden. Hierbei sollten Sie folgende Schritte ausführen:
  1. Erstellen Sie eine Tabelle, die Ursachen und ihre Häufigkeit als Prozentsätze aufführt.
  2. Ordnen Sie die Zeilen in absteigender Folge nach Wichtigkeit der Ursache an, d. h. die wichtigste Ursache zuerst.
  3. Fügen Sie eine Spalte „kumulierter Prozentwert" in die Tabelle ein. Nach diesem Schritt sollte das Diagramm in etwa wie Tabelle 4.2 aussehen, in der zehn Ursachen für einen Netzwerkausfall in einer Organisation aufgelistet sind.
  4. Erstellen Sie ein Balkendiagramm mit den Ursachen in der Reihenfolge ihres Gesamtprozentsatzes.
  5. Legen Sie über dem Balkendiagramm ein Liniendiagramm an, das die kumulierten Prozentsätze enthält. Das vollständige Diagramm ist in Abbildung 4.5 dargestellt.
  6. Ziehen Sie bei 80 % auf der Y-Achse eine Linie, die parallel zur X-Achse verläuft. Lassen Sie die Linie am Schnittpunkt mit der Kurve auf der X-Achse auslaufen. Dieser Punkt auf der X-Achse trennt die wichtigen von den belanglosen Ursachen. Diese Linie ist als gepunktete Linie in Abbildung 4.5 dargestellt.

Anhand dieses Diagramms lässt sich ablesen, dass für den Netzwerkausfall in der Organisation drei Hauptursachen ausschlaggebend sind, die daher auch zuerst zu behandeln sind.

Tabelle 4.2 – Pareto-Diagramm für die Rangfolge der Ursachen

		Netzwerkausfälle	
Ursachen	Gesamtprozentsatz	Berechnung	Kumulierter Prozentwert
Netzwerkcontroller	35	0+35%	35
Dateifehler	26	35%+26%	61
Adressenkonflikte	19	61%+19%	80
Serverbetriebssystem	6	80%+6%	86
Skriptfehler	5	86%+5%	91
Nicht getesteter Change	3	91%+3%	94
Bedienerfehler	2	94%+2%	96
Backup-Fehler	2	96%+2%	98
Eindringversuche	1	98%+1%	99
Festplattenausfall	1	99%+1%	100

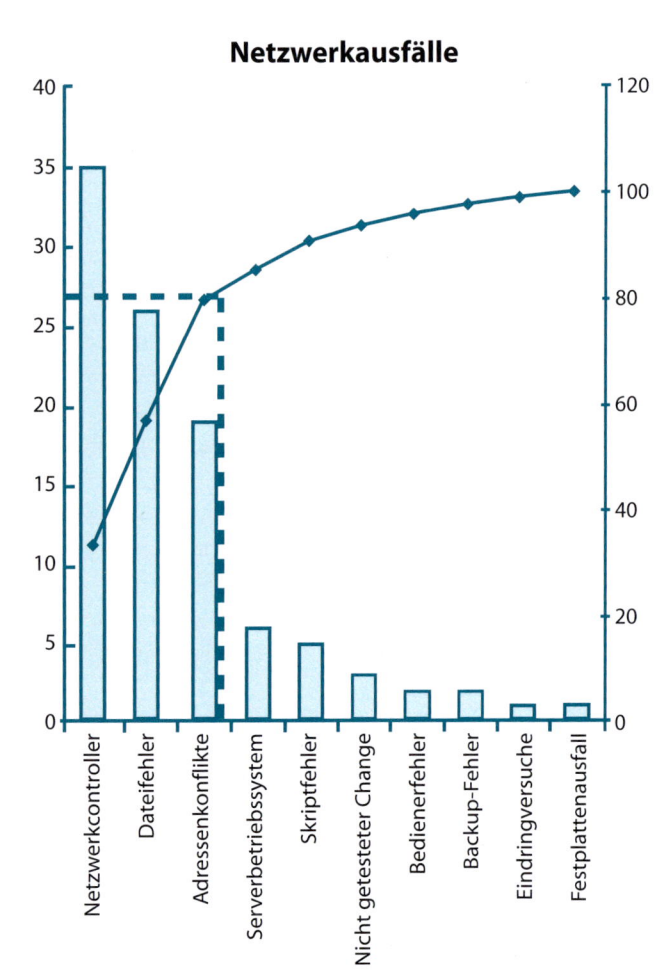

Abbildung 4.5 – Wichtigere Ursachen im Vergleich zu weniger bedeutenden Ursachen

4.4.5.6 Workarounds

In einigen Fällen ist es möglich, einen Workaround für Incidents zu finden, die durch ein Problem verursacht wurden. Dabei werden die Schwierigkeiten jedoch nur temporär beseitigt. Beispielsweise kann an einer Eingabedatei eine manuelle Korrektur vorgenommen werden, damit ein Programm erfolgreich ausgeführt werden kann und ein Fakturierungsprozess erfolgreich zu Ende geführt wird. Es muss jedoch an einer dauerhaften Lösung gearbeitet werden, wenn eine Rechtfertigung dafür besteht. In diesem Beispiel muss zuerst der Grund für die fehlerhafte Datei gefunden werden und die Datei anschließend korrigiert werden, damit sich der Vorfall nicht wiederholt.

Wenn ein Workaround gefunden wird, muss der Problem Record geöffnet bleiben, damit die Details des Workarounds darin dokumentiert werden können.

4.4.5.7 Erstellen eines Known Error Record

Nach Beendigung der Diagnose muss insbesondere dann, wenn ein Workaround gefunden wurde (selbst wenn es sich dabei nicht um eine dauerhafte Lösung handelt), ein Known Error Record erfasst und in der Known Error Datenbank gespeichert werden, damit weitere Incidents oder Probleme identifiziert werden können und der Service schneller wiederhergestellt werden kann.

In einigen Fällen kann es allerdings sinnvoll sein, einen Known Error Record zu einem noch früheren Zeitpunkt im Gesamtprozess zu erfassen – etwa zu Informationszwecken – auch wenn die Diagnose noch nicht beendet ist oder ein Workaround gefunden wurde. Daher sollte vorab kein Zeitpunkt im Verfahrensablauf definiert werden, an dem ein Known Error Record zu erfassen ist. Ein solcher Record sollte jeweils dann erstellt werden, sobald es sinnvoll erscheint.

Die Known Error Datenbank und ihr Einsatz werden in Abschnitt 4.4.7.2 ausführlicher erläutert.

4.4.5.8 Problemlösung

Im Idealfall sollte eine Lösung, sobald sie gefunden ist, zur Behebung des Problems eingesetzt werden. In der praktischen Anwendung der Lösung muss jedoch sichergestellt sein, dass dadurch keine weiteren Schwierigkeiten auftreten. Wenn eine Änderung an der Funktionalität erforderlich ist, muss ein Request for Change (RFC) erstellt und genehmigt werden, bevor die Lösung eingesetzt werden kann. Handelt es sich um ein schwerwiegendes Problem, das aus geschäftlichen Gründen dringend behoben werden muss, muss umgehend eine Dringlichkeitssitzung des Change Advisory Board/Emergency Committee (CAB/EC) einberufen werden, damit sofortige Maßnahmen für den Notfall-RFC eingeleitet werden können. Sonst sollte der RFC den für die jeweilige Art von Changes vorgesehenen Change Management Prozess durchlaufen. In diesem Fall wird die Lösung erst eingesetzt, wenn der Change genehmigt und zum Einsatz freigegeben wurde. In der Zwischenzeit sollte die KEDB beim wiederholten Auftreten eines Incident/Problems herangezogen werden, damit eine schnelle Lösung sichergestellt ist.

Hinweis: Es können Probleme auftreten, für deren Lösung kein Business Case gerechtfertig werden kann (wenn z. B. die Auswirkungen des Problems geringfügig sind, jedoch extrem hohe Kosten für die Lösung anfallen). In solchen Fällen kann der Problem Record geöffnet bleiben und ein Workaround im Known Error Record dokumentiert werden, um ein neuerliches Auftreten des Problems schnell zu erkennen und zu lösen. Es sollte darauf geachtet werden, dass zur Kennzeichnung des Problem Record der geeignete Code verwendet wird, damit die Handlungsfähigkeit des für den Prozess verantwortlichen Teams nicht leidet und keine nicht autorisierten Nacharbeiten durchgeführt werden.

4.4.5.9 Problemabschluss

Wenn ein Change ausgeführt wurde, der Review erfolgreich war und die Lösung im Einsatz ist, sollte der Problem Record ebenso wie die noch offenen Incident Records formal geschlossen werden. Mithilfe einer Prüfung wird sichergestellt, dass der Record eine vollständige Historie aller Events enthält. Andernfalls wird er aktualisiert.

Der Status zugehöriger Known Error Records wird aktualisiert, um darauf hinzuweisen, dass die Lösung angewendet wurde.

4.4.5.10 Review nach schwerwiegenden Problemen

Nach jedem schwerwiegenden Problem (entsprechend der Definition im Prioritätssystem der Organisation) sollte, solange die Erinnerung daran noch frisch ist, ein Review durchgeführt werden, um wichtige Erkenntnisse für die Zukunft zu gewinnen. Beim Review sollten vor allem folgende Fragen behandelt werden:

- Was wurde richtig gemacht?
- Was wurde falsch gemacht?
- Was könnte in Zukunft besser gemacht werden?
- Wie können Wiederholungen vermieden werden?
- Lagen bestimmte Bereiche in der Verantwortung von externen Lieferanten, und sind Folgemaßnahmen erforderlich?

Solche Reviews können im Rahmen von Schulungsmaßnahmen und Maßnahmen zur Bewusstseinsbildung der Support-Mitarbeiter eingesetzt werden. Alle gewonnenen Erkenntnisse sollten in geeigneten Verfahren, Arbeitsanweisungen, Diagnoseskripte oder Known Error Records dokumentiert werden. Der Problem Manager fördert und unterstützt diese Maßnahmen und dokumentiert alle vereinbarten Aktionen.

Die aus solchen Reviews gezogenen Erkenntnisse sollten in Service Review Meetings mit Business-Kunden eingebracht werden, damit die Kunden über die eingeleiteten Maßnahmen und Pläne informiert sind, die das Auftreten schwerwiegender Incidents in Zukunft verhindern sollen. Dies begünstigt eine höhere Kundenzufriedenheit und festigt das Vertrauen des Business darin, dass die Service Operation schwerwiegende Incidents verantwortlich behandelt und aktiv daran arbeitet, deren neuerliches Auftreten in Zukunft zu verhindern.

4.4.5.11 Fehler in der Entwicklungsumgebung

Neue Anwendungen, Systeme oder Software-Releases sind in den seltensten Fällen völlig fehlerfrei. Wahrscheinlicher ist, dass beim Testen neuer Anwendungen, Systeme oder Releases die schwerwiegendsten Fehler mithilfe eines Priorisierungssystems ausgemerzt und kleinere Fehler ignoriert werden. Das liegt häufig daran, dass zwischen der möglichst schnellen Bereitstellung von neuer Funktionalität für das Business und der Gewährleistung fehlerfreier Codes oder Komponenten ein ausgewogenes Verhältnis angestrebt wird.

Wenn ein System mit bekannten Schwachstellen in die Produktionsumgebung überführt wird, sollten es mit Details zu Workarounds oder Lösungsmaßnahmen als Known Error in der KEDB protokolliert werden. Die Testabnahme dafür sollte einen formalen Schritt enthalten, durch den eine Aufnahme in der KEDB sichergestellt wird (siehe Band Service Transition).

Wird dieser Schritt unterlassen, fallen in der Regel weitaus höhere Support-Kosten an, wenn die Anwender Fehler entdecken und Incidents erfassen, die erneut diagnostiziert und gelöst werden müssen.

4.4.6 Anstoß, Input und Output und Prozessschnittstellen

Die Mehrzahl von Problem Records wird als Reaktion auf einen oder mehrere Incidents ausgelöst, und viele werden von den Service Desk Mitarbeitern erfasst oder initiiert. Andere Problem Records und zugehörige Known Error Records werden beim Testen angestoßen, insbesondere in fortgeschrittenen Testphasen, z. B. bei Anwenderakzeptanztests (User Acceptance Tests, UAT), wenn trotz bekannter Fehler zugunsten einer Freigabe entschieden wird. Supplier können die Erfassung von Problem Records auslösen, indem sie über mögliche Fehler oder bekannte Schwachstellen bei ihren Produkten oder Services informieren. (Beispielsweise kann ein Supplier eine Warnung über ein CI ausgeben, woraufhin ein Problem Record erfasst wird, um eine Untersuchung durch das technische Personal über entsprechende CIs in der IT-Infrastruktur der Organisation in die Wege zu leiten.)

Die wesentlichen Aspekte der Beziehung zwischen Incident und Problem Management wurden in den Abschnitten 4.2.6 und 4.4.5.1 ausführlich erläutert. Weitere wichtige Schnittstellen:

- Service Transition
  - **Change Management:** Das Problem Management stellt sicher, dass alle Lösungen oder Workarounds, die einen Change an einem CI erfordern, über einen RFC beim Change Management eingereicht werden. Das Change Management überwacht den Fortschritt der Changes und hält das Problem Management auf dem Laufenden. Das Problem Management hilft auch bei der Verbesserung einer Situation, die durch fehlgeschlagene Changes verursacht wurde.
  - **Configuration Management:** Mit Unterstützung des CMS identifiziert das Problem Management fehlerhafte CIs und bestimmt die Auswirkungen von Problemen und Lösungen. Das CMS kann auch das Fundament für das KEDB bilden und die Problem Records enthalten oder eine Integration mit diesen ermöglichen.
  - **Release and Deployment Management:** Das Release and Deployment Management ist für die Übergabe von Problembehebungsmaßnahmen in die Live-Umgebung verantwortlich. Es sorgt auch dafür, dass die entsprechenden Known Errors von der Entwicklungs-KEDB in die Live-KEDB übertragen werden. Das Problem Management hilft bei der Lösung von Problemen, die durch Fehler während des Freigabeprozesses verursacht wurden.
- Service Design
  - **Availability Management:** Das Availability Management bestimmt, wie die Ausfallzeit reduziert und die Verfügbarkeit gesteigert werden kann. Daher arbeitet es eng mit dem Problem Management zusammen, insbesondere im proaktiven Bereich. Ein Großteil der im Problem Management verfügbaren Informationen wird über das Availability Management kommuniziert.
  - **Capacity Management:** Einige Probleme erfordern eine Untersuchung durch das Capacity Management Team, bei der z. B. Performance-Aspekte berücksichtigt werden müssen. Das Capacity Management hilft auch bei der Bewertung proaktiver Maßnahmen. Das Problem Management stellt Management-Informationen über die Qualität von Entscheidungen zur Verfügung, die während des Capacity-Planungsprozesses gemacht wurden.
  - **IT Service Continuity:** Das Problem Management fungiert als Eingabestelle für das IT Service Continuity Management, das signifikante Probleme erst dann löst, wenn sie größere Auswirkungen auf das Business haben.
- Continual Service Improvement
  - **Service Level Management:** Incidents und Probleme wirken sich auf den Level der vom SLM gemessenen Service Delivery aus. Das Problem Management trägt zur Verbesserung der Service Level bei. Die Management-Informationen daraus bilden das Fundament für einige Bestandteile des SLA-Reviews. Das SLM stellt auch Parameter für das Problem Management bereit, z. B. Informationen zu den Auswirkungen und Folgen vorgeschlagener Lösungen und proaktiver Maßnahmen auf Services.
- Service Strategy

- **Financial Management:** Das Financial Management hilft bei der Bewertung der Auswirkungen vorgeschlagener Lösungen oder Workarounds und bei der Schadenswertanalyse. Das Problem Management stellt Management-Informationen über die bei der Lösung und Vermeidung von Problemen anfallenden Kosten bereit, die als Input für Finanzplanungs- und Kostenrechnungssysteme und für Berechnungen der Total Cost of Ownership dienen.

4.4.7 Informationsmanagement

4.4.7.1 CMS

Das CMS enthält Details zu allen Komponenten der IT-Infrastruktur und deren wechselseitigen Beziehungen. Es dient als wertvolle Quelle für die Problemdiagnose und die Evaluierung der Auswirkungen von Problemen (wenn z. B. eine Festplatte ausfällt, werden Informationen dazu benötigt, welche Daten sich auf der Festplatte befinden, welche Services diese Daten verwenden und welche Anwender wiederum die Services verwenden). Da im CMS auch Details zu früheren Aktivitäten gespeichert werden, kann es eine wertvolle Quelle für historische Daten sein und bei der Ermittlung von Trends oder möglichen Schwachstellen helfen. Somit spielt es eine wichtige Rolle für das proaktive Problem Management (siehe Publikation Continual Service Improvement).

4.4.7.2 Known Error Datenbank

Zweck der Known Error Datenbank ist es, früher gewonnene Erkenntnisse über Incidents und Probleme und über deren Behandlung bereitzustellen, um eine schnellere Diagnose und Lösung bei einem erneuten Auftreten zu ermöglichen.

Der Known Error Record sollte genaue Details der Fehler und der aufgetretenen Symptome und präzise Angaben über Workaround- oder Lösungsmaßnahmen enthalten, die zur Wiederherstellung eines Service und/oder zur Lösung eines Problems eingeleitet werden können. Angaben über die Anzahl der Incidents sind hilfreich, um zu bestimmen, mit welcher Wahrscheinlichkeit Incidents erneut auftreten, und um Prioritäten festzulegen.

Zu beachten ist auch, dass für einige Probleme unter Umständen kein rechtfertigender Business Case für eine dauerhafte Lösung besteht. Wenn z. B. ein Problem keine schwerwiegende Unterbrechung verursacht und ein Workaround möglich ist und/oder die für die Lösung des Problems anfallenden Kosten stärker ins Gewicht fallen als eine dauerhafte Lösung, kann das Problem bewusst in Kauf genommen werden. Es ist dennoch wünschenswert, so schnell wie möglich einen Workaround zu finden und zu implementieren, wobei die KEDB eine hilfreiche Rolle spielen kann.

Entscheidend ist, dass alle in der Datenbank gespeicherten Daten schnell und präzise abgerufen werden können. Der Problem Manager muss adäquat geschult, mit den Suchmethoden/-algorithmen der ausgewählten Datenbank bestens vertraut sein und dafür sorgen, dass beim Hinzufügen neuer Records alle relevanten Suchschlüsselkriterien korrekt angegeben werden.

Außerdem muss darauf geachtet werden, dass keine Record-Duplikate erstellt werden (d. h. ein Problem nicht mehrfach in verschiedenen Records erfasst wird). Um das zu verhindern, sollte ausschließlich der Problem Manager dazu berechtigt sein, einen neuen Record zu erfassen. Andere Support-Gruppen sollten aber ermutigt werden, neue Records vorzuschlagen, die vor ihrer Eingabe in die KEDB vom Problem Manager überprüft werden. In großen Organisationen, in denen die Problem Management Teams auf verschiedene Standorte verteilt sind, aber auf eine einzige KEDB zugreifen (empfehlenswert), muss zwischen allen beteiligten Mitarbeitern ein Verfahren vereinbart werden, damit keine Duplikate generiert werden. Dazu könnte beispielsweise ein Teammitglied zum zentralen KEDB-Manager ernannt werden.

Mithilfe des KEDB sollte der Lösungsprozess in der Phase der Incident- und Problemdiagnose beschleunigt werden. Sobald ein neues Problem identifiziert und diagnostiziert ist, sollten so schnell wie möglich neue Records hinzugefügt werden.

Alle Support-Mitarbeiter müssen adäquat geschult und mit der Nutzung der KEDB vertraut sein, um optimalen Nutzen daraus ziehen zu können. Sie sollten ohne Schwierigkeiten in der Lage sein, Daten abzurufen und einzusetzen.

Hinweis: In einigen Tools/Implementierungen kann die Angaben von Known Errors einfach durch die Aktivierung eines entsprechenden Felds im ursprünglichen Problem Record erfolgen. Das ist dann akzeptabel, wenn eine entsprechende Funktionalitätsebene für Known Errors verfügbar ist.

Die KEDB ist wie das CMS Teil eines größeren Service Knowledge Management Systems (SKMS), das in Abbildung 4.6 dargestellt ist. Weitere Informationen zum SKMS finden Sie in der Service Transition Publikation.

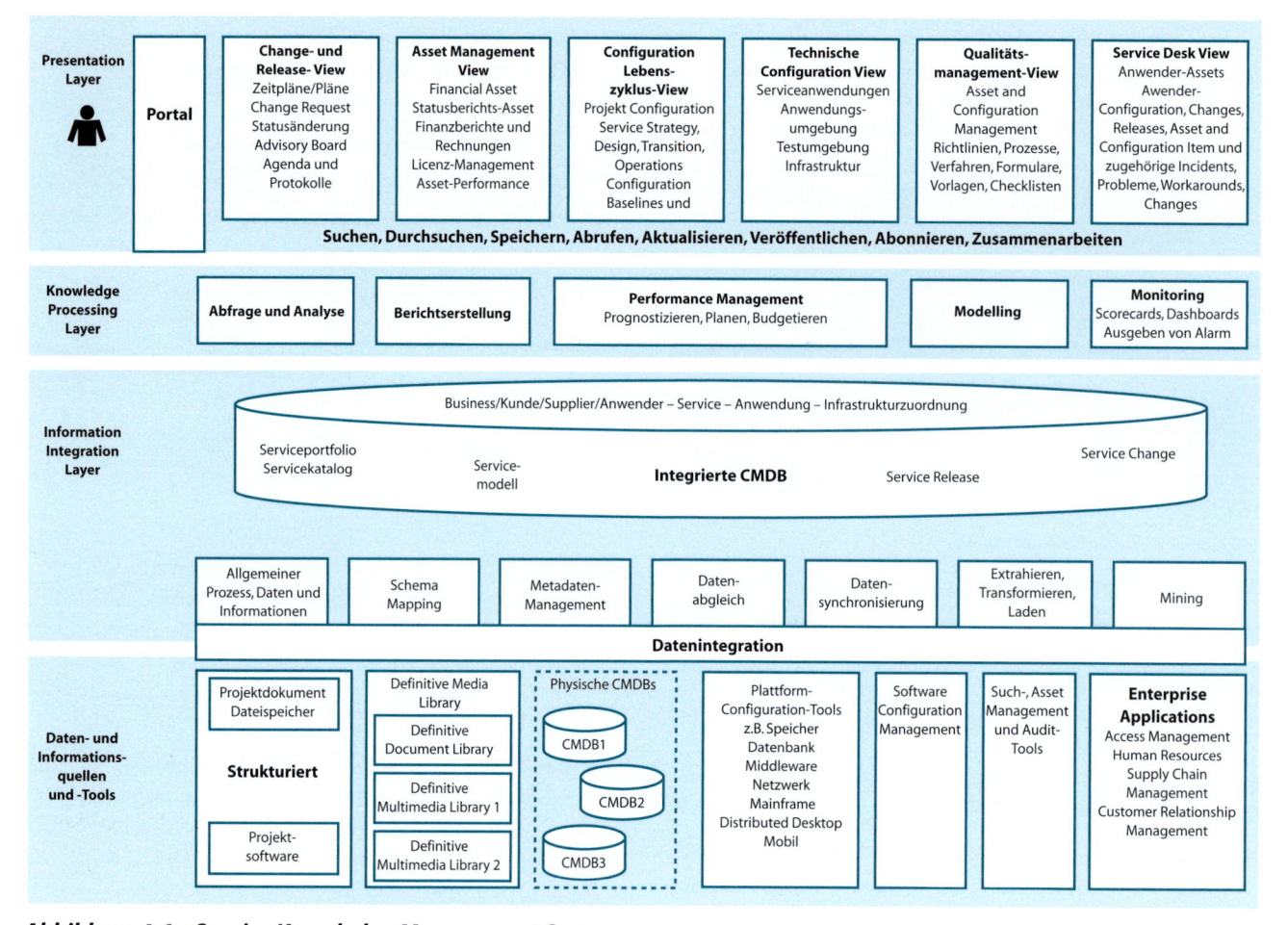

Abbildung 4.6 – Service Knowledge Management System

4.4.8 Messgrößen

Zur Beurteilung der Effektivität und Effizienz des Problem Management Prozesses oder seines Ablaufs können folgende Messgrößen verwendet werden:

- Gesamtanzahl der im Zeitraum erfassten Probleme (als Kontrollmessgröße)
- Prozentsatz der innerhalb der SLA-Ziele gelösten Probleme (und Prozentsatz der nicht gelösten Probleme)
- Anzahl und Prozentsatz der Probleme, bei denen die Ziellösungszeit überschritten wurde
- Rückstand bei ausstehenden Problemen mit Trendentwicklung (gleich bleibend, abnehmend oder zunehmend)
- Durchschnittskosten für die Bearbeitung eines Problems
- Anzahl schwerwiegender Probleme (geöffnet, geschlossen und rückständig)
- Prozentsatz erfolgreich durchgeführter Reviews nach schwerwiegenden Problemen
- Anzahl der in die KEDB eingegebener Known Errors
- Genauigkeit der KEDB in Prozent (aufgrund von Datenbank-Audits)
- Prozentsatz erfolgreich und termingerecht durchgeführter Reviews nach schwerwiegenden Problemen

Alle Messgrößen sollten nach Kategorie, Auswirkung, Schweregrad, Dringlichkeit und Prioritätsstufe unterteilt werden und mit den Werten aus früheren Perioden verglichen werden.

4.4.9 Herausforderungen, kritische Erfolgsfaktoren und Risiken

Das Problem Management ist sehr stark von einem effektiven Incident Management Prozess und entsprechenden Tools abhängig. Dadurch wird sichergestellt, dass Probleme so schnell wie möglich identifiziert und bereits in der Anfangsphase intensiv angegangen werden. Entscheidend ist auch, dass beide Prozesse über formale Schnittstellen verfügen und gemeinsame Arbeitspraktiken eingesetzt werden. Das schließt folgende Aspekte ein:

- Verknüpfung von Incident und Problem Management Tools
- Fähigkeit zur Zuordnung von Incident und Problem Records
- Gewährleistung einer guten Arbeitsbeziehung zwischen den Mitarbeitern des Second-Level und Third-Level und denen des First-Level Supports.
- Sicherstellung eines umfassenden Verständnisses aller an der Problemlösung beteiligten Mitarbeiter für die Business-Auswirkungen

Auch sollte das Problem Management in der Lage sein, alle verfügbaren Knowledge und Configuration Management Ressourcen einzusetzen.

Ein weiterer kritischer Erfolgsfaktor ist die laufende Schulung des technischen Personals mit Schwerpunkt auf den technischen Aspekten ihrer Tätigkeit und den Business-Auswirkungen der Services, die sie unterstützen, und der Prozesse, die sie verwenden.

4.5 ACCESS MANAGEMENT

Das Access Management ist der Prozess, bei dem autorisierten Anwendern das Recht zur Nutzung eines Service erteilt wird, während der Zugriff für nicht autorisierte Anwender verhindert wird. In manchen Organisationen wird dieser Prozess auch als Berechtigungs-Management oder Identitäts-Management (Identity Management) bezeichnet.

4.5.1 Zweck und Ziel

Das Access Management berechtigt Anwender zur Nutzung eines Service oder einer Gruppe von Services. Der Prozess dient der Ausführung der vom Security Management und Availability Management festgelegten Richtlinien und Maßnahmen.

4.5.2 Umfang

Das Access Management ist gewissermaßen die ausführende Komponente aus dem Availability und Information Security Management und unterstützt eine Organisation beim Management ihres geistigen Eigentums und ihrer Daten unter dem Aspekt der Vertraulichkeit, Verfügbarkeit und Integrität.

Es stellt sicher, dass Anwender die Berechtigung zur Nutzung eines Service erhalten, aber nicht, dass der Zugriff immer zu den vereinbarten Zeiten möglich ist. Dies fällt in den Bereich des Availability Management.

Das Access Management ist ein Prozess, der von allen Technical und Application Management Funktionen ausgeführt wird und stellt in der Regel keine separate Funktion dar. Die Koordination erfolgt jedoch meist über einen einzigen Steuerungspunkt, in der Regel über das IT Operations Management oder den Service Desk.

Das Access Management kann durch einen Service Request über den Service Desk initiiert werden.

4.5.3 Wert für das Business

Das Access Management bietet folgenden Nutzen:

- Durch einen kontrollierten Zugriff auf Services kann eine Organisation die Vertraulichkeit ihrer Informationen effektiver gewährleisten.
- Mitarbeiter haben die erforderlichen Zugriffsrechte auf Daten, die sie zur effektiven ausübung ihrer Tätigkeit benötigen.
- Die Wahrscheinlichkeit von Fehlern bei der Dateneingabe oder bei der Nutzung eines kritischen Service (z. B. eines Fertigungssteuerungssystems) durch einen unerfahrenen Anwender wird herabgesetzt.
- Es ermöglicht die Durchführung von Audits über die Nutzung von Services und bietet Transparenz bei einem Missbrauch von Services.
- Es ermöglicht bei Bedarf das problemlose Entziehen von Zugriffsrechten – ein wichtiger Sicherheitsaspekt.
- Es kann für die regulative Compliance (z. B. mit SOX, HIPAA, COBIT) erforderlich sein.

4.5.4 Richtlinien, Prinzipien und grundlegende Konzepte

Das Access Management ist der Prozess, der Anwender zur Nutzung der im Servicekatalog dokumentierten Services berechtigt. Er stützt sich auf folgende grundlegende Konzepte:

- **Zugriff** bezieht sich auf die Ebene und den Umfang der Servicefunktionalität oder Servicedaten, die ein Anwender nutzen darf.
- **Identität** bezieht sich auf Informationen, durch die ein Anwender als Individuum von anderen Anwendern unterschieden und sein Status in der Organisation verifiziert wird. Definitionsgemäß ist die Identität eines Anwenders eindeutig. (Nähere Erläuterungen hierzu finden Sie in Abschnitt 4.5.7.1.)
- **Rechte** (auch Privilegien genannt) beziehen sich auf die eigentlichen Einstellungen, durch die ein Anwender Zugriff auf einen Service oder eine Gruppe von Services erhält. Typische Rechte (oder

Zugriffsebenen) beinhalten die Befugnis zum Lesen, Schreiben, Ausführen, Ändern und Löschen.
- **Services oder Servicegruppen.** Die meisten Anwender nutzen nicht nur einen Service und Anwender, die eine Reihe ähnlicher Aktivitäten ausführen, nutzen auch eine Reihe ähnlicher Services. Statt auf jeden einzelnen Service separat Zugriff zu erteilen, ist es effizienter jedem Anwender oder jeder Gruppe von Anwendern Zugriff auf eine Reihe von Services zu gewähren, die sie gleichzeitig nutzen dürfen. (Nähere Erläuterungen hierzu finden Sie in Abschnitt 4.5.7.2.)
- **Directory-Services** beziehen sich auf bestimmte Arten von Tools, die zum Management von Zugriff und Rechten verwendet werden. Nähere Erläuterungen hierzu finden Sie in Abschnitt 5.8.

4.5.5 Prozessaktivitäten, -methoden und -techniken

4.5.5.1 Zugriffsanforderung

Zugriff (oder Zugriffseinschränkung) kann auf folgende Art und Weise angefordert werden:

- durch eine vom Human Resource System generierte Standardanforderung; passiert in der Regel, wenn ein Mitarbeiter eingestellt, befördert oder versetzt wird bzw. das Unternehmen verlässt
- durch einen Request for Change
- durch einen Service Request vom Request Fulfilment System
- durch Ausführung eines vorab autorisierten Skripts oder einer Option (z. B. durch das bedarfsgerechte Herunterladen einer Anwendung von einem Staging-Server)

Die Regeln für die Zugriffsanforderung werden normalerweise im Servicekatalog dokumentiert.

4.5.5.2 Verifizierung

Das Access Management muss jede Zugriffsanforderung auf einen IT Service unter zwei Gesichtspunkten verifizieren:

- Ist der Anwender, der Zugriff anfordert, tatsächlich der, der er zu sein behauptet?
- Ist er zur Nutzung des Service berechtigt?

Der erste Punkt wird in der Regel durch Angabe des Anwendernamens und -passworts erfüllt. Abhängig von den Sicherheitsrichtlinien einer Organisation ist die Abfrage von Anwendername und -passwort als Nachweis für die Berechtigung ausreichend. Bei speziellen Services kann unter Umständen eine umfassendere Identifizierung erforderlich sein (biometrische Daten, Einsatz eines elektronischen Zugriffsschlüssels oder eines Codierungsgeräts usw.).

Der zweite Punkt erfordert eine von der Anforderung des Anwenders unabhängige Verifizierung. Beispiele dafür sind:

- Benachrichtigung durch Human Resources, dass es sich um einen neuen Mitarbeiter handelt, der einen Anwendernamen und Zugriff auf eine Reihe von Standardservices benötigt
- Benachrichtigung durch Human Resources, dass der Anwender befördert wurde und Zugriff auf weitere Ressourcen benötigt
- Autorisierung durch einen (im Prozess definierten) Manager
- Einreichung eines Service Request (mit Belegen) über den Service Desk
- Einreichung eines RFC (mit Belegen) über das Change Management oder Ausführung eines vordefinierten Standard-Change
- Richtlinie, die besagt, dass der Anwender bei Bedarf Zugriff auf einen optionalen Service haben darf

Bei neuen Services sollte im Change Record angegeben werden, welche Anwender oder Gruppen von Anwendern Zugriff auf den Service haben sollen. Das Access Management prüft anschließend, ob alle Anwender nach wie vor berechtigt sind, und erteilt automatisch Zugriff entsprechend den Angaben im RFC.

4.5.5.3 Erteilen von Rechten

Das Access Management entscheidet nicht, wer Zugriff auf welche IT Services hat. Vielmehr führt es die in der Service Strategy und Service Design Phase festgelegten Richtlinien und Bestimmungen aus. Das Access Management setzt eine Entscheidung zur Erteilung oder Einschränkung des Zugriffs um, trifft aber nicht selbst diese Entscheidung.

Sobald die Identität eines Anwenders verifiziert ist, erteilt ihm das Access Management die zur Nutzung des angeforderten Service erforderlichen Rechte. In den meisten Fällen geht anschließend an jedes Team oder jede Abteilung, die den Service unterstützt, eine Anforderung zur Einleitung der erforderlichen Maßnahmen. Diese Aufgaben sollten, wenn möglich, automatisiert sein.

Je mehr Rollen und Gruppen existieren, desto größer ist die Wahrscheinlichkeit von Rollenkonflikten. Ein Rollenkonflikt bezieht sich in diesem Kontext auf eine Situation, in der zwei einem Benutzer zugewiesene Rollen oder Gruppen aufgabenbedingte Interessenkonflikte auslösen können. Beispiele dafür sind:

- Eine Rolle berechtigt zum umfassenden Zugriff, während die andere den Zugriff verweigert.
- Zwei Rollen berechtigen einen Anwender zur Ausübung von zwei Aufgaben, die nicht kombiniert werden dürfen (z. B. darf ein Auftragnehmer nicht seine Arbeitszeit an einem Projekt erfassen und anschließend Zahlungen für Arbeiten an diesem Projekt genehmigen).

Rollenkonflikte können zwar durch eine sorgfältige Definition von Rollen und Gruppen vermieden werden, werden aber oft durch Richtlinien und Entscheidungen verursacht, für die das Business oder verschiedene Projektteams beim Service Design verantwortlich sind und auf die die Service Operation keinen Einfluss hat. In jedem Fall muss ein Konflikt dokumentiert werden und zur Konfliktlösung an die Stakeholder eskaliert werden.

Bei der Definition von Rollen und Gruppen kann es vorkommen, dass zu umfassende oder zu eingeschränkte Rechte zugewiesen werden. Es gibt immer Anwender, die Rechte benötigen, die von den vordefinierten Rollen geringfügig abweichen. In diesen Fällen können Standardrollen verwendet werden, denen nach Bedarf Rechte erteilt oder entzogen werden – ähnlich dem Konzept von Baselines und Varianten im Configuration Management (siehe Publikation Service Transition). Die Entscheidung hierüber liegt jedoch nicht in der Hand einzelner Mitarbeiter des operativen Bereichs. Jede Ausnahme sollte vom Access Management koordiniert und über den ursprünglichen Prozess genehmigt werden.

Das Access Management sollte die von ihm definierten Rollen und Gruppen regelmäßig einem Review unterziehen und sicherstellen, dass sie für die von der IT bereitgestellten und unterstützten Services geeignet sind. Nicht mehr benötigte oder unzweckmäßige Rollen/Gruppen sollten entfernt werden.

4.5.5.4 Überwachen des Identitätsstatus

Im Laufe der Zeit können sich die Rollen der Anwender in einer Organisation ändern und damit auch die Services, auf die sie zugreifen müssen. Beispiele hierfür sind:

- **Wechsel der Tätigkeit:** In diesem Fall benötigt der Anwender möglicherweise Zugriff auf andere oder zusätzliche Services.
- **Beförderungen oder Zurückstufungen:** Der Anwender nutzt wahrscheinlich dieselben Sätze von Services, aber benötigt Zugriff auf andere Funktionalitätsebenen oder Daten.
- **Versetzungen:** In dieser Situation benötigt der Anwender möglicherweise genau dieselben Sätze von Services, aber in einer anderen Region mit unterschiedlichen Arbeitspraktiken und Daten.
- **Kündigung oder Todesfall:** In diesem Fall muss der Zugriff vollständig deaktiviert werden, damit der Anwendername keine Sicherheitslücke darstellt.
- **Ruhestand:** In vielen Organisationen kann ein pensionierter Mitarbeiter noch Zugriff auf einen eingeschränkten Satz von Services haben, z. B. auf Leistungssysteme oder Systeme, die zum Kauf von Unternehmensprodukten zu ermäßigten Preisen berechtigen.
- **Disziplinarmaßnahmen:** In einigen Fällen kann eine temporäre Einschränkung erforderlich sein, um zu verhindern, dass der Anwender Zugriff auf Services hat, auf die er normalerweise zugriffsberechtigt ist. In den Prozess und in die Tools sollte eine entsprechende Funktion integriert sein, damit die Zugriffsrechte des Anwenders nicht erst gelöscht und dann wieder erteilt werden müssen.
- **Entlassungen:** Wenn ein Mitarbeiter oder Auftragnehmer entlassen wird oder rechtliche Maßnahmen gegen einen Kunden ergriffen werden (z. B. bei Zahlungsverzug für Produkte, über das Internet gekauft wurden), sollte der Zugriff sofort entzogen werden. Außerdem sollte das Access Management in Zusammenarbeit mit dem Information Security Management aktive Maßnahmen in die Wege leiten, um böswillige Aktionen des Anwenders gegen die Organisation zu verhindern bzw. aufzudecken.

Das Access Management sollte für jede Art von Anwender den typischen Anwenderlebenszyklus kennen, dokumentieren und zur Automatisierung des Prozesses nutzen. Die Access Management Tools sollten Funktionen beinhalten, mit denen für Anwender problemlos und ohne Audit-Protokoll ein Status- oder Gruppenwechsel vorgenommen werden kann.

4.5.5.5 Protokollieren und Verfolgen des Zugriffs

Das Access Management sollte nicht nur auf Anforderungen reagieren. Es muss auch sicherstellen, dass die erteilten Rechte ordnungsgemäß angewendet werden.

Dazu müssen Zugriffsüberwachung und -steuerung in die Monitoring-Aktivitäten aller Technical und Application Management Funktionen und Service Operation Prozesse einbezogen werden.

Ausnahmen sollten vom Incident Management behandelt werden. Dabei können auch Incident-Modelle zum Einsatz kommen, die speziell für den Missbrauch von Zugriffsrechten konzipiert sind. Wichtig ist dabei, dass derartige Maßnahmen nicht für jedermann transparent sein dürfen. Wenn diese Informationen allen, die Zugriff auf das Incident Management System haben, zugänglich gemacht werden, können Schwachstellen entstehen.

Das Information Security Management spielt eine wesentliche Rolle bei der Erkennung unberechtigten Zugriffs und beim Vergleich des Zugriffs mit den vom Access Management gewährten Rechten. Dazu muss das Access Management an der Definition von Parametern zur Verwendung in Tools zur Erkennung von Eindringversuchen mitwirken können.

Unter Umständen werden vom Access Management bei juristisch relevanten Untersuchungen Aufzeichnungen über den Zugriff auf bestimmte Services benötigt. Wenn ein Anwender verdächtigt wird, gegen Richtlinien verstoßen, Ressourcen zweckentfremdet oder Daten missbraucht zu haben, kann es für das Access Management notwendig sein, einen Nachweis zu erbringen, zu welchem Zeitpunkt der Anwender Zugriff auf die Services hatte und welche Inhalte er abgerufen hat. Einen solchen Nachweis stellen gewöhnlich die operativen Servicemitarbeiter bereit, die dann Teil des Access Management Prozesses sind.

4.5.5.6 Entfernen oder Einschränken von Rechten

So wie das Access Management Rechte zur Nutzung eines Service erteilt, ist es auch für die Entziehung dieser Rechte zuständig. Auch hier trifft es diese Entscheidung nicht selbst. Vielmehr führt es die in der Service Strategy und Service Design Phase festgelegten Entscheidungen und Richtlinien sowie die von Managern in der Organisation getroffenen Entscheidungen aus.

Der Zugriff wird gewöhnlich unter folgenden Umständen entfernt:

- Todesfall
- Kündigung
- Entlassung
- Zuweisung anderer Rollen, so dass der Anwender keinen Zugriff mehr auf den Service benötigt
- Versetzung oder Reise in ein Gebiet mit andersartigem regionalen Zugriff

In anderen Fällen muss der Zugriff nicht entzogen werden, kann aber eingeschränkt werden. Darunter ist eine Reduzierung der Zugriffsebene, der Zeit oder der Dauer des Zugriffs zu verstehen. Der Zugriff sollte in folgenden Situationen eingeschränkt werden:

- Zuweisung anderer Rollen oder Zurückstufung, wenn der Anwender nicht mehr dieselbe Zugriffsebene benötigt
- Wenn für den Anwender eine Untersuchung läuft, der Anwender aber dennoch Zugriff auf grundlegende Services wie E-Mail benötigt; in diesem Fall könnten zusätzlich die E-Mails des Anwenders gescannt werden (diese Maßnahme bedarf jedoch einer äußersten Sensibilität und muss entsprechend den in der Organisation geltenden Sicherheitsrichtlinien erfolgen)
- Wenn ein Anwender von der Organisation zu einem temporären Einsatz entsendet wird und in dieser Zeit keinen Zugriff auf den Service benötigt

4.5.6 Anstoß, Input und Output und Prozessschnittstellen

Das Access Management wird durch eine Zugriffsanforderung eines oder mehrerer Anwender auf einen Service oder eine Gruppe von Services angestoßen. Folgende Arten von Anforderungen bzw. Anträge sind möglich:

- **RFCs:** Ein RFC wird am häufigsten für umfangreiche Service-Einführungen oder -Upgrades verwendet, bei denen als Teil des Projekts die Rechte für eine beträchtliche Zahl von Anwendern aktualisiert werden müssen.
- **Service Requests:** Ein Service Request wird gewöhnlich über den Service Desk oder direkt im Request Fulfilment System initiiert und von den zuständigen Technical oder Application Management Teams ausgeführt.
- Eine Anforderung von Mitarbeitern des **Human Resources Management** (sollte über den Service Desk erfolgen), die in der Regel im Rahmen von Einstellungs-, Beförderungs-, Umzugs-, Kündigungs- oder Pensionierungsprozessen generiert wird.
- Eine Anforderung vom **Manager einer Abteilung**, der beispielsweise eine HR-Rolle ausübt oder eine Entscheidung über die erstmalige Nutzung eines Service treffen muss.

Das Access Management sollte an Human Resource Prozesse angebunden sein, um die Identität von Anwendern zu verifizieren und sicherzustellen, dass alle Anwender zur Nutzung der angeforderten Services berechtigt sind.

Das Information Security Management ist ein Motor für das Access Management, da es die Sicherheits- und Datenschutzrichtlinien und -Tools bereitstellt, die das Access Management zur Ausführung benötigt.

Das Change Management spielt eine wichtige Rolle bei der Steuerung von Zugriffsanforderungen, da jede

Zugriffsanforderung für einen Service einen Change darstellt, der normalerweise als Standard-Change oder Service Request bearbeitet wird (eventuell mithilfe eines Modells), sobald die Zugriffskriterien über das SLM vereinbart worden sind.

Das SLM verwaltet alle Vereinbarungen über den Zugriff auf Services. Diese umfassen Kriterien zur Beantwortung folgender Fragen: Wer ist zum Zugriff auf einen Service berechtigt, wie hoch sind gegebenenfalls die Zugriffskosten, und welche Zugriffsebene wird verschiedenen Arten von Anwendern (Managern oder Mitarbeitern) gewährt?

Auch zwischen dem Access Management und dem Configuration Management besteht eine enge Beziehung. Das CMS kann zur Datenspeicherung und zur Abfrage aktueller Zugriffsdetails eingesetzt werden.

4.5.7 Informationsmanagement

4.5.7.1 Identität

Durch Informationen zu seiner Identität wird ein Anwender als Individuum von anderen Anwendern unterschieden und sein Status in der Organisation verifiziert. Definitionsgemäß ist die Identität eines Anwenders eindeutig. Da es vorkommen kann, dass bestimmte Informationen für zwei Anwender identisch sind (z. B. bei Anwendern mit demselben Namen), setzt sich die Identität in der Regel aus mehreren Informationen zusammen. Dazu gehören beispielsweise:

- Name
- Adresse
- Kontaktdetails, z. B. Telefonnummer, E-Mail-Adresse usw.
- Nummer von Ausweisdokumenten, z. B. Führerschein, Reisepass usw.
- Nummer eines Dokuments oder Eintrag in einer Datenbank, z. B. Personalnummer, Steuernummer, staatliche Identifikationsnummer, Führerscheinnummer usw.
- biometrische Daten, z. B. Fingerabdruck, Netzhautabbildungen, Spracherkennungsmuster, DNA usw.
- ggf. Ablaufdatum von Dokumenten

Eine Identität wird jedem Anwender zugewiesen, der zum Zugriff auf IT Services oder organisatorische Informationen berechtigt ist. Zu diesen Anwendern können gehören:

- Mitarbeiter
- Auftragnehmer
- Anbieterpersonal (z. B. Account Manager, Support-Mitarbeiter usw.)
- Kunden (insbesondere beim Erwerb von Produkten oder Services über das Internet)

Die meisten Organisationen verifizieren die Identität eines Anwenders vor dessen Eintritt in die Organisation, indem sie einen Teil der oben genannten Informationen anfordern. Je höher der Sicherheitsstandard einer Organisation ist, desto mehr Informationen werden benötigt und desto gründlicher werden diese überprüft.

Vielen Organisationen müssen temporären oder gelegentlichen Mitarbeitern oder Auftragnehmern/Suppliern Zugriffsrechte gewähren. Das Management dieser Art von Zugriff erweist sich oft als problematisch, wobei die Beendigung des Zugriffs oft schwieriger als seine Erteilung ist. Für das Zusammenspiel von IT und HR müssen genau definierte Verfahren mit fehlersicheren Prüfungen eingerichtet werden, damit gewährleistet ist, dass Zugriffsrechte sofort entfernt werden, wenn sie nicht mehr angemessen oder erforderlich sind.

Bevor einem Anwender Zugriff auf eine Anwendung erteilt wird, sollte die Organisation (gewöhnlich die Personal- oder Sicherheitsabteilung) verifizieren, dass der Anwender der ist, der er zu sein behauptet.

Dabei werden alle Informationen in einer Datei abgelegt, der eine Unternehmensidentität, normalerweise eine Personal- oder Auftragnehmernummer, und eine Identität für den Zugriff auf Unternehmensressourcen und -informationen, in der Regel eine Anwenderidentität oder ein „Benutzername" und ein zugehöriges Passwort, zugeordnet wird.

4.5.7.2 Benutzer, Gruppen, Rollen und Servicegruppen

Jeder Anwender hat zwar eine individuelle Identität und jeder IT Service kann als eigenständige Einheit betrachtet werden, es ist jedoch häufig sinnvoll, diese in Gruppen zusammenzufassen, um sie leichter verwalten und steuern zu können. Für diese Art von Gruppierung werden häufig die Begriffe „Anwenderprofil", „Anwendervorlage" oder „Anwenderrolle" verwendet.

Die meisten Organisationen stellen allen individuellen Anwendern, unabhängig von ihrer Position oder Tätigkeit, eine Reihe von Standardservices zur Verfügung (mit Ausnahme von Kunden, die keine Einsicht in interne Services und Prozesse haben sollen). Dazu gehören Services wie Messaging, Büroautomatisierung, Desktop-Support, Telefonie usw. Neuen Anwendern werden automatisch Rechte zur Nutzung dieser Services erteilt.

Darüber hinaus üben die meisten Anwender ganz spezielle Rollen aus. Beispielsweise kann ein Anwender eine Management-Rolle besetzen, für die nicht nur Standardservices benötigt werden, sondern auch ein Zugriff auf spezielle Tools und Daten im Bereich Marketing und Finanzmodellierung erforderlich ist.

Für einige Gruppen können spezielle Anforderungen bestehen, z. B. für Außendienstmitarbeiter oder Mitarbeiter mit Home Office, die sich einwählen müssen oder Virtual Private Network (VPN) Verbindungen benötigen. Hier können die Sicherheitsaspekte ein umfassenderes Management erfordern.

Um die Erteilung der Zugriffsrechte zu vereinfachen, verwendet das Access Management einen Katalog mit allen Rollen in der Organisation und allen Services, die von den jeweiligen Rollen unterstützt werden. Dieser Katalog wird vom Access Management in Absprache mit der Personalabteilung zusammengestellt und verwaltet und oft in den Directory-Service-Tools automatisiert (siehe Abschnitt 5.8).

Anwender können nicht nur verschiedene Rollen ausüben, sondern auch verschiedenen Gruppen angehören. Beispiel: Alle Auftragnehmer sind verpflichtet, ihre Arbeitszeit mithilfe eines speziellen Stempelkartensystems zu erfassen, das nicht zur Zeiterfassung der Mitarbeiter verwendet wird. Das Access Management wertet alle Rollen, die ein Anwender ausübt, und alle Gruppen, denen er angehört, aus und sorgt dafür, dass ihm alle Rechte zur Nutzung der entsprechenden Services erteilt werden.

Hinweis: Alle gespeicherten Anwenderdaten unterliegen Datenschutzbestimmungen (für die an den meisten geografischen Standorten bestimmte Vorschriften gelten) und sollten von den in der Organisation angewandten Sicherheitsverfahren entsprechend behandelt und gesichert werden.

4.5.8 Messgrößen

Zur Messung der Effizienz und Effektivität des Access Management können folgende Messgrößen verwendet werden:

- Anzahl der Zugriffsanforderungen (Service Request, RFC usw.)
- gewährte Zugriffe nach Service, Anwender, Abteilung usw.
- gewährte Zugriffe nach Abteilung oder individuell erteilten Rechten
- Anzahl von Incidents, die eine Zurücksetzung von Zugriffsrechten erfordern
- Anzahl von Incidents, die durch falsche Zugriffseinstellungen verursacht wurden

4.5.9 Herausforderungen, kritische Erfolgsfaktoren und Risiken

Für ein erfolgreiches Access Management sind folgende Faktoren ausschlaggebend:

- die Fähigkeit zur Verifizierung der Identität eines Anwenders (die Person ist tatsächlich die, die sie zu sein behauptet)
- die Fähigkeit zur Verifizierung der Identität der genehmigenden Person oder des entsprechenden Gremiums
- die Fähigkeit zur Verifizierung der Zugriffsberechtigung eines Anwenders auf einen bestimmten Service
- die Fähigkeit zur Zuweisung mehrerer Zugriffsrechte zu einem einzelnen Anwender
- die Fähigkeit zur Bestimmung des Anwenderstatus zu jedem beliebigen Zeitpunkt (z. B. um festzustellen, ob der Anwender noch Mitarbeiter der Organisation ist, wenn er sich bei einem System anmeldet)
- die Fähigkeit zum Management von Änderungen hinsichtlich der Zugriffsanforderungen eines Anwenders
- die Fähigkeit zur Einschränkung von Zugriffsrechten für nicht autorisierte Anwender
- eine Datenbank mit allen Anwendern und den ihnen erteilten Rechten

4.6 OPERATIVE AKTIVITÄTEN VON PROZESSEN AUS ANDEREN LEBENSZYKLUSPHASEN

4.6.1 Change Management

Das Change Management wird in erster Linie in der Publikation Service Transition dokumentiert. Es gibt jedoch einige Aspekte des Change Management, an denen Service Operation Mitarbeiter täglich beteiligt sind. Dazu gehören:

- Erstellen und Einreichen von RFCs, die die Service Operation betreffen
- Teilnahme an CAB- oder CAB/EC-Meetings zur Sicherstellung, dass die Service Operation betreffende Risiken, Belange und Aspekte berücksichtigt werden

- Implementierung von Changes nach den Anweisungen des Change Management, die Service Operation Komponenten oder Services betreffen
- Backout von Changes nach den Anweisungen des Change Management, die Service Operation Komponenten oder Services betreffen
- Unterstützung bei der Definition und Verwaltung von Change-Modellen, die in Zusammenhang mit Service Operation Komponenten oder Services stehen
- Entgegennahme von Change Schedules und Sicherstellung, dass alle Service Operation Mitarbeiter von relevanten Changes in Kenntnis gesetzt werden und darauf vorbereitet sind
- Einsatz des Change Management Prozesses für Standard-Changes operativer Art

4.6.2 Configuration Management

Das Configuration Management wird in erster Linie in der Publikation Service Transition dokumentiert. Es gibt jedoch einige Aspekte des Configuration Management, in die Service Operation Mitarbeiter Tag für Tag involviert sind. Dazu gehören:

- Benachrichtigung des Configuration Management über Abweichungen zwischen CIs und dem CMS
- Durchführung aller Änderungen zur Korrektur von Abweichungen, die Service Operation Komponenten oder Services betreffen, unter der Leitung des Configuration Management

Die Verantwortung für die Aktualisierung des CMS obliegt weiterhin dem Configuration Management. Service Operation Mitarbeiter können jedoch gelegentlich aufgefordert werden, unter der Leitung des Configuration Management Beziehungen zu aktualisieren, neue CIs hinzuzufügen oder CIs im CMS als „entfernt" zu markieren, wenn derartige Aktualisierungen mit operativen Aktivitäten in Zusammenhang stehen, die eigentlich in den Aufgabenbereich von Service Operation Mitarbeitern fallen.

4.6.3 Release and Deployment Management

Das Release and Deployment Management wird vor allem in der Publikation Service Transition behandelt. Es gibt jedoch einige Aspekte dieses Prozesses, in die Service Operation Mitarbeiter Tag für Tag involviert sind. Dazu gehören:

- Implementierungsmaßnahmen beim Deployment neuer Releases, die Service Operation Komponenten oder Services betreffen, unter der Leitung des Release and Deployment Management
- Mitwirkung in der Planungsphase von neuen Major Releases zur Unterstützung von Belangen der Service Operation
- physische Handhabung von CIs bei der Übertragung von/in die DML zur Ausübung ihrer operativen Rollen; gleichzeitige Einhaltung der relevanten Release and Deployment Management Verfahren zur Gewährleistung einer einwandfreien Aus- und Einbuchung aller Elemente

4.6.4 Capacity Management

Das Capacity Management sollte auf drei Ebenen betrieben werden: auf der Ebene des Business Capacity Management, des Service Capacity Management und des Resource Capacity Management.

- In Zusammenarbeit mit dem Business plant das **Business Capacity Management** im Voraus langfristige Strategien und kurzfristige taktische Initiativen, die voraussichtlich Auswirkungen auf die IT-Kapazität haben.
- **Das Service Capacity Management** befasst sich mit den Merkmalen jedes IT Service und den Anforderungen, die verschiedene Arten von Anwendern oder Transaktionen an die zugrunde liegende Infrastruktur haben und wie sich diese im Laufe der Zeit ändern und von einem Business-Change beeinflusst werden können.
- **Das Resource Capacity Management** beschäftigt sich mit den Performance-Merkmalen und -Fähigkeiten sowie dem aktuellen Auslastungsgrad aller technischen Komponenten (CIs) der IT-Infrastruktur und Prognosen über die Auswirkungen von Changes oder Trends.

Viele Aktivitäten sind strategischer Art oder bedürfen einer längerfristigen Planung und werden in den Publikationen Service Strategy, Service Design und Service Transition erläutert. Es gibt jedoch eine Reihe operativer Capacity Management Aktivitäten, die im Rahmen der Service Operation laufend durchgeführt werden müssen. Diese werden nachfolgend beschrieben.

4.6.4.1 *Kapazitäts- und Performance-Monitoring*

Alle Komponenten der IT-Infrastruktur sollten kontinuierlich überwacht werden (in Abstimmung mit dem Event Management), so dass mögliche Probleme oder Trends identifiziert werden können, bevor es zu Ausfällen oder einer Beeinträchtigung der Performance kommt. Im Idealfall sollte das Monitoring automatisiert sein und Grenzwerte existieren, damit rechtzeitig Ausnahmealarme ausgelöst werden, um Verhinderungs-

oder Wiederherstellungsmaßnahmen einzuleiten, bevor es zu negativen Auswirkungen kommt.

In der Regel müssen folgende Komponenten und Elemente überwacht werden. Diese können jedoch je nach der eingesetzten Infrastruktur variieren:

- CPU-Auslastung (Gesamtauslastung und Auslastung nach System/Service)
- Arbeitsspeicherauslastung
- IO-Raten (physisch und gepuffert) sowie Geräteauslastung
- Warteschlangenlänge (maximal und durchschnittlich)
- Dateispeicherauslastung (Festplatten, Partitionen, Segmente)
- Anwendungen (Durchsatzraten, Ausfallraten)
- Datenbanken (Auslastung, Record-Sperren, Indizierung, Konflikte)
- Netzwerk-Transaktionsraten, Fehler- und Neustartraten
- Transaktionsantwortzeit
- Profil der zeitbasierten Batch-Verarbeitung Stapelzeitprofile
- Trefferquoten für Internet/Intranet-Sites bzw. -Seiten
- Internetantwortzeiten (extern oder intern für Firewalls)
- Anzahl von System-/Anwendungsanmeldungen und gleichzeitig angemeldeten Anwendern
- Anzahl verwendeter Netzwerkknoten und Auslastungsgrade

Auf jeder Ebene werden unterschiedliche Arten von Monitoring Tools zur Sammlung und Auswertung von Daten benötigt. Einige Tools ermöglichen z. B. das Monitoring der Performance von Business-Transaktionen, während andere das CI-Verhalten überwachen.

Das Capacity Management muss Alarmgrenzwerte festlegen und kalibrieren (gegebenenfalls in Abstimmung mit dem Event Management, da oft Event Monitoring Tools eingesetzt werden), so dass die korrekten Alarmebenen und alle benötigten Filtermechanismen eingerichtet werden, um ausschließlich relevante Events zu erfassen. Ohne entsprechende Filtermechanismen können Alarme, die „nur zu Informationszwecken" ausgegeben werden, wichtige Alarme überdecken, die sofort beachtet werden müssen. Außerdem können schwerwiegende Ausfälle aufgrund extrem häufiger Alarmwiederholungen massenweise Alarmsignale auslösen, die ebenfalls gefiltert werden müssen, damit die aussagekräftigsten Meldungen nicht überdeckt werden.

Für einige CIs oder Komponenten der IT-Infrastruktur (z. B. wichtige Internet-Sites/Seiten) kann es sinnvoll sein, externe Monitoring-Funktionen von Drittparteien einzusetzen. Das Capacity Management sollte an der Festlegung und Auswahl entsprechender Funktionen und an der Integration der Ergebnisse oder Alarme anderer Monitoring- und Handhabungssysteme mitwirken.

Es muss sich mit allen entsprechenden Support-Gruppen über die Weiterleitung von Alarmen und entsprechende Eskalationswege und -zeiten abstimmen. Alarme sollten für den Service Desk und Support-Mitarbeiter protokolliert werden, so dass die Events mithilfe von Incident Records dauerhaft aufgezeichnet werden können und die Service Desk Mitarbeiter einen Einblick haben, wie angemessen die Support-Gruppe(n) auf einen Fehler reagieren, um gegebenenfalls eingreifen zu können.

Die festgelegten Alarmebenen sollten auf den von Herstellern geforderten Performance-Fähigkeiten und vereinbarten Service Level Zielen sowie den tatsächlich gemessenen historischen Performance- und Kapazitätsdaten basieren. Zur Festlegung der Alarmebenen kann zunächst ein iterativer Prozess erforderlich sein, bei dem mithilfe von „Trial and Error" (Versuch und Fehlschlag) so lange Korrekturen vorgenommen werden, bis die richtigen Ebenen ermittelt sind.

Hinweis: Das Capacity Management muss möglicherweise in die Kapazitätsanforderungen und -fähigkeiten des IT Service Management einbezogen werden. So kann das Capacity Management Team beispielsweise bei der Untersuchung und Beantwortung folgender Fragen mithelfen: Verfügt die Organisation über genügend Service Desk Mitarbeiter zur Bearbeitung der Incident-Rate? Kann die CAB-Struktur die gewünschte Anzahl an Changes prüfen und genehmigen? Können Support-Tools das gesammelte Datenvolumen handhaben?

4.6.4.2 Bearbeitung von Incidents mit Auswirkungen auf Kapazität und Performance

Wenn ein Alarm ausgelöst oder ein Incident vom Service Desk erfasst wird, der von einem aktuellen oder anhaltenden Capacity oder Performance Management Problem verursacht wird, muss das Capacity Management in die Ursachenermittlung und Lösungsfindung einbezogen werden. Gemeinsam mit den zuständigen technischen Support-Gruppen und dem Problem Management müssen alle notwendigen Untersuchungen durchgeführt werden, um festzustellen, was genau schief gegangen ist und was korrigiert werden muss.

In der Untersuchungsphase kann ein intensiveres Monitoring notwendig sein, um die genaue Ursache zu bestimmen. Das Monitoring verläuft aufgrund der umfassenden generierten Datenmengen und zur Vermeidung einer Überlastung der IT-Infrastruktur oft nur oberflächlich. Bei bestimmten Problemfällen kann für die genaue Ursachenermittlung jedoch ein intensiveres Monitoring erforderlich sein.

Wenn eine Lösung oder mögliche Lösung gefunden wurde, müssen alle Changes zur Behebung des Problems vor ihrer Implementierung vom Change Management formal genehmigt werden. Wenn der Fehler eine schwerwiegende Unterbrechung verursacht und eine dringende Lösung erforderlich ist, muss der entsprechende, dringende Change-Prozess ausgeführt werden. Es darf kein „Tuning" ohne vorherige Beantragung beim Change Management stattfinden, da selbst scheinbar kleine Änderungen schwerwiegende kumulative Folgen haben können, auch für die gesamte IT-Infrastruktur.

4.6.4.3 Kapazitäts- und Performance-Trends

Das Capacity Management muss beim Aufspüren von Kapazitäts- oder Performance-Trends eine Rolle spielen. Nähere Erläuterungen zur Einleitung von Maßnahmen bei der Ermittlung entsprechender Trends finden Sie in der Publikation Continual Service Improvement.

4.6.4.4 Speicherung von Capacity Management Daten

Beim Kapazitäts- und Performance-Monitoring werden gewöhnlich große Datenmengen generiert. Das Monitoring mithilfe von Zählern und Tabellen kann von nur wenigen Kilobytes schnell auf ein gewaltiges Volumen ansteigen, wenn viele Komponenten in relativ kurzen Intervallen überwacht werden. Ein weiteres Problem des kurzzeitigen Monitoring besteht darin, dass es ohne Berücksichtigung eines längeren Zeitraums nicht möglich ist, aussagekräftige Informationen zu sammeln. Ein einzelner Snapshot eines Prozessors zeigt beispielsweise nur, ob er arbeitet oder nicht arbeitet. Betrachtet man einen Zeitraum von fünf Minuten, kann hingegen der durchschnittliche Auslastungsgrad in dieser Periode ermittelt werden, dessen Wert im Hinblick auf die einwandfreie Funktionsweise des Prozessors oder auf die Wahrscheinlichkeit eventueller Performance-Probleme sehr viel aussagekräftiger ist.

In den meisten Organisationen variieren die eingesetzten Monitoring-Tools erheblich. Dabei kommt eine Kombination von systemspezifischen Tools, die zum Großteil in das Betriebssystem integriert sind, und spezialisierten Monitoring-Tools zum Einsatz. Um die Datengenerierung zu steuern und die Speicherung aussagekräftiger Daten zur Analyse und Trendermittlung zu ermöglichen, wird ein zentraler Speicherort zur Ablage der Übersichtsdaten benötigt: das Capacity Management Information System (CMIS).

Format, Speicherort und Design einer solchen Datenbank müssen im Voraus geplant und implementiert werden. (Nähere Erläuterungen hierzu finden Sie in der Publikation Service Design.) Darüber hinaus müssen auch operative Aspekte wie Datenbankpflege und -Backups berücksichtigt werden.

4.6.4.5 Demand Management

Das Demand Management beschreibt eine Reihe von Techniken, die zur Modifizierung des Bedarfs an einer Ressource oder einem Service angewendet werden können. Einige Techniken des Demand Management können im Voraus geplant werden. Diese werden in der Publikation Service Design ausführlicher erläutert. Andere Aspekte des Demand Management, die eher operativer Art sind, erfordern kurzfristigere Maßnahmen.

Wenn beispielsweise die Performance eines Service nicht zufrieden stellend ist und die gleichzeitige Servicenutzung von Anwendern kurzfristig eingeschränkt werden muss, damit die Performance für eine kleinere Anwendergruppe verbessert werden kann, müssen Service Operation Funktionen zur Implementierung entsprechender Einschränkungen ausgeführt werden. Parallel dazu werden dann häufig Maßnahmen zur Abmeldung von Anwendern implementiert, die für einen bestimmten Zeitraum inaktiv waren, damit Ressourcen für andere Anwender frei werden.

4.6.4.6 Auslastungsmanagement

Es kann vorkommen, dass eine Optimierung der Infrastrukturressourcen erforderlich ist, um die Performance oder den Durchsatz aufrechtzuerhalten oder zu verbessern. Dies wird häufig über das Auslastungsmanagement erreicht, das sich mit folgenden Aktionen befasst:

- Neue Zeitplanung für einen Service oder eine Auslastung, so dass die Ausführung zu einer anderen Zeit oder an einem anderen Wochentag erfolgt usw. (im Normalfall außerhalb der Spitzenzeiten) – hierfür muss häufig die Job Scheduling Software angepasst werden.
- Umverteilen eines Service oder der Auslastung von einem Standort bzw. einer CI-Gruppe zu einem bzw. einer anderen – häufig, um das Nutzungs- oder Datenverkehrsaufkommen auszugleichen.
- Technische „Virtualisierung": Einrichten und Verwenden von Virtualisierungssystemen, um eine flexible Verarbeitung in der Infrastruktur zu

ermöglichen und eine bessere und dynamischere Performance/Ausfallsicherheit zu erreichen.
- Einschränkung oder Verschiebung des Ressourcenbedarfs durch Demand Management Techniken (siehe oben und auch Service Design Publikation).

Die Auslastung kann nur dann effektiv verwaltet und gesteuert werden, wenn eindeutig klar ist, wie die Auslastung zu verschiedenen Zeitpunkten aussieht und welche Ressourcenauslastung dabei in der IT-Infrastruktur besteht. Ein sorgfältiges Monitoring und gründliche Analysen der Auslastung auf operativer Basis werden fortlaufend benötigt.

4.6.4.7 Modelling und Application Sizing

Das Modelling (Modellierung) und/oder Sizing (Kapazitätsermittlung für neue Services und/oder Anwendungen) wird gegebenenfalls in der Planungs- und Transition-Phase durchgeführt (siehe Publikationen Service Design und Service Transition). Die Service Operation Funktionen spielen eine wichtige Rolle bei der Evaluierung der Genauigkeit von Prognosen und bei der Rückmeldung von Schwierigkeiten oder Unstimmigkeiten.

4.6.4.8 Capacity-Planung

Beim Service Design und bei der Service Transition werden die Kapazitätsanforderungen für IT Services berechnet. Dazu muss ein zukunftsorientierter Capacity-Plan verwaltet und regelmäßig aktualisiert und die Service Operation integriert werden. Ein solcher Plan muss mindestens zwei Jahre in die Zukunft reichen und sollte regelmäßig, je nach Variabilität und Ressourcenverfügbarkeit alle drei bis zwölf Monate, einem Review unterzogen werden.

Der Plan sollte an den Finanzplanungszyklus der Organisation gekoppelt sein, damit erforderliche Ausgaben für Infrastruktur-Upgrades, Verbesserungen oder Erweiterungen bei Budgetschätzungen berücksichtigt und im Voraus genehmigt werden können.

Der Plan sollte Prognosen über die Zukunft enthalten, aber auch frühere Prognosen untersuchen und in Berichten erfassen, insbesondere um die Zuverlässigkeit von weiteren Prognosen zu erhöhen. Werden Unstimmigkeiten aufgedeckt, sollten diese beschrieben und Abhilfemaßnahmen aufgeführt/beschrieben werden.

Der Capacity-Plan umfasst in der Regel folgende Aspekte:

- Aktuelle Performance- und Auslastungsdetails mit neuesten Trends für alle wichtigen CIs einschließlich
  - Backbone-Netzwerken
  - LANs
  - Mainframes (falls noch verwendet)
  - Schlüsselservern
  - Hauptdatenspeichern
  - ausgewählter (repräsentativer) Desktop- und Laptop-Ausrüstung
  - wichtigen Websites
  - Schlüsseldatenbanken
  - Schlüsselanwendungen
  - operativer Kapazität – Elektrizität, Nutzfläche, Umgebungskapazität (Klimaanlage), Bodenbelastung, Wärmeerzeugung und -abgabe, Strom- und Wasserbedarf und -versorgung usw.
  - Magnetdatenträgern
- Geschätzte Performance und Auslastung für alle CIs in der Planungsperiode (z. B. in den nächsten drei Monaten)
- Vergleichsdaten zu früheren Schätzungen zur Festigung des Vertrauens in zukünftige Schätzungen
- Berichte zu Kapazitätsschwierigkeiten in der vergangenen Periode mit Details zu den für die zukünftige Periode eingeleiteten Wiederherstellungs- und Präventivmaßnahmen
- Details zu Upgrades oder Beschaffungen, die für die Zukunft notwendig oder geplant sind, mit Angabe von Kosten und Zeitrahmen
- Mögliche oder wahrscheinliche Kapazitätsrisiken mit empfohlenen Gegenmaßnahmen im Falle ihres Eintretens

4.6.5 Availability Management

In der Phase Service Design und Service Transition werden die IT Services im Hinblick auf Verfügbarkeit und Wiederherstellung konzipiert. Die Service Operation ist dafür verantwortlich, dass ein IT Service den genannten Anwendern innerhalb der erforderlichen Frist und zum vereinbarten Level wieder zur Verfügung steht.

In der Service Operation Phase können die IT-Teams und -Anwender am besten feststellen, ob ein Service die vereinbarten Anforderungen erfüllt und ob sein Design effektiv ist.

Was in der Design-Phase sinnvoll erscheint, muss nicht immer durchführbar oder optimal sein. Die Erfahrungen der Anwender im Hinblick auf die operativen Funktionen liefern den wesentlichen Input für eine fortlaufende Verbesserung bestehender Services und ihres Designs.

Es müssen jedoch einige Aspekte beachtet werden, um dieses Wissen optimal nutzen zu können:

- Ein Großteil der von operativen Teams und Anwendern gesammelten Erfahrungen ist entweder informell oder stammt aus verschiedenen Quellen.
- Der Prozess des Sammelns und Zuordnens von Daten muss formalisiert werden.
- Anwender und operative Mitarbeiter sind in der Regel mit ihren regulären Tätigkeiten und Aufgaben vollauf beschäftigt, so dass es schwierig ist, sie in regelmäßige Planungs- und Designaktivitäten einzubeziehen. In diesem Zusammenhang fällt oft das Argument, dass die operativen Teams bei einer Verbesserung des Designs weniger Zeit für die Lösung von Problemen benötigen und mehr Zeit für Designaktivitäten bleibt. Die Praxis zeigt jedoch, dass Mitarbeiter in solchen Fällen oft das Ziel von Personalreduzierungsmaßnahmen werden.

Unter Berücksichtigung der oben genannten Punkte sind operative Mitarbeiter an drei wesentlichen Bereichen beteiligt, um an Verbesserungen der Verfügbarkeit mitzuwirken, da diese allgemein als Teil ihrer fortlaufenden Zuständigkeiten betrachtet werden:

- **Review von Wartungsaktivitäten:** Das Service Design definiert ausführliche Wartungspläne und -aktivitäten, die dafür sorgen sollen, dass der erforderliche Performance- und Verfügbarkeitslevel von IT Services aufrechterhalten bleibt. Der regelmäßige Vergleich der tatsächlichen Wartungsaktivitäten und -zeiten mit den Planvorgaben kann mögliche Verbesserungsbereiche aufzeigen. Entsprechende Informationen können einem Review entnommen werden, der prüft, ob die Servicewartungsvorgaben eingehalten wurden, und bei einer Nichteinhaltung die Gründe dafür benennt.
- **Review nach schwerwiegenden Problemen:** Probleme können eine Vielzahl von Ursachen haben, z. B. unzureichendes Design. Problem-Reviews sollten daher Verbesserungsmöglichkeiten für das Design von IT Services aufzeigen, die auf eine Verbesserung der Verfügbarkeit und Kapazität abzielen.
- Einbindung in **spezielle Initiativen** unter Anwendung von Techniken wie der Service Failure Analysis (Serviceausfallanalyse, SFA), Component Failure Impact Analysis (Analyse der Auswirkungen von Komponentenausfällen, CFIA) oder Fault Tree Analysis (Fehlerbaumanalyse, FTA). Diese Techniken sollten in Absprache mit den verantwortlichen Availability Management Mitarbeitern als Folgemaßnahmen bei schwerwiegenden Problemen oder im Rahmen eines kontinuierlichen Serviceverbesserungsprogramms angewandt werden. Die Availability Management Techniken werden in der Publikation Service Design ausführlicher erläutert.

Es kann vorkommen, dass Mitarbeiter im operativen Bereich eine Ausfallzeit von ein oder mehreren Services in Kauf nehmen, um operative Aufgaben oder Wartungsaktivitäten durchzuführen, die Auswirkungen auf die Verfügbarkeit haben können, wenn sie nicht einwandfrei geplant, verwaltet und gesteuert werden. In solchen Fällen müssen sie sich mit Mitarbeitern aus dem SLM und Availability Management abstimmen, die entsprechende Aktivitäten wiederum über den Service Desk mit dem Business/den Anwendern vereinbaren und planen.

4.6.6 Knowledge Management

Von entscheidender Bedeutung ist, dass alle Daten und Informationen, die für zukünftige Service Operation Aktivitäten sinnvoll sein können, richtig gesammelt, gespeichert und bewertet werden. Die relevanten Daten, Messgrößen und Informationen sollten in der Management-Kette weitergereicht und an andere Phasen des Servicelebenszyklus übergeben werden, so dass sie den Wissens- und Erfahrungsebenen des Service Knowledge Management System der Organisation zugeordnet werden können. Die entsprechenden Strukturen müssen in der Service Strategy und Service Design Phase definiert und während des Continual Service Improvement optimiert werden (siehe weitere ITIL Publikationen aus dieser Reihe).

Die wichtigsten Speicherorte für die Service Operation, die bereits an anderer Stelle häufig genannt wurden, sind das CMS und das KEDB. Die von ihnen bereitgestellten Informationen müssen jedoch durch Dokumentationen von Service Operation Teams und Abteilungen wie Betriebs- und Verfahrenshandbüchern, Arbeitsanweisungen usw. ergänzt werden.

4.6.7 Financial Management für IT Services

Die Service Operation Mitarbeiter müssen das gesamte IT-Finanzplanungs- und Kostenrechnungssystem, eventuell auch implementierte Leistungsverrechnungssysteme, unterstützen und aktiv in diese eingebunden werden.

Eine sorgfältige Planung ist erforderlich, damit Budgetschätzungen für Investitionsausgaben (Capital Expenditure, CAPEX) und Betriebsausgaben (Operational Expenditure, OPEX) zur Einhaltung von Budgetzyklen rechtzeitig erstellt und vereinbart werden können.

Der Service Operation Manager muss im Rahmen des kontinuierlichen IT-Finanzplanungs- und -Kostenrechnungsprozesses auch an regelmäßig, mindestens monatlich, stattfindenden Reviews beteiligt sein, bei denen die Ausgaben mit den Budgets verglichen werden. Eventuelle Abweichungen müssen ermittelt und erforderliche Korrekturen gegebenenfalls vorgenommen werden. Alle bewilligten Ausgaben müssen das Bestellsystem der Organisation durchlaufen, um summiert werden zu können. Außerdem müssen alle Wareneingänge geprüft werden, damit Rechnungen und Zahlungen entsprechend genehmigt bzw. Unstimmigkeiten untersucht und korrigiert werden können.

Zu beachten ist, dass einige vom Business vorgeschlagene Kostenreduzierungen eine Steigerung der IT-Kosten oder zumindest der Stückkosten bewirken können. Daher sollte sorgfältig darauf geachtet werden, dass sich der IT-Bereich an der Diskussion aller kostensparenden Maßnahmen beteiligt und in grundlegende Entscheidungen einbezogen wird. Das Financial Management wird im Band Service Strategy ausführlich erläutert.

4.6.8 IT Service Continuity Management

Die Service Operation Funktionen sind für das Testen und Ausführen von System- und Servicewiederherstellungsplänen verantwortlich, wie in den IT Service Continuity Plänen für die Organisation festgelegt. Außerdem müssen Manager aller Service Operation Funktionen Mitglieder des zentralen Business Continuity Koordinationsteams sein.

Dies wird ausführlich in den Publikationen Service Strategy und Service Design erläutert und an dieser Stelle nicht näher behandelt. Wichtig ist jedoch zu erwähnen, dass die Service Operation Funktionen in folgende Bereiche eingebunden werden müssen:

- Risikobewertung – Einbeziehung der Kenntnisse über Infrastruktur und Techniken wie CFIA und Zugriff auf Informationen im CMS zur Identifizierung von Single Points of Failure oder anderer Hochrisikosituationen
- Ausführung von vereinbarten Risikomanagementmaßnahmen, z. B. Implementierung von Gegenmaßnahmen, oder erhöhte Ausfallsicherheit für Infrastrukturkomponenten
- Unterstützung beim Ausarbeiten der Wiederherstellungspläne für Systeme und Services, die der Kontrolle der Service Operation unterliegen
- Mitwirkung beim regelmäßigen Testen von Plänen (z. B. Einbeziehung in extern ausgeführte Tests, Simulationen usw.) unter der Leitung des IT Service Continuity Manager (ITSCM)
- Kontinuierliche Verwaltung der Pläne unter der Kontrolle des ITSCM und Change Management
- Teilnahme an Schulungen und Kampagnen zur Bewusstseinsbildung, damit die zuständigen Mitarbeiter in der Lage sind, die Pläne auszuführen, und wissen, welche Rolle sie bei einer Katastrophe ausüben müssen
- Der Service Desk spielt in einer Katastrophensituation eine Schlüsselrolle beim Informationsaustausch mit Mitarbeitern, Kunden und Anwendern

Allgemeine Service Operation Aktivitäten

5

5 Allgemeine Service Operation Aktivitäten

In Kapitel 4 wurden die Prozesse behandelt, die für eine effektive Service Operation erforderlich sind, und in Kapitel 6 werden die organisatorischen Aspekte näher erläutert. Der Schwerpunkt dieses Kapitels liegt auf einer Reihe operativer Aktivitäten, die dafür sorgen, dass die Technologie auf die gesamten Service- und Prozessziele ausgerichtet ist. Diese Aktivitäten werden manchmal als Prozesse beschrieben, sind aber tatsächlich spezielle technische Aktivitäten, die eine effektive und effiziente Technologie zur Bereitstellung und zum Support von Services sicherstellen sollen.

Welche Technologie im Einzelfall zum Einsatz kommt, hängt von der Art des bereitgestellten Service ab. Diese Publikation ist schwerpunktmäßig auf die für das Management der IT erforderlichen Aktivitäten ausgerichtet.

Wichtiger Hinweis zum Technologiemanagement

Organisationen neigen dazu, das Management von Services getrennt vom Management der Infrastruktur zu betrachten, die zur Bereitstellung der Services erforderlich ist.

In der Praxis ist es jedoch unmöglich, qualitativ hochwertige Services anzubieten, ohne den jeweiligen Technologiegrad (und die für das Technologiemanagement verantwortlichen Personen) auf eine Linie mit den bereitgestellten Services zu bringen und entsprechend darauf auszurichten. Das Service Management wird von Personen, Prozessen und Technologie getragen.

Das bedeutet, dass die allgemeinen Service Operation Aktivitäten nicht auf das Management der Technologie und eine darauf basierende gute Technologie-Performance ausgerichtet sind, sondern auf die Abstimmung der Technologie mit Personen und Prozessen, um die gesetzten Service- und Business-Ziele zu erreichen. Beispiele für das Technologiemanagement in einer Organisation mit hohem Reifegrad finden Sie in Abbildung 5.1.

In Abbildung 5.1 werden die Schritte des Reifeprozesses von einer technologiezentrierten Organisation zu einer Organisation veranschaulicht, die Technologie zur Optimierung ihrer Business-Strategie nutzt.

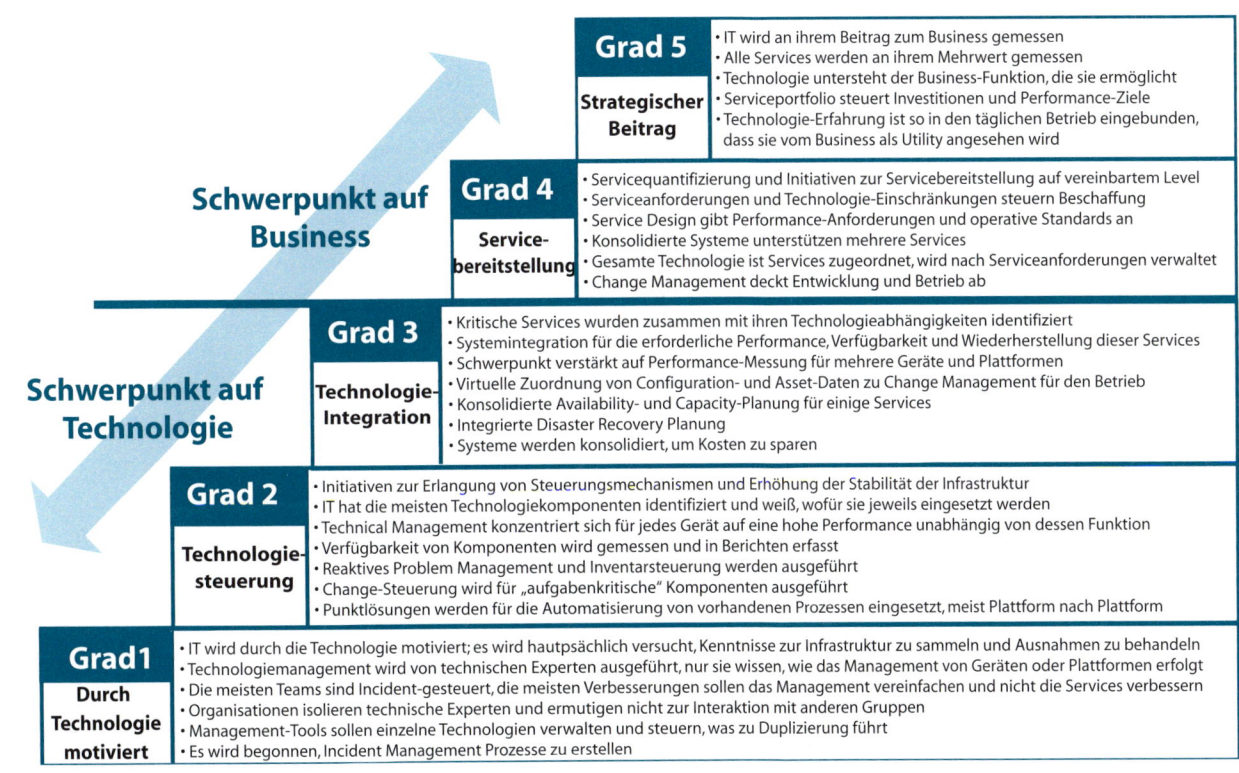

Grad 5 – Strategischer Beitrag
- IT wird an ihrem Beitrag zum Business gemessen
- Alle Services werden an ihrem Mehrwert gemessen
- Technologie untersteht der Business-Funktion, die sie ermöglicht
- Serviceportfolio steuert Investitionen und Performance-Ziele
- Technologie-Erfahrung ist so in den täglichen Betrieb eingebunden, dass sie vom Business als Utility angesehen wird

Grad 4 – Servicebereitstellung
- Servicequantifizierung und Initiativen zur Servicebereitstellung auf vereinbartem Level
- Serviceanforderungen und Technologie-Einschränkungen steuern Beschaffung
- Service Design gibt Performance-Anforderungen und operative Standards an
- Konsolidierte Systeme unterstützen mehrere Services
- Gesamte Technologie ist Services zugeordnet, wird nach Serviceanforderungen verwaltet
- Change Management deckt Entwicklung und Betrieb ab

Grad 3 – Technologie-Integration
- Kritische Services wurden zusammen mit ihren Technologieabhängigkeiten identifiziert
- Systemintegration für die erforderliche Performance, Verfügbarkeit und Wiederherstellung dieser Services
- Schwerpunkt verstärkt auf Performance-Messung für mehrere Geräte und Plattformen
- Virtuelle Zuordnung von Configuration- und Asset-Daten zu Change Management für den Betrieb
- Konsolidierte Availability- und Capacity-Planung für einige Services
- Integrierte Disaster Recovery Planung
- Systeme werden konsolidiert, um Kosten zu sparen

Grad 2 – Technologiesteuerung
- Initiativen zur Erlangung von Steuerungsmechanismen und Erhöhung der Stabilität der Infrastruktur
- IT hat die meisten Technologiekomponenten identifiziert und weiß, wofür sie jeweils eingesetzt werden
- Technical Management konzentriert sich für jedes Gerät auf eine hohe Performance unabhängig von dessen Funktion
- Verfügbarkeit von Komponenten wird gemessen und in Berichten erfasst
- Reaktives Problem Management und Inventarsteuerung werden ausgeführt
- Change-Steuerung wird für „aufgabenkritische" Komponenten ausgeführt
- Punktlösungen werden für die Automatisierung von vorhandenen Prozessen eingesetzt, meist Plattform nach Plattform

Grad 1 – Durch Technologie motiviert
- IT wird durch die Technologie motiviert; es wird hauptsächlich versucht, Kenntnisse zur Infrastruktur zu sammeln und Ausnahmen zu behandeln
- Technologiemanagement wird von technischen Experten ausgeführt, nur sie wissen, wie das Management von Geräten oder Plattformen erfolgt
- Die meisten Teams sind Incident-gesteuert, die meisten Verbesserungen sollen das Management vereinfachen und nicht die Services verbessern
- Organisationen isolieren technische Experten und ermutigen nicht zur Interaktion mit anderen Gruppen
- Management-Tools sollen einzelne Technologien verwalten und steuern, was zu Duplizierung führt
- Es wird begonnen, Incident Management Prozesse zu erstellen

Abbildung 5.1 – Erreichen eines hohen Reifegrads im Technologiemanagement

Außerdem wird die Rolle des Technologiemanagers in Organisationen mit unterschiedlichen Reifegraden dargestellt. Das Diagramm erhebt keinen Anspruch auf Vollständigkeit, bietet jedoch Beispiele für das Management von Technologie in verschiedenen Arten von Organisationen. Der hervorgehobene Text unterhalb der Reifegradangaben gibt die Rolle an, die die IT beim Technologiemanagement spielt. Der Zeilentext beschreibt die Eigenschaften einer IT-Abteilung für jeden Reifegrad.

Zweck des Diagramms in diesem Kapitel:

- Das Diagramm ist schwerpunktmäßig auf Technical Management Aktivitäten ausgerichtet, die jedoch nicht einzeln dargestellt werden können. Eine Organisation mit niedrigerem Reifegrad neigt dazu, diese Aktivitäten als Ziel zu betrachten statt als wichtige Methoden auf dem Weg zum Ziel. Eine Organisation mit höherem Reifegrad hingegen wird diese Aktivitäten übergeordneten Service Management Zielen unterordnen. Beispiel: Das Server Management Team entwickelt sich weg von einer isolierten Abteilung, die sich ausschließlich um das Management von Servern kümmert, hin zu einem Team, das eng mit anderen Technologiemanagern zusammenarbeitet, um seinen Wert für das Business zu steigern.
- Es soll herausgestellt werden, dass es keinen „einzig richtigen Weg" für die Gruppierung und Organisation von Abteilungen zur Durchführung dieser Services gibt. Die Überschriften in diesem Kapitel könnten als Abteilungsnamen verstanden werden, was jedoch nicht der Fall ist. Zielsetzung dieses Kapitels ist es, die typisch technischen Aktivitäten der Service Operation zu identifizieren. Organisatorische Aspekte werden in Kapitel 6 erläutert.
- Die im übrigen Kapitel beschriebenen Service Operation Aktivitäten sind nicht typisch für einzelne Reifegrade. Vielmehr sind sie in der einen oder anderen Form in allen Reifegraden vorhanden und werden nur je nach Grad unterschiedlich organisiert, verwaltet und gesteuert.

In einigen Fällen kann eine Gruppe alle Prozesse oder Aktivitäten bewältigen, während in anderen Fällen Prozesse oder Aktivitäten gemeinsam ausgeführt oder auf die Gruppen verteilt werden können. Anhand weitreichender Leitlinien werden in den folgenden Abschnitten unter den funktionalen Gruppen die Aktivitäten aufgelistet, an denen sie voraussichtlich beteiligt sind. Das bedeutet nicht, dass sich alle Organisationen an diese Aufteilung halten müssen. Kleinere Organisationen weisen diese Aktivitäten eher gruppenweise einzelnen Abteilungen oder Personen zu (falls überhaupt erforderlich).

Zweck dieses Kapitels ist nicht, eine ausführliche Analyse aller Aktivitäten anzugeben. Diese Aktivitäten weisen einen hohen Spezialisierungsgrad auf, für die von den Plattformanbietern ausführliche Leitlinien und zusätzliche technische Anweisungen zur Verfügung gestellt werden. Mit der Weiterentwicklung der Technologie bilden sich nach und nach neue Kategorien heraus. Zielsetzung dieses Kapitels ist es lediglich, die Bedeutung und Art des Technologiemanagements für das Service Management im IT-Kontext aufzuzeigen.

5.1 MONITORING UND STEUERUNG

Die Messung und Steuerung von Services basiert auf einem kontinuierlichen Zyklus aus Monitoring, Berichterstattung und nachfolgend eingeleiteten Maßnahmen. Dieser Zyklus wird in diesem Abschnitt näher erläutert, da er für die Bereitstellung, den Support und die Verbesserung von Services von grundlegender Bedeutung ist.

Dabei ist zu beachten, dass der Zyklus zwar Teil der Service Operation ist, er aber auch die Basis für die angewendete Strategie, die Konzeption und Tests von Services und die Erreichung bedeutender Verbesserungen darstellt. Außerdem ist er die Basis für SLM-Messungen und sollte daher nicht unter rein operativen Gesichtspunkten betrachtet werden, auch wenn ein Monitoring von Service Operation Funktionen durchgeführt wird. In allen Phasen des Servicelebenszyklus sollten Messungen und Steuerungen klar definiert, ausgeführt und entsprechend gehandelt werden.

5.1.1 Definitionen

> Als Monitoring wird die Beobachtung einer Situation bezeichnet, um Veränderungen zu erkennen, die sich im Laufe der Zeit ergeben.

Im Zusammenhang mit der Service Operation sind folgende Aspekte zu beachten:

- Einsatz von Tools zum Monitoring des Status von wichtigen CIs und operativen Aktivitäten
- Überprüfung der Einhaltung der angegebenen Bedingungen und bei Nichteinhaltung Auslösung eines Alarms (z. B. Verfügbarkeit wichtiger Netzwerkgeräte)

- Überprüfung der Performance oder Auslastung einer Komponente oder eines Systems innerhalb eines festgelegten Bereichs (z. B. Festplatten- oder Arbeitsspeicherauslastung)
- Aufdeckung anormaler Typen oder Ebenen von Aktivitäten in der Infrastruktur (z. B. potenzielle Sicherheitsbedrohungen)
- Aufdeckung nicht autorisierter Changes (z. B. Einführung von Software)
- Einhaltung der in der Organisation geltenden Richtlinien (z. B. unrechtmäßige Nutzung von E-Mail)
- Verfolgung und Überprüfung von Output für das Business im Hinblick auf die Einhaltung der Qualitäts- und Performance-Anforderungen
- Verfolgung aller Informationen, die zur Messung der Key Performance Indicators (KPIs) dienen

> Die Berichte beziehen sich auf die Analyse, Erstellung und Verteilung des Ergebnisses der Monitoring-Aktivität.

Im Zusammenhang mit der Service Operation sind folgende Aspekte zu beachten:

- Einsatz von Tools zur Zusammenstellung des Outputs von Monitoring-Informationen, die verschiedenen Gruppen, Funktionen oder Prozessen zugeführt werden können
- Interpretation der Bedeutung dieser Informationen
- Entscheidung über die optimale Nutzung dieser Informationen
- Sicherstellung, dass Entscheidungsträger Zugriff auf diese Informationen haben, um entsprechende Entscheidungen treffen zu können
- Weiterleitung der berichteten Informationen an die geeigneten Personen, Gruppen oder Tools

> Als Steuerung wird das Management der Nutzung oder Verhaltensweise eines Geräts, Systems oder Service bezeichnet. Hierbei ist zu beachten, dass die Handhabung eines Geräts nicht mit dessen Steuerung gleichzusetzen ist. Bei der Steuerung müssen drei Bedingungen erfüllt werden:
> - Die eingeleitete Maßnahme muss mit einem definierten Standard oder einer entsprechenden Norm konform gehen.
> - Die Bedingungen, die die Maßnahme veranlassen, müssen definiert, nachvollziehbar und bestätigt sein.
> - Die Maßnahme muss definiert, genehmigt und für diese Bedingungen angemessen sein.

Im Zusammenhang mit der Service Operation sind bei der Steuerung folgende Aspekte zu beachten:

- Einsatz von Tools zur Definition der Bedingungen für normale oder anormale Betriebsabläufe
- Regulierung der Performance von Geräten, Systemen oder Services
- Verfügbarkeit von Messgrößen
- Durchführung korrigierender Maßnahmen, die automatisch (z. B. Fernneustart eines Geräts oder Ausführung eines Skripts) oder manuell (z. B. Benachrichtigung der operativen Mitarbeiter über den Status) initiiert sein können

5.1.2 Monitor Control Loops

Die Steuerung wird am häufigsten mithilfe des Monitor Control Loop (Überwachungs-/Steuerungskreislauf) definiert. Obwohl es sich dabei um ein einfaches Modell handelt, umfasst er viele komplexe Anwendungen innerhalb des IT Service Management. Im folgenden Abschnitt werden die grundlegenden Konzepte des Monitor Control Loop Modells beschrieben, und nachfolgend wird die Bedeutung dieser Konzepte für den Service Management Lebenszyklus erläutert.

Abbildung 5.2 bietet einen Überblick über die grundlegenden Prinzipien der Steuerung. Eine einzelne Aktivität oder ihr Output werden anhand einer vordefinierten Norm oder eines entsprechenden Standards gemessen, um festzustellen, ob ihre

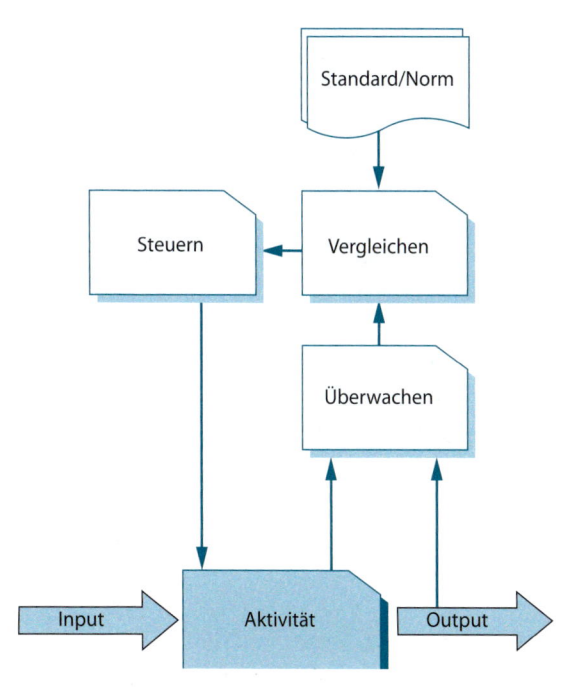

Abbildung 5.2 – Der Monitor Control Loop

Performance oder Qualität innerhalb eines akzeptablen Bereichs liegt. Ist dies nicht der Fall, werden Maßnahmen ergriffen, um die Situation zu verbessern, oder die normale Performance wiederherzustellen.

In der Regel gibt es zwei Arten von Monitor Control Loops:

- **Systeme mit offenem Kreislauf** sind so konzipiert, dass sie unabhängig von Umgebungsbedingungen eine bestimmte Aktivität ausführen. Ein Backup kann beispielsweise zu einem bestimmten Zeitpunkt und in einer bestimmten Häufigkeit initiiert und unabhängig von anderen Bedingungen ausgeführt werden.
- **Systeme mit geschlossenem Kreislauf** überwachen eine Umgebung und reagieren auf Änderungen in dieser Umgebung. Bei einem Netzwerklastausgleich wird beispielsweise der Netzwerkverkehr in einer Leitung von einem Monitor evaluiert. Wenn der Netzwerkverkehr einen bestimmten Bereich überschreitet, beginnt das Steuerungssystem den Verkehr über eine Backup-Leitung umzuleiten. Der Monitor gibt weiterhin Feedback an das Steuerungssystem weiter, das den Verkehrsfluss im Netzwerk zwischen den beiden Leitungen reguliert.

Der Unterschied zwischen den beiden Kreisläufen kann auch anhand dieses Beispiels veranschaulicht werden: Die Lösung von Capacity Management Problemen durch die Bereitstellung von Überkapazitäten ist ein System mit offenem Kreislauf, während der Einsatz eines Lastausgleichsgeräts zur Ermittlung von Über- und Unterkapazitäten und deren Umleitung ein System mit geschlossenem Kreislauf darstellt.

5.1.2.1 Komplexer Monitor Control Loop

Der Monitor Control Loop in Abbildung 5.2 veranschaulicht die Funktionsweise im Operations Management, im Kontext von ITSM stellt sich die Situation jedoch viel komplexer dar. In Abbildung 5.3 wird ein Prozess dargestellt, der aus drei Hauptaktivitäten besteht. Jeder davon hat einen Input und einen Output, wobei der Output den Input für die nächste Aktivität darstellt.

In diesem Diagramm wird jede Aktivität durch ihren eigenen Monitor Control Loop gesteuert, wobei für die jeweilige Aktivität eine Reihe von Normen verwendet wird. Der Prozess als Ganzes hat seinen eigenen Monitor Control Loop, der alle Aktivitäten abdeckt und dafür sorgt, dass alle Normen angemessen sind und eingehalten werden.

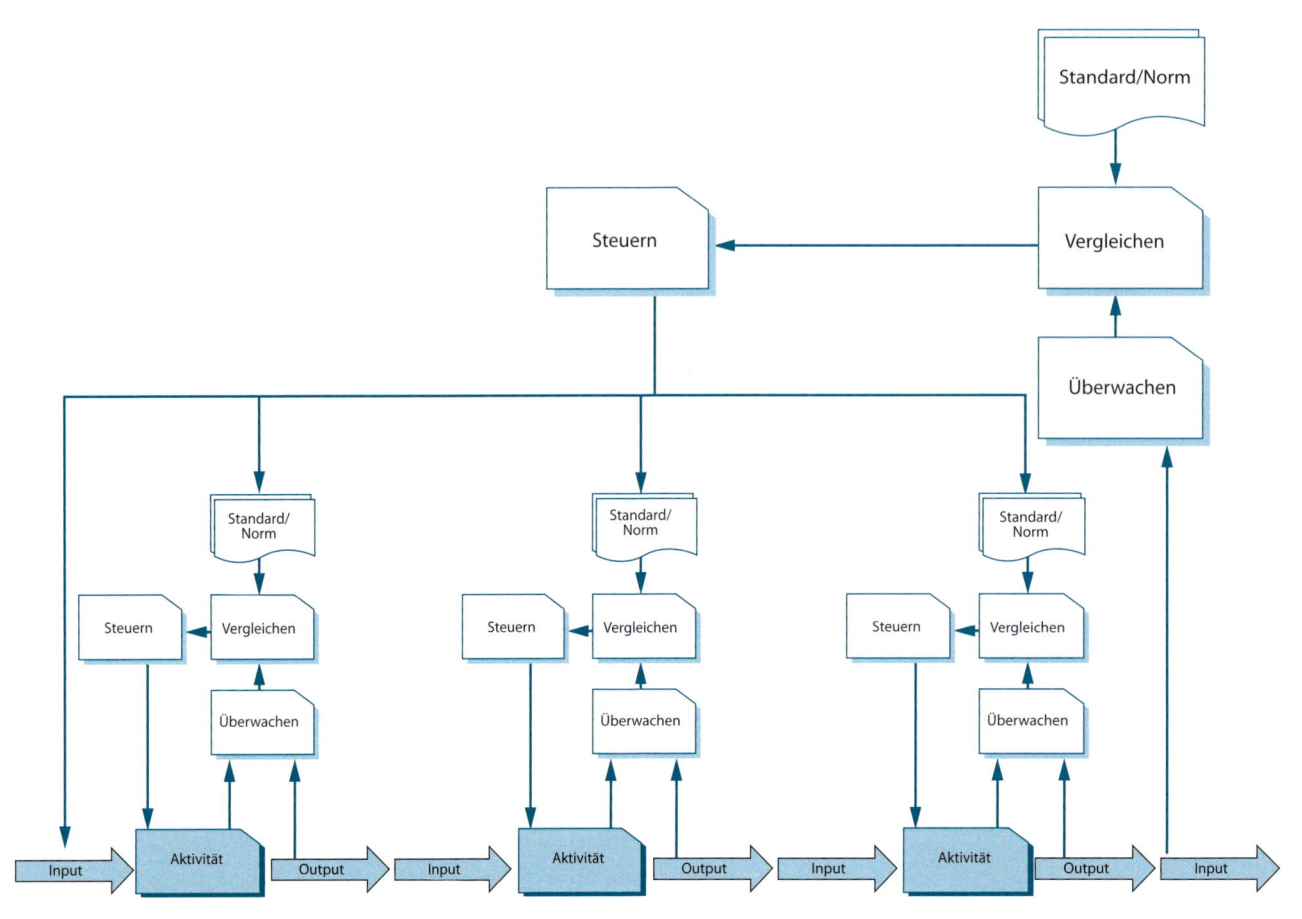

Abbildung 5.3 – Komplexer Monitor Control Loop

In Abbildung 5.3 ist ein doppelter Feedback-Kreislauf dargestellt. Ein Kreislauf richtet sich ausschließlich nach einem definierten Standard, der zweite evaluiert die Performance des Prozesses und die Standards, nach denen der Prozess ausgeführt wird. Der erste Satz an Feedback-Kreislaufsystemen unten im Diagramm könnte beispielsweise die einzelnen Stationen einer Fertigungslinie und der obere Kreislauf die Qualitätssicherung darstellen.

Der komplexe Monitor Control Loop ist ein gutes organisatorisches Lern-Tool (gemäß Definition von Chris Argyris in *Increasing Leadership Effectiveness*, 1976, New York: Wiley). Die erste Feedback-Ebene für eine einzelne Aktivität befasst sich mit dem Monitoring und der Reaktion auf Daten (einzelne Fakten, Codes oder Informationen), während sich die zweite Ebene mit dem Monitoring und der Reaktion auf Informationen beschäftigt (eine Sammlung mehrerer Fakten, aus denen eine Schlussfolgerung gezogen werden kann). Ausführliche Erläuterungen zu Daten, Informationen, Wissen und Erfahrung finden Sie im Band Service Transition.

All diese Erläuterungen stellen eine interessante Theorie dar, erklären jedoch nicht, wie das Konzept des Monitor Control Loop zum Betrieb von IT Services genutzt werden kann. Insbesondere stellt sich die Frage, wer die Normen festlegt. Anhand der bisherigen Erläuterungen können Monitor Control Loops für folgende Aspekte verwendet werden:

- **Performance der Aktivitäten innerhalb eines Prozesses oder Verfahrens:** Jede Aktivität mit ihrem Output ist potenziell messbar, um mit dem Prozess einhergehende Probleme festzustellen, bevor der Prozess als Ganzes beendet ist. Beim Incident Management überwacht der Service Desk beispielsweise, ob das technische Team einen Incident innerhalb eines bestimmten Zeitraums angenommen hat. Ist dies nicht der Fall, wird der Incident eskaliert. Dies geschieht weit vor Erreichen der Ziellösungszeit für den Incident, da durch eine Eskalation sichergestellt werden soll, dass der Prozess als Ganzes rechtzeitig beendet wird.
- **Effektivität eines Prozesses oder Verfahrens als Ganzes:** In diesem Fall repräsentiert eine Aktivität den gesamten Prozess als alleinige Einheit. Das Change Management misst beispielsweise den Erfolg eines Prozesses, indem es feststellt, ob ein Change gemäß festgelegtem Zeitrahmen, Spezifikation und Budget implementiert wurde.
- **Performance eines Geräts:** Hierbei könnte die Aktivität die Antwortzeit eines Servers bei einer bestimmten Auslastung repräsentieren.
- **Performance mehrerer Geräte:** Ein Beispiel hierfür ist die Antwortzeit einer Anwendung in einem Netzwerk.

Um das Konzept von Monitor Control Loops beim Service Management festzulegen, müssen folgende Fragen beantwortet werden:

- Wie wird festgelegt, was überwacht werden muss?
- Welche Grenzwerte sind dafür angemessen?
- Wie läuft das Monitoring ab (manuell oder automatisch)?
- Wie gestaltet sich der normale Betrieb?
- Welche Abhängigkeiten bestehen bei einem normalen Betrieb?
- Was geschieht, bevor Input zur Verfügung steht?
- Wie oft sollte eine Messung vorgenommen werden?
- Sollte eine aktive Messung durchgeführt werden, um festzustellen, ob die Norm eingehalten wird, oder sollte eine Ausnahme abgewartet werden (passive Messung)?
- Führt allein das Operations Management das Monitoring durch?
- Wie sind die anderen Monitoring-Instanzen in Bezug auf das Operations Management?
- Welche Prozesse sind bei mehreren Kreisläufen für jeden einzelnen verantwortlich?

In den folgenden Abschnitten wird das Konzept von Monitor Control Loops noch eingehender erläutert und werden Antworten auf diese Fragen gegeben.

5.1.2.2 Der ITSM Monitor Control Loop

Beim ITSM kann der komplexe Monitor Control Loop wie in Abbildung 5.4 dargestellt werden.

In Abbildung 5.4 wird die Steuerung des zur Bereitstellung eines Service verwendeten Prozesses oder der Komponenten veranschaulicht. In diesem Diagramm bezieht sich der Begriff „Aktivität" auf einen Prozess. Bezieht sich eine Aktivität auf einen Service, kann es sich auch um ein CI handeln. In Abbildung 5.4 ist eine Reihe wichtiger Funktionen dargestellt:

- Jede Aktivität in einem Service Management Prozess (oder jede zur Bereitstellung eines Service verwendete Komponente) wird im Rahmen der Service Operation Prozesse überwacht. Das für jede Aktivität oder Komponente verantwortliche operative Team oder die entsprechende Abteilung wendet den Monitor Control Loop gemäß Prozessdefinition und mit den

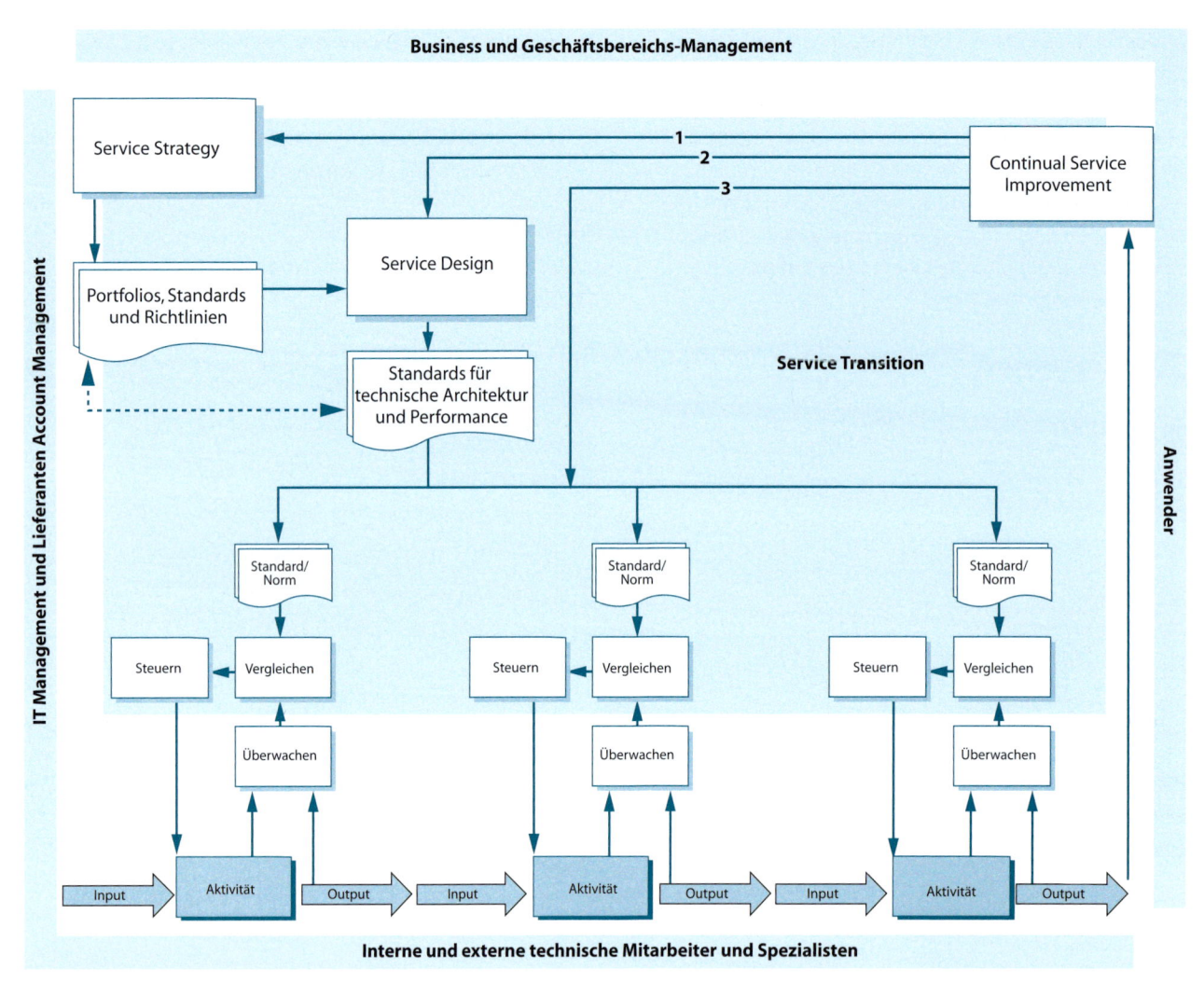

Abbildung 5.4 – ITSM Monitor Control Loop

im Rahmen der Service Design Prozesse definierten Normen an. Die Rolle von operativen Monitoring- und Steuerungssystemen besteht in der Sicherstellung, dass der Prozess oder Service wie vorgegeben funktioniert. Ihre Aufgabe besteht in erster Linie darin, den Status quo aufrechtzuerhalten.

- Die Normen und die Monitoring- und Steuerungsmechanismen werden im Service Design definiert, basieren jedoch auf den in der Service Strategy festgelegten Standards und Architekturen. Jede Änderung an der Service Strategy einer Organisation, an Architekturen, Serviceportfolios oder Service Level Anforderungen führt zu Änderungen an den Elementen, die überwacht werden, und daran, wie diese gesteuert werden.
- Monitor Control Loops sind im Gesamtkontext der Organisation zu betrachten. Das bedeutet, dass die Service Strategy in erster Linie in den Verantwortlichkeitsbereich von Business- und IT-Führungskräften fällt, die auf Anbieterseite von Account Managern unterstützt werden. Das Service Design fungiert als Brücke zwischen der Service Strategy und der Service Operation und bezieht normalerweise Vertreter aus allen Gruppen mit ein. Für Aktivitäten und Steuerungsmaßnahmen sind in der Regel IT-Mitarbeiter zuständig (manchmal auch unter Beteiligung von Anwendern), die wiederum von IT-Managern und Anbietern unterstützt werden. Die Serviceverbesserung deckt alle Bereiche ab, wobei die Interessen von Business und Anwendern im Vordergrund stehen.
- Die zweite Monitoring-Ebene dieses komplexen Monitor Control Loop wird von CSI-Prozessen in der Service Strategy und Service Design Phase durchgeführt. Die entsprechenden Beziehungen sind anhand der nummerierten Pfeile in Abbildung 5.4 folgendermaßen dargestellt:

- **Pfeil 1**: In diesem Fall hat das CSI erkannt, dass der Service durch einen Change an der Service Strategy verbessert werden kann. Grund dafür könnte sein, dass das Business ein geändertes Serviceportfolio benötigt oder dass die Architektur nicht den Erwartungen entspricht.
- **Pfeil 2**: In diesem Fall müssen die Service Level Anforderungen korrigiert werden. Dafür kann es folgende Gründe geben: Der Service ist zu kostspielig, die Konfiguration der Infrastruktur muss geändert werden, um die Performance zu steigern, oder das Operations Management ist bei der aktuellen Architektur nicht in der Lage, die geforderte Servicequalität aufrechtzuerhalten.
- **Pfeil 3**: In diesem Fall werden die beim Service Design festgelegten Normen nicht eingehalten. Grund dafür kann sein, dass die Normen nicht angemessen bzw. ausführbar sind oder keine ausreichende Schulung oder Kommunikation stattgefunden hat. Die Normen und die Gründe für ihre Nichteinhaltung müssen untersucht und Maßnahmen zur Verbesserung der Situation ergriffen werden.

Die Service Transition bietet wichtige Prüf- und Ausgleichsmöglichkeiten für diese Prozesse:

- Bei **neuen** Services sorgt die Service Transition dafür, dass die technischen Architekturen angemessen und die operativen Performance-Standards ausführbar sind. Damit wird wiederum sichergestellt, dass Service Operation Teams oder Abteilungen die Service Level Anforderungen einhalten können.
- Bei **bestehenden** Services verwaltet und steuert das Change Management alle durch eine Steuerung (z. B. Tuning) bedingten Changes und alle durch die Pfeile 1, 2 und 3 dargestellten Changes. Obwohl die Service Transition an sich keine Strategie definiert und Services konzipiert, sorgt sie für deren Koordination und dafür, dass die Services zum aktuellen Zeitpunkt und auch zukünftig plangemäß funktionieren.

> **Warum wird dieser Kreislauf in der Publikation Service Operation behandelt?**
>
> In Abbildung 5.4 werden Monitoring und Steuerung für das gesamte IT Service Management dargestellt. Einige Leser der Publikation Service Operation sind vielleicht der Meinung, dass das Thema im Rahmen der Service Strategy behandelt werden sollte.
>
> Monitoring und Steuerung können jedoch nur dann effektiv sein, wenn der Service in Betrieb ist. Das bedeutet, dass die Qualität sämtlicher IT Service Management Prozesse vom Monitoring und von der Steuerung in der Service Operation abhängt.
>
> Daraus ergeben sich folgende Schlussfolgerungen:
>
> - Service Operation Mitarbeiter sind nicht die einzigen, die daran interessiert sind, was überwacht wird und wie die Steuerung dafür abläuft.
> - Beim Monitoring und bei der Steuerung von Services und Komponenten fungieren die Service Operation Mitarbeiter als Verwalter eines wesentlichen Teils der ITSM-Monitoring- und Steuerungskreisläufe.
> - Wenn Service Operation Mitarbeiter Monitoring- und Steuerungsverfahren isoliert von anderen Bereichen definieren und ausführen, ist keiner der Service Management Prozesse oder Funktionen voll effektiv. Dann können die Service Operation Funktionen nicht die Prioritäts- und Informationsanforderungen der anderen Prozesse unterstützen, wie z. B. bei dem Versuch, ein SLA auszuhandeln, wenn die einzig verfügbaren Daten die Seitenaustauschraten auf einem Server und Details zur Bandbreitenauslastung eines Netzwerks sind.

5.1.2.3 Was muss überwacht werden?

Was überwacht werden muss, hängt von dem gewünschten Ergebnis eines Prozesses, Geräts oder Systems ab. Der Schwerpunkt der IT sollte auf dem Service und seinen Auswirkungen auf das Business und nicht auf den einzelnen Technologiekomponenten liegen. Die erste zu beantwortende Frage lautet: „Was soll erreicht werden?".

5.1.2.4 Internes und externes Monitoring und Steuerung

Es existieren zwei Monitoring-Ebenen:

- **Internes Monitoring- und Steuerung:** Die meisten Teams oder Abteilungen sind damit beschäftigt, die ihnen zugewiesenen Aufgaben effektiv und effizient auszuführen. Sie überwachen die Elemente und Aktivitäten, die direkt von ihnen gesteuert werden. Bei dieser Art von Monitoring und Steuerung liegt der Schwerpunkt auf Aktivitäten, die nur für das Team oder die Abteilung relevant sind. Der Service Desk

Manager überwacht beispielsweise das Aufkommen von Anrufen, um festzulegen, wie viel Personal zur Bearbeitung der Anrufe verfügbar sein muss.

- **Externes Monitoring- und Steuerung:** Obwohl jedes Team/jede Abteilung für seinen/ihren eigenen Bereich verantwortlich ist, agieren die Mitarbeiter nicht völlig unabhängig voneinander. Jede Aufgabe, die sie ausführen, oder jedes Gerät, das sie verwalten und steuern, hat Auswirkungen auf den Erfolg der Organisation als Ganzes. Jedes Team oder jede Abteilung steuert auch Elemente und Aktivitäten für andere Gruppen, Prozesse oder Funktionen. Beispielsweise überwacht das Server Management Team die CPU-Performance von Schlüsselservern und sorgt für eine ausgeglichene Auslastung, damit sich die Performance einer kritischen Anwendung innerhalb der vom Application Management festgelegten Grenzwerte bewegt.

Die Unterscheidung zwischen internem und externem Monitoring ist sehr wichtig. Wenn sich die Service Operation nur auf ein internes Monitoring konzentriert, kann sie sich auf eine gut verwaltete und gesteuerte Infrastruktur stützen, erkennt jedoch nicht die Qualität von Services und kann keinen Einfluss darauf nehmen. Ist die Service Operation hingegen nur auf externes Monitoring ausgerichtet, ist sie zwar in der Lage, die schlechte Servicequalität zu erkennen, hat aber keine Ahnung, worin die Ursachen dafür liegen und wie dies geändert werden kann.

In der Praxis wenden die meisten Organisationen internes und externes Monitoring an, die aber in vielen Fällen nicht miteinander verbunden sind. Beispielsweise weiß das Server Management Team ganz genau, wie gut die Server-Performance ist, und der Service Level Manager ist genau darüber informiert, wie die Anwender die Qualität der von den Servern bereitgestellten Services wahrnehmen. Keiner weiß allerdings, wie die Messgrößen miteinander in Zusammenhang gebracht werden müssen, um festlegen zu können, welcher Level an Server-Performance für eine gute Servicequalität steht. Diese Situation wird noch schwieriger, wenn die Server-Performance in der Mitte des Monats noch in Ordnung, am Monatsende jedoch nicht mehr akzeptabel ist.

5.1.2.5 Definieren von Zielen für Monitoring und Steuerung

Viele Organisationen stellen sich zunächst die Frage: „Was muss verwaltet und gesteuert werden?". Diese Frage führt direkt zu einem stabilen internen Monitoring-System, hat jedoch nur wenig Bezug zum tatsächlichen Ergebnis oder zum Service, der vom Business gefordert wird.

Viel aussagekräftiger ist die Frage: „Zu welchem Endergebnis führen die Aktivitäten und Ausrüstung, die mein Team verwaltet und steuert?" Um festzulegen, was überwacht werden muss, sollte daher zunächst das erforderliche Ergebnis bestimmt werden.

Die Definition der Monitoring- und Steuerungsziele sollte idealerweise mit der Definition der Service Level Anforderungsdokumente beginnen (siehe Publikation Service Design). In diesen wird festgelegt, wie Kunden und Anwender die Performance eines Service messen. Diese Informationen dienen als Input für die Service Design Prozesse. In der Service Design Phase bestimmen verschiedene Prozesse, wie der Service bereitgestellt, verwaltet und gesteuert wird. Das Capacity Management ermittelt beispielsweise die geeignetste, kostengünstigste Methode zur Bereitstellung der erforderlichen Performance Level. Das Availability Management bestimmt, wie die Infrastruktur konfiguriert werden kann, damit es möglichst wenig Fehlerstellen gibt.

Wenn Zweifel an der Angemessenheit oder Vollständigkeit der Ziele bestehen, kann das COBIT-Framework eine umfassende Checkliste mit allen wesentlichen Zielen bereitstellen. Weitere Informationen zu COBIT finden Sie in Anhang A dieser Publikation.

Die an den Service Design Prozess beteiligten Mitarbeiter helfen bei der Identifizierung der Inputs, die zur Definition der operativen Monitoring- und Steuerungsnormen und -mechanismen benötigt werden:

- Sie arbeiten mit Kunden und Anwendern zusammen, um zu bestimmen, wie das Ergebnis des Service gemessen wird. Die Überlegungen umfassen Messmechanismen, -häufigkeit und -stichproben. Dieser Bereich des Service Design konzentriert sich speziell auf die funktionalen Anforderungen.
- Sie identifizieren alle wichtigen CIs und legen fest, wie sie konfiguriert werden sollen und welche Level an Performance und Verfügbarkeit erforderlich sind, um die vereinbarten Service Level zu erreichen.
- Sie arbeiten mit den Entwicklern und Anbietern der für jeden Service relevanten CIs zusammen, um Einschränkungen hinsichtlich der Komponenten zu identifizieren.
- Alle Support- und Bereitstellungsteams und -abteilungen müssen die Informationen herausfiltern, die sie zur effektiven Ausübung ihrer Rollen benötigen. Aufgabe des Service Design und der Entwicklung ist es, jeden Service zu instrumentieren, damit er überwacht werden kann und die entsprechenden Informationen liefert oder relevante Events generiert.

All diese Punkte machen deutlich, dass bei der Festlegung dessen, was die Service Operation überwacht und wie sie diese Elemente steuert, die Identifizierung der Stakeholder für jeden Service von zentraler Bedeutung ist.

Stakeholder sind Personen, die ein Interesse an der erfolgreichen Bereitstellung und Akzeptanz von IT Services haben. Jeder Stakeholder sieht die Erfordernisse bei der Bereitstellung oder Akzeptanz eines IT Service aus einer anderen Perspektive. Für die Service Operation muss jede Perspektive nachvollziehbar sein, damit sie präzise festlegen kann, was überwacht werden muss und wie mit dem Ergebnis verfahren werden soll.

Um genau bestimmen zu können, wer diese Stakeholder sind und welchen Beitrag sie zum Service oder dessen Nutzung leisten, ist die Service Operation auf die Unterstützung des SLM angewiesen. Dieser Punkt wird in den Publikationen Service Design und Continual Service Improvement ausführlicher erläutert.

> **Hinweis zu den Zielen des internen und externen Monitoring**
>
> Das erforderliche Ergebnis kann innerhalb oder außerhalb der Service Operation Funktionen erreicht werden. Dabei ist jedoch auch stets zu beachten, dass eine interne Maßnahme oft zu einem externen Ergebnis führt. Beispielsweise kann die Konsolidierung von Servern für ein vereinfachtes Server-Management zu einer Kostenersparnis führen, die Auswirkungen auf den Verhandlungs- und Review-Zyklus des SLM und auf Financial Management Prozesse haben kann.

5.1.2.6 Monitoring-Typen

Es gibt viele verschiedene Typen von Monitoring-Tools und unterschiedliche Situationen, in denen sie eingesetzt werden. In diesem Abschnitt werden schwerpunktmäßig die verschiedenen Arten des Monitoring und der geeignete Zeitpunkt für ihren Einsatz behandelt.

Aktives Monitoring im Vergleich zum passiven Monitoring

- Das **aktive Monitoring** bezieht sich auf das kontinuierliche „Abfragen" eines Geräts oder Systems, um dessen Status zu bestimmen. Für diesen Monitoring-Typ können viele Ressourcen erforderlich sein. Er wird gewöhnlich nur beim proaktiven Monitoring der Verfügbarkeit kritischer Geräte oder Systeme oder als Diagnoseschritt beim Versuch der Lösung eines Incidents oder bei der Problemdiagnose eingesetzt.

- Das **passive Monitoring** ist weiter verbreitet und bezieht sich auf das Generieren und Übertragen von Events auf ein „Abhörgerät" oder einen Monitoring-Agent. Entscheidend für das passive Monitoring sind eine erfolgreiche Definition der Events und eine Instrumentierung des überwachten Systems (siehe Abschnitt 4.1).

Reaktiv im Vergleich zu proaktiv

- Das **reaktive Monitoring** dient zum Anfordern oder Anstoßen von Maßnahmen als Reaktion auf bestimmte Arten von Events oder Ausfällen. Eine Verschlechterung der Server-Performance kann beispielsweise einen Neustart und ein Systemausfall die Erstellung eines Incident auslösen. Reaktives Monitoring wird nicht nur bei Ausnahmen eingesetzt. Es kann auch bei normalen Betriebsabläufen angewendet werden. Ein Beispiel hierfür ist die erfolgreiche Ausführung eines Batchjobs, der das Planungssystem veranlasst, den nächsten Batchjob zu starten.

- Das **proaktive Monitoring** dient zum Erkennen von Event-Mustern, die darauf hindeuten, dass der Ausfall eines Systems oder Service bevorsteht. Es wird im Allgemeinen in Umgebungen mit einem höheren Reifegrad eingesetzt, in denen diese Muster bereits früher, oft auch mehrfach, erkannt wurden. Proaktive Monitoring-Tools bieten daher die Möglichkeit, die Erfahrung von IT-Mitarbeitern für Automatisierungszwecke zu nutzen, und werden oft während des proaktiven Problem Management Prozesses erstellt (siehe Continual Service Improvement Publikation).

Zu beachten ist, dass reaktives und proaktives Monitoring aktiv oder passiv sein können, wie in Tabelle 5.1 angegeben:

Kontinuierliche Messung im Vergleich zur ausnahmenbasierten Messung

- Die **kontinuierliche Messung** konzentriert sich auf das Monitoring eines Systems in Echtzeit, um die Einhaltung der Performance-Norm sicherzustellen (ein Anwendungsserver ist z. B. zu 99,9 % der vereinbarten Servicestunden verfügbar). Der Unterschied zwischen kontinuierlicher Messung und aktivem Monitoring ist der, dass das Monitoring nicht kontinuierlich sein muss. Wie das aktive Monitoring ist jedoch auch die kontinuierliche Messung ressourcenintensiv und wird in der Regel nur bei kritischen Komponenten oder Services eingesetzt. In den meisten Fällen

Tabelle 5.1 – Aktives und passives, reaktives und proaktives Monitoring

	Aktiv	Passiv
Reaktiv	Dient zur Erkennung des Geräts, das einen Ausfall verursacht, und der dafür verantwortlichen Bedingungen (z. B. „Ping"-Befehl für ein Gerät oder Ausführung und Verfolgung einer Beispieltransaktion über mehrere Geräte) Erfordert Kenntnisse zur Topografie der Infrastruktur und die Zuordnung von Services zu CIs	Erkennt und korreliert Event Records, um die Bedeutung der Events und angemessene Maßnahmen zu bestimmen (wenn sich z. B. ein Anwender dreimal mit dem falschen Passwort anmeldet, wird eine Sicherheitsausnahme generiert und mithilfe von Information Security Management Verfahren eskaliert) Erfordert detaillierte Kenntnisse vom normalen Betrieb der Infrastruktur und der Services
Proaktiv	Dient zur Bestimmung des Echtzeitstatus eines Geräts, Systems oder Service; gilt in der Regel für kritische Komponenten oder nach einem Ausfall reparierte Geräte, um sicherzustellen, dass sie wieder voll einsatzfähig sind (z. B. keine weiteren Incidents verursachen)	Event Records werden im Laufe der Zeit in Beziehung zueinander gesetzt, um Trends für das proaktive Problem Management zu ermitteln Muster von Events werden für eine zukünftige Wiedererkennung definiert und in Korrelations-Tools programmiert

überwiegen die Kosten für zusätzliche Bandbreite und Prozessorleistung den Nutzen einer kontinuierlichen Messung. Daher basiert das Monitoring gewöhnlich auf Stichproben und statistischen Analysen (die System-Performance wird z. B. alle 30 Sekunden berichtet und zur Ermittlung der gesamten Performance extrapoliert). In diesen Fällen muss die Messmethode in den OLAs dokumentiert und vereinbart werden, um sicherzustellen, dass sie die Service Reporting Anforderungen adäquat unterstützt (siehe Publikation Continual Service Improvement).

- Die **ausnahmenbasierte Messung** misst nicht die Echtzeit-Performance eines Service oder Systems; vielmehr basieren Erkennung und Berichterstattung auf Ausnahmen. Ein Event wird beispielsweise generiert, wenn eine Transaktion nicht abgeschlossen wird oder ein Performance-Grenzwert erreicht wird. Diese Art von Messung ist kostengünstiger und einfacher, kann jedoch längere Serviceausfälle bedingen. Ausnahmebasierte Messungen werden für weniger kritische Systeme oder Systeme durchgeführt, bei denen der Kostenfaktor eine große Rolle spielt. Außerdem werden sie eingesetzt, wenn IT-Tools nicht den Status oder die Qualität eines Service bestimmen können (wenn z. B. die Druckqualität Teil der Servicespezifikation ist, kann sie ausschließlich anhand einer physischen Überprüfung gemessen werden, die oft vom Anwender statt von IT-Personal durchgeführt wird). Auf ausnahmebasierte Messungen muss in der OLA und SLA für den Service verwiesen werden, da die Wahrscheinlichkeit von Serviceausfällen größer ist und Anwender oft Ausnahmen berichten müssen.

Performance im Vergleich zum Ergebnis

Zwischen der Berichterstattung zur Verfolgung der Performance von Komponenten, Teams oder Abteilungen für die Bereitstellung eines Service und der Berichterstattung zum Nachweis der erreichten Servicequalitätsziele besteht ein wichtiger Unterschied.

IT-Manager unterscheiden häufig nicht zwischen diesen beiden Reporting-Arten und erstatten dem Business Bericht zur Leistung ihrer Teams oder Abteilungen (z. B. zur Anzahl der pro Service Desk Analyst angenommenen Anrufe), so als ob diese Leistung mit der Servicequalität gleichzusetzen wären (wie Incidents, die in der vereinbarten Zeit gelöst wurden).

Performance Monitoring und -Messgrößen sollten intern vom Service Management eingesetzt werden, um zu bestimmen, ob Personen, Prozesse und Technologie korrekt und entsprechend den Standards arbeiten.

Anwendern und Kunden sollte die Berichterstattung Einblick in die Qualität und Performance des Service geben.

Obwohl sich die Service Operation mit beiden Arten der Berichterstattung befasst, liegt der Schwerpunkt in dieser Publikation auf dem Performance Monitoring, während das Monitoring der Servicequalität (oder ergebnisbasierte Monitoring) im Band Continual Service Improvement ausführlich behandelt wird.

5.1.2.7 Monitoring in Testumgebungen

Wie bei jeder IT-Infrastruktur muss auch für eine Testumgebung festgelegt werden, wie Monitoring- und Steuerungsmechanismen eingesetzt werden sollen. Diese Steuerungsmechanismen werden in der Ausgabe Service Transition ausführlicher erläutert.

- **Monitoring der Testumgebung selbst:** Eine Testumgebung besteht aus einer Infrastruktur, Anwendungen und Prozessen, die wie in jeder anderen Umgebung verwaltet und gesteuert werden müssen. Häufig wird davon ausgegangen, dass die Testumgebung – im Gegensatz zur Live-Umgebung – kein stabiles Monitoring- und Steuerungssystem benötigt. Jedoch trifft dieses Argument nicht zu. Wenn eine Testumgebung nicht angemessen überwacht und gesteuert wird, besteht die Gefahr, dass Tests auf Komponenten ausgeführt werden, die nicht den definierten Standards der Service Design Phase entsprechen.
- **Monitoring der getesteten Elemente:** Die Ergebnisse der Tests müssen genau verfolgt und geprüft werden. Wichtig ist auch, dass Monitoring-Tools, die in neue oder geänderte Services integriert wurden, ebenfalls getestet werden.

5.1.2.8 Berichterstattung und Aktion

„Ein Bericht allein schafft Bewusstsein; ein Bericht mit einem Maßnahmenplan erzielt Ergebnisse."

Berichterstattung und Fehlfunktion

Praxiserfahrungen zeigen, dass in von Fehlfunktionen geprägten Organisationen ein umfangreichere Berichterstattung als in effektiven Organisationen erfolgt Dies liegt daran, dass Berichte nicht dazu dienen, vordefinierte Maßnahmenpläne zu initiieren, sondern:

- um Schuldzuweisungen für Incidents vorzunehmen.
- um herauszufinden, wer eine Entscheidung treffen muss.
- als Input zum Erstellen von Maßnahmenplänen für zukünftige Vorkommnisse.

In von Fehlfunktionen geprägten Organisationen wird eine Vielzahl von Berichten erstellt, die wegen Zeitmangels von niemandem eingesehen oder abgefragt werden.

Monitoring ohne Steuerung ist irrelevant und ineffektiv. Das Monitoring sollte immer auf das Erreichen operativer und Serviceziele ausgerichtet sein. Das bedeutet, dass ein System oder Service nur dann überwacht werden sollte, wenn mit dem Monitoring ein klares Ziel verfolgt wird.

Bei der Definition des Monitoring sollten auch alle erforderlichen Maßnahmen festgelegt werden. Es reicht beispielsweise nicht aus zu erkennen, dass eine wichtige Anwendung ausgefallen ist. Das zuständige Application Management Team muss präzise definieren, welche Maßnahmen bei einem Ausfall der Anwendung ergriffen werden.

Außerdem muss klar sein, dass unter Umständen von verschiedenen Personen Maßnahmen eingeleitet werden müssen. Ein einzelner Event (z. B. der Ausfall einer Anwendung) kann beispielsweise den Anstoß zu Maßnahmen geben, an denen sowohl das Application Management Team (Wiederherstellung des Service), Anwender (Initiierung der manuellen Bearbeitung) als auch das Management (Entscheidungen zur zukünftigen Vermeidung des Events) beteiligt sind.

Die entsprechenden Auswirkungen werden im Zusammenhang mit dem Event Management ausführlicher erläutert (siehe Abschnitt 4.1).

5.1.2.9 Service Operation Audits

Für die Service Operation Prozesse und Aktivitäten müssen regelmäßig Audits durchgeführt werden, um sicherzustellen, dass:

- sie wie beabsichtigt ausgeführt werden.
- die Prozesse und Aktivitäten nicht umgangen werden.
- sie nach wie vor zweckmäßig sind, oder um erforderliche Changes oder Verbesserungen zu identifizieren.

Service Operation Manager können solche Audits selbst durchführen, vorzuziehen ist jedoch die Mitwirkung oder Beauftragung unabhängiger Teams oder Drittparteien.

Beispielsweise kann das interne IT-Audit-Team oder die entsprechende Abteilung in der Organisation eingeschaltet werden. Möglich ist auch, externe Beratungs-/Audit-/Assessment-Unternehmen zu beauftragen, um eine völlig unabhängige Expertenmeinung einzuholen.

Service Operation Audits werden bei kontinuierlichen Messungen im Rahmen des Continual Service Improvement durchgeführt und in der entsprechenden Publikation ausführlicher behandelt.

5.1.2.10 Messung, Messgrößen und KPIs

Der Schwerpunkt dieses Abschnitts liegt in erster Linie auf dem Monitoring und der Steuerung als Basis für die Service Operation. In anderen Abschnitten dieser Publikation werden einige grundlegende Messgrößen zur Messung der Effektivität und Effizienz eines Prozesses beschrieben.

Diese Publikation beinhaltet zwar nicht vorrangig Messungen und Messgrößen, doch sollten Organisationen, die sich an diese Leitlinien halten, über geeignete Messtechniken und -messgrößen zur Unterstützung ihrer Ziele verfügen. Dieser Abschnitt bietet einen Überblick über diese Konzepte.

Messung

> Mit dem Begriff „Messung" werden Techniken bezeichnet, die zur Bewertung von IT Elementen hinsichtlich deren Umfang, Dimension oder Kapazität in Relation zu einem vordefinierten Standard oder Einheit eingesetzt werden.
>
> - „Umfang" bezieht sich auf den Grad an Compliance oder Vollständigkeit (z.B. ob alle Changes von der zuständigen Instanz formal autorisiert wurden)
> - „Dimension" bezieht sich auf die Größenordnung eines Elements, z. B. die Anzahl der vom Service Desk gelösten Incidents
> - „Kapazität" bezieht sich auf das Gesamtpotenzial eines Elements, z. B. die maximale Anzahl an Standardtransaktionen, die pro Minute von einem Server verarbeitet werden können

Messungen sind erst dann aussagekräftig, wenn die eigentlichen Ergebnisse oder Dimensionen eines Systems, einer Funktion oder eines Prozesses anhand eines Standards oder eines gewünschten Levels gemessen werden. Ein Beispiel hierfür ist ein Server, der mindestens 100 Standardtransaktionen pro Minute verarbeiten können muss. Entsprechende Standards müssen in der Phase des Service Design definiert und im Laufe des Continual Service Improvement optimiert werden. Die Messung selbst findet allerdings während der Service Operation statt.

Messgrößen

> Messgrößen beziehen sich auf die quantitative, periodische Bewertung von Prozessen, Systemen oder Funktionen und die für diese Bewertungen und ihre Interpretation eingesetzten Verfahren und Tools.

Bei dieser Definition wird nicht nur berücksichtigt, was gemessen wird, sondern auch, wie gemessen wird, welcher Performance-Bereich akzeptabel ist und welche Maßnahmen bei einer normalen Performance oder Ausnahmen zu ergreifen sind. Damit wird deutlich, dass alle im vorherigen Abschnitt dieser Publikation beschriebenen Messgrößen nur eine Grundlage bieten und von jeder Organisation individuell eingesetzt und verbessert werden müssen, bevor sie ihre maximale Effektivität erreichen.

Key Performance Indicators

> Ein KPI bezieht sich auf einen speziell vereinbarten Level an Performance zur Messung der Effektivität einer Organisation oder eines Prozesses.

Die KPIs sind auf jede Organisation speziell zugeschnitten und müssen mit bestimmten Inputs, Outputs und Aktivitäten in Beziehung gesetzt werden. Da sie weder allgemein noch universell einsetzbar sind, sind sie nicht Gegenstand dieser Publikation.

Darüber hinaus können mit ähnlichen Messgrößen sehr unterschiedliche KPIs erreicht werden. Beispiel: Eine Organisation verwendete die Messgröße „Prozentsatz der Incidents, die vom Service Desk gelöst wurden" zur Evaluierung der Performance für den Service Desk. Die Messgröße wurde zwei Jahre lang eingesetzt, bis der IT-Manager erkannte, dass mit diesem KPI ein effektives Problem Management verhindert wurde. Wenn sich also nach zwei Jahren ergibt, dass 80 % aller Incidents so wenig komplex sind, dass sie beim Erstkontakt innerhalb von zehn Minuten behoben werden können, warum wurde dann noch keine Lösung für die Ursache gefunden? Derselbe KPI wurde nun zu einem Maß für die Ineffektivität des Problem Management Teams.

5.1.2.11 Schnittstellen zu anderen Elementen des Service Lifecycle

Operatives Monitoring und Continual Service Improvement

In diesem Abschnitt steht das operative Monitoring und Berichtswesen im Vordergrund, wobei das Monitoring auch Ausgangspunkt für das Continual Service Improvement ist. Dieser Aspekt wird in der Publikation Continual Service Improvement behandelt, die wesentlichen Unterschiede werden jedoch hier aufgeführt.

Qualität ist das ausschlaggebende Ziel des Monitoring für das Continual Service Improvement (CSI). Das Monitoring ist daher auf die Effektivität von Services, Prozessen, Tools, Organisationen oder CIs ausgerichtet. Der Schwerpunkt liegt dabei nicht auf der Sicherstellung der tatsächlichen Service-Performance, sondern viel mehr darauf, zu identifizieren, wo Verbesserungen am bestehenden Service Level oder an der IT-Performance realisierbar sind.

Beim Monitoring für das CSI liegt daher der Schwerpunkt auf der Erkennung von Ausnahmen und deren Lösungsfindung. Das Interesse des CSI liegt nicht in erster Linie darin, ob ein Incident gelöst wurde, sondern ob die Lösung innerhalb der vereinbarten Zeit erreicht wurde und zukünftige Incidents verhindert werden können.

Das CSI ist jedoch nicht nur an Ausnahmen interessiert. Wenn ein SLA kontinuierlich eingehalten wird, möchte das CSI auch wissen, ob der Performance Level zu niedrigeren Kosten aufrechterhalten werden kann oder ob ein höherer Performance Level angestrebt werden soll. Das CSI benötigt daher Zugriff auf regelmäßige Performance-Berichte.

Da das CSI kaum die enormen Mengen an Daten benötigt bzw. bewältigen kann, die durch die Monitoring-Aktivitäten generiert werden, wird es sich eher auf einen Teil des Monitoring beschränken. Dieser Teil kann sich nach dem Input des Business oder Technologieverbesserungen richten.

Die wesentlichen Folgen sind:

- Das Monitoring für das CSI ändert sich im Laufe der Zeit. In einem Quartal kann der Fokus des Monitoring auf den E-Mail-Service und im nächsten auf die HR-Systeme gerichtet sein.
- Das bedeutet, dass die Service Operation und das CSI einen Prozess definieren müssen, der ihnen bei der Entscheidung hilft, in welchen Bereichen ein Monitoring erforderlich ist und welches Ziel damit erreicht werden soll.

5.2 IT-BETRIEB

5.2.1 Konsolenmanagement / Operations Bridge

Das Konsolenmanagement und die Operations Bridge bilden einen zentralen Koordinationspunkt für das Management verschiedener Event-Klassen und operativer Routineaktivitäten, für die Erkennung von Incidents und für die Berichterstattung zu Status oder Performance von Technologiekomponenten.

Überwachung und Monitoring der IT-Infrastruktur können von einer zentralen Konsole aus erfolgen, an die alle System-Events weitergeleitet werden. Früher gehörte dazu auch das Monitoring der Master-Operations-Konsole eines oder mehrerer Mainframes. Heutzutage werden eher Serverfarmen, Speichergeräte, Netzwerkkomponenten, Anwendungen, Datenbanken und andere CIs einschließlich der verbliebenen Mainframes überwacht. Das Monitoring erfolgt von einem einzelnen Standort aus, der als Operations Bridge bezeichnet wird.

Es gibt zwei Theorien über die Namensgebung der Operations Bridge. Eine besagt, dass die Operations Bridge an die Kommandobrücke eines großen Raumschiffs erinnert (z. B. wie oft in Science-Fiction-Filmen zu sehen ist). Der anderen Theorie zufolge bildet die Operations Bridge die Brücke zwischen den IT Operations Teams und dem traditionellen Help Desk. In einigen Organisationen wurden die Funktionen der Operations Control und des Help Desk zum Service Desk zusammengelegt, der beide Aufgabenbereiche an einem einzigen physischen Standort wahrnimmt.

Unabhängig von der Namensgebung führt die Operations Bridge alle kritischen Beobachtungspunkte in der IT-Infrastruktur zusammen, damit sie von einem zentralen Standort aus bei minimalem Aufwand überwacht, verwaltet und gesteuert werden können. Die überwachten Einheiten sind meistens physisch verteilt und können Teil zentraler Computerinstallationen sein und/oder über die Anwendergemeinschaft verstreut sein.

Die Operations Bridge kombiniert viele Aktivitäten, zu denen das Management der Konsolen, Event-Handling, Netzwerkmanagement der ersten Ebene, Job Scheduling und Support außerhalb der Geschäftszeiten (für Service Desk Teams und/oder Support-Gruppen der zweiten Ebene, die nicht rund um die Uhr erreichbar sind) gehören. In einigen Organisationen ist der Service Desk Teil der Operations Bridge.

Der physische Standort und die Gestaltung der Operations Bridge müssen sorgfältig konzipiert werden, damit alle wichtigen Bildschirme und Geräte für autorisierte Mitarbeiter in angemessener Form zugänglich und einsehbar sind. In jedem Fall wird dies ein sehr sensibler Bereich werden, in dem ein gesteuerter Zugriff und strenge Sicherheitsbestimmungen von elementarer Bedeutung sind.

Kleinere Organisationen verfügen häufig über keine physische Operations Bridge, benötigen aber ein Konsolenmanagement, das in der Regel mit anderen technischen Rollen kombiniert wird. Beispiel: Ein einzelnes technisches Team ist für das Management von Netzwerk, Servern und Anwendungen zuständig. Ihre Rolle besteht unter anderem darin, die Konsolen für die Systeme zu überwachen, wobei häufig virtuelle Konsolen eingesetzt werden, damit die Aktivität an jedem beliebigen Standort ausgeführt werden kann. Zu beachten ist dabei, dass virtuelle Konsolen leistungsstarke Tools sind, die beim Einsatz an unsicheren Standorten oder in ungesicherten Verbindungen eine erhebliche Sicherheitsbedrohung darstellen können.

5.2.2 Job Scheduling

Der IT-Betrieb führt Standardroutinen und Abfragen aus oder erstellt Reports, die im Rahmen der Bereitstellung von Services an ihn delegiert wurden; oder im Rahmen der routinemäßigen Datenpflege von Technical Management und Application Management Teams delegiert wurden.

Das Job Scheduling umfasst die Definition und Initiierung von Softwarepaketen zur Ausführung von Batch- und Echtzeitjobs. Um den Business-Bedürfnissen gerecht zu werden, werden normalerweise tägliche, wöchentliche, monatliche, jährliche und Ad-hoc-Zeitpläne verwendet.

Das Design von Zeitplänen wird regelmäßig überarbeitet und unterliegt häufigen Änderungen oder Korrekturen, bei denen Job-Abhängigkeiten identifiziert und berücksichtigt werden müssen. Wichtig ist in diesem Zusammenhang auch die Definition von Alarmen und Ausnahmeberichten für das Monitoring bzw. die Überprüfung von Job Schedules. Das Change Management spielt eine wichtige Rolle bei der Bewertung und Validierung umfassender Changes an Zeitplänen sowie beim Erstellen von Change-Standardverfahren für routinemäßig durchgeführte Changes.

Laufzeitparameter und/oder -dateien müssen in Empfang genommen (oder ggf. beschleunigt) und eingegeben werden, und alle Laufzeitprotokolle müssen auf eventuelle Fehler überprüft werden.

Beim Auftreten von Fehlern müssen die Zeitpläne unter Anleitung der entsprechenden Geschäftsbereiche erneut ausgeführt werden, oft mit geänderten Parametern oder Daten-/Dateiversionen. Um sicherzustellen, dass die richtigen Parameter und Dateien verwendet werden, ist eine intensive Kommunikation erforderlich.

In vielen Organisationen findet eine stetig zunehmende Batch-Verarbeitung über Nacht statt, die bei Überschreiten der zeitlichen Vorgaben negative Auswirkungen auf die tagsüber laufenden Online-Services haben kann. Daher müssen gemeinsam mit dem Capacity Management Möglichkeiten ermittelt werden, um die Kapazität und Performance über Nacht zu optimieren. Hierbei können Techniken des Auslastungsmanagements (=Workload Management) hilfreich sein. Dazu gehören:

- Neuterminierung von Jobs, um die Überlastung von bestimmten Geräten oder zu bestimmten Zeiten zu vermeiden und den Gesamtdurchsatz zu verbessern
- Migration der Arbeitslast auf alternative Plattformen bzw. in andere Umgebungen, um eine bessere Performance und/oder einen höheren Durchsatz zu erzielen (wird durch dynamische, automatische Migration dank Virtualisierung erleichtert)
- sorgfältige zeitliche Planung und „Überlappung" von Jobs, um eine maximale Auslastung der verfügbaren Ressourcen zu erzielen

> **Anekdote**
>
> Eine große Organisation, die mit Batch-Überlauf-/Auslastungsproblemen zu kämpfen hatte, stellte fest, dass – wohl aufgrund des menschlichen Ordnungssinns – alle Jobs immer zur vollen Stunde oder in 15-Minuten-Intervallen ab einer vollen Stunde (z. B. 10:00, 10:15, 10:30, 10:45 Uhr usw.) gestartet wurden.
>
> Durch eine neue Zeitplanung, nach der die Jobs zeitlich versetzt nacheinander gestartet wurden, war es möglich, zeitbedingte Konflikte erheblich zu reduzieren und die Verarbeitung zu beschleunigen, so dass die Probleme ohne Upgrades gelöst werden konnten.

Job Scheduling ist eine hochkomplexe Aktivität, die eine beliebige Anzahl von Variablen wie zeitsensitive, kritische und nichtkritische Abhängigkeiten, Lastausgleich, Ausfall und Wiedervorlage beinhalten kann. Für die meisten Arbeitsprozesse werden Job Scheduling Tools eingesetzt, mit denen Jobs so terminiert werden können, dass dank eines optimalen Technologieeinsatzes alle Service Level Ziele erreichbar sind.

Die jüngste Generation von Scheduling Tools ermöglicht die Terminierung und Automatisierung von technischen Aktivitäten und Service Management Prozessaktivitäten (z. B. Change Scheduling) mit einem einzigen Satz an Tools. Daraus ergeben sich Möglichkeiten der Effizienzsteigerung, gleichzeitig wächst aber auch die Gefahr von Single Points of Failure. Organisationen, die diese Art von Tool einsetzen, verwenden nach wie vor Punktlösungen als Agents und Backup, sollte es zu einem Ausfall des Toolsets kommen.

5.2.3 Backup und Restore

Backup- und Restore-Funktionen sind wichtige Komponenten einer guten IT Service Continuity Planung. Das Service Design sollte sicherstellen, dass für jeden Service solide Backup-Strategien vorhanden sind, und die Service Transition sollte dafür sorgen, dass diese Strategien sorgfältig getestet werden.

Laut regulativen Anforderungen müssen in bestimmten Organisationen (z. B. Finanzdienstleistungs- und börsennotierten Unternehmen) formale Backup- und Restore-Strategien implementiert sein, die ausgeführt und geprüft werden. Die jeweiligen Anforderungen variieren von Land zu Land und nach Branche. Sie sollten während des Service Design festgelegt werden und in die Servicefunktionalität und -dokumentation aufgenommen werden.

Backups werden für den Fall erstellt, dass an einem bestimmten Punkt der ursprüngliche Zustand wiederhergestellt werden muss. Daher muss nicht primär festgelegt werden, wie das System gesichert wird, sondern welche Komponenten gefährdet sind und wie das entsprechende Risiko effektiv abgeschwächt werden kann.

Für Backup und Restore ist eine Vielzahl von Tools verfügbar. Zu beachten ist, dass Funktionen von Speichertechnologien, die für Business-Daten verwendet werden, auch für Backup- und Restore-Funktionen verwendet werden (z. B. Snapshots). Daher besteht eine verstärkte Integration zwischen den Aktivitäten für Backup und Restore und denen für die Speicherung und Archivierung (siehe Abschnitt 5.6).

5.2.3.1 Backup

Die Daten einer Organisation müssen über Backups (Sicherungskopien) und das Speichern an Remote-Standorten geschützt werden und werden benötigt, wenn die Originaldaten aufgrund von Verlust, Beschädigung oder Durchführung von IT Service Continuity Plänen wiederhergestellt werden müssen.

Mit dem Business muss eine umfassende Backup-Strategie vereinbart werden, bei der folgende Punkte geklärt werden:

- Welche Daten müssen mit welcher Häufigkeit und in welchen Intervallen gesichert werden?
- Wie viele Generationen von Daten müssen aufbewahrt werden? Dies kann je nach Art der zu sichernden Daten oder des Dateityps (z. B. Datendatei oder ausführbare Programmdatei) variieren.
- Art des Backups (voll, teilweise, inkrementell) und Kontrollpunkte.
- Speicherstandorte (in der Regel einschließlich der Standorte für ein Disaster Recovery) und Rotationspläne
- Übertragungsmethoden (z. B. Dateitransfer über das Netzwerk, physischer Transport auf Magnetdatenträgern)
- Durchführung von Tests/Prüfungen, z. B. Lesetests, Wiederherstellungstests, Summenprüfungen
- **Tolerierter Datenverlust aufgrund von Ausfällen (Recovery Point Objective):** Der Punkt, bis zu dem Daten beim Ausfall eines IT Service wiederhergestellt werden. Dabei können Datenverluste in Kauf genommen werden. Für einen solchen tolerierten Datenverlust von einem Tag sind beispielsweise tägliche Backups sinnvoll, so dass maximal Daten der letzten 24 Stunden verloren gehen. Für jeden IT Service sollte ein tolerierter Datenverlust aufgrund von Ausfällen in Operational Level Agreements (Vereinbarungen auf Betriebsebene, OLAs), Service Level Agreements (Service Level Vereinbarungen, SLAs) und Underpinning Contracts (Verträge mit Drittparteien, UCs) ausgehandelt, vereinbart und dokumentiert werden.
- **Maximale Wiederherstellungszeit nach einem Ausfall (Recovery Time Objective):** Die maximal zulässige Zeitspanne für die Wiederherstellung eines IT Service im Anschluss an eine Unterbrechung. Der einzuhaltende Service Level kann dabei unter den normalen Service Level Zielen liegen. Für jeden IT Service sollten die maximalen Wiederherstellungszeiten nach einem Ausfall in OLAs, SLAs und UCs ausgehandelt, vereinbart und dokumentiert werden.
- Wie wird verifiziert, dass die Backups im Falle einer Wiederherstellung funktionieren? Selbst wenn keine Fehlercodes generiert werden, können verschiedene Gründe dafür vorliegen, dass das Backup nicht wiederhergestellt werden kann. Eine gute Backup-Strategie und zweckmäßige Betriebsverfahren minimieren das Risiko einer nicht möglichen Wiederherstellung. Die Backup-Verfahren sollten einen Verifizierungsschritt enthalten, um sicherzustellen, dass die Backups vollständig sind und im Falle einer Wiederherstellung funktionieren. Werden Backup-Fehler erkannt, müssen Wiederherstellungsmaßnahmen eingeleitet werden.

Darüber hinaus müssen die für Backups benötigten Datenträger (Festplatten, Bänder, CDs usw.) beschafft, verwaltet und gesteuert werden, damit im Bedarfsfall ausreichende Medien zur Verfügung stehen.

Beim Einsatz automatisierter Backup-Geräte müssen die erforderlichen Datenträger im Voraus eingelegt bzw. eingesetzt werden. Beim Einsetzen und Löschen von Datenträgern aus externen Speicherstandorten muss ein Prüfverfahren eingesetzt werden, um sicherzustellen, dass es sich um die richtigen Datenträger handelt. Dadurch wird verhindert, dass das aktuellste Backup mit fehlerhaften Daten überschrieben wird und möglicherweise keine gültigen Daten mehr zur Wiederherstellung zur Verfügung stehen. Nach erfolgreicher Durchführung des Backups muss der Datenträger sicher verwahrt werden.

Der eigentliche Start des Backups kann automatisch erfolgen oder von der Operations Bridge ausgeführt werden.

Je nach Organisation können Service Operation Mitarbeiter für den physischen Transport von Backup-Kopien von/zu Remote-Standorten zuständig sein oder andere Gruppen damit beauftragt werden, z. B. internes Sicherheitspersonal oder externe Vertragspartner.

Werden Backups automatisch oder an einem Remote-Standort erstellt, sollte ein Event Monitoring in Erwägung gezogen werden, damit Ausfälle frühzeitig erkannt und korrigiert werden können, bevor sie Probleme verursachen. In diesen Fällen kommt dem IT-Betrieb eine wichtige Rolle bei der Definition von Alarmen und Eskalationswegen zu.

Die Mitarbeiter in diesem Bereich müssen in Backup- (und Restore-)Verfahren geschult sein, die in den organisationseigenen Betriebshandbüchern ausführlich dokumentiert werden müssen. Spezielle Anforderungen oder Ziele sollten in zugehörigen OLAs oder UCs referenziert werden, während eventuelle Anwender- oder Kundenanforderungen oder -aktivitäten in entsprechenden SLAs festgehalten werden sollten.

5.2.3.2 Restore

Ein Restore kann eine Vielzahl von Ursachen haben, beispielsweise ein Event, das auf Datenkorruption hindeutet, oder ein Service Request von einem Anwender oder Kunden, der vom Service Desk erfasst wird. In folgenden Fällen kann eine Wiederherstellung erforderlich sein:

- beschädigte Daten
- Datenverlust
- Disaster Recovery / IT Service Continuity Situation
- Bedarf an historischen Daten für juristisch relevante Untersuchungen

Folgende Schritte müssen ausgeführt werden:

- Lokalisierung der entsprechenden Daten / Datenträger
- Übertragung oder Rückübertragung an den physischen Speicherort für die Wiederherstellung
- Vereinbarung des Wiederherstellungs- / Kontrollpunkts und des Speicherorts für die wiederhergestellten Daten (Festplatte, Verzeichnis, Ordner usw.)
- eigentliche Wiederherstellung der Datei / Daten (Copyback, Rollback, Rollforward zum vereinbarten Checkpunkt)
- Prüfung und Sicherstellung einer erfolgreichen Wiederherstellung bzw. Durchführung weiterer Wiederherstellungsmaßnahmen bis zur erfolgreichen Wiederherstellung
- Freigabe für Anwender / Kunden

5.2.4 Druck und Ausgabe

Viele Services generieren und liefern Informationen in gedruckter oder elektronischer Form. Um sicherzustellen, dass die richtigen Informationen die richtigen Personen bei voller Datenintegrität erreichen, werden formale Kontroll- und Management-Mechanismen benötigt.

Aus folgenden Gründen ist ein formales Management der Einrichtungen und Services für den Druck (physisch) und die Ausgabe (elektronisch) erforderlich:

- Sie stellen häufig das greifbare Service-Ergebnis dar. Es muss daher feststellbar sein, ob mit diesem Ergebnis das erwünschte Ziel erreicht wurde (z. B. ob Dateien mit Finanztransaktionsdaten über einen FTP-Service tatsächlich bei einer Bank angekommen sind).
- Die physische und elektronische Ausgabe enthält oft sensible oder vertrauliche Informationen. Bei der Generierung und Bereitstellung dieser Ausgabe muss eine geeignete Sicherheitsstufe festgelegt werden.

In vielen Organisationen muss der IT-Betrieb in der Lage sein, zentral gesteuerte Massendruckanforderungen zu bewältigen.

Neben dem Einlegen und Nachlegen von Papier und dem Betrieb und der Pflege von Druckern können weitere Aktivitäten erforderlich sein, wie:

- Vereinbarung und Festlegung von Vorabbenachrichtigungen bei großen Druckaufträgen sowie zur Ausgabe von Warnungen zur Vermeidung extrem umfangreicher Druckjobs
- physische Kontrolle von wichtigem Büropapier wie Unternehmensschecks oder -zertifikaten
- Management der physischen und elektronischen Speicherung zur Generierung der Ausgabe; in vielen Fällen muss die IT Archive für das gedruckte und elektronische Material zur Verfügung stellen
- Kontrolle des gesamten gedruckten Materials im Hinblick auf die Einhaltung von Datenschutzgesetzen und -richtlinien, z. B. HIPAA (Health Insurance Portability and Accountability Act) in den USA oder FSA (Financial Services Authority) in Großbritannien

Wenn Druck- und Ausgabeservices direkt für die Anwender bereitgestellt werden, muss die Verantwortung für die Wartung der Drucker oder Speichergeräte klar definiert sein. Die meisten Anwender gehen davon aus, dass die Reinigung und Wartung der Drucker in den Aufgabenbereich der IT fällt. Wenn das nicht der Fall ist, muss dieser Punkt eindeutig im SLA angegeben sein.

5.3 MAINFRAME MANAGEMENT

Mainframes, oder Großrechner, sind nach wie vor weit verbreitet. Für sie sind etablierte, ausgereifte Practices verfügbar. Da sie die zentrale Komponente vieler Services bilden, stellt ihre Leistungsfähigkeit die Grundlage für die Service-Performance und die Erwartungen von Anwendern und Kunden dar, auch wenn diesen nicht transparent ist, dass sie einen Mainframe nutzen.

Mainframe Management Teams können sehr unterschiedlich organisiert sein. In einigen Organisationen ist für das Mainframe Management ein einziges hochspezialisiertes Team zuständig, das alle Aufgaben vom normalen täglichen Betrieb bis hin zur Systemtechnik verwaltet und steuert. In anderen Organisationen hingegen werden die Aktivitäten von verschiedenen Teams oder Abteilungen ausgeführt, wobei ein Team für den technischen Support und Third-Level Support zuständig ist, während der normale Tagesbetrieb an den restlichen IT-Betrieb gekoppelt ist (und wahrscheinlich von der Operations Bridge verwaltet und gesteuert wird).

In der Regel fallen folgende Aktivitäten an:

- Wartung und Support des Mainframe-Betriebssystems
- Third-Level Support bei Incidents/Problemen, die Auswirkungen auf Mainframes haben
- Verfassen von Jobskripten
- Systemprogrammierung
- Schnittstellen-Support für Hardware (HW); Vereinbarung von Wartungsmaßnahmen und Zeitfenstern, Erkennung von HW-Ausfällen, Zusammenarbeit mit HW-Technik
- Bereitstellung von Informationen und Unterstützung des Capacity Management zur Optimierung von Durchsatz, Auslastung und Performance des Mainframe

5.4 MANAGEMENT UND SUPPORT VON SERVERN

Server werden in den meisten Organisationen eingesetzt, um flexiblen Zugang zu Services von Host-Anwendungen oder -Datenbanken, ausgeführten Client/Server-Services sowie Speicher-, Druck- und Dateimanagementsystemen zu verschaffen. Daher ist ein erfolgreiches Management von Servern für den Erfolg der Service Operation unabdingbar.

Zum Aufgabenbereich der Serverteams oder -abteilungen (beim Einsatz verschiedener Serverarten (UNIX, Wintel usw.) können getrennte Teams zum Einsatz kommen) gehören:

- **Support des Betriebssystems:** Support und Wartung von Betriebssystemen und zugehöriger Software für Dienstprogramme (z. B. Ausfallsoftware) einschließlich Patch Management und Definition von Backup- und Restore-Richtlinien.
- **Lizenzmanagement:** Bezieht sich auf alle Server-CIs, speziell Betriebssysteme, Hilfsprogramme und Anwendungssoftware, die nicht von Application Management Teams verwaltet und gesteuert werden.
- **Third-Level Support:** Bezieht sich auf alle Incidents, die Server und/oder Serverbetriebssysteme betreffen, einschließlich Diagnose- und Wiederherstellungsaktivitäten. Dies schließt die Zusammenarbeit mit Support-Vertragspartnern für Fremdhardware und/oder Herstellern bei der Eskalation von Hardware-Incidents ein.
- **Beratung bei der Beschaffung:** Ratschläge und Hinweise zur Auswahl, Dimensionierung, Beschaffung und Nutzung von Servern und zugehöriger Software für Hilfsprogramme, um den Business-Bedürfnissen gerecht zu werden.

- **Systemsicherheit:** Steuerung und Verwaltung der Zugangssteuerung und -berechtigung in der relevanten Serverumgebung und Durchführung geeigneter Maßnahmen zur Systemsicherheit und physischen Sicherheit. Dazu gehören Identifizierung und Anwendung von Sicherheits-Patches, Access Management (siehe Abschnitt 4.5) und Erkennung von unbefugten Zugriffsversuchen.
- **Definition und Management virtueller Server:** Das bedeutet, dass jeder Server, dessen Design und Bauform allgemeinen Standards entspricht, zur Verarbeitung der Arbeitslast mehrerer Anwendungen oder Anwender eingesetzt werden kann. Das Server Management legt diese Standards fest und sorgt für eine Verteilung der Arbeitslast und ausgeglichene Auslastung. Seine Aufgabe ist auch zu verfolgen, welche Arbeitslast von welchem Server verarbeitet wird, so dass Incidents effektiv bearbeitet werden können.
- **Kapazität und Performance:** Bereitstellung von Informationen und Unterstützung des Capacity Management zur Optimierung von Durchsatz, Auslastung und Performance der verfügbaren Server. Dieser Aspekt wird in der Publikation Service Design ausführlicher behandelt und schließt Leitlinien zur Installation und zum Betrieb von Virtualisierungssoftware ein. Ziel ist es, mit einer möglichst geringen Anzahl von Servern einen maximalen Performance Level und eine maximale Auslastung zu erreichen, um ein optimales Kosten-Nutzen-Verhältnis zu schaffen.
- Weitere **Routineaktivitäten** umfassen:
  - Definition von Standard-Builds für Server im Rahmen des Bereitstellungsprozesses. Weitere Informationen dazu sind in den Publikationen Service Design und Service Transition beschrieben.
  - Aufbau und Installation neuer Server für die laufende Wartung oder Bereitstellung neuer Services. Weitere Informationen dazu finden Sie in der Publikation Service Transition.
  - Einrichtung und Management von Clustern für die Schaffung von Redundanz, zur Verbesserung der Service-Performance und für ein einfacheres Management der Infrastruktur.
- **Laufende Wartung:** Darunter versteht man in der Regel den kontinuierlichen Austausch von Servern oder „Blades" nach einem definierten Zeitplan, um sicherzustellen, dass die Komponenten ausgetauscht werden, bevor sie ausfallen oder veraltet ist. Dies bewirkt nicht nur, dass die Server voll funktionsfähig, sondern ebenso imstande sind, die Weiterentwicklung der Services zu unterstützen.
- **Außerbetriebnahme und Entsorgung alter Serverausrüstung:** Wird oft gemäß der entsprechenden Umweltrichtlinien der Organisation durchgeführt.

5.5 NETZWERKMANAGEMENT

Da die meisten IT Services einen Netzwerkzugang benötigen, ist das Netwerkmanagement für die Servicebereitstellung essentiell. Ebenso wichtig ist dieser Zugang für Service Operation Mitarbeiter um diesen den Zugriff und die Verwaltung der wichtigsten Servicekomponenten zu ermöglichen.

Das Netzwerkmanagement trägt die gesamte Verantwortung für die organisationseigenen Local Area Networks (LANs), Metropolitan Area Networks (MANs) und Wide Area Networks (WANs) und koordiniert die Zusammenarbeit mit externen Netzwerkanbietern.

Die Rolle des Netzwerkmanagements umfasst folgende Aktivitäten:

- Erstplanung und -installation neuer Netzwerke/Netzwerkkomponenten, Wartung der physischen Netzwerkinfrastruktur und Durchführung entsprechender Upgrades. Diese Aktivitäten werden in der Service Design und Service Transition Phase durchgeführt.
- Third-Level Support für alle Aktivitäten am Netzwerk einschließlich der Untersuchung von Auffälligkeiten (z. B. bei Ping-Befehlen oder Tracerouting und/oder beim Einsatz von Software-Tools für das Netzwerkmanagement – hierbei ist zu beachten, dass ein Ping eines Servers nicht zwangsläufig bedeutet, dass der Service verfügbar ist) und gegebenenfalls Koordination der Zusammenarbeit mit Drittparteien. Diese Aktivitäten umfassen auch die Installation und Verwendung von „Sniffer"-Tools, die den Netzwerkverkehrs analysieren und bei der Lösung von Incidents und Problemen helfen.
- Wartung und Support des Netzwerk-Betriebssystems und der Middleware-Software einschließlich Patch Management, Upgrades usw.
- Monitoring des Netzwerkdatenverkehrs zur Ermittlung von Ausfällen und zur Erkennung möglicher Performance-Beeinträchtigungen oder Engpässe.
- Neukonfiguration oder Umleitung des Netzwerkverkehrs zur Verbesserung des Durchsatzes oder Lastausgleichs und Definition von Regeln für dynamische Lastausgleiche/Routings.

Allgemeine Service Operation Aktivitäten | **109**

- Netzwerksicherheit (in Abstimmung mit dem Information Security Management der Organisation) einschließlich Firewall Management, Zugriffsrechte, Passwortschutz usw.
- Zuweisung und Management von IP-Adressen, Domain Name Systems (DNS), die den Namen eines Service in die entsprechende IP-Adresse umsetzen, und Dynamic Host Configuration Protocol (DHCP) Systemen, die Zugriff auf ein DNS ermöglichen.
- Management von Internet Service Providern (ISP).
- Implementierung, Monitoring und Wartung von Intrusion Detection Systems (Systemen zur Identifikation von unberechtigtem Zugriff, IDS) zur Unterstützung des Information Security Management. Das IDS muss auch sicherstellen, dass berechtigten Netzwerkanwendern nicht der Zugriff auf einen Service verweigert wird.
- Aktualisierung des Configuration Management nach Bedarf durch Dokumentieren von CIs, Status, Beziehungen usw.

Das Netzwerkmanagement ist – gemeinsam mit dem Desktop Support – oft auch für alle Belange rund um die Remote-Konnektivität verantwortlich, z. B. bei Einwahl-, Rückruf- und VPN-Einrichtungen, die Heimarbeitern, Remote-Arbeitern oder Suppliern zur Verfügung gestellt werden.

Einige Netzwerkmanagement-Teams und -Abteilungen sind auch für Spracherkennung / Telefonie zuständig, z. B. für Bereitstellung und Support von Vermittlungs-, Leitungs- und ACD-Systemen, statistischen Softwarepaketen, Voice over Internet Protocols (VoIP) und Remote Monitoring (RMon) Systemen.

Viele Organisationen betrachten VoIP und Telefonie als gesonderte Bereiche und stellen spezielle Teams für das Management dieser Technologie bereit. Ihre Aktivitäten sind mit den oben beschriebenen vergleichbar.

> **Hinweis zum Management von VoIP als Service**
>
> In vielen Organisationen verursachen VoIP-Lösungen Performance- und Availiity-Probleme, obwohl scheinbar eine mehr als ausreichende Bandbreitenkapazität zur Verfügung steht. Die Folge davon sind nicht beantwortete Anrufe und mangelhafte Klangqualität. Diese Schwierigkeiten sind in der Regel auf eine schwankende Bandbreitenauslastung während des Anrufs zurückzuführen, die oft durch die hohe Auslastung des Netzwerks durch andere Anwender, Anwendungen oder Aktivitäten im Netz bedingt ist.

> Daher muss zwischen der für die Anwahl verfügbaren Bandbreite (Service Access Bandwidth, SAB) und der während des Anrufs kontinuierlich verfügbaren Bandbreite (Service Utilization Bandwidth, SUB) unterschieden werden. Bei Design, Management und Messung von VoIP-Services muss eine klare Unterscheidung zwischen diesen Bandbreiten bestehen.

5.6 SPEICHERN UND ARCHIVIEREN

Für viele Services müssen Daten über einen bestimmten Zeitraum gespeichert und offline verfügbar sein, nachdem sie nicht mehr benötigt werden, was häufig durch regulative oder gesetzliche Anforderungen vorgegeben wird. Außerdem bieten historische Daten und Audit-Daten einen unschätzbaren Wert in Bereichen wie Marketing, Produktentwicklung und juristisch relevanten Untersuchungen.

Das Management der organisationseigenen Datenspeichertechnologie kann einem eigenen Team oder einer Abteilung übertragen werden. Dabei können folgende Komponenten zum Einsatz kommen:

- Speichersysteme wie Festplatten, Controller, Bänder usw.
- Network Attached Storage (NAS), ein an das Netzwerk angeschlossenes Speichersystem, auf das mehrere Clients zugreifen können.
- Storage Area Networks (SANs), die eine Anbindung von Computerspeichergeräten wie Festplatten-Array-Controllern und Bandbibliotheken ermöglichen. Bei einem SAN müssen nicht nur Speichergeräte, sondern auch Netzwerkkomponenten wie Hubs, Kabel usw. verwaltet und gesteuert werden.
- Direct Attached Storage (DAS), ein direkt an einen Server angeschlossenes Speichersystem.
- Content Addressable Storage (CAS), ein Speichersystem, bei dem Informationen nach dem Inhalt und nicht nach dem Speicherort abgerufen werden. Hier liegt der Schwerpunkt auf der Art der gespeicherten Daten und Informationen anstatt auf dem Speicherort.

Unabhängig von der Art des verwendeten Speichersystems erfordern Speicherung und Archivierung ein Management der Infrastrukturkomponenten und Richtlinien in Bezug auf folgende Fragen: Wo werden die Daten gespeichert, wie lange, in welcher Form und wer ist zugriffsberechtigt? Die besonderen Zuständigkeiten umfassen:

- Definition von Richtlinien und Verfahren für die Datenspeicherung
- Namenskonventionen, Hierarchie- und Positionierungsentscheidungen bei der Dateispeicherung
- Konzeption, Kapazitätsermittlung, Auswahl, Beschaffung, Konfiguration und Betrieb der Datenspeicherinfrastruktur
- Wartung und Support von allen Dienstprogrammen und der gesamten Middleware-Software für die Speicherung von Daten
- Abstimmung mit dem Information Lifecycle Management Team oder Governance-Teams für eine zuverlässige Compliance in Bezug auf Informationsfreiheit, Datenschutz und IT-Governance-Bestimmungen
- Mitwirkung an der Definition und Vereinbarung von Archivierungsrichtlinien
- Verwaltung aller Datenspeichereinrichtungen
- Datenarchivierung gemäß der während des Service Design definierten Regeln und Zeitplänen; die für die Datenspeicherung zuständigen Teams oder Abteilungen liefern außerdem Input für die Definition dieser Regeln und Berichte über deren Effektivität, der wiederum als Input für das zukünftige Design dient
- Abrufen der archivierten Daten nach Bedarf (z. B. für Audit-Zwecke, juristisch relevanten Untersuchungen oder sonstige Business-Anforderungen)
- Third-Level Support für alle Incidents, die Auswirkungen auf Speicherung und Archivierung haben

5.7 DATENBANKADMINISTRATION

Die für die Datenbankadministration zuständigen Mitarbeiter müssen eng mit den wichtigen Application Management Teams oder Abteilungen zusammenarbeiten. In einigen Organisationen werden die entsprechenden Funktionen auch unter einer gemeinsamen Management-Struktur zusammengelegt. Für die Organisation bestehen folgende Möglichkeiten:

- Datenbankadministration durch Application Management Teams für die Anwendungen, die der Kontrolle des jeweiligen Teams unterliegen
- Übertragung des Managements aller Datenbanken auf eine Abteilung, unabhängig vom Datenbanktyp oder der Anwendung
- Übertragung des Managements auf mehrere Abteilungen, wobei jeweils eine Abteilung für einen Datenbanktyp verantwortlich ist, unabhängig von der Anwendung

Aufgabe der Datenbankadministration ist es, eine optimale Performance, Sicherheit und Funktionalität der verwalteten und gesteuerten Datenbanken sicherzustellen. Der Aufgabenbereich von Datenbankadministratoren beinhaltet in der Regel folgende Verantwortlichkeiten:

- Erstellung und Verwaltung von Datenbankstandards und -richtlinien
- erste Konzeption, erste Erstellung und erstmaliges Testen einer Datenbank
- Management der Datenbankverfügbarkeit und -Performance; Ausfallsicherheit, Dimensionierung, Kapazitäten usw.
- Maßnahmen zur Ausfallsicherheit können eine Replizierung der Datenbank beinhalten, deren Verantwortlichkeit der Datenbankadministration obliegt
- laufende Administration von Datenbankobjekten: Indizes, Tabellen, Views, Constraints, Snapshots und gespeicherte Verfahren; Page Locks für eine optimale Auslastung
- Definition von Auslösern für Events, über die die Datenbankadministratoren bei einer potenziellen Beeinträchtigung der Datenbank-Performance und -Integrität alarmiert werden
- Datenbank-Verwaltungsaufgaben – Ausführung von Routineaufgaben, z. B. Tuning oder Indizierung zur Sicherstellung einer optimalen und sicheren Funktionsweise der Datenbank
- Monitoring der Auslastung; Transaktionsvolumen, Antwortzeiten, Zugriffshäufigkeit usw.
- Generierung von Berichten, die auf Datenbankdaten oder Berichten im Zusammenhang mit der Performance und Integrität der Datenbank basieren
- Identifizierung, Berichterstattung und Management von Problemfällen bei einer möglichen Beeinträchtigung der Datenbanksicherheit; Audit-Protokolle und juristisch relevante Untersuchungen
- Unterstützung beim Design einer Backup-, Archivierungs- und Speicherstrategie für Datenbanken

- Unterstützung beim Design von Alarmen und Event Management für Datenbanken
- Bereitstellung von Third-Level Support für alle Incidents, die Auswirkungen auf Datenbanken haben

5.8 MANAGEMENT VON DIRECTORY-SERVICES

Ein Directory-Service ist eine spezialisierte Softwareanwendung für das Management von Informationen über die in einem Netzwerk verfügbaren Ressourcen und die darauf zugriffsberechtigten Anwender. Der Service bildet die Grundlage für den Zugriff auf Ressourcen und stellt sicher, dass unberechtigter Zugriff erkannt und unterbunden wird (für nähere Informationen zum Access Management siehe Abschnitt 4.5).

Directory-Services betrachten jede Ressource als Objekt des Directory-Servers und weisen ihm einen Namen zu. Jeder Name ist an die Netzwerkadresse der Ressource gekoppelt, damit die Anwender keine verwirrenden und komplexen Adressen auswendig kennen müssen.

Directory-Services basieren auf OSI X.500 Standards und verwenden meist Protokolle wie das Directory Access Protocol (DAP) oder das Lightweight Directory Access Protocol (LDAP). Das LDAP erbringt den Berechtigungsnachweis für die Anwendungsanmeldung eines Anwenders und enthält oft interne und externe Anwender-/Kundendaten, die insbesondere bei der Anrufprotokollierung im Extranet hilfreich sind. Da das LDAP ein kritisches operatives Tool ist und in der Regel immer auf dem aktuellsten Stand gehalten wird, stellt es eine gute Quelle für Daten und deren Verifizierung für das CMS dar.

Als Management der Directory-Services wird der Prozess für die Verwaltung und Steuerung aller Directory-Services bezeichnet. Dazu gehören diese Aktivitäten:

- Unterstützung von Service Design und Service Transition, um sicherzustellen, dass neue Services nach ihrem Deployment zugriffsbereit sind und ihr Zugriff gesteuert wird
- Aufnahme von Ressourcen im Netzwerk (wenn diese nicht bereits während des Service Design definiert wurden)
- Verfolgung des Ressourcenstatus und Unterstützung eines Remote-Managements dieser Ressourcen
- Management der Rechte von bestimmten Anwendern oder Anwendergruppen für den Zugriff auf Ressourcen im Netzwerk
- Definition und Verwaltung von Namenskonventionen für die Benennung der Ressourcen im Netzwerk
- Gewährleistung von Konsistenz bei der Benennung und dem Zugriff in verschiedenen Netzwerken in der Organisation
- Vernetzung mehrerer Directory-Services in der Organisation zu einem verteilten Directory-Service, damit die Anwender nur ein logisches Set an Netzwerkressourcen sehen; dies wird als Distribution von Directory-Services bezeichnet
- Monitoring von Events für Directory-Services, z. B. Fehlversuche beim Zugriff auf eine Ressource, und Einleitung geeigneter Maßnahmen
- Verwaltung und Aktualisierung der für das Management von Directory-Services eingesetzten Tools

5.9 DESKTOP SUPPORT

Da die meisten Anwender über Desktop- oder Laptop-Computer auf IT Services zugreifen, müssen diese entsprechend unterstützt werden, damit die Bereitstellung der vereinbarten Performance- und Verfügbarkeitslevels für Services gewährleistet sind.

Der Desktop Support ist für die Gesamtheit der Hardware, Software und Peripheriegeräte aller Desktop- und Laptop-Computer in einer Organisation verantwortlich. Hierbei fallen insbesondere folgende Aktivitäten an:

- Definition von Desktop-Richtlinien und -Verfahren, z. B. für Lizenzierung, Verwendung von Laptops oder Desktops für private Zwecke, Sperrung von USB-Anschlüssen usw.
- Konzeption und Vereinbarung von Standard-Desktop-Konfigurationen
- Desktop-Serviceverwaltung einschließlich Deployment von Releases, Upgrades, Patches und Hot Fixes in Abstimmung mit dem Release Management (weitere Erläuterungen finden Sie in der Publikation Service Transition)
- Design und Implementierung von Archivierungs-/Rebuild-Richtlinien (einschließlich Richtlinien in Bezug auf Cookies, Favoriten, Vorlagen, personenbezogene Daten usw.)
- Third-Level Support bei Incidents, die Auswirkungen auf Desktops haben, einschließlich eines eventuell erforderlichen Supports vor Ort

- Support bei Konnektivitätsproblemen (in Abstimmung mit dem Netzwerkmanagement) von Heimarbeitern, mobilen Mitarbeitern usw.
- Konfigurationssteuerung und Audit aller Desktop-Geräte (in Abstimmung mit dem Configuration Management und IT-Audit)

5.10 MIDDLEWARE MANAGEMENT

Als Middleware wird Software bezeichnet, die mit Softwarekomponenten in verteilten oder verschiedenartigen Anwendungen und Systemen verknüpft werden kann oder integrierbar ist. Die Middleware ermöglicht den effektiven Transfer von Daten zwischen Anwendungen und spielt daher eine wichtige Rolle für Services, die von verschiedenen Anwendungen oder Datenquellen abhängig sind.

Zur Zeit wird eine Vielzahl von Technologien eingesetzt, die die Kommunikation zwischen Programmen unterstützen, z. B. Object Request Broker, Message Oriented Middleware, Remote Procedure Call und Point-to-Point Web Services. Ständig werden neue Technologien entwickelt, z. B. der Enterprise Service Bus (ESB), der unabhängig von der Architektur und der Herkunft der Anwendungen eine Kommunikation zwischen Programmen, Systemen und Services ermöglicht. Der Enterprise Service Bus wird speziell beim Deployment von serviceorientierten Architekturen (SOAs, Service Oriented Architectures) eingesetzt.

Das Middleware Management kann im Rahmen des Application Management (bezieht sich auf eine bestimmte Anwendung) oder des Technical Management (wird als Erweiterung des Betriebssystems einer bestimmten Plattform betrachtet) durchgeführt werden.

Die Middleware bietet folgende Funktionalität:

- Bereitstellung von Transfermechanismen für Daten aus verschiedenen Anwendungen oder Datenquellen
- Übertragung von Daten zur Verarbeitung an eine andere Anwendung oder an ein anderes Verfahren
- Übermittlung von Daten oder Informationen an andere Systeme, z. B. Sourcing-Daten zur Publikation auf Websites (Veröffentlichung von Informationen zum Incident-Status)
- Freigabe aktualisierter Softwaremodule in verteilten Umgebungen
- Zusammenstellung und Verteilung von Systemnachrichten und -anweisungen, z. B. Events oder operative Skripts, die auf Remote-Systemen ausgeführt werden müssen
- Multicast-Einrichtung in Netzwerken; als Multicast wird die Bereitstellung von Informationen für eine Gruppe von Zielen bezeichnet, die gleichzeitig die effizienteste Route verwenden
- Management von Warteschlangen

Das Middleware Management umfasst eine Reihe von Aktivitäten für die Verwaltung und Steuerung von Middlewarekomponenten. Dazu gehören:

- Unterstützung von Service Design und Service Transition bei der Auswahl geeigneter Middleware-Lösungen, die nach dem Deployment eine optimale Performance erzielen
- Gewährleistung eines einwandfreien Middleware-Betriebs durch Monitoring und Steuerung
- Erkennung und Lösung von Incidents, die Auswirkungen auf Middlewarekomponenten haben
- Verwaltung und Aktualisierung der Middlewarekomponenten einschließlich Lizenzierung und Installation neuer Versionen
- Definition und Verwaltung von Informationen zur Vernetzung von Anwendungen mithilfe von Middlewarekomponenten; fällt in die Verantwortlichkeit des CMS (siehe Publikation Service Transition)

5.11 INTERNET-/WEB-MANAGEMENT

Viele Organisationen wickeln einen Großteil ihrer Geschäfte über das Internet ab und sind in hohem Maße von der Verfügbarkeit und Performance ihrer Websites abhängig. In solchen Fällen ist der Einsatz eigenständiger Internet/Web-Support-Teams oder -Abteilungen angebracht und gerechtfertigt.

Die Verantwortlichkeiten solcher Teams oder Abteilungen können folgende Aktivitäten im Bereich Intranet und Internet umfassen:

- Definition von Architekturen für Internet- und Webservices.
- Spezifikation von Standards für die Entwicklung und das Management webbasierter Anwendungen, Inhalte, Websites und Webseiten. Diese Aktivitäten werden in der Regel im Service Design durchgeführt.
- Design, Test, Implementierung und Verwaltung von Websites. Dies umfasst auch die Architektur von Websites und die Zuordnung des Inhalts, der zur Verfügung gestellt werden soll.
- In vielen Organisationen beinhaltet das Web-Management die Bearbeitung der Inhalte, die ins Web gestellt werden sollen.

- Verwaltung aller Anwendungen für Webentwicklung und -Management.
- Zusammenarbeit mit und Beratung von Teams mit dem Aufgabenschwerpunkt der Gestaltung der Webinhalte innerhalb des Businesses. Der Inhalt kann aus Anwendungen oder Speichersystemen stammen, so dass eine enge Zusammenarbeit mit Application Management und anderen Technical Management Teams sinnvoll ist.
- Zusammenarbeit mit Supplier Management von Internet Service Providern (ISPs), Hosts, externen Monitoring- oder Virtualisierungsorganisationen usw. In vielen Organisationen fällt das Management von ISPs in den Aufgabenbereich des Netzwerkmanagements.
- Third-Level Support bei Incidents, die Auswirkungen auf das Internet/Web haben.
- Support für Schnittstellen mit Backend- und Legacy Systemen. Dies erfordert oft eine Zusammenarbeit mit Anwendungsentwicklern und Mitgliedern des Application Management Teams, um sicheren Zugriff und konsistente Funktionalität sicherzustellen.
- Monitoring und Management der Website-Performance einschließlich Heartbeat-Tests, Simulation der Anwendererfahrung, Benchmarking, bedarfsorientierter Lastausgleich, Virtualisierung.
- Website-Verfügbarkeit, -Ausfallsicherheit und -Sicherheit. Diese Aktivität ist Teil des organisationsweiten Information Security Management.

5.12 FACILITIES MANAGEMENT UND RECHENZENTRUMSMANAGEMENT

Das Facilities Management befasst sich mit dem Management der physischen Umgebung des IT-Betriebs, die in der Regel aus Rechenzentren oder Computerräumen besteht. Da dies ein äußerst komplexer Bereich ist, kann diese Publikation nur einen Überblick über die wichtigsten Rollen und Aktivitäten bieten. Ausführlichere Erläuterungen sind in Anhang E enthalten.

Das Facilities Management kann in vielerlei Hinsicht als eigenständige Funktion betrachtet werden. Da der Schwerpunkt dieser Publikation auf der Unterbringung des IT-Betriebs liegt, wird das Facilities Management speziell unter dem Aspekt des Managements von Rechenzentren und als Unterfunktion des IT Operations Management behandelt.

Die wichtigsten Komponenten des Facilities Management sind:

- **Gebäudemanagement**, das sich mit der Verwaltung und Wartung der Gebäude beschäftigt, die das IT-Personal und das Rechenzentrum beherbergen. Typische Aktivitäten des Gebäudemanagements sind Reinigung, Abfallentsorgung, Parkplatzmanagement und Zugangskontrolle.
- **Unterbringung der Komponenten**, um dafür zu sorgen, dass alle speziellen Anforderungen bei der physischen Unterbringung der Komponenten und die Support-Teams erfüllt werden.
- **Energieversorgungsmanagement**, das sich mit der Verwaltung und Steuerung der Energiebeschaffung und -nutzung für eine funktionale Unterbringung befasst. Weitere Erläuterungen zur Definition des Energieversorgungsmanagements enthält Anhang E. Die Angaben zur Energienutzung spielen bei der Planung der Kapazitäten für neue Services und neue Gebäude eine wichtige Rolle.
- **Umgebungsbedingungen und Alarmsysteme** einschließlich Spezifikation, Wartung und Monitoring von Rauchmeldern, Brandbekämpfungsanlagen, Wasser-, Heiz- und Kühlsystemen usw.
- Der **Arbeitsschutz** sorgt für ausreichende Compliance mit allen Gesetzen, Standards und Richtlinien, die die Sicherheit der Mitarbeiter betreffen.
- Die **physische Zutrittskontrolle** stellt sicher, dass ausschließlich autorisiertes Personal Zugang zur Einrichtung hat und nicht autorisierter Zugang erkannt und unterbunden wird. Weitere Informationen dazu enthält Anhang F.
- Der **Warenausgang und -eingang** bezieht sich auf das Management aller Geräte, Möbel, Postsendungen usw., die das Gebäude verlassen oder ins Gebäude kommen. Dabei wird sichergestellt, dass nur dafür bestimmte Dinge ins Gebäude kommen oder das Gebäude verlassen und an die richtige Stelle weitergeleitet werden.
- Beteiligung am **Vertragsmanagement** bei der Vereinbarung von Verträgen mit Suppliern und Service Providern für die Einrichtung.
- Die **Wartung** befasst sich mit der regulären, planmäßigen Instandhaltung der Einrichtung und der Erkennung und Lösung von Problemen mit der Einrichtung.

> **Wichtiger Hinweis zu Rechenzentren**
>
> Rechenzentren sind im Allgemeinen spezialisierte Einrichtungen, die allgemeine Komponenten des Facilities Management nutzen und von diesen profitieren, diese aber gleichzeitig anpassen müssen. So werden beispielsweise Aspekte wie Raumnutzung, Heizung, Lüftung und Energieplanung individuell von Rechenzentren verwaltet und gesteuert.
>
> Das bedeutet, dass Rechenzentren zwar zu einer Organisation gehören, ihr Management aber dem IT-Betrieb unterstehen sollte. Zwischen der IT und der Abteilung, die sich um das Management der anderen Einrichtungen der Organisation kümmert, kann jedoch der Austausch funktionaler Berichte definiert werden.

5.12.1 Strategien für Rechenzentren

Das Management eines Rechenzentrums ist weit mehr als die Nutzung einer Freifläche zur Unterbringung von Komponenten und technischem Personal, das diese Ausrüstung nach eigenen Ansätzen und Verfahren installiert, verwaltet und steuert. Es erfordert einen integrierten Satz an Prozessen und Verfahren und die Einbindung aller IT-Gruppen und aller Phasen des ITSM-Lebenszyklus. Abläufe in Rechenzentren werden von strategischen und konzeptionellen Entscheidungen gelenkt, die auf Management und Steuerung ausgerichtet sind, und von Mitarbeitern im Betrieb ausgeführt werden. Dabei ist eine Reihe wichtiger Faktoren zu beachten:

- **Automatisierung des Rechenzentrums:** Dafür werden spezialisierte Automatisierungssysteme eingesetzt, so dass weniger manuelle Arbeitsschritte erforderlich sind und der Status der Einrichtung und des gesamten IT-Betriebs kontinuierlich verfolgt werden kann.
- **Richtlinienbasiertes Management:** Hier werden die Regeln für Automatisierung und Ressourcenzuteilung von Richtlinien verwaltet und gesteuert, so dass beim Wechsel der Verarbeitung von einer Ressource zu einer anderen keine komplexen Change-Verfahren erforderlich sind.
- **Echtzeitservices:** Services, die 24 Stunden am Tag und 7 Tage in der Woche zur Verfügung stehen.
- **Standardisierung der Ausrüstung:** Dadurch wird das Management erheblich erleichtert, es lassen sich konsistentere Performance-Level erzielen und können mehrere Services mit ähnlichen Technologien bereitgestellt werden. Dank einer Standardisierung ist auch weniger breit gefächertes technisches Fachwissen für das Management der Ausrüstung im Rechenzentrum und für die Servicebereitstellung erforderlich.
- **Serviceorientierte Architekturen (SOAs):** Mithilfe von SOAs können Servicekomponenten ohne Auswirkungen auf das Business sehr schnell erneut eingesetzt, ausgetauscht oder ersetzt werden. Dadurch kann das Rechenzentrum extrem schnell auf sich ändernde Business-Anforderungen reagieren, ohne dass zeitaufwendige, komplizierte Struktur- oder Architekturänderungen erforderlich sind.
- **Virtualisierung:** Das bedeutet, dass zur Bereitstellung von IT Services eine sich ständig ändernde Ausrüstung eingesetzt wird, die auf die aktuellen Anforderungen ausgerichtet ist. Beispiel: Eine Anwendung läuft in Spitzenauslastungszeiten mit ihrer Datenbank auf einem eigenen System, wechselt aber außerhalb der Spitzenzeiten mit der Datenbank automatisch auf ein Remote-System, das im Freigabemodus eingesetzt wird. So sind sogar noch größere Kosteneinsparungen möglich, da die gesamte Ausrüstung jederzeit einsatzbereit ist. Manuelles Eingreifen ist nur noch bei Wartungsarbeiten und beim Austausch defekter Ausrüstung erforderlich. Die IT-Infrastruktur ist noch ausfallsicherer, da jede Komponente bei einem Ausfall automatisch durch eine beliebige Anzahl ähnlicher Komponenten ersetzt werden kann, um deren Arbeit zu übernehmen.

  Für das Management einer virtualisierten Umgebung sind Remote-Monitoring, -Steuerung und -Management von Ausrüstung und Systemen erforderlich, da viele Services nicht mit allen Ausrüstungsteilen vernetzt sind.
- **Einheitliche Management-Systeme** haben an Bedeutung gewonnen, da Services an mehreren Standorten und mit verschiedenen Technologien ausgeführt werden. Heute muss festgelegt werden, welche Maßnahmen ergriffen werden müssen und von welchen Systemen sie durchgeführt werden sollen. Das bedeutet, dass in Lösungen investiert werden muss, bei denen Infrastrukturmanager nur noch das erforderliche Ergebnis angeben müssen und es dem Management-System überlassen können, die optimale Kombination von Tools und Maßnahmen zu berechnen, um dieses Ergebnis zu erzielen.

5.13 INFORMATION SECURITY MANAGEMENT UND SERVICE OPERATION

Das Information Security Management als Prozess wird in der ITIL Publikation Service Design erläutert. Es trägt die Gesamtverantwortung für die Festlegung von Richtlinien, Standards und Verfahren zum Schutz aller Assets, Daten, Informationen und IT Services einer Organisation. Service Operation Teams führen diese Richtlinien, Standards und Verfahren aus und arbeiten eng mit den Teams oder Abteilungen zusammen, die für das Information Security Management verantwortlich sind.

Das Information Security Management darf nicht im Zuständigkeitsbereich von Service Operation Teams liegen, da dies zu Konflikten führen würde. Die Rollen der für die Definition und das Management des Prozesses zuständigen Gruppen müssen klar von denen der Gruppen abgegrenzt werden, denen im Rahmen des laufenden Betriebs die Ausführung bestimmter Aktivitäten obliegt. Dies dient zum Schutz vor Verstößen gegen Sicherheitsmaßnahmen, da keine Einzelperson Kontrolle über zwei oder mehr Phasen einer Transaktion oder Betriebsablaufs haben sollte. Das Information Security Management sollte Gegenprüfungen vornehmen, damit es bei der Zuweisung von Zuständigkeiten nicht zu Konflikten kommt.

Die Rolle der Service Operations Teams wird nachfolgend beschrieben.

5.13.1 Richtlinien und Berichterstattung

Um dies zu gewährleisten müssen Service Operation Mitarbeiter bestimmte Aktivitäten durchführen, z. B. Systemjournale, Protokolle, Event/Monitoring-Alarme oder Eindringversuche überprüfen und/oder über tatsächliche oder potenzielle Sicherheitsverstöße berichten. Hierzu ist eine Abstimmung mit dem Information Security Management erforderlich, um ein „Check-and-Balance-System" zu etablieren, mit dem Sicherheitsprobleme effektiv erkannt, verwaltet und gesteuert werden können.

Service Operation Mitarbeiter entdecken oft als Erste Sicherheits-Events und können den Zugriff auf davon betroffene Systeme abstellen und/oder aufheben.

Besondere Aufmerksamkeit sollte externen Organisationen zukommen, die physischen Zugang zur Organisation benötigen. Unter Umständen kann es erforderlich sein, dass Service Operation Mitarbeiter Besucher in Bereiche mit hohen Sicherheitsanforderungen begleiten und/oder ihren Zugang kontrollieren.

Möglicherweise müssen sie auch den Netzwerkzugang für Drittparteien kontrollieren, z. B. die Einwahl von externen Firmen zur Diagnose und Wartung der Hardware.

5.13.2 Technische Unterstützung

Das IT-Sicherheitspersonal kann bei der Untersuchung von Security Incidents, der Berichterstellung oder der Beschaffung von juristisch relevanten Belegen für Disziplinarmaßnahmen oder eine strafrechtliche Verfolgung technische Unterstützung benötigen.

Technischer Rat kann auch bei potenziellen Verbesserungen der Sicherheit erforderlich sein (z. B. beim Einrichten von Firewalls oder Zugriffs-/ Passwortkontrollen).

Informationen aus dem Event, Incident, Problem und Configuration Management können bei der zeitlichen Abfolge von Untersuchungen im Zusammenhang mit Sicherheitsaspekten sehr hilfreich sein.

5.13.3 Operative Sicherheitssteuerung

Aus operativen Gründen benötigt technisches Personal häufig einen privilegierten Zugang zu wichtigen technischen Bereichen (z. B. Passwörter für das „Root-System", physischen Zugang zu Rechenzentren oder Kommunikationsräumen usw.). Daher müssen adäquate Kontrollen und Audit-Protokolle von solchen privilegierten Aktivitäten aufbewahrt werden, um Sicherheits-Events zu erkennen und zu unterbinden.

Für alle Sicherheitsbereiche müssen physische Kontrollen durchgeführt werden, und alle Mitarbeiter müssen sich an- und abmelden. Externes Personal oder Besucher, die Zugang benötigen, sollten von Service Operation Mitarbeitern begleitet und ihr Aufenthalt in diesem Bereich sollte kontrolliert werden.

Der privilegierte Systemzugang muss sich auf Personen beschränken, deren Zugang verifiziert wurde, und sofort entzogen werden, wenn kein Zugang mehr benötigt wird. Dafür ist ein Audit-Protokoll zu führen, das Auskunft darüber gibt, wer wann Zugang hatte und welche Aktivitäten für verschiedene Zugangsebenen ausgeführt wurden.

5.13.4 Auswahl nach bestimmten Kriterien und eingehende Sicherheitsüberprüfung

Alle Service Operation Mitarbeiter sollten entsprechend der in der Organisation geltenden Sicherheitsstufe ausgewählt und eingehend überprüft werden.

Dies gilt auch für Supplier und externe Vertragspartner, und zwar nicht nur für die beteiligten Mitarbeiter, sondern auch für deren Organisationen. Viele Organisationen fordern bereits polizeiliche oder behördliche Führungszeugnisse an, insbesondere dann, wenn externe Vertragspartner mit bestimmten Systemklassifizierungen arbeiten. Gegebenenfalls werden geeignete Geheimhaltungs- und Vertraulichkeitsvereinbarungen abgeschlossen.

5.13.5 Schulung und Bewusstseinsbildung

Alle Service Operation Mitarbeiter sollten regelmäßig und fortlaufend geschult werden und ihr Bewusstsein für die in der Organisation geltenden Sicherheitsrichtlinien und -verfahren geschärft werden. Dazu gehören auch Informationen zu möglichen Diziplinarmaßnahmen. Außerdem sollten alle Sicherheitsanforderungen im Arbeitsvertrag eines Mitarbeiters festgehalten werden.

5.13.6 Dokumentierte Richtlinien und Verfahren

Von der Service Operation dokumentierte Verfahren müssen alle relevanten Informationen zu Sicherheitsbelangen enthalten, die den Dokumenten zu den in der Organisation geltenden Sicherheitsrichtlinien entnommen werden. Dabei können auch Handbücher eingesetzt werden, um die Sicherheitsinformationen für alle betreffenden Mitarbeiter zur Verfügung zu stellen.

5.14 VERBESSERUNG OPERATIVER AKTIVITÄTEN

Alle Service Operation Mitarbeiter sollten stets nach Bereichen suchen, in denen mithilfe von Prozessverbesserungen eine höhere IT-Servicequalität erreicht werden kann und/oder bei gleicher Qualität Kosteneinsparungen erzielt werden können. Dabei können die nachfolgend beschriebenen Aktivitäten hilfreich sein.

5.14.1 Automatisierung manueller Aufgaben

Manuell ausgeführte Aufgaben, insbesondere solche, die sich regelmäßig wiederholen, sind in der Regel zeitaufwendiger, kostspieliger und fehleranfälliger als Aufgaben, die automatisiert vom System übernommen werden können. Um Aufwand und Kosten zu reduzieren und mögliche Fehler zu minimieren, sollten alle Aufgaben im Hinblick auf eine mögliche Automatisierung geprüft werden.

Dabei sollten die Kosten der Automatisierung dem zu erwartenden Nutzen gegenüber gestellt werden.

5.14.2 Überprüfung provisorischer Aktivitäten oder Verfahren

Aufgrund der pragmatischen Natur der Service Operation können manchmal provisorische Aktivitäten oder Prozesse erforderlich sein, um sich kurzfristig auf spezielle operative Gegebenheiten einzustellen. Hierbei besteht die Gefahr, dass solche Praktiken anhalten und zur „Norm" werden und die Effizienz beeinträchtigen können. Wenn provisorische Aktivitäten oder Verfahren erforderlich sind, müssen diese nach Normalisierung der Situation überprüft werden und anschließend wieder eingestellt oder längerfristig durch effiziente Prozesse ersetzt werden.

5.14.3 Operative Audits

Für alle Service Operation Prozesse sollten regelmäßig Audits durchgeführt werden, um eine zufrieden stellende Funktionsweise zu gewährleisten.

5.14.4 Incident und Problem Management

Problem und Incident Management bieten viele Informationen für operative Verbesserungsmöglichkeiten. Diese Prozesse werden in Kapitel 4 dieser Publikation ausführlicher erläutert.

5.14.5 Kommunikation

Es versteht sich von selbst, dass eine gute Kommunikation über sich ändernde Anforderungen, Technologien und Prozesse eine positive Wirkung auf die Service Operation hat und zu Verbesserungen führt. Dennoch wird dieser Aspekt häufig vernachlässigt. Verbesserungen in der Service Operation sind von einer formalen und regelmäßigen Kommunikation zwischen den für Design, Support und Betrieb der Services verantwortlichen Teams abhängig.

5.14.6 Weiterbildung und Schulung

Service Operation Teams sollten wissen, wie wichtig die Arbeit ist, die sie Tag für Tag erledigen. Um zu gewährleisten, dass die Mitarbeiter ein grundlegendes Verständnis der Business-Funktionen oder -Services haben, die sie mit ihren Aktivitäten unterstützen, sind regelmäßige Weiterbildungsmaßnahmen erforderlich. Diese fördern eine größere Sorgfalt und Aufmerksamkeit für Details und helfen Service Operation Teams, Business-Prioritäten besser einschätzen zu können.

Mit Schulungsprogrammen wird sichergestellt, dass die Mitarbeiter über adäquate Fertigkeiten im Umgang mit der Technologie oder den Anwendungen verfügen, für deren Management sie zuständig sind. Die Einführung neuer Technologien oder Änderungen an bestehenden Technologien sollten immer von Schulungsmaßnahmen begleitet werden.

Organisieren der Service Operation

6

6 Organisieren der Service Operation

6.1 FUNKTIONEN

Eine Funktion ist ein logisches Konzept für Personen und automatisierte Maßnahmen, die einen definierten Prozess, eine Aktivität oder eine Kombination aus Prozessen oder Aktivitäten ausführen. In großen Organisationen kann eine Funktion aufgeteilt und von verschiedenen Abteilungen, Teams und Gruppen ausgeführt werden. Sie kann aber auch in den Verantwortungsbereich eines einzelnen Organisationsbereichs fallen.

Die in Abbildung 6.1 dargestellten Service Operation Funktionen dienen dem Management einer dauerhaft stabilen operativen IT-Umgebung. Es handelt sich hierbei um logische Funktionen, die nicht zwangsläufig von einer vergleichbaren organisatorischen Struktur ausgeführt werden müssen. Das bedeutet, dass das Technical und Application Management in beliebiger Konstellation und aus einer beliebigen Anzahl von Abteilungen organisiert werden kann. Die Gruppierungen der zweiten Ebene in Abbildung 6.1 sind typische Beispiele für Gruppen

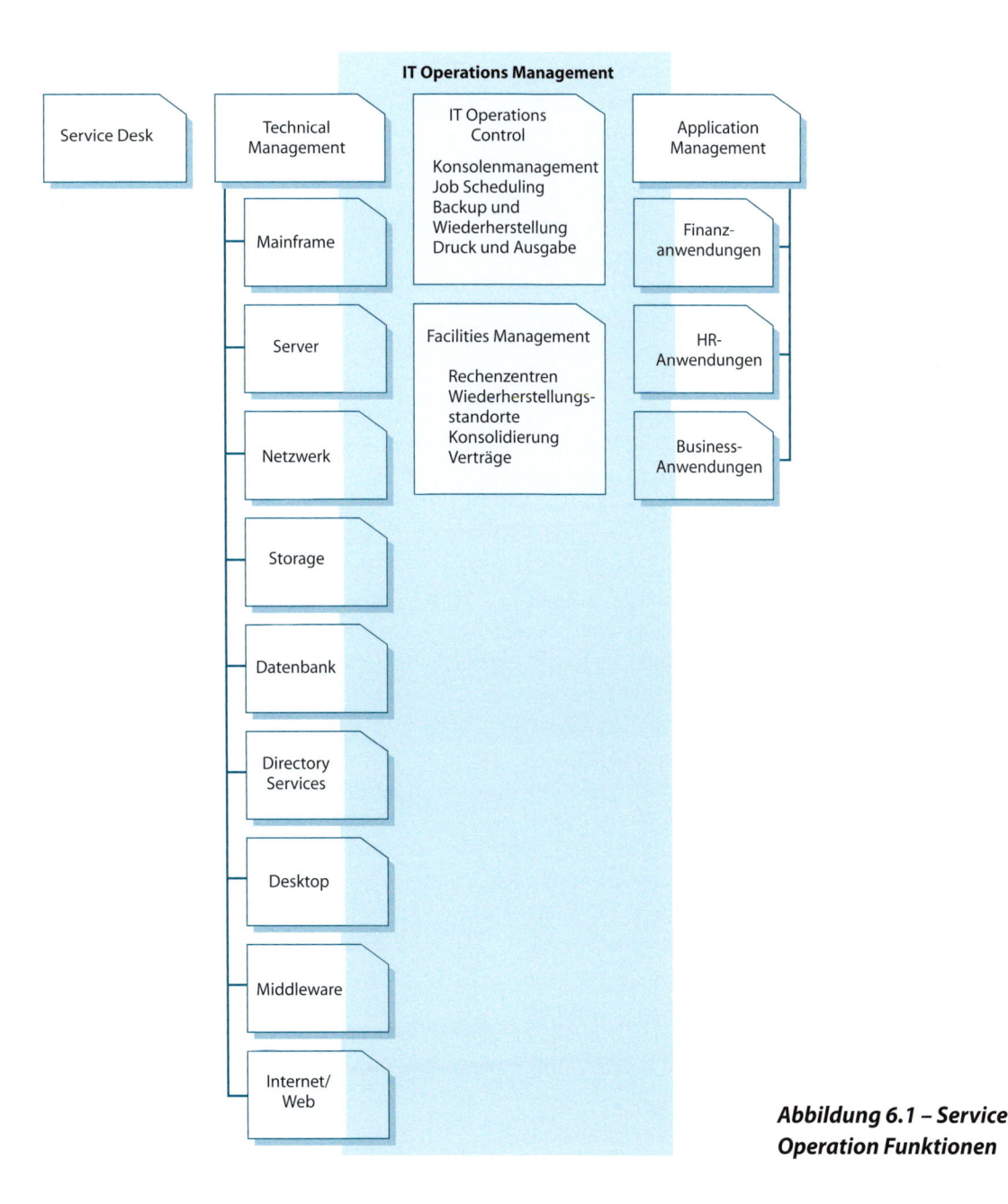

Abbildung 6.1 – Service Operation Funktionen

von Aktivitäten, die vom Technical Management (siehe Kapitel 5) durchgeführt werden. Sie sind nicht als Vorschlag einer Organisationsstruktur zu verstehen.

Zu den Service Operation Funktionen aus Abbildung 6.1 gehören diese Funktionen:

- Der **Service Desk** ist die erste Anlaufstelle für Anwender bei Serviceunterbrechungen, bei Service Requests oder auch bei einigen Kategorien von Requests for Change. Der Service Desk bietet für die Anwender eine Anlaufstelle zur Kommunikation und eine Anlaufstelle zur Koordination für verschiedene IT-Gruppen und -Prozesse. Um alle anfallenden Aufgaben effektiv bewältigen zu können, wird der Service Desk gewöhnlich von anderen Service Operationen Funktionen getrennt. Wenn z. B. Anwendern beim ersten Anruf umfassender technischer Support gegeben wird, kann es erforderlich sein, dass Mitarbeiter des Technical oder Application Management Teams für den Service Desk arbeiten. Dies heißt aber nicht, dass der Service Desk Teil der Technical Management Funktion wird. Vielmehr sind die Mitarbeiter des Technical oder Application Management Teams, solange sie am Service Desk tätig sind, nicht mehr Mitglieder ihrer Teams, sondern werden vorübergehend Teil des Service Desks.
- Das **Technical Management** stellt detaillierte technische Fertigkeiten und Ressourcen bereit, die für die Unterstützung des fortlaufenden Betriebs der IT-Infrastruktur erforderlich sind. Das Technical Management spielt auch beim Design, beim Testen, beim Release und bei Verbesserungen von IT Services eine wichtige Rolle. In kleineren Organisationen kann dieses Fachwissen in einer einzigen Abteilung verwaltet und gesteuert werden; größere Organisationen werden jedoch meist in eine Reihe von technisch spezialisierten Abteilungen aufgeteilt (weitere Erläuterungen finden Sie weiter unten in diesem Kapitel). In vielen Organisationen sind die Technical Management Abteilungen auch für den laufenden Betrieb eines Teilbereichs der IT-Infrastruktur verantwortlich. Abbildung 6.1 zeigt, dass die zuständigen Mitarbeiter der Technical Management Funktion aufgrund ihrer Aktivitäten logisch der IT Operations Management Funktion zugeordnet werden können.
- Das **IT Operations Management** ist die Funktion, die für die täglichen operativen Aktivitäten verantwortlich ist, die für das Management der IT-Infrastruktur erforderlich sind. Diese erfolgen in Abstimmung mit den im Service Design definierten Performance-Standards. In einigen Organisationen ist dafür eine einzelne, zentralisierte Abteilung vorgesehen, während in anderen einige Aktivitäten zentralisiert sind und einige von verteilten oder spezialisierten Abteilungen bereitgestellt werden. In Abbildung 6.1 ist dies durch die Überlappung der Technical und Application Management Funktionen dargestellt. Das IT Operations Management verfügt über zwei eigene Funktionen, bei denen es sich in der Regel um formale Organisationsstrukturen handelt:
  - **IT Operations Control** (Steuerung des IT-Betriebs), die in der Regel von Operator-Mitarbeitern im Schichtbetrieb erfolgt und sicherstellt, dass die routinemäßigen operativen Aufgaben ausgeführt werden. Die IT Operations Control übernimmt auch zentralisierte Monitoring- und Steuerungsaktivitäten, in der Regel über eine Operations Bridge oder ein Network Operations Centre.
  - Das **Facilities Management** befasst sich mit dem Management der physischen IT-Umgebung, in der Regel mit Rechenzentren oder Computerräumen. In vielen Organisationen sind das Technical und Application Management zusammen mit dem IT-Betrieb in großen Rechenzentren untergebracht. In einige Organisationen werden viele physische Komponenten der IT-Infrastruktur ausgelagert. Das Facilities Management kann dann auch für das Management der Outsourcing-Verträge zuständig sein.
- Das **Application Management** ist verantwortlich für das Management von Anwendungen über ihren gesamten Lebenszyklus hinweg. Die Application Management Funktion unterstützt und verwaltet betriebene Anwendungen und spielt auch beim Design, beim Testen und bei Verbesserungen von Anwendungen, die Teil von IT Services sind, eine wichtige Rolle. Das Application Management wird meist basierend auf dem Anwendungsportfolio der Organisation auf unterschiedliche Abteilungen aufgeteilt (siehe Beispiele in Abbildung 6.1), um eine Spezialisierung zu vereinfachen und eine fokussiertere Unterstützung zu ermöglichen. In vielen Organisationen stellen Application Management Abteilungen Personal ab, das für den täglichen Betrieb dieser Anwendungen verantwortlich ist. Wie beim Technical Management kann dieses Personal dadurch der IT Operations Management Funktion logisch zugeordnet werden.

> **Besonderer Hinweis zum Information Security Management**
>
> Es herrscht weitgehend Einigkeit darüber, dass das Information Security Management eine Funktion darstellt. Es ist jedoch eine Funktion mit hohem Spezialisierungsgrad, die mehrere Phasen des Lebenszyklus abdeckt. Außerdem überwacht und kontrolliert es viele Aktivitäten, die im Rahmen der Service Operation Funktionen ausgeführt werden. Nähere Erläuterungen zum Information Security Management finden Sie in der Publikation Service Design und in Abschnitt 5.13 dieser Publikation.

6.1.1 Funktionen und Aktivitäten

In Kapitel 5 dieser Publikation wurde eine Reihe allgemeiner Service Operation Aktivitäten beschrieben. Basierend auf der technischen Natur und Spezialisierung dieser Aktivitäten werden den dafür verantwortlichen Teams, Gruppen oder Abteilungen Bezeichnungen zugeteilt, die einen Rückschluss auf diese Aktivitäten zulassen. Für das Netzwerkmanagement könnte beispielsweise die „Netzwerkmanagement-Abteilung" verantwortlich sein. Dies ist jedoch keine feste Regel. Bei der Zuordnung von Aktivitäten zu Teams oder Abteilungen ist eine Reihe von Optionen möglich:

- Eine Aktivität kann von mehreren Teams oder Abteilungen durchgeführt werden. Wenn es in einer Organisation z. B. fünf Abteilungen für Anwendungs-Support gibt und jede eine bestimmte Gruppe von Anwendungen unterstützt, kann jede dieser Abteilungen auch die Datenbankadministration für „ihre" Anwendungen übernehmen.
- Eine Abteilung kann mehrere Aktivitäten durchführen. Die Netzwerkmanagement-Abteilung kann z. B. für das Management von Netzwerk, Directory-Services und Servern verantwortlich sein.
- Eine Aktivität kann gruppenweise durchgeführt werden. Die Sicherheitsverwaltung kann z. B. in den Aufgabenbereich einer Person fallen, die auch für das Management einer Anwendung, eines Servers, einer Middleware oder eines Desktops verantwortlich ist.

Organisatorische Entscheidungen dieser Art werden von einer Reihe von Faktoren beeinflusst. Dazu gehören:

- Größe und Standort der Organisation. In kleineren, weniger verteilten Organisationen werden diese Funktionen oft zusammengelegt, während in größeren, dezentralisierten Organisationen mehrere Teams und Abteilungen für eine Aktivität verantwortlich sein können (z. B. nach Region).
- Komplexität der in der Organisation eingesetzten Technologie. Je mehr unterschiedliche Technologien zum Einsatz kommen, desto mehr verschiedene Teams sind für ähnliche Aktivitäten in einem jeweils anderen Kontext verantwortlich (z. B. UNIX Server Management und Windows Server Management).
- Verfügbarkeit von Fertigkeiten. Wenn die technischen Fertigkeiten in einer Organisation nicht ausreichen, werden oft Generalisten für verschiedene Gruppen von Aktivitäten eingesetzt. Dies kann jedoch durch Sicherheitsaspekte erschwert werden. Beispielsweise kann eine Organisation, die an klassifizierten oder geheimen Projekten arbeitet, gezwungen sein, teure, spezialisierte Ressourcen einzustellen, auch wenn dadurch Umzüge anstehen oder Verträge mit Anbietern geschlossen werden, die einer Sicherheitsüberprüfung unterzogen werden müssen.
- Kultur der Organisation. Einige Organisationen bevorzugen ein Arbeitsumfeld mit hochspezialisierten Mitarbeitern, während andere lieber mit flexiblen Generalisten zusammenarbeiten.
- Die finanzielle Situation der Organisation hat entscheidenden Einfluss darauf, wie viele Mitarbeiter mit welchen Fertigkeiten beschäftigt werden können und wie sie organisiert werden.

Aufgrund der oben genannten Faktoren ist es in dieser Publikation nicht möglich, eine organisatorische Struktur festzulegen, die auf jede Situation anwendbar ist. In den folgenden Abschnitten werden unter den funktionalen Gruppen die Aktivitäten aufgelistet, an denen sie wahrscheinlich beteiligt sind. Das bedeutet nicht, dass sich alle Organisationen an diese Aufteilung halten müssen. Kleinere Organisationen werden Aktivitäten eher gruppenweise einzelnen Abteilungen oder Personen zuweisen (falls überhaupt erforderlich).

> **Besonderer Hinweis zum Outsourcing**
>
> Diese organisatorischen Überlegungen spielen am ehesten für interne IT-Organisationen eine Rolle. Weitaus komplexer ist die Situation, wenn eine Aktivität oder Funktion teilweise oder vollständig ausgegliedert wird. Service Desk und Network Operations bieten sehr gute Outsourcing-Möglichkeiten, worauf in der ITIL Complementary Guidance (ergänzende ITIL Veröffentlichungen) ausführlicher eingegangen wird. Dabei sind einige wichtige Punkte zu beachten:
>
> - Unabhängig davon, wer die Aktivität durchführt, ist das Unternehmen, das einen Vertrag mit der

- Outsourcing-Organisation abschließt, dafür verantwortlich, dass die Aktivität entsprechend dem für die Bereitstellung von Services für Kunden und Anwender geltenden Standard durchgeführt wird.
- Outsourcing eignet sich in den seltensten Fällen zur Lösung von Problemen in einer Organisation oder als Alternative zu gut funktionierenden Service Management Prozessen. Die besten Ergebnisse lassen sich erzielen, wenn diese bereits vor dem Outsourcing etabliert wurden.
- Outsourcing funktioniert am besten, wenn sich beide Organisationen aktiv daran beteiligen. Bei fehlendem Engagement seitens der Mitarbeiter und Manager der Kundenorganisation wird die Outsourcing-Organisation wahrscheinlich keinen Erfolg haben, da niemand die Organisation besser versteht als die Leute, die dort arbeiten.
- Die Outsourcing-Organisation sollte nicht die Ergebnisse bestimmen oder die Art und Weise, wie sie gemessen werden. Dazu ist ein umfassendes Verständnis der Business-Anforderungen von Anwendern und Kunden erforderlich und es muss gewährleistet sein, dass diese Anforderungen von der Outsourcing-Organisation erfüllt werden können.
- Obwohl die Services des Outsourcing-Unternehmens fest in die Organisation integriert werden, bleibt der Outsourcing-Partner eine externe Organisation mit anderen Business-Zielen, Richtlinien und Practices. Die Sicherheitsstandards müssen gewahrt bleiben, und beide Parteien müssen ihre Rolle und den Beitrag, den sie zu leisten haben, genau kennen.

6.2 SERVICE DESK

Ein Service Desk ist eine funktionale Einheit mit einer bestimmten Anzahl von Mitarbeitern, die für die Bearbeitung einer Vielzahl von Service-Events verantwortlich sind. Diese Events werden oft über Telefonanrufe, die Webschnittstelle oder automatisch berichtete Infrastruktur-Events gemeldet.

Der Service Desk nimmt in der IT-Abteilung einer Organisation eine enorm wichtige Rolle ein und sollte immer der Single Point of Contact, also die einzige Anlaufstelle, für IT-Anwender sein. Aufgabe des Service Desks ist die Erfassung und das Management aller Incidents und Service Requests mithilfe spezialisierter Software-Tools.

Der Wert eines effektiven Service Desks darf nicht unterschätzt werden. Ein guter Service Desk kann oft Schwachstellen in anderen Bereichen der IT-Organisation kompensieren, aber ein schlechter (oder fehlender) Service Desk kann ein schlechtes Bild von einer ansonsten effektiven IT-Organisation vermitteln.

Von entscheidender Bedeutung ist daher, dass geeignete Mitarbeiter für den Service Desk eingesetzt werden und IT-Manager alle Anstrengungen unternehmen, den Service Desk als attraktiven Arbeitsplatz zu gestalten und damit die Mitarbeiterbindung zu verbessern.

Art, Typ, Größe und Standort des Service Desks variieren je nach Art des Business, Anwenderzahl, Geografie, Komplexität von Anrufen, Umfang von Services und vielen anderen Faktoren.

In Abstimmung mit Kunden- und Business-Anforderungen sollte das obere Management der IT-Organisation als Teil seiner übergeordneten ITSM-Strategie (siehe Publikation Service Strategy) den genauen Typ des erforderlichen Service Desks bestimmen (und festlegen, ob der Service Desk intern betrieben oder an eine Drittpartei ausgegliedert wird). Anschließend muss die Service Desk Funktion geplant, vorbereitet und implementiert werden (entweder als Implementierung einer neuen Funktion oder – in den meisten Fällen – im Rahmen notwendiger Änderungen an einer bestehenden Funktion). Weitere Informationen dazu finden Sie in den Publikationen Service Design und Service Transition.

6.2.1 Rechtfertigung und Rolle des Service Desks

Heutzutage bedarf es kaum einer Rechtfertigung für den Service Desk, da mittlerweile viele Organisationen davon überzeugt sind, dass ein Service Desk den weitaus besten Ansatz für First-Level Support in der IT bietet. Man muss sich nur die Frage nach Alternativen stellen, um vom Service Desk Konzept restlos überzeugt zu sein. Für weitere Punkte der Rechtfertigung sprechen diese Vorzüge:

- verbesserter Service, bessere Wahrnehmung und höhere Zufriedenheit des Kunden
- verbesserte Erreichbarkeit durch eine Kommunikation und Informationen über einen Single Point of Contact (einzige Anlaufstelle)
- bessere Qualität und schnellere Abwicklung von Kunden- oder Anwenderanfragen
- verbessertes Teamwork und bessere Kommunikation
- besserer Fokus und proaktiver Ansatz für die Servicebereitstellung

- weniger negative Business-Auswirkungen
- besseres Management von Infrastruktur und Steuerung
- bessere Auslastung von IT-Support-Ressourcen und höhere Produktivität von Business-Mitarbeitern
- aussagekräftigere Management-Informationen für eine bessere Entscheidungsfindung

Der Service Desk bietet erfahrungsgemäß eine gute Einstiegsmöglichkeit für ITSM-Personal. Die Arbeit am Service Desk bietet eine hervorragende Ausgangsposition für alle, die eine Karriere im Service Management anstreben, kann jedoch auch Schwierigkeiten mit sich bringen, wenn der Mitarbeiter kein grundlegendes Verständnis zum Business oder zur Technologie mitbringt. Anwender, die beim Service Desk anrufen, müssen mit jemandem sprechen, der ihre Bedürfnisse versteht, und Service Desk Analysten dürfen nicht schon nach wenigen Monaten durch übermäßigen Stress völlig ausgebrannt sein. Es sollten sorgfältig geeignete Mitarbeiter mit einem guten Verständnis des Business ausgewählt und adäquat geschult werden, damit unzureichendes Wissen nicht zu einer Verschlechterung des First-Level Support führt.

6.2.2 Service Desk Ziele

Hauptziel des Service Desks ist die möglichst schnelle Wiederherstellung des „normalen Service" für die Anwender. In diesem Kontext ist die „Wiederherstellung des Service" im weitesten Sinne zu verstehen. Es könnte sich dabei um die Behebung eines technisches Fehlers handeln, aber auch um die Erfüllung eines Service Request (Serviceantrags) oder die Beantwortung von Anfragen – also um sämtliche Maßnahmen, die es Anwendern ermöglichen, ihre Arbeit wieder zufrieden stellend auszuführen.

Die besonderen Zuständigkeiten umfassen:

- Erfassung aller relevanten Details zu Incidents/Service Requests, Zuweisung von Kategorisierungs- und Priorisierungscodes
- erste Untersuchung und Diagnose
- Lösung aller Incidents/Service Requests, die gelöst werden können
- Eskalation von Incidents/Service Requests, die nicht innerhalb eines vereinbarten Zeitrahmens gelöst werden können
- Feedback an die Anwender, um sie über den Fortschritt auf dem Laufenden zu halten
- Schließen aller gelösten Incidents, Requests und anderen Anrufe
- Durchführung von Umfragen/Rückrufen gemäß Vereinbarung zur Ermittlung der Kunden-/Anwenderzufriedenheit
- Kommunikation mit Anwendern, um sie über den Fortschritt bei der Lösung von Incidents auf dem Laufenden zu halten oder über bevorstehende Changes oder vereinbarte Unterbrechungen zu informieren
- Aktualisierung des CMS unter der Leitung des Configuration Management und mit dessen Genehmigung, falls entsprechend vereinbart

Hinweis: Diese Aktivitäten werden in den Abschnitten 4.2 und 4.3 im Rahmen der Incident Management und Request Fulfilment Prozesse ausführlicher erläutert.

6.2.3 Service Desk Organisationsstruktur

Es gibt eine Vielzahl von Möglichkeiten zur Strukturierung und Unterbringung von Service Desks, die je nach Organisation variieren. Die wichtigsten Optionen sind unten aufgeführt. In der Praxis muss eine Organisation allerdings häufig eine Struktur implementieren, bei der eine Kombination verschiedener Optionen berücksichtigt werden muss, um den Business-Bedürfnissen voll und ganz gerecht zu werden:

6.2.3.1 *Lokaler Service Desk*

Der lokale Service Desk ist innerhalb oder in physischer Nähe zu der Anwendergemeinschaft, die er bedient, untergebracht. So wird häufig die Kommunikation vereinfacht und die Präsenz des Service Desks für alle Beteiligten deutlich. Das begrüßen einige Anwender, bedeutet aber oft einen ineffizienten, kostenaufwendigen Ressourceneinsatz, da das Personal für die Bearbeitung von Incidents bereitstehen muss, auch wenn das Aufkommen der eingehenden Anrufe das nicht rechtfertigt.

In einigen Fällen sprechen jedoch einige schlagkräftige Argumente für einen lokalen Service Desk, selbst wenn er durch das Anrufvolumen allein nicht gerechtfertigt ist. Dazu gehören:

- sprachliche, kulturelle oder politische Unterschiede
- verschiedene Zeitzonen
- spezialisierte Gruppen von Anwendern
- hochindividuelle oder spezialisierte Services, die Spezialwissen erfordern
- VIP-Status/kritischer Status von Anwendern

6.2.3.2 *Zentralisierter Service Desk*

Die Anzahl von Service Desks kann reduziert werden, wenn sie an einem einzigen Standort (oder einer

Organisieren der Service Operation

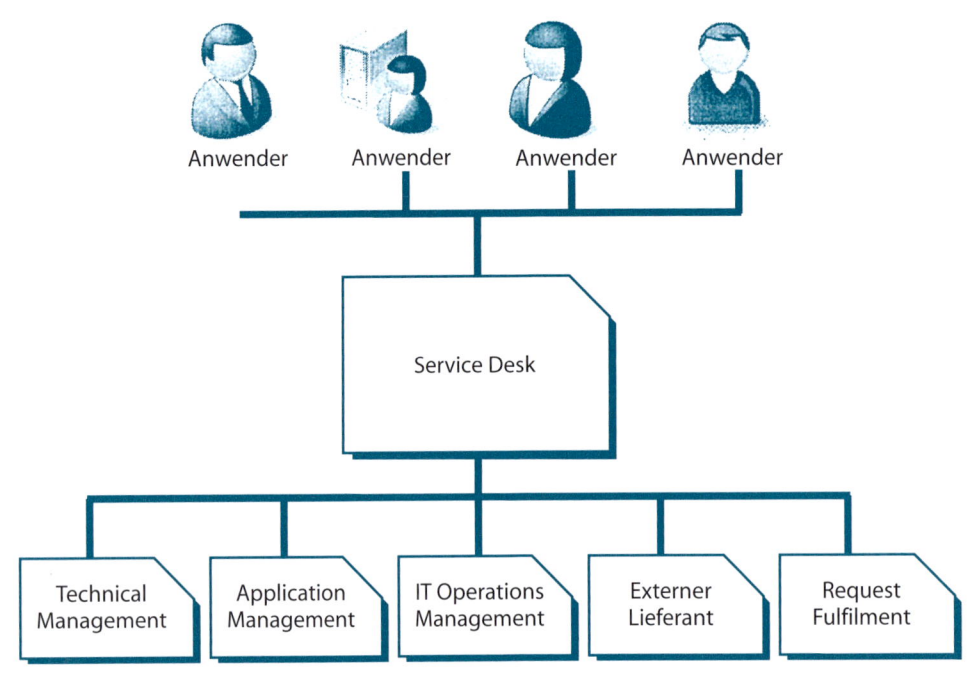

Abbildung 6.2 – Lokaler Service Desk

geringeren Anzahl von Standorten) zusammengelegt werden und das Personal in eine oder mehrere zentralisierte Service Desk Strukturen eingebunden wird. Das kann effizienter und kostengünstiger sein, da ein größeres Anrufvolumen von einer kleineren Zahl von Mitarbeitern bewältigt werden kann, die sich durch die größere Anzahl von Events schneller einarbeiten können und mehr Routine im Umgang mit Incidents entwickeln. Es kann nach wie vor erforderlich sein, bei physischen Support-Anforderungen in der einen oder anderen Form „lokale Präsenz" zu demonstrieren, aber ein entsprechender Personaleinsatz kann vom zentralen Service Desk gesteuert werden.

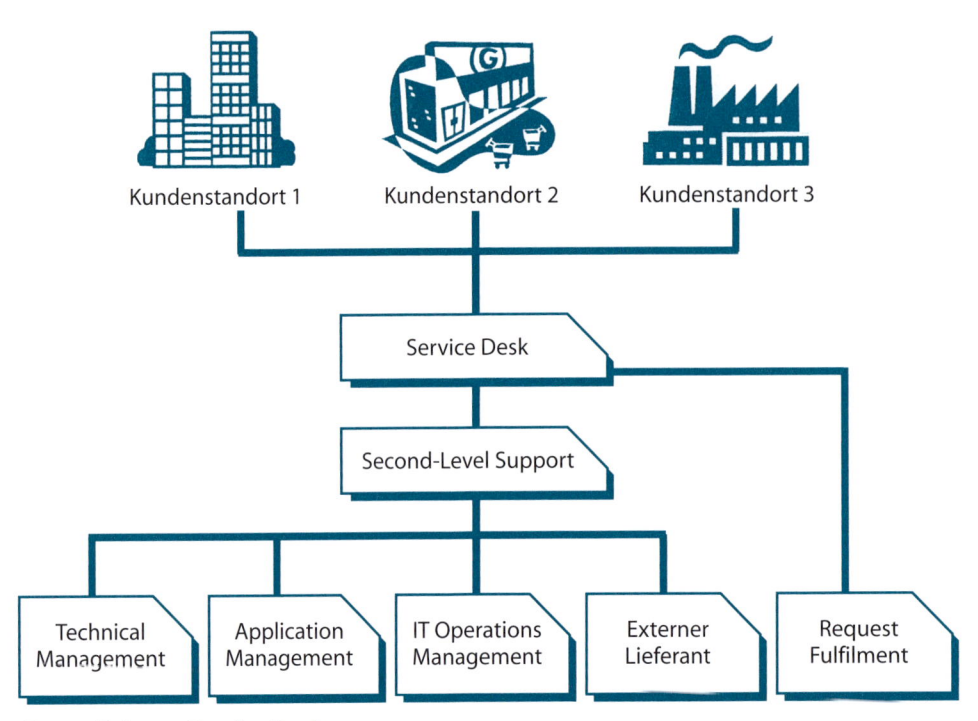

Abbildung 6.3 – Zentralisierter Service Desk

6.2.3.3 Virtueller Service Desk

Durch den Einsatz technologischer Mittel wie dem Internet und unternehmenseigener Support-Tools ist es möglich den Eindruck zu vermitteln, dass der Service Desk von einem einzigen, zentralisierten Standort aus operiert, obwohl die Mitarbeiter tatsächlich auf eine Vielzahl verschiedenartiger geografischer oder struktureller Standorte verteilt sind. Möglichkeiten wie „Heimarbeit", sekundäre Support-Gruppen, Offshoring und Outsourcing oder, je nach Anforderungen der Anwender, beliebige Kombinationen daraus können so genutzt werden. Dabei ist zu beachten, dass in allen Fällen eine konsistente, kontinuierliche Servicequalität und -kultur sichergestellt werden muss.

6.2.3.4 Follow the Sun

Einige globale oder internationale Organisationen legen mehrere auf verschiedene Standorte verteilte Service Desks zusammen, um einen 24-Stunden-Service nach dem Follow-the-Sun-Konzept bieten zu können. Ein Service Desk im asiatisch-pazifischen Raum kann z. B. während seiner normalen Geschäftszeit Anrufe entgegennehmen und offene Incidents danach zur Weiterbearbeitung an einen Service Desk in Europa umleiten. Dieser Desk nimmt die Anrufe aus Asien/Pazifik neben seinen eigenen aus Europa entgegen und leitet sie nach Ende der Geschäftszeit an einen Desk in den USA weiter; dieser übergibt die Verantwortung schließlich wieder an den Desk in Asien/Pazifik, so dass sich der Kreis schließt.

Auf diese Weise ist ein 24-Stunden-Service bei relativ geringen Kosten möglich, da kein Service Desk mehr als eine Schicht absolvieren muss. Auch dieser Ansatz muss mithilfe gemeinsamer Prozesse, Tools, Informationsdatenbanken und Kulturen unterstützt werden und sich auf gut gesteuerte Eskalations- und Übergabeprozesse stützen können.

6.2.3.5 Spezialisierte Service Desk Gruppen

Für einige Organisationen kann es sinnvoll sein, innerhalb der Service Desk Struktur „Expertengruppen" zu bilden, damit Incidents in Zusammenhang mit einem bestimmten IT Service direkt an die Expertengruppe weitergeleitet werden können (normalerweise über eine Telefonauswahl oder webbasierte Schnittstelle). Aufgrund größerer Routine und spezieller Schulung kann für solche Incidents oft schneller eine Lösung gefunden werden.

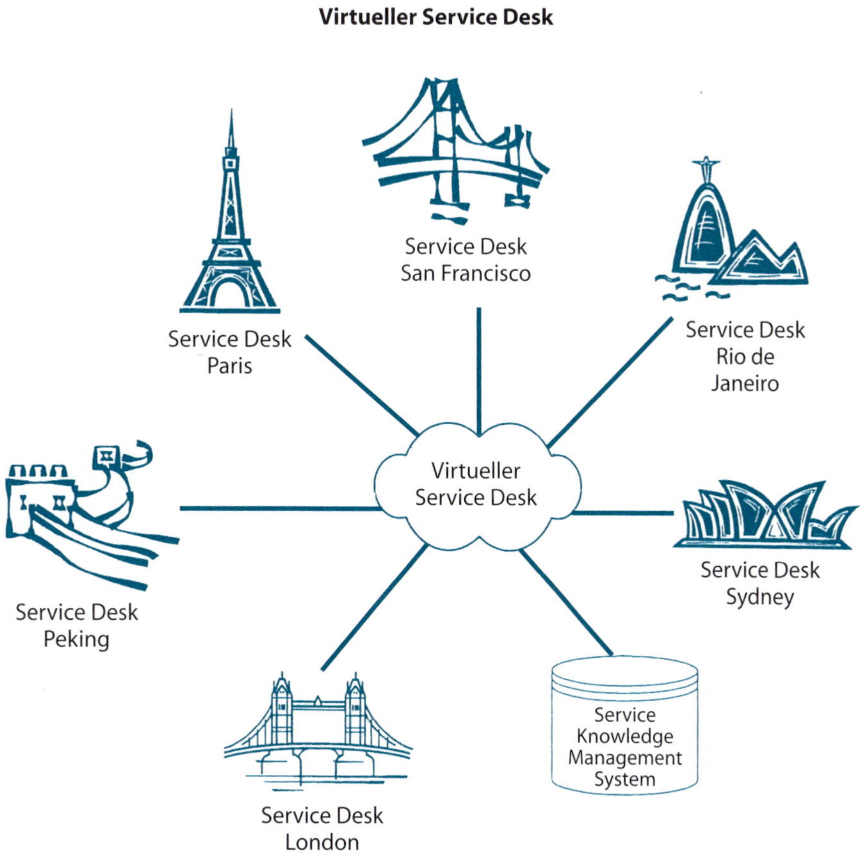

Abbildung 6.4 – Virtueller Service Desk

Die Auswahl erfolgt mithilfe eines Skripts und könnte folgenden Wortlaut ausgeben: „Bezieht sich Ihr Anruf auf Service X, drücken Sie bitte die 1, sonst warten Sie, bis ein Service Desk Analyst Ihren Anruf entgegennimmt."

Die Auswahl darf nicht zu kompliziert sein, da Expertengruppen nur für sehr wenige wichtige Services zur Verfügung gestellt werden sollten, bei denen die Anrufquoten eine eigenständige Expertengruppe rechtfertigen.

6.2.3.6 Umgebung

Die Umgebung, in der der Service Desk untergebracht wird, sollte sorgfältig gewählt werden. Der Standort sollte möglichst folgende Bedingungen erfüllen:

- ausreichend natürliche Beleuchtung und genügend Platz für Schreibtisch, Ablage und Bewegungsfreiheit
- eine ruhige Umgebung mit akustischer Steuerung, damit Telefongespräche nicht von anderen gestört werden
- angenehmes Umfeld und gemütliche Einrichtung, um für Aufmunterung zu sorgen (die Arbeit am Service Desk kann sehr stressig sein, und jedes Detail kann zu guter Stimmung beitragen)
- eigene Toiletten und Versorgung mit Getränken in der Nähe, damit die Mitarbeiter bei Bedarf kurze Pausen machen können, ohne zu lange abwesend zu sein

Anekdote

Ein Unternehmen stellte fest, dass zwischen dem Service Desk und anderen Support-Teams eine Einstellung von „die dort und wir hier" herrschte. Die Third-Level Teams glaubten meist, besser zu sein als der Service Desk. Die Unterbringung des Service Desk in einem isolierten Raum hatte diese Einstellung noch verstärkt. Durch die gemeinsame Unterbringung in einem Großraumbüro mit dem Service Desk in der Mitte verbesserte sich die Zusammenarbeit zwischen den Teams spürbar, so dass Barrieren abgebaut wurden.

6.2.3.7 Hinweis zum Aufbau eines Single Point of Contact

Unabhängig von den Kombinationsmöglichkeiten beim Aufbau eines Service Desks in einer Organisation müssen die Anwender ganz genau wissen, an wen sie sich wenden können, wenn sie Hilfe brauchen. Es sollten nur eine Telefonnummer (oder bei verschiedenen Desks eine für jede Gruppe), sowie eine E-Mail-Adresse und die Kontaktseite des Service Desks im Internet in Umlauf sein und an alle relevanten Personen weitergegeben werden.

Um sicherzustellen, dass die Service Desk Telefonnummer und E-Mail-Adresse den Anwendern bekannt und im Bedarfsfall schnell greifbar sind, können folgende Maßnahmen ergriffen werden:

- Angabe der Service Desk Telefonnummer auf Etiketten, die an den Hardware-CIs angebracht werden, mit denen der Anwender arbeitet und wegen denen er wahrscheinlich Support vom Service Desk anfordert
- Angabe von Details zur Kontaktaufnahme mit dem Service Desk auf Telefonen
- individueller Bildschirmhintergrund für PCs und Laptops, bei dem in einem Bereich die Kontaktdetails des Service Desks und die für einen Anruf wichtigen Systeminformationen abgelesen werden können (z. B. IP-Adresse, Build-Nummer des Betriebssystems usw.)
- Service Desk Kontaktnummer auf Werbegeschenken (Kugelschreiber, Stifte, Tassen, Mousepads usw.)
- gesonderte Hervorhebung der Kontaktdetails auf Internet-/Intranet-Sites des Service Desks
- Kontaktdetails auf Visitenkarten oder Umfragebögen zur Anwenderzufriedenheit, die bei einem Besuch des Service Desks ausgegeben werden
- erneute Nennung der Kontaktdetails bei der Korrespondenz mit Anwendern (zusammen mit Anrufreferenznummern)
- Kontaktdetails auf Anschlagtafeln oder an physischen Standorten, die die Anwender regelmäßig besuchen (Eingangsbereich, Kantine, Gastronomiebereiche usw.)

6.2.4 Service Desk Personal

Dieser Abschnitt behandelt die Kriterien für das Personalmodell und die Personalebenen des Service Desks. Weitere Informationen zu den typischen Service Desk Rollen und Verantwortlichkeiten finden Sie in Abschnitt 6.6.1 weiter unten. Beispiele für diese Rollen sind Service Desk Manager, Supervisor und Analysten. In einigen Organisationen werden diese Rollen noch um Business-Anwender („Super-User") ergänzt, die First-Level Support bieten.

6.2.4.1 Personelle Besetzung

Eine Organisation muss dafür sorgen, dass jederzeit die geeignete Anzahl an Mitarbeitern verfügbar ist, um die Anforderungen des Business an den Desk zu erfüllen. Die Anruferzahlen können auch innerhalb eines Tags stark schwanken und wechselweise extrem hoch oder niedrig sein. Bei der Planung eines neuen Service Desks sollte eine Organisation versuchen, eine Prognose über die Anzahl der eingehenden Anrufe und deren Profil zu erstellen, und für eine adäquate personelle Besetzung sorgen. Gemäß den aktuellen Support-Vereinbarungen muss eine statistische Analyse der Anrufquote durchgeführt werden, die intensiv überwacht und im Bedarfsfall korrigiert wird.

In vielen Organisationen erreicht die Anrufquote zu Beginn eines Geschäftstags Spitzenwerte, fällt dann schnell ab und schnellt am frühen Nachmittag wieder nach oben. Dieses Muster kann je nach Business variieren, trifft aber auf viele Organisationen zu. Zur Abdeckung solcher Spitzenzeiten können Teilzeitkräfte, Heimarbeiter, Second-Level Support-Mitarbeiter oder Drittparteien eingesetzt bzw. beauftragt werden.

Bei Entscheidungen über die personelle Besetzung sollten folgende Faktoren berücksichtigt werden:

- Service-Erwartungen der Kunden
- Business-Anforderungen in Bezug auf Budgets, Anrufantwortzeiten usw.
- Größe, relatives Alter, Design und Komplexität von IT-Infrastruktur und Servicekatalog, z. B. Anzahl und Typen von Incidents, Umfang von implementierter spezifischer Software im Vergleich zu regulärer Standardsoftware usw.
- Anzahl der Kunden und Anwender, denen Support geboten wird, und zugehörige Aspekte wie:
  - Anzahl der Kunden und Anwender, die eine andere Sprache sprechen
  - Fertigkeitsniveau
- Typen von Incidents und Service Requests (und ggf. Typen von RFCs):
  - Zeitdauer verschiedener Anrufarten (z. B. einfache Anfragen, spezielle Anwendungsanfragen, Hardware usw.)
  - Bedarf an lokalem oder externem Know-how
  - Volumen und Typen von Incidents und Service Requests
- Zeitraum der erforderlichen Support-Abdeckung auf Basis der:
  - abgedeckten Stunden
  - Support-Anforderungen außerhalb der Geschäftszeiten
  - abzudeckenden Zeitzonen
  - für den Support relevanten Standorte (insbesondere bei Vor-Ort-Support durch Service Desk Mitarbeiter)
  - Reisedauer zwischen Standorten
  - Häufigkeitsmuster von Requests (z. B. täglich, am Monatsende usw.)
  - vereinbarten Service Level Ziele (Antwortzeiten usw.)
- erforderliches Kommunikationsmittel/-methode als Reaktion:
  - Telefon
  - E-Mail/Fax/Voice-Mail/Video
  - physische Anwesenheit
  - Online-Zugriff/Steuerung
- erforderlicher Schulungsgrad
- verfügbare Support-Technologien (z. B. Telefonsysteme, Remote-Support-Tools usw.)
- vorhandenes Fertigkeitsniveau des Personals
- verwendete Prozesse und Verfahren

All diese Punkte sollten bei Entscheidungen über die Personalausstattung gründlich durchdacht und entsprechend dokumentiert werden. Dabei ist zu beachten: Je besser der Service ist, desto mehr wird er vom Business genutzt.

Es ist eine Reihe von Tools verfügbar, die dabei helfen, die richtige Mitarbeiterzahl für den Service Desk festzulegen. Diese Tools zur Modellierung der Auslastung sind auf fundierte „lokale Kenntnisse" der Organisation, speziell ihrer Anrufvolumen und -muster, Service- und Anwenderprofile usw., angewiesen.

6.2.4.2 Fertigkeitsniveau

Eine Organisation muss entscheiden, welches Fertigkeitsniveau und -profil sein Service Desk Personal haben sollte, und dann dafür sorgen, dass diese Fertigkeiten zum richtigen Zeitpunkt verfügbar sind.

Die Anforderungen an das Fertigkeitsprofil können sehr unterschiedlich sein und von einem Service Desk für eine reine Anruferfassung reichen, dessen Mitarbeiter nur technische Grundfertigkeiten benötigen, bis hin zu einem „technischen" Service Desk, dessen Mitarbeiter über das größte technische Know-how in der Organisation verfügen. Im ersten Fall ist die Anrufquote hoch und die Lösungsquote niedrig, während es im letzteren Fall genau umgekehrt ist.

Die Entscheidung über das erforderliche Fertigkeitsniveau hängt oft von den Lösungszeitzielen (die mit dem Business in Form von Service Level Zielen vereinbart wurden), der Komplexität der unterstützten Systeme und dem „was das Business zu zahlen bereit ist", ab.

Zwischen den Antwort- und Lösungszielen und den Kosten besteht ein enger Zusammenhang: Je kürzer die Zielzeiten, desto höher die Kosten. Grund dafür ist der erhöhte Ressourcenbedarf.

Bei bestimmten Business-Abhängigkeiten oder -Kritikalitäten kann ein Service Desk mit großem technischem Know-how ein absolutes Muss sein. Optimal und am kostengünstigsten ist jedoch in der Regel ein First-Level Support mit Anruferfassung über den Service Desk und einer schnellen, effektiven Eskalation an erfahrenere Second- und Third-Level Lösungsgruppen, in denen versierte Mitarbeiter konzentrierter und effektiver eingesetzt werden können. (Nähere Erläuterungen und Leitlinien zu kompletten Support-Strukturen finden Sie in Abschnitt 4.2 zum Incident Management.) Diese Ausgangssituation kann jedoch im Laufe der Zeit verbessert werden, indem die First-Level Mitarbeiter mit einer effektiven Knowledge Base, Diagnoseskripts und integrierten Support-Tools (einschließlich eines CMS) ausgestattet werden und in Maßnahmen zur fortlaufenden Schulung und Bewusstseinsbildung einbezogen werden, damit die First-Level Lösungsquoten nach und nach gesteigert werden können.

Das kann auch durch die Einbindung von Second-Level Mitarbeitern in den Service Desk erreicht werden, wodurch eine effektive Zwei-Ebenen-Struktur entsteht. Daraus ergibt sich der Vorteil, dass Second-Level Mitarbeiter Spitzenanrufzeiten abfangen und weniger erfahrene Mitarbeiter schulen können, was oft zu einer höheren Erstlösungsquote führt. Second-Level Mitarbeiter sind jedoch oftmals noch an anderen Aufgaben beteiligt, so dass Dienstpläne benötigt werden oder die Stellen von Second-Level Mitarbeitern doppelt besetzt werden müssen. Darüber hinaus kann die Bearbeitung von Routineanrufen für erfahreneres Personal demotivierend sein. Ein weiterer möglicher Nachteil ist der, dass der Service Desk zwar Anrufe bzw. Incidents bald sehr effizient lösen kann, Second-Level Mitarbeiter aber versäumen, die zugrunde liegenden Ursachen zu beseitigen.

Ein weiterer wichtiger Punkt bei der Entscheidung über die Fertigkeitsanforderungen an Service Desk Mitarbeiter ist der Grad an Kundenanpassung oder Spezialisierung der unterstützten Services. Standardisierte Services erfordern weniger spezielles Wissen, um einen qualitativ hochwertigen Kunden-Support bieten zu können. Je spezialisierter der Service, desto mehr spezielles Wissen ist meist beim Erstkontakt erforderlich.

Zu beachten ist auch, dass sich die First-Level Lösungsquoten durch ein effektives Problem Management verringern können, wodurch sich die Anzahl einfacher, wiederholt auftretender Incidents reduziert. Die Lösungsquoten scheinen zwar in solchen Fällen nach unten zu gehen, aufgrund der kompletten Beseitigung vieler Incidents verbessert sich aber die Servicequalität insgesamt. Dies ist erstrebenswert, kann jedoch verheerende Auswirkungen auf die Moral und Prozesseffektivität haben, wenn Service Desk Mitarbeiter Anreiz- oder Bonuszahlungen für Erstkontaktlösungen erhalten und die Bonusgrenzen nicht überprüft und angepasst werden.

Verbesserungen der Lösungszeiten/-quoten sollten nicht dem Zufall überlassen werden, sondern in ein kontinuierliches Serviceverbesserungsprogramm integriert werden. (Nähere Erläuterungen finden Sie in der Publikation Continual Service Improvement.)

Sobald die erforderlichen Fertigkeitsniveaus ermittelt sind, muss fortlaufend sichergestellt werden, dass sich das erforderliche Service Desk Personal die erforderlichen Fertigkeiten aneignet und pflegt und dass Mitarbeiter mit dem richtigen Fertigkeitsprofil zum richtigen Zeitpunkt ihren Dienst am Service Desk versehen, damit ein konsistenter Support gewährleistet ist.

Dafür ist ein fortlaufendes Programm zur Schulung und Bewusstseinsbildung erforderlich, das folgende Punkte beinhalten sollte:

- zwischenmenschliche Fähigkeiten, wie Fähigkeiten zur telefonischen Kommunikation, kommunikative Fähigkeiten allgemein, aktives Zuhören und Kundenbetreuung
- Business-Bewusstsein: spezielle Kenntnisse der Business-Bereiche, Motivationen, Struktur, Prioritäten usw.
- Servicebewusstsein für alle wichtigen IT Services der Organisation, für die Support bereitgestellt wird
- technisches Bewusstsein (und intensive technische Schulung für das erforderliche Fertigkeitsniveau, das von der angestrebten Lösungsquote abhängt)
- Diagnosefähigkeiten (z. B. Kepner und Tregoe) in Abhängigkeit von dem bereitgestellten Support-Level
- Support-Tools und -Techniken
- Bewusstseinsschulung und Lernprogramme für neue Systeme und Technologien vor deren Einführung
- Prozesse und Verfahren (insbesondere aus den Bereichen Incident, Change und Configuration Management; Überblick über alle ITSM-Prozesse und -Verfahren)
- routinierter Umgang mit der Tastatur für eine schnelle und korrekte Eingabe von Incidents oder Service Requests

Damit ein solches Programm effektiv eingesetzt werden kann, müssen die Fertigkeitsanforderungen und -niveaus regelmäßig evaluiert und Schulungsunterlagen aktualisiert werden.

Personalrotationen oder -pläne müssen sorgfältig formuliert und verwaltet werden, damit in allen kritischen Betriebsperioden ein kontinuierliches Gleichgewicht zwischen Mitarbeitererfahrung und angemessenem Fertigkeitsniveau herrscht. Nicht nur die richtige Anzahl von diensthabenden Mitarbeitern ist wichtig, sondern auch die richtige Mischung von Fertigkeiten.

6.2.4.3 Schulung

Alle Service Desk Mitarbeiter müssen adäquat geschult werden, bevor sie für den Service Desk eingesetzt werden. Neue Mitarbeiter sollten an einem formalen Einarbeitungsprogramm teilnehmen, dessen Inhalt vom Fertigkeitsniveau und der Erfahrung der Neulinge abhängt, in der Regel aber viele der oben beschriebenen Fähigkeiten beinhaltet.

Neue Mitarbeiter, die noch nicht über ausreichendes Business-Bewusstsein verfügen, sollten ein entsprechendes Programm absolvieren, das ihnen Gelegenheit gibt, in wichtige Business-Bereiche „reinzuschnuppern".

Bei Aufnahme ihrer Service Desk Tätigkeit sollten neue Mitarbeiter erfahrenen Kollegen „über die Schulter schauen" und ihre Anrufe mithören. Wenn sie dann selbst Anrufe annehmen, sollte ein Mentor zuhören und gegebenenfalls unterstützend eingreifen. Der Mentor sollte in der Anfangsphase jeden Anruf des Trainees überprüfen, um festzustellen, welche Kenntnisse noch vermittelt werden müssen. Die Häufigkeit solcher Reviews sollte mit zunehmender Erfahrung und wachsendem Selbstvertrauen allmählich reduziert werden. Der Mentor sollte aber immer noch Hilfestellung leisten können, auch wenn der Trainee in der Lage ist, seinen Job allein zu erledigen.

Mentoren müssen unter Umständen auch für ihre Tätigkeit geschult werden. Service Desk Erfahrung und technische Fertigkeiten allein reichen für das Mentoring nicht aus. Ein effektiver Wissenstransfer und die Fähigkeit, Wissen zu vermitteln, ohne herablassend oder einschüchternd zu wirken, sind gleichermaßen wichtig.

Programme sind notwendig, damit die Service Desk Mitarbeiter immer auf dem aktuellsten Wissensstand sind und über neue Entwicklungen, Services und Technologien informiert sind. Die zeitliche Planung solcher Programme spielt eine wichtige Rolle, um zu vermeiden, dass reguläre Aufgaben vernachlässigt werden. Nach Auffassung vieler Service Desks eignen sich dafür kurze „Lernprogramme" in ruhigen Perioden am besten, wenn die Mitarbeiter weniger Anrufe zu bearbeiten haben.

Hinweis: Auch in die berufliche Weiterbildung von Service Desk Mitarbeitern muss investiert werden. Internes Mentoring und Begleitung durch Second- und Third-Level Support-Mitarbeiter sind dabei eine gute Basis, die besten Service Desks profitieren jedoch von einem formalisierten Programm zur Weiterbildung der Mitarbeiter. Engagement einer Organisation bei der beruflichen Weiterbildung sensibilisiert Mitarbeiter für die eigene Leistungsfähigkeit und die Eröffnung von Chancen. Damit werden häufig Innovationen beim Service Desk erreicht (wie spezialisierte Services), die wiederum die operative Effektivität auf allen Support-Ebenen vorantreiben. Es ist sinnvoll, Fertigkeiten bei den Mitarbeitern aufzubauen, die sie bei der Ausübung ihrer derzeitigen Rolle unterstützen, aber auch den Anstoß für die Aneignung von Kenntnissen für neue Rollen zu geben. Für einen Mitarbeiter ist es wichtig, seine Kernkompetenzen in der aktuellen Rolle auszubauen, ebenso wichtig ist aber auch, einen klaren Karriereweg vor Augen zu haben und zukünftige Anforderungen und Entwicklungsmöglichkeiten deutlich zu erkennen.

6.2.4.4 Mitarbeiterbindung

Alle IT-Manager müssen die Bedeutung des Service Desks und seiner Mitarbeiter erkennen und sich entsprechend dafür engagieren. Ein signifikanter Verlust an Mitarbeitern kann zu Unterbrechungen und Unregelmäßigkeiten bei der Servicebereitstellung führen. Daher sollten Anstrengungen unternommen werden, den Service Desk zu einem attraktiven Arbeitsplatz zu machen.

Möglichkeiten dafür bietet beispielsweise eine angemessene Anerkennung der Rolle in Form von Vergütungspaketen, den Teamaufbau fördernde Übungen und Personalrotation zur Ausübung verschiedener Aktivitäten (Projekte, Second-Level Support usw.).

Der Service Desk dient oft als Sprungbrett für die Ausübung anderer Rollen mit eher technischem Hintergrund oder einer leitenden Funktion. Hier muss für eine adäquate Nachfolgeplanung gesorgt werden, um zu vermeiden, dass der Desk sein gesamtes Know-how in einem Bereich auf einmal verliert. Eine gute Dokumentation und übergreifende Schulungsmaßnahmen können dieses Risiko abschwächen.

6.2.4.5 Super-User

Für viele Organisationen ist es sinnvoll, eine bestimmte Zahl von Anwendern zu „Super-Usern" zu ernennen, um Schnittstellen zur IT im Allgemeinen und zum Service Desk im Besonderen herzustellen.

Super-User können in zusätzliche Maßnahmen zur Schulung und Bewusstseinsbildung einbezogen werden und so eingesetzt werden, dass sie den Kommunikationsfluss in beide Richtungen unterstützen. Sie können von der Anwendergemeinde eingereichte Requests und Problemfälle filtern (bis hin zu Incidents oder Requests anderer Super-User), um eine Flut von Incidents beim Ausfall wichtiger Services oder Komponenten zu verhindern, die Auswirkungen auf viele Anwender haben.

Sie können auch Informationen vom Service Desk nach außen an ihre lokale Anwendergemeinde weitergeben, was sehr hilfreich sein kann, wenn innerhalb kürzester Zeit alle Anwender über Servicedetails informiert werden sollen.

Super-User sollten alle Anrufe, mit denen sie zu tun haben, protokollieren – nicht nur die, die sie an die IT weiterleiten. Dazu benötigen sie Zugriff auf die Tools, die zur Erfassung von Incidents eingesetzt werden, und müssen in ihrer Anwendung geschult werden. Dadurch wird die Arbeit von Super-Usern messbar, und es wird sichergestellt, dass ihre Position nicht missbraucht wird. Außerdem gehen so keine wertvollen historischen Informationen über Incidents und Aspekte der Servicequalität verloren.

Super-User können auch an folgenden Aktivitäten beteiligt sein:

- Mitarbeiterschulungen für Anwender in ihrem Bereich
- Bereitstellung von Support für geringfügige Incidents oder einfaches Request Fulfilment
- Beteiligung an neuen Releases und Rollouts

Super-User müssen nicht zwangsläufig Support für die gesamte IT bereitstellen. Oft bietet ein Super-User nur Support für eine bestimmte Anwendung, ein Modul oder einen Geschäftsbereich. Als Business-Anwender hat der Super-User oft fundierte Kenntnisse darüber, wie wichtige Business-Prozesse ablaufen und Services in der Praxis funktionieren. Diese Kenntnisse sollte er mit dem Service Desk teilen, damit zukünftig qualitativ hochwertigere Services angeboten werden können.

Außerdem müssen potenzielle Super-User und speziell ihr Management vor Beginn von Auswahlverfahren und Schulungsmaßnahmen verbindlich zu erkennen geben, dass sie Zeit und Interesse haben, diese Rolle auszuüben.

Da ein Super-User eine wichtige Schnittstelle zu Business und Service Desk darstellt, muss er adäquat geschult werden und ein hohes Maß an Verantwortung und Erwartungen erfüllen. Super-User können für Missbrauch anfällig sein, wenn ihre Rolle und ihre Verantwortlichkeiten und der sie lenkende Prozess nicht klar an die Anwender kommuniziert werden. Ein Super-User darf keinesfalls als Ersatz für einen Service Desk oder als Rechtfertigung, diesen zu umgehen, angesehen werden.

6.2.5 Service Desk Messgrößen

Zur Evaluierung der Service Desk Performance in regelmäßigen Abständen müssen Messgrößen festgelegt werden. Damit werden Zustand, Reifegrad, Effizienz, Effektivität und Möglichkeiten zur Verbesserung des Service Desk Betriebs bewertet.

Die Messgrößen für die Performance des Service Desks müssen sorgfältig gewählt werden und realistisch sein. In der Regel werden Messgrößen gewählt, die leicht verfügbar und mögliche Indikatoren für die Performance sind. Diese können jedoch das Bild verfälschen. Beispielsweise ist die Gesamtanzahl der beim Service Desk eingehenden Anrufe an sich kein Indikator für eine gute oder schlechte Performance und kann auf Events zurückzuführen sein, die außerhalb der Kontrolle des Service Desks liegen, z. B. arbeitsintensive Zeiträume des Business oder die Freigabe einer neuen Version eines wichtigen Unternehmenssystems.

Eine zunehmende Anzahl von Anrufen beim Service Desk kann auf eine nachlassende Zuverlässigkeit der Services in diesem Zeitraum hindeuten, aber auch auf ein wachsendes Vertrauen der Anwender in einen Service Desk, der einen hohen Reifegrad erreicht hat und dessen Hilfe die Anwender gern in Anspruch nehmen statt zu versuchen, allein zurecht zu kommen. Damit diese Art von Messgröße eine zuverlässige Schlussfolgerung zulässt, müssen frühere Zeiträume untersucht werden, um die tatsächliche Ursache für die Zunahme zu ermitteln. Dabei wird z. B. festgestellt, ob seit der letzten Baseline-Messung Service Desk Verbesserungen implementiert wurden, ob sich die Servicezuverlässigkeit geändert hat, Probleme aufgetreten sind usw.

Dafür sind weitere Analysen über einen längeren Zeitraum erforderlich, aus denen sich genauere Messgrößen ableiten lassen. Dazu gehören die Statistikwerte zur Anrufbearbeitung, die bereits unter dem Thema „Telefonie" erwähnt wurden, sowie folgende Zahlen:

- Lösungsquote für First-Level Support: Der Prozentsatz der vom First-Level Support gelösten Anrufe, ohne dass eine Eskalation an andere Support-Gruppen notwendig ist. Diese Zahl wird oft von Organisationen als primäre Messgröße der Service Desk Performance genannt und für den Vergleich mit anderen Desks herangezogen – bei solchen Vergleichen ist jedoch generell Vorsicht geboten. Um eine größere Genauigkeit und einen stichhaltigeren Vergleich zu erhalten, kann diese Messgröße noch weiter unterteilt werden in:

- Prozentsatz der Anrufe, die beim Erstkontakt mit dem Service Desk gelöst werden, während der Anwender noch am Telefon ist.
- Prozentsatz der Anrufe, die von Service Desk Mitarbeitern gelöst werden, ohne dass intensiver Support von anderen Gruppen erforderlich ist. Hinweis: Einige Service Desks werden zusätzlich von Second-Level Support-Mitarbeitern mit größerem technischen Know-how unterstützt. (Weitere Informationen dazu finden Sie unter „Incident Management".) In solchen Fällen muss bei einem Vergleich eine weitere Unterteilung vorgenommen werden, und zwar in a) der Prozentsatz der von Service Desk Mitarbeitern allein gelösten Anrufe und b) der Prozentsatz der von First-Level Service Desk Mitarbeitern und Second-Level Support-Mitarbeitern gemeinsam gelösten Anrufe.

■ Durchschnittliche Dauer für die Lösung eines Incident (bei First-Level Lösung).

■ Durchschnittliche Dauer für die Eskalation eines Incident (wenn eine First-Level Lösung nicht möglich ist).

■ Durchschnittliche Kosten des Service Desks für die Bearbeitung eines Incident. Folgende zwei Messgrößen sollten berücksichtigt werden:
  - Gesamtkosten des Service Desks dividiert durch die Anzahl der Anrufe. Daraus ergibt sich ein Durchschnittswert, der als Index und bei der Planung verwendet werden kann, jedoch die relativen Kosten für verschiedene Arten von Anrufen nicht genau widerspiegelt.
  - Durch die Berechnung des Prozentsatzes für die Gesamtanrufdauer beim Desk und der daraus resultierenden Kosten pro Minute (Gesamtkosten in der Periode dividiert durch die Minuten der Gesamtanrufdauer) kann dieser Wert zur Berechnung der Kosten für einzelne Anrufe verwendet werden und ergibt eine genauere Zahl. Durch eine Berücksichtigung der Incident-Typen bei der Anrufdauer ergibt sich ein genaueres Bild der Kosten pro Anruf nach Typ, das einen Hinweis darauf gibt, bei welchen Incident-Typen höhere Kosten für die Lösung anfallen und Verbesserungsziele möglich sind.

■ Prozentsatz der innerhalb der Zielzeiten durchgeführten Kunden- oder Anwender-Updates, die als Teil der SLA-Ziele definiert sind.

■ Durchschnittliche Dauer von Review und Abschluss eines gelösten Anrufs.

■ Aus der Anzahl der Anrufe, unterteilt nach Tageszeit und Wochentag, und der durchschnittlichen Anrufdauer ergibt sich eine wichtige Messgröße zur Bestimmung der erforderlichen Personalstärke.

Weitere allgemeine Details zu Messgrößen und deren Verwendung zur Verbesserung der Servicequalität finden Sie in der Publikation Continual Service Improvement.

6.2.5.1 Umfragen zur Kunden-/Anwenderzufriedenheit

Neben den „harten" Messgrößen der Service Desk Performance (wie oben beschrieben) müssen auch die „weichen" Messgrößen bewertet werden, z. B. wie zufrieden die Kunden und Anwender mit der Bearbeitung ihrer Anrufe waren, ob die Service Desk Operator höflich und professionell auf ihr Anliegen eingegangen ist und Vertrauen beim Anwender aufbauen konnte.

Diese Messgröße liefern die Anwender am besten selbst. Dazu können sie in einer umfangreichen Umfrage zur Kunden-/Anwenderzufriedenheit befragt werden, die alle IT-Belange oder nur speziell den Service Desk betreffende Belange abdeckt.

In letzterem Fall sollte am besten eine Umfrageaktion per Telefon gestartet werden, bei der ein unabhängiger Service Desk Operator oder Supervisor einen kleinen Prozentsatz von Anwendern kurz nach Lösung ihres Incident anruft und ihnen bestimmte Fragen stellt.

Es sollte darauf geachtet werden, die Zahl der Fragen auf ein Minimum (maximal fünf bis sechs) zu beschränken, damit sich der Anwender die Zeit zur Beantwortung der Fragen nehmen kann. Die Fragen sollten so konzipiert sein, dass der Anwender oder Kunde weiß, um welchen Bereich oder welches Thema es geht und welcher Incident oder Service gemeint ist. Bei einem niedrigen Zufriedenheitsniveau und negativem Feedback muss der Service Desk handeln.

Um geeignete Vergleiche ziehen zu können, muss auch bei Zeitdruck in jeder Periode der gleiche Prozentsatz an Anrufen durchgeführt werden.

Umfragen stellen einen komplexen, spezialisierten Bereich dar und erfordern ein gutes Verständnis für Statistiken und Umfragetechniken. In dieser Publikation können nicht alle Aspekte von Umfragen abgedeckt werden. In Tabelle 6.1 wird jedoch ein kurzer Überblick über häufiger eingesetzte Techniken und Tools gegeben.

Tabelle 6.1 – Umfragetechniken und -Tools

Technik/Tool	Vorteile	Nachteile
Umfrage nach Anruf Anrufer werden gebeten, nach dem Anruf am Telefon zu bleiben und den Service, den sie erhalten haben, zu bewerten	■ Hohe Antwortquote, da der Anrufer bereits am Telefon ist ■ Anrufer wird sofort nach dem Anruf befragt, so dass sein Eindruck noch „ganz frisch" ist	■ Befragte können sich durch die Umfrage unter Druck gesetzt fühlen und einen negativen Eindruck vom Service gewinnen ■ Der Befragende wird als Teil des Service Desks gesehen, was sich negativ auf die die Offenheit bei der Beantwortung auswirken kann
Ausgehende Umfrageanrufe Kunden und Anwender, die den Service Desk kontaktiert haben, werden einige Zeit nach Kontaktierung des Service Desks nach ihrer Erfahrung befragt	■ Höhere Antwortquote, da der Anrufer direkt befragt wird ■ Fokussierung auf bestimmte Anwender- oder Kundenkategorien (z. B. auf Anrufer, die einen bestimmten Service erhalten haben oder wegen einer bestimmten Serviceunterbrechung angerufen haben)	■ Diese Methode kann als aufdringlich empfunden werden, wenn der Anruf den Anwender oder Kunden von der Arbeit abhält ■ Die Umfrage wird einige Zeit nach Kontaktierung des Service Desks durchgeführt, so dass sich die Wahrnehmung des Anwenders oder Kunden mittlerweile geändert haben kann
Persönliche Befragungen Kunden und Anwender werden persönlich von der Person befragt, die die Umfrage durchführt; dies ist besonders effektiv bei Kunden und Anwendern, die den Service Desk oft kontaktieren oder sehr negative Erfahrungen gemacht haben	■ Der Befragende kann nichtverbale Signale aufnehmen und zugleich hören, was der Anwender oder Kunde zu sagen hat ■ Anwender und Kunden haben das Gefühl, dass ihnen mehr persönliche Aufmerksamkeit geschenkt wird und ihre Antworten ernst genommen werden	■ Befragungen sind für den Befragenden wie für den Antwortenden zeitaufwendig ■ Anwender und Kunden können die Befragungen zu Beschwerdesitzungen machen
Gruppenbefragungen Kunden und Anwender werden in kleinen Gruppen befragt; dies hilft dabei, allgemeine Eindrücke zu sammeln und zu entscheiden, ob bestimmte Gegebenheiten beim Service Desk, z. B. Servicezeiten oder Standort, geändert werden müssen	■ Eine größere Anzahl von Anwendern und Kunden kann befragt werden ■ Fragen sind allgemeiner, so dass eine höhere Konsistenz zwischen den Befragungen besteht	■ Befragte möchten sich vor ihren Kollegen oder Managern möglicherweise nicht frei äußern ■ Meinung eines Befragten kann sich während der Befragung durch die anderen Gruppenteilnehmer ändern
Umfragen per Post/E-Mail Umfragebögen werden an eine Zielgruppe von Kunden und Anwendern geschickt, die gebeten werden, ihre Antworten per E-Mail zurück zu senden	■ Nur bestimmte oder alle Kunden oder Anwender können befragt werden ■ Umfragen per Post können anonym sein, so dass die Befragten sich freier äußern können ■ E-Mail-Umfragen sind nicht anonym, können aber mithilfe automatisierter Formulare erstellt werden, die dem Anwender die Beantwortung erleichtern und die Wahrscheinlichkeit einer Beantwortung erhöhen	■ Umfragen per Post sind arbeitsaufwendig in der Verarbeitung ■ Eher niedriger Prozentsatz bei der Beantwortung von Umfragen per Post ■ Fehlinterpretation von Fragen kann das Ergebnis verfälschen

Technik/Tool	Vorteile	Nachteile
Online-Umfragen Fragebögen werden auf eine Website gestellt und Anwender und Kunden per E-Mail oder über Links auf einer häufig besuchten Site zur Teilnahme an der Umfrage aufgefordert	■ Die potenzielle Zielgruppe solcher Umfragen ist relativ groß ■ Antwortende können den Zeitpunkt bestimmen, wann sie den Fragebögen ausfüllen ■ Die Links auf den Websites erinnern an den Fragebogen ohne aufdringlich zu sein	Es sind keine Prognosen über den Prozentsatz der Antwortenden möglich

6.2.6 Outsourcing des Service Desks

Die Entscheidung zugunsten eines Outsourcing ist ein strategisches Anliegen für leitende Manager und wird in den Publikationen Service Strategy und Service Design ausführlich erläutert. Viele Leitlinien in diesem Abschnitt gelten nicht speziell für den Service Desk, sondern können auf beliebige Funktionen, Support-Bereiche oder ausgegliederte (bzw. ausgelagerte) Services angewandt werden.

Unabhängig von den Gründen für eine Ausgliederung oder deren Umfang muss die Verantwortlichkeit für die vom Service Desk durchgeführten Aktivitäten und Services in Händen der Organisation bleiben. Die Organisation ist letztendlich für die Entscheidung verantwortlich und muss deshalb festlegen, welchen Service das Outsourcing-Unternehmen bereitstellen soll und nicht umgekehrt.

Wenn der Weg zum Outsourcing gewählt wurde, muss sichergestellt werden, dass der ausgegliederte Service Desk effektiv und effizient mit den anderen IT-Teams und -Abteilungen der Organisation zusammenarbeitet und eine Service Management End-to-End-Steuerung gewährleistet ist (dies ist besonders wichtig für Organisationen, die eine ISO/IEC 20000-Zertifizierung anstreben, da eine vollständige Management-Steuerung nachgewiesen werden muss). Nachfolgend werden einige Sicherheitsvorkehrungen beschrieben.

6.2.6.1 Allgemeine Tools und Prozesse

Der Service Desk ist nicht für alle Prozesse und Verfahren verantwortlich, die von ihm initiiert werden. So kann beispielsweise ein Service Request beim Service Desk eingehen, aber vom internen operativen IT-Team erfüllt werden.

Wenn der Service Desk ausgegliedert wird, muss darauf geachtet werden, dass die Tools mit den bereits in der Kundenorganisation eingesetzten Tools kompatibel sind. Das Outsourcing wird oft dazu genutzt, sich von veralteten oder ungeeigneten Tools zu trennen. Dabei kann es jedoch zu schwerwiegenden Integrationsproblemen zwischen dem neuen Tool und den alten Tools und Prozessen kommen.

Aus diesem Grund müssen diese Aspekte im Vorfeld eines Outsourcings-Vertrags eingehend untersucht werden und die Anforderungen des Kunden klar umrissen und definiert werden. Service Desk Tools müssen nicht nur den ausgegliederten Service Desk unterstützen, sondern auch die Prozesse und Business-Anforderungen der Kundenorganisation.

Im Idealfall sollte der ausgegliederte Service Desk die gleichen Tools und Prozesse einsetzen (oder zumindest die gleichen Schnittstellen-Tools und entsprechenden Prozesse), damit ein reibungsloser Prozessfluss zwischen dem Service Desk und den Second- und Third-Level Support-Gruppen gewährleistet ist.

Außerdem sollte der ausgegliederte Service Desk Zugang haben zu:

- allen Incident-Records und entsprechenden Informationen
- Problem Records und entsprechenden Informationen
- Known Error Daten
- Change Schedule
- internen Wissensquellen (insbesondere Technik- oder Anwendungsexperten)
- SKMS
- CMS
- Alarmfunktion von Monitoring Tools

Oft stellt die Integration der Prozesse und Tools einer weniger ausgereiften Organisation mit denen einer reiferen Organisation eine große Herausforderung dar. Weit verbreitet, aber falsch ist die Annahme, dass der hohe Reifegrad der einen Organisation der anderen ebenfalls zu einem höheren Reifegrad verhilft. Eine aktive Einbeziehung bei der Ausrichtung von Prozessen und Tools ist für einen reibungslosen Übergang und ein kontinuierliches Management der Services zwischen internen und externen Organisationen unabdingbar. Wenn das nicht von vornherein berücksichtigt wird, kann es zum Scheitern des Vertrags kommen.

Fälschlicherweise wird auch angenommen, dass der Nachweis der Service Management Qualität und Reife eines externen Outsourcing-Partners anhand der genannten Anforderungen für den Beschaffungsprozess im Hinblick auf „ITIL Konformität" und/oder „ISO/IEC 20000-Zertifizierung" garantiert werden kann. Diese Angaben mögen darauf hindeuten, dass ein potenzieller Supplier bei der Bereitstellung von Services an seine Kunden nach dem ITIL Framework vorgeht oder eine Standardzertifizierung für interne Abläufe hat. Mindestens ebenso wichtig ist aber der Einsatz einer Technologie, die sicherstellt, dass der Service Provider in der Lage ist, seine Services im Einklang mit seinen internen Praktiken zu verwalten und zu steuern. Da es keinen Compliance-Standard gibt, der dies garantiert, müssen bei der Akquisition bestimmte Fragen geklärt werden, um sicherzustellen, dass diese Anforderungen erfüllt werden. Weitere Informationen zur Akquisition von Outsourcing-Providern finden Sie in der Publikation Service Design.

6.2.6.2 SLA-Ziele

Die SLA-Ziele für Incident-Bearbeitung und Lösungszeiten müssen mit den Kunden und zwischen allen Teams und Abteilungen vereinbart werden. OLA/UC-Ziele müssen koordiniert und mit den einzelnen Support-Gruppen abgesprochen werden, damit sie die SLA-Ziele untermauern und unterstützen.

Beispiele dazu sind weiter oben in Abschnitt 6.2.5 zu Messgrößen zu finden.

6.2.6.3 Gute Kommunikation

Die Kommunikation zwischen dem ausgegliederten Service Desk und den anderen Support-Gruppen muss sehr effektiv sein. Folgende Maßnahmen oder Gegebenheiten fördern die Kommunikation:

- physische Nähe der Standorte
- regelmäßige Zusammenarbeit/Review Meetings
- team- und abteilungsübergreifende Lernprogramme
- Partnerschaftsvereinbarungen beim Einsatz von Service Desk Personal aus beiden Organisationen
- einheitliche Dokumentation von Kommunikationsplänen und Performance-Zielen in OLAs und UCs

Befindet sich der Service Desk an einem Standort im Ausland, können nicht all diese Bedingungen erfüllt werden. Eine wesentliche Rolle spielt aber weiterhin eine ausreichende Schulung des Service Desk Personals und eine intensive Kommunikation, insbesondere bei sprachlichen und kulturellen Unterschieden.

Dieser Aspekt wird in ergänzenden ITIL Publikationen näher erläutert. Im Wesentlichen müssen jedoch Outsourcing-Unternehmen, die ihren Service Desk ins Ausland verlagert haben, folgende Gesichtspunkte ins Auge fassen:

- Schulungsprogramme zur Förderung des kulturellen Verständnisses für den Kundenmarkt.
- Ausdrucksweise und Sprachkenntnisse – insbesondere im Hinblick auf den idiomatischen Sprachgebrauch auf dem Markt des Kunden. Dabei müssen die Service Desk Mitarbeiter nicht zwingend die Ausdrucksweise des Kunden übernehmen (was vom Kunden meist auch schnell als Vortäuschung entlarvt wird), sollten aber in der Lage sein, die Kunden gut zu verstehen, um entsprechend auf die für sie wichtigen Punkte eingehen zu können.
- Regelmäßige Besuche von Vertretern der Kundenorganisation zur Durchführung von Schulungsmaßnahmen und zur Unterstützung des Service Desk Managements und Personals mit direktem Feedback.
- Schulung in der Anwendung der in der Kundenorganisation eingesetzten Tools und Arbeitsmethoden. Dies ist besonders dann hilfreich, wenn ähnliche Schulungsmaterialien wie in der Kundenorganisation und die gleichen Kursleiter eingesetzt werden

6.2.6.4 Zuständigkeit für Daten

Es müssen klare Zuständigkeiten in Bezug auf die vom ausgegliederten Service Desk gesammelten Daten herrschen. Alle Daten zu Anwendern, Kunden, betroffenen CIs, Services, Incidents, Service Requests, Changes usw. müssen im Besitz der Organisation bleiben, die die Aktivität ausgliedert; beide Organisationen müssen jedoch Zugriff auf die Daten haben.

Daten, die sich speziell auf die Performance von Mitarbeitern des Outsourcing-Unternehmens beziehen, bleiben Eigentum des betreffenden Unternehmens. Oft verhindern Gesetze eine Datenfreigabe. Das kann auch für andere Daten gelten, die ausschließlich für das interne Management des Service Desks verwendet werden, z. B. Informationen über Headcounts, Optimierungsmaßnahmen, Service Desk Kosten usw.

Alle Berichtsanforderungen und Aspekte rund um das Eigentum an den Daten müssen im Underpinning Contract mit dem Unternehmen, das den Outsourcing-Service bietet, festgehalten werden.

6.3 TECHNICAL MANAGEMENT

Das Technical Management bezieht sich auf das technische Know-how von Gruppen, Abteilungen oder Teams und auf das Gesamtmanagement der IT-Infrastruktur.

6.3.1 Rolle des Technical Management

Das Technical Management besetzt eine zweiteilige Rolle:

- Es verwaltet das technische Wissen und die Erfahrung in Bezug auf das Management der IT-Infrastruktur. In dieser Rolle stellt das Technical Management sicher, dass das für das Design, die Tests, das Management und die Verbesserung von IT Services erforderliche Wissen identifiziert, entwickelt und weiter abgestimmt wird.
- Es stellt die eigentlichen Ressourcen zur Unterstützung des ITSM-Lebenszyklus bereit. In dieser Rolle stellt das Technical Management sicher, dass die Ressourcen für das Design, die Erstellung, die Überführung, den Betrieb, und die Verbesserung der Technologie effektiv geschult und eingesetzt werden, die für die Bereitstellung und die Unterstützung von IT Services erforderlich sind.

Mithilfe dieser beiden Rollen kann das Technical Management sicherstellen, dass die Organisation über Zugang zu den geeigneten Personalebenen und -typen für das Management der Technologie und damit zur Einhaltung von Business-Zielen verfügt. Die Festlegung der Anforderungen an diese Rollen beginnt mit der Service Strategy, wird im Service Design erweitert, in der Service Transition validiert und im Continual Service Improvement weiter verfeinert (Informationen finden Sie in den jeweiligen anderen ITIL Publikationen dieser Reihe).

Eine Teilaufgabe dieser Rolle besteht darin, einen Abgleich zwischen Fertigkeitsniveau, Auslastung und Kosten für diese Mitarbeiter herzustellen. Beispielsweise ist es nicht sinnvoll, einen erstklassig qualifizierten Mitarbeiter einzustellen, dessen Gehalt am oberen Ende der Skala liegt, und seine Fertigkeiten nur 10 % der Zeit zu nutzen. Eine bessere Strategie besteht darin, herauszufinden, zu welchen Zeiten Fertigkeiten benötigt werden und nur für entsprechende Aufgaben einen Auftragnehmer mit dieser Fertigkeit zu beschäftigen.

Nach einer anderen Strategie, die oft von größeren Organisationen eingesetzt wird, werden „zentrale" Pools mit spezialisierten Mitarbeitern aufgebaut und bedarfsgerecht eingesetzt, so dass der Skaleneffekt genutzt werden kann und weniger Auftragnehmer eingesetzt werden müssen. In der IT-Organisation müssen Mitarbeiterressourcen mit speziellen Fertigkeiten ausfindig gemacht werden, die bei bestimmten Anforderungen bedarfsgerecht eingesetzt werden. Diese kann man mit taktischen Spezialeinheiten vergleichen, deren Mitglieder reguläre Arbeiten verrichten, aber auch Aufgaben übernehmen, die ihre speziellen Fertigkeiten erfordern. Diese Art von Ressourcenauslastung ist sowohl bei der Projektteamarbeit als auch bei der Problemlösung sinnvoll.

Eine weitere sehr wichtige Rolle spielt das Technical Management bei der Bereitstellung von Leitlinien für den IT-Betrieb, die auf ein optimales kontinuierliches Management der Technologie ausgerichtet sind. Diese Rolle wird zum Teil während des Service Design Prozesses durchgeführt, ist jedoch auch Teil der täglichen Kommunikation mit dem IT Operations Management, da hier Stabilität und optimale Performance erreicht werden sollen.

Die Ziele, Aktivitäten und Strukturen, die dem Technical Management eine effektive Ausübung dieser Rollen ermöglichen, werden in den folgenden Abschnitten erläutert.

6.3.2 Ziele des Technical Management

Aufgabe des Technical Management ist es, an der Planung, Implementierung und Verwaltung einer stabilen technischen Infrastruktur mitzuwirken, um die Business-Prozesse der Organisation zu unterstützen. Dies geschieht durch:

- eine sorgfältig konzipierte, extrem ausfallsichere und kosteneffektive technische Topologie.
- den Einsatz adäquater technischen Fertigkeiten zum Erhalt des optimalen Zustands der technischen Infrastruktur.
- den beschleunigten Einsatz technischer Fertigkeiten zur schnellen Diagnose und Lösung von Ausfällen.

6.3.3 Allgemeine Technical Management Aktivitäten

Das Technical Management befasst sich mit zwei Arten von Aktivitäten:

- In diesem Abschnitt werden allgemeine Aktivitäten für die Technical Management Funktion erläutert, da sie dem Technical Management als Funktion die Ausübung seiner Rolle ermöglichen.
- In Kapitel 5 werden eine Reihe eigenständiger Aktivitäten und Prozesse behandelt, die von allen drei Technical, Application und IT Operations Management Funktionen ausgeführt werden.

Die allgemeinen Technical Management Aktivitäten decken im Wesentlichen folgende Aspekte ab:

- Identifizierung von erforderlichem Wissen und Erfahrung für das Management und den Betrieb der IT-Infrastruktur bei der Bereitstellung von IT Services. Dieser Prozess beginnt bei der Phase Service Strategy, wird um seine Details im Service Design erweitert und in der Service Operation ausgeführt. Eine fortlaufende Bewertung und Aktualisierung dieser Fertigkeiten erfolgt im Continual Service Improvement.
- Dokumentation der in der Organisation bereits vorhandenen sowie der noch zu entwickelnden Fertigkeiten. Dazu gehören der Aufbau von „Skill Inventories" und die Durchführung von Schulungsbedarfsanalysen.
- Initiierung von Schulungsprogrammen zur Entwicklung und Optimierung der Fertigkeiten technischer Mitarbeiter und Pflege von Schulungsprotokollen für diese Mitarbeiter.
- Konzeption und Bereitstellung von Schulungen für Anwender, Service Desk Mitarbeiter und andere Gruppen. Die Schulungsanforderungen müssen im Service Design definiert werden, ausgeführt werden sie jedoch in der Service Operation. Wenn das Technical Management keine Schulungen anbietet, muss es Organisationen suchen, die diese Aufgabe übernehmen.
- Einstellung oder Verpflichtung von Mitarbeitern mit Fertigkeiten, die sich interne Mitarbeiter nicht aneignen können oder als Aufstockung von Personal zur Ausführung der erforderlichen Technical Management Aktivitäten.
- Vermitteln von Mitarbeitern mit erforderlichen Fertigkeiten für bestimmte Aktivitäten, wenn die erforderlichen Fertigkeiten nicht intern oder auf dem offenen Markt verfügbar sind oder wenn dies aus Gründen der Wirtschaftlichkeit angezeigt ist.
- Definition von Standards, die beim Design von neuen Architekturen eingesetzt werden, und Beteiligung an der Definition von Technologiearchitekturen in der Service Strategy und Service Design Phase.
- Forschung und Entwicklung in Bezug auf Lösungen, die eine Erweiterung des Serviceportfolios unterstützen können oder die eingesetzt werden können, um den IT-Betrieb zu vereinfachen oder zu automatisieren, Kosten zu senken oder IT Service Levels zu erhöhen.
- Beteiligung am Design und an der Erstellung neuer Services. Das Technical Management wirkt am Design der technischen Architektur und der Performance-Standards für IT Services mit. Darüber hinaus ist es auch für die Festlegung der operativen Aktivitäten zuständig, die für ein fortlaufendes Management der IT-Infrastruktur erforderlich sind.
- Beteiligung an Projekten, nicht nur während der Service Design Prozesse und der Service Transition, sondern auch beim Continual Service Improvement oder bei operativen Projekten, wie Betriebssystem-Upgrades, Serverkonsolidierungsprojekten oder Standortwechsel.
- Das Availability und das Capacity Management sind bei der technischen Entwicklung von IT Services auf das Technical Management angewiesen, um die vom Business geforderten Service Levels einhalten zu können. Das bedeutet, dass Modelle und Auslastungsprognosen häufig in Zusammenarbeit mit dem Technical Management erstellt werden.
- Unterstützung bei der Risikobewertung, Identifikation kritischer Services und Systemabhängigkeiten sowie Definition und Implementierung von Gegenmaßnahmen.
- Design und Durchführung von Tests zur Überprüfung der Funktionalität, Performance und Verwaltbarkeit von IT Services.
- Lieferantenmanagement. Viele Technical Management Abteilungen oder Gruppen sind die einzigen in der Organisation, die genau wissen, was von einem Lieferant benötigt wird und wie Messungen und das Management in Bezug auf Lieferanten durchzuführen sind. Daher verlassen sich viele Organisationen beim Vertragsmanagement mit Lieferanten bestimmter Anwendungen auf das Technical Management. In diesem Fall muss sichergestellt werden, dass diese Beziehungen als Teil des SLM-Prozesses verwaltet und gesteuert werden.
- Definition und Management von Event Management Standards und Tools. Das Technical Management überwacht und reagiert auf viele Kategorien von Events.
- Technical Management Abteilungen oder Gruppen haben einen wesentlichen Einfluss auf die Performance des Incident Management. Sie erhalten

Incidents über die funktionale Eskalation und bieten mindestens Second-Level Support. Sie sind auch an der Pflege der Kategorien und an der Definition von Eskalationsverfahren beteiligt, die beim Incident Management ausgeführt werden.
- Das Technical Management als Funktion stellt die Mitarbeiter bereit, die den Problem Management Prozess ausführen. Mit ihrer technischen Erfahrung und ihrem Wissen werden Probleme diagnostiziert und gelöst. Darüber hinaus werden ihre Beziehungen zu den Lieferanten für Eskalationen und Folgeaktionen mit den Support-Teams der Lieferanten genutzt.
- Die Technical Management Mitarbeiter sind an der Definition von Codierungssystemen beteiligt, die im Incident und Problem Management eingesetzt werden (z. B. Incident-Kategorien).
- Technical Management Mitarbeiter unterstützen das Problem Management bei der Validation und Verwaltung der KEDB.
- Das Change Management stützt sich auf das technische Wissen und die technische Erfahrung, um Changes zu evaluieren, und viele Changes werden vom Technical Management erstellt.
- Releases werden oft mithilfe von Technical Management Ressourcen implementiert.
- Das Technical Management stellt Informationen für das Configuration Management System bereit und unterstützt dessen operative Verwaltung. Dabei wird in Zusammenarbeit mit dem Application Management sichergestellt, dass beim Service Deployment und bei der kontinuierlichen Verwaltung von CIs während ihres Lebenszyklus die richtigen CI-Attribute und –Beziehungen erstellt werden.
- Das Technical Management ist an den Continual Service Improvement Prozessen beteiligt, insbesondere an der Identifizierung von Verbesserungsmöglichkeiten und der anschließenden Evaluierung von Alternativlösungen.
- Als Verwalter des technischen Wissens und der technischen Erfahrung sorgt das Technical Management dafür, dass die gesamte System- und Betriebsdokumentation aktuell ist und korrekt eingesetzt wird. Dabei wird auch sichergestellt, dass alle Management-, Administrations- und Anwenderhandbücher aktuell und vollständig sind und das technische Personal mit deren Inhalten vertraut ist.
- Aktualisierung und Verwaltung der Daten für die Berichterstattung zu Technik- und Servicefähigkeiten, z. B. Capacity und Performance Management, Availability Management, Problem Management usw.
- Unterstützung des IT Financial Management bei der Ermittlung der Kosten für Technologie- und IT-Personalressourcen, die für das Management von IT Services eingesetzt werden.
- Beteiligung an der Definition von operativen Aktivitäten, die als Teil des IT Operations Management ausgeführt werden. Viele Technical Management Abteilungen, Gruppen oder Teams führen auch die operativen Aktivitäten als Teil der IT Operations Management Funktion einer Organisation aus.

6.3.4 Technical Management Organisation

Das Technical Management obliegt in der Regel nicht nur einer einzelnen Abteilung oder Gruppe. Meist werden für das technische Management und zur Unterstützung der IT-Infrastruktur mehrere Technical Support Teams oder Abteilungen benötigt. Außer in sehr kleinen Organisationen, in denen ein einzelnes kombiniertes Team oder eine Abteilung oft ausreicht, werden für jede unterschiedliche Art von Infrastruktur eigene Teams oder Abteilungen eingesetzt.

Das IT Operations Management besteht aus unterschiedlichen Technologiebereichen. Management und Betrieb jedes Bereichs erfordern bestimmte Fertigkeiten. Einige Fertigkeiten sind eher allgemein und können von Generalisten bereitgestellt werden, während andere spezialisiert und auf bestimmte Komponenten, Systeme oder Plattformen zugeschnitten sind.

Das Hauptkriterium für die organisatorische Struktur des Technical Management ist Spezialisierung oder Arbeitsteilung. Mitarbeiter werden entsprechend ihren technischen Fertigkeiten gruppiert, und diese Fertigkeiten richten sich nach der zu verwaltenden und zu steuernden Technologie.

Die organisatorischen Aspekte des Technical Management werden in den Abschnitten 6.6 und 6.7 ausführlich behandelt. Nachfolgend werden einige typische Beispiele für Technical Management Teams oder Abteilungen aufgeführt:

- Mainframe-Teams oder -Abteilungen – wenn in der Organisation noch ein oder mehrere Mainframe-Typen eingesetzt werden
- Serverteams oder -abteilungen – oft nach verschiedenen Technologien aufgeteilt (z. B. Unix Server, Wintel Server)
- Storage-Teams oder -Abteilungen, die für das Management aller Datenspeichergeräte und Datenträger verantwortlich sind

- Netzwerk-Support-Teams oder -Abteilungen, die sich um die internen WANs/LANs in der Organisation kümmern und für das Management externer Netzwerkanbieter zuständig sind
- Desktop-Teams oder -Abteilungen, die für alle installierten Desktop-Geräte verantwortlich sind
- Datenbankteams oder -abteilungen, die für Erstellung, Verwaltung und Support der Datenbanken in der Organisation verantwortlich sind
- Middleware-Teams oder -Abteilungen, die für Integration, Testen und Verwaltung der in der Organisation eingesetzten Middleware verantwortlich sind
- Directory-Service-Teams oder -Abteilungen, die für die Verwaltung der Zugriffsrechte für Service-Elemente in der Infrastruktur zuständig sind
- Internet-/Webteams oder -abteilungen, die für das Management der Verfügbarkeit und des sicheren Zugriffs von externen Kunden, Anwendern und Partnern auf Server und Inhalte verantwortlich sind
- Messaging-Teams oder -Abteilungen, die für E-Mail-Services verantwortlich sind
- IP-basierte Telefonieteams oder -abteilungen (z. B. VoIP)

6.3.5 Technisches Design und technische Wartung und Support

Das Technical Management setzt sich aus spezialisierten technischen Architekten und Designern (die vor allem am Service Design beteiligt sind) und spezialisiertem Wartungs- und Support-Personal (das vor allem in die Service Operation involviert ist) zusammen.

In dieser Publikation werden sie als Teil derselben Funktion betrachtet, in vielen Organisationen werden sie jedoch als getrennte Teams oder sogar Abteilungen gesehen. Das Problem bei diesem Ansatz ist, dass gutes Design Input von den Personen benötigt wird, die für das Lösungsmanagement verantwortlich sind, und ein guter Betriebsablauf die Einbindung von Personen erforderlich macht, die die Lösung konzipiert haben.

Die zu bewältigenden Probleme sind mit denen vergleichbar, die es beim Management des Anwendungslebenszyklus zu überwinden gilt. (Weitere Informationen dazu finden Sie in Abschnitt 6.5.) Die Lösung muss folgende Elemente beinhalten:

- Support-Mitarbeiter müssen in das Design oder die Architektur einer Lösung einbezogen werden. Designer müssen in die Festlegung von Wartungszielen und die Lösung von Support-Problemen eingebunden werden.
- Veränderte Bewertung der Arbeit von Design- und Support-Mitarbeitern. Designer sollten zum Teil auch für Mängel am Design zur Verantwortung gezogen werden, die operative Ausfälle verursachen. Support-Mitarbeiter sollten zum Teil auch für ihren Beitrag zur technischen Architektur und Verantwortung übernehmen.

6.3.6 Technical Management Messgrößen

Die Messgrößen für das Technical Management richten sich vor allem nach der zu verwaltenden Technologie. Zu den allgemein gültigen Messgrößen gehören:

- **Messung der vereinbarten Ergebnisse**. Das kann Folgendes einschließen:
  - Beitrag zum Erreichen der mit dem Business vereinbarten Serviceziele. Viele Mitglieder der Technical Management Teams haben zwar keinen direkten Kontakt zum Business, Auswirkungen auf das Business hat aber die Technologie, deren Management ihnen obliegt. Messgrößen sollten sowohl den negativen (Incidents, die auf ein Team zurückgehen) als auch den positiven Beitrag (Performance und Verfügbarkeit eines Systems) widerspiegeln.
  - Transaktionsraten und Verfügbarkeit für kritische Business-Transaktionen.
  - Service Desk Schulungen.
  - Aufzeichnung von Problemlösungen in der KEDB.
  - Anwendermessungen zur Qualität der Ergebnisse, wie in den SLAs definiert.
  - Installation und Konfiguration von Komponenten, für die Technical Management Teams verantwortlich sind.
- **Prozessmessgrößen**. Die Technical Management Teams führen viele Service Management Prozessaktivitäten aus. Die Fähigkeit dazu wird gegebenenfalls als Teil der Prozessmessgrößen gemessen (in den Abschnitten zu den jeweiligen Prozessen finden Sie weitere Informationen dazu). Dazu gehören beispielsweise:
  - Antwortzeiten bei Events und Abschlussraten für Events
  - Incident-Lösungszeiten für den Second- und Third-Level Support
  - Problemlösungsstatistiken
  - Anzahl an Eskalationen und Ursachen für diese Eskalationen
  - Anzahl an implementierten und korrigierten Changes
  - Anzahl an erkannten, nicht autorisierten Changes

- Anzahl an bereitgestellten Releases insgesamt und Anzahl erfolgreicher Deployments
- ermittelte und behobene Schwierigkeiten bezüglich der Sicherheit
- Vergleich zwischen tatsächlicher Systemausnutzung und den Prognosen im Capacity-Plan (wenn das Team an der Entwicklung des Plans beteiligt war)
- Verfolgung des Verlaufs im Vergleich zu den Serviceverbesserungsplänen (Service Improvement Plans, SIPs)
- Vergleich zwischen Kosten und Budget

■ **Technologie-Performance.** Diese Messgrößen basieren auf den Service Design Spezifikationen und den von den Lieferanten angegebenen technischen Performance-Standards. Diese sind in der Regel in OLAs oder Standard Operating Procedures (Standardbetriebsabläufe, SOPs) aufgeführt. Die tatsächlichen Messgrößen variieren je nach der Technologie, umfassen jedoch häufig:
- Auslastungsraten (z. B. Serverspeicher oder -prozessor, Netzwerkbandbreite usw.)
- Verfügbarkeit (von Systemen, Netzwerken, Geräten usw.), anhand der die Performance des Teams oder der Anwendung gemessen werden kann, die jedoch nicht mit der Serviceverfügbarkeit zu verwechseln ist – diese erfordert die Messbarkeit der Gesamtverfügbarkeit des Service und kann die Verfügbarkeitszahlen einer Reihe von Einzelsystemen oder -komponenten verwenden
- Performance (z. B. Antwortzeiten, Warteschlangendauer usw.)

■ **Mean Time Between Failures (Durchschnittliche Zeit zwischen zwei Ausfällen, MTBF).** Diese Messgröße soll gute Kaufsentscheidungen sicherstellen und durch den Vergleich mit Wartungsplänen für eine adäquate Gerätewartung sorgen.

■ **Messung von Wartungsaktivitäten**, einschließlich:
- durchgeführte Wartungsmaßnahmen pro Wartungsplan
- Anzahl an überschrittenen Wartungsfenstern
- erreichte Wartungsziele (Anzahl und Prozentsatz)

■ **Schulungen und Entwicklung von Fertigkeiten.** Diese Messgrößen stellen sicher, dass die Mitarbeiter über die erforderlichen Fertigkeiten verfügen und adäquat geschult sind, um das Management der Technologie in ihrem Verantwortungsbereich zu übernehmen. Darüber hinaus werden hier auch Bereiche identifiziert, in denen Schulungsbedarf besteht.

6.3.7 Technical Management Dokumentation

Das Technical Management wirkt am Entwurf und an der Pflege verschiedener Dokumente im Rahmen anderer Prozesse (z. B. Capacity-Planung, Change Management, Problem Management usw.) mit. Diese Dokumente werden bei den entsprechenden Prozessbeschreibungen näher erläutert.

Einige Dokumente sind jedoch nur für Technical Management Gruppen oder Teams relevant und werden von diesen erstellt, verwaltet und gesteuert. Ihr Inhalt bezieht sich auf die in ihrer Verantwortung liegenden Technologien. Nachfolgend werden die Inhalte der Technical Management Dokumentation aufgeführt.

6.3.7.1 Technische Dokumentation

Die Beschaffung und Verwaltung von technischer Dokumentation zu CIs liegt in der Verantwortlichkeit des Technical Management. Die Dokumentation umfasst:

■ technische Handbücher
■ Management- und Administrationshandbücher
■ Anwenderhandbücher für CIs; dazu gehören in der Regel keine Anwendungshandbücher, diese werden vom Application Management verwaltet

6.3.7.2 Wartungspläne

Diese Pläne werden in der Service Design Phase in Zusammenarbeit mit dem Availability und Capacity Management ausgearbeitet und vereinbart, sind aber im Wesentlichen Eigentum der verschiedenen Technical Management Abteilungen, Gruppen oder Teams. Grund hierfür ist, dass sie über das technische Know-how in Bezug auf bestimmte Technologien verfügen und am besten wissen, was für die Gewährleistung ihrer Betriebsfähigkeit erforderlich ist.

Weitere Details zur Definition von Wartungsplänen und Servicewartungsvorgaben finden Sie in der ITIL Publikation Service Design.

6.3.7.3 Skills Inventory

Ein Skills Inventory ist ein System oder Tool, das die zur Bereitstellung und zum Support von IT Services erforderlichen Fertigkeiten ermittelt und die Personen ausfindig macht, die über diese Fertigkeiten verfügen. Skills Inventories können am effektivsten eingesetzt werden, wenn sie auf Prozesse, Architekturen und Performance-Standards abgestimmt sind.

Außerdem sollten Skills Inventories ermitteln, welche Schulungsmaßnahmen für jede einzelne Fertigkeit verfügbar sind, wenn Mitarbeiter mit einer entsprechenden Fertigkeit die Organisation verlassen.

Skills Inventories können auch in Serviceportfolios eingebunden werden, um zu bewerten, ob ein neuer Service mithilfe des vorhandenen Personals und seiner Fertigkeiten bereitgestellt werden kann oder ob in neues Personal oder in Schulungsmaßnahmen investiert werden muss. Auf diese Weise leisten Skills Inventories einen wichtigen Beitrag zur Capacity-Planung.

Die Definition und Verwaltung von Skills Inventories erfordert eine wirksame Schnittstelle zwischen HR-Prozessen und Tools in der Organisation.

6.4 IT OPERATIONS MANAGEMENT

In der Business-Terminologie bezeichnet der Begriff „Operations Management" die Abteilung, die Gruppe oder das Team von Mitarbeitern, die für die täglichen operativen Aktivitäten der Organisation verantwortlich sind, wie den Betrieb der Fertigungsanlage in einer Produktionsumgebung oder die Verwaltung und Steuerung von Vertriebszentralen und Fuhrparkverwaltung in einer Logistikorganisation.

Das Operations Management weist in der Regel folgende Merkmale auf:

- Hier werden Aufgaben durchgeführt, um sicherzustellen, dass ein Gerät, System oder Prozess auch tatsächlich ausgeführt werden kann oder funktionsfähig ist (im Gegensatz zur Strategie oder Planung).
- Hier werden Pläne in Aktionen umgesetzt.
- Der Schwerpunkt liegt auf täglichen oder kurzfristigen Aktivitäten, auch wenn diese Aktivitäten in der Regel über einen relativ langen Zeitraum durchgeführt und wiederholt werden (im Gegensatz zu einmaligen Projekttyp-Aktivitäten).
- Diese Aktivitäten werden von spezialisierten technischen Experten durchgeführt, die häufig ein technisches Training absolvieren müssen, um sich die Fertigkeiten zur Ausführung der einzelnen Aktivitäten anzueignen.
- Der Schwerpunkt liegt auf der Konzeption von wiederholbaren, konsistenten Aktionen, die – bei einer ausreichend häufigen Wiederholung auf der richtigen Qualitätsstufe – den Erfolg des Betriebs sicherstellen.
- Hier wird der eigentliche Wert für die Organisation bereitgestellt und gemessen.
- Es besteht eine Abhängigkeit von den Investitionen in Ausrüstung oder Personal oder beidem.
- Für den Erfolg des Business muss der geschaffene Wert die Kosten für die Investitionen und alle anderen organisatorischen Gemeinkosten (wie Kosten für das Management oder Marketing) übersteigen.

Analog dazu kann das IT Operations Management als die Funktion definiert werden, die für das fortlaufende Management und die Verwaltung der IT-Infrastruktur einer Organisation verantwortlich ist, um sicherzustellen, dass dem Business der vereinbarte Level an IT Services bereitgestellt wird.

IT Operations kann als Satz von Aktivitäten definiert werden, der an der täglichen Ausführung der IT-Infrastruktur beteiligt ist, mit dem Zweck, IT Services zum vereinbarten Level bereitzustellen, um die festgelegten Business-Ziele zu erreichen.

6.4.1 Rolle des IT Operations Management

Das IT Operations Management übernimmt die Ausführung der fortlaufenden Aktivitäten und Verfahren, die für das Management und die Verwaltung der IT-Infrastruktur erforderlich sind, um IT Services zum vereinbarten Level bereitstellen und unterstützen zu können. Diese Punkte wurden bereits in Kapitel 5 erläutert und werden hier noch einmal zur Vollständigkeit zusammengefasst:

- **Operations Control**: Überwacht die Ausführung und das Monitoring der operativen Aktivitäten und Events in der IT-Infrastruktur. Kann mit Unterstützung einer Operations Bridge oder eines Network Operations Centre erfolgen. Neben Routineaufgaben aus allen technischen Bereichen führt die Operations Control folgende spezifische Aufgaben aus:
  - **Konsolenmanagement**, befasst sich mit der Definition der zentralen Beobachtungs- und Monitoring-Fähigkeit und setzt dann diese Konsolen ein, um Monitoring- und Steuerungsaktivitäten auszuführen
  - **Job Scheduling**, oder Management von Routine-Bachjobs oder -Skripten
  - **Backup und Restore** für alle Technical und Application Management Teams und Abteilungen und häufig auch für Anwender
  - **Druck- und Ausgabemanagement** für die Sammlung und Verteilung von allen zentralisierten Druckausgaben oder elektronischen Ausgaben
  - Durchführung von **Wartungsaktivitäten** für Technical oder Application Management Teams oder Abteilungen
- **Facilities Management**: befasst sich mit dem Management der physischen IT-Umgebung, in der Regel handelt es sich dabei um ein

Rechenzentrum oder Computerräume und Wiederherstellungsstandorte mit allen Einrichtungen zur Stromversorgung und Kühlung. Zum Facilities Management gehört auch die Koordination umfassender Konsolidierungsprojekte, wie für Rechenzentren oder Server. In einigen Fällen wird ein Outsourcing für das Management von Rechenzentren vorgenommen. Das Facilities Management bezieht sich dann auf das Management des Outsourcing-Vertrags.

Wie viele IT Service Management Prozesse und Funktionen besetzt auch das IT Operations Management eine zweiteilige Rolle.

- Das IT Operations Management ist verantwortlich für die Ausführung der Aktivitäten und Performance-Standards, die im Service Design definiert und während der Service Transition getestet wurden. Demnach besteht die Rolle des IT Operations Management vor allem in der Wahrung des Status Quo. Die Stabilität der IT-Infrastruktur und die Konsistenz von IT Services ist das wichtigste Anliegen des IT Operations Management. Auch operative Verbesserungen zielen darauf ab, für ein und denselben Ablauf einfachere und bessere Möglichkeiten zu finden.
- Gleichzeitig ist das IT Operations Management Teil der Prozesse zur Schaffung von Mehrwert für die unterschiedlichen Business-Bereiche und zur Unterstützung des Wertschöpfungsnetzwerks (siehe ITIL Publikation Service Strategy). Die Fähigkeit des Business zur Zielerreichung und zum Erhalt der Wettbewerbsfähigkeit hängt vom Ergebnis und der Zuverlässigkeit des täglichen IT-Betriebs ab. Daher muss das IT Operations Management in der Lage sein, eine kontinuierliche Anpassung an die Anforderungen und den Bedarf des Business vorzunehmen. Für das Business ist nicht entscheidend, ob der IT-Betrieb ein Standardverfahren eingehalten hat oder die Serverleistung optimal ist. Dem IT Operations Management muss es gelingen, mit dem veränderten Bedarf oder wechselnden Anforderungen des Business Schritt zu halten, ohne den Status Quo zu gefährden.

Das IT Operations Management muss ein Gleichgewicht zwischen diesen Rollen schaffen. Dafür wird Folgendes benötigt:

- ein Verständnis dazu, wie Technologie zur Bereitstellung von IT Services eingesetzt wird
- ein Verständnis der relativen Bedeutung und Auswirkung dieser Services auf das Business
- Verfahren und Anleitungen, die erläutern, welche Rolle der IT-Betrieb sowohl beim Management der Technologie als auch bei der Bereitstellung von IT Services einnimmt
- einen klar differenzierten Satz an Messgrößen für Berichte an das Business zur Erreichung der Serviceziele und für Berichte an IT-Manager zur Effizienz und Effektivität des IT-Betriebs
- sämtliche Mitarbeiter des IT-Betriebs müssen sich genau darüber im Klaren sein, wie sich die Performance der Technologie auf die Bereitstellung von IT Services auswirkt
- eine Kostenstrategie, mit dem Ziel, die Anforderungen der unterschiedlichen Geschäftsbereiche mit Kosteneinsparungen aus der Optimierung bestehender Technologien oder Investitionen in neue Technologien abzugleichen
- Nutzen statt Kosten aus der Return on Investment Strategie

6.4.2 Ziele des IT Operations Management

Zu den Zielen des IT Operations Management gehören:

- Wahrung des Status Quo, um Stabilität für die tagtäglichen Prozesse und Aktivitäten der Organisation zu erreichen
- regelmäßige genaue Überprüfungen und Verbesserungsmaßnahmen, um einen verbesserten Service bei reduzierten Kosten und Einhaltung der Stabilität zu erreichen
- schneller Einsatz der operativen Fertigkeiten zur Diagnose und Lösung jeglicher Fehler und Ausfälle im IT-Betrieb

6.4.3 Organisation des IT Operations Management

In Abbildung 6.1 der Einführung zu Kapitel 6 ist dargestellt, dass das IT Operations Management als eigenständige Funktion betrachtet wird, die Mitarbeiter der Technical und Application Management Gruppen jedoch häufig Bestandteil dieser Funktion sind.

Das bedeutet, dass einige Technical und Application Management Abteilungen oder Gruppen ihre eigenen operativen Aktivitäten verwalten, steuern und ausführen. Andere delegieren diese Aktivitäten an eine bestimmte IT Operations Abteilung.

Für die Zuweisung von Aktivitäten besteht keine festgelegte Methode, da diese vom Reifegrad und der Stabilität der zu verwaltenden und zu steuernden Infrastruktur abhängt. Bereiche aus dem Technical und

Application Management beispielsweise, die relativ neu und instabil sind, verwalten und steuern meist ihren eigenen Betrieb. Gruppen, deren Technologie oder Anwendungen stabil, gereift und gut nachvollziehbar sind, verfügen meist über einen eher standardisierten Betrieb und sind daher eher in der Lage, diese Aktivitäten zu delegieren.

Einige Optionen zur Strukturierung des IT Operations Management werden detailliert in Abschnitt 6.7 dieser Publikation erläutert.

6.4.4 Messgrößen im IT Operations Management

Das IT Operations Management wird an seiner effektiven Ausführung bestimmter Aktivitäten und Verfahren sowie an der Ausführung von Prozessaktivitäten gemessen. Dazu gehören:

- Erfolgreicher Abschluss zeitlich terminierter Aufträge.
- Anzahl an Ausnahmen in zeitlich terminierten Aktivitäten und Aufträgen.
- Anzahl an erforderlichen Daten- oder Systemwiederherstellungen.
- Ausrüstungsinstallationsstatistiken, einschließlich der Anzahl an installierten Elementen nach Typ, erfolgreichen Installationen etc.
- Prozessmessgrößen. Das IT Operations Management führt viele Service Management Prozessaktivitäten aus. Die Fähigkeit dazu wird gegebenenfalls als Teil der Prozessmessgrößen gemessen (in den Abschnitten zu den jeweiligen Prozessen finden Sie weitere Informationen dazu). Dazu gehören beispielsweise:
    - Antwortzeiten bei Events
    - Lösungszeiten für Incidents
    - Anzahl an sicherheitsbezogenen Incidents
    - Anzahl an Eskalationen und Ursachen für diese Eskalationen
    - Anzahl an implementierten und korrigierten Changes
    - Anzahl an erkannten, nicht autorisierten Changes
    - Anzahl an bereitgestellten Releases insgesamt und Anzahl erfolgreicher Deployments
    - Verfolgung des Verlaufs im Vergleich zu den Serviceverbesserungsplänen (Service Improvement Plans, SIPs)
    - Vergleich zwischen Kosten und Budget
- Wenn die Wartungsaktivitäten delegiert wurden, sind auch Messgrößen in Bezug auf diese Aktivitäten relevant:
    - durchgeführte Wartungsmaßnahmen pro Schedule
    - Anzahl an überschrittenen Wartungsfenstern
    - erreichte Wartungsziele (Anzahl und Prozentsatz)
- Es bestehen zahlreiche Messgrößen in Verbindung mit dem Facilities Management. Zu den wichtigsten gehören:
    - Kosten im Vergleich zum Budget für Wartung, Konstruktion, Sicherheit, Lieferung etc.
    - Incidents in Bezug auf das Gebäude, wie erforderliche Reparaturen an der Anlage
    - Berichte zum Zugang zu den Anlagen
    - Anzahl an Sicherheits-Events und -Incidents und deren Lösung
    - Stromverbrauchsstatistiken, insbesondere in Bezug auf Änderungen der Strategien zur Raumaufteilung und zu Umgebungsbedingungen
    - Events oder Incidents in Bezug auf die Lieferung und Verteilung

6.4.5 IT Operations Management Dokumentation

Während des IT Operations Management wird eine Reihe von Dokumenten erstellt und eingesetzt. Nachfolgend sind einige der wichtigsten Dokumente aufgeführt. Nicht genannt sind die Berichte, die vom IT Operations Management für andere Prozesse oder Funktionen erstellt werden.

6.4.5.1 Standard Operating Procedures (Standardbetriebsabläufe, SOP)

Die SOPs sind ein Satz an Dokumenten, die detaillierte Anleitungen und Aktivitätszeitpläne für alle IT Operations Management Teams, Abteilungen oder Gruppen enthalten.

Diese Dokumente stellen die Routinearbeiten dar, die für jedes Gerät, System oder Verfahren ausgeführt werden müssen. Darüber hinaus enthalten sie die Verfahren, die einzuhalten sind, wenn eine Ausnahme erkannt oder ein Change erforderlich ist.

In SOP-Dokumenten könnten auch Standard-Performance-Levels für Geräte oder Verfahren definiert werden. In einigen Organisationen wird in den OLAs auf die SOP-Dokumente verwiesen. Statt detaillierte Performance-Messungen im OLA aufzuführen, wird ein Abschnitt mit einem Verweis auf die Performance-Standards im SOP-Dokument eingefügt und angegeben, wie diese gemessen und weitergegeben werden.

6.4.5.2 Operations-Protokolle

Alle Aktivitäten, die im Rahmen des IT-Betriebs ausgeführt werden, sollten unter anderem aus folgenden Gründen aufgezeichnet werden:

- Sie können eingesetzt werden, um einen erfolgreichen Abschluss bestimmter Aufgaben oder Aktivitäten zu bestätigen.
- Sie können eingesetzt werden, um zu bestätigen, dass ein IT Service wie vereinbart bereitgestellt wurde.
- Sie können vom Problem Management verwendet werden, um die zugrunde liegende Ursache für Incidents zu ermitteln.
- Sie sind die Basis für Berichte zur Performance der IT Operations Management Teams und Abteilungen.

Das Format dieser Protokolle variiert genau so wie die Anzahl an Systemen und Operations Management Teams oder Abteilungen. Zu den Beispielen für Operations-Protokolle gehören:

- Betriebssystemprotokolle, die in jedem Gerät gespeichert sind.
- Anwendungsaktivitätsprotokolle, die in einer Datei auf dem Anwendungsserver gespeichert sind.
- Event-Protokolle, die auf dem Monitoring-Tool-Server gespeichert sind.
- Nutzungsprotokolle für wichtige Geräte
- Protokolle zum physischen Zugang, die aufzeichnen, wer wann abgesicherte Gebäude betreten hat.
- Handschriftliche Protokolle zu den von den Operator-Mitarbeitern ausgeführten Aktionen. Diese müssen in einem formalen Protokollbuch oder einer Heftmappe abgelegt sein, durchnummeriert und in einer sicheren Umgebung aufbewahrt werden. Es sollte überprüft werden, dass keine Seiten entfernt wurden.

Es muss eine Richtlinie im Rahmen der SOPs erstellt werden, um festzulegen, wie lange Protokolle aufzubewahren sind, wie sie zu archivieren sind und wann sie gelöscht werden können. Diese Richtlinien definieren auch gesetzliche und Compliance-Anforderungen. Die Richtlinien sollten darüber hinaus die Parameter für geeignete Speicher- und Backup-Strategien zum Speichern und Abrufen von Protokolldateien angeben.

6.4.5.3 Schichtpläne und -berichte
Bei Schichtplänen handelt es sich um Dokumente, die genau die Aktivitäten angeben, die während einer Schicht auszuführen sind. Sie enthalten darüber hinaus eine Liste aller Abhängigkeiten und Aktivitätsabfolgen. Es müssen meist mehrere Schichtpläne geführt werden, und jedes Team erhält eine Version für sein eigenes System. Vor Beginn der Schicht müssen alle Schichtpläne koordiniert werden. Das wird in der Regel von einer auf die Zeitplanung von Schichtarbeiten spezialisierten Person mithilfe von Zeitplanungs-Tools durchgeführt.

Ein Schichtplan kann aus einer Reihe von Routinepunkten bestehen, die im SOP enthalten sind. In diesem Fall können die Punkte einfach kurz mit einem Verweis auf den Abschnitt oder die Seite im SOP-Dokument aufgelistet werden.

Die meisten Schichtpläne sind wie eine Checkliste aufgebaut, bei der die Operator die Punkte nach deren Abschluss mit einem Vermerk zur Abschlusszeit abhaken können. So können der Fortschritt der Aktivitäten einfacher abgelesen und mögliche Schwierigkeiten identifiziert werden, wenn die Aufträge zu lange dauern.

Schichtberichte sind eine Form von Operations-Protokollen mit folgenden zusätzlichen Funktionen:

- Sie zeichnen wichtige, während der Schicht aufgetretenen Events und Aktionen auf.
- Sie sind Teil der Übergabe zwischen den Schichtleitern.
- Sie enthalten jegliche Ausnahmen von den Servicewartungsvorgaben.
- Sie identifizieren jegliche nicht abgeschlossenen Aktivitäten, die eine herabgesetzte Performance von Services während der nächsten Servicestunden zur Folge haben könnten.

6.4.5.4 Operations-Zeitplan
Operations-Zeitpläne sind mit Schichtplänen vergleichbar, umfassen jedoch auch alle Aspekte des IT-Betriebs auf höherer Ebene. Dieser Zeitplan enthält einen Überblick über alle geplanten Changes, Wartungs- und Routineaufgaben und zusätzliche Arbeiten sowie Informationen zu anstehenden Business- oder Lieferanten-Events. Der Operations-Zeitplan bildet die Grundlage für das tägliche Operations-Meeting und ist die maßgebliche Referenz für alle IT Operations Manager zur Verfolgung des Fortschritts und Ermittlung von Ausnahmen.

6.5 APPLICATION MANAGEMENT

Das Application Management ist verantwortlich für das Management von Anwendungen über ihren gesamten Lebenszyklus hinweg. Die Application Management Funktion wird von Abteilungen, Gruppen oder Teams durchgeführt, die am Management und Support von operativen Anwendungen beteiligt sind. Das Application Management spielt auch beim Design, beim Testen und bei Verbesserungen von Anwendungen, die Teil von IT Services sind, eine wichtige Rolle. Daher kann es auch an Entwicklungsprojekten beteiligt sein, ist in der Regel jedoch nicht mit dem Anwendungsentwicklungsteam gleichzusetzen.

6.5.1 Rolle des Application Management

Das Application Management führt für Anwendungen die Aufgaben aus, die das Technical Management für die IT-Infrastruktur ausführt. Das Application Management spielt für alle Anwendungen eine wichtige Rolle, unabhängig davon, ob diese erworben oder intern entwickelt wurden. Eine der wichtigsten Entscheidungen, an denen das Application Management beteiligt ist, ist die zwischen dem Kauf oder der Entwicklung einer Anwendung (Einzelheiten dazu finden Sie im Band Service Design). Wenn diese Entscheidung getroffen wurde, besetzt das Application Management eine zweiteilige Rolle:

- Es verwaltet das technische Wissen und die Erfahrung in Bezug auf das Management von Anwendungen. In dieser Rolle arbeitet das Application Management zusammen mit dem Technical Management, um sicherzustellen, dass das erforderliche Wissen für das Design, die Tests, das Management und die Verbesserungen von IT Services identifiziert, entwickelt und weiter verfeinert wird.
- Es stellt die eigentlichen Ressourcen zur Unterstützung des ITSM-Lebenszyklus bereit. In dieser Rolle stellt das Application Management sicher, dass die Ressourcen für das Design, die Erstellung, die Überführung, den Betrieb und die Verbesserung der Technologie, die für die Bereitstellung und die Unterstützung von IT Services erforderlich ist, effektiv geschult und eingesetzt werden.

Mithilfe dieser beiden Rollen kann das Application Management sicherstellen, dass die Organisation auf die geeigneten Personalebenen und -typen für das Management von Anwendungen zugreifen und damit seine Business-Ziele erreichen kann. Dieser Vorgang beginnt mit der Service Strategy und wird im Service Design erweitert, in der Service Transition getestet und im Continual Service Improvement weiter verfeinert (Informationen finden Sie in den jeweiligen anderen ITIL Publikationen dieser Reihe).

Eine Teilaufgabe dieser Rolle besteht darin, ein Gleichgewicht zwischen dem Fertigkeitsniveau und den Kosten für diese Ressourcen sicherzustellen.

Neben diesen zwei wichtigen Rollen führt das Application Management auch Aufgaben der folgenden beiden Rollen aus:

- Bereitstellung von Leitlinien für den IT-Betrieb zur optimalen Durchführung des fortlaufenden operativen Managements von Anwendungen. Diese Rolle wird zum Teil während des Service Design Prozesses durchgeführt, ist jedoch auch Teil der täglichen Kommunikation mit dem IT Operations Management, da hier Stabilität und eine optimale Performance erreicht werden sollen.
- Die Integration des Application Management Lebenszyklus in den ITSM-Lebenszyklus. Auf diesen Punkt wird im Folgenden genauer eingegangen.

Die Ziele, Aktivitäten und Strukturen, die dem Application Management eine effektive Ausübung dieser Rollen ermöglichen, werden in den folgenden Abschnitten erläutert.

6.5.2 Ziele des Application Management

Ziel des Application Management ist es, die Business-Prozesse der Organisation zu unterstützen, indem Hilfestellung bei der Identifikation von funktionalen und Management-Anforderungen an die Anwendungssoftware und beim Design und Deployment dieser Anwendungen, beim fortlaufenden Support und bei Verbesserungen für diese Anwendungen angeboten wird.

Diese Ziele werden erreicht durch:

- Anwendungen, die durchdacht konzipiert, stabil und wirtschaftlich sind.
- die Sicherstellung, dass die benötigte Funktionalität verfügbar ist, um das erforderliche Geschäftsergebnis zu erreichen.
- die Organisation von adäquaten technischen Fertigkeiten zum Erhalt des optimalen Zustands von operativen Anwendungen.
- den schnellen Einsatz von technischen Fertigkeiten zur schnellen Diagnose und Lösung jeglicher Ausfälle.

6.5.3 Prinzipien des Application Management

6.5.3.1 Entwickeln oder Kaufen?

Eine der wichtigsten Entscheidungen im Application Management ist die zwischen dem Kauf einer Anwendung, die die erforderliche Funktionalität unterstützt, oder der Entwicklung der Anwendung speziell nach den Anforderungen der Organisation. Diese Entscheidungen werden häufig vom Chief Technical Officer (CTO) oder Steering Committee getroffen, die dafür jedoch Informationen von einer Reihe von anderen Quellen benötigen. Diese Punkte werden genauer im Band Service Design erläutert, hier jedoch kurz aus der Perspektive der Application Management Funktion zusammengefasst.

Das Application Management bietet während der Service Design Phase Unterstützung für diese Entscheidung durch:

- Application Sizing (Kapazitätsermittlung für neue oder geänderte Anwendungen) und Auslastungsprognosen (siehe Abschnitt 4.6.4)
- Spezifikation von Verwaltbarkeitsanforderungen
- Identifikation von fortlaufenden operativen Kosten
- Datenzugriffsanforderungen für das Berichtswesen oder die Integration in andere Anwendungen
- Untersuchung, inwieweit die erforderliche Funktionalität mit vorhandenen Tools erreicht werden kann und wie hoch der Anpassungsaufwand dafür wäre
- Abschätzung der Anpassungskosten
- Ermittlung der Fertigkeiten, die für den Support der Lösung erforderlich sind (z. B. ist beim Kauf einer Anwendung eine neue Gruppe von Mitarbeitern erforderlich, oder können vorhandene Mitarbeiter im Anwendungs-Support geschult werden?)
- administrative Anforderungen
- Sicherheitsanforderungen

Wenn die Entscheidung zugunsten der Entwicklung einer Anwendung ausfällt, muss weiterhin entschieden werden, ob die Entwicklung extern vergeben oder durch Mitarbeiter intern erfolgen soll. Details dazu finden Sie in den Publikationen Service Strategy und Service Design. Einige wichtige Überlegungen betreffen jedoch auch die Service Operation, wie:

- Wie werden die Verwaltbarkeitsanforderungen spezifiziert und vereinbart (z. B. Anwendungsdesign und Transaktions-Monitoring)? Wenn operative Teams oder Abteilungen im Projekt fehlen, werden diese Aspekte häufig außer Acht gelassen.
- Wie lauten die Abnahmekriterien für die operative Performance, wie und wo wird die Lösung getestet, und wer führt die Tests durch?
- Wer ist Inhaber und verantwortlich für das Management der Definitive Library für diese Anwendung?
- Wer konzipiert und verwaltet die operativen Management- und Administrationsskripte für diese Anwendungen?
- Wer ist verantwortlich für die Umgebungseinrichtung und besitzt und wartet die unterschiedlichen Infrastrukturkomponenten?
- Wie wird die Lösung instrumentiert, so dass sie die erforderlichen Events generieren kann?

6.5.3.2 Operative Modelle

Ein operatives Modell ist die Spezifikation der operativen Umgebung, in der die Anwendung schließlich im Live-Betrieb ausgeführt wird. Es wird während der Test- und Transition-Phasen für eine Simulation und Bewertung der Live-Umgebung eingesetzt. So kann sichergestellt werden, dass die Kapazitätsermittlung für die Anwendung korrekt ist und die erforderlichen Umgebungsbedingungen dokumentiert werden und für alle Beteiligten nachvollziehbar sind. Das operative Modell sollte jeweils während der Service Design und Service Transition Phasen definiert und testweise eingesetzt werden (siehe Publikationen zu Service Design und Service Transition).

6.5.4 Application Management Lebenszyklus

Der Lebenszyklus für die Entwicklung und das Management von Anwendungen hat mehrere Bezeichnungen, wie Softwarelebenszyklus (Software Lifecycle, SLC) und Software-Entwicklungslebenszyklus (Software Development Lifecycle, SDLC). Häufig definieren Anwendungsentwicklungsteams und ihre Projektmanager damit ihre Beteiligung beim Design, der Erstellung, dem Test, dem Deployment und dem Support von Anwendungen. Beispiele für diese Ansätze sind unter anderem Structured Systems Analysis and Design Methodology (SSADM), Dynamic Systems Development Method (DSDM), Rapid Application Development (RAD).

ITIL befasst sich hauptsächlich mit dem gesamten Management von Anwendungen als Teil von IT Services, unabhängig davon, ob diese intern entwickelt oder von einem externen Anbieter erworben wurden. Daher wird hier der Begriff Application Management Lebenszyklus verwendet, der eine umfassendere Sichtweise ausdrückt.

Dieser Begriff soll die Bezeichnung „SDLC" nicht ersetzen, die weiterhin ein wertvoller Ansatz für Entwickler, insbesondere externe Softwareunternehmen, ist. Es soll jedoch deutlich gemacht werden, dass eine bessere Abstimmung zwischen der Sicht der Entwicklung auf Anwendungen und dem „Live"-Management dieser Anwendungen erfolgen sollte.

Bei umfassenden erworbenen Anwendungen, wie E-Mail-Anwendungen, ist das schwieriger, da in der Regel keine direkte Interaktion zwischen den Entwicklern und den Anwendern stattfindet. Der grundlegende Lebenszyklus gilt jedoch auch hier, da für die Anwendung Anforderungen, Design, Anpassung, Betrieb und Deployment festgelegt werden müssen. Eine Optimierung wird durch ein besseres Management, Verbesserungen an Anpassungen und Upgrades erreicht.

Der Application Management Lebenszyklus wird in der folgenden Abbildung dargestellt:

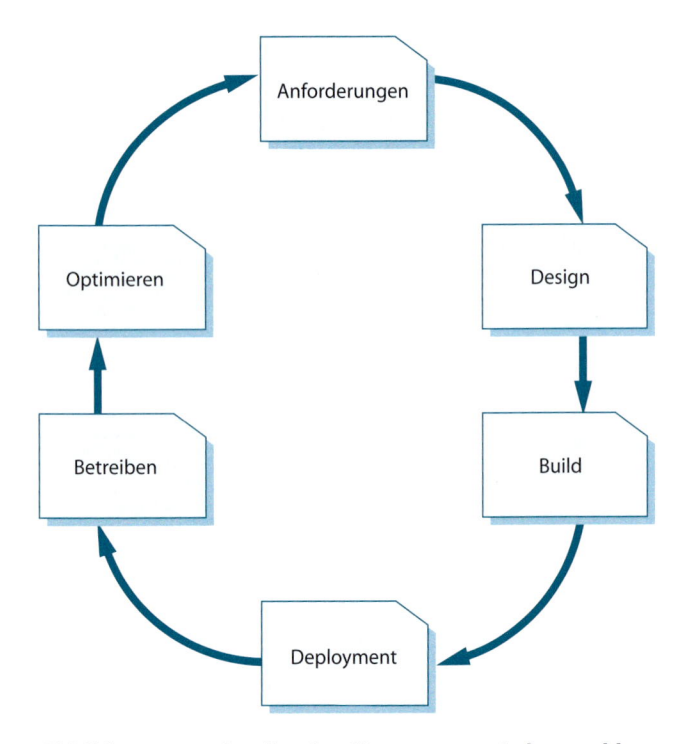

Abbildung 6.5 – Application Management Lebenszyklus

ITSM-Prozesse und Anwendungsentwicklungsprozesse müssen als Teil der Gesamtstrategie zur Bereitstellung von IT Services für die Unterstützung des Business aufeinander abgestimmt werden.

Anwendungsentwicklung und -betrieb sind Teil desselben Gesamtlebenszyklus. Beide sollten an allen Phasen beteiligt werden, auch wenn der Grad der Beteiligung je nach Lebenszyklusphase variiert.

Beziehung zwischen dem Application Management and Service Management Lebenszyklus

Der Application Management Lebenszyklus sollte nicht als Alternative zum Service Management Lebenszyklus betrachtet werden. Anwendungen sind Teil von Services und müssen als solche verwaltet und gesteuert werden. Andererseits sind Anwendungen eine einzigartige Kombination von Technologie und Funktionalität und müssen daher in jeder Phase des Service Management Lebenszyklus gesondert behandelt werden.

Jede Phase des Application Management Lebenszyklus hat ihre eigenen Ziele, Aktivitäten, Ergebnisse und speziell dafür eingesetzte Teams. Darüber hinaus verfügt jede Phase über klare Zuständigkeiten, um sicherzustellen, dass ihre Zielsetzung auf die jeweiligen Ziele des Service Management Lebenszyklus abgestimmt ist. Folgende unterschiedliche Aspekte des Application Management werden in den jeweiligen ITIL Publikationen behandelt:

- **Service Strategy:** Definiert die Gesamtarchitektur von Anwendungen und von der Infrastruktur. Dazu gehört die Definition der Kriterien für eine interne Entwicklung, für das Outsourcing der Entwicklung oder den Erwerb und die Anpassung von Anwendungen. Die Service Strategy bietet darüber hinaus Unterstützung bei der Definition des Serviceportfolios (einschließlich Anwendungen), das auch Informationen zum Return on Investment (Investitionsertrag) von Anwendungen und den von ihnen unterstützten Services umfasst. Daher werden in dieser Phase Rahmenanforderungen festgelegt.
- **Service Design:** Bietet Unterstützung bei der Festlegung von Anforderungen für die Funktionalität und Verwaltbarkeit von Anwendungen und kooperiert mit den Entwicklungsteams, um sicherzustellen, dass diese Ziele erreicht werden. Das Service Design deckt den Großteil der Anforderungsphase ab und ist an der Build-Phase des Application Management Lebenszyklus beteiligt.
- **Service Transition:** Anwendungsentwicklungs- und Application Management Teams testen und überprüfen das Build und führen das operative Deployment durch.
- **Service Operation:** Deckt die Betriebsphase des Application Management Lebenszyklus ab. Diese Prozesse und Strukturen werden im Detail in diesem Band erläutert.
- **Continual Service Improvement:** Deckt die Optimierungsphase des Application Management Lebenszyklus ab. Das Continual Service Improvement misst die Qualität und Relevanz von Anwendungen im Betrieb und gibt Empfehlungen zur Anwendungsverbesserung aus, wenn sich daraus ein klarer Return on Investment ergibt.

6.5.4.1 Anforderungen

In dieser Phase werden die Anforderungen für eine neue Anwendung basierend auf den Business-Bedürfnissen der Organisation gesammelt. Diese Phase wird vor allem während der Service Design Phase des ITSM-Lebenszyklus durchgeführt.

Für alle Anwendungen bestehen sechs Anforderungstypen, unabhängig davon, ob diese intern oder extern entwickelt oder von Drittanbietern erworben wurden:

- Funktionale Anforderungen sind Anforderungen, die speziell für die Unterstützung eines bestimmten Fachbereichs erforderlich sind.
- Von einer Service Management Perspektive aus betrachtet befassen sich Verwaltbarkeitsanforderungen mit der Notwendigkeit eines reaktionsfähigen, verfügbaren und sicheren Service und behandeln Aspekte wie Deployment, Betrieb, Systemmanagement und Sicherheit.
- Nutzbarkeitsanforderungen sind Anforderungen, die sich mit den Bedürfnissen des Anwenders beschäftigen und zu Funktionen des Service führen, die die Anwenderfreundlichkeit fördern.
- Architekturanforderungen, insbesondere wenn eine Änderung an den bestehenden Architekturstandards erforderlich ist.
- Schnittstellenanforderungen, wenn Abhängigkeiten zwischen bestehenden Anwendungen oder Tools und der neuen Anwendung bestehen.
- Service Level Anforderungen, die die Service-Performance, die Qualität des Ergebnisses und jegliche anderen Qualitätsaspekte angeben, die vom Anwender oder Kunden gemessen werden.

6.5.4.2 Design

In dieser Phase werden die Anforderungen in Spezifikationen umgewandelt. Das Design umfasst das Design der Anwendungen selbst sowie das Design der Umgebung oder des operativen Modells, in der bzw. nach dem die Anwendung ausgeführt werden muss. Überlegungen zur Architektur sind der wichtigste Aspekt dieser Phase, da sie Auswirkungen auf die Struktur und den Inhalt der Anwendung und des operativen Modells haben können. Die Überlegungen zur Architektur der Anwendung (Design der Anwendungsarchitektur) und die Überlegungen zur Architektur des operativen Modells (Design der Systemarchitektur) sind eng miteinander verbunden und müssen aufeinander abgestimmt werden.

Bei erworbener Software haben die meisten Organisationen keinen direkten Einfluss auf das Softwaredesign (das bereits erstellt wurde). Trotzdem muss das Application Management in der Lage sein, Feedback zur Funktionalität, Verwaltbarkeit und Performance der Software an den Softwareanbieter zu übermitteln. Das Feedback muss dann vom Softwareanbieter als Teil der kontinuierlichen Verbesserung in die Software einfließen.

Als Teil des Evaluation-Prozesses für erworbene Software sollte überprüft werden, ob der Anbieter auf solches Feedback angemessen reagiert. Darüber hinaus sollte der Anbieter sicherstellen, dass Reaktionsfähigkeit und Anpassungen der Software so weit aufeinander abgestimmt sind, dass Störungen oder Änderungen grundlegender Funktionalitäten ausgeschlossen werden können.

Zum Design einer erworbenen Software gehört auch das Design jeglicher erforderlicher Anpassungen. Die Evaluierung, ob zukünftige Versionen der Software die Anpassung unterstützen, ist hier von besonderer Bedeutung.

6.5.4.3 Build

In der Build-Phase werden sowohl die Anwendung als auch das operative Modell für das Deployment vorbereitet. Anwendungskomponenten werden codiert oder erworben, integriert und getestet.

Es ist zu beachten, dass der Test keine eigenständige Phase im Lebenszyklus darstellt, auch wenn er eine eigene Aktivität ist und unabhängig von den Entwicklungs- und operativen Aktivitäten durchgeführt wird. Ohne die Build- und Deployment-Phasen gäbe es keine zu testenden Elemente, und ohne Tests gäbe es keine Kontrolle über die Elemente aus der Entwicklungs- und Deployment-Phase.

Tests sind eine integrierte Komponente der Build- und Deployment-Phasen als Validierung der Aktivität und des Ergebnisses dieser Phasen – wobei jeweils verschiedene Umgebungen und Mitarbeiter eingesetzt werden. Die Tests der Build-Phase konzentrieren sich darauf, ob die Anwendungen den Funktionalitäts- und Verwaltbarkeitsspezifikationen entsprechen. Häufig wird zwischen einer Entwicklungs- und einer Testumgebung unterschieden. Die Testumgebung ermöglicht den Test der Kombination aus Anwendung und operativem Modell. Tests werden in der ITIL Publikation Service Transition behandelt.

Bei erworbener Software wird hier der eigentliche Kauf der Anwendung und aller erforderlichen Middleware sowie der zugehörigen Hardware und Netzwerkausrüstung durchgeführt. Hier erfolgen alle erforderlichen Anpassungen und die Erstellung von zu verwendenden Tabellen, Kategorien etc., was häufig im Rahmen einer Pilotimplementierung vom entsprechenden Application Management Team bzw. der entsprechenden Abteilung vorgenommen wird.

6.5.4.4 Deployment

In dieser Phase erfolgt das Deployment sowohl des operativen Modells als auch der Anwendung. Das operative Modell wird in die bestehende IT-Umgebung integriert, und die Anwendung wird unter Verwendung des Release and Deployment Management Prozess, der in der ITIL Publikation Service Transition beschrieben ist, auf dem operativen Modell installiert.

Auch während dieser Phase finden Tests statt. Hier wird allerdings schwerpunktmäßig überprüft, ob der Deployment-Prozess und die zugehörigen Mechanismen effektiv funktionieren, wie Tests, ob die Anwendung auch nach dem Herunterladen und der Installation entsprechend der Spezifikation ausgeführt werden kann. Dieser Vorgang wird als Early Life Support bezeichnet und deckt einen vorab definierten Zeitraum ab, in dem Tests, Validierung und Monitoring einer neuen Anwendung oder eines neuen Service garantiert werden. Der Early Life Support wird im Band Service Transition ausführlich erläutert.

6.5.4.5 Betrieb

In der Betriebsphase betreibt die IT Service Organisation die Anwendung als Teil der Bereitstellung eines für das Business erforderlichen Service. Die Performance der Anwendung in Bezug zum gesamten Service wird kontinuierlich im Hinblick auf die Service Levels und die wichtigsten Business-Motivatoren gemessen. Dabei muss klar sein, dass die Anwendungen selbst nicht mit einem Service gleichzusetzen sind. Auch wenn in vielen Organisationen Anwendungen häufig als „Services" bezeichnet werden, sind Anwendungen nur eine von vielen Komponenten, die für die Bereitstellung eines Business-Service erforderlich sind.

Die Betriebsphase bezieht sich nicht ausschließlich auf Anwendungen und wird in dieser gesamten Publikation erläutert. Eine detaillierte Liste der Aktivitäten finden Sie nachfolgend in Abschnitt 6.5.5.

6.5.4.6 Optimierung

In der Optimierungsphase werden die Ergebnisse der Service Level Performance Messungen gemessen, analysiert und entsprechende Aktionen durchgeführt. Es werden mögliche Verbesserungen diskutiert und gegebenenfalls Entwicklungen initiiert. Die beiden wichtigsten Strategien in dieser Phase verfolgen die Einhaltung und/oder Verbesserung der Service Levels und die Kostensenkung. Diese Strategien können zu Iterationen im Lebenszyklus oder zur berechtigten Stilllegung einer Anwendung führen.

Da es sich beim Application Management Lebenszyklus um einen Kreislauf handelt, ist zu beachten, dass sich dieselbe Anwendung zum selben Zeitpunkt in unterschiedlichen Phasen des Lebenszyklus befinden kann. Beispiel: Wenn sich die nächste Version einer Anwendung in der Design-Phase und die aktuelle Version in der Deployment-Phase befindet, kann die vorherige Version noch in Teilen der Organisation in Betrieb sein. Daher ist eine strikte Versions-, Konfigurations- und Release-Steuerung erforderlich.

Bestimmte Phasen benötigen vielleicht mehr Zeit oder scheinen von größerer Bedeutung zu sein als andere, sie sind jedoch alle unabdingbar. Jede Anwendung muss mindestens einmal alle Phasen durchlaufen. Da es sich wie bereits erwähnt beim Lebenszyklus um einen Kreislauf handelt, können manche Phasen auch mehrfach durchlaufen werden.

Dieser Ansatz unterstützt auch iterative Entwicklungsansätze, bei denen die Software kontinuierlich in inkrementellen Schritten entwickelt wird. Jeder Schritt folgt dem Lebenszyklus, und die Anwendung wird abhängig von den Prioritäten des Business inkrementell erstellt.

Eine gute Kommunikation ist der Schlüssel für den Weg der Anwendung durch die Lebenszyklusphasen. Es ist entscheidend, dass die für die Anwendung verantwortlichen Personen einer Phase Informationen von hoher Qualität an die Verantwortlichen der nächsten Phase weitergeben. Dabei ist auch wichtig, dass eine Organisation die Qualität des Application Management Lebenszyklus überwacht. Änderungen im Lebenszyklus, wie die Methode, mit der eine Organisation Informationen zwischen den unterschiedlichen Phasen weiterleitet, haben Auswirkungen auf die Qualität. Die Merkmale jeder Phase im Application Management Lebenszyklus müssen unbedingt nachvollziehbar sein werden, um die Qualität insgesamt verbessern zu können. Die in einer Phase eingesetzten Methoden und Tools können sich auf andere auswirken, so dass die Optimierung einer Phase zur Herabsetzung der Qualität insgesamt führen kann.

6.5.5 Allgemeine Aktivitäten im Application Management

Auch wenn sich die meisten Application Management Teams oder Abteilungen nur mit bestimmten

Anwendungen oder Anwendungsgruppen beschäftigen, haben sie einige Aktivitäten gemeinsam. Dazu gehören:

- Identifizierung von erforderlichem Wissen und Erfahrung für das Management und den Betrieb von Anwendungen bei der Bereitstellung von IT Services. Dieser Prozess beginnt in der Service Strategy Phase, wird um seine Details im Service Design erweitert und in der Service Operation ausgeführt. Eine fortlaufende Bewertung und Aktualisierung dieser Fertigkeiten erfolgt im Continual Service Improvement.
- Initiierung von Schulungsprogrammen zur Entwicklung und Optimierung von Fertigkeiten der Application Management Mitarbeiter und Führen von Schulungsprotokollen für diese Mitarbeiter.
- Einstellung oder Verpflichtung von Mitarbeitern mit Fertigkeiten, die sich interne Mitarbeiter nicht aneignen können oder als Aufstockung von Personal zur Ausführung der erforderlichen Application Management Aktivitäten.
- Konzeption und Bereitstellung von Endanwenderschulungen. Solche Schulungen können entweder von Anwendungsentwicklungsgruppen, von Application Management Gruppen oder einer Drittpartei entwickelt und bereitgestellt werden. Das Application Management muss jedoch eine geeignete Durchführung der Schulungen sicherstellen.
- Insourcing bestimmter Aktivitäten, wenn die erforderlichen Fertigkeiten nicht intern oder auf dem freien Markt verfügbar sind oder wenn dies aus Gründen der Wirtschaftlichkeit angezeigt ist.
- Definition von Standards, die beim Design von neuen Architekturen eingesetzt werden, und Beteiligung bei der Definition von Anwendungsarchitekturen während der Service Strategy Prozesse.
- Forschung und Entwicklung in Bezug auf Lösungen, die eine Erweiterung des Serviceportfolios unterstützen können oder die eingesetzt werden können, um den IT-Betrieb zu vereinfachen oder zu automatisieren, Kosten zu senken oder IT Service Levels zu erhöhen.
- Beteiligung am Design und an der Erstellung neuer Services. Sämtliche Application Management Teams oder Abteilungen wirken am Design der technischen Architektur- und Performance-Standards für IT Services mit. Darüber hinaus sind sie auch für die Festlegung der fortlaufenden operativen Aktivitäten zuständig, die für das Management von Anwendungen erforderlich sind.
- Beteiligung an Projekten, nicht nur während des Service Design Prozesses, sondern auch beim Continual Service Improvement oder bei operativen Projekten, wie Betriebssystem-Upgrades, Serverkonsolidierungsprojekte oder Standortwechsel.
- Konzeption und Durchführung von Tests der Funktionalität, Performance und Verwaltbarkeit von IT Services (hier ist zu berücksichtigen, dass Tests von einem unabhängigen Tester gesteuert und durchgeführt werden sollten, siehe Band zur Service Transition).
- Das Availability Management und das Capacity Management sind bei ihrem Beitrag zum Anwendungsdesign auf das Application Management angewiesen, um die vom Business erforderlichen Service Levels einhalten zu können. Das bedeutet, dass Modelle und Auslastungsprognosen häufig zusammen mit Technical und Application Management Ressourcen erstellt werden.
- Unterstützung bei der Risikobewertung, Identifikation kritischer Services und Systemabhängigkeiten sowie Definition und Implementierung von Gegenmaßnahmen.
- Lieferantenmanagement. Viele Application Management Abteilungen oder Gruppen sind die einzigen in der Organisation, die genau wissen, was von einem Lieferanten benötigt wird und wie Messungen und das Management in Bezug auf Lieferanten durchzuführen sind. Daher verlassen sich viele Organisationen beim Vertragsmanagement mit Lieferanten bestimmter Anwendungen auf das Application Management. In diesem Fall muss sichergestellt werden, dass diese Beziehungen als Teil des SLM-Prozesses verwaltet und gesteuert werden.
- Beteiligung an der Definition von Event Management Standards, insbesondere an der Instrumentierung von Anwendungen für die Erstellung aussagekräftiger Events.
- Das Application Management als Funktion stellt die Ressourcen bereit, die den Problem Management Prozess ausführen. Mit ihrer technischen Erfahrung und ihrem Wissen werden Probleme diagnostiziert und gelöst. Darüber hinaus werden ihre Beziehungen zu den Lieferanten für Eskalationen und Folgeaktionen mit den Support-Teams oder -Abteilungen der Lieferanten genutzt.
- Die Application Management Mitarbeiter sind an der Definition von Codierungssystemen beteiligt, die im Incident und Problem Management verwendet werden (z. B. Incident-Kategorien).
- Die Application Management Mitarbeiter werden eingesetzt, um das Problem Management zusammen mit dem Anwendungsentwicklungsteam bei der Validierung und Verwaltung der KEDB zu unterstützen.

- Das Change Management stützt sich auf das technische Wissen und die technische Erfahrung, um Changes zu evaluieren, und viele Changes werden von Application Management Teams erstellt.
- Ein erfolgreiches Release Management hängt vom Engagement der Application Management Mitarbeiter ab. Sie sind dabei häufig die Motivatoren für den Release Management Prozess für ihre Anwendungen.
- Das Application Management ist verantwortlich für die Definition, das Management und die Verwaltung der Attribute und Beziehungen von Anwendungs-CIs im CMS.
- Das Application Management ist an den Continual Service Improvement Prozessen beteiligt, insbesondere an der Identifizierung von Verbesserungsmöglichkeiten und der anschließenden Evaluierung von Alternativlösungen.
- Das Application Management sorgt dafür, dass die gesamte System- und Betriebsdokumentation aktuell ist und korrekt eingesetzt wird. Dabei wird auch sichergestellt, dass alle Design-, Management- und Benutzerhandbücher aktuell und vollständig sind und dass die Application Management Mitarbeiter und Anwender mit den Inhalten vertraut sind.
- Zusammenarbeit mit dem Technical Management bei der Ausführung von Schulungsbedarfsanalysen und der Verwaltung von Daten zu den Mitarbeiterfertigkeiten und -qualifikationen.
- Unterstützung des IT Financial Management bei der Identifikation der Kosten für das fortlaufende Management von Anwendungen.
- Beteiligung an der Definition von operativen Aktivitäten, die als Teil des IT Operations Management ausgeführt werden. Viele Application Management Abteilungen, Gruppen oder Teams führen auch die operativen Aktivitäten als Teil der IT Operations Management Funktion einer Organisation aus.
- Input für Softwarekonfigurationsrichtlinien und deren Verwaltung.
- Definition und Verwaltung der Dokumentation für Anwendungen, zusammen mit den Software-Entwicklungsteams. Dazu gehören Benutzerhandbücher, Administrations- und Management-Handbücher sowie SOPs, die für das Management der operativen Aspekte der Anwendung erforderlich sind.

Application Management Teams oder Abteilungen sind für alle Schlüsselanwendungen erforderlich. Die konkrete Rolle variiert je nach den zu unterstützenden Anwendungen, zu den allgemeinen Zuständigkeiten gehören meist:

- Third-Level Support für Incidents in Bezug auf Anwendungen, für die dieses Team oder diese Abteilung zuständig ist
- Mitwirkung an Betriebstestplänen und Deployment
- Anwendungsfehlerverfolgung und Patch-Management (Codierung von Fehlerbehebungen für internen Code, Transfer/Patches für externen Code)
- Mitwirkung an Aktivitäten im Zusammenhang mit der Betriebs- und Supportfähigkeit von Anwendungen, wie Fehlercode-Design, Fehlermeldungen, Event Management Schnittstellen
- Application Sizing und Performance; Volumenmessgrößen und Auslastungstests etc. mit Unterstützung der Capacity und Availability Management Prozesse
- Beteiligung an der Entwicklung von Release-Richtlinien
- Identifikation von Verbesserungen an bestehender Software, sowohl in Bezug auf die Funktionalität als auch in Bezug auf die Verwaltbarkeit

6.5.6 Application Management Organisation

Sämtliche Application Management Abteilungen, Gruppen oder Teams führen zwar ähnliche Aktivitäten aus, jede Anwendung oder jede Anwendungsgruppe verfügt jedoch über unterschiedliche Sätze von Management- und operativen Anforderungen. Zu Beispielen für diese Unterschiede gehören:

- **Der Zweck der Anwendung**: Jede Anwendung wurde entwickelt, um einen bestimmten Satz an Zielen zu erreichen, in der Regel Business-Ziele. Für effektive Support- und Verbesserungsmaßnahmen muss die Gruppe, die die Anwendung verwaltet und steuert, den Business-Kontext genau kennen und wissen, wie die Anwendung eingesetzt wird, um die Business-Ziele zu erreichen. Das wird häufig durch Business-Analysten erreicht, die in enger Beziehung zum Business stehen und sicherstellen müssen, dass die Business-Anforderungen effektiv in Anwendungsspezifikationen umgesetzt werden. Die Business-Analysten sollten erkennen, dass die Business-Anforderungen sowohl in funktionale als auch in Verwaltbarkeitsspezifikationen umgesetzt werden müssen.
- **Die Funktionalität der Anwendung**: Jede Anwendung ist für eine spezielle Ausführung und für unterschiedliche Funktionen zu unterschiedlichen Zeiten konzipiert.
- **Die Plattform, auf der die Anwendung ausgeführt wird**: Auch wenn die Plattform in der Regel von einem Technical Management Team oder einer Technical

Management Abteilung verwaltet und gesteuert wird, haben die jeweiligen Plattformen Auswirkungen auf die Art des Managements und Betriebs der Anwendung.

- **Der Typ oder das Fabrikat der eingesetzten Technologie**: Auch Anwendungen mit einer ähnlichen Funktionalität unterscheiden sich im Betrieb auf unterschiedlichen Datenbanken oder Plattformen. Diese Unterschiede müssen für ein effektives Management der Anwendung klar nachvollziehbar sein.

Auch wenn die Managementaktivitäten für diese Anwendungen allgemeingültig sind, bestehen Unterschiede in der spezifischen Zeitplanung und der Art der Ausführung für die Aktivitäten. Daher sind Application Management Teams und Abteilungen meist entsprechend der Kategorien von Anwendungen organisiert, die sie unterstützen. Zu typischen Beispielen für Application Management Organisationen gehören:

- Finanzanwendungen: In größeren Organisationen, in denen viele unterschiedliche Anwendungen für unterschiedliche Aspekte des Financial Management eingesetzt werden, wie Debitoren und Kreditoren, Hauptbuchhaltung etc., wird das Management dieser Anwendungen eventuell von mehreren Abteilungen, Gruppen oder Teams vorgenommen.
- Anwendungen für Messaging und Zusammenarbeit
- HR-Anwendungen
- Anwendungen für den Support von Herstellungsprozessen
- Automatisierung der Verkaufsaktivitäten
- Anwendungen für die Auftragsbearbeitung
- Anwendungen für Call Center und Marketingzwecke
- Business-spezifische Anwendungen (wie Gesundheitswesen, Versicherungen, Bankwesen etc.)
- IT-Anwendungen, wie Service Desk, Enterprise System Management etc.
- Web-Portale
- Online-Einkauf

6.5.6.1 Organisatorische Rollen

Anwendungsentwicklungsteams und Application Management Teams und Abteilungen haben sich als eigenständige Einheiten etabliert, die jeweils ihre eigene Umgebung auf ihre Art und Weise verwalten und steuern und über eine eigene Schnittstelle zum Business verfügen, wie in Tabelle 6.2 dargestellt.

Tabelle 6.2 – Organisatorische Rollen

	Anwendungsentwicklung	Application Management
Wichtigster Schwerpunkt	Erstellung einer Funktionalität für den Kunden. Für sie ist wichtiger, was die Anwendung leistet als wie sie betrieben wird.	Schwerpunkt liegt auf der Funktionalität sowie darauf, wie diese bereitgestellt wird. Verwaltbarkeitsaspekte der Anwendung, d. h. wie die Stabilität und Performance der Anwendung sichergestellt wird.
Management-Modus	Der Großteil der Entwicklungsarbeit läuft in Projekten ab und konzentriert sich auf die Bereitstellung bestimmter Arbeitseinheiten gemäß der Spezifikation, innerhalb der Zeitvorgaben und im Budgetrahmen. Das bedeutet, dass es für Entwickler häufig nicht einfach ist, den fortlaufenden Betrieb nachzuvollziehen und ein Build dafür zu erstellen, vor allem weil sie nicht für den Support der Anwendung zur Verfügung stehen, sobald sie im nächsten Projekt eingesetzt werden.	Der Großteil der Arbeit läuft als Teil wiederholbarer, fortlaufender Prozesse ab. Es arbeitet eine relativ geringe Anzahl an Personen in Projekten. Das bedeutet, dass es für die operativen Mitarbeiter sehr schwierig ist, sich an Entwicklungsprojekten zu beteiligen, da sie dadurch von ihren „tatsächlichen Aufgaben" abgehalten werden.
Beurteilung	Die Mitarbeiter werden für ihre Kreativität und den Abschluss eines Projekts belohnt, bevor sie mit dem nächsten Projekt fortfahren.	Die Mitarbeiter werden für ihre Konsistenz und das Verhindern unerwarteter Events und nicht autorisierter Funktionalität belohnt (z. B. Vermeiden von „Spielereien", die von den Entwicklern hinzugefügt wurden).

	Anwendungsentwicklung	Application Management
Kosten	Entwicklungsprojekte können relativ leicht quantifiziert werden, da ihre Ressourcen bekannt sind und es einfach ist, ihre Ausgaben einer bestimmten Anwendung oder einem bestimmten IT Service zuzuordnen.	Die fortlaufenden Management-Kosten werden häufig mit den Kosten für andere IT Services kombiniert, da die Ressourcen oft über mehrere IT Services und Anwendungen hinweg gemeinsam eingesetzt werden.
Lebenszyklen	Die Entwicklungsmitarbeiter konzentrieren sich auf den Software-Entwicklungslebenszyklus, der die Abhängigkeiten für einen erfolgreichen Betrieb darstellt. Sie legen jedoch keine Verantwortlichkeiten dafür fest.	Die Mitarbeiter, die am fortlaufenden Management beteiligt sind, steuern in der Regel nur eine oder zwei Phasen dieser Lebenszyklen: Operation und Improvement

Durch neuere Initiativen für objektorientierte und SOA-Ansätze sowie die steigende Erwartungshaltung vom Business nach einer verbesserten Reaktionsfähigkeit und einfacheren Zusammenarbeit wurden im Laufe der letzten Jahren diese beiden Bereiche zusammengeführt.

Die Anwendungsentwicklung ist damit jetzt stärker in der Verantwortung, was den erfolgreichen Betrieb der von ihnen konzipierten Anwendungen betrifft, während sich das Application Management mehr an der Entwicklung von Anwendungen beteiligt.

Die grundlegenden Rollen der einzelnen Gruppen bleiben damit zwar unverändert, es ist jedoch ein verstärkt integrierter Ansatz für den Servicelebenszyklus erforderlich. Das bedeutet auch eine bessere Verfügbarkeit der Ergebnisse aus der Anwendungsentwicklung und eine stärkere Einbeziehung des Application Management in Entwicklungsprojekte.

Dafür sind folgende Modifikationen erforderlich:

- Eine einzige Schnittstelle zum Business für alle Phasen des Lebenszyklus und ein gemeinsamer Prozess zur Festlegung von Anforderungen und Spezifikationen.
- Veränderte Bewertung der Arbeit von Anwendungsentwicklungs- und Application Management Mitarbeitern. Entwicklungsteams sollten zum Teil auch für Mängel am Design zur Verantwortung gezogen werden, die operative Ausfälle verursachen. Application Management Mitarbeiter sollten zum Teil auch für ihren Beitrag zur technischen Architektur und zum Verwaltbarkeits-Design von Anwendungen Verantwortung übernehmen.
- Ein einziger Change Management Prozess für beide Gruppen mit einer Change-Steuerung in jeder Gruppe, die der übergeordneten Autorität des Change Management untersteht (siehe Publikation zur Service Transition).
- Eine klare Zuordnung der Anwendungsentwicklungs- und Application Management Aktivitäten im Lebenszyklus, die in Abbildung 6.5 umrissen ist. In jeder Organisation sollten die exakten Aktivitäten und deren genaues Zusammenspiel definiert werden; einige allgemeine Leitlinien können den jeweiligen ITIL Publikationen entnommen werden.
- Frühzeitig im Projekt: verstärkter Fokus auf der Integration von Funktionalitäts- und Verwaltbarkeitsanforderungen.

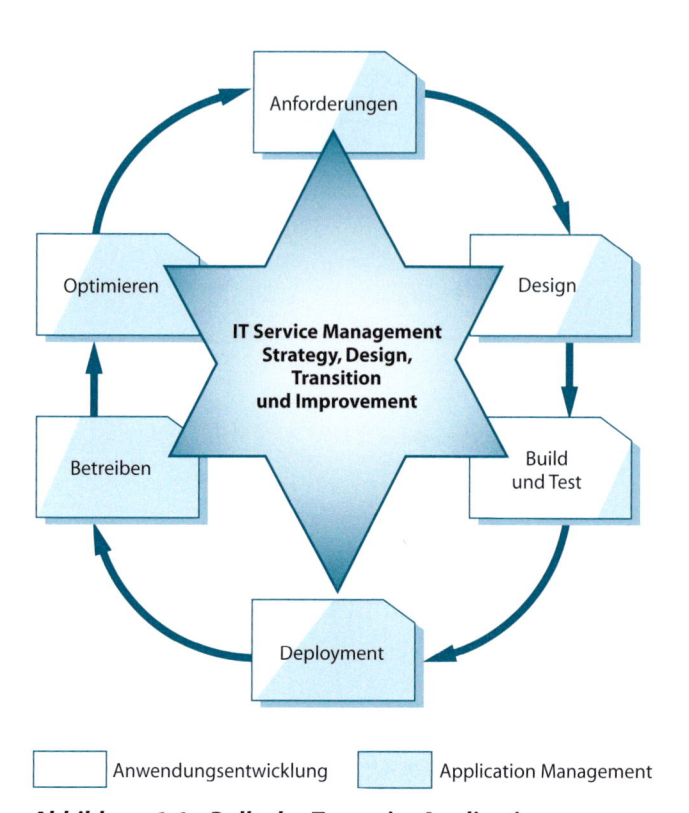

Abbildung 6.6 – Rolle der Teams im Application Management Lebenszyklus

In Abbildung 6.6 ist ein allgemeiner Application Management Lebenszyklus mit Beteiligung beider Gruppen dargestellt. In diesem Diagramm wird deutlich, dass die Anwendungsentwicklung einige Phasen durch den Input vom Application Management vorantreibt. In anderen Fällen treibt das Application Management eine Phase durch den Input und die Unterstützung von der Anwendungsentwicklung voran. Beide Gruppen unterstehen der IT Service Strategy der Organisation, und ihre Anstrengungen werden über die Service Transition Mechanismen und Prozesse koordiniert.

6.5.7 Rollen und Verantwortlichkeiten im Application Management

6.5.7.1 Applications Manager/Teamleiter

Für jedes Application Management Team bzw. jede Application Management Abteilung ist ein Application Manager oder ein Teamleiter erforderlich (abhängig von der Größe und/oder Bedeutung des Teams, der Abteilung und der Anwendung, die sie unterstützen, sowie der Struktur und Kultur der Organisation). Die Rolle umfasst folgende Aspekte:

- Zuständigkeit für die Leitung, Steuerung und Entscheidungsfindung für das Anwendungsteam oder die Abteilung
- Bereitstellung technischen Wissens und Leitung bestimmter Aktivitäten zum Anwendungssupport, die vom Team oder der Abteilung abgedeckt werden
- Sicherstellung der erforderlichen technischen Schulungen sowie Aufrechterhaltung des Bewusstseins und des Erfahrungsgrads im Team oder der Abteilung in Bezug auf die unterstützten Anwendungen und eingesetzten Prozesse
- Förderung einer ständigen Kommunikation mit Anwendern und Kunden bezüglich der Anwendungs-Performance und neu entstehender Anforderungen des Business
- Berichterstattung an das obere Management bezüglich aller Aspekte, die die unterstützten Anwendungen betreffen
- Linienmanagement für alle Team- oder Abteilungsmitglieder

6.5.7.2 Applications Analyst/Architect

Application Analysts und Architects sind für die Zuweisung entsprechender Anforderungen zu Anwendungsspezifikationen zuständig. Die Aktivitäten umfassen:

- Zusammenarbeit mit Anwendern, Sponsoren und allen anderen Stakeholdern zur Bestimmung ihrer neu entstehenden Bedürfnisse
- Zusammenarbeit mit dem Technical Management zur Bestimmung genereller Systemanforderungen, die für die Erfüllung der Business-Anforderungen innerhalb des Budgets und der technologischen Einschränkungen erforderlich sind
- Durchführung von Kosten-Nutzen-Analysen zur Bestimmung der für die Erreichung der genannten Anforderungen am besten geeigneten Mittel
- Entwicklung operativer Modelle, die eine optimale Verwendung der Ressourcen und einen geeigneten Performance-Level gewährleisten
- Sicherstellung, dass die Anwendungen entsprechend der technologischen Architektur, der verfügbaren Fähigkeiten und Tools der Organisation so konzipiert sind, dass ein effektives Management möglich ist
- Entwicklung und Aufrechterhaltung von Standards für das Application Sizing (Kapazitätsermittlung für neue oder geänderte Anwendungen), das Performance-Modelling usw.
- Erstellung einer Reihe von Abnahmetestanforderungen in Zusammenarbeit mit den Designern, Testern und Anwendern, die bestimmen, dass alle Anforderungen höchster Ebene sowohl funktional als auch in Bezug auf ihre Steuerungsfähigkeit erfüllt werden
- Input für das Design der für das Management und die effektive Beobachtung der Anwendung erforderlichen Konfigurationsdaten

Für jedes Application Management Team bzw. jede Application Management Abteilung müssen genügend Application Analysts verfügbar sein, um die in Abschnitt 6.5.5 beschriebenen allgemeinen Aktivitäten durchzuführen.

Die Organisationstypen der Application Management Gruppen sowie die zur Verfügung stehenden Optionen werden in Abschnitt 6.7 detaillierter beschrieben.

6.5.8 Application Management Messgrößen

Die Messgrößen für das Application Management richten sich vor allem nach den verwalteten Anwendungen. Zu den allgemein gültigen Messgrößen gehören:

- **Messung der vereinbarten Ergebnisse**. Das kann Folgendes einschließen:
  - Fähigkeit der Anwender, auf die Anwendung und ihre Funktionalität zuzugreifen
  - Berichte und Dateien werden an die Anwender übertragen
  - Transaktionsraten und Verfügbarkeit für kritische Business-Transaktionen

- Service Desk Schulungen
- Aufzeichnung von Problemlösungen in der KEDB
- Anwendermessungen zur Qualität der Ergebnisse, wie in den SLAs definiert

■ **Prozessmessgrößen**. Die Technical Management Teams führen viele Service Management Prozessaktivitäten aus. Die Fähigkeit dazu wird gegebenfalls als Teil der Prozessmessgrößen gemessen (in den Abschnitten zu den jeweiligen Prozessen finden Sie weitere Informationen dazu). Dazu gehören beispielsweise:
  - Antwortzeiten bei Events und Abschlussraten für Events
  - Incident-Lösungszeiten für den Second- und Third-Level Support
  - Problemlösungsstatistiken
  - Anzahl an Eskalationen und Ursachen für diese Eskalationen
  - Anzahl an implementierten und korrigierten Changes
  - Anzahl an erkannten, nicht autorisierten Changes
  - Anzahl an bereitgestellten Releases, insgesamt und Anzahl erfolgreicher Deployments, einschließlich der Sicherstellung, dass die Release-Richtlinien der Organisation eingehalten werden
  - ermittelte und behobene Schwierigkeiten bezüglich der Sicherheit
  - Vergleich zwischen tatsächlicher Systemausnutzung und den Prognosen im Capacity-Plan (wenn das Team an der Entwicklung des Plans beteiligt war)
  - Verfolgung des Verlaufs im Vergleich zu den Serviceverbesserungsplänen (Service Improvement Plans, SIPs)
  - Vergleich zwischen Kosten und Budget

■ **Anwendungs-Performance**. Diese Messgrößen basieren auf den Service Design Spezifikationen und den von den Lieferanten angegebenen technischen Performance-Standards. Diese sind in der Regel in OLAs oder SOPs aufgeführt. Die tatsächlichen Messgrößen variieren je nach Anwendung, umfassen jedoch häufig:
  - Antwortzeiten
  - Anwendungsverfügbarkeit, anhand der die Performance des Teams oder der Anwendung gemessen werden kann, die jedoch nicht mit der Serviceverfügbarkeit zu verwechseln ist – diese erfordert die Messbarkeit der Gesamtverfügbarkeit des Service und kann die Verfügbarkeitszahlen für eine Reihe von Einzelsystemen oder -komponenten verwenden
  - Integrität von Daten und Berichtswesen

■ **Messung von Wartungsaktivitäten**, einschließlich:
  - durchgeführte Wartungsmaßnahmen pro Wartungsplan
  - Anzahl an überschrittenen Wartungsfenstern
  - erreichte Wartungsziele (Anzahl und Prozentsatz)

■ Application Management Teams arbeiten in **Projekten** meist eng mit Anwendungsentwicklungsteams zusammen. Für die Messung der Zusammenarbeit sollten geeignete Messgrößen eingesetzt werden, wie:
  - die für die Projekte aufgewendete Zeit
  - Kunden- und Anwenderzufriedenheit mit dem Projektergebnis
  - Kosten für die Projektbeteiligung

■ **Schulungen und Entwicklung von Fertigkeiten**. Diese Messgrößen stellen sicher, dass die Mitarbeiter über die erforderlichen Fertigkeiten verfügen und adäquat geschult sind, um das Management der Technologie zu übernehmen. Darüber hinaus werden hier auch Bereiche identifiziert, in denen Schulungsbedarf besteht.

6.5.9 Application Management Dokumentation

Während des Application Management wird eine Reihe von Dokumenten erstellt und verwendet. Nachfolgend sind einige der wichtigsten Dokumente aufgeführt. Nicht genannt sind Berichte oder Dokumente, die vom Application Management für andere Prozesse oder Funktionen erstellt werden (z. B. RFC, Dokumentation von Known Errors, Release Records etc.). Beachten Sie, dass diese Dokumente als CIs gesteuert und den jeweiligen Anwendungen oder Application Management Teams zugeordnet werden sollten.

6.5.9.1 Anwendungsportfolio

Das Anwendungsportfolio wird vor allem als Teil der Service Strategy eingesetzt, wird hier jedoch aus Gründen der Vollständigkeit genannt. Das Anwendungsportfolio ist eine Liste (oder genauer ausgedrückt ein System oder eine Datenbank) mit allen Anwendungen, die in der Organisation im Einsatz sind, zusammen mit folgenden Informationen:

Schlüsselattribute der Anwendung

■ Kunden und Anwender
■ Business-Zweck
■ Kritikalitätsstufe für das Business
■ Architektur (einschließlich Abhängigkeiten von der IT-Infrastruktur)

- Entwickler, Support-Gruppen, Supplier oder Lieferanten
- bisherige Investitionen für die Anwendung, aus diesem Gesichtspunkt heraus kann das Anwendungsportfolio als Asset-Register für Anwendungen eingesetzt werden

Der Zweck des Anwendungsportfolios besteht in der Analyse des Bedarfs an der Anwendung und der Nutzung der Anwendung in der Organisation. Es kann eingesetzt werden, um die Funktionalität und Investitionen mit den Business-Aktivitäten zu verknüpfen und ist daher ein wichtiger Teil der fortlaufenden IT-Planung und -Steuerung. Das Anwendungsportfolio kann darüber hinaus verwendet werden, um doppelte oder überzählige Lizenzen von Anwendungen zu identifizieren.

Das Anwendungsportfolio ist Teil des gesamten IT Serviceportfolios, auf das genauer im Band Service Strategy eingegangen wird.

Das Anwendungsportfolio und der Servicekatalog

Das Anwendungsportfolio ist nicht mit dem Servicekatalog zu verwechseln und sollte Kunden und Anwendern nicht als Liste von Services präsentiert werden. Bei Anwendungen handelt es sich um eine der Komponenten, die zur Bereitstellung von IT Services eingesetzt werden, und meist nicht um den Service selbst.

Das Anwendungsportfolio sollte daher als Planungsdokument eingesetzt werden, und zwar nur von den Managern und Mitarbeitern, die an der Entwicklung und dem Management der IT Strategy der Organisation beteiligt sind, sowie von den IT-Mitarbeitern, die mit dem Management der Anwendungen oder der Plattformen betraut sind, auf denen die Anwendungen ausgeführt werden.

Der Servicekatalog sollte sich auf die Auflistung der verfügbaren Services konzentrieren, statt nur einfach die Anwendungen aufzuführen und davon auszugehen, dass Anwender und Kunden schon den erforderlichen Zusammenhang herstellen. Es gibt jedoch Fälle, in denen der Begriff „Anwendung" synonym zu „Service" verwendet wird, beispielsweise bei Textverarbeitungsprogrammen, für die meist der Name der Anwendung verwendet wird, oder bei einem Anwendungs-Hosting-Service, der unter dem Namen der gehosteten Anwendungen geführt wird etc.

6.5.9.2 Anwendungsanforderungen

Die Anforderungen an Anwendungen werden in zwei Dokumentensätzen aufgeführt:

- **Business-Anforderungen** stellen den Business Case für die erforderliche Anwendung dar, also das, was das Business mit der Anwendung erreichen will. Dazu gehört der Return on Investment für die Anwendung sowie die zugehörigen Verbesserungen für das Business. Business-Anforderungen umfassen darüber hinaus die Service Level Anforderungen, die von den Servicekunden und -anwendern definiert wurden.
- Dokumente mit **Anwendungsanforderungen** basieren auf den Business-Anforderungen und geben genau an, wie die Anwendung diese Anforderungen erfüllen wird. Kurz gesagt enthalten diese Dokumente die Informationen, die verwendet werden, um neue Anwendungen oder Änderungen an vorhandenen Anwendungen zu beauftragen, wie:
  - das Design der Architektur der Anwendung (Spezifikation der unterschiedlichen Komponenten des Systems, wie diese miteinander in Beziehung stehen und wie sie verwaltet und gesteuert werden)
  - Festlegung einer Ausschreibung (Request for Proposal, RFP) für eine Commercial off the Shelf (COTS) Anwendung
  - Initiierung des internen Designs und Aufbaus einer Anwendung

Für Anforderungsdokumente ist meist ein Projektleiter verantwortlich, entweder von einem Entwicklungsprojektteam oder von einem Team, das die Spezifikationen für einen RFP ausarbeitet. Die Anforderungsdokumente unterliegen der Dokumentensteuerung für Projekte, da sie Teil des gesamten Projektumfangs sind.

Es sind vier unterschiedliche Typen von Anwendungsanforderungen zu definieren (weitere Informationen dazu finden Sie in den ITIL Publikationen Service Design und Service Transition):

- **Funktionale Anforderungen** beschreiben die gewünschten Anwendungsergebnisse und können in Form von Services, Aufgaben oder Funktionen ausgedrückt werden, die die Anwendung leisten soll.
- **Verwaltbarkeitsanforderungen** definieren die Elemente, die für das Management der Anwendung oder zur Sicherstellung einer konsistenten Ausführung der erforderlichen Funktionen auf der richtigen Ebene erforderlich sind. Verwaltbarkeitsanforderungen identifizieren auch die Einschränkungen des IT-

Systems. Diese Anforderungen stellen eine Basis für erste Systemkapazitätsermittlungen sowie Kostenschätzungen dar und können die Bewertung der Durchführbarkeit des vorgeschlagenen IT-Systems unterstützen. Vor allem steuern sie das Design der operativen Modelle und Performance-Standards, die im IT Operations Management eingesetzt werden.
- **Nutzbarkeitsanforderungen** werden in der Regel von den Anwendern der Anwendung festgelegt und beziehen sich auf die Anwenderfreundlichkeit. Hier werden auch jegliche besonderen Anforderungen für körperlich eingeschränkte Anwender angegeben.
- **Testanforderungen** geben die Elemente an, die erforderlich sind, um eine repräsentative Testumgebung für die Betriebsumgebung und gültige Tests sicherzustellen (d. h. dass das getestet wird, was beabsichtigt ist).

6.5.9.3 Use Cases und Change Cases
Use Cases (Anwendungfall) und Change Cases (Änderungsfall) werden als Teil der Service Design und Continual Service Improvement Prozesse gesteuert, ihre Verwaltung obliegt jedoch dem Application Management. Bei erworbener Software verwaltet meist das Team, das die funktionalen Spezifikationen entwickelt, den Use Case für diese Anwendung.

- **Use Cases** dokumentieren die beabsichtigte Nutzung der Anwendung mit realen Szenarios, um die Grenzen der Anwendung und die vollständige Funktionalität darzustellen. Use Cases können auch als Modelling- und Sizing-Szenarios sowie zur Unterstützung der Kommunikation zwischen Anwendern, Entwicklern und Application Management Mitarbeitern eingesetzt werden.
- **Change Cases** prognostizieren anhand von Szenarien die Auswirkung potenzieller Änderungen an der Auslastung, Architektur oder Funktionalität und stellen die Auswirkungen bestimmter Change-Szenarios dar. Anhand von Change Cases werden mit dem Sponsor der Umfang und die Ausrichtung geklärt. An dieser Stelle ist zusätzliche Architektur- und Designarbeit erforderlich, um sicherzustellen, dass die Change Cases künftig zu vertretbaren Kosten erfüllt werden können. Der Sponsor muss bereit sein, für die zusätzlichen Kosten aufzukommen. Andernfalls sollte der Change Case auf das reduziert werden, was der Sponsor zu zahlen bereit ist. Change Cases werden auch zur Evaluierung der Architektur verwendet. Sie beeinflussen den Entwicklungsprozess, der das Design der geeigneten Architekturfunktionen ermöglicht, um die Auswirkungen zukünftiger Changes zu minimieren.

Weitere Informationen dazu finden Sie in den ITIL Publikationen Service Design und Continual Service Improvement.

6.5.9.4 Design-Dokumentation
Diese Dokumentation bezeichnet kein spezifisches Dokument, sondern bezieht sich auf alle Dokumente, die von Anwendungsentwicklungsmitarbeitern oder Application Management Mitarbeitern erstellt werden und angeben, wie eine Anwendung aufgebaut wird. Da diese Dokumente in der Regel Eigentum des Entwicklungsteams sind und von diesem verwaltet und gesteuert werden, werden sie in dieser Dokumentation nicht im Detail erläutert. Für einen erfolgreichen Betrieb muss das Application Management jedoch sicherstellen, dass die Design-Dokumentation Folgendes enthält:

- Sizing-Spezifikationen zur Kapazitätsermittlung neuer oder geänderter Anwendungen
- Auslastungsprofile und Ausnutzungsprognosen
- technische Architektur
- Datenmodelle
- Codierungsstandards
- Performance-Standards
- Definitionen für das Software Configuration Management
- Umgebungsdefinitionen und Angaben zum Gebäude (sofern relevant)

Bei COTS-Anwendungen handelt es sich bei diesen Dokumenten um Anwendungsspezifikationen, die zur Erstellung von RFPs verwendet werden. In diesem Fall sind diese Dokumente Eigentum des Application Management und werden von diesem verwaltet und gesteuert.

Weitere Informationen zur Design-Dokumentation finden Sie in der ITIL Publikation Service Design.

6.5.9.5 Handbücher
Das Application Management ist für das Management von Handbüchern für sämtliche Anwendungen zuständig. Diese werden zwar meist von den Anwendungsentwicklungsteams oder externen Suppliern erstellt, das Application Management muss jedoch die Relevanz der Handbücher für die operative Version der Anwendungen sicherstellen.

Vom Application Management werden in der Regel drei Typen an Handbüchern verwaltet:

- **Design-Handbücher** umfassen Informationen zur Struktur und Architektur der Anwendung. Sie bieten Unterstützung bei der Berichterstellung oder Definition von Regeln zur Event-Korrelierung. Sie

können auch bei der Diagnose von Problemen hilfreich sein.
- **Administrations- oder Management-Handbücher** beschreiben die Aktivitäten, die für die Verwaltung und den Betrieb der Anwendung gemäß der Performance-Levels erforderlich sind, die in der Design-Phase angegeben wurden. Diese Handbücher machen auch detaillierte Angaben zur Fehlerbehebung, zu Known Errors und Fehlerbeschreibungen und enthalten Schritt-für-Schritt-Anleitungen für allgemeine Wartungsaufgaben.
- **Benutzerhandbücher** beschreiben die Anwendungsfunktionalität für den Endanwender. Diese Handbücher enthalten Schritt-für-Schritt-Anleitungen zur Verwendung der Anwendung sowie Beschreibungen, welche Eingaben normalerweise in bestimmte Felder zu machen sind oder wie bei einem Fehler vorzugehen ist.

> **Handbücher und Standard Operating Procedures (Standardbetriebsabläufe, SOP)**
>
> Handbücher sollten nicht als Ersatz für SOPs, sondern als Informationen für die SOPs angesehen werden.
>
> SOPs sollten alle Aspekte von Anwendungen enthalten, die als Teil des Standardbetriebs verwaltet und gesteuert werden müssen. Wenn die erforderlichen Informationen nicht den Handbüchern entnommen werden können, besteht eine hohe Wahrscheinlichkeit, dass diese ignoriert oder nicht den Standards entsprechend ausgeführt werden. Das Application Management sollte sicherstellen, dass sämtliche solcher Anleitungen aus den Handbüchern übernommen und in separate SOP-Dokumentationen für den Betrieb eingefügt werden. Darüber hinaus muss das Application Management sicherstellen, dass diese Anleitungen mit jeder Änderung oder jedem neuen Release der Software aktualisiert werden.

6.6 ROLLEN UND ZUSTÄNDIGKEITEN IN DER SERVICE OPERATION

Für ein effektives ITSM ist es unabdingbar, dass klare Zuständigkeiten und Rollen für die praktische Durchführung der Service Operation definiert werden. Eine Rolle ist häufig an eine Tätigkeits- oder Arbeitsgruppenbeschreibung gebunden, muss jedoch nicht zwingend von einer einzelnen Person ausgeführt werden. Die Größe einer Organisation, ihre Struktur, die Einbeziehung externer Partner und andere Faktoren beeinflussen die Art und Weise, wie Rollen zugewiesen werden. Ganz gleich, ob eine bestimmte Rolle von einer einzelnen Person oder von mehreren Personen ausgefüllt wird – wichtig sind vor allem die Konsistenz der Zuständigkeit und Durchführung sowie die Interaktion mit anderen Rollen in der Organisation.

6.6.1 Service Desk Rollen

Die folgenden Rollen sind für den Service Desk erforderlich.

6.6.1.1 Service Desk Manager

In größeren Organisationen mit einem besonders großen Service Desk ist möglicherweise die Rolle des Service Desk Managers gerechtfertigt, dem ein oder mehrere Service Desk Supervisors unterstellt sind. In solchen Fällen kann diese Rolle die Zuständigkeit für einige der oben genannten Aktivitäten übernehmen und zusätzlich die folgenden Aktivitäten ausüben:

- Management der allgemeinen Aktivitäten des Service Desks einschließlich der Supervisors.
- Zuständigkeit als zusätzlicher Eskalationspunkt für die Supervisors.
- Übernahme einer umfangreicheren Rolle im Bereich des Kundendienstes.
- Berichterstattung an das obere Management bezüglich aller Aspekte, die signifikante Auswirkungen auf das Business haben könnten.
- Teilnahme an Change Advisory Board Meetings.
- Übernahme einer allgemeinen Zuständigkeit für die Bearbeitung von Incidents und Service Requests (Serviceanträgen) im Bereich des Service Desks. Dies könnte auf alle anderen Aktivitäten erweitert werden, die vom Service Desk durchgeführt werden – z. B. die Überwachung bestimmter Event-Klassen.

Hinweis: In allen Fällen sollten deutlich definierte Tätigkeitsbeschreibungen ausgearbeitet und vereinbart werden, so dass bestimmte Zuständigkeiten bekannt sind.

6.6.1.2 Service Desk Supervisor

Bei sehr kleinen Service Desks ist es möglich, dass der leitende Service Desk Analyst ebenfalls als Supervisor fungiert. Bei größeren Service Desks ist jedoch eine dedizierte Service Desk Supervisor Rolle erforderlich. Sofern es für die Schichtzeiten erforderlich ist, können auch zwei oder mehr Personen eingesetzt werden, die diese Rolle dann in der Regel mit zeitlichen Überschneidungen ausführen. Die Rolle des Supervisors umfasst häufig folgende Aufgaben:

- Sicherstellung, dass geeignete Mitarbeiter mit einem bestimmten Grad an Fertigkeiten während

der Betriebszeiten zur Verfügung stehen, wird erreicht durch entsprechendes Management der Schichtzeitpläne der Mitarbeiter usw.
- Durchführung von HR-Aktivitäten (sofern erforderlich)
- Zuständigkeit als Eskalationspunkt bei schwierigen oder kontroversen Anrufen
- Erstellung von Statistiken und Management-Berichten
- Repräsentation des Service Desks bei Meetings
- Koordination von Mitarbeiterschulungen und Meetings zur Schärfung des Bewusstseins
- Zusammenarbeit mit dem oberen Management
- Zusammenarbeit mit dem Change Management
- Durchführung von Informationsveranstaltungen für Service Desk Mitarbeiter zu Changes oder Deployments, die ein größeres Anfragevolumen am Service Desk hervorrufen
- Hilfestellung für Analysten durch Bereitstellung von First-Level Support bei hoher Auslastung oder wenn ein erweiterter Erfahrungsschatz erforderlich ist

6.6.1.3 Service Desk Analyst

Die wichtigste Rolle für den Service Desk Analyst besteht in der Bereitstellung von First-Level Support, indem Anrufe entgegengenommen und die daraus resultierenden Incidents oder Service Requests bearbeitet werden. Dabei werden die Incident Reporting oder Request Fulfilment Prozesse verwendet, um die vorher erläuterten Ziele zu erreichen. Die genaue Anzahl der erforderlichen Mitarbeiter wird in Absatz 6.2.4.1 behandelt.

6.6.1.4 Super-User

Der Super-User wird detailliert im Abschnitt über die Personalbesetzung des Service Desks in Absatz 6.2.4 beschrieben. Kurz zusammengefasst umfasst diese Rolle Business-Anwender, die als Schnittstellen zur IT im Allgemeinen und zum Service Desk im Besonderen fungieren. Die Rolle des Super-Users kann wie folgt zusammengefasst werden:

- Vereinfachung der Kommunikation zwischen der IT und dem Business auf operativer Ebene
- Hervorhebung von Erwartungen der Anwender bezüglich der Vereinbarungen durch die Service Levels
- Mitarbeiterschulungen für Anwender in ihrem Bereich
- Bereitstellung von Support für geringfügige Incidents oder einfaches Request Fulfilment
- Beteiligung an neuen Releases und Rollouts

6.6.2 Technical Management Rollen

Die folgenden Rollen sind in den Bereichen des Technical Management erforderlich.

6.6.2.1 Technical Manager/Teamleiter

Für jedes der technischen Teams bzw. Abteilungen ist ein Technical Manager oder ein Teamleiter erforderlich (abhängig von der Größe und/oder Bedeutung des Teams sowie der Struktur und Kultur der Organisation). Die Rolle umfasst folgende Aspekte:

- allgemeine Zuständigkeit für die Leitung und Steuerung und Entscheidungsfindung für das technische Team oder die Abteilung
- Bereitstellung technischen Wissens und Leitung bestimmter technischer Bereiche, die vom Team oder der Abteilung abgedeckt werden
- Sicherstellung der erforderlichen technischen Schulungen sowie Aufrechterhaltung des Bewusstseins und des Erfahrungsgrads im Team oder der Abteilung
- Berichterstattung an das obere Management bezüglich aller technischen Aspekte, die für ihren Zuständigkeitsbereich relevant sind
- Linienmanagement aller Team- oder Abteilungsmitglieder

6.6.2.2 Technical Analyst/Technical Architect

Diese Bezeichnung beschreibt alle Mitarbeiter des Technical Management, die die in Absatz 6.3.3 aufgelisteten Aktivitäten ausführen, ausgenommen die täglichen operativen Aktionen, die von Operator-Mitarbeitern entweder im Technical oder im IT Operations Management durchgeführt werden. Basierend auf der Liste der in Absatz 6.3.3 beschriebenen allgemeinen Aktivitäten umfasst die Rolle der Technical Analysts und Architects die folgenden Aufgaben:

- Zusammenarbeit mit Anwendern, Sponsoren, dem Application Management und allen anderen Stakeholdern zur Bestimmung ihrer neu entstehenden Bedürfnisse
- Zusammenarbeit mit dem Application Management und anderen Bereichen des Technical Management zur Bestimmung genereller Systemanforderungen, die für die Anforderungserfüllung innerhalb des Budgets und der technologischen Einschränkungen erforderlich sind
- Definition und Pflege von Wissen über die Beziehung der Systeme und Sicherstellung des Verständnis über Abhängigkeiten sowie entsprechendes Management
- Durchführung von Kosten-Nutzen-Analysen zur Bestimmung der für die Erreichung der genannten Anforderungen am besten geeigneten Mittel
- Entwicklung operativer Modelle, die eine optimale Verwendung der Ressourcen und einen geeigneten Performance-Level gewährleisten

- Sicherstellung, dass die Infrastruktur entsprechend der technologischen Architektur, der verfügbaren Fähigkeiten und Tools der Organisation so konfiguriert ist, dass ein effektives Management möglich ist
- Sicherstellung der konsistenten und zuverlässigen Performance der Infrastruktur, so dass dem Business die erforderlichen Service Level geliefert werden können
- Definition aller für das Management der Infrastruktur erforderlichen Aufgaben sowie Sicherstellung, dass diese Aufgaben entsprechend durchgeführt werden
- Input für das Design der für das Management und die effektive Beobachtung der Anwendung erforderlichen Konfigurationsdaten

Die Organisationstypen des Technical Management sowie die zur Verfügung stehenden Optionen werden in Abschnitt 6.7 detaillierter beschrieben.

6.6.2.3 Technical Operator

Dieser Begriff wird für Mitarbeiter verwendet, die alltägliche operative Aufgaben im Technical Management durchführen. In der Regel werden diese Aufgaben an ein dediziertes Team für den IT-Betrieb delegiert. Daher wird diese Rolle in Absatz 6.6.3.4 zum IT Operator behandelt.

6.6.3 Rollen im IT Operations Management

Die folgenden Rollen sind in den Bereichen des IT Operations Management erforderlich:

6.6.3.1 IT Operations Manager

Ein IT Operations Manager übernimmt die Gesamtverantwortung für alle Aktivitäten des IT Operations Management, wie z. B.:

- **Operations Control**: Überwachung der Durchführung und des Monitoring der operativen Aktivitäten in der IT-Infrastruktur. Kann mit Unterstützung einer Operations Bridge oder eines Network Operations Centre erfolgen. Neben Routineaufgaben in allen technischen Bereichen führt die Operations Control auch die folgenden Aufgaben durch:
  - **Konsolenmanagement**: Definition der zentralen Beobachtungs- und Überwachungsfähigkeit und anschließendem Einsatz dieser Konsolen zur Durchführung von Überwachungs- und Steuerungsaktivitäten.
  - **Job Scheduling** oder das Management von routinemäßigen Batchjobs oder Skripten.
  - **Backup und Restore** für alle Technical und Application Management Teams oder Abteilungen sowie häufig für Anwender.
  - **Druck- und Ausgabemanagement** für die Sammlung und Verteilung aller zentralisierten Druck- oder elektronischen Ausgaben.
- **Facilities Management**: Management der physischen IT-Umgebung, in der Regel ein Rechenzentrum oder Computerräume und Wiederherstellungsstandorte sowie die gesamte Stromversorgungs- und Kühlungsanlage. Das Facilities Management beinhaltet auch die Koordination großer Konsolidierungsprojekte, wie z. B. die Konsolidierung von Rechenzentren oder Servern. In einigen Fällen wird das Management eines Rechenzentrums ausgegliedert, woraufhin sich das Facilities Management auf das Management des Outsourcing-Vertrags bezieht.

Die Rolle des IT Operations Managers umfasst folgende Aufgaben:

- Leitung, Steuerung und Entscheidungsfindung sowie Zuständigkeit für die IT Operations Management Teams und Abteilung
- Berichterstattung an das obere Management bezüglich aller Aspekte des IT-Betriebs
- Linienmanagement aller Manager/Supervisors des IT-Betriebs-Teams/der IT-Betriebsabteilung

6.6.3.2 Schichtleiter

Viele Bereiche des IT-Betriebs arbeiten mit zwei oder drei Schichten auch außerhalb der Servicestunden. In solchen Fällen ist ein Schichtleiter erforderlich, der die folgenden Aktivitäten durchführt:

- Zuständigkeit für die Leitung, Steuerung und Entscheidungsfindung während der Schicht
- Sicherstellung, dass alle operativen Aktivitäten zufrieden stellend innerhalb der vereinbarten Zeitrahmen und in Übereinstimmung mit den Unternehmensrichtlinien und -verfahren durchgeführt werden
- Zusammenarbeit mit anderen Schichtleitern zur Sicherstellung einer Übergabe, Kontinuität und Konsistenz zwischen den Schichten
- Funktion als Linienmanager für alle Operations Analysts ihrer Schicht
- Zuständigkeit für allgemeinen Arbeitsschutz und die Sicherheit der Schicht (sofern nicht explizit anderen Mitarbeitern zugewiesen)

6.6.3.3 IT Operations Analyst

IT Operations Analysts sind leitende Mitarbeiter des IT-Betriebs, die in Umgebungen mit hohem Durchsatz und unterschiedlichen Anforderungen die effektivste und effizienteste Vorgehensweise für eine Reihe von Betriebsabläufen bestimmen können.

Diese Rolle ist normalerweise Teil des Technical Management, in größeren Organisationen kann allerdings durch die Menge und Vielfältigkeit der operativen Aktivitäten eine detailliertere Planung und Durchführung erforderlich sein. Beispiele dafür sind das Job Scheduling (die Auftragsplanung) sowie die Definition einer Backup-Strategie und eines Backup-Zeitplans.

6.6.3.4 IT Operator

Ein IT Operator führt die täglichen operativen Aktivitäten durch, die vom Technical oder Application Management sowie in einigen Fällen von IT Operations Analysts festgelegt werden. Typische Operator-Rollen umfassen:

- Durchführung von Backups
- Konsolenbedienung, d. h. Monitoring (Überwachung) des Status bestimmter Systeme, Jobwarteschlangen usw., sowie sofern erforderlich Durchführung von First-Level-Maßnahmen
- Management der Druckgeräte; Befüllung mit Papier, Toner usw.
- Sicherstellung, dass Batchjobs und Aufgaben wie die Archivierung durchgeführt werden
- Durchführung regelmäßiger Verwaltungsarbeiten, wie Datenbankpflege, Dateibereinigung usw.
- Kopieren von Images auf Datenträger zur Verteilung und Installation auf neuen Servern, Desktops oder Laptops
- physische Installation von Standardgeräten im Rechenzentrum

6.6.4 Application Management Rollen

6.6.4.1 Applications Manager/Teamleiter

Für alle Anwendungsteams oder -abteilungen sollte jeweils ein Applications Manager oder Teamleiter benannt werden. Die Rolle umfasst folgende Aspekte:

- Zuständigkeit für die Leitung, Steuerung und Entscheidungsfindung für das Anwendungsteam oder die Abteilung
- Bereitstellung technischen Wissens und Leitung bestimmter Aktivitäten zum Anwendungssupport, die vom Team oder der Abteilung abgedeckt werden
- Sicherstellung der erforderlichen technischen Schulungen sowie Aufrechterhaltung des Bewusstseins und des Erfahrungsgrads im Team oder der Abteilung in Bezug auf die unterstützten Anwendungen und eingesetzten Prozesse
- Förderung einer ständigen Kommunikation mit Anwendern und Kunden bezüglich der Anwendungs-Performance und neu entstehender Anforderungen des Business
- Berichterstattung an das obere Management bezüglich aller Aspekte, die die unterstützten Anwendungen betreffen
- Linienmanagement für alle Team- oder Abteilungsmitglieder

6.6.4.2 Applications Analyst/Architect

Application Analysts und Architects sind für die Zuordnung entsprechender Anforderungen zu Anwendungsspezifikationen zuständig. Die Aktivitäten umfassen:

- Zusammenarbeit mit Anwendern, Sponsoren und allen anderen Stakeholdern zur Bestimmung ihrer neu entstehenden Bedürfnisse
- Zusammenarbeit mit dem Technical Management zur Bestimmung genereller Systemanforderungen, die für die Anforderungserfüllung innerhalb des Budgets und der technologischen Einschränkungen erforderlich sind
- Durchführung von Kosten-Nutzen-Analysen zur Bestimmung der für die Erreichung der genannten Anforderungen am besten geeigneten Mittel
- Entwicklung operativer Modelle, die eine optimale Verwendung der Ressourcen und einen geeigneten Performance-Level gewährleisten
- Sicherstellung, dass die Anwendungen entsprechend der technologischen Architektur, der verfügbaren Fähigkeiten und Tools der Organisation so konzipiert ist, dass ein effektives Management möglich ist
- Entwicklung und Aufrechterhaltung von Standards für das Application Sizing (Kapazitätsermittlung für neue oder geänderte Anwendungen), das Performance-Modelling usw.
- Erstellung einer Reihe von Abnahmetestanforderungen in Zusammenarbeit mit den Designern, Testern und Anwendern, die bestimmen, dass alle Anforderungen höchster Ebene sowohl funktional als auch in Bezug auf ihre Steuerungsfähigkeit erfüllt werden
- Input für das Design der für das Management und die effektive Beobachtung der Anwendung erforderlichen Konfigurationsdaten

Für jedes der Application Management Teams oder Abteilungen müssen genügend Application Analysten verfügbar sein, um die an anderer Stelle in dieser Publikation, insbesondere die in Abschnitt 6.5.5 beschriebenen Aktivitäten durchzuführen.

Die Organisationstypen der Application Management Gruppen sowie die zur Verfügung stehenden Optionen werden in Abschnitt 6.7 detaillierter beschrieben.

6.6.5 Event Management Rollen

In den meisten Organisationen wird kein „Event Manager" ernannt, da Events in unterschiedlichem Kontext und aus verschiedenen Ursachen heraus auftreten. Es ist jedoch wichtig, dass Event Management Verfahren koordiniert ablaufen, um eine unnötige Verdoppelung des Aufwands und der Tools zu vermeiden. Im Folgenden befindet sich eine Auflistung der Rollen der Service Operation Funktionen im Event Management.

6.6.5.1 Die Rolle des Service Desks

Der Service Desk ist in der Regel nicht am Event Management beteiligt, sofern für ein Event keine bestimmte Reaktion erforderlich ist, die zu den für den Service Desk definierten Aktivitäten gehören, beispielsweise die Benachrichtigung eines Anwenders zur Verfügbarkeit eines Berichts. Meist wird dieser Aktivitätstyp von der Operations Bridge ausgeführt, wenn der Service Desk und die Operations Bridge nicht kombiniert sind.

Die Untersuchung und Lösung von Events, die als Incidents identifiziert wurden, werden zuerst vom Service Desk übernommen und anschließend an die entsprechenden Service Operation Teams eskaliert.

Der Service Desk ist zusätzlich für die Kommunikation von Informationen über diesen Incident-Typ an das entsprechende Technical oder Application Management Team sowie sofern erforderlich an den Anwender zuständig.

6.6.5.2 Die Rolle des Technical und Application Management

Das Technical und Application Management hat mehrere wichtige Funktionen:

- Während des **Service Design** Beteiligung an der Instrumentierung des Service, der Klassifizierung der Events, der Aktualisierung der Correlation Engines sowie der Sicherstellung, dass alle automatischen Reaktionen definiert sind.
- Während der **Service Transition** Test des Service, um sicherzustellen, dass Events ordnungsgemäß erstellt werden und dass die definierten Reaktionen angemessen sind.
- Während der **Service Operation** führen diese Teams normalerweise das Event Management für die von ihnen betreuten Systeme durch. In den meisten Teams wird keine Person speziell zur Verwaltung und Steuerung des Event Management ernannt. Jeder Manager oder Teamleiter stellt jedoch sicher, dass die entsprechenden Verfahren entsprechend den Anforderungen an den Prozess und die Richtlinien definiert werden.
- Das **Technical und Application Management** ist zusätzlich an der Behandlung von Incidents und Problemen in Verbindung mit Events beteiligt.
- Wenn **Event Management** Aktivitäten an den Service Desk oder das IT Operations Management delegiert werden, müssen Technical und Application Management sicherstellen, dass die Mitarbeiter adäquat geschult sind und dass sie Zugriff auf angemessene Tools haben, um ihnen die Durchführung dieser Aufgaben zu ermöglichen.

6.6.5.3 Die Rolle des IT Operations Management

Wenn der IT-Betrieb getrennt von dem Technical oder Application Management durchgeführt wird, werden Event Monitoring und First-Level-Reaktionen häufig an das IT Operations Management delegiert. Die Operator aller Bereiche werden mit dem Monitoring von Events, der erforderlichen Reaktionen oder der Sicherstellung einer jeweils geeigneten Erstellung der Incidents beauftragt. Die dafür erforderlichen Anweisungen müssen in den SOPs dieser Teams enthalten sein.

Das Event Monitoring wird in der Regel (sofern vorhanden) an die Operations Bridge delegiert. Die Operations Bridge kann die durch den Service erforderlichen Reaktionen initiieren und koordinieren oder First-Level Support für solche Events bereitstellen, die einen Incident darstellen.

6.6.6 Incident Management Rollen

Die folgenden Rollen sind für den Incident Management Prozess erforderlich.

6.6.6.1 Incident Manager

Die Zuständigkeitsbereiche des Incident Managers umfassen:

- Vorantreiben der Effizienz und Effektivität des Incident Management Prozesses
- Generierung von Management-Informationen
- Management für die Arbeit der Mitarbeiter des Incident-Support (First- und Second-Level)
- Monitoring (Überwachung) der Effektivität des Incident Management sowie Verbesserungsempfehlungen
- Entwicklung und Verwaltung des Incident Management Systems
- Management von Major Incidents (schwerwiegende Incidents)
- Entwicklung und Verwaltung von Incident Management Prozess und -Verfahren

In vielen Organisationen wird die Rolle des Incident Managers dem Service Desk Supervisor zugewiesen. In größeren Organisationen mit einem höheren Durchsatz ist möglicherweise die Einführung einer separaten Rolle erforderlich. In jedem Fall ist es wichtig, dass der Incident Manager über die für das effektive Management von Incidents erforderliche Autorität über First-, Second- und Third-Level verfügt.

6.6.6.2   First-Level
Dies wird detailliert im Abschnitt zum Service Desk (Abschnitt 6.1) behandelt.

6.6.6.3   Second-Level
Viele Organisationen entscheiden sich für eine Second-Level Support-Gruppe mit Mitarbeitern, die über weitere (jedoch allgemeine) technische Fertigkeiten verfügen als die Mitarbeiter des Service Desks sowie ein zusätzliches Zeitkontingent nutzen können, in dem sie sich ohne Unterbrechungen durch Telefonanrufe der Incident-Diagnose und -Lösung widmen können.

Eine solche Gruppe kann viele der weniger komplizierten Incidents bearbeiten und so einer spezialisierteren (Third-Level-)Gruppe die Möglichkeit geben, sich auf Incidents mit einer tiefgründigeren Ursache und/oder neue Entwicklungen usw. zu konzentrieren.

Wenn eine Second-Level-Gruppe eingesetzt wird, ist es häufig sinnvoll, diese Gruppe in der Nähe des Service Desks anzusiedeln, um die Kommunikation und den Austausch zwischen den Gruppen zu fördern, was für Schulungen und zur Schärfung des Bewusstseins sowie während arbeitsintensiver Zeitabschnitte oder bei Mitarbeiterengpässen nützlich sein kann. Diese Gruppe wird in der Regel durch einen Second-Level Support Manager (oder Supervisor, wenn es sich nur um eine kleine Gruppe handelt) geleitet.

Insbesondere bei einem durch Outsourcing ausgegliederten Service Desk kann diese Gruppe ebenfalls ausgegliedert werden.

6.6.6.4   Third-Level
Der Third-Level Support wird von einer Anzahl von internen technischen Gruppen und/oder externen Lieferanten/Verwaltern bereitgestellt. Die folgende Aufzählung variiert je nach Organisation, umfasst jedoch in der Regel folgende Aufgaben:

- Netzwerk-Support
- Support der Sprachdatenleitung (falls separat von den anderen Verbindungen)
- Server-Support
- Desktop-Support
- Application Management – gewöhnlich stehen für verschiedene Anwendungen oder Anwendungstypen gesonderte Teams zur Verfügung, bei denen es sich im Einzelfall um externe Lieferanten/Verwalter handeln kann. In vielen Fällen ist ein Team sowohl für die Anwendungsentwicklung als auch für den Support zuständig. Daher ist es wichtig, dass Ressourcen priorisiert werden, so dass dem Support eine angemessene Bedeutung zugewiesen wird.
- Datenbank-Support
- Mitarbeiter für die technische Hardwareverwaltung
- Verwalter/Supplier für Umgebungseinrichtung

Hinweis: Abhängig davon, wer für den Support-Service einer Organisation zuständig ist, kann es sich bei allen der oben genannten Gruppen um interne oder externe Gruppen handeln.

6.6.7   Request Fulfilment Rollen

Die erste Bearbeitung der Service Requests (der Serviceanträge) wird von den Mitarbeitern des Service Desk und des Incident Management übernommen.

Das tatsächliche Request Fulfilment wird durch die entsprechenden Service Operation Teams oder Abteilungen und/oder externe Lieferanten durchgeführt. Häufig unterstützen das Facilities Management, der Einkauf und andere Geschäftsbereiche beim Fulfilment des Service Request. In den meisten Fällen sind keine weiteren Rollen oder Posten erforderlich.

In wenigen Fällen, wenn eine hohe Anzahl Service Requests bearbeitet werden muss, oder wenn die Anträge von höchster Bedeutung für die Organisation sind, kann es sinnvoll sein, eines oder mehrere Incident Management Teams mit der Bearbeitung und dem Management von Service Requests zu betrauen.

6.6.8   Problem Management Rollen

Die folgenden Rollen sind für den Problem Management Prozess erforderlich.

6.6.8.1   Problem Manager
Es sollte eine speziell für diesen Bereich vorgesehene Person (oder bei größeren Organisationen ein speziell vorgesehenes Team) für das Problem Management verantwortlich sein. In kleineren Organisationen lässt sich möglicherweise keine Vollzeit-Ressource für diese Rolle rechtfertigen. In solchen Fällen kann sie mit anderen Rollen kombiniert werden; es ist jedoch wichtig, dass diese Rolle nicht nur technischen Ressourcen obliegt. Es müssen eine Anlaufstelle für die Koordination sowie ein

Owner (Verantwortlicher) für den Problem Management Prozess zur Verfügung stehen. Diese Rolle koordiniert alle Problem Management Aktivitäten und verfügt über eine spezielle Zuständigkeit für folgende Aufgaben:

- Zusammenarbeit mit allen Gruppen, die mit der Problemlösung betraut sind, um eine schnelle Lösung der Probleme im Rahmen der SLA-Ziele sicherzustellen
- Verantwortlichkeit und Schutz der KEDB
- Verantwortlichkeit für die Einbeziehung aller Known Errors sowie das Management von Suchalgorithmen
- formaler Abschluss aller Problem Records
- Zusammenarbeit mit Suppliern, Vertragspartnern usw. zur Sicherstellung, dass Drittparteien ihren vertraglichen Verpflichtungen nachkommen, insbesondere hinsichtlich der Lösung von Problemen sowie der Bereitstellung problembezogener Informationen und Daten
- Koordination, Durchführung, Dokumentation der Reviews schwerwiegender Probleme sowie Durchführung aller Folgeaktivitäten

6.6.8.2 Problemlösungsgruppen

Die eigentliche Lösung von Problemen wird normalerweise von einer oder mehreren technischen Support-Gruppen und/oder Suppliern oder Support-Vertragspartnern durchgeführt und von einem Problem Manager koordiniert.

Wenn ein einzelnes Problem schwerwiegend ist, sollte gegebenenfalls ein dediziertes Problem Management Team für die Lösung dieses Problems benannt werden. Der Problem Manager muss sicherstellen, dass eine ausreichende Anzahl an Ressourcen mit angemessenem Fachwissen im Team zur Verfügung steht und dass die betroffenen Organisationen die Eskalation und Kommunikation entlang der Managementkette zulassen.

6.6.9 Access Management Rollen

Da es sich beim Access Management um die Ausführung von Security und Availability Management Aktivitäten handelt, sind diese zwei Bereiche für die Definition der entsprechenden Rollen zuständig. In den meisten Organisationen wird kein „Access Manager" ernannt. Es ist jedoch wichtig, dass nur ein einzelner Access Management Prozess sowie nur ein einzelner Richtliniensatz für das Management für Berechtigungen und Zugriffsrechte eingesetzt werden. Dieser Prozess und die damit verbundenen Richtlinien werden in der Regel vom Information Security Management definiert und verwaltet und von den verschiedenen Service Operation Funktionen durchgeführt. Ihre Aktivitäten können wie folgt zusammengefasst werden.

6.6.9.1 Die Rolle des Service Desks

Der Service Desk wird in der Regel genutzt, um Zugriff auf einen Service anzufordern. Dies erfolgt normalerweise über einen Service Request. Das Service Desk beurteilt den Request, indem geprüft wird, ob der Request von der entsprechenden Autoritätsebene genehmigt wurde, dass es sich bei dem Anwender um einen berechtigten Mitarbeiter, Vertragspartner oder Kunden handelt und dass dieser Person der Zugriff gewährt werden darf.

Sobald diese Prüfungen durchgeführt wurden (in der Regel durch Abfrage der entsprechenden Datenbanken und Nachschlagen in den Service Level Management Dokumenten), wird der Request an das entsprechende Team weitergeleitet, um den Zugriff zu gewähren. Sehr häufig ist der Service Desk auch für die Bereitstellung des Zugriffs auf einfache Services während des Anrufs zuständig.

Der Service Desk ist zusätzlich für die Kommunikation mit dem Anwender zuständig, um zu gewährleisten, dass dieser über die Bereitstellung des Zugriffs informiert wird und jeden weiteren erforderlichen Support erhält.

Der Service Desk ist so ausgestattet, dass Incidents in Verbindung mit dem Zugriff erkannt und berichtet werden können. Dies umfasst z. B. den Versuch von Anwendern, ohne Zugriffsberechtigung auf Services zuzugreifen, oder die Meldung eines Incidents, der darauf hinweist, dass ein System oder Service nicht sachgemäß verwendet wurde, wie z. B. ein Zugriff durch einen ehemaligen Mitarbeiter, der sich mit einem alten Benutzernamen Zugriff verschafft und unautorisierte Änderungen vorgenommen hat.

6.6.9.2 Die Rolle des Technical und Application Management

Das Technical und Application Management hat mehrere wichtige Funktionen, die im Folgenden genannt werden:

- Während des **Service Design** wird sichergestellt, dass Mechanismen erstellt werden, die mit denen das Access Management für jeden konzipierten Service vereinfacht und gesteuert werden. Darüber hinaus wird festgelegt, wie Verstöße gegen festgelegte Berechtigungen erkannt und unterbunden werden können.
- Während der **Service Transition** wird der Service getestet, um sicherzustellen, dass wie geplant Zugriff gewährt, gesteuert und verhindert werden kann.

- Während der **Service Operation** führen diese Teams normalerweise das Access Management für die von ihnen betreuten Systeme durch. Es ist in Teams eher unüblich, speziell zur Verwaltung und Steuerung des Access Management eine einzelne Person zu ernennen. Jeder Manager oder Teamleiter stellt jedoch sicher, dass die entsprechenden Verfahren entsprechend der Anforderungen an den Prozess und die Richtlinien definiert werden.
- Das Technical und Application Management ist zusätzlich an der Behandlung von Incidents und Problemen in Verbindung mit dem **Access Management** beteiligt.
- Wenn **Access Management** Aktivitäten an den Service Desk oder das IT Operations Management delegiert werden, müssen Technical und Application Management sicherstellen, dass die Mitarbeiter adäquat geschult sind und dass sie Zugriff auf angemessene Tools haben, um ihnen die Durchführung dieser Aufgaben zu ermöglichen.

6.6.9.3 Die Rolle des IT Operations Management

Wenn der IT-Betrieb getrennt vom Technical oder Application Management durchgeführt wird, werden operative Access Management Aufgaben häufig an das IT Operations Management delegiert. Die Operator der jeweiligen Bereiche sind für die Bereitstellung oder das Entziehen des Zugriffs auf wichtige Systeme oder Ressourcen verantwortlich. Die jeweiligen Vorraussetzungen sowie die entsprechenden Anweisungen müssen in die SOPs dieser Teams aufgenommen werden.

Gegebenenfalls kann die Operations Bridge für das Monitoring von Events in Verbindung mit dem Access Management eingesetzt werden und sofern angemessen auch First-Level Support und Koordination bei der Lösung solcher Events liefern.

6.7 SERVICE OPERATION ORGANISATIONSSTRUKTUREN

Es wurden bereits einige allgemeine Informationen zu organisatorischen Überlegungen für die jeweilige Funktion bereitgestellt (siehe Absätze 6.2.3, 6.3.4 und 6.5.6). Dieser Abschnitt erläutert einige bestimmte organisatorische Strukturen aller Funktionen. Service Operation Funktionen können auf viele verschiedene Arten organisiert werden, und jede Organisation muss dazu basierend auf seiner Größe, geografischen Situation, Kultur und Business-Umgebung eigene Entscheidungen treffen. Im weiteren Verlauf dieses Abschnitts werden einige Optionen näher untersucht.

6.7.1 Organisation nach technischer Spezialisierung

Bei diesem Organisationstyp werden Abteilungen entsprechend der Technologie sowie der Fähigkeiten und Aktivitäten erstellt, die für das Management dieser Technologie erforderlich sind. Der IT-Betrieb übernimmt dabei die Struktur der Technical und Application Management Abteilungen. Als Folge ist der IT-Betrieb auf die operative Planung der Abteilungen für das Technical Management und Application Management ausgerichtet.

Diese Struktur kann sich als vorteilhaft erweisen, wenn diese Gruppen am Service Design, an der Testphase und an den Verbesserungsprozessen beteiligt sind, wodurch sichergestellt wird, dass ihre Planung auf die Anforderungen des Business abgestimmt sind.

Bei dieser Struktur wird vorausgesetzt, dass alle Abteilungen für das Technical Management und Application Management eine klare Trennung zwischen ihrer Management-Aktivität und der Betriebsaktivität vornehmen. Es ist darüber hinaus eine Standardisierung dieser operativen Aktivitäten erforderlich, so dass sie effektiv vom IT Operations Manager ohne unnötiges Eingreifen durch die Teams oder Abteilungen des Technical Management und Application Management verwaltet und gesteuert werden können.

Abbildung 6.7 stellt eine IT Operations Organisationsstruktur basierend auf technischem Fachwissen dar.

Vorteile dieser Organisationsstruktur:

- Interne Performance-Ziele können einfacher festgelegt werden, da alle Mitarbeiter in einer einzelnen Abteilung über ähnliche Aufgaben bezüglich einer ähnlichen Technologie verfügen.
- Einzelne Geräte, Systeme oder Plattformen können effektiver verwaltet und gesteuert werden, da ihnen Mitarbeiter mit den entsprechenden Fertigkeiten zugewiesen und entsprechend ihrer Performance beurteilt werden.
- Das Management der Schulungsprogramme wird vereinfacht, da Fertigkeiten klar definiert und in spezielle Gruppen eingeteilt werden können.

Nachteile dieser Organisationsstruktur:

- Wenn Mitarbeiter in unterschiedliche Abteilungen aufgeteilt werden, treten die Prioritäten der eigenen

Organigramm

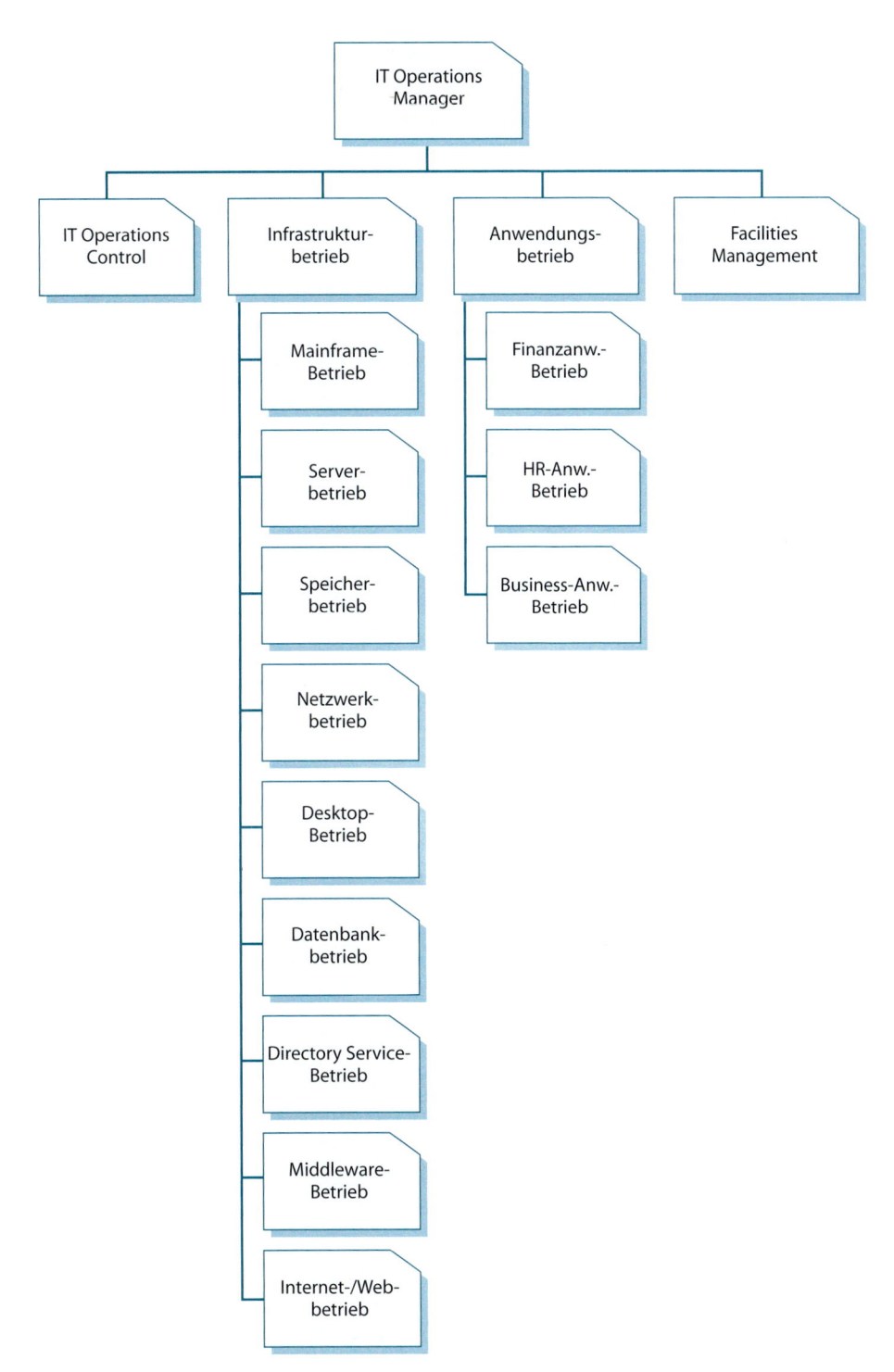

- **IT Operations Manager**
  - IT Operations Control
  - Infrastrukturbetrieb
    - Mainframe-Betrieb
    - Server-betrieb
    - Speicher-betrieb
    - Netzwerk-betrieb
    - Desktop-Betrieb
    - Datenbank-betrieb
    - Directory Service-Betrieb
    - Middleware-Betrieb
    - Internet-/Web-betrieb
  - Anwendungsbetrieb
    - Finanzanw.-Betrieb
    - HR-Anw.-Betrieb
    - Business-Anw.-Betrieb
  - Facilities Management

Abbildung 6.7 – Organisation des IT-Betriebs nach technischer Spezialisierung (Beispiel)

Gruppe häufig im Vergleich zu den Prioritäten anderer Abteilungen in den Vordergrund. Dies ist z. B. der Fall, wenn Abteilungen die Zuständigkeit für einen Incident ablehnen und jeweils die andere Abteilung dafür verantwortlich gemacht wird, während das Business weiterhin unterbrochen ist.

- Das Wissen zur Infrastruktur sowie die Beziehung zwischen Komponenten ist gestreut und schwierig zu bündeln. Einzelne Gruppen sammeln und verwalten häufig nur die Daten, die für die Unterstützung ihrer eigenen Funktion erforderlich sind, und erlauben nicht ohne weiteres den Zugriff darauf.

- Jede von einer Gruppe verwaltete und gesteuerte Technologie wird als separate Einheit betrachtet. Das führt zu Schwierigkeiten bei Systemen, die aus Komponenten bestehen, die von verschiedenen Teams gesteuert und verwaltet werden. Das ist beispielsweise bei einer Anwendung der Fall, die vom Application Management Team verwaltet und gesteuert wird und die auf einem Server läuft, dessen Management wiederum die Server Management Abteilung übernimmt, und ein Netzwerksegment verwendet, für dessen Management die Local Area Networking Abteilung zuständig ist. Wenn dann eine Änderung von einem Team oder einer Abteilung vorgenommen wird, ohne Rücksprache mit den anderen Teams zu halten, kann es zu schwerwiegenden Folgen für den Service kommen.
- Es ist schwieriger, die Auswirkungen durch die schlechte Performance einer einzelnen Abteilung auf den IT Service einzuschätzen, da viele verschiedene Gruppen an demselben Service beteiligt sind und jede über eigene Performance-Ziele verfügt.
- Es ist schwieriger, die Gesamt-Performance des IT Service zu verfolgen, da die Performance für jede Gruppe individuell gemessen wird.
- Die Koordination zwischen Change-Bewertungen und Change Schedules ist schwieriger, da viele verschiedene Abteilungen Input für jeden Change bereitstellen müssen.
- Arbeiten, die auf Wissen zu verschiedenen Technologien zurückgreifen, sind schwieriger, da die meisten Ressourcen nur für eine bestimmte Technologie ausgebildet und mit deren Management betraut sind. Für Projekte müssen daher übergreifende Schulungen angeboten werden, was zeitaufwendig und kostspielig ist.

6.7.2 Organisation nach Aktivität

Dieser Organisationsstrukturtyp konzentriert sich darauf, dass für alle Technologien in der Organisation ähnliche Aktivitäten durchgeführt werden müssen. Das bedeutet, dass Mitarbeiter, die ähnliche Aktivitäten durchführen, unabhängig von der Technologie gruppiert werden sollten. Gleichzeitig können sich innerhalb jeder Abteilung Teams auf eine bestimmte Technologie, Anwendung usw. konzentrieren.

Bei diesem Organisationstyp wird nicht klar zwischen den verschiedenen Technical und Application Management Bereichen unterschieden. Ähnliche Aktivitäten unterschiedlicher Bereiche können in einer einzelnen Abteilung gruppiert werden.

Zu Beispielen für Abteilungen, die für bestimmte, mehrere Technologien übergreifende Aktivitäten eingerichtet wurden, gehören:

- Wartung (dies beinhaltet, dass ein Team technologieübergreifend sämtliche Wartungsarbeiten durchführt).
- Vertragsmanagement oder Management der Drittparteien.
- Monitoring und Steuerung.
- Operations Bridge.
- Network Operations Centre.
- Betriebsstrategie und -planung (die als Teil der Service Design Prozesse normalerweise die im IT-Betrieb eingesetzten Standards definiert). Diese Abteilung kann die Strategie oder Standards für jeden Technical und Application Management Bereichstyp festlegen.

Zur Illustration dieses Strukturtyps ist die Abteilung für Betriebsstrategie und -planung in Abbildung 6.8 dargestellt.

Vorteile dieser Organisationsstruktur:

- Das Management von Gruppen miteinander in Beziehung stehender Aktivitäten ist einfacher, da alle an diesen Aktivitäten beteiligten Personen an denselben Manager berichten.
- Die Messung von Teams oder Abteilungen basiert eher auf Ergebnissen als auf einzelnen Aktivitäten. Damit kann die Servicebereitstellung eher sichergestellt werden.

Nachteile dieser Organisationsstruktur:

- Ressourcen mit ähnlichen Fertigkeiten werden eventuell mehrfach für verschiedene Funktionen bereit gestellt, was zu höheren Kosten führt.
- Auch wenn die Messung verstärkt auf dem Ergebnis basiert, konzentriert sie sich weiterhin auf die Performance interner Aktivitäten und beruht nicht auf der Erfahrung der Kunden oder Endanwender.

6.7.3 Organisation für das Management von Prozessen

Es ist davon abzuraten, die gesamte Organisation in Anlehnung an Prozesse zu strukturieren. Prozesse werden eingesetzt, um voneinander isolierte „Inseln" von Abteilungen aufzuheben, und nicht um isolierte Abteilungen zu schaffen. Es gibt jedoch eine Reihe von Prozessen, für die eine gesonderte Organisationsstruktur für deren Unterstützung und Management erforderlich ist. So ist es z. B. sehr schwierig für das Financial Management, Erfolge ohne eine speziell vorgesehene Finanzabteilung

Organisation nach Aktivität

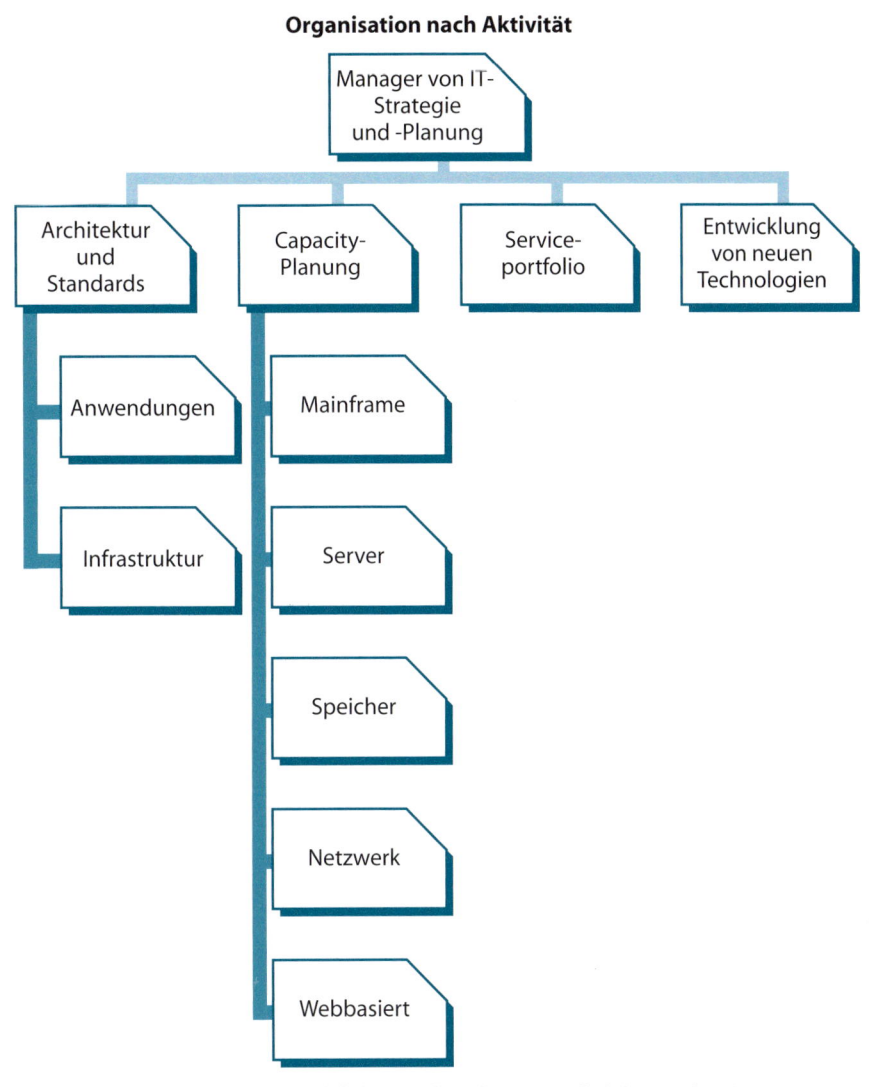

- Manager von IT-Strategie und -Planung
  - Architektur und Standards
    - Anwendungen
    - Infrastruktur
  - Capacity-Planung
    - Mainframe
    - Server
    - Speicher
    - Netzwerk
    - Webbasiert
  - Serviceportfolio
  - Entwicklung von neuen Technologien

Abbildung 6.8 – Eine Abteilung, die auf der Durchführung bestimmter Aktivitäten basiert

zu erzielen – auch wenn dieser Abteilung nur wenige Mitarbeiter angehören.

In prozessbasierten Organisationen sind Mitarbeiter in Gruppen oder Abteilungen organisiert, die für die Durchführung oder das Management eines bestimmten Prozesses zuständig sind. Diese haben Ähnlichkeiten zur aktivitätsbasierten Struktur; die Abteilungen führen jedoch Aktivitätsgruppen für den gesamten Prozess aus, statt sich auf einen bestimmten Aktivitätstyp zu konzentrieren.

Es ist zu beachten, dass dieser Organisationsstrukturtyp nur dann eingesetzt werden sollte, wenn das IT Operations Management für mehr als einen IT-Betrieb zuständig ist. So kann der IT-Betrieb in einigen Organisationen z. B. für die Definition von SLAs und die Aushandlung von Underpinning Contracts (Vertrag mit Drittparteien, UC) zuständig sein.

Zusätzlich gibt es Prozesse, die explizit zur Verknüpfung der Aktivitäten verschiedener Gruppen zur Verfügung stehen, um ein bestimmtes Ergebnis zu erreichen. Der Einsatz von Prozessen als Basis für die Bildung von Abteilungen kann den eigentlichen Zweck von Prozessen behindern. Prozessbasierte Abteilungen sind nur dann wirklich effektiv, wenn sie die Durchführung eines Prozesses über die gesamte Organisation koordinieren können.

Das bedeutet, dass prozessbasierte Abteilungen nur dann in Betracht gezogen werden sollten, wenn das IT Operations Management die Funktion des Process Owner (Prozessverantwortlichen) für einen bestimmten Prozess übernehmen soll.

Beispiele für prozessbasierte Gruppen oder Abteilungen sind:

- Capacity Operations
- Availability Monitoring und Control
- IT Financial Management
- Security Administration
- Asset and Configuration Management (einschließlich Installation und Deployment des Equipments)

Vorteile dieser Organisationsstruktur:

- Prozesse können einfacher definiert werden.
- Es kommt seltener zu Konflikten zwischen den Rollen, da Tätigkeitsbeschreibungen und Prozessrollenbeschreibungen identisch sind. In anderen Strukturen enthält eine einzelne Tätigkeitsbeschreibung in der Regel Aktivitäten für mehrere Rollen.
- Die Messgrößen für die Performance des Teams oder der Abteilung sowie für die Prozess-Performance sind identisch, so dass die „internen" und „externen" Messgrößen aufeinander abgestimmt sind.

Nachteile dieser Organisationsstruktur:

- Ein grundlegendes Prinzip von Prozessen besteht darin, dass sie Mittel zur Verknüpfung der Aktivitäten verschiedener Abteilungen und Gruppen sind. Durch den Einsatz von Prozessen als Basis für das organisatorische Design müssen zusätzliche Prozesse definiert werden, um sicherzustellen, dass die Abteilungen zusammenarbeiten können.
- Auch wenn eine Abteilung für die Durchführung eines Prozesses zuständig ist, bestehen weiterhin externe Abhängigkeiten. Die Gruppen messen den Prozessaktivitäten außerhalb ihres eigenen Prozesses eventuell keine Bedeutung bei, was zu nicht vollständig abgeschlossenen Prozessen führt, da den wechselseitigen Abhängigkeiten keine Rechnung getragen wird.
- Während einige Prozessaspekte zentralisiert werden können, muss eine Reihe von Aktivitäten auch immer von anderen Gruppen durchgeführt werden. Die Beziehung zwischen dem speziell vorgesehenen Prozessteam oder der Abteilung und den Personen, die die dezentralisierten Aktivitäten durchführen, kann häufig nur unter Schwierigkeiten definiert, verwaltet und gesteuert werden.

6.7.4 Organisation des IT-Betriebs nach geografischem Standort

Der IT-Betrieb kann auf verschiedene Standorte verteilt und die Organisation auf den jeweiligen Kontext abgestimmt sein.

Diese Struktur wird in der Regel unter den folgenden Gegebenheiten eingesetzt:

- Rechenzentren sind auf verschiedene Standorte verteilt.
- Verschiedene Regionen oder Länder verfügen über verschiedene Technologien oder stellen ein unterschiedliches Serviceangebot bereit.
- In den verschiedenen Regionen werden verschiedene Geschäftsmodelle oder Organisationsstrukturen eingesetzt, d. h. das Business ist geografisch dezentralisiert und jeder Geschäftsbereich ist relativ eigenständig.
- In verschiedenen Ländern oder Regionen gelten unterschiedliche Gesetzgebungen (z. B. Sicherheitsreglementierungen).
- In verschiedenen Ländern oder Regionen gelten verschiedene Standards.
- Die für das Management der IT zuständigen Mitarbeiter teilen nicht dieselbe Kultur oder Sprache.

Abbildung 6.9 enthält ein Beispiel für diesen Strukturtyp. In diesem Beispiel ist jeder Abteilungsstandort intern entsprechend der technischen Spezialisierung strukturiert. Dies kann für jede Region unterschiedlich gehandhabt werden. Es kann z. B. eine Region auf diese Weise strukturiert sein, während eine andere Region eine prozess- oder aktivitätsbasierte Struktur einsetzt.

Abbildung 6.9 stellt auch dar, dass ein Standort einen zentralisierten Betrieb für alle Regionen übernehmen kann, wenn diese genügend Parallelen aufweisen. In diesem Beispiel verwaltet die amerikanische Serverbetriebsabteilung den Betrieb aller Server in allen Standorten, Brüssel verwaltet den Betrieb aller Datenbanken und Singapur verwaltet den Betrieb aller Speichersysteme.

Vorteile dieser Organisationsstruktur:

- Die Organisationsstruktur kann auf die lokalen Bedingungen abgestimmt werden.
- Der IT-Betrieb kann auf die unterschiedlichen IT Service Ebenen der verschiedenen Regionen angepasst werden.

Nachteile dieser Organisationsstruktur:

- Die Berichtswege und Autoritätsstruktur können unklar sein. Ist z. B. der Bereich Network Operations dem Manager des lokalen Rechenzentrums oder einem Manager eines zentralen Netzwerkbetriebs berichtspflichtig?
- Es ist schwierig, operative Standards durchzusetzen, was zu nicht abgestimmten und duplizierten

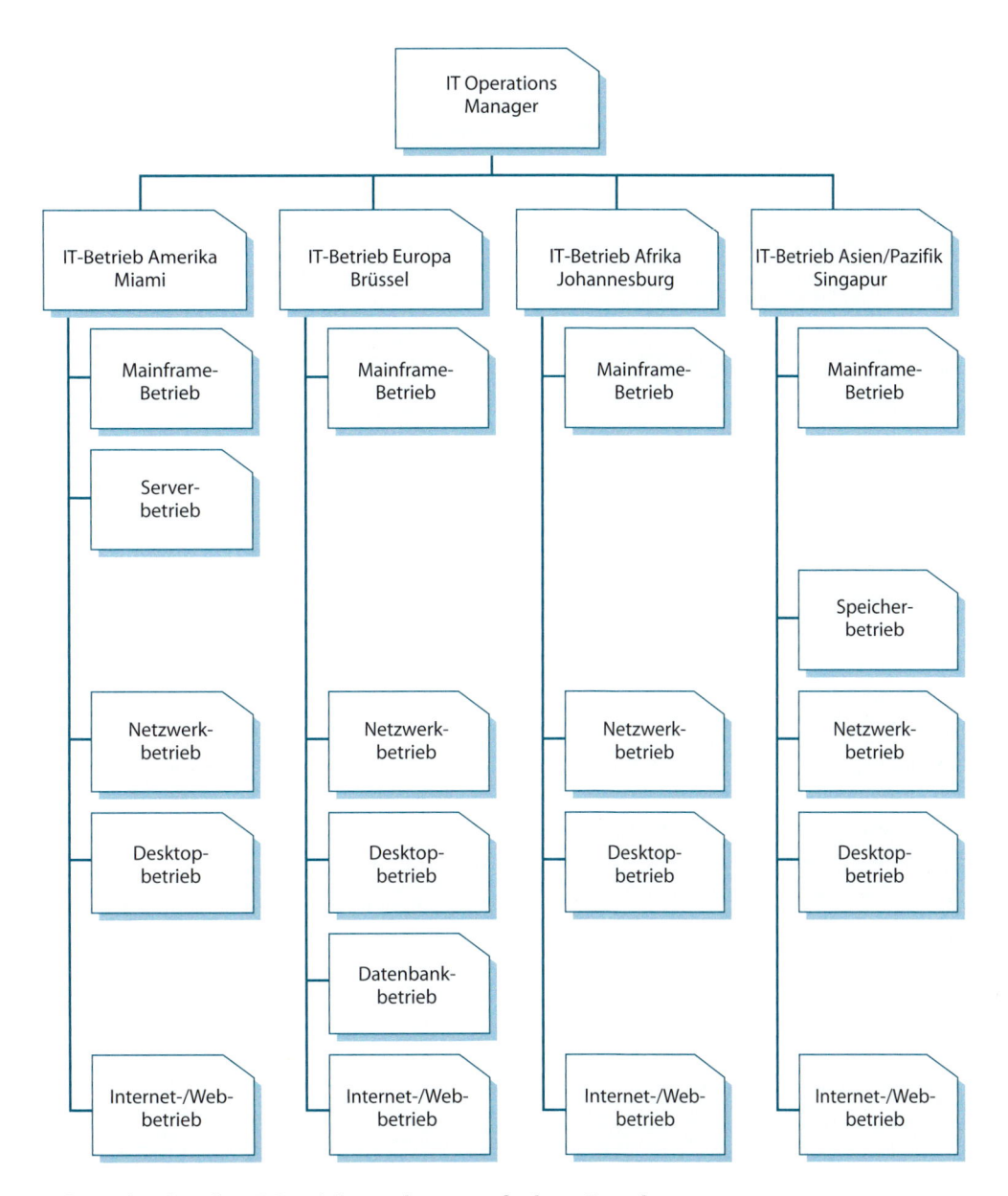

Abbildung 6.9 – Organisation des IT-Betriebs nach geografischem Standort

Aktivitäten und Tools führt. Dies wiederum führt zu einem reduzierten Skaleneffekt, was die Gesamtkosten des Betriebs erhöht.
- Die Verdoppelung von Rollen, Aktivitäten, Tools und Einrichtungen an mehreren Standorten kann hohe Kosten verursachen.
- Gemeinsam genutzte Services, wie z. B. E-Mail, sind schwieriger bereitzustellen, da jede regionale Organisation unterschiedlich betrieben wird.
- Die Kommunikation mit Kunden und der internen IT gestaltet sich schwieriger, da sie nicht am selben Standort ansässig sind, und die Mitarbeiter eines Standorts verstehen möglicherweise nicht die Prioritäten der Kunden oder Mitarbeiter eines anderen Standorts.

6.7.5 Mischformen von Organisationsstrukturen

Es ist unwahrscheinlich, dass das IT Operations Management nur entsprechend eines Organisationsstrukturtyps strukturiert ist. Die meisten Organisationen setzen neben einigen zusätzlichen aktivitäts- oder prozessbasierten Abteilungen auch die technische Spezialisierung ein.

Der verwendete Strukturtyp und die genaue Kombination von technischer Spezialisierung sowie aktivitäts- und prozessbasierter Abteilungen hängt von einer Reihe organisatorischer Variablen ab.

> **Organisatorische Strukturvariablen**
>
> Die genauen Kriterien und die resultierende Organisationsstruktur hängen von einer Reihe von Variablen ab, wie z. B.:
>
> - der Art des Business
> - den Business-Anforderungen und -Erwartungen
> - der technologischen und technischen Architektur
> - der Stabilität der aktuellen IT-Infrastruktur und der Verfügbarkeit von Fähigkeiten für deren Management
> - der Governance der Organisation (d. h. die Art und Weise, wie Autoritäten zugewiesen sind und Entscheidungen getroffen werden, sowie jegliches eingesetztes Governance Framework wie COBIT oder SOX)
> - der gesetzlichen, politischen und sozioökonomischen Umgebung der Organisation
> - dem Typ und dem Grad der Fertigkeiten, die für die Organisation zur Verfügung stehen
> - der Größe, dem Alter und dem Reifegrad der Organisation
> - dem Managementstil der Organisation
> - der Abhängigkeit von IT bei geschäftskritischen Aktivitäten, Prozessen und Funktionen
> - der Art und Weise, wie die IT am Wertschöpfungsnetzwerk beteiligt ist (d. h. die Art und Weise, wie IT mit dem Business und seinen Partnern, Suppliern und Kunden interagiert)
> - der Beziehung zwischen IT und seinen Lieferanten
>
> Eine detailliertere Beschreibung darüber, wie diese Faktoren das organisatorische Design beeinflussen, finden Sie im Abschnitt über die Organisatorische Entwicklung in der Publikation Service Strategy.

6.7.5.1 Kombinierte Funktionen

In diesem Abschnitt wird ein weiterer und letzter Organisationstyp erläutert. Diese Struktur führt den IT-Betrieb sowie Technical und Application Management Abteilungen in einer Struktur zusammen. Dies kann dann der Fall sein, wenn alle Gruppen in einem einzigen Rechenzentrum untergebracht sind. Hier übernimmt der Manager des Rechenzentrums die Zuständigkeit für das gesamte Technical, Application und IT Operations Management.

Eine solche Organisationsstruktur ist in Abbildung 6.10 dargestellt.

Bei dieser Struktur ist das IT Operations Management für die Technical und Application Management Funktionen zuständig, die wiederum für das Management ihrer eigenen operativen Aktivitäten zuständig sind. Jede Abteilung kann einige dieser Aktivitäten an die Abteilung für Operations Control delegieren.

Vorteile dieser Organisationsstruktur:

- Es ist eine höhere Konsistenz und bessere Steuerung zwischen den taktischen und operativen Aktivitäten im Technical Management möglich.
- Die im Service Design aufgestellten Performance-Standards und technischen Architekturen können leichter eingehalten werden, da die am Design beteiligten Mitarbeiter die Aktivitäten der Mitarbeiter verwalten, die sie ausführen.
- Da es zu keiner Verdoppelung von Funktionen zwischen den Standorten oder Aktivitäten kommt, ist diese Struktur häufig kosteneffektiver.

Nachteil dieser Organisationsstruktur:

- Das effektive Management in großen Organisationen oder in Organisationen mit mehreren Rechenzentren wird durch den Umfang dieser Struktur erschwert.

6.7.5.2 Organisation von Application Management und Technical Management

Das Technical Management und das Application Management sind häufig klar und einfach organisiert. Wie in den Absätzen 6.3.4 und 6.5.6 beschrieben, basieren Technical Management Abteilungen in der Regel auf der von ihnen verwalteten und gesteuerten Technologie und Application Management Abteilungen auf den von ihnen verwalteten und gesteuerten Anwendungen.

Es gibt jedoch einige alternative Organisationsstrukturen und -varianten, die in diesem Abschnitt dargestellt werden.

6.7.5.3 Geografie

In Organisationen mit mehreren Standorten sind die Technical und Application Management Abteilungen häufig an jedem einzelnen Standort vertreten. Dies bedeutet jedoch nicht, dass jeder Standort über dieselben Abteilungen verfügt oder dass sie alle für dieselben Aktionen zuständig sind.

Bei voranschreitendem Reifegrad von Support- und Management-Tools können IT-Infrastruktur und Anwendungs-CIs auch von einem entfernten Standort verwaltet werden. Dies bedeutet, dass jede Abteilung über ein verlässliches, zentrales Technical oder Application Management Team mit lokalen Mitgliedern verfügt,

Organisieren der Service Operation | **173**

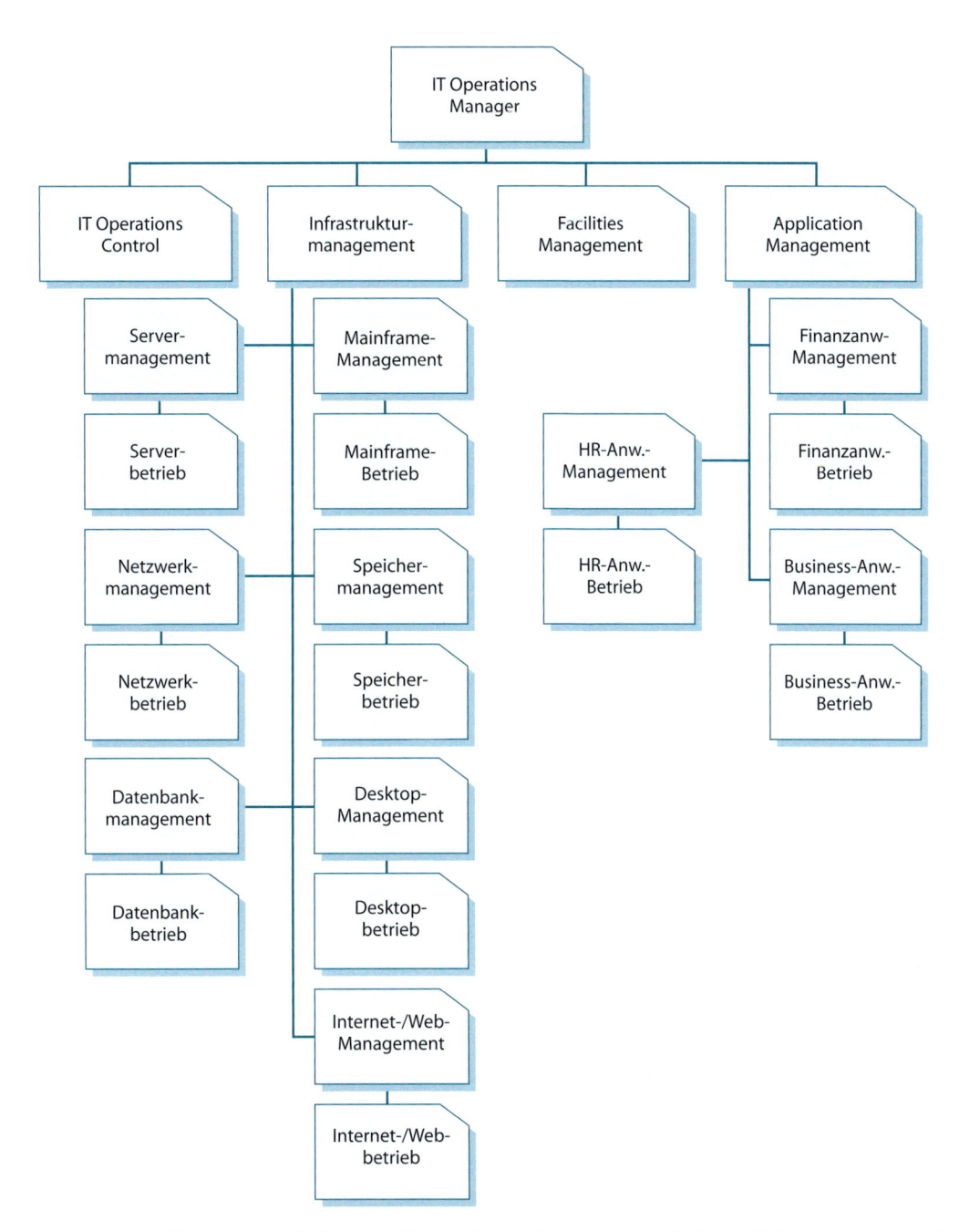

Abbildung 6.10 – Struktur für ein zentralisiertes IT Operations Management, Technical Management und Application Management

die spezialisierte Aktivitäten oder Support vor Ort bereitstellen.

So unterstützt z. B. im Rahmen des Server Management das zentrale Team die Erstellung von Standards für eine Serverkonfiguration, überwacht und steuert Geräte an entfernten Standorten, führt Backups und Upgrades von Betriebssystemen durch usw. Die lokalen Teams sind zuständig für den grundlegenden Support vor Ort, für die Wartung und Reparatur von Hardware sowie für die Konfiguration und Installation neuer Server.

Beim Application Management könnte das zentrale Team am fortlaufenden Design und der Testphase der Anwendungen sowie dem Monitoring (Überwachung) und der Steuerung beteiligt sein, Backups und Datenintegritätsprüfungen durchführen usw. Das lokale Team könnte Support vor Ort sowie die Schulung von Endanwendern bereitstellen und mit dem lokalen Technical Management Team zusammenarbeiten, um komplexere Probleme mit der lokalen Ausrüstung zu lösen.

Es muss jedoch die Frage beantwortet werden, wem dieses lokale Team berichtspflichtig ist. Bei einigen Organisationen erstatten sie dem Manager des zentralen Teams Bericht. Dies hat den zusätzlichen Vorteil einer konsistenten Performance und des einheitlichen Managements innerhalb des gesamten Unternehmens.

Bei anderen Organisationen erstatten die lokalen Teams dem ranghöchsten IT-Manager des Standorts Bericht. Dies hat den zusätzlichen Vorteil, dass IT Services auf die lokalen Bedingungen abgestimmt werden können, führt jedoch zu Unklarheiten darüber, von wem diese lokalen Teams Anweisungen entgegennehmen.

Vorteile dieser Organisationsstruktur:

- Die Organisationsstruktur kann auf die lokalen Bedingungen abgestimmt werden.
- Das Technical und Application Management kann auf die unterschiedlichen IT Service Levels der verschiedenen Regionen angepasst werden.

Nachteile dieser Organisationsstruktur:

- Die Berichtswege und Autoritätsstruktur können unklar sein.
- Es ist schwierig, Standards durchzusetzen, was zu nicht abgestimmten und duplizierten Aktivitäten und Tools führt. Dies wiederum führt zu einem reduzierten Skaleneffekt, was die Gesamtkosten des Betriebs erhöht.
- Die Verdoppelung von Rollen, Aktivitäten, Tools und Einrichtungen an mehreren Standorten kann hohe Kosten verursachen.

6.7.5.4 Kombinierte Struktur von Technical Management und Application Management

Einige Organisationen gestalten ihre Technical und Application Management Funktionen in Anlehnung an die Systeme. Dies bedeutet, dass jede Abteilung aus Anwendungsexperten und technischen Experten für IT-Infrastruktur besteht, die sich auf das Management der Services auf der Grundlage der jeweiligen Systeme konzentrieren. Die von diesen Systemen gemeinsam genutzten Komponenten wie das Netzwerk werden von dedizierten Technical Management Abteilungen verwaltet und gesteuert.

Vorteil dieser Organisationsstruktur:

- Es ist einfacher, dem Endanwender qualitativ hochwertige Ergebnisse bereitzustellen, da sich alle Mitglieder der Abteilung auf den Erfolg des Systems als Ganzes statt auf die Performance einer einzelnen Technologiekomponente oder Anwendung konzentrieren.

Nachteile dieser Organisationsstruktur:

- Die mehrfache Bereitstellung von Fertigkeiten und Ressourcen in mehreren Abteilungen führt zu erhöhten Kosten der Organisation. So setzt z. B. oft jede Gruppe eine Person oder ein Team für das Servermanagement ein – wobei jede dieser Personen bzw. Mitarbeiter sehr ähnliche Aufgaben durchführt.
- Die Kommunikation zwischen Mitarbeitern, die ähnliche Technologie verwalten, ist eingeschränkt. Dadurch können weniger Erfahrungen gesammelt werden, und es wird sich mehr auf kollaborative Knowledge Management Tools verlassen.
- Wenn Mitarbeiter mit ähnlichen Fertigkeiten in derselben Abteilung eingesetzt werden, gleicht die Abteilung die geringeren Fähigkeiten und niedrigeren Kompetenzebenen anderer Mitarbeiter aus. Wenn nur eine Person mit Servermanagement-Fertigkeiten in einer systembasierten Abteilung vorhanden ist, deren Kompetenzen gering sind, hat dies Auswirkungen auf die Performance der gesamten Abteilung.

Technologische Überlegungen

7

7 Technologische Überlegungen

Die einzelnen Funktionen und Prozesse sind in den entsprechenden Kapiteln 4 und 6 erläutert. Dieses Kapitel fasst alle technologischen Anforderungen zusammen, um die allgemeinen Anforderungen an einen integrierten Service Management Technologie-Werkzeugsatz für die Service Operation zu definieren.

Diese Technologie sollte mit einigen möglichen Ergänzungen auch für die anderen Phasen von ITSM – Service Strategy, Service Design, Service Transition und Continual Service Improvement – eingesetzt werden, um Konsistenz zu gewährleisten und ein angemessenes Management für einen effektiven ITSM-Lebenszyklus zu ermöglichen.

Die Hauptanforderungen für die Service Operation werden in diesem Kapitel dargestellt.

7.1 ALLGEMEINE ANFORDERUNGEN

Es ist eine integrierte ITSM-Technologie erforderlich (bzw. ein Satz an Hilfsmitteln, da einige Supplier ihre Technologie als Module verkaufen, während sich einige Organisationen möglicherweise dafür entscheiden, Produkte von alternativen Suppliern zu integrieren), die über die folgende Kernfunktionalität verfügt.

7.1.1 Selbsthilfe

Viele Organisationen halten es für sinnvoll, ihren Anwendern Möglichkeiten zur „Selbsthilfe" anzubieten. Die Technologie sollte daher diese Fähigkeit durch eine Art von Web-Frontend-System unterstützen, mit dem Webseiten definiert werden können, die eine menügesteuerte Selbsthilfe sowie Service Requests ermöglichen, und über eine direkte Schnittstelle zur prozessbearbeitende Backend-/Software verfügen.

7.1.2 Workflow- oder Prozess-Engine

Es ist eine Workflow- oder Prozesssteuerungs-Engine erforderlich, mit der definierte Prozesse wie ein Incident-Lebenszyklus, Request Fulfilment Lebenszyklus, Problemlebenszyklus, Change-Modell usw. vorab definiert und gesteuert werden können.

Dadurch sollten Zuständigkeiten, Aktivitäten, Zeitrahmen, Eskalationspfade und Alarm-Events vorab definiert und anschließend automatisch verwaltet werden können.

7.1.3 Integriertes CMS

Das Tool sollte über ein integriertes CMS verfügen, in dem die IT-Infrastruktur-Assets, Komponenten, Services und jegliche zusätzliche CIs der Organisation (wie z. B. Verträge, Standorte, Lizenzen, Supplier usw. – alles, was die IT-Organisation zu steuern wünscht) gemeinsam mit allen relevanten Attributen an einem zentralisierten Standort aufgenommen werden können. Jedes darin enthaltene Element sollte über Beziehungen verfügen, die gespeichert und verwaltet werden können, sowie sofern erforderlich Incident, Problem, Known Error und Change Records zugeordnet werden können.

7.1.4 Discovery-/Deployment-/Lizenztechnologie

Zur Eingabe oder Bestätigung der CMS-Daten und zur Unterstützung des Lizenzmanagements sind Discovery- oder automatisierte Audit-Tools erforderlich. Solche Tools sollten von jedem Standort im Netzwerk aus ausgeführt werden können und die Abfrage und Wiederherstellung von Informationen bezogen auf allen Komponenten, die in der IT-Infrastruktur enthalten oder damit verbunden sind, ermöglichen.

Eine solche Technologie sollte eine Filterfunktion beinhalten, mit der die gespeicherten Daten eingehend untersucht und nur erforderliche Daten extrahiert werden können. Von Vorteil ist darüber hinaus die Möglichkeit, nur die Änderungen seit dem letzten Audit zu extrahieren und in Berichten zu erfassen.

Die gleiche Technologie kann auch häufig für das Deployment neuer Software an Zielstandorten eingesetzt werden. Dies ist eine wichtige Anforderung für alle Service Operation Teams oder Abteilungen, durch die Patches, Dateitransfers usw. an die richtigen Anwender verteilt werden können.

Eine Schnittstelle mit Selbsthilfefähigkeiten ist wünschenswert, um genehmigter Software-Downloads mit anschließender automatischer Bearbeitung durch Deployment-Software anzufordern.

Besonders hilfreich sind Tools, die einen automatischen Abgleich von Softwarelizenzdetails (idealerweise im CMS gespeichert) und tatsächlich eingesetzten Lizenznummern sowie die Berichterstattung aller Abweichungen ermöglichen.

7.1.5 Remote Control oder Fernwartung

Häufig ist es sinnvoll, wenn Service Desk Analysten und andere Support-Gruppen die Steuerung eines Anwender-Desktops übernehmen können (unter Einhaltung streng kontrollierter Sicherheitsbestimmungen), so dass sie z. B. Untersuchungen durchführen oder Einstellungen korrigieren können. Für eine solche Remote Control sind entsprechende Konfigurationen und Einrichtungen erforderlich.

7.1.6 Diagnose-Tools

Wenn die Technologie die Erstellung und Verwendung von Diagnoseskripts und anderen Diagnose-Tools (wie z. B. Tools für fallbasiertes Bewerten) unterstützt, die eine frühere Diagnose von Incidents unterstützen, ist das besonders vorteilhaft für das Service Desk und andere Support-Gruppen. Idealerweise sollten diese Hilfsprogramme kontextsensitiv und die Darstellung der Skripte soweit wie möglich automatisiert sein.

7.1.7 Berichterstattung

Die Speicherung von Daten ist nur dann sinnvoll, wenn diese einfach abgerufen und für die Zwecke der Organisation eingesetzt werden können. Die Technologie sollte daher gute Berichterstattungsfähigkeiten beinhalten, sowie den Einsatz von Standardschnittstellen ermöglichen, die für die Eingabe von Daten in Berichterstattungspakete, Dashboards usw. nach Industriestandard eingesetzt werden können. Im Idealfall können durch die Verwendung von kontextsensitiven „Top-Ten"-Berichten direkte Berichte am Bildschirm sowie in Druckform bereitgestellt werden.

7.1.8 Dashboards

Die Dashboard-Technologie eignet sich für eine Darstellung, bei der die gesamte Performance von IT Services sowie Verfügbarkeitsebenen auf einen Blick abgelesen werden können. Solche Darstellungen können in Berichten auf Managementebene für Anwender und Kunden enthalten sein, können jedoch auch als Echtzeitinformation auf IT-Webseiten angezeigt werden und dynamische Berichte unterstützen sowie für Support- und Untersuchungszwecke verwendet werden. Es kann besonders vorteilhaft sein, wenn die Darstellung der Informationen vom Anwender definiert werden kann, um bestimmten Interessensebenen gerecht zu werden.

Dashboards stellen die Infrastruktur jedoch manchmal eher aus Sicht der Technik statt aus Sicht des Service dar. In solchen Fällen sind sie in der Regel für Kunden und Anwender von geringerem Interesse.

7.1.9 Integration in das Business Service Management

Innerhalb der IT-Branche zeichnet sich ein Trend ab, bei dem die geschäftsbezogene IT mit den Prozessen und Disziplinen des IT Service Management vereint werden soll. Dies wird häufig Business Service Management genannt. Zu diesem Zweck müssen Business-Anwendungen und -Tools über Schnittstellen an ITSM-Support-Tools angeschlossen werden, um die erforderliche Funktionalität bereitzustellen. Dies kann durch das folgende Beispiel dargestellt werden:

> Ein osteuropäisches Telekommunikationsunternehmen konnte das Monitoring- und Rechnungsstellungssystem seines Mobilfunknetzes an seine Event Management, Incident Management und Configuration Management Prozesse anbinden. Auf diese Weise war es in der Lage, ungewöhnliche Nutzungs-/Rechnungsstellungsmuster zu erkennen und auszuwerten. Dadurch konnte der Telekommunikationsanbieter äußerst zuverlässig feststellen, wenn ein Telefon gestohlen und für illegale Telefongespräche genutzt wurde.
>
> Das Unternehmen konnte Events für solche Muster initiieren und Aktionen für die Sperrung eines solchen Mobiltelefons automatisieren. Parallel dazu konnten (mithilfe von GPRS-Technologie) der genaue Standort des illegalen Anwenders ermittelt und Incidents ausgelöst werden, mit denen die Polizei den mutmaßlichen Dieb ausmachen und das Gerät sicherstellen konnte.

Für eine breitere Nutzung einer solchen Business- und IT-Integration ist die Integration von besonders hochentwickelten Tools erforderlich.

7.2 EVENT MANAGEMENT

Die folgenden Funktionen sind für jegliche Event Management Technologien wünschenswert:

- offene Schnittstelle für mehrere Umgebungen, mit der ein Monitoring und eine Alarm-Funktion innerhalb heterogener Services sowie der gesamten IT-Infrastruktur einer Organisation möglich ist

- einfaches Deployment mit geringen Einrichtungskosten
- „Standardagenten" für das Monitoring der gebräuchlichsten Umgebungen/Komponenten/Systeme
- offene Schnittstellen, mit denen jeglicher standardmäßiger Event Input (z. B. SNMP) und die Generierung mehrfacher Alarmierung akzeptiert werden können
- zentralisiertes Routing aller Events an einen einzigen Standort, das so programmiert werden kann, dass zu verschiedenen Zeitpunkten verschiedene Standorte möglich sind
- Support für Design-/Testphasen auf eine Art und Weise, dass diese neuen Anwendungen/Services während der Design-/Testphasen überwacht und die Ergebnisse an das Design oder die Transition zurückgeführt werden können
- programmierbare Bewertung und Bearbeitung von Alarmen je nach Symptomen und Auswirkung
- die Option, dass ein Operator einen Alarm bestätigen und diesen im Falle innerhalb eines definierten Zeitraums ausbleibender Reaktion eskalieren kann
- geeignete Berichterstattungsfunktionalität, mit der Informationen an die Design- und Transition-Phasen zurückgeführt werden können, sowie ein aussagekräftiges Dashboard für Managementinformationen und die Benutzung durch Business-Anwender

Eine solche Technologie sollte eine direkte Schnittstelle zu den Incident Management Prozessen der Organisation (über den Zugriff auf die Incident-Protokollierung) ermöglichen und über die Fähigkeit verfügen, z. B. an Support-Mitarbeiter, externe Lieferanten und Techniker per E-Mail, SMS usw. zu eskalieren.

Für das Monitoring der Website sind spezialisierte Einrichtungen oder möglicherweise separate spezielle Tools erforderlich. Solche Einrichtungen müssen Datenverkehr von Kundenseite auf der Website simulieren und einen Bericht über die Verfügbarkeit und Performance im Vergleich mit der „Kundenwahrnehmung" erstellen können.

7.3 INCIDENT MANAGEMENT

7.3.1 Integrierte ITSM-Technologie

Es ist eine integrierte ITSM-Technologie erforderlich, die über die folgenden Funktionalitäten verfügt:

- ein integrales CMS, mit dem automatisierte Beziehungen zwischen Incidents, Service Requests, Problemen, Known Errors und allen anderen Konfigurationselementen eingerichtet und verwaltet werden können
- ein CMS, das für die Bestimmung der Priorität und als Unterstützung bei der Untersuchung und Diagnose eingesetzt werden kann
- eine Workflow-Engine, mit der Prozesse (einschließlich vorab definierter Incident-Modelle, siehe Absatz 3.2.1.5) vorab definiert und automatisch gesteuert werden können, und die über ein flexibles internes Routing an alle wichtigen Support-Gruppen und externe E-Mail-/SMS-Schnittstellen verfügt
- automatische Alarm- und Eskalationsfunktion, so dass kein Incident übersehen oder unnötig hinausgezögert wird
- offene Anbindung an Event Management Tools, so dass alle Ausfälle automatisch als Incidents erfasst werden können
- Web-Schnittstelle, mit der Service Requests über das Internet/Intranet eingegeben werden können und auf Selbsthilfe zugegriffen werden kann
- eine integrierte KEDB, mit der ermittelte und/oder gelöste Incidents/Probleme aufgezeichnet und gesucht werden können, um die Lösung zukünftiger Incidents zu beschleunigen
- einfach zu bedienende Berichterstattungseinrichtungen, mit denen Incident-Messgrößen sowie Incident-Analysen für das Problem Management und das Availability Management erstellt werden können
- Diagnose-Tools (entweder integriert oder in Form einer Schnittstelle zu separaten Produkten), wie bereits im Abschnitt zu Service Desk beschrieben

7.3.2 Workflow und automatisierte Eskalation

Die Zielzeiten sollten in die Support-Tools integriert werden, die für die Automatisierung der Workflow-Steuerung und Eskalationspfade eingesetzt werden.

Wenn z. B. eine Second-Level Support-Gruppe einen Incident nicht innerhalb der vereinbarten 60 Minuten gelöst hat, muss der Incident automatisch an die (entsprechend der Incident-Kategorisierung) geeignete Third-Level Support-Gruppe weitergeleitet werden. Außerdem sollten alle erforderlichen hierarchischen Eskalationsschritte automatisch unternommen werden (z. B. SMS-Nachricht an den Service Desk Manager, Incident Manager und/oder IT Services Manager und sofern erforderlich an den Anwender). Die Second-Level Support-Gruppe muss im Rahmen des automatisierten Prozesses über die Eskalation informiert werden.

7.4 REQUEST FULFILMENT

Damit Service Requests mit Incidents oder Events verknüpft werden können, die diese ausgelöst haben (und im selben CMS gespeichert sind, das zur Berichterstattung für SLAs abgefragt werden kann), ist eine integrierte ITSM Technologie erforderlich. Für einige Organisationen reicht es aus, die Incident Management Elemente dieser Tools einzusetzen und Service Requests als zugehörigen Teilbereich und definierte Incident-Kategorie zu behandeln. Wenn eine Organisation separate Service Requests einreichen möchte, ist ein Tool erforderlich, dass diese Fähigkeit unterstützt.

Damit Anwender Requests über einen webbasierten, menügesteuerten Auswahlprozess übermitteln können, sind auf Anwenderseite Selbsthilfe-Funktion(en) erforderlich.

Bei allen anderen Aspekten bestehen große Parallelen zwischen dem Management von Service Requests zu denen für das Management von Incidents: vorab definierte Workflow-Steuerung von Request-Modellen, Prioritätsebenen, automatische Eskalation, effektive Berichterstattung usw.

7.5 PROBLEM MANAGEMENT

7.5.1 Integrierte Service Management Technologie

Zur Erfassung separater Problem Records, mit denen die zugrunde liegende Ursache von Incidents behandelt und gleichzeitige eine Verknüpfung mit den eigentlichen Incidents hergestellt werden kann, ist ein integriertes ITSM Tool erforderlich, das zwischen Incidents und Problemen unterscheidet. Die Funktionalität von Problem Records sollte ähnlich der für Incident Records sein und zusätzlich eine Mehrfachzuweisung von Incidents zu Problem Records ermöglichen.

7.5.2 Change Management

Die Integration mit dem Change Management ist überaus wichtig, um Request, Event, Incident und Problem Records mit RFCs in Verbindung bringen zu können, die die Probleme verursacht haben. Damit wird der Erfolg des Change Management Prozesses sowie der Incident und Known Error Records bewertet. Zusätzlich können RFCs auf diese Weise einfach zur Steuerung der Aktivitäten erfasst werden, die für das Lösen von solchen Problemen erforderlich sind, die über eine Analyse der zugrunde liegenden Ursache oder eine proaktive Trendanalyse ermittelt wurden.

7.5.3 Integriertes CMS

Darüber hinaus muss ein integriertes CMS vorhanden sein, über das Problem Records mit den betroffenen Komponenten und den beeinträchtigten Services sowie allen anderen relevanten CIs verknüpft werden können.

Das Configuration Management stellt einen Teil eines größeren SKMS dar, das über Verbindungen zu vielen Datenspeichern verfügt, die in der Service Operation eingesetzt wird. Der Prozess und die Praxis des Configuration Management sowie die zugrunde liegenden Technologieanforderungen werden in der Publikation Service Transition behandelt.

7.5.4 Known Error Datenbank

Eine effektive KEDB (Known Error Datenbank), mit der Daten über Known Errors einfach gespeichert und abgefragt werden können, ist unabdingbar.

Es sind geeignete Berichterstattungseinrichtungen zur Unterstützung bei der Erstellung von Management-Berichten erforderlich. Damit können die Daten automatisch in die Berichte eingebunden werden, ohne sie erneut eingeben zu müssen, und es können verschiedene Detailebenen für Incident- und Problemanalysen abgerufen werden.

Hinweis: In einigen Fällen wurden Komponenten oder Systeme, die vom Problem Management untersucht werden, von Drittparteien oder Suppliern bereitgestellt. Für diese müssen möglicherweise zusätzliche Support-Tools der Anbieter und/oder KEDBs eingesetzt werden.

7.6 ACCESS MANAGEMENT

Das Access Management setzt zahlreiche Technologien ein. Zu den wichtigsten gehören:

- Human Resource Management Technologie zur Authentifizierung von Anwendern sowie zu deren Statusüberwachung.
- Directory-Services-Technologie (siehe Abschnitt 5.8 für eine Beschreibung von Directory-Services). Diese Technologie ermöglicht es Technology Managern, Namen zu Ressourcen in einem Netzwerk zuzuweisen, und gewährt diesen Ressourcen anschließend

Zugriffsrechte basierend auf dem Anwenderprofil. Directory-Service Tools ermöglichen dem Access Management darüber hinaus, Rollen und Gruppen zu erstellen, um diese sowohl mit Anwendern als auch mit Ressourcen zu verknüpfen.
- Access Management Funktionen in Anwendungen, Middleware, Betriebssystemen und Netzwerkbetriebssystemen.
- Change Management Systeme.
- Request Fulfilment Technologie (siehe Abschnitt 7.4).

7.7 SERVICE DESK

Es sollten geeignete Tools und ein entsprechender Technologie-Support verfügbar sein, damit die Service Desk Mitarbeiter in der Lage sind, ihre Rollen so effizient und effektiv wie möglich auszuführen. Dies umfasst die folgenden Aspekte:

7.7.1 Telefonie

Da ein großer Anteil der Incidents wahrscheinlich von Anwendern per Telefon gemeldet wird, muss der Service Desk mit einer geeigneten, modernen Telefonanlage ausgerüstet sein. Diese sollte Folgendes umfassen:

- Automatic Call Distribution System (Automatische Anrufverteilung, ACD), das nur über eine einzige Telefonnummer erreicht werden kann (oder mehrere Nummern, wenn ein verteilter oder aufgegliederter Service Desk eingesetzt werden soll) und die Möglichkeit der Anrufannahme für Gruppen bietet. Warnung: Wenn eine Auswahl über das ACD-System, die Tastatur oder die Auswahl der interaktiven Spracherkennung (Interactive Voice Response, IVR) angeboten wird, setzen Sie nicht zu viele Optionsebenen ein und bieten Sie nur klar verständliche Optionen an. Achten Sie auch darauf, dass keine „Sackgassen" in der Menüführung oder den Optionen entstehen, die der Anrufer nach deren Auswahl nicht wieder verlassen kann.
- Software für Computer Telephony Interface (CTI), mit der eine Anrufererkennung (über die verbundene ACD) sowie die automatische Anzeige der Anwenderdetails im Incident Record der CMS möglich ist.
- VoIP. Die Verwendung dieser Technologie kann die Telefonkosten bei der Bearbeitung von externen bzw. internationalen Telefongesprächen erheblich reduzieren.
- Software für Telefoniestatistik und für die einfache Abfrage und den Ausdruck zu Analysezwecken.

Dadurch sollten die folgenden Informationen für einen beliebigen Zeitraum abgerufen werden können:
- Anzahl der eingegangenen Anrufe, insgesamt und aufgeteilt auf beliebige Einzelbereiche; anschließende Auswahl einer Anrufweiterleitung und Antwort per IVR- System (Interaktive Spracherkennung, Interactive Voice Response)/ Tasteneingabe
- Anrufeingangsprofile und Antwortzeiten
- Anzahl nicht angenommener Anrufe
- Anzahl durch individuelle Service Desk Telefonisten bearbeitete Anrufe
- durchschnittliche Gesprächszeit
- Headsets, mit der Möglichkeit zur Einschaltung eines zweiten Anwenders (zumindest bei einigen Headsets) für Schulungszwecke bei neuen Mitarbeitern usw.

7.7.2 Support-Tools

Es ist eine Reihe eigenständiger Support-Tools für Service Desks auf dem Markt erhältlich. Einige Organisationen erstellen ihre einfachen Incident-Erfassungs-/-Management-Systeme auch selbst. Wenn eine Organisation die Implementierung von ITSM ernsthaft in Betracht zieht, ist ein vollständig integriertes ITSM-Toolset erforderlich, dessen Herzstück ein CMS ist, das einen integrierten Support für alle ITIL-definierten Prozesse bietet.

Die folgenden aufgeführten Elemente eines solchen Tools sind für den Service Desk besonders hilfreich.

7.7.2.1 *Known Error Datenbank*
Mittels einer integrierten KEDB müssen Details zu den vorherigen Incidents/Problemen und deren Lösungen gespeichert werden, so dass ein Wiederauftreten schneller erkannt und behoben werden kann.

Dafür ist eine Funktionalität zur Kategorisierung und zur schnellen Ermittlung der vorherigen Known Errors erforderlich, die auf dem Abgleich mit Mustern sowie der Suche nach Schlüsselwörtern in den Symptomen beruht. Das Management der KEDB unterliegt der Zuständigkeit des Problem Managements; der Service Desk unterstützt jedoch die Beschleunigung der Incident-Behandlung.

7.7.2.2 *Diagnoseskripte*
Es sollten Diagnoseskripts mit mehreren Ebenen entwickelt, gespeichert und verwaltet und gesteuert werden, mit denen die Service Desk Mitarbeiter die Ursache von Ausfällen ermitteln können. Die Details möglicher Ausfälle und die Schlüsselfragen zur genauen Fehlerermittlung sowie Informationen über Aktivitäten

zur Lösung sollten von spezialisierte Support-Gruppen und den Suppliern eingeholt werden.

Diese Details sollten anschließend in kontextsensitive Skripte eingebunden werden, die abhängig von der mehrschichtigen Kategorisierung des Incident und den jeweiligen Antworten des Anwenders auf Diagnosefragen am Bildschirm angezeigt werden.

7.7.2.3 Web-Schnittstelle zur Selbsthilfe

Es ist häufig kosteneffektiv und sinnvoll, eine automatisierte Selbsthilfe-Funktionalität anzubieten, mit der Anwender Unterstützung dabei erhalten, Schwierigkeiten selbst zu lösen. Im Idealfall handelt es sich dabei um eine rund um die Uhr (7x24) erreichbare, menügesteuerte Web-Schnittstelle, die je nach den Gegebenheiten über folgende Elemente verfügt:

- Häufig gestellte Fragen (Frequently Asked Questions, FAQs) und Lösungen.
- „Wie-mache-ich-was"-Funktion zur Suche in Informationen zur Vorgehensweise, mit der der Anwender durch eine kontextsensitive Liste von Aufgaben und Aktivitäten geleitet wird.
- Ein Service in Form eines „schwarzen Bretts", das Informationen über ausstehende Serviceschwierigkeiten/Probleme sowie deren erwartete Wiederherstellungsdauer enthält.
- Möglichkeit der Passwortänderung: Einsatz einer Software für Kennwortschutz zur Prüfung von Identitäten, Autorisierung von Anwendern und Änderung von Kennwörtern ohne Eingreifen durch das Service Desk.
- Download von Software-Fixes (z. B. Patches, Service Packs oder Bug-Fixes wenn festgestellt wurde, dass der Anwender über die falsche Version verfügt oder ein Softwarefehler behoben werden muss). Es stehen Tools zur Automatisierung des Prüfungsprozesses zur Verfügung, mit denen das tatsächliche Desktop-Image mit den vereinbarten Standard-Builds verglichen und sofern erforderlich Aktualisierungen bereitgestellt und übernommen werden können.
- Software-Reparaturen bei der Ermittlung eines Fehlers zur Reparatur, Entfernung und/oder erneuten Installation von Software.
- Requests zur Entfernung von Software, die automatisch durchgeführt wird und bei der möglicherweise vorhandene Lizenzen an den Pool zurückgeführt werden.
- Downloads zusätzlicher Software-Pakete. Es stehen Tools zur Verfügung, mit denen eine vordefinierte Software-Richtlinie geprüft und bei entsprechender Erfüllung der Download zusätzlicher Software-Pakete ermöglicht wird. Dies kann automatisierte Prüfungen der Software-Lizenz und finanzielle Genehmigungen sowie anschließende Aktualisierung des CMS beinhalten.
- Frühzeitige Warnung bei geplanter Nicht-Verfügbarkeit oder Service-Ausfällen oder -Einschränkungen.

Die Selbsthilfelösung sollte die Möglichkeit bieten, dass Anwender selbst Incidents erfassen können, die könnte außerhalb der Dienstzeit des Service Desks verwendet (sofern kein Betrieb rund um die Uhr stattfindet) und zu Beginn der nächsten Schicht von Service Desk Mitarbeitern bearbeitet werden.

Es muss darauf geachtet werden, dass die integrierten Selbsthilfeaktivitäten für den durchschnittlichen Anwender nicht zu kompliziert sind und durch Sicherheitsvorkehrungen verhindert wird, dass zu geringe Kenntnisse des Anwenders nicht zu noch größeren Schwierigkeiten führen. Möglicherweise können etwas komplexere Selbsthilfeeinrichtungen für „Super-User" angeboten werden, die zuvor besonders geschult wurden. Weiterhin müssen sorgfältige Einschätzungen für die personelle Besetzung eines Service Desks und die Nutzungshäufigkeit von Selbsthilfeeinrichtungen durch Anwender vorgenommen werden.

Hinweis: Wie bereits in den obigen Listenpunkten erläutert, ist es möglich, einige einfachere Request Fulfilment Aktivitäten als Teil eines allgemeinen Selbsthilfesystems zu kombinieren, was insbesondere die Reduzierung von Anrufen beim Service Desk unterstützen kann (siehe Absatz 7.1.1 für weitere Details).

7.7.2.4 Remote Control oder Fernwartung

Wie bereits erwähnt ist es für Service Desk Analysten häufig von Vorteil, selbst auf den Desktop des Anwenders zugreifen zu können, um so z. B. Untersuchungen durchzuführen oder Einstellungen zu korrigieren. Für eine solche Remote Control oder Fernwartung sind entsprechende Konfigurationen und Einrichtungen erforderlich.

7.7.3 IT Service Continuity Planning für ITSM-Support-Tools

Bei der Arbeit mit ITSM-Tools kommt es häufig schnell zu einer Abhängigkeit von den entsprechenden Funktionalitäten, so dass Organisationen die Arbeit ohne diese Tools als schwierig empfinden. Eine umfassende Business-Auswirkungsanalyse und Risikoanalyse sowie die anschließende Entwicklung von Plänen zur Sicherstellung geeigneter Maßnahmen zur IT Service Continuity und Ausfallsicherheit sind daher unabdingbar.

8 Implementieren der Service Operation

8 Implementieren der Service Operation

Die Service Operation ist als Phase in einem Lebenszyklus und nicht als eigenständige Einheit zu verstehen. Wenn ein Service, Prozess, eine Organisationsstruktur oder Technologie in Betrieb ist, ist die Implementierung bereits erfolgt. Da in dieser Publikation jedoch eine Reihe von Prozessen und Funktionen beschrieben werden, muss auch auf die Überlegungen zur Implementierung eingegangen werden, die vor der Inbetriebnahme vorgenommen werden müssen.

Eine Reihe dieser Überlegungen werden in den entsprechenden Abschnitten behandelt. So wird z. B. in Kapitel 6 auf die verschiedenen Organisationsstrukturen eingegangen, die hier nicht erneut aufgeführt werden. Dieser Abschnitt konzentriert sich vielmehr auf allgemeine Implementierungsleitlinien für die Service Operation insgesamt.

8.1 MANAGEMENT VON CHANGES IN DER SERVICE OPERATION

Die Service Operation muss für Stabilität sorgen und nicht für Stagnation. Es gibt viele gute Gründe, warum eine Veränderung wünschenswert oder vorteilhaft ist. Die Service Operation Mitarbeiter müssen jedoch sicherstellen, dass kein Change negative Auswirkungen auf die Stabilität des angebotenen IT Service hat.

8.1.1 Auslöser für Changes

Viele Situationen können der Auslöser für einen Change an der Service Operation sein. Dazu gehören:

- Neue oder aktualisierte Hardware- oder Netzwerkkomponenten.
- Neue oder aktualisierte Anwendungssoftware.
- Neue oder aktualisierte Systemsoftware (Betriebssysteme, Hilfsprogramme, Middleware usw.) einschließlich Patches und Bug-Fixes.
- Änderungen an der Gesetzgebung, der Konformität oder den Leitlinien.
- Veralterung – Einige Komponenten sind möglicherweise veraltet und müssen ersetzt werden oder werden nicht mehr vom Supplier/ Wartungspartner unterstützt.
- Business-Notwendigkeit – Die Arbeit in ITSM erfordert insbesondere in der Phase der Service Operation eine gewisse Flexibilität. In vielen Situationen muss die IT für das Business Änderungen vornehmen, damit dynamische Business-Anforderungen erfüllt werden können.
- Verbesserungen an Prozessen, Verfahren und/oder zugrunde liegenden Tools zur Verbesserung der Bereitstellung der IT oder zur Reduzierung der finanziellen Kosten.
- Änderungen am Management oder dem Personal (vom Verlust oder Transfer von Mitarbeitern bis hin zu großen Übernahmen oder Akquisitionen).
- Änderungen an Service Levels oder der Servicebereitstellung, wie z. B. Outsourcing, Insourcing, Partnerschaften usw.

8.1.2 Change-Bewertung

Die Service Operation Mitarbeiter müssen an der Bewertung aller Changes beteiligt werden, um sicherzustellen, dass alle operativen Schwierigkeiten beachtet werden. Diese Einbeziehung sollte so früh wie möglich beginnen (siehe Abschnitt 4.6.1), wie z. B. in Form einer CAB- und ECAB-Mitgliedschaft, und nicht erst zu einem späteren Zeitpunkt während des Change erfolgen, wenn grundlegende Entscheidungen bereits getroffen wurden und ein Einfluss auf die Entscheidungsfindung nur noch eingeschränkt möglich ist. Der Change Manager muss alle beteiligten Parteien von dem zu bewertenden Change informieren, so dass Input vorbereitet und vor CAB-Meetings bereitgestellt werden kann.

Es ist jedoch wichtig, dass Service Operation Mitarbeiter an diesen letzteren Phasen beteiligt sind, da sie möglicherweise an der eigentlichen Implementierung beteiligt sind und sicherstellen möchten, dass eine umsichtige Zeitplanung erfolgt, um potenzielle Konflikte oder besonders sensible Zeiträume zu vermeiden.

8.1.3 Messung von erfolgreichen Changes

Der Erfolg der vorgenommenen Changes an der Service Operation kann erst dann festgestellt werden, wenn Kunden und Anwender keine Schwankung und keinen Ausfall des Service feststellen. Soweit möglich sollten die Folgen des Change nicht erkennbar sein, abgesehen von der erweiterten Funktionalität, verbesserten Qualität oder finanziellen Einsparungen durch den Change.

8.2 SERVICE OPERATION UND PROJEKTMANAGEMENT

Da die Service Operation im Allgemeinen als Teil des normalen Geschäftsablaufs betrachtet wird und sie sich häufig auf die standardisierte Durchführung definierter Verfahren konzentriert, werden Projektmanagement-Prozesse häufig nicht dann eingesetzt, wenn sie erforderlich wären. So sind z. B. wichtige Aktualisierungen der Infrastruktur oder die Entwicklung neuer oder geänderter Verfahren wichtige Aufgaben, für die ein formales Projektmanagement zur Verbesserung der Steuerung und des Managements von Kosten und Ressourcen eingesetzt werden könnte.

Der Einsatz von Projekt Management für das Management dieser Aktivitätstypen hat die folgenden Vorteile:

- Der Nutzen des Projekts wird eindeutig festgestellt und vereinbart.
- Aktivitäten und ihr Management sind transparenter, wodurch andere IT-Gruppen und das Business den Beitrag der operativen Teams leichter messen können.
- Dies wiederum vereinfacht die Finanzierung von Projekten, deren Kosten normalerweise schwer zu rechtfertigen sind.
- Es besteht eine verstärkte Konsistenz und verbesserte Qualität.
- Das Erreichen von Zielen führt zu einer verbesserten Glaubwürdigkeit operativer Gruppen.

8.3 RISIKOBEWERTUNG UND RISIKOMANAGEMENT IN DER SERVICE OPERATION

In vielen Situationen ist es unabdingbar, dass im Rahmen der Service Operation eine schnelle Risikobewertung durchgeführt wird und entsprechende Maßnahmen getroffen werden.

Besonders naheliegend ist hier (wie bereits an anderer Stelle beschrieben) die Bewertung des Risikos potenzieller Changes oder Known Errors. Die Service Operation Mitarbeiter müssen jedoch möglicherweise auch in die Bewertung des Risikos und der Auswirkungen für folgende Bereiche einbezogen werden:

- Ausfälle oder potenzielle Ausfälle, die entweder vom Event Management oder dem Incident/Problem Management berichtet werden, oder Warnungen, die von Herstellern, Suppliern oder Vertragspartnern gemeldet werden
- neue Projekte, die letztendlich zu einer Einführung in die Live-Umgebung führen
- Risiken für die Umgebung (einschließlich IT Service Continuity Risiken für die physische Umgebung und den Standort sowie politische, kommerzielle oder belegschaftsbezogene Risiken)
- Supplier, insbesondere wenn neue Supplier beteiligt sind oder Schlüssel-Servicekomponenten von Drittparteien gesteuert werden
- Sicherheitsrisiken, sowohl theoretischer Natur als auch tatsächliche Risiken, die durch die Sicherheit betreffende Incidents oder Events entstehen
- neue Kunden/Services, die unterstützt werden müssen

8.4 OPERATIVE MITARBEITER IM SERVICE DESIGN UND IN DER SERVICE TRANSITION

Alle IT-Gruppen sind am Service Design und der Service Transition beteiligt, um sicherzustellen, dass neue Komponenten oder Services konzipiert, getestet und implementiert und dass die korrekten Stufen der Funktionalität, Nutzbarkeit, Verfügbarkeit, Kapazität usw. bereitgestellt werden.

Zusätzlich müssen die Service Operation Mitarbeiter in die frühen Phasen des Service Design und der Service Transition einbezogen werden, damit sichergestellt wird, dass neue Services bei der Einführung in die Live-Umgebung aus Sicht der Service Operation zweckmäßig sind und zukünftig „unterstützungsfähig" sind.

Der Begriff „unterstützungsfähig" steht in diesem Kontext für Folgendes:

- kann aus technischer und operativer Sicht innerhalb vorhandener oder zuvor vereinbarter zusätzlicher Ressourcen und Kenntnisgrade unterstützt werden
- hat keine negativen Auswirkungen auf andere vorhandene technische oder operative Verfahren, Prozesse oder Zeitpläne
- verursacht keine unerwarteten operativen Kosten oder fortlaufende oder eskalierende Support-Ausgaben
- ohne jede unerwarteten vertraglichen oder rechtlichen Komplikationen
- keine komplexen Support-Pfade zwischen mehreren Support-Abteilungen von Drittparteiorganisationen

Hinweis: Changes werden nicht nur in Bezug auf Technologie vorgenommen. Sie umfassen auch Schulungen, Stärkung des Bewusstseins, kulturellen Wandel, Motivationsaspekte und vieles mehr. Weitere Details bezüglich eines weiter gefassten Managements von Change werden in der Publikation Service Transition behandelt.

8.5 PLANUNG UND IMPLEMENTIERUNG VON SERVICE MANAGEMENT TECHNOLOGIEN

Zur Vorbereitung auf den Einsatz sowie beim Deployment und der Implementierung von ITSM-Support-Tools müssen Organisationen eine Vielzahl von Faktoren berücksichtigen. Diese werden nachfolgend erläutert.

8.5.1 Lizenzen

Die allgemeinen Kosten der ITSM-Tools, insbesondere des integrierten Tools, welches das Herzstück des erforderlichen Toolsets darstellt, richten sich normalerweise nach der Anzahl und dem Typ der Anwenderlizenzen, die die Organisation benötigt.

Solche Tools werden häufig in Modulform angeboten, was dazu führt, dass die genaue Funktionalität jedes Moduls genau ermittelt und eine Kapazitätsermittlung vorgenommen werden muss. Dadurch kann festgestellt werden, wie viele Anwender und welche Anwendertypen auf jedes Modul zugreifen müssen.

Im Allgemeinen sind die folgenden Lizenztypen verfügbar (die genauen Bezeichnungen können je nach Software-Supplier variieren).

8.5.1.1 Anwenderlizenzen (Dedicated User Licences)
Geeignet für den Einsatz von Mitarbeitern, die das Modul häufig und dauerhaft einsetzen (so benötigen z. B. Service Desk Mitarbeiter eine Anwenderlizenz für die Nutzung eines Incident Management Moduls).

8.5.1.2 Mehrfachlizenzen (Concurrent User Licences)
Geeignet für Mitarbeiter, die das Modul regelmäßig, jedoch in größeren zeitlichen Abständen einsetzen und sich eine Lizenz mit anderen Anwendern teilen können (so benötigen z. B. Third-Level Support Mitarbeiter regelmäßig Zugriff auf ein Incident Management Modul, aber nur, wenn ein Incident Record aktiv aktualisiert werden muss). Es muss eine Schätzung für das Verhältnis von erforderlichen Lizenzen und Anwendern vorgenommen werden, so dass eine korrekte Anzahl von Lizenzen erworben werden kann. Die geschätzte Ebene für die gleichzeitige Nutzung ist abhängig von der Anzahl potenzieller Anwender, der Länge der Nutzungszeiten und der erwarteten Nutzungshäufigkeit.

Die Kosten einer Mehrfachlizenz sind in der Regel höher als die einer Anwenderlizenz. Die Gesamtkosten sind jedoch niedriger, da sie von mehreren Anwendern gleichzeitig genutzt wird und insgesamt weniger Lizenzen erforderlich sind.

8.5.1.3 Web-Lizenzen
Diese Lizenzform beinhaltet in der Regel eine Schnittstelle mit eingeschränkter Funktionalität in Form eines Web-Zugriffs auf das Tool und ist besonders für Mitarbeiter geeignet, die Remote-Zugriff oder nur selten Zugriff auf das Tool benötigen, oder nur einen kleinen Teilbereich der Funktionalität einsetzen (z. B. technische Mitarbeiter, die Details ihrer Maßnahmen bezüglich Incidents aufzeichnen möchten, oder Anwender, die einen Incident direkt eingeben möchten). Web-Lizenzen sind häufig wesentlich kostengünstiger als andere Lizenzen (oder in Kombination mit anderen Lizenzen häufig sogar kostenlos), und das Nutzungsverhältnis ist häufig niedriger, wodurch die Kosten weiter reduziert werden.

Ein Teil der Mitarbeiter benötigt möglicherweise verschiedene Lizenzen (so benötigen z. B. Support-Mitarbeiter möglicherweise im Büro eine Anwenderlizenz oder eine Mehrfachlizenz, bei der Arbeit von Zuhause außerhalb der Servicezeiten jedoch eine Web-Lizenz). Beachten Sie, dass zusätzlich Lizenzen für Kunden, Anwender oder Supplier erforderlich sind, die dasselbe Tool für die Eingabe, Anzeige oder Aktualisierung von Records oder Berichten nutzen.

Hinweis: Einige Lizenzverträge (alle oben genannten Typen) beschränken möglicherweise die Nutzung der Software auf ein einzelnes Gerät oder einen einzelnen Prozessor.

8.5.1.4 Service-on-Demand
In der IT-Branche zeichnet sich derzeit ein Trend ab, bei dem Supplier IT-Anwendungen bei Bedarf bereitstellen, indem der Zugriff auf eine Anwendung für die Nutzungszeit zur Verfügung gestellt und anschließend wieder zurückgezogen wird. Dabei erfolgt die Abrechnung auf Basis der Nutzungszeit der Anwendung. Dieser Angebotstyp kann von ITSM-Tool-Suppliern angeboten werden und kann insbesondere für kleinere Organisationen oder im Fall von spezialisierten oder relativ selten eingesetzten Tools attraktiv sein.

Alternativ dazu wird die Benutzung des Tools auch als Teil eines bestimmten Beratungseinsatzes angeboten (z. B. wenn ein spezialisierter Capacity Management Berater ein regelmäßiges, jedoch relativ selten genutztes Capacity-Planungspaket anbietet und für die Dauer des Auftrags die Nutzung der Tools zur Verfügung stellt). In solchen

Fällen sind die Lizenzgebühren in der Beratungsgebühr enthalten oder werden als Zusatzkosten ausgewiesen.

Eine weitere Variante stellt die Lizenzierung und Berechnung der Software auf Basis des Agenten/der Aktivität dar. Ein Beispiel dafür ist die Befragungs-/Monitoring- und/oder Simulationssoftware (z. B. Agentensoftware, die vordefinierte Kundenpfade durch die Website einer Organisation simulieren kann, um so die Performance und Verfügbarkeit zu bewerten). Die Kosten für eine solche Software werden in der Regel auf Basis der Agentenzahl, deren Standorte und/oder der Anzahl generierter Aktivitäten berechnet.

In allen Fällen muss eine umfassende und gut durchdachte Untersuchung der Lizenzstruktur während der Beschaffungsphase und in adäquater Zeit vor dem Deployment der Tools durchgeführt werden, so dass es bei der Kalkulation der endgültigen Kosten zu keinen unerwarteten Überraschungen kommt.

8.5.2 Deployment

Viele ITSM-Tools, insbesondere Such- und Event Monitoring Tools, erfordern vor deren Nutzung die Bereitstellung von Client-/Agent-Software an allen Zielstandorten. Dazu ist eine sorgfältige Planung und Umsetzung erforderlich, die über ein formales Release und Deployment Management durchgeführt werden sollte (siehe Publikation Service Transition).

Auch wenn ein Netzwerk-Deployment möglich ist, sind eine genaue Zeitplanung und detaillierte Tests erforderlich. Zusätzlich müssen während des Rollouts Aufzeichnungen geführt werden, so dass Support-Mitarbeiter darüber in Kenntnis gesetzt werden, welcher Computer bereits aktualisiert wurde und welcher Computer noch aussteht. Möglicherweise ist ein Interims Change Management erforderlich, und das CMS sollte während des Rollouts aktualisiert werden.

Häufig ist bei den Geräten, auf denen die Client-Software ausgeführt wird, ein Neustart erforderlich, damit die Software erkannt wird. Dieser muss im Voraus geplant werden, da sonst große Verzögerungen bei Mitarbeitern auftreten können, die normalerweise ihren Desktop-Computer nicht über Nacht ausschalten.

Bei Laptops und anderen mobilen Geräten kann es zu besonderen Schwierigkeiten beim Deployment kommen. Hier sind möglicherweise besondere Vorkehrungen erforderlich, damit Mitarbeiter sich anmelden und die neue Software erhalten können.

8.5.3 Kapazitätsprüfungen

Möglicherweise sind vorab Capacity Management Aktivitäten erforderlich, um sicherzustellen, dass alle Zielspeicher über ausreichend Speicher- und Prozesskapazität für das Speichern und Betreiben der neuen Software verfügen. Ist dies nicht der Fall, müssen diese aktualisiert oder ersetzt werden, wofür Vorlaufzeiten in den Zeitplänen zu berücksichtigen sind.

Die Kapazität des neuen Netzwerks sollte ebenfalls geprüft werden, um zu ermitteln, ob sie für die Übertragung von Management-Informationen und Protokolldateien sowie die Verteilung von Clients und evtl. Software- und Konfigurationsdateien geeignet ist.

8.5.4 Zeitplanung des Technologie-Deployment

Es muss darauf geachtet werden, dass die Tools in Hinsicht auf Komplexität des ITSM und entsprechendem Wissensstand zu einem geeigneten Zeitpunkt eingesetzt werden. Wenn Tools zu früh eingesetzt werden, werden sie möglicherweise als schnelles Allheilmittel betrachtet, und die erforderlichen Aktivitäten zur Anpassung von Prozessen, der Arbeitspraxis oder Verhalten werden blockiert oder unterlassen.

Oft reicht ein Tool allein nicht aus, um eine Situation zu verbessern. Im Englischen lautet ein altes Sprichwort: „A fool with a tool is still a fool." (Auch ein Dummkopf mit einem technischen Hilfsmittel ist immer noch ein Dummkopf.)

Die Organisation muss zuerst die Prozesse prüfen, die durch das Tool unterstützt werden sollen, und darüber hinaus sicherstellen, dass die Mitarbeiter von den neuen Prozessen und der Arbeitspraktik überzeugt sind und eine „Servicekultur" angenommen haben.

Tools können und werden oft jedoch zur realitätsnahen Darstellung von Prozessen eingesetzt werden: Sie sind greifbare Hilfsmittel, und die technischen Mitarbeiter können direkt erkennen, was die neuen Prozesse leisten und wie sie ihre Arbeitspraktiken verbessern können.

Einige Prozesse können nicht ohne die Unterstützung durch geeignete Tools durchgeführt werden. Daher muss darauf geachtet werden, dass Tools erst dann eingeführt werden, wenn sie gebraucht werden – und nicht vorher.

Es ist auch wichtig, dass Schulungen für Tools zum korrekten Zeitpunkt angeboten werden. Dabei ist darauf zu achten, dass sie nicht zu früh durchgeführt werden, da sonst das Wissen nachlässt oder verblasst, jedoch so zeitnah angeboten werden, dass die Mitarbeiter rechtzeitig vor dem Live-Deployment formal geschult sind und sich ausreichend mit dem Betrieb der Tools vertraut machen können. Eine weitere Schulung sollte für den Zeitraum der Einführung in die Live-Phase sowie sofern erforderlich im späteren Verlauf des Betriebs eingeplant werden.

8.5.5 Art der Einführung

Es muss entschieden werden, welche Art der Einführung erforderlich ist – ob sich eine Einführung in einem „Big Bang" oder ein phasenweiser Ansatz besser eignet. Da die meisten Organsationen nicht von Null anfangen und bereits Live-Services bei der Einführung beibehalten werden müssen, ist wahrscheinlich ein phasenweiser Ansatz erforderlich.

Sehr häufig ersetzt ein neues Tool ein altes, wahrscheinlich weniger ausgefeiltes Tool. Der Übergang zwischen den beiden Tools ist ein weiterer zu planender Faktor.

Dies schließt häufig die Entscheidung ein, welche Daten des alten Tools im neuen Tool weiter verwendet werden sollen, was zu erheblichem Formatierungsaufwand führen kann. Im Idealfall wird dieser Transfer elektronisch vorgenommen. In einigen Fällen ist jedoch die erneute Eingabe einiger Live-Daten unvermeidbar und sollte bei der Planung berücksichtigt werden.

Achtung: Bei älteren Tools ist im Allgemeinen ein höherer Aufwand bei der manuellen Eingabe und Verwaltung erforderlich. Wenn also eine elektronische Datenmigration eingesetzt wird, sollte ein Audit folgen, mit dem die Datenqualität geprüft wird.

Wenn sich ein Datentransfer als kompliziert oder zeitaufwendig erweist, können Tools möglicherweise auch für einen gewissen Zeitraum parallel ausgeführt werden. Dabei ist das alte Tool zu Beginn weiterhin zusammen mit dem neuen Tool verfügbar, so dass gegebenenfalls auf alte Daten zurückgegriffen werden kann. In solchen Fällen empfiehlt es sich, einen Schreibschutz einzurichten, so dass keine Fehler durch die Eingabe neuer Daten im alten Tool eingebracht werden können.

Detaillierte Informationen über den Release and Deployment Management Prozess finden Sie in der Publikation Service Transition.

Herausforderungen, kritische Erfolgsfaktoren und Risiken

9

9 Herausforderungen, kritische Erfolgsfaktoren und Risiken

9.1 HERAUSFORDERUNGEN

Im Verlauf der Service Operation muss eine Reihe von Herausforderungen bewältigt werden, die im folgenden Abschnitt beschrieben werden.

9.1.1 Mangelndes Zusammenwirken von Entwicklungs- und Projektmitarbeitern

Traditionell wurden Service Operation Mitarbeiter und Mitarbeiter, die an der Entwicklung neuer Anwendungen oder der Durchführung von Projekten, die später neue Funktionalitäten für die operative Umgebung bereitstellen, voneinander getrennt.

Diese Abgrenzung war beabsichtigt und entsprang dem Wunsch, geheime Absprachen zu unterbinden und potenzielle Sicherheitsrisiken zu vermeiden (in einigen Organisationen ist dies immer noch eine gesetzliche Anforderung). Statt jedoch diese Aufgabentrennung zugunsten positiver Ergebnisse einzusetzen, stellt sie in vielen Organisationen eine Quelle für Rivalitäten dar und begünstigt politische Schachzüge.

Häufig wird das ITSM als ein Konstrukt der operativen Bereiche gesehen, das keine Verbindung zur Entwicklung oder den Projekten aufweist.

Diese Ansicht führt zu schwerwiegenden Konsequenzen, da Service Operation Aspekte zu Beginn neuer Entwicklungen oder Projekte berücksichtigt werden müssen – wenn noch ausreichend Zeit für die Einbeziehung dieser Faktoren in den Planungsphasen zur Verfügung steht.

Die Publikationen Service Design und Service Transition beschreiben die Schritte, mit denen sichergestellt werden muss, dass Belange vom IT-Betrieb zu Beginn neuer Entwicklungen und Projekte einbezogen werden.

> **Anekdoten**
>
> Eine Organisation setzt eine Richtlinie für die Transition (Überführung) in die Operation-Phase ein, um sicherzustellen, dass die eingesetzten Services ausreichend Input der operativen Teams erhalten. Dabei handelt es sich im Grunde um eine Richtlinie, die eindeutig darstellt, unter welchen Umständen eine Anwendung „bereit" für die Überführung in den Betrieb ist. Damit wird die Kommunikation mit den Entwicklungs- und Projektteams unterstützt und eindeutige Leitlinien dazu bereitgestellt, wie die Zusammenarbeit mit den operativen Teams erfolgen soll.
>
> Eine andere Organisation setzt Use Cases (Anwendungsfälle) für den Betrieb ein, um von den Entwicklungsteams die Anforderungen zu erhalten, die die Anwendung in der Produktion unter der Steuerung des operativen Personals erfüllen soll.

9.1.2 Rechtfertigung für die Finanzierung

Es ist häufig schwierig, Ausgaben im Bereich der Service Operation zu rechtfertigen, da die hier investierten Gelder häufig als laufende „Infrastrukturkosten" betrachtet werden, die scheinbar nichts zum Return on Investment beitragen.

Die Publikation Service Strategy erläutert, wie ein Return on Investment sichergestellt und die Wahrnehmung dieser Investition als reine „Gemeinkosten" für die Infrastruktur eliminiert werden kann. Hier werden geeignete Leitlinien für die Rechtfertigung dieser Investitionen angegeben.

In der Praxis können viele Investitionen für das ITSM, insbesondere in den Bereichen der Service Operation, zu Einsparungen, einem positiven Return on Investment und sogar einer Verbesserung der Servicequalität führen. Beispiele für potenzielle Einsparungsbereiche umfassen:

- Kosteneinsparungen bei Softwarelizenzen durch ein besseres Management der Lizenzen und eingesetzten Kopien
- Kosteneinsparungen beim Support durch eine geringere Anzahl von Incidents und Problemen sowie kürzere Lösungsdauer
- Einsparungen bei der Mitarbeiterzahl durch Rationalisierung, Support-Rollen und Verantwortlichkeitsstrukturen
- weniger entgangene Geschäfte aufgrund unzureichender Qualität der IT Services
- bessere Nutzung vorhandener Infrastrukturausrüstung und Aufschub weiterer Ausgaben durch ein besseres Capacity Management

- besser abgestimmte Prozesse, was zu einer weniger häufigen Doppelarbeit bei Aktivitäten und einer besseren Nutzung vorhandener Ressourcen führt

9.1.3 Herausforderungen für Service Operation Manager

Die folgende Liste enthält einige der Herausforderungen, denen sich Manager in der Service Operation stellen müssen. Es gibt keine einfache Lösung für diese Herausforderungen, da sie Nebenprodukte der Organisationskultur sind und der Entscheidungen, die während des Entscheidungsprozesses für eine Organisationsstruktur getroffen wurden. Anhand der folgenden Liste sollen sich Service Operation Manager dieser Herausforderungen bewusst werden, damit sie die Bewältigung dieser Herausforderungen im Voraus planen können.

Die Unterschiede zwischen Design- und Operation-Aktivitäten stellen ständige Herausforderungen dar. Dafür besteht eine Reihe von Ursachen, wie:

- Das Service Design konzentriert sich zu einer bestimmten Zeit möglicherweise immer nur auf einen Service, während die Service Operation sich auf die Bereitstellung und den Support aller Services gleichzeitig konzentriert. Operation Manager müssen eng mit dem Service Design und der Service Transition zusammenarbeiten, um die Perspektive der Service Operation einzubringen. Damit wird sichergestellt, dass die Ergebnisse aus Design und Transition den allgemeinen operativen Bedürfnissen entsprechen.
- Das Service Design wird häufig mit Projekten abgewickelt, während sich die Service Operation auf laufende, wiederholbare Managementprozesse und -aktivitäten konzentriert. Dies führt dazu, dass operative Mitarbeiter häufig nicht für die Teilnahme an Service Design Projektaktivitäten zur Verfügung stehen, was wiederum zur erschwerten Durchführbarkeit von IT Services oder zu IT Services führt, die keine geeigneten Designelemente für die Verwaltbarkeit beinhalten. Darüber hinaus kann es vorkommen, dass Projektmitarbeiter nach Abschluss des Designs für einen IT Service mit dem nächsten Projekt beginnen und nicht für die Unterstützung bei Schwierigkeiten in der operativen Umgebung zur Verfügung stehen. Um diese Herausforderung zu bewältigen, muss die Service Operation die aktive Teilnahme seiner Mitarbeiter an Design-Projekten, die Bereitstellung von Ressourcen für Überführungsaktivitäten und die Teilnahme am Early Life Support von Services einplanen, die in die operative Umgebung eingeführt werden.
- Die zwei Phasen dieses Lebenszyklus setzen verschiedene Messgrößen ein, die das Service Design dabei unterstützen, das Projekt termingerecht und im Rahmen der Spezifikationen und des Budgets abzuschließen. In vielen Fällen ist es schwierig, das genaue Verhalten und die genauen Kosten des Service nach einer gewissen Bereitstellungs- und Betriebszeit zu prognostizieren. Entspricht der Service nicht den Erwartungen, wird das IT Operations Management zur Verantwortung gezogen. Auch wenn diese Herausforderung zum Alltag des Service Management gehört, kann sie durch aktive Beteiligung der Service Operation an der Service Transition Phase des Lebenszyklus gemindert werden. Die Service Transition verfolgt das Ziel, dass konzipierte Services wie erwartet betrieben werden können. Der Operations Manager kann das Wissen bereitstellen, das die Service Transition für die Bewertung und Beseitigung der Schwierigkeiten benötigt, bevor sie in der operativen Umgebung auftreten können.
- Die Service Transition wurde nicht effektiv für das Management der Serviceüberführung zwischen der Design- und Operation-Phase eingesetzt. Einige Organisationen nutzen z. B. das Change Management nur, um das Deployment von Changes zu planen, die bereits vorgenommen wurden, statt zu testen, ob der Change die Transition-Phase zwischen Design und Operation erfolgreich durchlaufen hat. Es ist unerlässlich, dass die Praxis der Service Transition eingehalten und Organisationsrichtlinien zur Vermeidung unzureichend verwalteter und gesteuerter Change-Praktiken eingehalten werden. Operation, Change und Transition Manager müssen ermächtigt sein, die Überführung von Changes in die operative Umgebung ausnahmslos abzulehnen, wenn diese nicht umfassend getestet wurden.

Diese Herausforderungen können nur dann bewältigt werden, wenn die Service Operation Mitarbeiter am Service Design und an der Service Transition beteiligt und entsprechend formal dafür beauftragt und eingeplant werden. Die in den Service Design Prozessen definierten Rollen sollten in die Tätigkeitsbeschreibungen der Technical und IT Application Management Mitarbeiter integriert und die dafür erforderliche Zeit auf Projektbasis zugewiesen werden.

Andere Herausforderungen treten im Zusammenhang mit Messungen auf. Jede Alternativstruktur enthält eine unterschiedliche Kombination von Elementen, die mehr oder weniger leicht gemessen werden können. So kann es beispielsweise sein, dass die Messung der Performance für ein Gerät oder Team relativ einfach durchgeführt werden kann, während die Bestimmung, ob diese Performance gute oder schlechte Folgen für den allgemeinen IT Service nach sich zieht, eine vollkommen andere Herangehensweise erfordert. Ein geeigneter Service Level Management Prozess bietet hier eine Hilfestellung, was jedoch bedeutet, dass Service Operation Teams ein integraler Bestandteil dieses Prozesses sein müssen (siehe Publikation Continual Service Improvement).

Einen dritten Bereich der Herausforderungen stellt der Einsatz virtueller Teams dar. Häufig sind traditionelle, hierarchische Managementstrukturen aufgrund der Komplexität und Vielfältigkeit der meisten Organisationen nicht mehr angebracht. Es ist ein Managementmodell (die Matrixorganisation) entstanden, bei dem Mitarbeiter verschiedenen Stellen bei verschiedenen Aufgaben Bericht erstatten. Das führte zu einem komplexen Netz von Verantwortlichkeiten und einem erhöhten Risiko, dass bestimmte Aktivitäten von diesen Verantwortlichkeiten nicht abgedeckt werden. Andererseits befähigt dieses Modell die Organisation dazu, dort Fertigkeiten und Wissen zur Verfügung zu stellen, wo sie am stärksten für den Support des Business erforderlich sind. Knowledge Management und die Verknüpfung von Autoritätsstrukturen werden im Zuge von Expansionen und wachsender Vielfältigkeit immer wichtiger. Dieser Aspekt wird in der Publikation ITIL Service Strategy behandelt.

Eine der wichtigsten Herausforderungen, denen sich die Service Operation Manager stellen müssen, ist der Ausgleich zwischen den vielen internen und externen Beziehungen. Die Struktur vieler IT-Organisationen ist heute komplex, und da Services mehr und mehr zum Massenangebot werden, werden verstärkt Wertschöpfungsnetzwerke, Partnerschaften und gemeinsam genutzte Service Models eingesetzt. Das führt zwar zu einem erheblichen Vorteil für sich dynamisch entwickelnde Business-Bedürfnisse, erhöht jedoch auch die Komplexität eines in sich geschlossenen und effizienten Managements von Services und der Bereitstellung einer unsichtbaren Schnittstelle zwischen dem Kunden und dem komplexen Netz der eigentlichen Verfahren für die Servicebereitstellung. Ein Service Operation Manager muss Wissen und Fertigkeiten in den Bereich des Beziehungsmanagements einbringen, um bei dieser komplexen Herausforderung Unterstützung bieten zu können.

9.2 KRITISCHE ERFOLGSFAKTOREN

9.2.1 Unterstützung durch das Management

Für alle ITSM-Aktivitäten und Prozesse insbesondere in der Service Operation ist die Unterstützung des oberen und mittleren Managements erforderlich.

Die Unterstützung des oberen Managements ist entscheidend für die Beschaffung und Verwaltung einer ausreichenden Finanzierung und Ressourcenbereitstellung. Statt die Service Operation als ein „schwarzes Loch" für Investitionen zu betrachten, sollte das obere Management den Nutzen einer geeigneten Service Operation quantifizieren und sich dafür einsetzen. Es sollte zusätzlich umfassend über die möglichen negativen Ergebnisse durch eine schlecht betriebene Service Operation informiert werden.

Das obere Management muss die Einführung neuer Service Operation Initiativen erkennbar unterstützen (z. B. durch Auftritt in Seminaren, Unterzeichnung von Memos und Ankündigungen usw.) und ihre fortlaufende Unterstützung signalisieren. Es wird eine völlig falsche Botschaft vermittelt, wenn ein leitender Manager nicht bei einem entscheidenden Projektmeeting oder Einführungsseminar erscheint. Gravierender ist es jedoch, wenn leitende Manager die Initiative zwar verbal unterstützen, ihre Autorität jedoch dazu missbrauchen, um die Einführung der Service Operation Practice zu untergraben.

Leitende Manager sollten zusätzlich den Mitgliedern der mittleren Managementebene, die für die Service Operation direkt verantwortlich sind, mehr Entscheidungsbefugnis gewähren. Wird die Initiative zwar öffentlich unterstützt, werden anschließend jedoch die Anforderungen oder erforderlichen Changes übergangen, hat dies negative Auswirkungen sowohl auf die Implementierung als auch den fortlaufenden Einsatz der Service Operation Initiative.

Auch Manager der mittleren Managementebene müssen die Initiative unterstützen, was insbesondere durch ihre Handlungen demonstriert werden sollte. Wenn ein Manager der mittleren Managementebene dabei beobachtet wird, dass er ein vereinbartes Verfahren verhindert oder sich darüber hinwegsetzt (z. B. durch Implementierung eines Change, der noch nicht den Change Management Prozess durchlaufen hat), wird so die eindeutige Botschaft vermittelt, dass andere ebenfalls so handeln können und das Verfahren wertlos ist und von allen ignoriert werden kann. Das mittlere Management sollten sich daher bemühen, ihre Unterstützung offen in Wort und Tat sowie durch Einhaltung der vereinbarten Prozesse und Verfahren der Organisation zu demonstrieren.

Zusätzlich müssen sie die Einstellung von Mitarbeitern zur Unterstützung des Prozesses fördern, statt den Bedarf an einer formalisierten Service Operation zu akzeptieren und anschließend zur Umsetzung einfach die Auslastung der vorhandenen Mitarbeiter zu erhöhen.

9.2.2 Unterstützung durch das Business

Die Service Operation muss auch durch die Geschäftsbereiche unterstützt werden. Diese Unterstützungsebene kann wesentlich leichter erreicht werden, wenn die Service Operation Mitarbeiter das Business an allen Aktivitäten beteiligen und sowohl Erfolge als auch Misserfolge und ihre Bemühungen um Verbesserungen berichten.

Es ist genauso wichtig, dass die Geschäftsbereiche ihre Rolle in der Service Operation verstehen, akzeptieren und ausführen. Ein Service ist immer nur so gut wie seine Kunden! Die Einhaltung der Richtlinien, Prozesse und Verfahren, wie der Einsatz des Service Desks für die Meldung aller Anforderungen, liegt im direkten Zuständigkeitsbereich des Kunden, der vom Business unterstützt und gefördert werden muss.

Die regelmäßige Kommunikation mit dem Business, um dessen Bedenken und Vorbehalte zu verstehen und Feedback zu Bemühungen um die Erfüllung seiner Bedürfnisse zu geben, ist unabdingbar für fruchtbare Beziehungen und die Sicherstellung einer fortlaufenden Unterstützung.

Das Business sollte auch den Kosten für die Implementierung der Service Operation zustimmen und den Return on Investment kennen, es sei denn, diese Punkte wurden bereits im Rahmen des Design-Prozesses vereinbart.

9.2.3 Champions

ITSM-Projekte und die resultierende fortlaufende Practice (durchgeführt durch die Service Operation Mitarbeiter) sind häufig erfolgreicher, wenn sich ein oder mehrere „Champions" herausbilden, die andere durch ihren Enthusiasmus und ihr Engagement für das ITSM anführen können.

In einigen Fällen können diese Champions leitende Manager mit einer Führungsposition weiter oben in der hierarchischen Organisationsstruktur sein. Champions können jedoch auch erfolgreich sein, wenn sie aus anderen Ebenen der Organisation kommen. Auch ein oder zwei Junior-Mitarbeiter können einen bedeutenden positiven Einfluss haben, der zu einem erfolgreichen Ergebnis führt.

Champions bilden sich häufig durch formale Service Management Schulungen heraus, oder werden dadurch stark beeinflusst, insbesondere auf höheren Schulungsebenen, wo der potenzielle Nutzen für eine Organisation und die einzelnen Mitarbeiter, die eine Laufbahn im Service Management verfolgen, vollständig erfasst werden können.

Champions entwickeln sich über einen längeren Zeitraum. Sie können nicht geschaffen oder ernannt werden. Häufig sind es Anwender und Kunden, die die Erstellung geeigneter Service Management Prozesse besonders unterstützen, da ihnen die erforderlichen Verbesserungen aus Business-Sicht äußerst bewusst sind. Es handelt sich dabei in der Regel um hoch motivierte Mitarbeiter, die häufig auch einen immensen Arbeitsaufwand freiwillig übernehmen. Damit ihr Einsatz effektiv sein kann, muss ihnen die Zeit gewährt werden, um ihre Aufgaben als Champion zu erfüllen.

9.2.4 Personalbesetzung und Mitarbeiterbindung

Der Erfolg der Service Operation wird maßgeblich durch die geeignete Anzahl Mitarbeiter mit den geeigneten Fähigkeiten bestimmt. Im Folgenden werden einige der Herausforderungen dafür aufgeführt.

- In den Projekten für neue Services werden die erforderlichen neuen Fähigkeiten zwar genau festgelegt, die erforderliche Anzahl Mitarbeiter sowie die Erhaltung dieser neuen Fertigkeiten werden jedoch häufig unterschätzt. Abschnitt 9.2.1 liefert einige Ideen dazu, wie die Kommunikation über die Anforderungen gefördert werden kann.
- Mangel an Ressourcen mit einem guten Verständnis zum Service Management. Geeignetes technisches Personal ist eine Notwendigkeit, es muss jedoch auch eine Reihe von Schlüsselmitarbeitern vorhanden sein, die sowohl technische als auch Service bezogene Schwierigkeiten bearbeiten können.
- Da diese Ressourcen recht knapp sind, kommt es häufig vor, dass sie geschult werden, um jedoch kurz danach zu einem anderen Unternehmen wegen eines besseren Gehalts zu wechseln. Eindeutige Karrierelaufbahnen und attraktive Anreize sollten ein Teil jeder Service Management Initiative sein.

- Der Versuch, vorhandenen Mitarbeitern zu schnell zu viele Aufgaben zuzuweisen. Die Erlangung einer effizienten Service Operation dauert eine gewisse Zeit, kann aber durch geeignete Maßnahmen erreicht werden. Leider versuchen einige Manager, Einsparungen zu erhöhen, indem Sie die zwischenzeitliche Aufgabe der Implementierung neuer Prozesse und Tools den vorhandenen und bereits äußerst ausgelasteten Mitarbeitern zuweisen. Das führt unweigerlich dazu, dass entweder das Projekt fehlschlägt oder der Service leidet und manchmal sogar wertvolle Mitarbeiter das Unternehmen verlassen. Erfolgreiche Service Management Projekte erfordern häufig eine kurzzeitige Investition in Aushilfspersonal oder Subunternehmer. Dieser Faktor sollte nicht unterschätzt werden.

9.2.5 Service Management Schulung

Geeignete Schulungen und ein entsprechendes Bewusstsein können zu einem breiteren Allgemeinnutzen führen. Damit können nicht nur einzelne Champions herausgebildet werden, sondern auch das Verständnis und der Einsatz vieler gewonnen werden. Die Service Operation Mitarbeiter müssen sich den positiven wie negativen Konsequenzen ihrer Aktivitäten für die Organisation im Klaren sein und eine „Service Management Kultur" annehmen.

Die besten Service Operation Practices und Tools der Welt haben keinen Nutzen für das Service Management, wenn die Mitarbeiter nicht gleichzeitig auch die Service Management Ziele akzeptieren. Die Unterstützung aller Mitarbeiter ist daher sehr wichtig, und die Rolle von Schulungen, der Stärkung des Bewusstseins und sogar formaler Qualifizierungen für den Einzelnen sollten nicht unterschätzt werden.

Die Schulungen für ein erfolgreiches Service Management umfassen folgende Aspekte:

- Schulung der IT-Mitarbeiter in Bezug auf die implementierten Prozesse. Dazu gehören allgemeine Schulungen zum vollständigen Verständnis des Konzepts sowie speziell auf die Prozesse der Organisation ausgerichtete Schulungen.
- Schulung in Sozialkompetenzen, insbesondere für Mitarbeiter in Positionen mit Kundenkontakt.
- Schulungen zum Verständnis des Business und der Bedeutung der Servicekultur.
- Sofern Tools implementiert wurden Schulung zur Nutzung und Verwaltung dieser Tools.

- Kunden und Anwender benötigen ebenfalls geeignete Schulungen zur Arbeit mit der IT, wie z. B. den Zugriff auf Services, die Anforderung von Changes, Eingabe von Anforderungen und Nutzung von Tools.

9.2.6 Geeignete Tools

Viele Service Operation Prozesse und Aktivitäten können ohne geeignete Support-Tools nicht effektiv durchgeführt werden (siehe dazu Kapitel 7). Das obere Management muss sicherstellen, dass die Finanzierung solcher Tools in den laufenden Budgets enthalten ist, und ihre Beschaffung, ihr Deployment und ihre fortlaufende Wartung unterstützen.

9.2.7 Gültigkeit von Tests

Die Qualität der in der Service Operation bereitgestellten IT Services hängt von der Qualität der Systeme und Komponenten ab, die in die operative Umgebung überführt werden.

Die Qualitätsebene wird erheblich angehoben, wenn zum richtigen Zeitpunkt geeignete und lückenlose Tests der neuen Komponenten und Releases durchgeführt werden. Die Dokumentation muss ebenfalls auf Vollständigkeit und Qualität getestet werden.

Dazu ist eine vollständige und realistische Testumgebung für alle Systeme und Komponenten erforderlich, die die operative Umgebung in Bezug auf Umfang und spezifische Merkmale wiederspiegelt. Diese Tests sollten möglichst immer durch unabhängige Tester durchgeführt werden. Eine Finanzierung dieser Testumgebungen ist für qualitativ hochwertige Services unabdingbar.

Außerdem müssen ausreichend Zeit und Anstrengungen für die Planung und das Design der Tests sowie für die Tests selbst und Wiederholungstests aufgewendet werden, wenn bestimmte getestete Elemente den Test nicht erfolgreich durchlaufen. Um dies sicherzustellen, sollten die Leitlinien aus der Publikation Service Transition eingehalten werden.

9.2.8 Messung und Berichterstattung

Die Vorgehensweise bei Messungen und Berichterstattung muss (wie in Anhang B beschrieben) klar definiert werden, damit alle Mitarbeiter eindeutige Ziele verfolgen und IT- und Business-Manager in der Lage sind, schnell und einfach den Fortschritt der Messungen zu überwachen und wichtigen Bereichen die erforderliche Aufmerksamkeit zukommen zu lassen.

9.3 RISIKEN

Zu den offensichtlichen Risiken gehören die unzureichende Bewältigung der bereits in Abschnitt 9.1 beschriebenen Herausforderungen oder die Missachtung der in Abschnitt 9.2 genannten kritischen Erfolgsfaktoren. Im Folgenden werden weitere mögliche Risiken aufgeführt.

9.3.1 Service-Verlust

Das ultimative Risiko für das Business in Bezug auf Schwachstellen in der Service Operation ist der Verlust kritischer IT Services und die daraus entstehenden negativen Auswirkungen auf die damit verbundenen Mitarbeiter, Kunden und Finanzen. In Extremfällen besteht Gefahr für Leib und Leben, wenn die betroffenen IT Services für kritische Arbeitsschutz- und Sicherheitszwecke eingesetzt werden, wie z. B. die Bereitstellung von Rettungsfahrzeugen oder Gesundheits-Checks.

9.3.2 Risiken für eine erfolgreiche Service Operation

Die Risiken für eine erfolgreiche Service Operation sind zahlreich und stellen in vielen Fällen den direkten Gegensatz zu den zuvor beschriebenen kritischen Erfolgsfaktoren dar. Darüber hinaus umfassen sie jedoch auch folgende Aspekte:

- **Unzureichende Finanzierung und Ressourcen:** Die Finanzierung muss gerechtfertigt, entsprechend zugewiesen und für ihren eigentlichen Zweck bereitgestellt werden.
- **Verlust der Motivation:** Wenn die Mitarbeiter das Service Management als eine vorübergehende „Mode-Erscheinung" und nicht als eine permanente Veränderung der Arbeitsweise betrachten, sind alle Initiativen umsonst: Es muss von Beginn an klargestellt werden, dass eine neue Arbeitsweise unabdingbar ist. Darüber hinaus müssen Mechanismen eingeführt werden, mit denen sichergestellt wird, dass die Initiative einen organisatorischen Wandel übersteht.
- **Verlust von Schlüsselmitarbeitern:** Manchmal kann der Verlust von ein oder zwei Schlüsselmitarbeitern zu immensen Auswirkungen führen. Um diesen Effekt abzuschwächen, müssen Organisationen Mitarbeiter aufgabenübergreifend schulen und ihre Abhängigkeit von einzelnen Mitarbeitern senken. Das gilt insbesondere für Organisationen mit einem geringeren Reifegrad, in denen das Wissen noch nicht in Prozesse, Dokumente und Tools formalisiert wurde. Diese Organisationen sind häufig völlig von einem „heldenhaften" Einsatz einiger weniger sachkundiger Mitarbeiter abhängig und in ihren Grundfesten völlig erschüttert, wenn diese Mitarbeiter aus der Organisation ausscheiden.
- **Widerstand gegen Veränderungen:** Manchmal lehnen Mitarbeiter Neuerungen ab und übernehmen diese nur widerwillig. Ausbildung, Schulung, Kommunikation und die Betonung des Nutzens wirken hier unterstützend.
- **Mangelnde Unterstützung durch das Management:** Das ist häufig bei Managern der mittleren Managementebene der Fall, die sich der angestrebten Vision vielleicht nicht bewusst sind oder für sich den Nutzen nicht nachvollziehen können, den ein Mitarbeiter der niedrigeren Organisationsebenen beim tagtäglichen Kontakt mit dem Service erreicht. Weitere Informationen dazu finden Sie in Abschnitt 9.2.1. Manager müssen jedoch das Service Management unterstützen und an den entsprechenden Phasen und Prozessen des Service Design, der Service Transition und der Service Operation beteiligt sein, um diese sichtbar zu unterstützen.
- Wenn das ursprüngliche **Design fehlerhaft** ist, kann eine erfolgreiche Implementierung nie die erforderlichen Ergebnisse liefern, was letztendlich zu einer Überarbeitung des Designs führt.
- In einigen Organisationen schlägt dem Service Management sowohl seitens der IT als auch des Business **Misstrauen** entgegen. IT-Mitarbeiter sehen im Service Management einen Versuch des Einsatzes von Kontrollmechanismen, während das Business es als einen Versuch der IT wahrnimmt, zusätzliche Finanzmittel zu erhalten, ohne tatsächliche Verbesserungen bereitzustellen. Der Nutzen des Service Management sollte für alle Stakeholder klar formuliert werden.
- **Abweichende Kundenerwartungen:** Während operative Mitarbeiter dazu angehalten werden, ihre Arbeit standardisiert auszuführen, weichen die Erwartungen von Kunden und Anwendern häufig vom Standard ab. In anderen Fällen kann es sein, dass ein bestimmter Kunde für einen erstklassigen Service einen höheren Preis zu zahlen bereit war, wenn jedoch ein Anwender aus einem anderen Bereich von diesem Service erfährt, fühlt er sich um den verbesserten Service betrogen. Dieses Problem muss durch ein eindeutiges SLM und eine umfassende Kommunikation während der Service Design Phase

behoben werden. Beschwerden dieser Art müssen während der Continual Service Improvement Prozesse behandelt werden und sollten nicht einfach dazu führen, dass die Service Operation den Service auf Anfrage automatisch erweitert.

Nachwort

Nachwort

Der Service Operation liegt ein einfacher Leitsatz zugrunde: Business und Technologie entwickeln sich ständig weiter. Was im letzten Jahr als innovativ galt, ist in diesem Jahr allgemeine Praxis. Was heute Best Practice ist, ist morgen gang und gäbe. Um erstklassige Leistungen in der Service Operation zu erlangen, sind Flexibilität, Ausgewogenheit und ein gutes Urteilsvermögen beim Einsatz der ITIL Practices erforderlich. Die Leitlinien in dieser Publikation sind der Schlüssel zur Erlangung von Wissen, Erkenntnissen, Erfahrung, Zukunftsvisionen und der Fähigkeit, ein Gleichgewicht zwischen aktuellen Business-Bedürfnissen und dem zukünftigen Bedarf herzustellen.

Das Ziel einer erstklassigen Servicequalität wird durch übliche Practice, Good und Best Practice, sowie die Planung zukünftiger Practice erreicht. ITIL stellt diese als Basis auf dem Weg zu diesem Ziel bereit.

Service Provider haben es sich zur Aufgabe gemacht, eine Welt stetiger Veränderungen durch Stabilität zu festigen. Wer sich von der Masse abhebt und dauerhaft der Beste auf seinem Gebiet ist, hat dieses Prinzip verstanden und weiß, dass dieses Ziel durch Anpassung, Lernen, Innovation und Führung erreicht wird.

Die Publikation Service Operation ist ein integraler Bestandteil einer allgemeinen ITSM Lifecycle Practice. Als Ganzes genutzt, stellt die ITIL Practice für Service Management für jeden Service Provider ein leistungsstarkes Werkzeug dar.

Anhang A: Ergänzende Leitlinien

Anhang A: Ergänzende Leitlinien

Bei der Einführung von ITIL in den 80er Jahren waren außer proprietären Leitlinien kaum Informationen zur Best Practice für das ITSM verfügbar.

Heutzutage gibt es weitere Frameworks und Methodiken, die wichtige Beiträge für diesen Bereich liefern, ITIL ergänzen und erweitern sowie die Service Operation unterstützen.

A1 COBIT

Das von der Information Systems Audit and Control Association (ISACA) erstellte und vom IT Governance Institute herausgegebene Framework COBIT (Control Objectives for Information and related Technology) stellt äußerst nützliche Leitlinien für Mitarbeiter in den Bereichen IT-Audit und Sicherheit bereit.

Die aktuelle Version von COBIT, Release 4, enthält 34 „High Level Control Objectives" (Übergeordnete Kontrollziele), von denen 13 Ziele „Delivery and Support Domain" (Bereich Bereitstellung und Support) zugeordnet wurden, was in etwa mit der Service Operation Phase von ITIL verglichen werden kann. Diese sind:

- DS1 Define and manage service levels (Definiere und manage Service Levels)
- DS2 Manage third-party services (Manage Leistungen von Dritten)
- DS3 Manage performance and capacity (Manage Performance und Kapazität)
- DS4 Ensure continuous service (Stelle den kontinuierlichen Betrieb sicher)
- DS5 Ensure systems security (Stelle Security von Systemen sicher)
- DS6 Identify and allocate costs (Identifiziere und verrechne Kosten)
- DS7 Educate and train users (Schule und trainiere User)
- DS8 Manage service desk and incidents (Manage den Service Desk und Incidents)
- DS9 Manage the configuration (Manage die Konfiguration)
- DS10 Manage problems (Manage Probleme)
- DS11 Manage data (Manage Daten)
- DS12 Manage the physical environment (Manage die physische Umgebung)
- DS13 Manage operations (Manage den Betrieb)

Manche Aspekte der Service Operation werden auch in einigen Kontrollzielen anderer COBIT-Bereiche abgedeckt. Der weitaus größte Teil der Prüfungen von COBIT für die Phase des „IT-Live-Betriebs" ist jedoch in den oben genannten Kontrollzielen enthalten.

COBIT richtet sich in erster Linie an Revisoren/Buchprüfer und behandelt damit schwerpunktmäßig, was einem Audit unterzogen und wie Audits vorgenommen werden sollten, statt detaillierte Leitlinien für die Betreiber der zu überprüfenden Prozesse anzubieten. Es umfasst jedoch auch eine Fülle wertvoller Informationen, die für Organisationen von Nutzen sein können.

COBIT und ITIL stehen in keinem direkten Konkurrenzverhältnis zueinander und schließen sich nicht gegenseitig aus. Im Gegenteil, sie können sogar kombiniert als allgemeines Management und Governance Framework eingesetzt werden. ITIL liefert einer Organisation Leitlinien zur Best Practice, wie Prozesse gesteuert und verbessert werden sollen, um qualitativ hochwertige und kosteneffektive IT Services zu liefern. COBIT bietet Leitlinien für die Vorgehensweise bei Audits und Bewertungen dieser Prozesse, um festzustellen, ob sie wie beabsichtigt funktionieren und der Organisation optimalen Nutzen liefern.

Um einen vollständigeren Überblick zu dieser Thematik zu erhalten, können Organisationen parallel zum Studium der Publikationen zu ITIL auch auf Informationen zu COBIT zurückgreifen. Weitere Informationen über diesen Standard befinden sich auf der Website der ISACA unter: www.isaca.org

A2 ISO/IEC 20000

Im Dezember 2005 veröffentlichte die International Standards Organization einen formalen, internationalen Standard, ISO/IEC 20000, mit dem Organisationen eine unabhängige Zertifizierung für ITSM anstreben können. Dem ging der British Standard BS15000 voraus, der im Jahre 2000 eingeführt wurde und für den einige Organisationen eine Zertifizierung erlangt haben, der jedoch durch den ISO/IEC 20000 ersetzt wurde (die Zertifizierungen wurden übernommen).

Während die ISO/IEC 20000 ursprünglich auf die vorherigen ITIL Publikationen Service Support und Service Delivery ausgerichtet war, passt der Standard weiterhin gut zum heutigen Stand von ITIL und deckt auch die Bereiche IT Security, Business Relationship Management und Supplier Management ab.

Für Organisationen, die eine formale Zertifizierung nach ISO/IEC 20000 als externe, internationale Anerkennung für den Erfolg ihrer ITSM-Prozesse erlangen möchten, ist eine intensive Mitwirkung aller Mitarbeiter im Bereich Service Operation notwendig, sowohl bei den vorbereitenden Schritten als auch beim tatsächlichen Durchlaufen der formalen Kontrolle, die zur Einhaltung des Standards erforderlich ist.

Weitere Informationen zum Standard befinden sich auf der Website von itSMF unter www.itsmf.com und der Website von ISO unter www.iso.org.

A3 CMMI

Die Capability Maturity Model Integration (CMMI®) ist ein Ansatz zur Prozessverbesserung, der vom Software Engineering Institute (SEI) der Carnegie Mellon University in den USA entwickelt wurde. CMMI stellt für Organisationen die wesentlichen Elemente für effektive Prozesse bereit. CMMI kann als Richtschnur für die Prozessverbesserung innerhalb eines Projekts, einer Abteilung oder einer gesamten Organisation herangezogen werden. CMMI unterstützt die Integration von traditionell getrennten Organisationsfunktionen, legt Ziele und Prioritäten für eine Prozessverbesserung fest, bietet Leitlinien für das Qualitätsmanagement an und stellt einen Richtwert für die Beurteilung der aktuellen Prozesse bereit. Weitere Informationen dazu befinden sich unter: www.sei.cmu.edu/cmmi/.

Eine Reihe von IT-Beratungsorganisationen haben das Reifegradmodell in ihre Dienstleistungen zur Beurteilung von ITSM integriert, um so Organisationen dabei zu unterstützen, Prozessverbesserungen (auch im Bereich der Service Operation) vorzubereiten und zu bewerten. Organisationen können diese Modelle auch nutzen, um sich auf eine unabhängige Zertifizierung gemäß ISO/IEC 20000 vorzubereiten.

A4 BALANCED SCORECARD

In den frühen 1990er Jahren entwickelten Dr. Robert Kaplan (Harvard Business School) und Dr. David Norton einen neuen Ansatz für das strategische Management. Sie bezeichneten dieses System als „Balanced Scorecard". Der Balanced Scorecard Ansatz behandelt einige der Schwachstellen und Ungenauigkeiten bisheriger Managementansätze und bietet klare Anweisungen, welche Informationen Unternehmen messen sollen, um ein Gegengewicht zur finanziellen Perspektive zu schaffen. Die Balanced Scorecard empfiehlt eine Betrachtung der Organisation aus vier Perspektiven. Sie eignet sich für die Entwicklung von Metriken, für das sinnvolle Sammeln von Daten und die Analyse von Daten in Bezug auf die folgenden Perspektiven:

- das Lernen und die Wachstumsperspektive
- die Geschäftsprozessperspektive
- die Kundenperspektive
- die finanzielle Perspektive

Einige Organisationen setzen die Balanced Scorecard Methode als Verfahren zum Bewerten und Berichten über die Leistung ihrer IT-Qualität im Allgemeinen und der Leistung ihrer Service Operation im Besonderen ein.

Weitere Informationen befinden sich auf der Website der Balanced Scorecard User Community unter: www.scorecardsupport.com.

A5 QUALITÄTSMANAGEMENT

Die Verknüpfung der ITSM-Prozesse und insbesondere der Service Operation Prozesse einer Organisation mit dem bestehenden Qualitätsmanagementsystem bietet eindeutige Vorteile. Wenn eine Organisation über ein formales Qualitätsmanagementsystem wie z. B. ISO 9000, Six Sigma oder TQM (Total Quality Management) verfügt, kann es für die regelmäßige Bewertung des Fortschritts und für die Förderung vereinbarter Initiativen zur Serviceverbesserung durch regelmäßige Reviews und Berichte eingesetzt werden.

Viele Organisationen nutzen ein jährliches Audit oder eine externe Bewertung, um zu bestimmen, wo Verbesserungen notwendig sind, und wenden anschließend das Qualitätsmanagementsystem auf die spezifischen Arbeitsprogramme an.

A6 ITIL UND DAS OSI-FRAMEWORK

Etwa zeitgleich mit der Erstellung von ITIL Version 1 startete die International Standards Organization (ISO) eine Initiative, aus der das Open Systems Interconnection (OSI) Framework hervorging. Da diese Initiative und das ITIL-Team viele gleiche Bereiche bearbeiteten, ist es nicht verwunderlich, dass beide Frameworks viele gemeinsame Themen behandeln.

Es überrascht jedoch auch nicht, dass beide Frameworks ihre Prozesse unterschiedlich klassifizierten, unterschiedliche Begriffe verwendeten oder dieselben

Begriffe unterschiedlich belegten. Das Ganze wird noch komplizierter dadurch, dass häufig verschiedene Gruppen einer Organisation sowohl die Terminologie von ITIL als auch die des OSI-Frameworks verwenden.

Die Betrachtung des OSI-Frameworks gehört zwar nicht zum Umfang dieser Publikation. Es soll jedoch erwähnt werden, dass es einen wichtigen Beitrag zur Definition und Ausführung von ITSM-Programmen und ITSM-Projekten weltweit geleistet hat. Es hat außerdem zu vielen Debatten zwischen Teams geführt, die sich des Ursprungs ihrer jeweils verwendeten Begriffe nicht bewusst waren.

So haben beispielsweise einige Organisationen zwei Change Management Abteilungen; eine arbeitet nach dem ITIL Change Management Prozess und die andere setzt das OSI-Modell IMAC (Installation, Moves (Migration), Additions (Zusätze) und Changes (Änderungen)) ein. Jede Abteilung ist davon überzeugt, dass sie sich komplett von der anderen unterscheidet und ganz andere Rollen ausführt. Bei einer genaueren Betrachtung sind jedoch mehrere Gemeinsamkeiten zu erkennen.

Im Bereich der Service Operation kann das Management von Known Errors dem Fehlermanagement zugeordnet werden. Der Bereich für das operative Capacity Management kann darüber hinaus mit dem OSI-Konzept des Performance Management verknüpft werden.

Anhang B: Kommunikation in der Service Operation

Anhang B: Kommunikation in der Service Operation

B1 ROUTINEMÄSSIGE KOMMUNIKATION IM BETRIEB

Ein Großteil der Kommunikation im Bereich Service Operation soll sicherstellen, dass alle Teams und Abteilungen die Standardaktivitäten im Zusammenhang mit der Bereitstellung von IT Services und dem Management der IT-Infrastruktur durchführen können.

Während des Service Design ist die Definition des Inhalts, Typs und Formats der Kommunikation, die für den Betrieb der IT Services erforderlich ist, sorgfältig zu betrachten.

Tabelle B.1 – Anforderungen an die Kommunikation für IT Services

Zweck	■ Koordinieren der regelmäßigen Aktivitäten für die Service Operation auf allen Ebenen
	■ Sicherstellen, dass alle Mitarbeiter zu jeder Zeit über alle geplanten Aktivitäten und Änderungen oder Initiativen informiert sind, die Auswirkungen auf den ordnungsgemäßen Betrieb der IT-Umgebung haben können
Häufigkeit	Dieser Kommunikationstyp findet regelmäßig täglich, wöchentlich oder monatlich statt.
Beteiligte Rollen	■ alle Manager und Mitarbeiter, die bei der Service Operation mitwirken
	■ alle Prozess-Manager von Prozessen, die von Service Operation Mitarbeitern durchgeführt werden, insbesondere im Change, Incident und Problem Management
	■ Kunden und Anwender
	■ Mitarbeiter der Anbieter, die an der Service Operation beteiligt sind
Inhalt	■ Zusammenfassen der Ereignisse seit dem letzten Informationsaustausch, um sicherzustellen, dass jeder über erforderliche Folgeaktivitäten informiert ist. Hierdurch wird auch gewährleistet, dass alle Batch-Abläufe ordentlich abgearbeitet wurden und dass alle Teams oder Abteilungen bereit sind für die normalen Betriebsaktivitäten.
	■ Ein Bericht über den Zustand der wichtigsten Systeme.
	■ Informieren der Mitarbeiter in der Betriebssteuerung über Neuigkeiten oder Ereignisse, die den Betrieb im nachfolgenden Zeitraum beeinflussen können.
	■ Besprechen offener Probleme und Incidents, sowie sicherstellen, dass jeweils ein Aktionsplan in Kraft ist.
	■ Besprechen der für diesen Tag anstehenden Changes. Für jeden Change werden mögliche Incidents sowie die jeweils einzuleitenden Maßnahmen dargestellt. Diese Besprechung sollte nicht mit der Sitzung des CAB verwechselt werden. Hierdurch kann geprüft werden, ob Changes, die vom CAB oder über einen Model-Change eingeplant wurden, noch planmäßig verlaufen.
	■ Alle Ausfälle aufgrund geplanter Wartungen oder anderer Ursachen, die für den kommenden Betriebszeitraum vorgesehen sind.
	■ Bekanntgabe der Ergebnisse aller Sitzungen zur Störungsanalyse oder Krisensitzungen, die seit dem vorigen Informationsaustausch abgehalten wurden.
	■ Bekanntgabe oder Erinnerung an Schulungen, die in der kommenden Woche oder dem kommenden Monat anstehen, um Mitarbeitern und deren Vorgesetzten ausreichend Zeit zu geben, die Schulungen in den Betriebsplan einzubeziehen.
Kontext/ Quellen	■ Log-Dateien
	■ Incident Reports
	■ Problem Reports
	■ Wartungspläne
	■ Change Schedule

B2 KOMMUNIKATION BEIM SCHICHTWECHSEL

Einige Organisationen führen ihre Arbeiten im Schichtdienst aus. Für diese Organisationen sind in Tabelle B.2 die Kommunikationsanforderungen für den Schichtwechsel zusammengefasst.

B3 PERFORMANCE REPORTING

Das Performance Reporting im Kontext der Kommunikation betrifft drei Hauptbereiche, die im Folgenden erläutert werden.

IT Service Performance

Diese Kategorie des Performance Reporting wird im Allgemeinen als Teil des SLM (Service Level Management) durchgeführt und wird in der Publikation Continual Service Improvement erläutert. Ein äußerst wichtiger Aspekt des Service Reporting betrifft jedoch die Service Operation: Die Service Operation Teams oder Abteilungen sind für die Aufzeichnung und Kommunikation der Informationen zuständig, die in diese Berichte einfließen.

Es liegt jedoch nicht in der Kompetenz der Mitarbeiter des Bereichs Service Operation, über Inhalt, Format und Häufigkeit des Service Performance Reporting zu entscheiden. Die Anforderungen für diese Art der Kommunikation müssen während des Service Design klar definiert und während des Continual Service Improvement im Detail ausgearbeitet werden.

Performance von Service Operation Teams oder Abteilungen

Hierbei handelt es sich um „interne" Kommunikation, welche zwischen den Mitarbeitern eines Teams oder einer Abteilung und ihrem Manager oder einem Prozess-Manager und dem Team stattfindet, das den Prozess ausführt. Mitarbeiter außerhalb dieser Teams oder Abteilungen sollten nicht in diese Art der Kommunikation einbezogen werden, da hier die Mitarbeiterführung im Mittelpunkt steht und nicht die Messung der Servicequalität.

IT-Abteilungen machen jedoch häufig den Fehler, diesen Informationstyp zum Kunden zu kommunizieren, als ob es sich dabei um einen Bericht über die Servicequalität handele. So könnte beispielsweise ein Manager berichten, dass seine Abteilung 80 % aller Probleme löst. Für den Durchschnittsanwender ist diese Information jedoch nicht von Bedeutung. Ihn interessiert vielmehr, ob der IT Service wie vereinbart bereitgestellt wurde. Zusätzlich kann die Weitergabe interner Informationen an Kunden und Anwender die Service Operation Teams und Abteilungen in eine peinliche Lage bringen und zu beträchtlichen

Tabelle B.2 – Anforderungen an die Kommunikation beim Schichtwechsel

Zweck	Diese Kommunikation stellt eine reibungslose Übergabe zwischen den Mitarbeiter von gehendem und kommendem Schichtpersonal sicher und macht die neue Schicht auf mögliche Schwierigkeiten aufmerksam. Sie soll auch sichern, dass die neue Schicht alle Aufgaben kennt, die noch fertig gestellt werden müssen.
Häufigkeit	Bei jeder Übergabe zwischen Schichten
Beteiligte Rollen	▪ Schichtleiter beider Schichten ▪ Mitarbeiter beider Schichten, die ähnliche Aufgaben durchführen
Inhalt	▪ Zusammenfassender Bericht über Betriebsabläufe, die in der abgelaufenen Schicht durchgeführt wurden ▪ Zusammenfassung aller Ausnahmesituationen und Alarme, die während der Schicht gelöst wurden ▪ Details zu bestehenden Ausnahmesituationen und Alarmen, einschließlich Informationen über alle bis zum Schichtwechsel durchgeführten Maßnahmen. Ebenso Informationen zu erwarteten zukünftigen Aktivitäten (z. B. wird ein Lieferant vor Ort erwartet, um innerhalb der nächsten vier Stunden Support zu leisten)
Kontext/Quellen	Die Kommunikation zwischen den Schichten basiert normalerweise auf den folgenden Quellen: ▪ Schichtprotokolle ▪ Berichte des Schichtleiters ▪ Mündliche oder elektronische Gespräche (Chat), wenn Mitarbeiter der Schicht in unterschiedlichen Einrichtungen eingesetzt sind

Tabelle B.3 – Anforderungen an das Performance Reporting: IT Service

Zweck	Bereitstellung von Informationen für die Gruppen, die für das IT Service Reporting an Kunden und Anwender zuständig sind. Diese können sie zum Nachweis der erreichten Serviceziele und als Input für Service Level Reviews einsetzen. Die Informationen können außerdem als Basis für die Leistungsverrechnung der IT Services verwendet werden.
Häufigkeit	Gemäß der SLAs und OLAs. Die Kommunikation der Informationen erfolgt normalerweise täglich, monatlich oder quartalsweise.
Beteiligte Rollen	■ Service Operation Teams und Abteilungen, üblicherweise Mitarbeiter im IT-Betrieb ■ SLM-Mitarbeiter ■ Service Design Teams (die bei der Definition von Performance-Standards unterstützen und diese während der Continual Service Improvement Phase detaillierter ausarbeiten) ■ Continual Service Improvement Teams, insbesondere solche, die für das Service Reporting zuständig sind
Inhalt	Hier einige Beispiele für Service Performance Informationen, die kommuniziert werden müssen, um die Berichterstattung der Service Performance zu ermöglichen: ■ Durchführung bestimmter Aktivitäten entsprechend der Definition in den OLAs ■ Erreichte Ziele bei der Lieferung festgelegter Ausgaben ■ Erreichte Service- oder Systemverfügbarkeit ■ In wieweit wurden Wartungsvorgaben für den Service (Service Maintenance Objectives, SMOs) innerhalb der zulässigen Zeit und unter Einhaltung der zulässigen Auswirkungen erfüllt
Kontext/Quellen	■ Tools für Monitoring und Berichterstattung ■ Ereignisprotokolle ■ Schichtprotokolle

Einmischungen durch das Business führen, in der Absicht, die bemerken Probleme zu „korrigieren".

Infrastruktur- oder Prozess-Performance

Wie bei der Team- oder Abteilungs-Performance handelt es sich hierbei um eine „interne" Kommunikation, die zwischen den Mitgliedern eines Teams oder einer Abteilung stattfindet, welche für das Verwalten einer Infrastrukturkomponente oder eines Systems verantwortlich sind. Ebenso gilt es für Mitglieder eines Prozessteams. Mitarbeiter außerhalb dieses Teams sollten nicht in diese Art Kommunikation einbezogen werden, da hier die Mitarbeiterführung im Mittelpunkt steht, und nicht die Messung der Servicequalität.

B4 KOMMUNIKATION IN PROJEKTEN

Service Operation Mitarbeiter sind häufig an Projekten beteiligt. Gründe dafür sind z. B. die Bereitstellung von Informationen (Input) für ein neues Design, die Bestätigung von Nutzungs- oder Durchsatzraten oder die Unterstützung bei der Durchführung von Tests für neue oder geänderte Services. In anderen Fällen beeinflussen die Projekte möglicherweise vorhandene OLAs, so dass ein Feedback aus den Projekten erforderlich ist. Durch die Projektbeteiligung wird sich das Volumen an eingehender und ausgehender Kommunikation für die jeweiligen Einzelpersonen erhöhen, so dass mehr Zeit und Aufwand von den Managern einzuberechnen ist, wenn Ressourcen nur zum Teil zu Projekten zugeteilt werden.

Die formale Projektkommunikation wird vielfach der Häufigkeit der Projektmeetings angepasst. Zum Beispiel:

■ Wöchentliche oder monatliche Projektmeetings mit dem Projektmanager und den jeweiligen Teamleitern
■ Monatlich wird ein aktualisierter Statusbericht an die maßgeblichen Sponsoren des Projekts und ggf. an weitere wichtige Stakeholder gesendet
■ Ausnahmesituationen und das Ergebnis von Qualitätssicherungsprüfungen werden den projektspezifischen Qualitätssicherungsteams mitgeteilt, die wiederum nötige Korrekturmaßnahmen zurückmelden

Tabelle B.4 – Anforderungen an das Performance Reporting: Service Operation Team oder Abteilung

Zweck	Es existieren drei Hauptziele für die Abteilung und das Team der Service Operation:
	■ Proaktives Sicherstellen, dass Mitarbeiter in der Service Operation die für die Bereitstellung der IT Services und den Support der IT-Infrastruktur notwendigen Aktivitäten durchführen
	■ Mögliche Schwierigkeiten mit Ressourcen, Fähigkeiten und der Umgehung definierter Abläufe erkennen
	■ Sicherstellen, dass die Korrekturmaßnahmen korrekt implementiert und eingehalten werden
Häufigkeit	Für diese Art der Kommunikation gibt es keine definierte Häufigkeit. Einige Performance-Berichte werden zwar täglich, wöchentlich oder monatlich erstellt werden; die meisten Manager pflegen jedoch situationsbedingt einen permanenten Informationsaustausch mit ihren Teams oder Abteilungen.
	In einer normalen Betriebssituation findet dieser Kommunikationstyp seltener statt als in Situationen, in denen sich vieles ändert oder die Organisation viele und schwerwiegende Incidents erwartet.
Beteiligte Rollen	■ Service Operation Manager
	■ Mitarbeiter der Service Operation
	■ Performance-Probleme können an den Service Manager oder CIO eskaliert werden
Inhalt	■ Vergleich zwischen erforderlicher und tatsächlicher Performance
	■ Performance-Trends über einen bestimmten Zeitraum
	■ Spezielle Berichte über das Fehlverhalten oder die nicht erfolgte Durchführung einer erforderlichen Maßnahme
Kontext/Quellen	■ Regelmäßige Performance-Berichte, wie z. B. Incident-Protokolle, Wartungsaufzeichnungen, Prozessmessgrößen
	■ Persönliche Gespräche zwischen Mitarbeitern in der Arbeitssituation
	■ Team- oder Abteilungsmeetings
	■ Coaching durch einen Teamleiter oder Manager
	■ Untersuchungen in Folge eines negativen Serviceberichts lösen möglicherweise eine Reihe von Einzelkommunikationen im Bereich Service Operation aus
	■ Individuelle Performance-Beurteilungen, in der Regel unter Verwendung der in der Tätigkeitsbeschreibung des Mitarbeiters dokumentierten Key Performance Indicators (KPIs)

Innerhalb eines jeden Teams konzentriert sich die Kommunikation auf die Durchführung der Aufgaben und findet meist häufiger als die projektweite Kommunikation statt.

Höchstwahrscheinlich findet innerhalb eines jeden Teams und zwischen verschiedenen Teams viel Kommunikation in weniger formalem Stil statt. So wird erreicht, dass Aufgaben termingemäß fertig gestellt werden und dass zugesicherte Ressourcen auch wirklich zum vereinbarten Zeitpunkt und am vereinbarten Ort zur Verfügung stehen. Außerdem ist eine umfassende Kommunikation auch bei der Übergabe von einem Team zum anderen erforderlich, wenn das Projekt von einer Phase zur nächsten übergeht. Eine Faustregel ist hierfür, sämtliche Kommunikation zu dokumentieren, die möglicherweise Einfluss auf das Ergebnis oder die Kosten des Projekts hat.

B5 KOMMUNIKATION IM HINBLICK AUF CHANGES

Das Change Management wird detailliert in der ITIL Publikation Service Transition behandelt und umfasst Informationen zur Kommunikation bezüglich Changes. Die Art der operativen Kommunikation zu Changes soll hier jedoch gesondert hervorgehoben werden.

Tabelle B.5 – Anforderungen an das Performance Reporting: Infrastruktur oder Prozess

Zweck	Dieser Kommunikationstyp verfolgt mindestens drei Ziele:
	■ Sicherstellen des normalen Betriebs der Infrastruktur oder eines Prozesses
	■ Erkennen möglicher Schwierigkeiten mit der betroffenen Infrastruktur oder mit dem Prozess
	■ Sicherstellen, dass Korrekturmaßnahmen ergriffen wurden und gewirkt haben
Häufigkeit	Die Häufigkeit dieses Kommunikationstyps ist abhängig von der Art, wie das System verwaltet oder der Prozess durchgeführt wird.
	Einige Komponenten der Infrastruktur sind stärkeren Veränderungen unterworfen und erfordern eine häufigere Kommunikation sowie auch Meetings, um sicherzustellen, dass ihre Performance wie geplant verläuft. Bei stabileren Komponenten ist nur eine Bestätigung erforderlich, dass alles weiterhin wie erwartet funktioniert.
	Einige Prozesse erfordern eine häufige Berichterstattung und Kommunikation. So benötigt z. B. das Incident Management bei einem Incident mit hoher Auswirkung möglicherweise alle fünf Minuten eine Aktualisierung der Informationen. Andere Prozesse müssen nicht so häufig Informationen austauschen. So muss z. B. die Capacity-Planung Changes nur monatlich oder sogar nur quartalsweise kommunizieren.
Beteiligte Rollen	■ Mitarbeiter, die wesentliche CIs verwalten
	■ Mitarbeiter, die Prozesse ausführen
	■ Prozessverantwortliche (Process Owner) und Technologiemanager
	■ Mögliche Eskalation an Manager einer höheren Ebene oder an den Service Manager
Inhalt	■ Vergleich zwischen erforderlicher und tatsächlicher Performance
	■ Performance-Trends über einen definierten Zeitraum
	■ Spezielle Berichte zu nicht erreichten Zielen oder einer unerwarteten Performance
Kontext/Quellen	■ Ereignis-Protokolle
	■ Berichte zur System-Performance
	■ Berichte zur Prozess-Performance
	■ Incident und Problem Records
	■ Berichte zu Ausnahmesituationen und Audits
	■ Review mit Lieferanten
	■ Das Service Reporting sollte auf Probleme hinweisen, bei denen ein oder mehrere Technologiebereiche oder Prozesse betroffen sind

B6 KOMMUNIKATION ÜBER AUSNAHMESITUATIONEN

In diesem Kontext bezieht sich eine Ausnahmesituation auf jedes Ereignis, das sich außerhalb der normalen oder erwarteten Aktivität oder Performance bewegt. Die häufigste Form der Ausnahmesituation ist ein Incident (der detailliert in Abschnitt 4.2 dieser Publikation behandelt wird). Es gibt andere Ausnahmesituationen, die nicht zwingend das Incident Management durchlaufen müssen, wie z. B. eine Prozessausnahmesituation (diese wird im Kontext dieses Prozesses oder durch den Qualitätssicherungsprozess behandelt), ein Team, eine Abteilung oder ein Mitarbeiter, dessen Leistung nicht dem Standard entspricht (dies wird durch Disziplinarverfahren der Personalabteilung behandelt) oder eine Ausnahmesituation im Bereich der vertraglichen Leistungen eines Lieferanten. Auch wenn nicht alle diese Ausnahmesituationen direkt mit dem Service Management in Beziehung stehen, tragen sie zum Kommunikationsvolumen der Mitarbeiter während der Service Operation Phase bei.

Tabelle B.6 – Kommunikation innerhalb von Projekten

Zweck	Die Projektkommunikation verfolgt mehrere Ziele, wie z. B.: ■ Einholen der Unterstützung von Projekt-Stakeholder: Diese Kommunikation konzentriert sich auf den Umfang, die Kosten und den Nutzen des Projekts und soll einen allgemeinen Return on Investment für das Projekt aufzeigen. ■ Sicherstellen, dass alle Mitglieder des Projektteams die Ziele des Projekts verstehen und sich daran ausrichten. ■ Zuweisen von Arbeit an einzelne Mitarbeiter oder Teams. ■ Planen der Aktivitäten und Sicherstellen, dass die Ressourcen auf den Beginn ihrer Projektphase vorbereitet sind. ■ Prüfen und Berichten des Projektfortschritts. ■ Erkennen und Eskalieren möglicher Ausnahmesituationen oder Verzögerungen im Projektablauf. ■ Vorbereiten der Kunden und Empfänger des Projekts auf das Rollout der erstellten Lösung.
Häufigkeit	Die Häufigkeit, beteiligten Rollen und Inhalte der Kommunikation hängen von der Art des Projekts und der eingesetzten Projektmanagement-Methode ab.

Tabelle B.7 – Kommunikation bei der Übergabe von Projekten

Beteiligte Rollen	■ Projektmanager und Mitarbeiter, die mit der Verwaltung und Koordination des Projekts befasst sind ■ Projektsponsor ■ Wichtige Stakeholder des Projekts (z. B. Kunden, IT-Manager, Mitglieder des Lenkungsausschusses (Board) und Anwender) ■ Projektteams und einzelne Mitwirkende ■ Vertriebs- und technische Mitarbeiter des Lieferanten, wenn der Erwerb von Services oder Lösungen Teil des Projekts ist
Inhalt	■ Sammeln von Anforderungen für die Lösung, die durch das Projekt erstellt wird ■ Zeitplanung des Projekts ■ „Marketing"-Informationen über das Projekt einschließlich Return on Investment oder Informationen zum Business Case ■ Statusaktualisierungen ■ Sammeln von Informationen zur Durchführung einer Aufgabe ■ Ereignisse, die den Umfang, die Kosten oder die termingemäße Fertigstellung des Projekts beeinflussen könnten ■ Fortschrittsberichte innerhalb der Teams oder zwischen Teams ■ Informationen über die Testergebnisse ■ Meldung an Teams oder einzelne Personen, dass das Projekt „ihre" Phase oder Aktivität erreicht hat und sie geeignete Vorbereitungen treffen müssen ■ Berichterstattung über die erfolgreiche Durchführung von Aktivitäten ■ Review des Projekterfolgs

Kontext/Quellen	■ Projektvertrag
	■ Projektbudget
	■ Anforderungserklärung (Statement of Requirements)
	■ Projektzeitplan
	■ Projektmeetings
	■ Teammeetings
	■ Status- und Fortschrittsberichte
	■ Testberichte
	■ Dokumentation der Abnahme durch den Kunden
	■ Review nach der Implementierung (Post Implementation Review)

B7 KOMMUNIKATION IM NOTFALL

ITIL legt zwar fest, wie mit dringenden Situationen mit erheblichen Auswirkungen wie Katastrophen (IT Service Continuity Management) und Major Incidents (schwerwiegende Incidents; Incident Management) umgegangen werden muss. Manager sehen sich in der Service Operation Phase aber dennoch mit verschiedenen Typen und Größenordnungen von Notfällen konfrontiert, die nicht von diesen Prozessen abgedeckt werden. Wichtig ist, zu erkennen, dass es sich hierbei nicht um einen separaten Prozess handelt, sondern um die Betrachtung verschiedener Prozesse und Situationen aus der Perspektive der Kommunikation.

Die Kommunikation bei Notfällen ist ähnlich der Kommunikation in Ausnahmesituation. Die Hauptunterschiede liegen in der Dringlichkeit und der Auswirkung.

Die Notfallkommunikation wird in der Regel vom Incident Manager (siehe Absatz 4.2.5 für eine Abhandlung über Major Incidents) oder von einem leitenden IT-Manager initiiert, dem die Aufgabe des Eskalationspunktes für solche Notfälle zugewiesen wurde.

Wenn ein IT Service Continuity Plan ausgelöst wurde, schließt dies einen detaillierten Kommunikationsplan ein, der von der entsprechend befugten Managementebene ausgeführt wird.

Der Incident Manager oder ernannte Manager stellt häufig ein Untersuchungsteam zusammen, das dann die Kommunikation anstößt und koordiniert.

B8 KOMMUNIKATION MIT ANWENDERN UND KUNDEN

Dieser Abschnitt wird nicht deshalb an letzter Stelle genannt, weil er die geringste Bedeutung hat, sondern weil er viele der oben genannten Bereiche umfasst. Ein wichtiger Grundsatz bei der Kommunikation mit dem Kunden ist, dass sich die Kommunikation nicht auf interne Aspekte der Service Operation konzentrieren sollte. Hier müssen die Anforderungen des Kunden oder Anwenders sowie die Maßnahmen der IT zu deren Erfüllung im Vordergrund stehen. Es sollten hier keine technischen Beschreibungen und detaillierte Informationen über interne Prozesse kommuniziert werden.

Tabelle B.8 – Kommunikation bei Changes

Zweck	Unterstützen des Change Management Prozesses durch folgende Maßnahmen: ■ Bewerten der potenziellen Auswirkung auf den Change und erforderliche Ressourcen ■ Sicherstellen, dass jedes Team die Art und den Zeitplan für die Change kennt, die ihm zugewiesen wurden ■ Aufbau, Test und Deployment von Changes in ihrer Umgebung ■ Sicherstellen, dass jedes Team den Fortschritt eines jeden Changes berichtet ■ Benachrichtigen des Change Management darüber, dass ein Change bereit für das Deployment ist ■ Backout von Changes, die nicht erfolgreich waren, und die Kommunikation der Ergebnisse an das Change Management ■ Unterstützen bei der Bewertung der Changes, um sicherzustellen, dass sie korrekt implementiert wurden
Häufigkeit	Die Häufigkeit der Kommunikation über Changes wird durch die Art des Change und die in dem Change Schedule enthaltenen Termine bestimmt. Die meisten Teams oder Abteilungen führen einen täglichen oder wöchentlichen Review der Changes durch. Täglich werden alle neu zugewiesenen Changes besprochen und priorisiert und der Fortschritt der Changes, die derzeit bearbeitet werden, berichtet. Nach jedem Change wird der Erfolg des Change berichtet und sichergestellt, dass ggf. erforderliche Wiederherstellungsmaßnahmen initiiert werden.
Beteiligte Rollen	■ Change Manager, Administratoren und Koordinatoren ■ Teamleiter, Abteilungsleiter, Schichtleiter oder Projektmanager ■ Mitarbeiter des Service Operation, die an der Erstellung, dem Test und dem Deployment von Changes beteiligt sind (normalerweise Technical, Application und IT Operations Management Teams oder Abteilungen) ■ Manager von Testumgebungen und Testteams ■ Change oder Release Deployment Teams
Inhalt	■ Request for Change (RFC) und Autorisierung von Changes ■ Berichte über die Durchführbarkeit eines Change ■ Berichte über die für den Aufbau, Test oder das Deployment eines Change erforderlichen Ressourcen ■ Planung der Change-Aktivitäten ■ detaillierte Beschreibungen des Change und der Aktivitäten, die von den jeweiligen Teams oder Abteilungen erforderlich sind ■ Berichterstattung über Fortschritt und Status der Change-Aktivität ■ Testergebnisse ■ Berichte über Ausnahmensituationen einschließlich der Details über die Ausführung von Backout-Plänen
Kontext/Quellen	■ RFCs ■ Kommunikation zur Change-Steuerung (während täglich oder wöchentlich stattfindender operativer Meetings oder per E-Mail, Telefonkonferenz oder unter Einsatz von Change Management Tools) ■ Meetings des Change Advisory Board ■ Release-Pläne ■ Projected Service Availability Berichte (Berichte über voraussichtliche Serviceverfügbarkeit) ■ Change Reviews

Tabelle B.9 – Kommunikation bei Ausnahmesituationen

Zweck	Die Kommunikation während und nach Ausnahmesituationen verfolgt folgende Ziele: ■ Informieren der zuständigen Personen über die Ausnahmesituation ■ Bewerten der Bedeutung, des Schweregrads und der Auswirkung der Ausnahmesituation ■ Sicherstellen, dass Ressourcen mit den geeigneten Fähigkeiten und Erfahrungen an der Lösung der Ausnahmesituation beteiligt sind. Ebenso das Durchführen von Maßnahmen zur Vermeidung eines erneuten Auftretens in der Zukunft ■ Bereitstellen aktueller Informationen für Stakeholder, die von der Ausnahmesituation betroffen sind
Häufigkeit	Dieser Art der Kommunikation erfolgt reaktiv und spontan. Sie wird nur dann durchgeführt, wenn eine Ausnahmesituation oder das Risiko einer solchen erkannt wird. Die Häufigkeit ist daher direkt proportional zu der Häufigkeit der Ausnahmesituationen. Sobald eine Ausnahmesituation erkannt wurde, bestimmen die Auswirkung, Dringlichkeit und Schwere der Ausnahmesituation, wie oft und was kommuniziert wird.
Beteiligte Rollen	Die tatsächlichen Rollen hängen vom Typ und dem Ausmaß der Ausnahmesituation ab. Mögliche Rollen sind: ■ Incident Management ■ Service Desk ■ Problem Management ■ Prozessverantwortlicher (Process Owner), sofern die Ausnahmesituation die Prozess-Performance betrifft ■ Abteilungsmanager oder Teamleiter ■ SLM (Service Level Management) ■ Human Resource Management ■ Technologiemanager und Experten ■ Mitarbeiter im Account Management des Lieferanten ■ Technische Experten des Lieferanten
Inhalt	■ Beschreibung und Bewertung der Ausnahmesituation. ■ Bewertung der Auswirkungen. Dies umfasst typischerweise die Kommunikation mit den von der Ausnahmesituation betroffenen Stakeholdern. ■ Schätzung und anschließend Bestätigung der Kosten der Lösungsmöglichkeiten. ■ Entscheidung, welche Maßnahmen getroffen werden. ■ Kommunikation der getroffenen Entscheidung. Dies kann in einer Reihe von Formaten erfolgen. So enthält z. B. die Kommunikation mit Kunden häufig eine Entschuldigung und einen allgemeinen Überblick über die Maßnahmen, die zur Lösung der Ausnahmesituation durchgeführt werden. Die Kommunikation mit den Personen, die die Ausnahmesituation lösen sollen, ist detaillierter und enthält klare Anweisungen zu Maßnahmen und Terminen. ■ Bestätigung, dass die Ausnahmesituation gelöst wurde.
Kontext/ Quellen	■ Prozess-Reviews ■ Change Reviews ■ Service Level Reviews ■ Events ■ Trendanalyse des Prozesses, der Geräte, der Team-Performance usw. ■ Incident, Problem und Change Records ■ Umfragen zur Kundenzufriedenheit

Tabelle B.10 – Kommunikation bei Notfällen

Zweck	Der Zweck der Kommunikation bei einem Notfall ist das sofortige Untersuchen und Bestätigen der Auswirkungen und des Schweregrads eines Incidents zur Bestätigung, dass tatsächlich eine Notfallsituation vorliegt. So sollte auch bestätigt werden, dass dieser Incident weder eine Katastrophe noch einen sonstigen Notfall darstellt, der bereits im IT Service Continuity Plan abgedeckt wird. Sobald der Umfang des Notfalls ermittelt wurde, weist das für das Bewältigen der Situation zuständige Team Ressourcen zu, die einen Aktionsplan erstellen und mit der Lösung des Notfalls und der Wiederherstellung des Service beginnen.
Häufigkeit	Dieser Kommunikationstyp tritt nur in Verbindung mit Major Incidents und Notfallsituationen auf. Sobald eine Ausnahmesituation erkannt wurde, bestimmen die Auswirkung, Dringlichkeit und Schwere der Ausnahmesituation, sowie gegebenenfalls ein Servicewiederherstellungsplan wie oft und was kommuniziert werden muss.
Beteiligte Rollen	■ Incident Manager ■ Leitende Manager von Gruppen, in deren Zuständigkeitsbereich die Mitarbeiter zugeordnet sind, welche für die Lösung der Situation benötigt werden ■ Business-Manager und Führungskräfte (gegebenenfalls einschließlich Mitarbeiter der Rechtsabteilung, wenn der Incident für die Organisation bedeutet, dass sie rechtlich belangt werden könnte) ■ Kunden und Anwender ■ IT Service Continuity Manager und zentrales Koordinationsteam ■ leitende Mitarbeiter und Manager des Lieferanten (je nach Ausmaß und Art der Situation) ■ Mitarbeiter und Manager aus dem Technical Management ■ Mitarbeiter und Manager aus dem Application Management ■ Mitarbeiter und Manager aus dem IT Operations Management
Inhalt	■ Art und Ausmaß des Notfalls. ■ Bewertung der Auswirkungen. Dies umfasst typischerweise die Kommunikation mit den von der Ausnahmesituation betroffenen Stakeholdern. ■ Schätzung und anschließend Bestätigung der Kosten der Lösungsmöglichkeiten. ■ Entscheidung, welche Maßnahmen getroffen werden. ■ Kommunikation der getroffenen Entscheidung. Dies kann in einer Reihe von Formaten erfolgen. So umfasst z. B. die Kommunikation mit Kunden häufig eine Entschuldigung und einen allgemeinen Überblick über die Maßnahmen, die zur Behebung der Ausnahmesituation durchgeführt werden. Die Kommunikation mit den Personen, die die Ausnahmesituation lösen sollen, ist detaillierter und enthält klare Anweisungen zu Maßnahmen und Terminen. ■ Bestätigung, dass die Ausnahmesituation gelöst wurde.
Kontext/Quellen	■ Incident Record für Major Incidents ■ Events ■ Krisen- oder Notfallmeetings, die vom Incident Manager, dem hierzu ernannten Manager oder dem IT Service Continuity Manager anberaumt werden

Tabelle B.11 – Kommunikation mit Anwendern und Kunden

Zweck	Es gibt eine Vielzahl von Gründen für die Kommunikation mit Anwendern und Kunden in der Service Operation. Dazu gehören: ■ Sicherstellen, dass die Services wie vereinbart bereitgestellt wurden ■ Kommunikation bezüglich der Erfüllung von Service Requests (Serviceanträgen) ■ Berichte über Incidents und regelmäßiges Informieren der Anwender und Kunden über deren Status, bis der Incident gelöst wurde ■ Benachrichtigen der Anwender und Kunden über Changes, die Auswirkungen für sie haben können ■ Bereitstellen des Zugriffs auf Services ■ Behandeln möglicher Sicherheitsprobleme ■ Planen von Aktivitäten, die Anwender oder Kunden betreffen, z. B. Wartungsarbeiten ■ Benachrichtigen über spezielle Ereignisse im Business, die einen erweiterten Support oder eine Änderung der Prioritäten erfordern ■ Review der Kunden- und Anwenderzufriedenheit ■ Koordination während Notfallsituationen
Häufigkeit	Die Kommunikation mit Anwendern und Kunden findet fortlaufend statt. Das Format und der Inhalt der Kommunikation werden durch die aktuell durchgeführten Prozesse bestimmt. So wird z. B. die Kommunikation eines Incident durch den Incident Management Prozess bestimmt. Ein Teil der Kommunikation ist formal und findet planmäßig statt, wie z. B. die Bereitstellung von Berichten über die Performance eines Service während eines Review-Meetings. Andere Teile der Kommunikation sind formal, jedoch situationsbezogen, wie z. B. die Kommunikation über den Incident-Status.
Beteiligte Rollen	Die beteiligten Rollen und deren Anzahl hängen von den ausgeführten Prozessen, der jeweils aufgetretenen Situation und davon ab, wie viel kommuniziert werden soll. So unterscheidet sich die Zielgruppe z. B. erheblich zwischen einer Statusinformation über einen Service Request und der Teilnahme an einem Service Level Review Meeting.
Inhalt	Der Inhalt dieser Kommunikation variiert je nach Kontext. Es ist jedoch wichtig, die Kommunikation auf die Zielgruppe abzustimmen. Dies umfasst das Verwenden von Servicebezeichnungen statt Server- oder Anwendungsnamen, Professionalität, das Vermeiden technischer Fachsprache, das Vermeiden eines herablassenden Tons sowie das respektvolle Behandeln von Kunden und Anwendern.
Kontext/Quellen	Der Kontext dieser Kommunikation ist die tägliche Durchführung operativer Aktivitäten und die Bereitstellung und den Support von Services. Service Operation Teams dürfen nicht mit Kunden oder Anwendern über Planungsfragen, die Strategie, das Design oder Tests kommunizieren, es sei denn, sie wurden einem Projektteam zugewiesen, dass sich mit einem dieser Bereiche befasst.

Anhang C: Kepner und Tregoe

Anhang C: Kepner und Tregoe

Charles Kepner und Benjamin Tregoe haben eine hilfreiche Methode für die Problemanalyse entwickelt. In diesem Anhang wird ihre Methode als ein Beispiel für die Methode der Problemanalyse dargestellt.

Kepner und Tregoe stellen fest, dass die Problemanalyse einen systematischen Prozess der Problemlösung darstellen und größtmöglichen Nutzen aus Wissen und Erfahrung ziehen sollte. Sie unterscheiden zwischen den folgenden fünf Phasen der Problemanalyse (nachstehend folgt eine ausführliche Beschreibung):

- Definieren des Problems
- Beschreiben des Problems hinsichtlich Identität, Ort, Uhrzeit und Größe
- Bestimmen möglicher Ursachen
- Testen der wahrscheinlichsten Ursache
- Nachweisen der tatsächlichen Ursache

In Abhängigkeit von Informationen und der verfügbarer Zeit können die einzelnen Phasen mehr oder weniger stark ausgeprägt sein. Selbst in Situationen wo nur eingeschränkte Informationen zur Verfügung stehen oder der Zeitdruck besonders hoch ist, kann es sich lohnen, einen strukturierten Ansatz für die Problemanalyse einzusetzen, um die Erfolgschancen zu erhöhen.

C1   DEFINIEREN DES PROBLEMS

Da die Untersuchung auf der Definition des Problems basiert, muss diese Definition genau angeben, welche Abweichungen vom vereinbarten Service Level aufgetreten sind.

Häufig wird bereits während der Definition eines Problems auf den wahrscheinlichsten Auslöser des Problems hingewiesen. Es dürfen keine voreiligen Schlüsse gezogen werden, welche die Untersuchung von Anfang an in die falsche Richtung leiten können.

In der Praxis ist die Problemdefinition wegen einer komplizierten IT-Infrastruktur und unklar formulierter Vereinbarungen zu den Service Levels häufig eine schwierige Aufgabe.

C2   BESCHREIBEN DES PROBLEMS

Die folgenden Aspekte werden für die Beschreibung des Problems verwendet, d. h. worin das Problem BESTEHT:

- **Identität:** Welcher Teil funktioniert unzureichend? Worin besteht das Problem?
- **Ort:** Wo tritt das Problem auf?
- **Zeit:** Wann trat das Problem zuerst auf? Wie häufig trat das Problem auf?
- **Umfang:** Wie groß ist der Umfang des Problems? Wie viele Teile sind betroffen?

Die „IST"-Situation wird durch die Antworten auf diese Fragen bestimmt. Als nächster Schritt wird untersucht, welche ähnlichen Teile in einer ähnlichen Umgebung ordnungsgemäß funktionieren. Danach wird eine Antwort auf die Frage formuliert: „Was KÖNNTE eintreten, IST aber NICHT eingetreten?" (Welche Teile könnten dasselbe Problem aufweisen, weisen es aber nicht auf?).

Daraufhin ist eine effektive Suche nach relevanten Unterschieden zwischen beiden Situationen möglich. Außerdem können bereits vorgenommene Changes ermittelt werden, welche die Ursache für diese Unterschiede sein können.

C3   BESTIMMEN MÖGLICHER URSACHEN

Die oben genannte Liste enthält mit hoher Wahrscheinlichkeit die Ursache des Problems. Mögliche Ursachen können also von dieser Liste abgeleitet werden.

C4   TESTEN DER WAHRSCHEINLICHSTEN URSACHE

Jede mögliche Ursache muss darauf geprüft werden, ob es sich dabei um den Auslöser für alle Symptome des Problems handeln könnte.

C5   NACHWEISEN DER TATSÄCHLICHEN URSACHE

Für die verbleibenden möglichen Ursachen muss nachgeprüft werden, ob es sich dabei um die Quelle des Problems handelt. Nur durch das Testen, wie z. B. durch die Implementierung eines Change oder durch Austauschen eines Teils, kann die tatsächliche Ursache nachgewiesen werden. Dabei sollte mit den möglichen Ursachen, die schnell und einfach verifiziert werden können, begonnen werden.

Anhang D:
Ishikawa-Diagramm

Anhang D: Ishikawa-Diagramm

Das Ishikawa-Diagramm, auch bekannt als Fischgräten-, Ursache-Wirkungs- oder Fehlerbaum-Diagramm, ist ein Werkzeug zur systematischen Ermittlung und Darstellung aller möglichen Ursachen eines bestimmten Problems in Diagrammform. Die Technik wurde nach ihrem Entwickler Kaoru Ishikawa (1915 - 89) benannt, einer führenden Persönlichkeit auf dem Gebiet der Qualitätskontrolle in Japan. Ein Beispiel folgt weiter unten.

Das Hauptziel wird als Säule bzw. Stamm und die primären Faktoren werden als Zweige des Diagramms dargestellt. Die sekundären Faktoren werden anschließend als kleine Verästelungen hinzugefügt. Das Erstellen des Diagramms fördert die Diskussion und steigert das Verständnis für ein komplexes Problem. Diese Diagramme werden häufig bei der Ermittlung von Lösungen für systemische Probleme eingesetzt, wie z. B. bei der Ermittlung der Ursache für Produktivitätsverluste an Fertigungslinien oder für die abnehmende Kundenzufriedenheit bei einer Serviceorganisation.

Die Grundtechnik der Entwicklung dieser Diagramme sowie ein sehr einfaches Beispiel werden im Folgenden dargestellt. Problemlösungsteams setzen das Ishikawa-Diagramm wie folgt ein:

1 Erstellen Sie ein leeres Diagramm in einem Format, das von der gesamten Gruppe eingesehen werden kann. Dies kann z. B. durch ein Flipchart, eine Tafel oder eine PC-Präsentation mittels Beamer erfolgen.
2 Schreiben Sie das zu lösende Problem in das Feld am „Fischkopf" des Diagramms. Achten hierbei auf eine deutliche Formulierung.
3 Schreiben Sie die Ursachenkategorien an den Spitzen der „Fischgräten". Dabei sollte es sich um weiter gefasste Kategorien handeln, da die genauen Ursachen noch nicht bekannt sind. Abbildung D.1 enthält ein Beispiel, in dem die Gruppe die Ursache für einen nicht mehr tolerierbaren Umfang an Netzwerkausfällen sucht.
4 Wenden Sie Brainstorming-Techniken an, damit die Teilnehmer mögliche Ursachen vorschlagen; notieren sie diese an den entsprechenden Ästen des Diagramms. In Abbildung D.2 zeigt ein einfaches Diagramm, das vollständig ausgefüllt ist.
5 Interpretieren Sie gemeinsam das Diagramm. Dies können sie mit dem Erfahrungsschatz und den verfügbaren Daten durch Klassifizieren der wichtigsten Ursachen durchführen. Sobald die wichtigsten Ursachen bestimmt wurden, wird jede einzelne entsprechend ihrer Priorität näher untersucht.

Ishikawa-Diagramm, das Probleme mit Ursachenkategorien darstellt

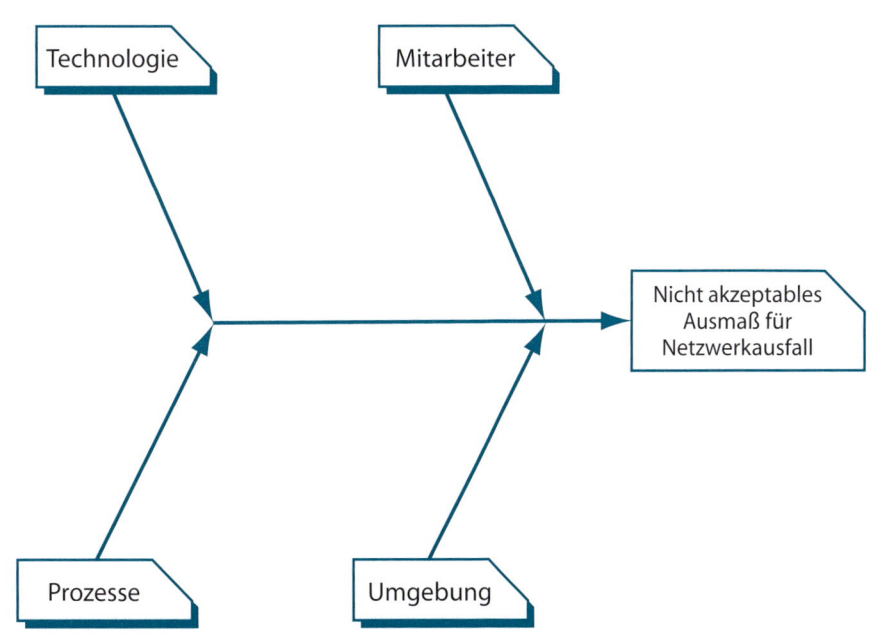

Abbildung D.1 – Beispiel für die Vorbereitung eines Ishikawa-Diagramms

Ishikawa-Diagramm, das Probleme mit Ursachenkategorien darstellt

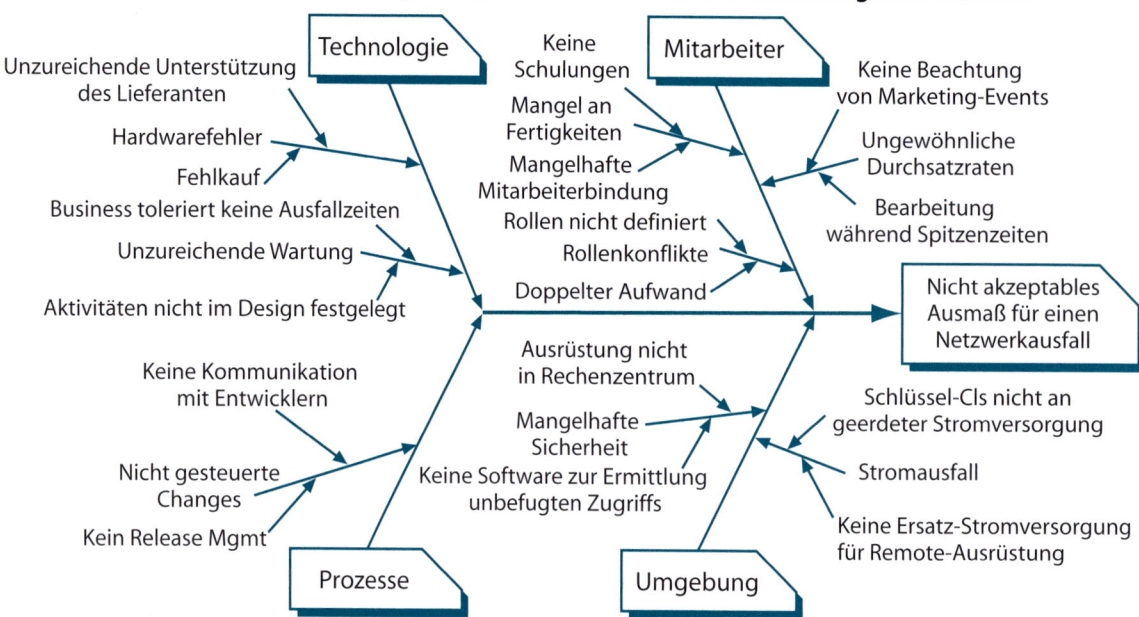

Technologie
- Unzureichende Unterstützung des Lieferanten
- Hardwarefehler
- Fehlkauf
- Business toleriert keine Ausfallzeiten
- Unzureichende Wartung
- Aktivitäten nicht im Design festgelegt

Mitarbeiter
- Keine Schulungen
- Mangel an Fertigkeiten
- Mangelhafte Mitarbeiterbindung
- Rollen nicht definiert
- Rollenkonflikte
- Doppelter Aufwand
- Keine Beachtung von Marketing-Events
- Ungewöhnliche Durchsatzraten
- Bearbeitung während Spitzenzeiten

Prozesse
- Keine Kommunikation mit Entwicklern
- Nicht gesteuerte Changes
- Kein Release Mgmt

Umgebung
- Ausrüstung nicht in Rechenzentrum
- Mangelhafte Sicherheit
- Keine Software zur Ermittlung unbefugten Zugriffs
- Schlüssel-CIs nicht an geerdeter Stromversorgung
- Stromausfall
- Keine Ersatz-Stromversorgung für Remote-Ausrüstung

→ **Nicht akzeptables Ausmaß für einen Netzwerkausfall**

Abbildung D.2 – Beispiel eines abgeschlossenen Ishikawa-Diagramms

Anhang E: Detaillierte Beschreibung des Facilities Management

Anhang E: Detaillierte Beschreibung des Facilities Management

Dieser Anhang stellt keine detaillierte Erläuterung aller Aspekte des Facilities Management dar. Er hebt die wichtigsten Aktivitäten hervor, mit denen die Einordnung anderer Funktionen unterstützt wird, und mit denen ermittelt werden kann, wo bestimmte Prozesse Einfluss auf ein geeignetes Facilities Management haben und umgekehrt.

Das Facilities Management stellt dem Configuration Management Informationen über den Standort und Status von CIs bereit und ist ein fester Bestandteil des Change Management, der Capacity- und Availability-Planung sowie des Service Continuity Management.

Im Folgenden sind die Hauptkomponenten des Facilities Management aufgeführt.

E1 GEBÄUDEMANAGEMENT

Auch wenn viele Gebäudemanagement-Aktivitäten ausgelagert oder andere Lieferanten (Supplier) damit beauftragt werden, liegen sie weiterhin in der Zuständigkeit des Facilities Management. Dazu gehören unter anderem folgende Aktivitäten:

- **Reinigung:** Dies kann durch interne Mitarbeiter oder externe Dienstleister durchgeführt werden. Dabei ist unbedingt darauf zu achten, dass das Reinigungspersonal alle Richtlinien zur Zugangskontrolle und Vertraulichkeit einhält.
- **Abfallentsorgung:** Dies umfasst die Abfalltrennung für die Wiederverwertung, sowie die separate Entsorgung gefährlicher Stoffe (z. B. Batterien, Flüssigkeiten und Gase wie Kühlmittel für Klimaanlagen) und vertraulicher Dokumentation.
- **Installation physischer Einrichtungen:** Verkabelung, Stromversorgung, Kabelböden, Sicherheitssysteme für die Zutrittssteuerung, Büros, Möbel usw.
- **Parkplätze:** Umfasst die Zuweisung von Parkplätzen für Mitarbeiter, Vertragspartner und Besucher jeweils mit gesonderten Behindertenparkplätzen. Das Facilities Management beinhaltet zusätzlich das Dokumentieren und Durchsetzen der Richtlinien für die jeweilige Parkerlaubnis.
- **Zutrittskontrolle und Sicherheitsüberwachung:** Wird detailliert in Abschnitt E6 und Anhang F beschrieben.
- **Beschilderung:** Sicherstellen, dass das Gebäude zwar von Besuchern zu finden ist, sich jedoch nicht als lohnenswertes Ziel für kriminelle Absichten anbietet.

E2 UNTERBRINGUNG DER KOMPONENTEN

Das Facilities Management erfolgt nicht einfach nur zum Selbstzweck und weil die Einrichtungen im Besitz der Organisation sind. Es soll vielmehr sicherstellen, dass die Mitarbeiter und die Ausrüstung für bestimmte Zwecke eingesetzt werden können. Im Falle von IT-Einrichtungen wie Rechenzentren werden so besondere zusätzliche Aufgaben an den Manager dieser Einrichtung gestellt.

Dazu gehört beispielsweise das Aufbewahren der IT-Ausrüstung. Es reicht nicht aus, nur die Räumlichkeiten bereitzustellen und dem Technical Management Teams zu erlauben, Ausrüstung zu installieren, zu verwalten und zu steuern. Verschiedene Ausrüstungstypen haben besondere Anforderungen an die Einrichtung, in der sie untergebracht sind, wie z. B.:

- Wassergekühlte Ausrüstung erfordert Zugang zu kaltem Wasser, das von der Einrichtung bereitgestellt werden muss.
- Das Gewicht der Ausrüstung variiert und muss so verteilt werden, dass der Boden nicht zu sehr beansprucht wird.
- Verschiedene Ausrüstungstypen haben verschiedene Anforderungen an die Stromversorgung.

Wenn die Ausrüstung einfach in der Reihenfolge, in der sie eintrifft, im Rechenzentrum aufgestellt wird, ist es später schwierig, bestimmte Gegenstände wieder zu finden, und die Mitarbeiter müssen möglicherweise unnötig lange Wege zurücklegen, um ähnliche Geräte zu warten. Damit werden die Integrität und Sicherheit anderer Ausrüstungsgegenstände im Umkreis gefährdet.

Die Verantwortung für die Planung und die Einrichtung des Rechenzentrums muss daher beim Facilities Management liegen. Dieses sorgt für einen optimalen Zugang und höchste Sicherheit für die dort untergebrachte Ausrüstung. Gleichzeitig muss beachtet werden, dass die Ausrüstung zur Bereitstellung von IT Services eingesetzt wird und dass alle Anforderungen für diesen Service bei der Unterbringung der Ausrüstung einzuhalten sind. So müssen z. B. möglicherweise die

Standards des Rechenzentrums geändert werden, um einen vom Standard abweichenden Server unterbringen zu können.

Zusätzlich stellen die meisten Rechenzentren die folgenden Dienste bereit:

- Entgegennahme neuer Ausrüstung
- Entpacken, Konfigurieren und Installieren von Standardausrüstung
- Erstellen und Pflegen von Einrichtungsplänen für das Rechenzentrum
- Management eines Zeitplans für alle Wartungsaktivitäten an Ausrüstung im Rechenzentrum
- Entsorgung stillgelegter Ausrüstung

Aus dieser Aktivitätenliste wird klar, dass das Facilities Management nicht als separate Funktion, sondern vielmehr als Bestandteil des Gesamtbetriebs der IT in der Organisation betrachtet werden muss.

E3 ENERGIEVERSORGUNGSMANAGEMENT

Das Energieversorgungsmanagement bezieht sich auf die Bereitstellung und Nutzung von Energiequellen, die das ordentliche Funktionieren der Einrichtung sicherstellen. Diese Definition des Energieversorgungsmanagements führt zu weiteren logischen Schlussfolgerungen, die unten behandelt werden.

Die Hauptaufgabe des Facilities Managements beim Energieversorgungsmanagement besteht darin, die Anforderungen an die Energieversorgung für die Einrichtung zu bestimmen. Dazu gehört die Beantwortung folgender Fragen:

- Wofür wird die Energieversorgung benötigt? Z. B. für Büroräume, Ausrüstung im Rechenzentrum, die Cafeteria.
- Wann wird die Stromversorgung benötigt? Einige Betriebsabläufe erfordern rund um die Uhr eine gleichmäßige Energieversorgung. Andere Einrichtungen, wie Büroräume, haben am Tag einen höheren Energieverbrauch als in der Nacht. Wieder andere Einrichtungen müssen nur zu bestimmten Zeiten mit Strom versorgt werden.
- Wie viel Energie wird benötigt?
- Welche Form der Energie wird eingesetzt? Neben der elektrischen Stromversorgung für Organisationen ist auch die Versorgung mit Erdgas o. ä. für die Heizungsanlage zu berücksichtigen.

Das Facilities Management ist zudem für das Erarbeiten eines Vertrags mit Versorgungsunternehmen oder der lokalen Stadtverwaltung, die diesen Service bereitstellt, verantwortlich. Dies schließt den vereinbarten Preis und einen Verfügbarkeits-Level ein. Dies ist äußerst wichtig an Standorten, wo die Elektrizität aufgrund mangelnder Infrastruktur oder einer Überbeanspruchung der Stromversorgung durch andere Verbraucher schwankt.

Das Facilities Management ist zuständig für die Einrichtung von Notfallaggregaten für den Einsatz bei Stromausfällen, Katastrophen und anderen Notfällen. Dies wird in der Regel durch unterbrechungsfreie Stromversorgungen (USVs) für wichtige Ausrüstung sowie durch Generatoren umgesetzt, die durch eine Ersatz-Energiequelle (wie Diesel-Kraftstoff) betrieben werden. Das Facilities Management ist nicht nur für die Bereitstellung dieser Alternativen, sondern auch für deren Tests, die Treibstoffbereitstellung und die Wartung zuständig.

Jede Ersatz-Energiequelle muss im Modell geplant und getestet werden, um sicherzustellen, dass sie den erforderlichen Bedarf decken und bei Stromausfall automatisch aktiviert werden kann.

Eine wesentliche Aktivität des Facilities Management ist das Management der Energienutzung. Bisher musste das Facilities Management lediglich sicherstellen, dass Energie zur Verfügung steht. Da die natürlichen Ressourcen jedoch immer knapper und teurer werden, muss man sich verstärkt auf Techniken konzentrieren, die Energie verantwortungsbewusster einsetzen.

Ein solcher Ansatz wird durch das dynamische Energiemanagement von Rechenzentren verfolgt. Das Prinzip basiert darauf, dass während Hauptverarbeitungszeiten eine höhere Anzahl von Computern eingesetzt wird. Wenn die Auslastung abnimmt, wird die Arbeit auf wenigen Computern gebündelt, während die nicht eingesetzten Computer ausgeschaltet oder in den Standby-Modus versetzt werden. Dazu ist eine genaue Abstimmung zwischen den Aktivitäten des IT Operations Management, Technical Management und allen Service Design Prozessen erforderlich. Eine detaillierte Beschreibung dazu finden Sie im Abschnitt 5.12.1 zu den Strategien für Rechenzentren.

E4 UMGEBUNGSBEDINGUNGEN UND ALARMSYSTEME

Das Facilities Management stellt sicher, dass alle physikalischen Bedingungen innerhalb des Rechenzentrums oder Computerraums einen optimalen IT-Betrieb zulassen. Diese Bedingungen umfassen:

Anhang E: Detaillierte Beschreibung des Facilities Management | **237**

- Temperatur
- Luftfeuchtigkeit
- Luftqualität
- Vermeidung von Umgebungsrisiken wie Feuer, Überflutung usw.

Die Temperatur wird durch Heiz- und Kühlanlagen sowie durch die Anordnung der Ausrüstung in der Einrichtung geregelt. Dazu sind folgende Aktivitäten erforderlich:

- Ermitteln der Wärmeabgabe von CIs sowie deren optimaler Betriebstemperatur.
- Bestimmen der Gesamtanforderung aller Ausrüstungsgegenstände in der Einrichtung sowie einzelner Komponenten an das Kühlsystem. So kann z. B. eine Klimaanlage das Rechenzentrum auf konstanter Temperatur halten, bestimmte Ausrüstung erfordert jedoch möglicherweise eine niedrigere Temperatur.
- Darstellen der allgemeinen Heiz- und Kühlungsanforderungen in einem Modell sowie Abbildung bestimmter Bereiche in der Anlage, die von Natur aus wärmer oder kälter sind. Diese Informationen werden für die Ermittlung des optimalen Standorts für bestimmte Ausrüstungsgegenstände verwendet. Wenn eine neue Ausrüstung in einer Einrichtung installiert wird, verändert dies die Kartierung kälterer und wärmerer Bereiche in der Einrichtung, wodurch detailliertere Abbildungs- und verbesserte Modellierungstechniken erforderlich sind. Diese Modelle müssen außerdem saisonale Temperaturschwankungen berücksichtigen. So müssen einige Einrichtungen z. B. im Winter beheizt und im Sommer gekühlt werden.
- Kauf und regelmäßige Wartung von Klimaanlagen mit ausreichender Kapazität.
- Investieren in Ersatzklimageräte, die eingesetzt werden können, wenn die Hauptklimaanlage ausfällt, oder zur Bereitstellung zusätzlicher Kühlungskapazitäten an besonders warmen Tagen. (Hierbei handelt es sich um eine seltene Ausnahmesituation. Wird die Ersatzanlage zu häufig eingesetzt, weist das darauf hin, dass die ursprüngliche Planung ungeeignet war.)
- Fortlaufendes Überwachen der Temperatur und Anpassen von Kühlungseinstellungen entsprechend der saisonalen Veränderungen und der Beschaffenheit der Ausrüstung. Diese Überwachungseinheiten können mit der Steuerleitzentrale (Operation Bridge) verbunden werden, die in der Lage sein muss, auf alle erheblichen Abweichungen von normalen Temperaturen zu reagieren.

- Ermitteln und Vermeiden „offensichtlicher" Fehler, wie die Positionierung der Ausströmöffnung für warme Luft eines großen Servers in der Nähe der Ansaugvorrichtung einer Klimaanlage oder die Unterbrechung der Luftzirkulation durch Zustellen von Freiräumen.

Ähnliche Schritte müssen beim Bestimmen der optimalen Luftfeuchtigkeit sowie beim Festlegen, ob eine Entfeuchtungsanlage erforderlich ist, durchgeführt werden.

Im Rahmen der allgemeinen Brandschutzstrategie der Einrichtung werden normalerweise Rauchmelder angebracht und mit automatisierten Brandbekämpfungssystemen verbunden. Das Facilities Management sollte eine automatisierte Reaktion auf Brandgefahr jedoch nicht als ausreichend erachten. Die Rauchmelder müssen mit der Steuerleitzentrale (Operations Bridge) verbunden werden, und alle Ausnahmesituationen müssen untersucht werden.

In allen unbeaufsichtigten Betriebsbereichen sollten Bewegungsmelder angebracht werden. Diese stellen sicher, dass jeder nicht autorisierte Zugang erkannt und an die Gebäudesicherheit und unter Umständen an die Steuerleitzentrale (Operation Bridge) berichtet wird. Dadurch wird eine ordnungsgemäße Planung von Wartungs- und Installationsaktivitäten erzwungen.

Mit der Staub- und Partikelerkennung kann die Luftqualität bei besonders empfindlichen Systemen aufrechterhalten werden. Auch hier sollte die Überwachung mit der Steuerleitzentrale (Operations Bridge) verbunden werden, so dass Abweichungen untersucht und korrigiert werden können, bevor wesentliche Schäden auftreten.

Für den Anlagenstandort ist darüber hinaus eine Reihe weiterer Überwachungssysteme zu berücksichtigen. Dazu gehört z. B. an Standorten mit hoher seismographischer Aktivität die Überwachung der Erschütterungen des Gebäudes. Diese wird als Frühwarnsystem eingesetzt, um zu erkennen, wann ein System abgeschaltet oder die Verarbeitung an einen anderen Standort verlagert werden muss, bevor starke Erderschütterungen oder ein Erdbeben die empfindliche Ausrüstung beschädigen können. Ähnliche Überwachungseinrichtungen und Sicherheitsvorkehrungen werden auch an Standorten installiert, an denen häufig Gewitter auftreten.

Diese Systeme werden zusammen als Gebäudemanagementsysteme (Building Management Systems, BMSs) bezeichnet. Diese Werkzeuge sind zwar in den Systemen integriert, der Begriff bezeichnet jedoch ein einzelnes integriertes Management-System und keine unzusammenhängende Gruppe von Werkzeugen, die ähnliche Funktionen ausführen. Es sollten nach Möglichkeit Überwachungswerkzeugen eingesetzt werden, die in vorhandene Überwachungssysteme integriert werden können oder zumindest mit diesen kompatibel sind. (Weitere Informationen zu Tools finden Sie in Kapitel 7.)

E5 ARBEITSSCHUTZ

Eine bedeutende Aufgabe des Facilities Management besteht in der Sicherheit der Personen, die in dem Gebäude arbeiten. Das Facilities Management ist daher für das Verständnis und die Durchsetzung der Einhaltung relevanter Sicherheitsstandards und entsprechender Gesetzgebung zuständig.

Die Sicherheit wird in folgenden Bereichen gewährleistet:

- Gebäudekonzeption und Bauweise
- Gestaltung und Beschaffenheit von Räumen und Ausrüstung in der Anlage
- Schulen des gesamten Personals über Sicherheitsstandards in der Anlage
- Definition der Evakuierungsverfahren und -routen sowie Sammelpunkte im Falle eines Feuers oder anderen lebensbedrohlichen Situationen
- Informieren und Veröffentlichen von Sicherheitsinformationen, die vom Personal zur Kenntnis genommen werden müssen

E6 PHYSISCHE ZUTRITTSKONTROLLE

Die physische Zutrittskontrolle ist ein sehr wichtiger Bestandteil des Facilities Management, der sich zu einem besonderen Spezialgebiet herausgebildet hat. Der Inhalt wird hier zur einfachen Übersicht zusammengefasst und detailliert in Anhang F behandelt.

Die Hauptkomponenten der physischen Zutrittskontrolle (wie in Anhang F beschrieben) sind:

- Unterstützung bei der Definition und Verwaltung der physischen Zutrittskontrolle als Bestandteil der Sicherheitsrichtlinien der Organisation
- Verwalten von Raumplänen, in denen dargestellt wird, für welche Bereiche der Zutritt eingeschränkt ist
- Installieren und Verwalten von Geräten für die physische Zutrittskontrolle
- Überwachen und Steuern des Zutritts zu Einrichtungen
- Bereitstellen von Sicherheitspersonal
- Installieren und Verwalten von Überwachungsanlagen
- Schutz gegen Manipulation und unbefugten Zugriff auf Daten oder Einrichtungen

E7 WARENAUSGANG UND -EINGANG

In großen Einrichtungen sind spezielle Bereiche erforderlich, in denen Möbel, Computerausrüstungen, Regale usw. entgegengenommen werden können. Ein solcher Bereich muss so gesichert werden, dass das Lieferpersonal keinen Zutritt zum Rest der Einrichtung erhält. Es muss zusätzlich ein gesicherter Lagerraum in der Nähe des Annahmebereichs zur Verfügung stehen, in dem Waren gelagert werden können, bevor sie an ihren endgültigen Standort gebracht werden.

Ein Prozess stellt sicher, dass Waren, die versendet werden müssen, protokolliert werden und dass der Lieferdienst nur diese Waren aus der Einrichtung entfernen kann. Sofern möglich müssen diese Waren in das gesicherte Lager im Versand- und Lieferbereich gelagert werden, bevor sie versandt werden. Dadurch wird ein nicht autorisierter Zutritt zur Einrichtung unterbunden.

Die Liefer- und Versanddokumente müssen für jede Lieferung ausgefüllt, geprüft und unterzeichnet werden. Zur weiteren Kontrolle ist darüber hinaus ein zentrales Protokoll aller Lieferungen erforderlich.

E8 BETEILIGUNG AM VERTRAGSMANAGEMENT

Die meisten Einrichtungen werden durch eine Reihe von Firmen beliefert, verwaltet und bedient. Auch wenn die eigentlichen Verträge mit diesen Firmen normalerweise von den jeweiligen kaufmännischen Abteilungen und den Rechtsabteilungen verwaltet werden, spielt das Facilities Management hier eine wesentliche Rolle bei der Ausarbeitung und Verhandlung dieser Verträge. In der Regel enthalten Verträge die folgenden Punkte:

- **Management der Leasing-Verträge geleaster Einrichtungen:** Dies ist bei Rechenzentren eher selten relevant, da die meisten Organisationen ihr Rechenzentrum als wichtigstes Asset betrachten. Das Leasing solcher Anlagen würde ein Risiko darstellen, da die Einrichtungen verkauft werden könnten, der Leasinggeber sein Geschäft aufgeben könnte oder die vertraglich vereinbarten Wartungsarbeiten eventuell nicht erfüllen kann.
- **Leasing oder Wartung von Infrastruktur:** Klimaanlagen, Umgebungsüberwachung

und Alarmierung (z. B. Rauchmelder und Brandbekämpfungs- oder Brandschutzanlagen).
- **Verträge zur Gebäudewartung:** Dazu gehört die Wartung von Aufzügen, Fußböden, Klempnerarbeiten und die Bereitstellung der Stromversorgung.
- **Telekommunikationsanlagen:** Obwohl die Telekommunikationsanlagen häufig von einem dafür beauftragten Team oder einer Abteilung als Bestandteil der Wide Area Networks (WAN) verwaltet werden, sind sie häufig abhängig von Drittparteien, die die Telekommunikationsausrüstung im oder direkt außerhalb des Rechenzentrums bereitstellen und warten. In vielen Ländern werden sie durch staatliche Telekommunikationsorganisationen bereitgestellt. Das Management dieser Vertragstypen erfordert spezielle Kenntnisse und Erfahrungen.
- **Sicherheitsdienste:** Bereitstellung der physischen Zutrittskontrolle und der mobilen Sicherheitsdienste.

Ein wichtiger Teil des Vertragsmanagements ist das Sicherstellen, dass alle Mitarbeiter von Drittparteien die **Sicherheitsrichtlinien** der Organisation kennen und einhalten. Das schließt die physische Zutrittskontrolle, Vertraulichkeitsregelungen und die nicht autorisierte Nutzung der Einrichtungen oder Ausrüstungen der Organisation ein. Über regelmäßige Audits ist sicherzustellen, dass diese Richtlinien eingehalten werden.

E9 WARTUNG

Das Facilities Management ist für die Koordination aller routinemäßigen Wartungsarbeiten im Gebäude zuständig. Dazu gehören die Wartung des Gebäudes und der Ausrüstung im Rechenzentrum.

Die Wartung von Geräten gehört zum Facilities Management. So wird verhindert, dass im Gebäude zu viele ungewohnte Aktivitäten gleichzeitig ausgeführt werden. Wenn mehrere Teams gleichzeitig an unterschiedlichen Orten im Rechenzentrum beschäftigt sind, stellt dies ein Risiko für die Sicherheit dar.

Die tatsächliche Wartung der IT-Ausrüstung wird durch die Mitarbeiter des Technical Management durchgeführt, die Arbeiten werden jedoch vom Change Management und Facilities Management koordiniert.

Der Facilities Manager muss einen Gesamtterminplan aller geplanten Wartungsarbeiten führen, um sicherzustellen, dass die Wartungsarbeiten ordnungsgemäß koordiniert werden. Dieser Terminplan ist Bestandteil des allgemeinen Change Schedule im Change Management. Mit ihm wird sichergestellt, dass es nicht zu Konflikten zwischen routinemäßigen Wartungsarbeiten und dem Durchführen von Changes kommt.

Anhang F:
Physische Zutrittskontrolle

F

Anhang F: Physische Zutrittskontrolle

In Abschnitt 5.12 und Anhang E wurde der Bereich der physischen Zutrittskontrolle als Bestandteil des Facilities Management vorgestellt. Dieser Abschnitt liefert eine genauere Beschreibung des Bereichs.

Das Information Security Management (ISM) ist für die Definition und Dokumentation aller Richtlinien zur Zutrittskontrolle zuständig. Mit diesen Richtlinien werden alle physischen Sicherheitsmaßnahmen, die durchgeführt werden müssen, sowie der jeweilige Zutritt von Mitarbeitergruppen zu einzelnen Bereichen der Einrichtung festgelegt. Das Facilities Management stellt sicher, dass diese Richtlinien ordnungsgemäß eingehalten werden. Die Richtlinien sollten folgende Punkte umfassen:

- Welche Bereiche eingeschränkt sind und für wen
- Welche Zutrittskontrollen eingesetzt werden
- Unter welchen Bedingungen der Zutritt für bestimmte eingeschränkte Bereiche erlaubt ist. Zum Beispiel Zutrittsbeschränkung für ein Stockwerk des Rechenzentrums, es sei denn, es wird eine autorisierte Zahlenkombination auf einem Tastenfeld eingegeben
- Wie die Zutrittskontrolle überwacht wird
- Datenschutzrichtlinien und Liste der Informationen, die bekannt sein müssen, um den Zutritt zuzulassen
- Richtlinien zur Personalüberwachung, z. B. was aufgezeichnet werden darf, ob Ausnahmen davon gemacht werden dürfen.

Die meisten Organisationen setzen mehrere Ebenen der Zutrittskontrolle ein, beginnend bei dem Zutritt zum Gelände, über den Zutritt zu bestimmten Bereichen im Gebäude, bis hin zu bestimmten Funktionen, Einrichtungen und Räumen. Jede Sicherheitsebene wird mithilfe verschiedener Mechanismen und unterschiedlichen Personals überprüft, was zusätzliche Sicherheit bietet.

Alle Einrichtungen müssen über einen dokumentierten aktuellen Lageplan verfügen, der genau wiedergibt, welche Bereiche einer Zutrittsbeschränkung unterliegen. Dieser Plan stellt auch dar, welche Sicherheitsmaßnahmen an welchem Ort in Kraft sind. Damit werden Sicherheits-Audits sowie die Wartung der Zutrittskontrolleinrichtung unterstützt.

Die Zutrittskontrollgeräte müssen an allen Ein- und Ausgängen installiert werden. Das Ziel dieser Geräte ist es, sicherzustellen, dass nur autorisiertes Personal Zutritt zu den eingeschränkten Bereichen erhält. Auch wenn das auf den ersten Blick recht einfach erscheint, muss eine Reihe von Aspekten berücksichtigt werden (siehe Tabelle F.1).

Da die meisten physischen Zutrittskontrollmechanismen nicht narrensicher sind, muss sichergestellt werden, dass der Zutritt überwacht und gesteuert werden kann.

Tabelle F.1 – Einrichtungen zur Zutrittskontrolle

Zutrittskontrolle	Beispiel	Vorteile	Nachteile
Mechanisch	Schloss und Schlüssel	Stabil und verlässlich Kostengünstig	Erfordert kontrollierte Schlüsselausgabe. Schlösser müssen bei jedem Austritt eines Mitarbeiters aus der Organisation gewechselt werden. Kann mit einfachen Techniken leicht umgangen werden.
Zutritt per Code-Eingabe	Mechanisch (z. B. ein Eingabegerät an einer Tür) Elektronisch (z. B. ein Tastenfeld zur Auslösung oder Abschaltung eines Alarms)	Stabil Relativ kostengünstig	Der Code kann leicht durch Beobachtung des Personals in Erfahrung gebracht werden. Der Code muss bei jedem Austritt eines Mitarbeiters aus der Organisation geändert werden. Die Mitarbeiter neigen dazu, den Code zu notieren.

Zutrittskontrolle	Beispiel	Vorteile	Nachteile
Elektronische Zutrittskontrolle	Schlüsselkarten	Einfach in der Handhabung. Ermöglichen die Verfolgung des Zutritts des Personals. Können bei Änderung der Anforderungen zentral gelöscht oder geändert werden. Können deaktiviert werden, auch wenn die Mitarbeiter die Karte nicht zurückgeben.	Auch bei derzeit sinkendem Preis relativ teuer, jedoch häufig kostengünstiger als der Einsatz von Mitarbeitern zur physischen Überwachung aller Zutrittspunkte. Abhängig von der Stromversorgung. Können mit speziellen Kopiergeräten umgangen werden.
Biometrische Daten	Netzhauterkennung oder Sprachanalyse	Sehr verlässlicher Mechanismus für die Identifizierung bestimmter Personen. Zutrittsautorisierung nahezu fälschungssicher. Effektiver gegen Manipulation des Personals (Social Engineering)	Abhängig von der Stromversorgung. Erfordert komplexere Zutrittskontrollsysteme. Relativ teuer.
Gleichzeitiger Zutritt für mehrere Personen	Tür mit Schlüsselkarte. Eine Person öffnet die Tür und ermöglicht beliebig vielen Personen in ihrer Begleitung den Zutritt.	Flexibler Ortswechsel, insbesondere, wenn Gruppen zusammenarbeiten.	Vermeidung „blinder Passagiere" schwierig. Abhängig von der Aufmerksamkeit des autorisierten Personals. Extrem anfällig für Manipulation von Personal (Social Engineering). Sollte nicht in Hochsicherheitsbereichen eingesetzt werden.
Einzelzutritt	Ein Drehkreuz ermöglicht immer nur einer Person den Zutritt. Dieselbe Schlüsselkarte kann nicht für eine zweite Person genutzt werden.	Einfachere Zutrittskontrolle. Effektivere Vermeidung von versuchter Manipulation des Personals (Social Engineering).	Kann in der Stoßzeit zu Stauungen führen. Erfordert intensivere Überwachung und höhere Mitarbeiterzahl.
Unidirektionaler Zutritt	Drehtür, die jeweils nur als Ein- oder Ausgang dient. Häufige Anwendung in Flughäfen, wo nur der Zutritt, nicht jedoch das Verlassen des Flughafens kontrolliert werden muss.	Geeignet für Situationen, in denen nicht das Ausführen sondern das Einführen von Gegenständen erheblichen Schaden verursachen könnte und überwacht werden muss.	Erfordert höheren Überwachungsaufwand, um sicherzustellen, dass nicht versucht wird, in die Gegenrichtung zu passieren. Nur in eine Richtung möglich; erfordert also zusätzliche Überwachungsanlagen
Bidirektionaler Zutritt	Tür mit Zutrittskontrolle	Geeignet für den allgemeinen Zutritt zu Bereichen mit Zutrittsbeschränkung.	Personen, die den Bereich verlassen, können nicht autorisierten Personen den Zutritt ermöglichen. Kann zu Stauungen führen (z. B. bei bidirektionalen Drehkreuzen müssen Personen, die den Bereich verlassen, auf Personen warten, die hineingehen).

Zutrittskontrolle	Beispiel	Vorteile	Nachteile
Aktive Zutrittskontrolle	Erfordert Maßnahmen für das Erhalten von Zutritt durch das Personal, z. B. Durchziehen einer Karte oder Eingeben eines Codes.	Finfachere Zutrittskontrolle. Höhere Sicherheit.	Das Personal muss sich einen Code merken oder die Schlüsselkarte mit sich führen.
Passive Zutrittskontrolle	Passives Detektorgerät öffnet von innen einen Ausgang, wenn sich eine Person nähert.	Höhere Sicherheit bei dem Verlassen des Bereichs bei Ausbruch eines Feuers. Personen benötigen keine Schlüsselkarte, um in nicht geschützte Bereiche zu gelangen.	Unautorisiertes Personal erhält leicht Zutritt durch Warten an der Tür. Kann von außen ausgelöst werden, indem ein Gegenstand unter der Tür durchgeführt und in den Bereich des Sensors gebracht wird.

Dafür ist spezialisiertes Sicherheitspersonal und eine elektronische Überwachungsausrüstung erforderlich.

Bei der Sicherheit geht es immer darum, den Zutritt von Personen zu einer Einrichtung zu regeln. Daher sollten am besten auch Menschen dafür eingesetzt werden, dies sicherzustellen. Größere Organisationen verfügen mitunter über eigene Sicherheitskräfte, häufig wird die physische Zutrittskontrolle jedoch aus den folgenden Gründen an spezialisierte Unternehmen ausgelagert:

- Sicherheitsbedienstete benötigen eine Spezialausbildung und unterliegen häufig einer anderen (nahezu militärischen) Disziplinarordnung als die meisten anderen Mitarbeiter des Unternehmens. Dies widerspricht häufig dem kommerzielleren Typ der Disziplinarordnung und wird idealerweise von anderen Managern mit einer anderen Managementkultur verwaltet.
- Externe Unternehmen geraten seltener in Situationen, in denen sie Manipulationsversuchen ausgesetzt sind, da sie über eine Spezialausbildung verfügen und wahrscheinlich nicht die Interna der Organisation kennen, die von einem im Social Engineering erfahrenen Angreifer für solche Manipulationen missbraucht werden könnten.

Überwachungseinrichtungen sollen die Effektivität der physischen Zutrittskontrolle sowie des Sicherheitspersonals erhöhen. Eine Überwachungsanlage kann jedoch nie einen geschulten, erfahrenen Sicherheitsbediensteten ersetzen, sondern nur seine Effektivität steigern. Beispiele für häufig eingesetzte Überwachungseinrichtungen sind:

- Videokameras zur Überwachung wichtiger sowie weniger frequentierter Zutrittspunkte, so dass ein Sicherheitsbediensteter mehrere Standorte gleichzeitig überwachen kann. Die Aufnahmen werden häufig aufgezeichnet und für einen festgelegten Zeitraum aufbewahrt. Dadurch wird sichergestellt, dass jedes Fehlverhalten erkannt wird und mit den Aufzeichnungen eine spätere Untersuchung durchgeführt werden kann. Die Bildqualität muss daher so gut sein, dass Personen identifiziert werden können, das Format muss es jedoch zulassen, große Mengen visueller Daten zu speichern.
- Zutrittsprotokolle: Hier wird protokolliert, wann Personal die Ein- und Ausgänge mithilfe eines elektronischen Zutrittsmechanismus passieren.
- Passive Bewegungsmelder erkennen Personen in Bereichen, an denen kein Sicherheitspersonal anwesend ist.
- Alarm (optisch und akustisch) meldet dem Sicherheitspersonal nicht autorisierten Zutritt.

Wie abgesichert das Umfeld auch sein mag, die Sicherheit der Umgebung ist vom Sicherheitsbewusstsein der Mitarbeiter und Subunternehmer abhängig, die in der Einrichtung arbeiten. Das Social Engineering (gezielte Manipulation des Personals) ist immer noch einer der häufigsten Verstöße gegen physische Sicherheitsvorkehrungen. Social Engineering bedeutet, dass man seine persönlichen Beziehungen und seine Redegewandtheit einsetzt, um Zugang zu einer Einrichtung zu bekommen. Dabei werden Mitarbeiter dazu überredet, jemandem einen nicht autorisierten Zutritt zu einem Gebäude oder einem eingeschränkten Bereich bzw. Zugriff auf geschützte Daten oder Ablageorte mit vertraulichen Dokumenten zu ermöglichen. Beispiele für Social Engineering sind:

- Vorgeben, ein berechtigter Subunternehmer oder Mitarbeiter der Organisation zu sein. Häufig wird dabei das Sicherheitspersonal angesprochen und vorgetäuscht, die Schlüsselkarte vergessen zu haben. Die Zutrittsprotokollierung wird unterzeichnet und eine Besucherkarte ausgestellt. Oft wird insbesondere in stark frequentierten Empfangsbereichen nicht ausreichend geprüft, ob die Person ein berechtigter Mitarbeiter ist.
- Vorgeben, eine Person zu sein, die einen sonst nicht autorisierten Zutritt zur Einrichtung erhalten darf, z. B. ein Mitarbeiter des Versorgungsunternehmens oder ein Brandinspektor.
- Ein ehemaliger Mitarbeiter oder Subunternehmer, der Mitarbeitern bekannt ist, die ihm auf Aufforderung Zutritt gewähren.
- Folgen eines autorisierten Mitarbeiters in dichtem Abstand beim Öffnen eines Eingangs.

Social Engineering wird am besten entgegengewirkt, indem die strickte Einhaltung aller Zutrittskontrollverfahren, regelmäßige Unterweisung des Sicherheitspersonals und strenge Audits sichergestellt werden.

Immer mehr Unternehmen bieten Services an, mit denen die Zutrittskontrolle in der Praxis durch Personen geprüft wird, die sich auf Social Engineering Techniken spezialisiert haben.

Glossar

Liste der Abkürzungen

ACD	Automatic Call Distribution (Automatische Anrufverteilung)
AM	Availability Management
AMIS	Availability Management Information System
ASP	Application Service Provider
BCM	Business Capacity Management
BCM	Business Continuity Management
BCP	Business Continuity Plan
BIA	Business Impact Analysis
BRM	Business Relationship Manager
BSI	British Standards Institution
BSM	Business Service Management
CAB	Change Advisory Board
CAB/EC	Change Advisory Board / Emergency Committee
CAPEX	Investitionsausgaben (Capital Expenditure)
CCM	Component Capacity Management
CFIA	Component Failure Impact Analysis (Analyse der Auswirkungen von Komponentenausfällen)
CI	Configuration Item (Konfigurtionselement)
CMDB	Configuration Management Database
CMIS	Capacity Management Information System
CMM	Capability Maturity Model
CMMI	Capability Maturity Model Integration
CMS	Configuration Management System
COTS	Commercial off the Shelf
CSF	Critical Success Factor (Kritischer Erfolgsfaktor)
CSI	Continual Service Improvement
CSIP	Continual Service Improvement Program
CSP	Core Service Package
CTI	Computer Telephony Integration
DIKW	Data-to-Information-to-Knowledge-to-Wisdom
eSCM-CL	eSourcing Capability Model for Client Organizations
eSCM-SP	eSourcing Capability Model for Service Providers
FMEA	Fehlermöglichkeiten- und Auswirkungsanalyse (Failure Modes and Effects Analysis)
FTA	Fault Tree Analysis (Fehlerbaumanalyse)
IRR	Interne Zinsfuß-Methode (Internal Rate of Return)
ISG	IT Steering Group
ISM	Information Security Management
ISMS	Information Security Management System
ISO	International Organization for Standardization
ISP	Internet Service Provider
IT	Informationstechnologie
ITSCM	IT Service Continuity Management
ITSM	IT Service Management
itSMF	IT Service Management Forum
IVR	Interaktive Spracherkennung (Interactive Voice Response)
KEDB	Known Error Database
KPI	Key Performance Indicator
LOS	Servicelinie (Line of Service)
MoR	Management of Risk
MTBF	Mean Time Between Failures (Durchschnittliche Zeit zwischen zwei Ausfällen)
MTBSI	Mean Time Between Service Incidents (Durchschnittliche Zeit zwischen zwei Service-Incidents)
MTRS	Mean Time to Restore Service (Durchschnittliche Zeit bis zur Wiederherstellung des Service)

MTTR	Mean Time to Repair (Durchschnittliche Zeit bis zur Reparatur)	SLA	Service Level Agreement
NPV	Barwert-Methode (Net Present Value)	SLM	Service Level Management
		SLP	Service Level Package
OGC	Office of Government Commerce	SLR	Service Level Anforderung (Service Level Requirement)
OLA	Operational Level Agreement (Vereinbarung auf Betriebsebene)	SMO	Servicewartungsvorgabe (Service Maintenance Objective)
OPEX	Betriebsausgaben (Operational Expenditure)	SoC	Separation of Concerns
OPSI	Office of Public Sector Information	SOP	Standard Operating Procedures (Standardbetriebsabläufe)
PBA	Business-Aktivitätsmuster (Pattern of Business Activity)	SOR	Statement of Requirements (Anforderungserklärung)
PFS	Voraussetzung für den Erfolg (Prerequisite for Success)	SPI	Service Provider Schnittstelle (Service Provider Interface)
PIR	Review nach der Implementierung (Post Implementation Review)	SPM	Service Portfolio Management
PSA	Projected Service Availability (Voraussichtliche Serviceverfügbarkeit)	SPO	Optimierung der Servicebereitstellung (Service Provisioning Optimization)
QA	Qualitätssicherung (Quality Assurance)	SPOF	Single Point of Failure
QMS	Quality Management System	TCO	Total Cost of Ownership
RCARCA	Analyse der zugrunde liegenden Ursache (Root Cause Analysis) Analyse der zugrunde liegenden Ursache (Root Cause Analysis)	TCU	Total Cost of Utilization
		TO	Technical Observation (Technische Überwachung)
RFC	Request for Change	TOR	Terms of Reference (Aufgabenstellung)
ROI	Return on Investment (Investitionsertrag)	TQM	Total Quality Management
RPO	Tolerierter Datenverlust aufgrund von Ausfällen (Recovery Point Objective)	UC	Underpinning Contract (Vertrag mit Drittparteien)
RTO	Maximale Wiederherstellungszeit nach einem Ausfall (Recovery Time Objective)	UP	Anwenderprofil (User Profile)
SAC	Serviceabnahmekriterien (Service Acceptance Criteria)	VBF	Vital Business Function (Kritischer Fachbereich)
SACM	Service Asset and Configuration Management	VOI	Value on Investment (Investitionswert)
		WIP	In Arbeit (Work in Progress)
SCD	Supplier- und Vertragsdatenbank (Supplier and Contract Database)		
SCM	Service Capacity Management		
SFA	Serviceausfallanalyse (Service Failure Analysis)		
SIP	Serviceverbesserungsplan (Service Improvement Plan)		
SKMS	Service Knowledge Management System		

Liste der Definitionen

Die Namen der Publikationen in Klammern nach einem Begriff geben an, wo der Leser weitere Informationen zu diesem Begriff erhält. Dieser Begriff wird dann in dieser Publikation gesondert behandelt, oder es sind dort weitere hilfreiche Informationen zu diesem Begriff aufgeführt. Begriffe ohne Publikationstitel werden entweder in mehreren Publikationen aufgeführt oder sind in den Publikationen nicht detaillierter erläutert als in der Glossardefinition, so dass der Leser nur auf die Stellen verwiesen wird, wo weiterführende Informationen oder ein umfassenderer Kontext angegeben ist. Begriffe mit mehreren Publikationstiteln werden in mehreren Publikationen ausführlicher behandelt.

Jeder Begriff ist zunächst so aufgeführt, wie er in der deutschen Version der ITIL v3 Kernpublikationen genutzt wird. Dies schließt im Einzelfall die Aufführung des englischen Originalbegriffes in runden Klammern mit ein. In jedem Fall ist zur Unterstützung einer einheitlichen Sprache der englische Originalbegriff in eckigen Klammern dahinter noch einmal angeführt. Dies dient einer besseren Verständigung und Orientierung im Rahmen einer zunehmenden Internationalisierung der IT Organisationen und ihrer Sprache. Mit „*Siehe* Begriff X, Begriff Y" wird am Ende einer Definition auf einen wichtigen verwandten Begriff hingewiesen, der nicht Teil des Definitionstextes selbst ist.

Abhängigkeit [Dependency]

Die direkte oder indirekte wechselseitige Beziehung, auf die sich Prozesse oder Aktivitäten stützen.

Abnahme [Acceptance]

Formale Vereinbarung, dass ein IT Service, ein Prozess, ein Plan oder ein anderes Lieferergebnis vollständig, genau und zuverlässig ist und den dafür angegebenen Anforderungen gerecht wird. Vor der Abnahme erfolgen in der Regel Evaluations oder Tests. Häufig ist eine Abnahme für den Übergang zur nächsten Phase eines Projekts oder Prozesses erforderlich. Siehe Serviceabnahmekriterien.

Abschluss [Closure]

(**Service Operation**) Ändern des Status eines Incident, Problems, Change etc. in „Geschlossen".

Abschreibung [Depreciation]

(**Service Strategy**) Eine Maßnahme in Bezug auf die Wertminderung eines Asset im Laufe der Asset-Lebensdauer. Diese basiert auf der Abnutzung, dem Verbrauch oder einer anderen Minderung des nutzbaren ökonomischen Werts.

Abweichung [Variance]

Der Unterschied zwischen einem geplanten und dem tatsächlich gemessenen Wert. Der Begriff ist vor allem im Financial Management, Capacity Management und Service Level Management gebräuchlich, kann jedoch auch in jedem anderen Bereich verwendet werden, in dem mit Plänen gearbeitet wird.

Access Management [Access Management]

(**Service Operation**) Der Prozess, der für die Zulassung der Nutzung von IT Services, Daten und anderen Assets durch Anwender verantwortlich ist. Das Access Management bietet Unterstützung beim Schutz der Vertraulichkeit, Integrität und Verfügbarkeit von Assets, indem sichergestellt wird, dass nur berechtigte Anwender auf die jeweiligen Assets zugreifen oder Änderungen an diesen vornehmen können. Das Access Management kann auch als Berechtigungs-Management oder Identitäts-Management (Identity Management) bezeichnet werden.

Account Manager [Account Manager]

(**Service Strategy**) Eine Rolle mit vielen Parallelen zum Business Relationship Manager, bei der jedoch verstärkt kommerzielle Aspekte einbezogen werden. Wird häufig bei Abläufen in Verbindung mit externen Kunden eingesetzt.

Akkreditiert [Accredited]

Offiziell zur Übernahme einer Rolle autorisiert. Eine akkreditierte Organisation kann beispielsweise dazu berechtigt sein, Schulungen anzubieten oder Audits durchzuführen.

Aktives Monitoring (Aktive Überwachung) [Active Monitoring]

(**Service Operation**) Monitoring eines Configuration Item oder eines IT Service, bei dem eine automatisierte und regelmäßige Prüfung zur Feststellung des aktuellen Status vorgenommen wird. Siehe Passives Monitoring.

Aktivität [Activity]

Eine Gruppe von Aktionen, anhand derer ein bestimmtes Ergebnis erzielt werden soll. Aktivitäten werden in der Regel als Teil von Prozessen oder Plänen definiert und als Verfahren dokumentiert.

Alarm [Alert]

(Service Operation) Eine Warnung, dass ein Grenzwert erreicht oder eine Änderung vorgenommen wurde bzw. dass ein Ausfall aufgetreten ist. Ein Alarm wird häufig über System Management Tools erstellt und verwaltet; die Verwaltung erfolgt im Event Management Prozess.

Allmähliche Wiederherstellung [Gradual Recovery]

(Service Design) Eine Wiederherstellungsoption, die auch als „Cold Standby" bezeichnet wird. Dabei erfolgt die Wiederherstellung des IT Service in einem Zeitraum von mehr als 72 Stunden. Bei der allmählichen Wiederherstellung werden in der Regel bewegliche oder feste Anlagen eingesetzt, die über eine Umgebungsunterstützung und Netzwerkkonnektivität, allerdings über keine Computersysteme verfügen. Die Installation der Hardware und Software erfolgt im Rahmen des IT Service Continuity Plans.

Analyse der zugrunde liegenden Ursache (Root Cause Analysis, RCA) [Root Cause Analysis (RCA)]

(Service Operation) Eine Aktivität, die die zugrunde liegende Ursache eines Incident oder Problems identifiziert. Die RCA konzentriert sich in der Regel auf Ausfälle in der IT-Infrastruktur. Siehe Serviceausfallanalyse.

Analytisches Modelling [Analytical Modelling]

(Service Strategy) (Service Design) (Continual Service Improvement) Eine Technik, die mathematische Modelle einsetzt, um das Verhalten eines Configuration Item oder IT Service zu prognostizieren. Analytische Modelle werden häufig im Capacity Management und Availability Management eingesetzt. Siehe Modelling.

Anforderung [Requirement]

(Service Design) Die formale Formulierung dessen, was benötigt wird. Zum Beispiel eine Service Level Anforderung, eine Projektanforderung oder die Anforderung der erforderlichen Lieferergebnisse für einen Prozess. Siehe Statement of Requirements.

Anlagenaktivierung [Capitalization]

(Service Strategy) Identifizieren umfassender Kosten als Kapital, auch wenn kein Asset erworben wird. Dient dem Zweck, die Auswirkungen der Kosten über mehrere Kostenrechnungszeiträume hinweg zu verteilen. Das häufigste Beispiel dafür ist die Software Entwicklung oder der ErwerbBeispiel dafür ist die Software-Entwicklung oder der Erwerb einer Softwarelizenz.

Anruf, aber 'first call' ≙ 'Erstkontakt' [Call]

(Service Operation) Ein Telefonanruf von einem Anwender am Service Desk. Ein Anruf kann zu einer Erfassung eines Incident oder eines Service Request führen.

Anruftyp [Call Type]

(Service Operation) Eine Kategorie, die verwendet wird, um eine Unterscheidung zwischen den eingehenden Anforderungen an einem Service Desk zu treffen. Zu den häufigen Anruftypen gehören Incidents, Service Requests und Beschwerden.

Antwortzeit [Response Time]

Die Zeitspanne, die zur Durchführung eines Betriebsablaufs oder einer Transaktion erforderlich ist. Wird beim Capacity Management als Maß der IT-Infrastruktur-Performance verwendet und gibt beim Incident Management die Zeit an, die zur Annahme eines Anrufs oder für die Einleitung einer Diagnose verwendet wird.

Anwender [User]

Eine Person, die einen IT Service im Rahmen ihrer täglichen Aufgaben einsetzt. Anwender sind von Kunden zu unterscheiden, da manche Kunden die IT Services nicht unmittelbar nutzen.

Anwenderprofil (User Profile, UP) [User Profile (UP)]

(Service Strategy) Ein Muster, das den Bedarf eines Anwenders an IT Services wiedergibt. Jedes Anwenderprofil beinhaltet ein oder mehrere Business-Aktivitätsmuster.

Anwendung [Application]

Software, die die von einem IT Service benötigten Funktionen bereitstellt. Jede Anwendung kann Teil eines oder mehrerer IT Services sein. Eine Anwendung wird auf einem oder mehreren Servern oder Clients ausgeführt. Siehe Application Management, Anwendungsportfolio.

Anwendungsportfolio [Application Portfolio]

(Service Design) Eine Datenbank oder ein strukturiertes Dokument, mit der bzw. dem Anwendungen während ihres gesamten Lebenszyklus verwaltet werden. Das Anwendungsportfolio enthält die wichtigsten Attribute aller Anwendungen. Das Anwendungsportfolio wird manchmal als Teil des Serviceportfolios oder als Teil des Configuration Management System implementiert.

Application Management [Application Management]

(Service Design) (Service Operation) Die Funktion, die für die Verwaltung von Anwendungen während ihres gesamten Lebenszyklus verantwortlich ist.

Application Service Provider (ASP) [Application Service Provider (ASP)]

(Service Design) Ein externer Service Provider, der IT Services mithilfe von Anwendungen bereitstellt, die in den Geschäftsräumen des Service Providers ausgeführt werden. Der Zugriff der Anwender auf diese Anwendungen erfolgt über Netzwerkverbindungen zum Service Provider.

Application Sizing (Kapazitätsermittlung für neue oder geänderte Anwendungen) [Application Sizing]

(Service Design) Die Aktivität, mit der Informationen zu den Anforderungen an die Ressourcen ermittelt werden, die für die Unterstützung einer neuen Anwendung oder für die Durchführung umfassender Changes in vorhandenen Durchführung umfassender Changes in vorhandenen Anwendungen erforderlich sind. Das Application Sizing soll dabei sicherstellen, dass der IT Service die vereinbarten Service Level Ziele für die Kapazität und die Performance erreicht.

Arbeitsanweisung [Work Instruction]

Ein Dokument, das detaillierte Anweisungen dazu enthält, welche Schritte zum Ausführen einer Aktivität befolgt werden müssen. Eine Arbeitsanweisung enthält wesentlich mehr Details als ein Verfahrensdokument und wird nur dann erstellt, wenn sehr detaillierte Anweisungen erforderlich sind.

Architektur [Architecture]

(Service Design) Die Struktur eines Systems oder IT Service einschließlich der Beziehungen zwischen den Komponenten untereinander und der Beziehungen zur zugehörigen Umgebung. Die Architektur schließt auch Standards und Leitlinien ein, an denen sich das Design und die Entwicklung des Systems ausrichten.

Asset [Asset]

(Service Strategy) Bezeichnung für jedwede Ressource oder Fähigkeit. Die Assets eines Service Providers umfassen alle Elemente, die zur Erbringung eines Service beitragen können. Assets können folgende Typen einschließen: Management, Organisation, Prozess, Wissen, Mitarbeiter, Informationen, Anwendungen, Infrastruktur und finanzielles Kapital.

Asset Management [Asset Management]

(Service Transition) Das Asset Management ist der Prozess, der für die Verfolgung der Werte und Besitzverhältnisse in Bezug auf finanzielle Assets sowie deren Erfassung in Berichten während ihres gesamten Lebenszyklus verantwortlich ist. Das Asset Management ist Teil des umfassenden Prozesses Service Asset and Configuration Management. Siehe Asset-Register.

Asset-Register [Asset Register]

(Service Transition) Eine Liste mit Assets, in der deren Besitzverhältnisse und Werte aufgeführt sind. Das Asset-Register wird vom Asset Management verwaltet.

Attribut [Attribute]

(Service Transition) Ein Teil der Informationen zu einem Configuration Item. Beispiele dafür sind der Name, der Standort, die Versionsnummer und Kosten. Attribute von CIs werden in der Configuration Management Database (CMDB) erfasst. Siehe Beziehung.

Audit [Audit]

Formale Überprüfung und Analyse, um zu festzustellen, ob ein Standard oder ein Satz an Leitlinien eingehalten wird, ob Records korrekt sind oder ob die Ziele in Bezug auf die gewünschte Effizienz und Effektivität erreicht wurden. Ein Audit kann von internen oder externen Gruppen durchgeführt werden. Siehe Zertifizierung, Bewertung.

Ausfall [Failure]

(Service Operation) Verlust der Fähigkeiten, den Betrieb gemäß der Spezifikationen aufrechtzuerhalten oder den erforderlichen Output zu liefern. Der Begriff „Ausfall" kann in Bezug auf IT Services, Prozesse, Aktivitäten, Configuration Items etc. verwendet werden. Ein Ausfall führt häufig zu einem Incident.

Ausfallsicherheit [Resilience]

(Service Design) Die Resistenz eines Configuration Item oder IT Service gegen Ausfälle bzw. dessen schnelle Wiederherstellbarkeit nach einem Ausfall. Zum Beispiel ein geschütztes Kabel, das auch unter hohen Belastungen funktioniert. Siehe Fehlertoleranz.

Ausfallzeit [Downtime]

(Service Design) (Service Operation) Der Zeitraum, in dem ein Configuration Item oder IT Service während der vereinbarten Servicezeit nicht verfügbar ist. Die Verfügbarkeit eines IT Service wird häufig mithilfe der vereinbarten Servicezeit und der Ausfallzeit berechnet.

Auslastung [Workload]

Die Ressourcen, die zur Bereitstellung eines identifizierbaren Teils eines IT Services erforderlich sind. Auslastungen können nach Anwendern, Anwendergruppen oder Funktionen innerhalb des IT Service kategorisiert werden. Diese Größe wird zur Unterstützung bei der Analyse und dem Management der Kapazität, Performance und Nutzung von Configuration Items und IT Services eingesetzt. Der Begriff „Auslastung" wird gelegentlich als Synonym für Durchsatz verwendet.

Auslastungsgrad [Percentage utilisation]

(Service Design) Die Zeitdauer, während der eine Komponente über einen bestimmten Zeitraum eingesetzt wird. Wenn ein Prozessor im Zeitraum von einer Stunde 1.800 Sekunden lang arbeitet, besteht ein Auslastungsgrad von 50 %.

Auslösen [Invocation]

(Service Design) Initiierung der Schritte, die in einem Plan definiert sind. Beispielsweise das Initiieren des IT Service Continuity Plans für einen oder mehrere IT Services.

Ausnahmebericht [Exception Report]

Ein Dokument, das Details zu einem oder mehreren KPIs oder anderen wichtigen Zielen enthält, bei denen definierte Grenzwerte überschritten wurden. Beispiele dafür sind nicht eingehaltene oder gefährdete SLA-Ziele, oder eine Performance-Messgröße, die auf ein potenzielles Kapazitätsproblem hinweist.

Auswirkung [Impact]

(Service Operation) (Service Transition) Ein Maß für die Folgen eines Incident, Problems oder Change auf die Business-Prozesse. Die Auswirkung basiert häufig darauf, inwieweit Service Levels betroffen sind. Mithilfe der Auswirkung und der Dringlichkeit erfolgt die Zuweisung einer Priorität.

Automatic Call Distribution (Automatische Anrufverteilung, ACD) [Automatic Call Distribution (ACD)]

(Service Operation) Weiterleiten eines eingehenden Telefonanrufs an die geeignetste Person innerhalb der kürzest möglichen Zeit mithilfe der Informationstechnologie. ACD wird auch als Automated Call Distribution (Automatisierte Anrufverteilung) bezeichnet.

Availability Management [Availability Management]

(Service Design) Der Prozess, der für die Definition, Analyse, Planung, Messung und Verbesserung sämtlicher Aspekte in Bezug auf die Verfügbarkeit von IT Services verantwortlich ist. Im Availability Management muss sichergestellt werden, dass die gesamte IT-Infrastruktur, sowie sämtliche Prozesse, Hilfsmittel, Rollen etc. für die vereinbarten Service Level Ziele eine entsprechende Verfügbarkeit ermöglichen.

Availability Management Information System (AMIS) [Availability Management Information System (AMIS)]

(Service Design) Ein virtueller Speicherort für sämtliche Availability Management Daten, der in der Regel an mehreren physischen Standorten abgelegt wird. Siehe Service Knowledge Management System.

Availability-Plan (Verfügbarkeitsplan) [Availability Plan]

(Service Design) Ein Plan, mit dem sichergestellt wird, dass bestehende und zukünftige Verfügbarkeitsanforderungen für IT Services unter Berücksichtigung der Wirtschaftlichkeit bereitgestellt werden können.

Backout [Back-out]

Synonym für Fehlerkorrektur.

Backup (Sicherung) [Backup]

(Service Design) (Service Operation) Kopieren von Daten zum Schutz vor Verlust der Integrität oder zur Sicherstellung der Verfügbarkeit der ursprünglichen Daten.

Balanced Scorecard [Balanced Scorecard]

(Continual Service Improvement) Ein Management-Hilfsmittel, das von Dr. Robert Kaplan (Harvard Business School) und Dr. David Norton entwickelt wurde. Mit einer Balanced Scorecard kann eine Strategie in Key Performance Indicators unterteilt werden. Anhand der Performance im Vergleich mit den KPIs wird dargestellt, wie gut die Strategie umgesetzt werden konnte. Eine Balanced Scorecard verfügt über vier Hauptbereiche, von denen jeder eine kleinere Anzahl von KPIs umfasst. Diese vier Bereiche werden mit unterschiedlichem Detaillierungsgrad innerhalb der gesamten Organisation genauer untersucht.

Barwert-Methode (Net Present Value, NPV) [Net Present Value (NPV)]

(Service Strategy) Eine Technik zur Unterstützung von Entscheidungen zu Investitionsausgaben. Der NPV vergleicht den Barzufluss mit den Barauszahlungen. Ein positiver NPV gibt eine lohnenswerte Investition an. Siehe Interne Zinsfuß-Methode, Return on Investment.

Baseline [Baseline]

(Continual Service Improvement) Eine Benchmark, die als Referenzpunkt verwendet wird. Beispiel:

- Mit einer ITSM-Baseline als Ausgangspunkt können die Folgen eines Serviceverbesserungsplans gemessen werden.
- Mit einer Performance Baseline können Änderungen in der Performance während der Lebensdauer eines IT Service gemessen werden.
- Mit einer Configuration Management Baseline kann eine bekannte Configuration einer IT-Infrastruktur wiederhergestellt werden, wenn ein Change oder ein Release fehlschlägt.

Bedrohung [Threat]

Alles das, was eine Schwachstelle ausnutzen könnten. Jede potenzielle Ursache für einen Incident kann als Bedrohung betrachtet werden. Ein Feuer ist beispielsweise eine Bedrohung, die die Schwachstelle brennbarer Bodenverkleidungen ausnutzen könnte. Dieser Begriff wird vor allem im Information Security Management und IT Service Continuity Management eingesetzt. Er wird jedoch auch in anderen Bereichen wie dem Problem Management und dem Availability Management verwendet.

Benchmark [Benchmark]

(Continual Service Improvement) Der erfasste Zustand eines Elements zu einem bestimmten Zeitppunkt. Eine Benchmark kann für eine Configuration, einen Prozess oder einen beliebigen anderen Satz von Daten erstellt werden. Eine Benchmark kann beispielsweise in folgenden Bereichen verwendet werden:

- Continual Service Improvement, um den Ist-Zustand beim Erzielen von Verbesserungen zu definieren
- Capacity Management, um Performance-Merkmale während des normalen Betriebs zu dokumentieren Siehe Benchmarking, Baseline.

Benchmarking [Benchmarking]

(Continual Service Improvement) Vergleich einer Benchmark mit einer Baseline oder mit einer Best Practice. Der Begriff „Benchmarking" wird auch für die Erstellung einer Reihe von Benchmarks über einen bestimmten Zeitraum hinweg und den Vergleich der Ergebnisse verwendet, um den Fortschritt oder Verbesserungen zu messen.

Best Practice [Best Practice]

Aktivitäten oder Prozesse, deren Einsatz in mehreren Organisationen nachweislich zum gewünschten Erfolg geführt hat. ITIL ist ein Beispiel für Best Practice.

Betreiben [Operate]

Ausführen der erwarteten Leistung. Ein Prozess oder Configuration Item ist in Betrieb, wenn er bzw. es die angeforderten Ergebnisse liefert. Mit „Betreiben" wird auch die Ausführung einer oder mehrerer Betriebsabläufe bezeichnet, wie der tägliche Betrieb eines Computers für die erwartungsgemäße Ausführung des Geräts.

Betrieb/Betriebsablauf [Operation]

(Service Operation) Tägliche Verwaltung eines IT Service, eines Systems oder eines anderen Configuration Item. Mit „Betriebsablauf" werden darüber hinaus alle vordefinierten Aktivitäten oder Transaktionen bezeichnet. Beispielsweise das Einlegen eines Magnetbands, die Annahme von Geld bei der Bezahlung oder das Lesen von Daten von einem Plattenlaufwerk.

Betriebsausgaben (Operational (Expenditure, OPEX) [Operational Expenditure (OPEX)]

Synonym für Betriebskosten.

Betriebskosten [Operational Cost]

Kosten, die sich aus der Ausführung von IT Services ergeben. Häufig handelt es sich dabei um regelmäßige Zahlungen. Beispielsweise Personalkosten, Kosten für die Wartung der Hardware oder für den Stromverbrauch. Werden auch als „laufende Kosten" oder „Betriebsausgaben" bezeichnet. Siehe Investitionsausgaben.

Betriebssteuerung [Operations Control]

Synonym für IT Operations Control.

Bewegliche Anlage [Portable Facility]

(Service Design) Ein vorgefertigtes Gebäude oder ein großes Fahrzeug, das von einer Drittpartei bereitgestellt und an einen bestimmten Standort gebracht wird, wenn dies laut IT Service Continuity Plan erforderlich ist. Siehe Wiederherstellungsoption, Feste Anlage.

Bewertung [Assessment]

Überprüfung und Analyse um festzustellen ob ein Standard oder ein Satz an Leitlinien eingehalten wird, ob Records korrekt sind oder ob die Ziele in Bezug auf die gewünschte Effizienz und Effektivität erreicht wurden. Siehe Audit.

Beziehung [Relationship]

Eine Verbindung oder die Interaktion zwischen zwei Personen oder Elementen. Beim Business Relationship Management handelt es sich dabei um die Interaktion zwischen dem IT Service Provider und dem Business. Beim Configuration Management ist eine Beziehung eine Verknüpfung zwischen zwei Configuration Items, die eine gegenseitige Abhängigkeit oder Verbindung kennzeichnet. Beispielsweise können Anwendungen mit den Servern verknüpft sein, auf denen sie ausgeführt werden. IT Services verfügen über zahlreiche Verknüpfungen zu all den CIs, die zur Bereitstellung des jeweiligen Service beitragen.

Beziehungsprozesse [Relationship Processes]

Die Prozessgruppe des Standards ISO/IEC 20000, die das Business Relationship Management und das Supplier Management umfasst.

Brainstorming [Brainstorming]

(Service Design) Eine Technik, die ein Team bei der Ideenfindung unterstützt. Während der Brainstorming-Sitzung werden die gesammelten Ideen noch nicht überprüft, eine solche Überprüfung findet erst in einer späteren Phase statt. Brainstorming wird häufig vom Problem Management eingesetzt, um mögliche Problemursachen zu identifizieren.

British Standards Institution (BSI) [British Standards Institution (BSI)]

Die nationale Standardisierungsbehörde von Großbritannien, die für die Erstellung und Pflege der britischen Standards verantwortlich ist. Weitere Informationen dazu finden Sie unter http://www.bsi-global.com. Siehe ISO.

Budget [Budget]

Eine Liste der gesamten Geldmittel, die von einer Organisation oder einem Geschäftsbereich in einem bestimmten Zeitraum erwartungsgemäß nach einer entsprechenden Planung erhalten oder ausgegeben werden. Siehe Finanzplanung, Planung.

Build [Build]

(Service Transition) Die Aktivität in Bezug auf die Gruppierung einer Reihe von Configuration Items als Teil eines IT Service. Der Begriff „Build" bezeichnet auch ein Release, das zur Verteilung freigegeben ist. Beispiele dafür sind ein Server-Build oder ein Laptop-Build. Siehe Configuration Baseline.

Build-Umgebung [Build Environment]

(Service Transition) Eine gesteuerte Umgebung, in der Anwendungen, IT Services und andere Builds in gruppiert werden, bevor der Übergang in eine Test- oder Live-Umgebung erfolgt.

Business [Business]

(Service Strategy) Eine übergeordnete Unternehmenseinheit oder Organisation, die aus einer Reihe von Geschäftsbereichen besteht. Im Kontext von ITSM umfasst der Begriff „Business" den öffentlichen Bereich und nicht gewinnorientierte Organisationen ebenso wie Unternehmen. Ein IT Service Provider stellt IT Services für einen Kunden innerhalb eines Business bereit. Der IT Service Provider kann dabei Teil desselben Business, das die Rolle des Kunden einnimmt (interner Service Provider), oder Teil eines anderen Business sein (externer Service Provider).

Business Capacity Management (BCM) [Business Capacity Management (BCM)]

(**Service Design**) Im Kontext von ITSM ist das Business Capacity Management die verantwortliche Aktivität, um die zukünftigen Business-Anforderungen für die Verwendung im Capacity Plan nachzuvollziehen. Siehe Service Capacity Management.

Business Case [Business Case]

(**Service Strategy**) Rechtfertigung für einen umfassenden Ausgabenposten. Beinhaltet Informationen zu Kosten, Nutzen, Optionen, offenen Punkten, Risiken und möglichen Problemen. Siehe Kosten-Nutzen-Analyse.

Business Continuity Management (BCM) [Business Continuity Management (BCM)]

(**Service Design**) Der Business-Prozess, der für den Umgang mit Risiken verantwortlich ist, die zu schwerwiegenden Auswirkungen auf das Business führen können. Das BCM sichert die Interessen der wichtigsten Stakeholder, das Ansehen, die Marke und die wertschöpfenden Aktivitäten des Business. Für den Fall einer Unterbrechung der Geschäftsabläufe werden im BCM-Prozess die Risiken auf ein akzeptables Maß reduziert und eine Planung der Wiederherstellung von Business-Prozessen vorgenommen. Das BCM legt die Ziele, den Umfang und die Anforderungen für das IT Service Continuity Management fest.

Business Continuity Plan (BCP) [Business Continuity Plan (BCP)]

(**Service Design**) Ein Plan, der die Schritte definiert, die zur Wiederherstellung von Business-Prozessen nach einer Unterbrechung erforderlich sind. Der Plan identifiziert darüber hinaus die Bedingungen für das Auslösen des Plans, die darin zu berücksichtigenden Mitarbeiter, Kommunikationsmittel etc. IT Service Continuity Pläne sind ein wesentlicher Bestandteil von Business Continuity Plänen.

Business Operations [Business Operations]

(**Service Strategy**) Die Ausführung, das Monitoring und die Verwaltung von Business-Prozessen im Rahmen des täglichen Ablaufs.

Business Perspective [Business Perspective]

(**Continual Service Improvement**) Betrachtung des Service Providers und der IT Services aus dem Blickwinkel des Business, und Betrachtung des Business aus dem Blickwinkel des Service Providers.

Business Relationship Management [Business Relationship Management]

(**Service Strategy**) Der Prozess oder die Funktion, der bzw. die für die Pflege von Beziehungen zum Business verantwortlich ist. Das BRM umfasst in der Regel:

- die Pflege von persönlichen Beziehungen zu Business-Managern
- die Bereitstellung von Input zum Service Portfolio Management
- die Sicherstellung, dass der IT Service Provider den Business-Anforderungen der Kunden gerecht wird Business Anforderungen der Kunden gerecht wird Dieser Prozess ist eng mit dem Service Level Management verknüpft.

Business Relationship Manager (BRM) [Business Relationship Manager (BRM)]

(**Service Strategy**) Eine Rolle, die für die Pflege von Beziehungen zu einem oder mehreren Kunden verantwortlich ist. Diese Rolle wird häufig mit der Rolle des Service Level Managers kombiniert. Siehe Account Manager.

Business Service Management (BSM) [Business Service Management (BSM)]

(**Service Strategy**) (**Service Design**) Ein Ansatz zur Verwaltung von IT Services, bei dem die unterstützten Business-Prozesse und der Geschäftswert berücksichtigt werden. Dieser Begriff bezeichnet darüber hinaus die Verwaltung von Business-Services, die für Business-Kunden bereitgestellt werden.

Business-Aktivitätsmuster (Pattern of Business Activity, PBA) [Pattern of Business Activity (PBA)]

(**Service Strategy**) Ein Auslastungsprofil einer oder mehrerer Business-Aktivitäten. Mit dem Business-

Aktivitätsmuster werden für den IT Service Provider unterschiedliche Ausprägungen von Business-Aktivitäten veranschaulicht, um dafür zu planen. Siehe Anwenderprofil.

Business-Auswirkungsanalyse (Business Impact Analysis, BIA) [Business Impact Analysis (BIA)]

(Service Strategy) Die BIA ist die Aktivität im Business Continuity Management, die die Vital Business Functions und deren Abhängigkeiten identifiziert. Diese Abhängigkeiten können zwischen Suppliern, Mitarbeitern, anderen Business-Prozessen, IT Services etc. bestehen. Die BIA definiert die Wiederherstellungsanforderungen für IT Services. Zu diesen Anforderungen gehören die maximale Wiederherstellungszeit nach einem Ausfall, der tolerierte Datenverlust aufgrund von Ausfällen und die mindestens erforderlichen Service Level Ziele für die jeweiligen IT Services.

Business-Kunde [Business Customer]

(Service Strategy) Empfänger eines Produkts oder eines Service vom Business. Wenn es sich beim Business beispielsweise um einen Kfz-Hersteller handelt, ist der Business-Kunde eine Person, die ein Auto kauft.

Business-Prozess [Business Process]

Ein Prozess, für den das Business verantwortlich ist und der vom Business ausgeführt wird. Ein Business-Prozess ist an der Bereitstellung eines Produkts oder eines Service für einen Business-Kunden beteiligt. Für einen Händler kann beispielsweise ein Einkaufsprozess definiert sein, über den die Bereitstellung von Services für seine Business-Kunden unterstützt wird. Viele Business-Prozesse basieren auf IT Services.

Business-Service [Business Service]

Ein IT Service, der einen Business-Prozess direkt unterstützt, im Gegensatz zu einem Infrastrukturservice, der intern vom IT Service Provider eingesetzt wird und der in der Regel nicht vom Business wahrgenommen wird. Der Begriff „Business-Service" bezeichnet darüber hinaus einen Service, der von einem Geschäftsbereich für Business-Kunden erbracht wird. Dazu gehören beispielsweise die Bereitstellung von Finanzdienstleistungen für Kunden einer Bank oder die Lieferung von Waren an Kunden eines Einzelhandelsgeschäfts. Die erfolgreiche Bereitstellung von Business-Services hängt häufig von einem oder mehreren IT Services ab.

Business-Ziel [Business Objective]

(Service Strategy) Das Ziel eines Business-Prozesses oder des Business insgesamt. Business-Ziele unterstützen die Vision des Business, bieten Leitlinien für die IT Strategie und werden häufig von IT Services unterstützt.

Call Center [Call Centre]

(Service Operation) Eine Organisation oder ein Geschäftsbereich, die bzw. der große Zahl von eingehenden oder ausgehenden Telefonanrufen bearbeitetoder ausgehenden Telefonanrufen bearbeitet. Siehe Service Desk.

Capability Maturity Model (CMM) [Capability Maturity Model (CMM)]

(Continual Service Improvement) Beim Capability Maturity Model for Software (auch als CMM und SW-CMM bezeichnet) handelt es sich um ein Modell, das verwendet wird, um die Best Practices zur Unterstützung eines zu steigernden Reifegrads für Prozesse zu identifizieren. Das CMM wurde am Software Engineering Institute (SEI) der Carnegie Mellon University in den USA entwickelt. Im Jahr 2000 wurde eine Aktualisierung des SW-CMM zur CMMI® (Capability Maturity Model Integration) vorgenommen. Das SW-CMM-Modell mit den zugehörigen Bewertungsmethoden oder dem Schulungsmaterial wird heute nicht mehr vom SEI verwaltet.

Capability Maturity Model Integration (CMMI) [Capability Maturity Model Integration (CMMI)]

(Continual Service Improvement) Die Capability Maturity Model® Integration (CMMI) ist ein Ansatz zur Prozessverbesserung, der vom Software Engineering Institute (SEI) der Carnegie Melon University in den USA entwickelt wurde. Die CMMI stellt Organisationen die Elemente bereit, die für effektive Prozesse unabdingbar sind. Sie kann als Richtschnur für die Prozessverbesserung innerhalb eines Projekts, einer Abteilung oder einer gesamten Organisation herangezogen werden. Die CMMI unterstützt die Integration von herkömmlich separaten Organisationsfunktionen, legt Prozessverbesserungsziele und Prioritäten fest, bietet Leitlinien für Qualitätsprozesse und stellt einen Referenzpunkt für die Bewertung derzeitiger Prozesse bereit. Weitere Informationen dazu finden Sie unter http://www.sei.cmu.edu/cmmi/. Siehe Capability Maturity Model, Continual Service Improvement, Reife.

Capacity Management [Capacity Management]

(Service Design) Der Prozess, bei dem sichergestellt wird, dass die Kapazität der IT Services und die IT-Infrastruktur ausreicht, um die vereinbarten Service Level Ziele wirtschaftlich und zeitnah erreichen zu können. Beim Capacity Management werden alle Ressourcen die für die Erbringung Management werden alle Ressourcen, die für die Erbringung von IT Services erforderlich sind, sowie Pläne für kurz- mittel-und langfristige Business-Anforderungen berücksichtigt.

Capacity Management Information System (CMIS) [Capacity Management Information System (CMIS)]

(Service Design) Ein virtueller Speicherort für sämtliche Capacity Management Daten, der in der Regel an mehreren physischen Standorten abgelegt wird. Siehe Service Knowledge Management System.

Capacity-Plan [Capacity Plan]

(Service Design) Ein Capacity-Plan wird verwendet, um die für die Erbringung von IT Services erforderlichen Ressourcen zu verwalten. Der Plan umfasst Szenarios in Bezug auf unterschiedliche Prognosen für Business-Anforderungen sowie Optionen inklusive Kostenkalkulation, um die vereinbarten Service Level Ziele zu erreichen.

Capacity-Planung [Capacity Planning]

(Service Design) Die Aktivität innerhalb des Capacity Management, die für die Erstellung eines Capacity-Plans verantwortlich ist.

Change [Change]

(Service Transition) Hinzufügen, Modifizieren oder Entfernen eines Elements, das Auswirkungen auf die IT Services haben könnte. Der Umfang eines Change sollte sämtliche IT Services, Configuration Items, Prozess, Dokumentationen etc. einschließen.

Change Advisory Board (CAB) [Change Advisory Board (CAB)]

(Service Transition) Eine Gruppe von Personen, die den Change Manager bei der Bewertung, Festlegung von Prioritäten und zeitlichen Planung in Bezug auf Changes beraten. Dieses Gremium setzt sich in der Regel aus Vertretern aller Bereiche des IT Service Providers, d em Business und den Drittparteien wie z. B. Suppliern zusammen.

Change Case [Change Case]

(Service Operation) Eine Technik zur Prognose der Auswirkungen von beantragten Changes. Change Cases setzen bestimmte Szenarios ein, um den Umfang der beantragten Changes zu ermitteln und eine Kosten-Nutzen-Analyse zu unterstützen. Siehe Use Case.

Change Management [Change Management]

(Service Transition) Der Prozess, der für die Steuerung des Lebenszyklus aller Changes verantwortlich ist. Wichtigstes Ziel des Change Management ist es, die Durchführung von lohnenden Changes bei einer minimalen Unterbrechung der IT Services zu ermöglichen.

Change Record [Change Record]

(Service Transition) Ein Record, der die Details zu einem Change enthält. Jeder Change Record dokumentiert den Lebenszyklus eines einzelnen Change. Für jeden erhaltenen Request for Change wird ein Change Record erstellt, auch wenn der Change Request später abgelehnt wird. Changeg Records sollten auf die Configuration Items verweisen, die vom Change betroffen sind. Change Records werden im Configuration Management System gespeichert.

Change Request (Change-Antrag) [Change Request]

Synonym für Request for Change.

Change Schedule [Change Schedule]

(Service Transition) Ein Dokument, das alle genehmigten Changes und deren geplanten Implementierungsdaten aufführt Ein Change Schedule wird manchmal auch als „Forward Schedule of Change" (Zeitplan künftiger Changes) bezeichnet, auch wenn der Informationen zu Changes enthält, die bereits implementiert wurden.

Change-Historie [Change History]

(Service Transition) Informationen zu allen Changes, die am Configuration Item im Laufe der CI-Lebensdauer vorgenommen werden. Die Change-Historie umfasst sämtliche Change Records, die das CI betreffen.

Change Modell [Change Model]

(Service Transition) Ein wiederholbares Vorgehen für den Umgang mit einer bestimmten Kategorie von Changes. Ein Change-Modell definiert bestimmte vorab definierte Schritte, die für einen Change dieser Kategorie einzuhalten sind. Bei Change-Modellen kann es sich um sehr einfache Modelle handeln, für die keine Genehmigung erforderlich ist (wie z. B. das Zurücksetzen von Passwörtern), oder um sehr komplexe Modelle, die zahlreiche genehmigungspflichtige Schritte umfassen (wie z. B. Releases wichtiger Software-Anwendungen). Siehe Standard-Change, Change Advisory Board.

Change-Zeitfenster [Change Window]

(Service Transition) Eine reguläre vereinbarte Zeitdauer, während derer Changes oder Releases mit minimalen Auswirkungen auf die Services implementiert werden können. Change-Zeitfenster werden in der Regel in SLAs dokumentiert.

Chronologische Analyse [Chronological Analysis]

(Service Operation) Eine Technik, die die Identifizierung möglicher Ursachen von Problemen unterstützt. Es werden alle verfügbaren Daten zum Problem gesammelt und nach Datum und Uhrzeit sortiert, um die zeitliche Abfolge detailliert nachvollziehen zu können. So kann festgestellt werden, welche Events durch andere Events ausgelöst wurden.

CI-Typ [CI Type]

(Service Transition) Eine Kategorie mit der CIs klassifiziert werden. Der CI-Typ identifiziert die erforderlichen Attribute und Beziehungen für einen Configuration Record. Häufige CI-Typen sind: Hardware, Dokumente, Anwender etc.

Client [Client]

Der Begriff „Client" bezeichnet:

- einen Computer, der direkt von einem Anwender verwendet wird, wie beispielsweise ein PC, ein Handheld oder eine Workstation
- den Teil einer Client-Server-Anwendung, die die direkte Schnittstelle zum Anwender darstellt, wie beispielsweise einen E-Mail-Client

COBIT [COBIT]

(Continual Service Improvement) Control Objectives for Information and related Technology (COBIT) bietet Anleitungen und Best Practices für die Verwaltung von IT-Prozessen. COBIT wird vom IT Governance Institute herausgegeben. Weitere Informationen dazu finden Sie unter http://www.isaca.org/.

Code of Practice [Code of Practice]

Eine Leitlinie, die von einem öffentlichen Gremium oder einer Standardisierungsorganisation wie ISO oder BSI herausgegeben wird. Viele Standards umfassen einen Code of Practice und eine Spezifikation. Der Code of Practice beschreibt die empfohlene Best Practice.

Cold Standby [Cold Standby]

Synonym für allmähliche Wiederherstellung.

Commercial off the Shelf (COTS) [Commercial off the Shelf (COTS)]

(Service Design) Anwendungssoftware oder Middleware, die von einer Drittpartei erworben werden können.

Compliance [Compliance]

Sicherstellen, dass ein Standard oder Satz an Leitlinien eingehalten wird oder dass ordnungsgemäße, konsistente Nachweise oder andere Verfahren eingesetzt werden.

Component Capacity Management (CCM) [Component Capacity Management (CCM)]

(Service Design) (Continual Service Improvement) Der Prozess, der für die Aspekte der Kapazität, Auslastung und Performance von Configuration Items verantwortlich ist. Hier werden Daten für den Einsatz im Capacity-Plan gesammelt, erfasst und analysiert. Siehe Service Capacity Management.

Component Failure Impact Analysis (Analyse der Auswirkungen von Komponentenausfällen, CFIA) [Component Failure Impact Analysis (CFIA)]

(Service Design) Eine Technik, mithilfe derer die Auswirkungen eines CI-Ausfalls auf IT Services ermittelt werden können. Es wird eine Matrix erstellt, die die IT Services den CIs gegenüberstellt. So können kritische CIs (die den Ausfall mehrerer IT Services verursachen können) und anfällige IT Services (die über mehrere Single Points of Failure verfügen) identifiziert werden.

Computer Telephony Integration (CTI) [Computer Telephony Integration (CTI)]

(Service Operation) CTI ist ein allgemeiner Begriff, der alle Arten der Integration von Computer- und Telefonsystemen umfasst. Häufig bezieht sich dieser Begriff auf Systeme, in denen eine Anwendung detaillierte Ansichten zu eingehenden oder ausgehenden Telefonanrufen anzeigt. Siehe Automatic Call Distribution, Interaktive Spracherkennung.

Configuration (Konfiguration) [Configuration]

(Service Transition) Eine allgemeine Bezeichnung für eine Gruppe von Configuration Items, die zusammen für die Erbringung eines IT Service oder eines umfangreicheren Teils eines IT Service eingesetzt werden. Als „Konfiguration" werden darüber hinaus die Parametereinstellungen für ein oder mehrere CIs bezeichnet.

Configuration Baseline [Configuration Baseline]

(Service Transition) Eine Baseline für eine Configuration, die formal vereinbart und über den Change Management Prozess verwaltet wird. Eine Configuration Baseline dient als Basis für zukünftige Builds, Releases und Changes.

Configuration Item (Konfigurationselement, CI) [Configuration Item (CI)]

(Service Transition) Alle Komponenten, die verwaltet werden müssen, um einen IT Service bereitstellen zu können. Informationen zu den einzelnen CIs werden in einem Configuration Record innerhalb des Configuration Management Systems erfasst und über den gesamten Lebenszyklus hinweg vom Configuration Management verwaltet. CIs unterstehen der Steuerung und Kontrolle des Change Management. CIs umfassen vor allem IT Services, Hardware, Software, Gebäude, Personen und formale Dokumentationen, beispielsweise zum Prozess und SLAs.

Configuration Management [Configuration Management]

(Service Transition) Der Prozess, der für die Pflege von Informationen zu Configuration Items einschließlich der zugehörigen Beziehungen verantwortlich ist, die für die Erbringung eines IT Service erforderlich sind. Diese Informationen werden über den gesamten Lebenszyklus des CI hinweg verwaltet. Das Configuration Management ist Teil eines umfassenden Service Asset and Configuration Management Prozesses.

Configuration Management Database (CMDB) [Configuration Management Database (CMDB)]

(Service Transition) Eine Datenbank, die verwendet wird, um Configuration Records während ihres gesamten Lebenszyklus zu speichern Das Configuration Management System zu speichern. Das Configuration Management System verwaltet eine oder mehrere CMDBs, und jede CMDB speichert Attribute von CIs sowie Beziehungen zu anderen CIs.

Configuration Management System (CMS) [Configuration Management System (CMS)]

(Service Transition) Ein Satz an Hilfsmitteln und Datenbanken, der für die Verwaltung der Configuration-Daten eines IT Service Providers verwendet wird. Das CMS enthält darüber hinaus Informationen zu Incidents Problemen Known Errors, Changes und Releases und kann auch Daten zu Mitarbeitern, Suppliern, Standorten, Geschäftsbereichen, Kunden und Anwendern beinhalten. Das CMS umfasst Hilfsmittel zum Sammeln, Speichern, Verwalten, Aktualisieren und Präsentieren von Daten zu allen Configuration Items und deren Beziehungen. Das CMS untersteht der Zuständigkeit des Configuration Management und wird von allen IT Service Management Prozessen eingesetzt. Siehe Configuration Management Database, Service Knowledge Management System.

Configuration Record [Configuration Record]

(Service Transition) Ein Record, die die Details zu einem Configuration Item enthält. Jeder Configuration Record dokumentiert den Lebenszyklus eines einzelnen CI. Configuration Records werden in einer Configuration Management Database gespeichert.

Configuration-Identifizierung [Configuration Identification]

(Service Transition) Die Aktivität, die für die Sammlung von Informationen zu Configuration Items und deren Beziehungen sowie für das Laden dieser Informationen in die CMDB verantwortlich ist. Bei der Configuration-Identifizierung werden darüber hinaus die CIs selbst mit Bezeichnungen versehen, um eine Suche nach den entsprechenden Configuration Records durchführen zu können.

Configuration-Steuerung [Configuration Control]

(Service Transition) Die Aktivität, bei der sichergestellt werden soll, dass das Hinzufügen, Modifizieren oder Entfernen eines CI ordnungsgemäß verwaltet wird, indem beispielsweise ein Request for Change oder Service Request übermittelt wird.

Configuration-Struktur [Configuration Structure]

(Service Transition) Die Hierarchie und andere Beziehungen zwischen sämtlichen Configuration Items, die eine Configuration bilden.

Continual Service Improvement (Kontinuierliche Serviceverbesserung, CSI) [Continual Service Improvement (CSI)]

(Continual Service Improvement) Eine Phase im Lebenszyklus eines IT Service und Titel einer der ITIL Kernpublikationen. Das Continual Service Improvement ist verantwortlich für die Verwaltung von Verbesserungen in IT Service Management Prozessen und IT Services. Dabei werden die Performance des IT Service Providers kontinuierlich gemessen und Verbesserungen an Prozessen, IT Services und der IT-Verbesserungen an Prozessen, IT Services und der IT Infrastruktur vorgenommen, um die Effizienz, Effektivität und Wirtschaftlichkeit zu steigern. Siehe Plan-Do-Check-Act.

Control Objectives for Information and related Technology (COBIT) [Control Objectives for Information and related Technology (COBIT)]

Siehe COBIT.

Control Prozesse [Control Processes]

Die Prozessgruppe nach ISO/IEC 20000 die das Change Management und das Configuration Management umfasst.

Core Service [Core Service]

(Service Strategy) Ein IT Service, der die grundlegenden, von einem oder mehreren Kunden gewünschten Ergebnisse liefert. Siehe Unterstützender Service, Core Service Package.

Core Service Package (CSP) [Core Service Package (CSP)]

(Service Strategy) Eine detaillierte Beschreibung eines Core Service, der von zwei oder mehr Service Level Packages dt d kverwendet werden kann. Siehe Service Package.

Cost Center [Cost Centre]

(Service Strategy) Ein Geschäftsbereich oder ein Projekt, dem Kosten zugewiesen werden. Eine Cost Center verrechnet keine bereitgestellten Services. Ein IT Service Provider kann als Cost Center oder als Profit Center geführt werden.

CRAMM [CRAMM]

Eine Methode und ein Hilfsmittel für die Analyse und Verwaltung von Risiken. CRAMM wurde von der britischen Regierung entwickelt, untersteht jetzt allerdings einer privaten Inhaberschaft. Weitere Informationen dazu finden Sie unter http://www.cramm.com/.

Dashboard [Dashboard]

(Service Operation) Eine grafische Darstellung der allgemeinen IT Service Performance und Verfügbarkeit. Dashboard-Abbildungen können in Echtzeit aktualisiert und auch in Management-Berichten und Webseiten eingeschlossen werden. Dashboards können verwendet werden, um das Service Level Management, das Event Management oder eine Incident-Diagnose zu unterstützen.

Data-to-Information-to-Knowledge-to-Wisdom (DIKW) [Data-to-Information-to-Knowledge-to-Wisdom (DIKW)]

Eine Methode, um die Beziehungen zwischen Daten, Informationen, Wissen und Erfahrung darzustellen. DIKW veranschaulicht, wie die einzelnen Elemente aufeinander aufbauen.

Defekt [Fault]

Synonym für Fehler.

Definitive Media Library (Maßgebliche Medienbibliothek, DML) [Definitive Media Library (DML)]

(Service Transition) Ein oder mehrere Standorte, an dem die endgültigen und genehmigten Versionen aller Software Configuration Items sicher gespeichert sind. Die DML kann darüber hinaus zugehörige CIs wie Lizenzen und Dokumentationen beinhalten. Die DML ist als einzelner logischer Speicherbereich definiert, auch wenn sie auf verschiedene Speicherorte aufgeteilt ist. Die gesamte Software in der DML untersteht der Steuerung des Change und Release Management und wird im Configuration Management System erfasst. Für ein Release ist ausschließlich der Einsatz von Software aus der DML akzeptabelakzeptabel.

Demand Management [Demand Management]

Aktivitäten, die sich mit dem Bedarf des Kunden an Services befassen und auf diesen Bedarf sowie auf die Bereitstellung der Kapazität Einfluss nehmen, um diesem Bedarf gerecht zu werden. Auf strategischer Ebene kann das Demand Management die Analyse von Business-Aktivitätsmustern und Anwenderprofilen einbeziehen. Auf taktischer Ebene kann es eine differenzierte Leistungsverrechnung einsetzen, um die Nutzung von IT Services bei den Kunden zu Zeiten mit einer geringeren Auslastung zu fördern. Siehe Capacity Management.

Deployment [Deployment]

(**Service Transition**) Die Aktivität, die für den Übergang neuer oder geänderter Hardware, Software, Dokumentation, Prozesse etc. in die Live-Umgebung verantwortlich ist. Das Deployment ist Teil des Release and Deployment PManagement Prozesses. Siehe Rollout.

Design [Design]

(**Service Design**) Eine Aktivität oder ein Prozess, die bzw. der Anforderungen identifiziert und dann eine Lösung definiert, um diesen Anforderungen gerecht zu werden. Siehe Service Design.

Diagnose [Diagnosis]

(**Service Operation**) Eine Phase in den Incident-und Problem-Lebenszyklen. Zweck der Diagnose ist es, einen Workaround für einen Incident oder die zugrunde liegende Ursache eines Problems zu identifizieren.

Diagnoseskript [Diagnostic Script]

(**Service Operation**) Ein strukturierter Satz an Fragen, der von Service Desk Mitarbeitern eingesetzt wird, um sicherzustellen, dass die korrekten Fragen gestellt werden. Darüber hinaus bietet er eine Hilfestellung bei der Klassifizierung, Lösung und Zuteilung von Incidents an andere Mitarbeiter. Diagnoseskripts können auch Anwendern zur Verfügung gestellt werden, um diese bei der Diagnose und Lösung ihrer eigenen Incidents zu unterstützen.

Differenzierte Leistungsverrechnung [Differential Charging]

Eine Technik, die das Demand Management unterstützt, indem für eine IT Service Funktion zu unterschiedlichen Zeiten unterschiedliche Beträge verrechnet werden.

Directory-Service [Directory Service]

(**Service Operation**) Eine Anwendung, die die Informationen zu der in einem Netzwerk verfügbaren IT-Infrastruktur und zu den zugehörigen Zugriffsrechten der Anwender verwaltet.

Direkte Kosten [Direct Cost]

(**Service Strategy**) Kosten für die Bereitstellung eines IT Service, die in voller Höhe einem bestimmten Kunden, einem Cost Center, einem Projekt etc. zugeordnet werden. Dazu gehören beispielsweise Kosten für die Bereitstellung von speziell für einen Zweck eingesetzten Servern oder Softwarelizenzen. Siehe Indirekte Kosten.

Dokument [Document]

Informationen in lesbarer Form. Ein Dokument kann in einem papierbasierten oder elektronischen Format vorliegen. Zu den Beispielen gehören Richtlinien, Service Level Agreements, Incident Records, Schaupläne von Computerräumen etc. Siehe Record.

Dringlichkeit [Urgency]

(**Service Transition**) (**Service Design**) Ein Wert, der wiedergibt wie lange es dauert bis ein Incident, Problem oder Change maßgebliche Auswirkungen auf das Business hat. Ein Incident mit erheblichen Auswirkungen kann beispielsweise von geringer Dringlichkeit sein, wenn die Auswirkungen das Business bis zum Ende des Geschäftsjahrs nicht beeinträchtigen. Auf der Grundlage der Auswirkung und Dringlichkeit werden Prioritäten zugewiesen.

Drittpartei [Third Party]

Personen, Gruppen oder Businesses, die für die erfolgreiche Erbringung eines IT Services erforderlich für diesen IT Service jedoch nicht Teil des Service Level Agreement sind. Zum Beispiel ein Software-Supplier, ein Hardware-Serviceunternehmen oder eine

Gebäudeverwaltung. Anforderungen an Drittparteien werden in der Regel in Underpinning Contracts oder Operational Level Agreements festgehalten.

Durchsatz [Throughput]

(Service Design) Maß für die Anzahl der Transaktionen oder anderen Betriebsabläufen, die innerhalb eines bestimmten Zeitraums durchgeführt werden. Beispielsweise 5.000 versendete E-Mails pro Stunde oder 200 Disk-I/O-Vorgänge pro Sekunde.

Early Life Support [Early Life Support]

(Service Transition) Support für einen neuen oder geänderten IT Service für eine bestimmte Zeitspanne nach seiner Freigabe. Während des Early Life Support kann der IT Service Provider die KPIs, Service Levels und Monitoring-Grenzwerte überprüfen, und zusätzliche Ressourcen für das Incident und Problem Management bereitstellen.

Effektivität [Effectiveness]

(Continual Service Improvement) Ein Maß dafür, ob die Ziele eines Prozesses, eines Service oder einer Aktivität erreicht wurden. Bei einem effektiven Prozess oder einer effektiven Aktivität werden die zugehörigen vereinbarten Ziele erreicht. Siehe KPI.

Effizienz [Efficiency]

(Continual Service Improvement) Ein Maß dafür, ob die richtige Menge an Ressourcen eingesetzt wurde, um einen Prozess, einen Service oder eine Aktivität bereitzustellen. Ein effizienter Prozess erreicht seine Ziele innerhalb der kürzest möglichen Zeit bei einem minimalen Einsatz von Geldmitteln, Mitarbeitern oder anderen Ressourcen. Siehe KPI.

Emergency Change Advisory Board (ECAB) [Emergency Change Advisory Board (ECAB)]

(Service Transition) Eine Teilgruppe des Change Advisory Board, die Entscheidungen zu Notfall-Changes trifft, die umfassende Auswirkungen nach sich ziehen. Über die Zusammensetzung des ECAB kann bei der Einberufung eines Meetings entschieden werden und diese richtet sich nach der Art des Notfall-Change.

Entwicklung [Development]

(Service Design) Der Prozess, der für die Erstellung oder Modifizierung eines IT Service oder einer Anwendung verantwortlich ist. Bezeichnet auch die Rolle oder Gruppe, die die Entwicklung durchführt.

Entwicklungsumgebung [Development Environment]

(Service Design) Eine Umgebung, in der IT Services oder Anwendungen erstellt oder modifiziert werden. Entwicklungsumgebungen unterstehen in der Regel nicht demselben Grad der Steuerung und Kontrolle wie Testumgebungen oder Live-Umgebungen. Siehe Entwicklung.

Ergebnis [Deliverable]

Element, das bereitgestellt werden muss, um eine vereinbarte Bedingung aus einem Service Level Agreement oder Vertrag einzuhalten. Der Begriff „Ergebnis" bezeichnet in einem informellen Kontext auch einen geplanten Output eines Prozesses.

Ergebnis [Outcome]

Das Resultat der Ausführung einer Aktivität infolge eines Prozesses, der Bereitstellung eines IT Service etc. Der Begriff „Ergebnis" wird in Bezug auf die beabsichtigten Resultate sowie für die tatsächlichen Resultate verwendet. Siehe Ziel.

Erkennung [Detection]

(Service Operation) Eine Phase im Incident-Lebenszyklus. Bei der Erkennung erfährt der Service Provider, dass ein Incident vorhanden ist. Die Erkennung kann automatisch erfolgen oder das Ergebnis einer Incident-Meldung durch einen Anwender sein.

Erweiterter Incident-Lebenszyklus [Expanded Incident Lifecycle]

(Availability Management) Detaillierte Phasen im Lebenszyklus eines Incident. Die Phasen umfassen die Erkennung, Diagnose, Reparatur, Instandsetzung und die Wiederherstellung. Der erweiterte Incident-Lebenszyklus stellt alle Elemente dar, die an den Incident-Auswirkungen beteiligt sind, und veranschaulicht die Pläne zur Steuerung oder Reduzierung dieser Auswirkungen.

Eskalation [Escalation]

(Service Operation) Eine Aktivität, bei der zusätzliche Ressourcen eingeholt werden, wenn diese erforderlich sind, um den Service Level Zielen oder Kundenerwartungen gerecht zu werden. Eskalationen können innerhalb aller IT Service Management Prozesse erforderlich sein, werden jedoch meistens mit dem Incident Management, dem Problem Management und dem Kundenbeschwerde-Management in Verbindung gebracht. Es sind zwei Eskalationstypen definiert: funktionale Eskalation und hierarchische Eskalation.

eSourcing Capability Model for Client Organizations (eSCM-CL) [eSourcing Capability Model for Client Organizations (eSCM-CL)]

(Service Strategy) Ein Framework, das Organisationen dabei unterstützt, Analysen und Entscheidungen an Service Sourcing Modellen und -Strategien auszurichten. eSCM-CL wurde von der Carnegie Mellon University in den USA entwickelt. Siehe eSCM-SP.

eSourcing Capability Model for Service Providers (eSCM-SP) [eSourcing Capability Model for Service Providers (eSCM-SP)]

(Service Strategy) Ein Framework, das IT Service Provider **(Service Strategy)** Ein Framework, das IT Service Provider dabei unterstützt, ihre IT Service Management Fähigkeiten im Hinblick auf das Service Sourcing weiterzuentwickeln. eSCM-SP wurde von der Carnegie Mellon University in den USA entwickelt. Siehe eSCM-CL.

Evaluation (für Prozess, sonst Evaluierung) [Evaluation]

(Service Transition) Der Prozess, der für die Bewertung eines neuen oder geänderten IT Service verantwortlich ist um sicherzustellen, dass Risiken verwaltet wurden, und festlegen zu können, ob mit dem Change fortgefahren werden soll. Eine Evaluierung bezeichnet darüber hinaus den Vergleich eines Ist-Ergebnisses mit dem beabsichtigten Ergebnis oder den Vergleich unterschiedlicher Alternativen.

Event [Event]

(Service Operation) Eine Statusänderung, die für die Verwaltung eines Configuration Item oder IT Service von Bedeutung ist. Der Begriff „Event" bezeichnet darüber hinaus einen Alarm oder eine Benachrichtigung durch einen IT Service, ein Configuration Item oder ein Monitoring Tool. Bei Events müssen in der Regel die Mitarbeiter des IT-Betriebs aktiv werden, und häufig führen Events zur Erfassung von Incidents.

Event Management [Event Management]

(Service Operation) Der Prozess, der für die Verwaltung von Events während ihres Lebenszyklus verantwortlich ist. Das Event Management ist eine der wichtigsten Aktivitäten des IT-Betriebs.

Externe Messgröße [External Metric]

Eine Messgröße für die Bereitstellung von IT Services für einen Kunden. Externe Messgrößen werden in der Regel in SLAs definiert und dem Kunden berichtet. Siehe Interne Messgröße.

Externer Kunde [External Customer]

Ein Kunde, der für ein anderes Business als der IT Service Provider tätig ist. Siehe Externer Service Provider, Interner Kunde.

Externer Service Provider [External Service Provider]

(Service Strategy) Ein IT Service Provider, der Teil einer anderen Organisation als der Kunde ist. Ein IT Service Provider kann sowohl über interne Kunden als auch über externe Kunden verfügen. Siehe Typ III Service Provider.

Externes Sourcing (Externe Vergabe) [External Sourcing]

Synonym für Outsourcing.

Facilities Management [Facilities Management]

(Service Operation) Die Funktion, die für die physische Umgebung verantwortlich ist, in der sich die IT-Infrastruktur befindet. Das Facilities Management umfasst alle Aspekte in Verbindung mit der Verwaltung der physischen Umgebung, wie beispielsweise das Stromversorgungs- und Kühlungssystem, das Access Management für Zutrittsrechte und die Umgebungs-Überwachung.

Fähigkeit [Capability]

(Service Strategy) Die Fähigkeit einer Organisation, einer Person, eines Prozesses, einer Anwendung, eines Configuration Item oder eines IT Service zur Durchführung einer Aktivität. Fähigkeiten gehören zu den nicht greifbaren Assets einer Organisation. Siehe Ressource.

Fault Tree Analysis (Fehlerbaumanalyse Fault Tree Analysis (Fehlerbaumanalyse, FTA) [Fault Tree Analysis (FTA)]

(Service Design) (Continual Service Improvement) Eine**(Service Design) (Continual Service Improvement)** Eine Technik, die zur Ermittlung der Kette von Events eingesetzt werden kann, die zu einem Problem führt. Die Fault Tree Analysis bildet eine Kette von Events anhand einer Boole'schen Notation in einem Diagramm ab.

Fehler [Error]

(Service Operation) Eine mangelhafte Konzeption oder eine Fehlfunktion, die zum Ausfall eines oder mehrerer Configuration Items oder IT Services führt. Bei einem Versehen einer Person oder einem gestörten Prozess mitVersehen einer Person oder einem gestörten Prozess mit Auswirkungen auf ein CI oder einen IT Service handelt es sich ebenfalls um einen Fehler.

Fehlerkorrektur [Remediation]

(Service Transition) Die Wiederherstellung eines bekannten Zustands nach einem fehlgeschlagenen Change oder Release.

Fehlermöglichkeiten- und Auswirkungsanalyse (Failure Modes and Effects Analysis, FMEA) [Failure Modes and Effects Analysis (FMEA)]

Ein Ansatz zur Bewertung der potenziellen Auswirkung eines Af ll Di FMEA f t i A l j Cfi ti Ausfalls. Die FMEA umfasst eine Analyse je Configuration Item, was nach einem Ausfall des CI passieren würde, einschließlich der Auswirkungen auf das gesamte Business. FMEA wird häufig im Information Security Management und in der IT Service Continuity Planung eingesetzt.

Fehlertoleranz [Fault Tolerance]

(Service Design) Die Fähigkeit eines IT Service oder Configuration Item, nach einem Ausfall einer Komponente den Betrieb korrekt aufrechtzuerhalten. Siehe Ausfallsicherheit, Gegenmaßnahme.

Feste Anlage [Fixed Facility]

(Service Design) Ein feststehendes Gebäude, das im Bedarfsfall für einen IT Service Continuity Plan verfügbar ist. Siehe Wiederherstellungsoption, Bewegliche Anlage.

Fiktive Leistungsverrechnung [Notional Charging]

(Service Strategy) Ein Ansatz zur Leistungsverrechnung für IT Services. Dabei wird eine Leistungsverrechnung für die Kunden durchgeführt, und die Kunden werden über die Kosten informiert, es erfolgt jedoch kein eigentlicher Transfer von Geldmitteln. Über eine fiktive Leistungsverrechnung kann sichergestellt werden, dass sich die Kunden der angefallenen Kosten bewusst sind. Sie kann auch als Phase bei der Einführung einer realen Leistungsverrechnung eingesetzt werden.

Financial Management [Financial Management]

(Service Strategy) Die Funktionen und die Prozesse mit der Verantwortung für den Umgang mit den Anforderungen eines IT Service Providers an die Budgetierung, die Kostenrechnung und die Leistungsverrechnung.

Finanzplanung [Budgeting]

Die Aktivität, bei der die Ausgabe von Geldmitteln prognostiziert und gesteuert wird. Umfasst einen periodischen Verhandlungszyklus, um zukünftige Budgets festzulegen (in der Regel jährlich) sowie ein tägliches Monitoring mit der Anpassung des aktuellen Budgets.

First-Level Support [First-line Support]

(Service Operation) Die erste Ebene in einer Hierarchie von Support-Gruppen, die an der Lösung von Incidents beteiligt sind. Mit jeder Ebene sind mehr Know-how und Fertigkeiten von Experten vorhanden bzw. mehr Zeit oder andere Ressourcen verfügbar. Siehe EskalationEskalation.

Fischgrätendiagramm [Fishbone Diagram]

Synonym für Ishikawa-Diagramm.

Fixkosten [Fixed Cost]

(Service Strategy) Kosten, die beim Einsatz eines IT Service nicht variieren. Beispielsweise die Kosten der Server-Hardware. Siehe Variable Kosten.

Follow the Sun (Weltweit reibungslose Abwicklung) [Follow the Sun]

(Service Operation) Eine Methode, bei der Service Desks und Support-Gruppen weltweit eingesetzt werden, um einen reibungslosen Service 24 Stunden am Tag und an sieben Tagen in der Woche bereitstellen zu können.

Anrufe, Incidents, Probleme und Service Requests werden zwischen den Gruppen in unterschiedlichen Zeitzonen weitergeleitet.

Fulfilment [Fulfilment]

Ausführung von Aktivitäten, um einem Bedürfnis oder einer Anforderung gerecht zu werden. Kann beispielsweise durch Bereitstellung eines neuen IT Service oder dem Nachkommen eines Service Request erfolgen.

Funktion [Function]

Ein Team oder eine Gruppe von Personen und die Hilfsmittel, die eingesetzt werden, um einen oder mehrere Prozesse oder Aktivitäten durchzuführen. Ein Beispiel dafür ist das Service Desk.

Der Begriff „Funktion" hat darüber hinaus zwei weitere Bedeutungen:

- Zweck, der mit einem Configuration Item, einer Person, einem Team, einem Prozess oder einem IT Service verfolgt wird. Eine Funktion eines E-Mail-Dienstes kann beispielsweise das Speichern und Weiterleiten ausgehender E-Mails sein, und eine Funktion eines Business-Prozesses kann die Verteilung von Waren an Kunden beinhalten.
- korrekte Ausführung in Bezug auf den beabsichtigten Zweck („Der Computer funktioniert").

Funktionale Eskalation [Functional Escalation]

(Service Operation) Weiterleiten eines Incident, Problems oder Change an ein technisches Team mit einem erweiterten Erfahrungsschatz, das Unterstützung bei einer Eskalation bieten soll.

Gap-Analyse (Lückenanalyse) [Gap Analysis]

(Continual Service Improvement) Eine Aktivität, bei der zwei Datengruppen miteinander verglichen und die Unterschiede identifiziert werden. Die Gap-Analyse wird verbreitet genutzt, um einen Satz an Anforderungen mit dem Ist-Ergebnis zu vergleichen. Siehe Benchmarking.

Gegenmaßnahme [Countermeasure]

Kann einen beliebigen Typ der Steuerung bezeichnen. Der Begriff „Gegenmaßnahme" wird häufig in Bezug auf Aktivitäten verwendet, die die Ausfallsicherheit, Fehlertoleranz oder Zuverlässigkeit eines IT Service erhöhen.

Gegenseitige Vereinbarung [Reciprocal Arrangement]

(Service Design) Eine Wiederherstellungsoption. Eine Vereinbarung zwischen zwei Organisationen zur gemeinsamen Nutzung von Ressourcen bei Notfällen. Zum Beispiel die gemeinsame Nutzung eines Computerraums oder von Mainframes.

Gemeinkosten [Overhead]

Synonym für indirekte Kosten.

Geplante Nicht-Verfügbarkeit [Planned Downtime]

(Service Design) Vereinbarte Zeit, zu der ein IT Service nicht verfügbar ist. Die geplante Nicht-Verfügbarkeit wird häufig bei Wartungsarbeiten, Upgrades und Tests eingesetzt. Siehe Change-Zeitfenster, Ausfallzeit.

Geschäftsbereich [Business Unit]

(Service Strategy) Ein Segment des Business mit eigenen Plänen, Messgrößen, Einnahmen und Kosten. Jeder Geschäftsbereich verfügt über Assets, die zur Wertschöpfung für den Kunden in Form von Waren und Services eingesetzt werden.

Geschlossen [Closed]

(Service Operation) Der endgültige Status im Lebenszyklus eines Incident, Problems, Change etc. Im Status „Geschlossen" werden keine weiteren Schritte mehr vorgenommen.

Gleichzeitigkeit [Concurrency]

Ein Maß für die Anzahl der Anwender, die zur selben Zeit mit demselben Betriebsablauf beschäftigt sind.

Governance [Governance]

Sicherstellen, dass Richtlinien und Strategien auch tatsächlich implementiert werden und die erforderlichen Prozesse korrekt eingehalten werden. Die Governance umfasst die Definition von Rollen und Verantwortlichkeiten, Maßnahmen und Berichte sowie Aktionen zur Lösung aller identifizierten Anliegen.

Grenzkosten [Marginal Cost]

(Service Strategy) Die Kosten für eine Weiterführung der Bereitstellung des IT Service. Grenzkosten umfassen nicht die bereits getätigten Investitionen, wie die Kosten für neu entwickelte Software und Schulungen.

Grenzwert [Threshold]

Der Wert einer bestimmten Messgröße, die einen Alarm auslösen oder Maßnahmen durch das Management zur Folge haben sollte. Beispiele: „Incident mit Priorität 1 wurde nicht innerhalb von vier Stunden gelöst"; „mehr als 5 Datenträgerfehler in einer Stunde"; „mehr als 10 fehlgeschlagene Changes in einem Monat"gesc age ges

Help Desk [Help Desk]

(Service Operation) Eine Anlaufstelle für Anwender, um Incidents zu erfassen. Ein Help Desk ist in der Regel eher technisch orientiert als ein Service Desk und stellt keinen Single Point of Contact für die gesamte Interaktion bereit. Der Begriff „Help Desk" wird häufig auch als Synonym für Service Desk verwendet.

Hierarchische Eskalation [Hierarchic Escalation]

(Service Operation) Informieren oder Einbeziehen höherer Management-Ebenen zur Unterstützung bei einer Eskalation.

Hochverfügbarkeit [High Availability]

(Service Design) Ein Ansatz oder ein Design, bei dem die Folgen eines Configuration Item Ausfalls auf die Anwender oder einen IT Service minimiert werden oder nicht mehr relevant sind. Hochverfügbarkeitslösungen sind so konzipiert, dass ein vereinbarter Verfügbarkeits-Level erreicht wird, und verwenden Techniken wie Fehlertoleranz, Ausfallsicherheit und schnelle Wiederherstellung, um die Anzahl der Incidents und die Auswirkungen von Incidents zu reduzieren.

Hot Standby [Hot Standby]

Synonym für schnelle Wiederherstellung oder sofortige Wiederherstellung.

Identität [Identity]

(Service Operation) Ein eindeutiger Name, um einen Anwender, eine Person oder eine Rolle zu identifizieren. Die Identität wird eingesetzt, um diesem Anwender, dieser Person oder dieser Rolle bestimmte Rechte zu gewähren. Beispiele für Identitäten sind der Anwendername „SchneiderJ" oder die Rolle „Change Manager".

In Arbeit (Work in Progress, WIP) [Work in Progress (WIP)]

Ein Status, der besagt, dass Aktivitäten zwar begonnen wurden, aber noch nicht abgeschlossen sind. WIP wird häufig als Status für Incidents, Probleme, Changes etc. verwendet.

Incident [Incident]

(Service Operation) Eine nicht geplante Unterbrechung eines IT Service oder eine Qualitätsminderung eines IT Service. Auch ein Ausfall eines Configuration Item ohne bisherige Auswirkungen auf einen Service ist ein Incident. Beispiel: Ein Ausfall einer oder mehrerer Festplatten in einer gespiegelten Partition.

Incident Management [Incident Management]

(Service Operation) Der Prozess, der für die Verwaltung des Lebenszyklus aller Incidents verantwortlich ist. Wichtigstes Ziel des Incident Management ist eine schnellstmögliche Wiederherstellung des IT Service für die Anwender.

Incident Record [Incident Record]

(Service Operation) Ein Record, der die Details zu einem Incident enthält. Jeder Incident Record dokumentiert den Lebenszyklus eines einzelnen Incident.

Indirekte Kosten [Indirect Cost]

(Service Strategy) Kosten für die Bereitstellung eines IT Service, die nicht in voller Höhe einem bestimmten Kunden zugeordnet werden können. Dazu können beispielsweise Kosten für die Bereitstellung gemeinsam genutzter Server oder Softwarelizenzen gehören. Auch als Gemeinkosten bezeichnet. Siehe Direkte Kosten.

Information Security Management (ISM) [Information Security Management (ISM)]

(Service Design) Der Prozess, bei dem die Vertraulichkeit, Integrität und Verfügbarkeit der Assets, Informationen, Daten und IT Services einer Organisation sichergestellt werden. Das Information Security Management ist in der Regel Teil eines organisatorischen Ansatzes für das Security Management, der über den Aufgabenbereich des IT Service Providers hinausgeht, und berücksichtigt die Verwaltung papierbasierter Dokumente Zutrittsrechte Telefonanrufe etc. für die gesamte Dokumente, Zutrittsrechte, Telefonanrufe etc. für die gesamte Organisation.

Information Security Management System (ISMS) [Information Security Management System (ISMS)]

(Service Design) Das Framework von Richtlinien, Prozessen, Standards, Leitlinien und Hilfsmitteln, das sicherstellt, dass eine Organisation ihre Ziele in Bezug auf das Information Security Management erreichen kann.

Information Security Policy (Richtlinie zur Informationssicherheit) [Information Security Policy]

(Service Design) Die Richtlinie, die den Ansatz der Organisation für das Information Security Management steuert.

Informationstechnologie (IT) [Information Technology (IT)]

Der Einsatz der Technologie zum Speichern, zur Kommunikation und zur Verarbeitung von Informationen. Die Technologie schließt in der Regel Computer, Telekommunikationseinrichtungen, Anwendungen und andere Software ein. Die Informationen können allgemeine Business-Daten, Sprachdaten, Abbildungen, Videos etc. umfassen. Die Informationstechnologie wird häufig eingesetzt, um Business-Prozesse durch IT Services zu unterstützen.

Infrastrukturservice [Infrastructure Service]

Ein IT Service, der nicht direkt vom Business eingesetzt wird, sondern der vom IT Service Provider benötigt wird, um andere IT Services bereitzustellen. Beispielsweise Directory-Services, Namensdienste oder Kommunikationsservices.

Insourcing (Interne Vergabe) [Insourcing]

Synonym für internes Sourcing.

Instandsetzung [Recovery]

(Service Design) (Service Operation) Das Zurücksetzen eines Configuration Item oder eines IT Service in einen funktionierenden Zustand. Die Instandsetzung eines IT Service beinhaltet häufig die Wiederherstellung von Daten im zuletzt bekannten konsistenten Zustand. Nach der Wiederherstellung sind ggf. weitere Schritte erforderlich, damit der IT Service den Anwendern verfügbar gemacht werden kann (Wiederherstellung).

Integrität [Integrity]

(Service Design) Ein Sicherheitsprinzip, das sicherstellt, dass Daten und Configuration Items nur durch autorisierte Mitarbeiter und Aktivitäten modifiziert werden. Die Integrität berücksichtigt alle möglichen Ursachen einer Modifikation, wie Ausfälle von Software oder Hardware, Umgebungs-Events und Eingriffe durch Personen.

Interaktive Spracherkennung (Interactive Voice Response, IVR) [Interactive Voice Response (IVR)]

(Service Operation) Eine Form der Automatic Call Distribution, die Eingaben vom Anwender wie einen Tastendruck oder gesprochene Befehle akzeptiert, um das korrekte Ziel für eingehende Anrufe zu identifizieren.

International Organization for Standardization (ISO) [International Organization for Standardization (ISO)]

Die International Organization for Standardization (ISO) ist der weltweit größte Entwickler von Standards. Die ISO ist eine regierungsunabhängige Organisation, die aus einem Netzwerk nationaler Standardisierungsinstitute aus 156 Ländern besteht. Weitere Informationen zu ISO finden Sie unter http://www.iso.org/.

Internationale Standardisierungsorganisation [International Standards Organisation]

Siehe International Organization for Standardization (ISO).

Interne Messgröße [Internal Metric]

Eine Messgröße, die vom IT Service Provider eingesetzt wird, um die Effizienz, Effektivität oder Wirtschaftlichkeit der internen Prozesse des IT Service Providers zu überwachen. Interne Messgrößen werden in der Regel nicht an den Kunden des IT Service berichtet. Siehe Externe Messgröße.

Interne Zinsfuß-Methode (Internal Rate of Return, IRR) [Internal Rate of Return (IRR)]

(Service Strategy) Eine Technik zur Unterstützung von Entscheidungen zu Investitionsausgaben. Der IRR errechnet eine Zahl, mit der zwei oder mehr alternative Investitionen verglichen werden können. Ein größerer IRR steht für eine bessere Investition. Siehe Barwert-Methode, Return on Investment.

Interner Kunde [Internal Customer]

Ein Kunde, der für dasselbe Business wie der IT Service Provider tätig ist. Siehe Interner Service Provider, Externer Kunde.

Interner Service Provider [Internal Service Provider]

(**Service Strategy**) Ein IT Service Provider, der Teil derselben Organisation wie der Kunde ist. Ein IT Service Provider kann sowohl über interne Kunden als auch über externe Kunden verfügen. Siehe Typ I Service Provider, Typ II Service Provider, Insourcing.

Internes Sourcing (Interne Vergabe) [Internal Sourcing]

(**Service Strategy**) Einsatz eines internen Service Providers für die Verwaltung von IT Services. Siehe Service Sourcing, Typ I Service Provider, Typ II Service Provider.

Internet Service Provider (ISP) [Internet Service Provider (ISP)]

Ein externer Service Provider, der einen Zugriff auf das Internet bereitstellt. Die meisten ISPs bieten auch andere IT Services wie Web-Hosting an.

Investitionsausgaben (Capital Expenditure, CAPEX) [Capital Expenditure (CAPEX)]

(**Service Strategy**) Die Kosten für den Einkauf eines Artikels, der als finanzielles Asset eingesetzt wird, wie beispielsweise Computerausrüstung oder Gebäude. Der Wert des Asset wird über mehrere Kostenrechnungszeiträume hinweg abgeschrieben.

Investitionsgut [Capital Item]

(**Service Strategy**) Ein Asset, mit dem sich das Financial Management beschäftigt, da dessen Wert einen vereinbarten finanziellen Wert übersteigt.

Ishikawa-Diagramm [Ishikawa Diagram]

(**Service Operation**) (**Continual Service Improvement**) Eine Technik, die ein Team dabei unterstützt, alle möglichen Ursachen eines Problems zu identifizieren. Die ursprünglich von Kaoru Ishikawa konzipierte Technik liefert Ergebnisse in einem Diagramm, das optisch an eine Fischgräte erinnert.

ISO 9000 [ISO 9000]

Ein allgemeiner Begriff, der sich auf eine Reihe von internationalen Standards und Leitlinien für Quality Management Systeme bezieht. Weitere Informationen dazu finden Sie unter http://www.iso.org/. Siehe ISO.

ISO 9001 [ISO 9001]

Ein internationaler Standard für Quality Management Systeme. Siehe ISO 9000, Standard.

ISO/IEC 17799 [ISO/IEC 17799]

(**Continual Service Improvement**) ISO Code of Practice für(p) das Information Security Management. Siehe Standard.

ISO/IEC 20000 [ISO/IEC 20000]

ISO-Spezifikation und Code of Practice für das IT Service Management. ISO/IEC 20000 ist mit der ITIL Best Practice abgestimmt.

ISO/IEC 27001 [ISO/IEC 27001]

(**Service Design**) (**Continual Service Improvement**) ISO-Spezifikation für das Information Security Management DerSpezifikation für das Information Security Management. Der zugehörige Code of Practice lautet ISO/IEC 17799. Siehe Standard.

IT Directorate (IT-Leitung) [IT Directorate]

(**Continual Service Improvement**) Oberes Management bei einem Service Provider, das für die Entwicklung und Bereitstellung von IT Services verantwortlich ist. Der Begriff wird meist in Behörden der britischen Regierung benutzt.

IT Operations Control (Steuerung des IT-Betriebs) [IT Operations Control]

(**Service Operation**) Die Funktion, die für das Monitoring und die Steuerung der IT Services und IT Infrastruktur verantwortlich ist. Siehe Operations Bridge.

IT Operations Management [IT Operations Management]

(**Service Operation**) Die Funktion innerhalb des IT Service Providers, die die täglichen Aktivitäten durchführt, die zur Verwaltung von IT Services und Unterstützung der IT-Infrastruktur erforderlich sind. Zum IT Operations

Management gehören IT Operations Control und das Facilities Management.

IT Service [IT Service]

Ein Service, der für einen oder mehrere Kunden von einem IT Service Provider bereitgestellt wird. Ein IT Service basiert auf dem Einsatz der Informationstechnologie und unterstützt die Business-Prozesse des Kunden. Ein IT Service besteht aus einer Kombination von Personen, Prozessen und Technologie und sollte in einem Service Level Agreement definiert werden.

IT Service Continuity Management (ITSCM) [IT Service Continuity Management (ITSCM)]

(Service Design) Der Prozess, der für die Verwaltung von Risiken verantwortlich ist, die zu schwerwiegenden Auswirkungen auf IT Services führen können. Das ITSCM stellt sicher, dass der IT Service Provider stets ein Mindestmaß an vereinbarten Service Levels bereitstellen kann, indem die Risiken auf ein akzeptables Maß reduziert werden und eine Wiederherstellungsplanung für IT Services erfolgt. Das ITSCM sollte so konzipiert sein, dass es das Business Continuity Management unterstützt.

IT Service Continuity Plan [IT Service Continuity Plan]

(Service Design) Ein Plan, der die erforderlichen Schritte für eine Wiederherstellung eines oder mehrerer IT Services definiert. Der Plan identifiziert darüber hinaus die Bedingungen für das Auslösen des Plans, die darin zu berücksichtigenden Mitarbeiter, Kommunikationsaspekte etc. IT Service Continuity Pläne sollten Teil eines Business Continuity Plans sein.

IT Service Management (ITSM) [IT Service Management (ITSM)]

Die Implementierung und Verwaltung von qualitätsbasierten IT Services, die den Anforderungen des Business gerecht werden. Das IT Service Management wird von IT Service Providern mithilfe einer geeigneten Kombination aus Personen, Prozessen und Informationstechnologie durchgeführt. Siehe Service Management.

IT Service Management Forum (itSMF) [IT Service Management Forum (itSMF)]

Beim IT Service Management Forum handelt es sich um eine unabhängige Organisation, die sich der Förderung und Verbreitung eines professionellen Ansatzes für das IT Service Management widmet. Das itSMF ist eine nicht gewinnorientierte Mitgliederorganisation mit Vertretern aus zahlreichen Ländern weltweit (itSMF Verbände). Das itSMF und seine Mitglieder unterstützen die Entwicklung von ITIL sowie der zugehörigen IT Service Management Standards. Weitere Informationen dazu finden Sie unter http://www itsmf de/

IT Service Provider [IT Service Provider]

(Service Strategy) Ein Service Provider, der IT Services für interne Kunden oder externe Kunden bereitstellt.

IT Steering Group (ISG) [IT Steering Group (ISG)]

Eine formale Gruppe, die sicherstellen soll, dass die Strategien und Pläne von Business und IT Service Provider eng aufeinander abgestimmt sind. Zu einer IT Steering Group gehören Vertreter des oberen Managements aus dem Business und dem IT Service Provider.

IT Betrieb [IT Operations]

(Service Operation) Aktivitäten, die von IT Operations Control durchgeführt werden, einschließlich Konsolenmanagement, Job Scheduling, Backup und Wiederherstellung und Druck-und Ausgabemanagement. „IT-Betrieb" ist darüber hinaus ein Synonym für Service Operation (Servicebetrieb)

ITIL [ITIL]

Ein Satz an Best Practice Leitlinien für das IT Service Management. Inhaber von ITIL ist das OGC. ITIL umfasst eine Reihe von Publikationen, die Leitlinien zur Bereitstellung von qualitätsbasierten IT Services sowie zu den Prozessen und Einrichtungen bieten, die zur Unterstützung dieser Services erforderlich sind. Weitere Informationen dazu finden Sie unter http://www.itil.co.uk/.

IT-Infrastruktur [IT Infrastructure]

Die Gesamtheit der Hardware, Software, Netzwerke, Anlagen etc. die für die Entwicklung, Tests, die Bereitstellung, das Monitoring, die Steuerung oder den Support von IT Services erforderlich sind. Der Begriff „IT-Infrastruktur" umfasst die gesamte Informationstechnologie, nicht jedoch die zugehörigen Mitarbeiter, Prozesse und Dokumentationen.

Job Scheduling (Auftragsplanung) [Job Scheduling]

(Service Operation) Planung und Verwaltung der Ausführung von Software-Aufgaben, die als Teil eines IT Service erforderlich sind. Das Job Scheduling wird vom IT Operations Management durchgeführt und häufig mithilfe von Software-Tools automatisiert, die Batch-Verarbeitungs- oder Online-Aufgaben zu bestimmten Zeiten pro Tag, pro Woche, pro Monat oder pro Jahr ausführen.

Kano-Modell [Kano Model]

(Service Strategy) Ein von Noriaki Kano entwickeltes Modell als Hilfestellung zum Verständnis der Kundenpräferenzen. Das Kano-Modell betrachtet die Attribute eines IT Service, die in bestimmte Bereiche gruppiert werden, wie Basisfaktoren, Begeisterungsmerkmale, Leistungsfaktoren etc.

Kapazität [Capacity]

(Service Design) Der maximale Durchsatz, den ein Configuration Item oder IT Service unter Einhaltung der vereinbarten Service Level Ziele liefern kann. Bei einigen Typen von CIs kann sich die Kapazität auf die Größe oder das Volumen beziehen, beispielsweise bei einer Festplatte.

Kategorie [Category]

Eine benannte Gruppe von Elementen mit bestimmten Gemeinsamkeiten. Kategorien werden bei einer Gruppierungähnlicher Elemente eingesetzt. Ähnliche Kosten werden beispielsweise in Kostenarten zusammengefasst. Ähnliche Typen von Incidents werden in Incident-Kategorien gruppiert; ähnliche Typen von Configuration Items werden als CI-Typen gruppiert.

Kepner-Tregoe-Analyse [Kepner & Tregoe Analysis]

(Service Operation) (Continual Service Improvement) Ein strukturierter Ansatz zur Lösung von Problemen. Das Problem wird hinsichtlich der Aspekte „Was", „Wo", „Wann" und „Ausmaß" analysiert. Dabei werden mögliche Ursachen identifiziert. Die wahrscheinlichste Ursache wird getestet, um die tatsächliche Ursache zu ermitteln.

Key Performance Indicator (KPI) [Key Performance Indicator (KPI)]

(Continual Service Improvement) Eine Messgröße, die einen Prozess, einen IT Service oder eine Aktivität unterstützen soll. Es können Messungen anhand von zahlreichen Messgrößen erfolgen, es werden jedoch nur die wichtigsten dieser Größen als KPIs definiert und für eine aktive Verwaltung und Berichterstellung in Bezug auf den Prozess, den IT Service oder die Aktivität eingesetzt. Bei der Auswahl der KPIs sollte die Sicherstellung von Effizienz, Effektivität und Wirtschaftlichkeit berücksichtigt werden. Siehe Kritischer Erfolgsfaktor.

Klassifizierung [Classification]

Zuordnung einer Kategorie zu einem Element. Die Klassifizierung soll eine konsistente Verwaltung und Berichterstellung sicherstellen. CIs, Incidents, Probleme, Changes etc. werden in der Regel klassifiziert.

Knowledge Base (Wissensdatenbank) [Knowledge Base]

(Service Transition) Eine logische Datenbank, die die vom Service Knowledge Management System verwendeten Daten enthält.

Knowledge Management [Knowledge Management]

(Service Transition) Der Prozess, der für die Sammlung, die Analyse, das Speichern und die gemeinsame Nutzung von Wissen und Informationen innerhalb einer Organisation verantwortlich ist. Wichtigster Zweck des Knowledge Management ist eine gesteigerte Effizienz, indem bereits vorhandenes Wissen nicht erneut entwickelt werden muss. Siehe Data-to-Information-to-Knowledge-to-Wisdom, Service Knowledge Management System.

Known Error [Known Error]

(Service Operation) Ein Problem, für das die zugrunde liegende Ursache und ein Workaround dokumentiert wurden. Das Problem Management ist verantwortlich für die Erstellung und Verwaltung von bekannten Fehlern während ihres gesamten Lebenszyklus. Bekannte Fehler können auch von der Entwicklung oder den Suppliern identifiziert werden.

Known Error Datenbank (KEDB) [Known Error Database (KEDB)]

(Service Operation) Eine Datenbank, die sämtliche Records bekannter Fehler enthält. Diese Datenbank wird vom Problem Management erstellt und vom Incident und Problem Management eingesetzt. Die Known Error Database ist Teil des Service Knowledge Management Systems.

Known Error Record [Known Error Record]

(**Service Operation**) Ein Record, der die Details zu einem Known Error enthält. Jeder Record eines Known Error dokumentiert den Lebenszyklus eines Known Error, einschließlich des Status, der zugrunde liegenden Ursache und des Workaround. In einigen Implementierungen wird ein Known Error unter Verwendung zusätzlicher Felder in einem Problem Record dokumentiert.

Kompetenzmatrix [Authority Matrix]

Synonym für RACI.

Komponente [Component]

Ein allgemeiner Begriff für einen Teil eines komplexeren Elements. Beispielsweise ein Computersystem kann eine Komponente eines IT Service sein, eine Anwendung eine Komponente eines Release Unit. Bei Komponenten, die verwaltet werden müssen, handelt es sich um Configuration Items.

Komponenten-CI [Component CI]

(**Service Transition**) Ein Configuration Item, das Teil einer Komponentengruppe ist. Ein Prozessor- oder Arbeitsspeicher-CI kann beispielsweise Teil eines Server-CI sein.

Komponentengruppe [Assembly]

(**Service Transition**) Ein Configuration Item, das sich aus einer Reihe von anderen CIs zusammensetzt. Ein Server-CI kann beispielsweise die CIs Prozessor, Festplatte, Arbeitsspeicher etc. enthalten. Ein IT Service CI kann mehrere Hardware-, und Softwarekomponenten und andere CIs umfassen. See Komponenten-CI, Build.

Kontinuierliche Verfügbarkeit [Continuous Availability]

(**Service Design**) Ein Ansatz oder Entwurf, um eine Verfügbarkeit von 100 % zu erreichen. Für einen kontinuierlich verfügbaren IT Service besteht keine geplante oder nicht geplante Nicht-Verfügbarkeit.

Kontinuierlicher Betrieb [Continuous Operation]

(**Service Design**) Ein Ansatz oder Entwurf, um eine geplante Nicht-Verfügbarkeit eines IT Service zu vermeiden. Dabei ist zu beachten, dass es zu einer Nicht-Verfügbarkeit einzelner Configuration Items kommen kann, auch wenn der IT Service verfügbar ist.

Korrelierende Messgrößen [Tension Metrics]

(**Continual Service Improvement**) Eine Reihe zueinander in Beziehung stehender Messgrößen, bei denen Verbesserungen an einer Messgröße negative Auswirkungen bei einer anderen zur Folge haben. Korrelierende Messgrößen sollen sicherstellen, dass ein stabiles Gleichgewicht hergestellt wird.

Kosten [Cost]

Der Betrag an Geldmitteln, der für eine bestimmte Aktivität, einen bestimmten IT Service oder einen bestimmten Geschäftsbereich ausgegeben wurde. Zu Kosten gehören Realkosten (Geld), fiktive Kosten, wie die Zeit von Personen, und Abschreibungen.

Kostenart [Cost Type]

(**Service Strategy**) Die höchste Kategorie-Ebene, auf der eine Zuweisung von Kosten bei der Budgetierung und der Kostenrechnung erfolgt. Zu den Beispielen dafür zählen Hardware, Software, Mitarbeiter, Unterbringung, externe Kosten und Transport.p Siehe Kostenelement, Kosteneinheit.

Kosteneinheit [Cost Unit]

(**Service Strategy**) Die niedrigste Kategorie-Ebene, auf der eine Zuweisung von Kosten erfolgt. Kosteneinheiten umfassen in der Regel einfach zählbare Elemente (wie die Anzahl der Mitarbeiter oder Softwarelizenzen) oder einfach messbare Elemente (wie Prozessorauslastung oder Energieverbrauch). Kosteneinheiten sind ein Bestandteil der Kostenelemente. Das Kostenelement Spesen" könnte beispielsweise folgende Kostenelement „Spesen könnte beispielsweise folgende Kosteneinheiten enthalten: Übernachtung, Fahrtkosten, Mahlzeiten etc. Siehe Kostenart.

Kostenelement [Cost Element]

(**Service Strategy**) Die mittlere Kategorie-Ebene, auf der eine Zuweisung von Kosten während der Budgetierung und der Kostenrechnung erfolgt. Bei der höchsten Ebene der Kategorien handelt es sich um die Kostenart. Die Kostenart „Mitarbeiter" könnte beispielsweise folgende Kostenelemente enthalten: Gehalt, Arbeitgeberleistungen, Spesen, Schulungskosten, ausbezahlte Überstunden etc. Es kann dann eine weitere Unterteilung der Kostenelemente erfolgen, um Kosteneinheiten zu erhalten. Das Kostenelement „Spesen" könnte beispielsweise folgende Kosteneinheiten umfassen: Übernachtung, Fahrtkosten, Mahlzeiten etc.

Kostenmanagement [Cost Management]

(**Service Strategy**) Ein allgemeiner Begriff in Bezug auf die Budgetierung und Kostenrechnung. Manchmal auch als Synonym für Financial Management verwendet.

Kosten-Nutzen-Analyse [Cost Benefit Analysis]

Eine Aktivität, die Kosten und Nutzen einer oder mehrerer alternativer Möglichkeiten für den Verlauf von Aktionen analysiert und vergleicht. Siehe Business Case, Barwert-Methode, Interne Zinsfuß-Methode, Return on Investment, Value on Investment.

Kosten-Nutzen-Verhältnis [Value for Money]

Ein informelles Maß für die Wirtschaftlichkeit. Das Kosten-Nutzen-Verhältnis basiert häufig auf einem Vergleich mit den Kosten, die für bestimmte Alternativen anzusetzen wären. Siehe Kosten-Nutzen-Analyse.

Kostenrechnung [Accounting]

(**Service Strategy**) Der Prozess, bei dem die Ist-Kosten für die Bereitstellung von IT Services identifiziert und mit den Kosten aus der Finanzplanung verglichen werden, um Budget-Abweichungen zu handhaben.

Krisenmanagement [Crisis Management]

Der Prozess, bei dem umfangreichere Auswirkungen auf die Geschäftskontinuität verwaltet werden. Ein Krisenmanagement-Team ist verantwortlich für strategische Aspekte, wie den Umgang mit den Medien und dem Vertrauen der Anteilseigner, und entscheidet, wann Business Continuity Pläne in Kraft treten sollen.

Kritischer Erfolgsfaktor (Critical Success Factor, CSF) [Critical Success Factor)[(CSF)]

Ein Bestandteil, das für einen erfolgreichen Prozess, (ein erfolgreiches) Projekt, Plan oder IT Service erforderlich ist. Um das Erreichen eines CSF zu messen, werden KPIs eingesetzt. Ein CSF in Bezug auf den „Schutz von IT Services bei der Durchführung von Changes" könnte von KPIs wie „Verringerung des Anteils nicht erfolgreicher Changes" und „Verringerung der Changes, die Incidents verursachen, in Prozent" etc. gemessen werden.

Kultur [Culture]

Ein Satz gemeinsamer Werte von einer Gruppe von Personen, einschließlich der Erwartunggen an das Verhalten dieser Personen sowie Vorstellungen, Überzeugungen und Gepflogenheiten und Bräuche. Siehe Vision.

Kunde [Customer]

Person, die Waren oder Services erwirbt. Der Kunde eines IT Service Providers ist die Person oder Gruppe, mit der die Service Level Ziele definiert und vereinbart werden. Der Begriff „Kunde" kann sich in einem informellen Kontext auch auf Anwender" beziehen z B : Das ist eine kundenorientierte „Anwender beziehen, z. B.: „Das ist eine kundenorientierte Organisation".

Kundenportfolio [Customer Portfolio]

(**Service Strategy**) Eine Datenbank oder ein strukturiertes Dokument zum Erfassen aller Kunden des IT Service Providers. Das Kundenportfolio stellt die Kunden, die Services vom IT Service Provider erhalten, aus dem Blickwinkel des Business Relationship Managers dar. Siehe Vertragsportfolio, Serviceportfolio.

Kurskorrekturen [Course Corrections]

Änderungen an einem Plan oder einer Aktivität der bzw. die bereits gestartet wurde, um sicherzustellen, dass die zugehörigen Ziele erreicht werden können. Kurskorrekturen werden als Ergebnis eines laufenden Monitoring durchgeführt.

Laufende Kosten [Running Costs]

Synonym für Betriebskosten.

Lebenszyklus [Lifecycle]

Die unterschiedlichen Phasen während der Lebensdauer eines IT Service, Configuration Item, Incident, Problems, Change etc. Der Lebenszyklus definiert die Statuskategorien sowie die erlaubten Statusübergänge. Beispiel:

- Der Lebenszyklus einer Anwendung umfasst: Anforderungen, Design, Build, Deployment, Betrieb und Optimierung.
- Der erweiterte Incident-Lebenszyklus umfasst: Erkennung, Antwort, Diagnose, Reparatur, Instandsetzung und Wiederherstellung.
- Der Lebenszyklus eines Servers kann Folgendes umfassen: Bestellt, Erhalten, Testphase, Live-Phase, Entsorgt etc.

Leistungsverrechnung [Charging]

(**Service Strategy**) Bezahlung für IT Services einfordern. Für IT Services ist eine Leistungsverrechnung optional, und viele Organisationen führen ihren IT Service Provider als Cost Center.

Leitlinie [Guideline]

Ein Dokument, das die Best Practice beschreibt, die Empfehlungen für auszuführende Aktionen ausgibt. In der Regel besteht keine zwingende Konformität mit einer Leitlinie. Siehe Standard.

Live [Live]

(**Service Transition**) Bezieht sich auf einen IT Service oder ein Configuration Item, der bzw. das eingesetzt ist, um einen Service für einen Kunden bereitzustellen.

Live-Umgebung [Live Environment]

(**Service Transition**) Eine gesteuerte Umgebung mit Live Configuration Items, die eingesetzt werden, um IT Services für Kunden bereitzustellen.

Lösung [Resolution]

(**Service Operation**) Maßnahme zur Behebung der zugrunde liegenden Ursache eines Incident oder Problems oder zur Implementierung eines Workaround. Beim Standard ISO/IEC 20000 handelt es sich bei den Lösungsprozessen um die Prozessgruppe, die das Incident Management und Problem Management beinhaltet.

Lösungsprozesse [Resolution Processes]

Die Prozessgruppe des Standards ISO/IEC 20000, die das Incident Management und Problem Management beinhaltet.

Major Incident (Schwerwiegender Incident) [Major Incident]

(**Service Operation**) Die höchste Kategorie eines Incident in Bezug auf die Auswirkung. Major Incidents führen zu einer erheblichen Unterbrechung für das Business.

Managed Services [Managed Services]

(**Service Strategy**) Eine Betrachtungsweise in Bezug auf IT Services, die herausstellt, dass die Services gesteuert werden. Der Begriff „Managed Services" wird auch als Synonym für durch Outsourcing ausgegliederte IT Services verwendet.

Management of Risk (MoR) [Management of Risk (MoR)]

Die OGC Methodik zur Verwaltung von Risiken. Das MoR beinhaltet sämtliche Aktivitäten, die erforderlich sind, um potenzielle Risiken zu identifizieren und zu steuern die sich potenzielle Risiken zu identifizieren und zu steuern, die sich auf die Erreichung der Business-Ziele einer Organisation auswirken können. Weitere Informationen dazu finden Sie unter http://www.m-or.org/.

Management-Informationen [Management Information]

Informationen, die zur Unterstützung der Entscheidungsfindung von Managern eingesetzt werden. Management-Informationen werden häufig automatisch von Tools generiert, die die verschiedenen IT Service Management Prozesse unterstützen. Management-Information beinhalten häufig die Werte von KPIs wie „Prozentsatz von Changes, die zu Incidents führen" oder „Erstbehebungsrate".

Management-System [Management System]

Das Framework mit Richtlinien, Prozessen und Funktionen, das sicherstellt, dass eine Organisation ihre Ziele erreichen kann.

Manueller Workaround [Manual Workaround]

Ein Workaround, der ein manuelles Eingreifen erfordert. Eine manueller Workaround wird als Bezeichnung für eine Wiederherstellungsoption verwendet, in der der Business-Prozess ohne den Einsatz von IT Services betrieben wird. Stellt eine temporäre Maßnahme dar und wird in der Regel mit einer anderen Wiederherstellungsoption kombiniert.

Marktraum [Market Space]

(**Service Strategy**) Sämtliche Gelegenheiten, die ein IT Service Provider nutzen sollte, um den Business-Anforderungen der Kunden gerecht zu werden. Der Marktraum bezeichnet die möglichen IT Services, deren Bereitstellung der IT Service Provider sich vorstellen könnte.

Maximale Wiederherstellungszeit nach einem Ausfall (Recovery Time Objective((RTO) [Recovery Time Objective (RTO)]

(**Service Operation**) Die maximal zulässige Zeitspanne für die Wiederherstellung eines IT Service im Anschluss an eine Unterbrechung. Der einzuhaltende Service Level kann dabei unter den normalen Service Level Zielen liegen. RTOs sollten für jeden IT Service verhandelt, vereinbart und dokumentiert werden. Siehe Business-Auswirkungsanalyse.

Mean Time Between Failures (Durchschnittliche Zeit zwischen zwei Ausfällen MTBF) [Mean Time Between Failures MTBF)]

(Service Design) Eine Messgröße, die für die Messung und Berichte in Bezug auf die Zuverlässigkeit eingesetzt wird. Dieg MTBF ist die durchschnittliche Zeit, während derer ein Configuration Item oder IT Service mit der vereinbarten Funktionalität ohne Unterbrechung betrieben oder bereitgestellt werden kann. Diese wird ab dem Zeitpunkt, an dem der Betrieb des CI oder des IT Service gestartet wird, bis zu dem Zeitpunkt eines Ausfalls gemessen.

Mean Time Between Service Incidents (Durchschnittliche Zeit zwischen zwei Service-Incidents, MTBSI) [Mean Time Between Service Incidents (MTBSI)]

(Service Design) Eine Messgröße, die für die Messung und Berichte in Bezug auf die Zuverlässigkeit eingesetzt wird. Die MTBSI ist die durchschnittliche Zeit zwischen einem Ausfall eines Systems oder IT Service bis zum nächsten Ausfall. MTBSI entspricht MTBF + MTRS.

Mean Time To Repair (Durchschnittliche Zeit bis zur Reparatur, MTTR) [Mean Time To Repair (MTTR)]

Die durchschnittliche Zeit, die für die Reparatur eines Configuration Item oder IT Service nach einem Ausfall benötigt wird. Die MTTR wird ab dem Zeitpunkt des Ausfalls des CI oder IT Service bis zur Fertigstellung der Reparatur gemessen. Die MTTR umfasst nicht die Zeit, die zur Instandsetzung oder Wiederherstellung selbst erforderlich ist. Die MTTR wird manchmal fälschlicherweise in der Bedeutung von Mean Time to Restore Service verwendet.

Mean Time to Restore Service (Durchschnittliche Zeit bis zur Wiederherstellung des Service, MTRS) [Mean Time to Restore Service (MTRS)]

Die durchschnittliche Zeit, die für die Wiederherstellung eines Configuration Item oder IT Service nach einem Ausfall benötigt wird. Die MTRS wird ab dem Zeitpunkt des Ausfalls des CI der IT Service bis zur vollständigen Wiederherstellung der normalen Funktionalität gemessen. Siehe Wartbarkeit, Mean Time to Repair.

Messgröße [Metric]

(Continual Service Improvement) Ein Merkmal, das gemessen und berichtet wird, um die Verwaltung eines Prozesses, eines IT Service oder einer Aktivität zu unterstützen. Siehe KPI.

Middleware [Middleware]

(Service Design) Software, die zwei oder mehr Komponenten aus Software-Elementen oder Anwendungen verbindet. Middleware wird häufiger von einem Supplier erworben als vom IT Service Provider entwickelt. Siehe Off the Shelf.

Mission Statement [Mission Statement]

Die Mission oder das Leitbild einer Organisation ist eine kurze aber vollständige Beschreibung der allgemeinen Ziele und Absichten der Organisation. Darin wird angegeben, was erreicht werden soll, jedoch nicht die erforderlichen Schritte dazu.

Modell [Model]

Eine Darstellung eines Systems, Prozesses, IT Service, Configuration Item etc., die ein einfacheres Verständnis oder Prognosen zu zukünftigem Verhalten unterstützen soll.

Modelling (Modellierung) [Modelling]

Eine Technik, die zur Prognostizierung von zukünftigem Verhalten eines Systems, Prozesses, IT Service, Configuration Item etc. verwendet wird. Das Modelling wird häufig im Financial Management, Capacity Management und Availability Management eingesetzt.

Monitor Control Loop (Überwachungs/Steuerungskreislauf) [Monitor Control/Loop]

(Service Operation) Das Monitoring des Ergebnisses einer Aufgabe, eines Prozesses, eines IT Service oder eines Configuration Item. Dieses Ergebnis wird dann mit einem vordefinierten Standard verglichen, anschließend werden basierend auf diesem Vergleich entsprechende Aktionen durchgeführt.

Monitoring (Überwachung) [Monitoring]

(**Service Operation**) Wiederholte Beobachtung eines Configuration Item, IT Service oder Prozesses, um Events zu ermitteln, und sicherzustellen, dass der aktuelle Status bekannt istbekannt ist.

Motivation, Motiv [Driver]

Element, das die Strategie, Ziele oder Anforderungen beeinflusst. Beispielsweise eine neue Gesetzgebung oder Aktionen von Wettbewerbern.

Nearshore (Nahverlagerung) [Near-Shore]

(**Service Strategy**) Bereitstellung von Services von einem Land aus, das sich in der Nähe des Landes mit dem Sitz des Kunden befindet. Dabei kann es sich um die Erbringung eines IT Service oder um unterstützende Funktionen wie den Service Desk handeln. Siehe Onshore, Offshore.

Nichts tun [Do Nothing]

(**Service Design**) Eine Wiederherstellungsoption. Zwischen dem Service Provider und dem Kunden wird formal vereinbart, dass keine Wiederherstellung dieses IT Service erfolgt.

Notfall-Change [Emergency Change]

(**Service Transition**) Ein Change, der so bald wie möglich eingeführt werden muss, beispielsweise um einen Major Incident zu lösen oder ein Sicherheits-Patch zu installieren. Der Change Management Prozess bietet in der Regel ein bestimmtes Verfahren für die Behandlung von Notfall-Changes. Siehe Emergency Change Advisory Board (ECAB).

Nutzbarkeit [Usability]

(**Service Design**) Die Nutzbarkeit gibt an, wie einfach eine Anwendung, ein Produkt oder ein IT Service verwendet werden kann. Anforderungen an die Nutzbarkeit werden häufig in einem Statement of Requirements festgehalten.

Off the Shelf (Serienfertigung) [Off the Shelf]

Synonym für Commercial Off the Shelf.

Office of Government Commerce (OGC) [Office of Government Commerce (OGC)]

Das OGC ist Inhaber der Marke ITIL (Copyright und Handelsmarke). Beim OGC handelt es sich um eine Behörde der britischen Regierung, die die Bereitstellung der Beschaffungsplanung für die britische Regierung unterstützt, indem ein gemeinschaftlicher Ansatz für Beschaffungsmöglichkeiten und die Steigerung der Fähigkeiten für die Beschaffung von Behörden und Abteilungen gefördert wird. Es bietet darüber hinaus Unterstützung für komplexe Projekte aus dem öffentlichen Bereich.

Office of Public Sector Information (OPSI) [Office of Public Sector Information (OPSI)]

Das OPSI lizenziert das Material, das dem Crown Copyright untersteht und in den ITIL Veröffentlichungen verwendet wird. Es ist eine britische Regierungsbehörde, die den Online-Zugriff auf die britische Gesetzgebung bereitstellt, die Verwendung von Crown Copyright Material lizenziert, das Information Fair Trader Scheme verwaltet, das Information Asset Register der britischen Regierung pflegt und Ratschläge und Leitlinien zur offiziellen Publizierung und zum Crown Copyright gibt.

Offshore (Auslandsverlagerung) [Off-shore]

(**Service Strategy**) Bereitstellung von Services von einem Standort aus, der sich außerhalb des Landes mit dem Sitz des Kunden, häufig auf einem anderen Kontinent, befindet. Dabei kann es sich um die Erbringung eines IT Service oder um unterstützende Funktionen wie den Service Desk handelnunterstützende Funktionen wie den Service Desk handeln. Siehe Onshore, Nearshore.

Onshore (Inlandsverlagerung) [On-shore]

(**Service Strategy**) Bereitstellung von Services von einem Standort aus, der sich innerhalb des Landes mit dem Sitz des Kunden befindet. Siehe Offshore, Nearshore.

Operational Level Agreement (Vereinbarung auf Betriebsebene, OLA) [Operational Level Agreement (OLA)]

(**Service Design**) (**Continual Service Improvement**) Eine Vereinbarung zwischen einem IT Service Provider und einem anderen Teil derselben Organisation. Ein OLA unterstützt die Bereitstellung von IT Services durch den IT Service Provider für den Kunden. Das OLA definiert die zu liefernden Waren oder Services und die Verantwortlichkeiten der beiden Parteien. Ein OLA könnte beispielsweise bestehen zwischen:

- dem IT Service Provider und einer Einkaufsabteilung, um Hardware innerhalb vereinbarter Zeitspannen zu erhalten

- dem Service Desk und einer Support-Gruppe, um eine Incident-Lösung innerhalb der vereinbarten Zeit zu erreichen Siehe Service Level Agreement.

Operations Bridge [Operations Bridge]

(Service Operation) Ein physischer Standort, an dem IT Services und die IT-Infrastruktur überwacht und verwaltet werden.

Operations Management [Operations Management]

Synonym für IT Operations Management.

Operativ [Operational]

Die niedrigste der drei Planungs- und Bereitstellungsebenen (strategisch, taktisch, operativ). Operative Aktivitäten umfassen die tägliche oder kurzfristige Planung oder die Bereitstellung eines Business-Prozesses oder IT Service Management Prozesses. Der Begriff operativ ist auch ein Synonym für Live.

Opportunitätskosten [Opportunity Cost]

(Service Strategy) Kosten, die bei der Entscheidung zwischen Investitionsalternativen angewendet werden. Opportunitätskosten stellen den Erlös dar, der bei einem anderweitigen Einsatz der Ressourcen hätte erzielt werden können. Die Opportunitätskosten für den Einkauf eines neuen Servers könnten beispielsweise beinhalten, dass eine bestimmte Serviceverbesserungsaktivität nicht durchgeführt wurde, für die das Geld stattdessen hätte aufgewendet werden können. Opportunitätskostenanalysen werden als Teil eines Entscheidungsfindungsprozesses eingesetzt, erscheinen in einer Bilanz jedoch nicht als Ist-Kosten.

Optimieren [Optimise]

Review, Planung und Anforderung von Changes, um die maximale Effizienz und Effektivität in einem Prozess, einem Configuration Item, einer Anwendung etc. zu erzielen.

Optimierung der Servicebereitstellung (Service Provisioning Optimization, SPO) [Service Provisioning Optimization (SPO)]

(Service Strategy) Die Analyse der finanziellen Aspekte und Einschränkungen eines IT Service, um festzustellen, ob alternative Ansätze zur Bereitstellung eines Service bestehen, mit denen Kosten verringert und die Qualität verbessert werden könnten.

Organisation [Organisation]

Ein Unternehmen, eine juristische Einheit oder eine andere Institution. Beispiele für Organisationen, bei denen es sich umInstitution. Beispiele für Organisationen, bei denen es sich um keine Unternehmen handelt, sind die International Standards Organisation oder das itSMF. Der Begriff „Organisation" kann auch verwendet werden, um eine Einheit aus Personen, Ressourcen und Budget zu bezeichnen, beispielsweise bei einem Projekt oder einem Geschäftsbereich.

Outsourcing [Outsourcing]

(Service Strategy) Einsatz eines externen Service Providers für die Verwaltung von IT Services. Siehe Service Sourcing Typ III Service Provider.

Pareto-Prinzip [Pareto Principle]

(Service Operation) Eine Technik, die für die Priorisierung von Aktivitäten eingesetzt wird. Laut Pareto-Prinzip kann 80 % der Wertschöpfung durch Aktivitäten mit 20 % des gesamten Aufwands erreicht werden. Die Pareto-Analyse wird darüber hinaus im Problem Management für eine Priorisierung möglicher Ursachen für Probleme eingesetzt, um diese genauer untersuchen zu können.

Partnerschaft [Partnership]

Eine Beziehung zwischen zwei Organisationen mit dem Zweck Eine Beziehung zwischen zwei Organisationen mit dem Zweck einer engen Zusammenarbeit zum Erreichen gemeinsamer Ziele oder zum gegenseitigen Nutzen. Der IT Service Provider sollte mit dem Business Partnerschaften eingehen, sowie mit Drittparteien, die für die Bereitstellung von IT Services entscheidend sind. Siehe Wertenetzwerk.

Passives Monitoring (Passive Überwachung) [Passive Monitoring]

(Service Operation) Monitoring eines Configuration Item, eines IT Service oder eines Prozesses, das sich auf einen Alarm oder eine Benachrichtigung stützt, um den aktuellen Status zu ermitteln. Siehe Aktives Monitoring.

Performance (ansonsten sinngemäß übersetzen) [Performance]

Ein Maß dafür, was von einem System, einer Person, einem Team, einem Prozess oder einem IT Service erreicht oder bereitgestellt wird.

Performance Management [Performance Management]

(Continual Service Improvement) Der Prozess, der für die täglichen Capacity Management Aktivitäten verantwortlich ist. Dazu gehören Monitoring, Erkennung von Grenzwerten, Performance-Analysen und Tuning sowie die Implementierung von Changes in Verbindung mit der Performance und der Kapazität.

Performance-Anatomie [Performance Anatomy]

(Service Strategy) Ein Ansatz in Bezug auf die Organisationskultur, der die Führungs- und Strategie-Aspekte, die Weiterentwicklung von Mitarbeitern, die technische Befähigung, das Performance Management und Innovationen integriert und aktiv steuert.

Pilottest [Pilot]

(Service Transition) Ein eingeschränktes Deployment eines IT Service, eines Release oder eines Prozesses in der Live-Umgebung. Ein Pilottest wird verwendet, um Risiken zu minimieren, Feedback der Anwender einzuholen und die, Akzeptanz der Anwender zu erreichen. Siehe Test, Evaluation.

Plan [Plan]

Ein detaillierter Vorschlag, in dem die Aktivitäten und Ressourcen beschrieben werden, die zum Erreichen eines Ziels erforderlich sind. Beispielsweise ein Plan zur Implementierung eines neuen IT Service oder Prozesses. ISO/IEC 20000 fordert für die Verwaltung eines jeden IT Service Management Prozesses einen Plan.

Plan-Do-Check-Act (Planen-Durchführen-Überprüfen-Handeln) [Plan-Do-Check-Act]

(Continual Service Improvement) Ein Zyklus in vier Phasen für das Prozessmanagement, der auf Edward Deming zurückgeführt wird. „Plan-Do-Check-Act" wird auch als Qualitätszyklus nach Deming bezeichnet.

PLAN (Planen): Design oder Überarbeitung von Prozessen, die die IT Services unterstützen

DO (Durchführen): Implementierung des Plans und Verwaltung derder Prozesse.
CHECK (Überprüfen): Messung der Prozesse und IT Services, Vergleich mit den Zielen und Erstellung von Berichten
ACT (Handeln): Planung und Implementierung von Changes, um die Prozesse zu verbessern

Planung [Planning]

Eine Aktivität, die für die Erstellung eines oder mehrerer Pläne verantwortlich ist. Beispielsweise Capacity-Planung.

PMBOK [PMBOK]

Ein Projektmanagement-Standard, der vom Project Management Institute verwaltet wird. PMBOK steht für Project Management Body of Knowledge. Weitere Informationen dazu finden Sie unter http://www.pmi.org/. Siehe PRINCE2.

Post Implementation Review, PIR [Post Implementation Review (PIR)]

Ein Review, der nach der Implementierung eines Change oder eines Projekts erfolgt. Ein PIR stellt fest, ob der Change oder das Projekt erfolgreich ist, und identifiziert Verbesserungsmöglichkeiten.

Practice (Praxis) [Practice]

Arbeitsweise oder Methode, wie die Arbeit auszuführen ist. Practices können Aktivitäten, Prozesse, Funktionen, Standards und Leitlinien sein. Siehe Best Practice.

Preisgestaltung [Pricing]

(Service Strategy) Die Aktivität, bei der ermittelt wird, wie viel dem Kunden in Rechnung gestellt wird.

PRINCE2 [PRINCE2]

Die Standardmethodik der britischen Regierung für das Projektmanagement. Weitere Informationen dazu finden Sie unter http://www.ogc.gov.uk/prince2/. Siehe PMBOK.

Priorität [Priority]

(Service Transition) (Service Operation) Eine Kategorie, die verwendet wird, um die relative Wichtigkeit eines Incident, Problems oder Change zu identifizieren. Die Priorität basiert auf der Auswirkung und Dringlichkeit und wird eingesetzt, um den erforderlichen Zeitbedarf für die auszuführenden Aktionen zu ermitteln. Ein SLA kann beispielsweise angeben, dass Incidents der Priorität 2 innerhalb von 12 Stunden behoben werden müssen.

Proactive Problem Management [Proactive Problem Management]

(Service Operation) Teil des Problem Management Prozesses. Das Ziel des proaktiven Problem Management ist die Identifizierung von Problemen, die andernfalls übersehen werden könnten. Das proaktive Problem Management analysiert Incident Records und verwendet Daten, die von anderen IT Service Management Prozessen gesammelt werden, um Trends oder maßgebliche Probleme zu identifizieren.

Proaktives Monitoring (Proaktive Überwachung) [Proactive Monitoring]

(Service Operation) Monitoring, bei dem versucht wird, Event-Muster zu ermitteln, um mögliche zukünftige Ausfälle zu prognostizieren. SieheSiehe Reaktives Monitoring.

Problem [Problem]

(Service Operation) Die Ursache für einen oder mehrere Incidents. Zum Zeitpunkt der Erstellung eines Problem Record ist die Ursache in der Regel unbekannt. Für die weitere Untersuchung ist der Problem Management Prozess verantwortlich.

Problem Management [Problem Management]

(Service Operation) Der Prozess, der für die Verwaltung des Lebenszyklus aller Probleme verantwortlich ist. Wichtigstes Ziel des Problem Management ist es, Incidents zu verhindern bzw. die Auswirkungen von Incidents zu minimieren, die nicht verhindert werden können.

Problem Record [Problem Record]

(Service Operation) Ein Record, der die Details zu einem Problem enthält. Jeder Problem Record dokumentiert den Lebenszyklus eines einzelnen Problems.

Process Owner (Prozessverantwortlicher) [Process Owner]

Eine Rolle, verantwortlich für die Sicherstellung der Zweckmäßigkeit eines Prozesses. Zu den Verantwortlichkeiten Zweckmäßigkeit eines Prozesses. Zu den Verantwortlichkeiten des Process Owners gehören das Sponsorship, das Design, das Change Management sowie die kontinuierliche Verbesserung des Prozesses und seiner Messgrößen. Diese Rolle wird häufig derselben Person zugewiesen, der bereits die Rolle des Prozess-Managers zugewiesen ist. In größeren Organisationen können diese Rollen jedoch separat zugewiesen sein.

Produktionsumgebung [Production Environment]

Synonym für Live-Umgebung.

Profit Center [Profit Centre]

(Service Strategy) Ein Geschäftsbereich, der bereitgestellte Services in Rechnung stellt. Ein Profit Center kann mit dem Ziel eingerichtet werden, Gewinne zu erzielen, Kosten auszugleichen oder Verluste zu generieren. Ein IT Service Provider kann als Cost Center oder als Profit Center betrieben werden.

pro-forma [pro-forma]

Eine Vorlage oder ein Beispiel für ein Dokument, das Beispieldaten enthält, die mit den echten Werten ersetzt werden, sobald diese verfügbar sind.

Programm [Programme]

Eine Reihe von Projekten und Aktivitäten, die zusammen geplant und gesteuert werden, um eine Reihe zusammenhängender Ziele und andere Ergebnisse zu erreichen.

Projected Service Outage (Voraussichtliche Serviceunterbrechung, PSO) [Projected Service Outage (PSO)]

(Service Transition) Ein Dokument, das die Auswirkungen geplanter Changes, Wartungsaktivitäten und Testpläne auf vereinbarte Service Levels identifiziert.

PRojects IN Controlled Environments (PRINCE2) [PRojects IN Controlled Environments (PRINCE2)]

Siehe PRINCE2.

Projekt [Project]

Eine temporäre Organisation, bei der durch das Zusammenwirken von Personen und anderen Assets ein bestimmtes Ziel oder ein bestimmtes Ergebnis erreicht werden soll. Jedes Projekt verfügt über einen eigenen Lebenszyklus, der in der Regel Projektstart, Planung, Ausführung, Abschluss etc. umfasst. Projekte werden häufig mit Hilfe einer formalen Methodik wie PRINCE2 gesteuert.

Prozess [Process]

Ein strukturierter Satz an Aktivitäten, mit deren Hilfe ein bestimmtes Ziel erreicht werden soll. Ein Prozess wandelt einen oder mehrere definierte Inputs in definierte Outputs um. Ein Prozess kann beliebige Rollen, Verantwortlichkeiten, Hilfsmittel und Steuerungen für das Management enthalten, die für eine zuverlässige Bereitstellung der Outputs erforderlich sind. Ein Prozess kann den Anforderungen entsprechend Richtlinien, Standards, Leitlinien, Aktivitäten und Arbeitsanweisungen definieren.

Prozess Manager [Process Manager]

Eine Rolle, die für das operative Management eines Prozesses verantwortlich ist. Zu den Verantwortlichkeiten des Prozess-Managers gehören die Planung und die Koordination aller Aktivitäten, die zur Ausführung, dem Monitoring und der Berichtserstellung in Bezug auf einen Prozess erforderlich sind. Es können mehrere Prozess-Manager für einen Prozess vorhanden sein, z. B. regionale Change Manager oder IT Service Continuity Manager für jedes Rechenzentrum. Die Rolle des Prozess-Managers wird häufig der Person zugewiesen, der bereits die Rolle des Process Owners zugewiesen ist. In größeren Organisationen können diese Rollen jedoch separat zugewiesen sein.

Prozesssteuerung [Process Control]

Die Aktivität der Planung und Regulierung eines Prozesses, mit dem Ziel, den Prozess effektiv, effizient und konsistent auszuführen.

Qualifizierung [Qualification]

(Service Transition) Eine Aktivität, die sicherstellt, dass die IT-Infrastruktur für die Unterstützung einer Anwendung oder eines IT Service geeignet und richtig konfiguriert ist. Siehe Validation.

Qualität [Quality]

Die Fähigkeit eines Produkts, Service oder Prozesses, die gewünschte Wertschöpfung zu generieren. Eine Hardwarekomponente kann beispielsweise von hoher Qualität sein, wenn sie wie erwartet funktioniert und die erforderliche Zuverlässigkeit bietet. Zur Sicherung der Qualität eines Prozesses müssen dessen Effektivität und Effizienz überwacht und ggf. verbessert werden können. Siehe Quality Management System.

Qualitätssicherung (Quality Assurance, QA) [Quality Assurance (QA)]

(Service Transition) Der Prozess, bei dem sichergestellt wird, dass die Qualität eines Produkts, Service oder Prozesses die gewünschte Wertschöpfung ermöglicht.

Qualitätszyklus nach Deming [Deming Cycle]

Synonym für Plan-Do-Check-Act.

Quality Management System (QMS) [Quality Management System (QMS)]

(Continual Service Improvement) Eine Reihe von Prozessen, mit denen sichergestellt wird, dass die Qualität aller von einer Organisation ausgeführten Aufgaben für das Erreichen von Business-Zielen oder die Einhaltung von Service Levels ausreichend ist. Siehe ISO 9000.

Quick Win [Quick Win]

(Continual Service Improvement) Eine Verbesserungsaktivität, die innerhalb eines kurzen Zeitraums mit relativ niedrigen Kosten und geringem Aufwand einen Return on Investment erzielen soll Siehe Pareto-Prinzip.

RACI [RACI]

(Service Design) (Continual Service Improvement) Ein Modell, auf dessen Grundlage Rollen und Verantwortlichkeiten definiert werden. RACI steht für „Responsible" (zuständig für die Durchführung), „Accountable" (letztlich verantwortlich für die Aktivität), „Consulted" (muss/soll beteiligt werden, liefert Input) und „Informed" (muss über den Fortschritt informiert werden) Siehe Stakeholderwerden). Siehe Stakeholder.

Reaktionsfähigkeit [Responsiveness]

Beschreibt die Geschwindigkeit, mit der auf bestimmte Ereignisse reagiert wird. Dies könnte die Antwortzeit bei einer Transaktion sein oder die Geschwindigkeit, mit der ein IT Service Provider auf einen Incident oder Request for Change usw. reagiert.

Reaktives Monitoring (Reaktive Überwachung) [Reactive Monitoring]

(Service Operation) Monitoring, das als Reaktion auf ein bestimmtes Event entsprechende Maßnahmen einleitet. Beispielsweise die Auslösung eines Batchjobs, sobald ein vorheriger Batchjob abgeschlossen wurde, oder die

Erfassung eines Incident, wenn ein Fehler auftritt. Siehe Proaktives Monitoring.

Rechte [Rights]

(Service Operation) Die Berechtigungen oder Befugnisse, die einem Anwender oder einer Rolle gewährt werden. Beispielsweise die Berechtigung zum Modifizieren bestimmter Daten oder zur Autorisierung eines Change.

Record (Aufzeichnung) [Record]

Ein Dokument, das die Ergebnisse oder andere Outputs eines Prozesses oder einer Aktivität enthält. Records dienen als Beleg dafür, dass eine Aktivität ausgeführt wurde. Sie können auf Papier oder in elektronischer Form vorliegen. Beispielsweise der Bericht eines Audits, ein Incident Record oder das Protokoll eines Meetings.

Redundanz [Redundancy]

Synonym für Fehlertoleranz. Im allgemeinen Sprachgebrauch wird der Begriff „Redundanz" auch für ein veraltetes, hinfälliges oder überflüssiges Element verwendet.

Reife [Maturity]

(Continual Service Improvement) Ein Maß für die Zuverlässigkeit, Effizienz und Effektivität eines Prozesses, einer Funktion, einer Organisation etc. Die ausgereiftesten Prozesse und Funktionen sind förmlich mit den Business-Zielen und Strategien abgestimmt und von einem Framework für kontinuierliche Verbesserungen unterstützt.

Reifegrad [Maturity Level]

Eine bestimmte Ebene im Reife-Modell, wie die Capability Maturity Model Integration von der Carnegie Mellon University in den USA.

Release [Release]

(Service Transition) Eine Zusammenstellung von Hardware, Software, Dokumentation, Prozessen oder anderen Komponenten, die für die Implementierung eines oder mehrerer genehmigter Changes an IT Services erforderlich sind. Die Inhalte jedes Releases werden als eine Einheit verwaltet, getestet und implementiert.

Release and Deployment Management [Release and Deployment Management]

(Service Transition) Der Prozess, der sowohl für das Release Management als auch für das Deployment verantwortlich ist.

Release Management [Release Management]Management]

(Service Transition) Der Prozess, der für die Planung, den **(Service Transition)** Der Prozess, der für die Planung, den zeitlichen Ablauf und die Steuerung des Übergangs von Releases in Test-und Live-Umgebungen verantwortlich ist. Das wichtigste Ziel des Release Management ist es, sicherzustellen, dass die Integrität der Live-Umgebung aufrechterhalten wird und dass die richtigen Komponenten im Release enthalten sind. Das Release Management ist Teil des Release and Deployment Management Prozesses.

Release Record [Release Record]

(Service Transition) Ein Record in der CMDB, der den Inhalt eines Release definiert. Ein Release Record verfügt über Beziehungen zu allen Configuration Items, die vom jeweiligen Release betroffen sind.

Release Unit [Release Unit]

(Service Transition) Komponenten eines IT Service, die üblicherweise im selben Release veröffentlicht werden. Eine Release Unit umfasst in der Regel genügend Komponenten, eine nützliche Funktion auszuführen. Eine Release Unit könnte z. B. ein Desktop-PC mit Hardware, Software, Lizenzen, Dokumentation usw. sein. Eine weitere Release Unit könnte die gesamte Anwendung für die Lohnbuchhaltung sein, einschließlich IT-Betriebsverfahren und Anwendertrainings.

Release-Identifikation [Release Identification]

(Service Transition) Eine Namenskonvention zur eindeutigen Identifizierung eines Release. Die Release-Identifikation beinhaltet in der Regel einen Verweis auf das Configuration Item und eine Versionsnummer, z. B. Microsoft Office 2003 SR2.

Release-Prozess [Release Process]

Der vom Standard ISO/IEC 20000 verwendete Name für die Prozessgruppe, die das Release Management beinhaltet. Diese Gruppe umfasst keine anderen Prozesse.

„Release-Prozess" wird zudem als Synonym für Release Management Prozess verwendet.

Release-Zeitfenster [Release Window]

Synonym für Change-Zeitfenster.

Reparatur [Repair]

(Service Operation) Der Austausch oder die Korrektur eines fehlerhaften Configuration Item.

Request for Change (RFC) [Request for Change (RFC)]

(Service Transition) Der formale Antrag zur Durchführung eines Change. Ein RFC beinhaltet Details zum beantragten Change und kann auf Papier oder elektronisch erfasst werden. Der Begriff „RFC" wird häufig fälschlicherweise für einen Change Record oder den Change selbst verwendet.

Request Fulfilment [Request Fulfilment]

(Service Operation) Der Prozess, der für das Management des Lebenszyklus aller Service Requests verantwortlich ist.

Ressource [Resource]

(Service Strategy) Ein allgemeiner Begriff, der die IT-Infrastruktur, Personen, Geld oder andere Elemente umfasst, die zur Erbringung eines IT Service beitragen können. Ressourcen werden als Assets einer Organisation betrachtet. Siehe Fähigkeit, Service-Asset.

Return on Investment (Investitionsertrag, ROI) [Return on Investment (ROI)]

(Service Strategy) (Continual Service Improvement) Eine Messgröße für den erwarteten Nutzen einer Investition. Einfach ausgedrückt handelt es sich beim ROI um Nettoerlös dividiert durch den Nettowert der investierten Assets. Siehe Barwert-Methode, Value on Investment.

Review [Review]

Die Evaluierung eines Change, Problems, Prozesses, Projekts usw. Reviews werden in der Regel an bestimmten vorher festgelegten Punkten des Lebenszyklus durchgeführt, vor festgelegten Punkten des Lebenszyklus durchgeführt, vor allem nach dem Abschluss. Zweck eines Reviews ist die Sicherstellung, dass alle Lieferergebnisse erbracht worden sind, sowie die Identifizierung von Verbesserungsmöglichkeiten. Siehe Post Implementation Review

Richtlinie [Policy]

Formal dokumentierte Erwartungen und Absichten des Managements Richtlinien werden eingesetzt um die Richtung vorzugeben und eine konsistente und angemessene Entwicklung und Implementierung von Prozessen, Standards, Rollen, Aktivitäten, der IT-Infrastruktur etc. sicherzustellen.

Risiko [Risk]

Ein mögliches Event, das zu einem Schaden oder Verlust führen oder das Erreichen von Zielen beeinträchtigen könnte. Ein Risiko wird anhand der Wahrscheinlichkeit einer Bedrohung, der Verwundbarkeit des Assets gegenüber dieser Bedrohung und der potenziellen Auswirkungen der Bedrohung gemessen.

Risikobewertung [Risk Assessment]

Die ersten Schritte im Riskomanagement. Dabei wird der Wert von Assets analysiert und die Bedrohungen für diese Assets identifiziert. Gleichzeitig wird bewertet, wie verwundbar die einzelnen Assets gegenüber diesen Bedrohungen sind. Eine Risikobewertung kann quantitativ (auf der Grundlage numerischer Daten) oder qualitativ erfolgen.

Risikomanagement [Risk Management]

Der Prozess, der für die Identifizierung, Bewertung und Steuerung von Risiken verantwortlich ist. Siehe Risikobewertung.

Rolle [Role]

Ein Satz von Verantwortlichkeiten, Aktivitäten und Kompetenzen, die einer Person oder einem Team zugewiesen sind. Eine Rolle wird in einem Prozess definiert. Einer Person oder einem Team können mehrere Rollen zugewiesen sein. Die Rolle des Configuration Managers und des Change Managers können beispielsweise von ein und derselben Person wahrgenommen werden.

Rollout [Rollout]

(Service Transition) Synonym für Deployment. Bezeichnet häufig komplexe oder schrittweise durchgeführte Deployments bzw. Deployments an mehreren Standorten.

Rückkehr zum Regelbetrieb [Return to Normal]

(Service Design) Die Phase eines IT Service Continuity Plans, während der alle normalen Betriebsabläufe wieder aufgenommen werden. Wenn beispielsweise auf ein alternatives Rechenzentrum ausgewichen wurde, wird in, dieser Phase das ursprüngliche Rechenzentrum wieder in Betrieb genommen, und die Möglichkeit, IT Service Continuity Pläne einzuleiten, steht wieder zur Verfügung.

Schadenswertanalyse [Pain Value Analysis]

(Service Operation) Eine Technik, mit der die Auswirkungen auf das Business durch ein oder mehrere Probleme identifiziert werden. Der Schadenswert wird anhand einer Formel berechnet, die auf der Anzahl der betroffenen Anwender der Dauer der Ausfallzeit den Auswirkungen auf die jeweiligen Anwender und den Kosten für das Business (sofern bekannt) basiert.

Schätzung [Estimation]

Der Einsatz von Erfahrungswerten, um einen ungefähren Wert für eine Messgröße oder Kosten zu erhalten. Schätzungen werden auch im Capacity und Availability Management als kostengünstigste und am wenigsten exakte Modelling-Methode eingesetzt.

Schicht [Shift]

(Service Operation) Eine Gruppe oder ein Team von Personen, denen eine bestimmte Rolle über einen festgelegten Zeitraum zugewiesen ist. Zum Beispiel könnte das für IT Operations Control zuständige Personal in vier Schichten eingeteilt sein, die im Wechsel für die Erbringung eines IT Service verantwortlich sind, der 24 Stunden am Tag verfügbar sein soll.

Schnelle Wiederherstellung [Fast Recovery]

(Service Design) Eine Wiederherstellungsoption die auch als „Hot Standby" bezeichnet wird. Dabei erfolgt die Wiederherstellung des IT Service innerhalb eines kurzen Zeitraums, in der Regel in weniger als 24 Stunden. Bei der schnellen Wiederherstellung wird üblicherweise eine bestimmte feste Anlage mit Computersystemen und Software eingesetzt, die so konfiguriert sind, dass sie zur Ausführung der IT Services bereitstehen. Eine schnelle Wiederherstellung kann bis zu 24 Stunden in Anspruch nehmen, etwa wenn Daten aus Backups wiederhergestellt werden müssen.

Schwachstelle (Je nach Kontext auch Verwundbarkeit) [Vulnerability]

Eine anfällige Stelle, die von einer Bedrohung ausgenutzt werden könnte. Zum Beispiel ein offener Firewall-Port, ein Passwort, das nie geändert wird, oder ein leicht entzündlicher Bodenbelag. Eine fehlende Steuerung wird ebenfalls als Schwachstelle bezeichnet.

Second-Level Support [Second-line Support]

(Service Operation) Die zweite Ebene in einer Hierarchie von Support-Gruppen, die mit der Lösung von Incidents und der Untersuchung von Problemen befasst sind. Mit jeder Ebene sind mehr Know-how und Fertigkeiten von Experten bzw. mehr Zeit oder weitere Ressourcen verfügbar.

Security Management [Security Management]

Synonym für Information Security Management.

Separation of Concerns (SoC) [Separation of Concerns (SoC)]

(Service Strategy) Ein Ansatz für das Design einer Lösung oder eines IT Service, bei dem das Problem in einzelne Bestandteile zerlegt wird, die unabhängig voneinander behandelt werden können. Bei diesem Ansatz wird zwischen unterschieden zwischen dem „was" getan wird, und „wie" es getan wird.

Server [Server]

(Service Operation) Ein Computer, der mit einem Netzwerk verbunden ist und Softwarefunktionen zur Verfügung stellt, die , von anderen Computern verwendet werden.

Service [Service]

Eine Möglichkeit einen Mehrwert für Kunden zu erbringen, indem das Erreichen der von den Kunden angestrebten Ergebnisse erleichtert oder gefördert wird. Dabei müssen die Kunden selbst keine Verantwortung für bestimmte Kosten und Risiken tragen.

Service Asset and Configuration Management (SACM) [Service Asset and Management (SACM)]

(Service Transition) Der Prozess, der sowohl für das Configuration Management als auch das Asset Management verantwortlich ist.

Service Capacity Management (SCM) [Service Capacity Management (SCM)]

(Service Design) (Continual Service Improvement) Die Aktivität, mit deren Hilfe Erkenntnisse zur Performance und Kapazität von IT Services gewonnen werden. Die Ressourcen, die von jedem IT Service verwendet werden, sowie deren Verwendungsmuster werden für die Nutzung im Capacity-Plan über einen bestimmten Zeitraum erfasst, aufgezeichnet und analysiertanalysiert. Siehe Business Capacity Management, Component Capacity Management.

Service Continuity Management [Service Continuity Management]

Synonym für IT Service Continuity Management.

Service Design [Service Design]

(Service Design) Eine Phase im Lebenszyklus eines IT Service. Service Design umfasst eine Reihe von Prozessen und Funktionen. Gleichzeitig ist es der Titel einer ITIL K blik tiKernpublikationen. Siehe Design.

Service Design Package [Service Design Package]

(Service Design) Dokumente, in denen alle Aspekte eines IT Service einschließlich dessen Anforderungen für jede Phase des Lebenszyklus des IT Service definiert sind. Ein Service Design Package wird für neue IT Services, umfassende Changes und die Außerkraftsetzung von IT Services erstellt.

Service Desk [Service Desk]

(Service Operation) Der Single Point of Contact für die Kommunikation zwischen Service Provider und Anwendern. Ein Service Desk bearbeitet in der Regel Incidents und Service Requests und ist für die Kommunikation mit den Anwendern zuständig.

Service Knowledge Management System (SKMS) [Service Knowledge Management System (SKMS)]

(Service Transition) Eine Sammlung von Hilfsmitteln und Datenbanken, die zur Verwaltung von Wissen und Informationen verwendet werden. Das SKMS umfasst das Configuration Management System sowie andere Hilfsmittel und Datenbanken. Das SKMS speichert, verwaltet, aktualisiert und präsentiert alle Informationen, die ein IT Service Provider zur Verwaltung des gesamten Lebenszyklus von IT Services benötigt.

Service Level [Service Level]

Messbare und nachweisbare Ergebnisse, die im Hinblick auf ein oder mehrere Service Level Ziele erreicht werden. Der Begriff „Service Level" wird im Sprachgebrauch auch als Synonym für Service Level Ziel verwendet.

Service Level Agreement (Service Level Vereinbarung, SLA) [Service Level Agreement (SLA)]

(Service Design) (Continual Service Improvement) Eine Vereinbarung zwischen einem IT Service Provider und einem Kunden. Das SLA beschreibt den jeweiligen IT Service, dokumentiert Service Level Ziele und legt die Verantwortlichkeiten des IT Service Providers und des Kunden fest. Ein einzelnes SLA kann mehrere IT Services oder mehrere Kunden abdecken. Siehe Operational Level Agreement.

Service Level Anforderung (Service Level Requirement, SLR) [Service Level Requirement (SLR)]

(Service Design) (Continual Service Improvement) Eine Kundenanforderung für einen Aspekt eines IT Service. SLRs basieren auf Business-Zielen und werden zur Aushandlung vereinbarter Service Level Ziele eingesetztvereinbarter Service Level Ziele eingesetzt.

Service Level Management (SLM) [Service Level Management (SLM)]

(Service Design) (Continual Service Improvement) Der Prozess, der für das Verhandeln von Service Level Agreements sowie deren Einhaltung verantwortlich ist. Das SLM soll sicherstellen, dass alle IT Service Management Prozesse, Operational Level Agreements und Underpinning Contracts für die vereinbarten Service Level Ziele angemessen sind. SLM ist für das Monitoring und die Berichterstattung in Bezug auf Service Levels sowie für die regelmäßige Durchführung von Kunden-Reviews zuständig.

Service Level Package (SLP) [Service Level Package (SLP)]

(Service Strategy) Der festgelegte Grad an Utility und Warranty für ein bestimmtes Service Package. Jedes SLP ist darauf ausgerichtet, den Anforderungen eines bestimmten Business-Aktivitätsmusters gerecht zu werden. Siehe Servicelinie.

Service Level Ziel [Service Level Target]

(Service Design) (Continual Service Improvement) Eine Verpflichtung, die in einem Service Level Agreement dokumentiert ist. Service Level Ziele basieren auf Service Level Anforderungen und sollen die Zweckmäßigkeit des Designs eines IT Service sicherstellen. Service Level Ziele sollten SMART sein und basieren in der Regel auf KPIs.

Service Management [Service Management]

Das Service Management ist die Gesamtheit der spezialisierten organisatorischen Fähigkeiten, die zur Generierung eines Mehrwerts für Kunden in Form von Services verfügbar sind.

Service Management Lebenszyklus [Service Management Lifecycle]

Ein Ansatz für das IT Service Management, der die Bedeutung der Koordination und Steuerung für die verschiedenen Funktionen, Prozesse und Systeme betont, die zum Management des gesamten Lebenszyklus von IT Services notwendig sind. Dieser Ansatz berücksichtigt die Strategie, das Design, die Transition, den Betrieb und das Continual Service Improvement für IT Services.

Service Manager [Service Manager]

Ein Manager, der für das Management des gesamten Lebenszyklus von einem oder mehreren IT Services verantwortlich ist. Zudem wird der Begriff „Service Manager" für alle Manager verwendet, die im Bereich des IT Service Providers beschäftigt sind. Am häufigsten wird der Begriff für Business Relationship Manager, Prozess-Manager, Account Manager oder leitende Manager verwendet, die allgemein für IT Services verantwortlich sind.

Service Operation (Servicebetrieb) [Service Operation]

(Service Operation) Eine Phase im Lebenszyklus eines IT Service. Service Operation umfasst eine Reihe von Prozessen und Funktionen. Gleichzeitig ist es der Titel einer der ITIL Kernpublikationen. Siehe Betrieb.

Service Owner (Serviceverantwortlicher) [Service Owner]

(Continual Service Improvement) Eine Rolle, die für die Bereitstellung eines bestimmten IT Service verantwortlich ist.

Service Package [Service Package]

(Service Strategy) Die detaillierte Beschreibung eines IT Service, der Kunden zur Verfügung gestellt werden kann. Ein Service Package umfasst ein Service Level Package sowie einen oder mehrere Core Services und unterstützende Services.

Service Portfolio Management (SPM) [Service Portfolio Management (SPM)]

(Service Strategy) Der Prozess, der für das Management des Serviceportfolios verantwortlich ist. Beim Service Portfolio Management steht der Wert der Services im Vordergrund den diese für das Business darstellen.

Service Provider [Service Provider]

(Service Strategy) Eine Organisation, die einem oder mehreren internen Kunden oder externen Kunden Services zur Verfügung stellt. „Service Provider" wird häufig als Kurzform des Begriffs IT Service Provider verwendet. Siehe Typ I Service Provider, Typ II Service Provider, Typ III Service Provider.

Service Provider Schnittstelle (Service Provider Interface (SPI) [Service Provider Interface (SPI)]

(Service Strategy) Eine Schnittstelle zwischen dem IT Service Provider und einem Anwender, Kunden, Business-Prozess oder Supplier. Die Analyse von Service Provider Schnittstellen trägt zur Koordinierung des End-to-End-Management von IT Services bei.

Service Reporting [Service Reporting]

(Continual Service Improvement) Der Prozess, mit dem Berichte zu Ergebnissen und Trends hinsichtlich bestimmter Service Levels erstellt und bereitgestellt werden. Beim Service Reporting sollte das Format, der Inhalt und die Häufigkeit der Berichte zuvor mit den jeweiligen Kunden abgesprochen werden.

Service Request (Serviceantrag) [Service Request]

(Service Operation) Eine Anfrage eines Anwenders nach Informationen, Beratung, einem Standard-Change oder nach Zugriff auf einen IT Service. Dabei könnte es sich beispielsweise um das Zurücksetzen eines Passworts oder die Bereitstellung standardmäßiger IT Services für einen neuen Anwender handeln. Service Requests werden in der Regel von einem Service Desk bearbeitet und erfordern üblicherweise nicht die Einreichung eines RFC. Siehe Request Fulfilment.

Service Sourcing (Servicevergabe) [Service Sourcing]

(Service Strategy) Die Strategie und der Ansatz in Bezug auf die Entscheidung, ob ein Service intern bereitgestellt oder ob die Bereitstellung an einen externen Service Provider vergeben wird. Service Sourcing bedeutet zudem die Ausführung dieser Strategie. Service Sourcing umfasst:

- internes Sourcing: interne oder gemeinsame Services über einen Typ I Service Provider oder Typ II Service Provider
- traditionelles Sourcing: vollständiges Outsourcing von Services über einen Typ III Service Provider
- Sourcing über mehrere Anbieter: exklusives, gemeinschaftliches oder selektives Outsourcing über einen Typ III Service Provider

Service Strategy (Servicestrategie) [Service Strategy]

(Service Strategy) Der Titel einer der ITIL Kernpublikationen. Im Rahmen der Service Strategy wird eine umfassende Strategie für IT Services und für das IT Service Management entworfen.

Service Transition (Serviceüberführung) [Service Transition]

(Service Transition) Eine Phase im Lebenszyklus eines IT Service. Service Transition umfasst eine Reihe von Prozessen und Funktionen. Gleichzeitig ist es der Titel einer der ITIL Kernpublikationen. SieheSiehe TransitionTransition.

Service Utility [Service Utility]

(Service Strategy) Die Funktionalität eines IT Service aus der Perspektive des Kunden. Der Business-Wert eines IT Service setzt sich aus dem Service Utility („was" der Service tut) und der Service Warranty („wie gut" der Service das ausführt) zusammen. Siehe Utility.

Service Validation and Testing [Service Validation and Testing]

(Service Transition) Der Prozess der für die Validation und das Testen eines neuen oder geänderten IT Service verantwortlich ist. Service Validation and Testing stellt sicher, dass der IT Service den jeweiligen Designspezifikationen entspricht und den Bedürfnissen des Business gerecht wird.

Service Warranty [Service Warranty]

(Service Strategy) Die Zusicherung, dass ein IT Service den vereinbarten Anforderungen gerecht wird. Dabei kann es sich sowohl um eine formale Vereinbarung wie ein Service Level Agreement oder einen Vertrag als auch um eine Marketingbotschaft oder ein bestimmtes Markenimage handeln. Der Business-Wert eines IT Service setzt sich aus dem Service Utility („was" der Service tut) und der Service Warranty („wie gut" der Service das ausführt) zusammen. Siehe Warranty.

Serviceabnahmekriterien (Service Acceptance Criteria, SAC) [Service) Acceptance Criteria (SAC)]

(Service Transition) Eine Reihe von Kriterien, anhand derer sichergestellt werden soll, dass ein IT Service den geltenden Anforderungen an Funktionalität und Qualität entspricht und dass der IT Service Provider dazu bereit ist, den neuen IT Service nach dessen Implementierung zu betreiben. Siehe Abnahme.

Serviceanalytik [Service Analytics]

(Service Strategy) Eine Technik zur Bewertung der Auswirkungen eines Incident auf das Business. Bei der Serviceanalytik werden die Abhängigkeiten zwischen Configuration Items sowie zwischen IT Services und Configuration Items dargestellt.

Service-Asset [Service Asset]

Jedwede Fähigkeit oder Ressource eines Service Providers. Siehe Asset.

Serviceausfallanalyse (Service Failure Analysis, SFA) [Service Failure Analysis (SFA)]

(Service Design) Eine Aktivität, bei der die zugrunde liegenden Ursachen für eine oder mehrere Unterbrechungen von IT Services identifiziert werden. Über die SFA werden nicht nur Möglichkeiten zur Verbesserung der IT-Infrastruktur ermittelt, sondern auch Möglichkeiten zur Verbesserung der Prozesse und Tools des IT Service Providers. SFA ist kein kontinuierlicher Analyseprozess, sondern eine zeitlich begrenzte, projektähnliche Aktivität.

Siehe Analyse der zugrunde liegenden Ursache.

Servicebewertung [Service Valuation]

(Service Strategy) Die Messung der Gesamtkosten für die Erbringung eines IT Service sowie des gesamten Werts dieses IT Service für das Business. Mithilfe der Servicebewertung können sich das Business und der IT Service Provider auf den Wert eines IT Service verständigen.

Servicefähigkeit (Serviceability) [Serviceability]

(Service Design) (Continual Service Improvement) Die Fähigkeit eines Drittanbieters, die Bedingungen eines Vertrags einzuhalten. Dieser Vertrag umfasst den vereinbarten Umfang der Zuverlässigkeit, Wartbarkeit oder Verfügbarkeit für ein Configuration Item.

Servicekatalog [Service Catalogue]

(Service Design) Eine Datenbank oder ein strukturiertes Dokument mit Informationen zu allen Live IT Services, einschließlich der Services, die für das Deployment verfügbar sind Der Servicekatalog ist der einzige Bestandteil des sind. Der Servicekatalog ist der einzige Bestandteil des Serviceportfolios, der an die Kunden ausgehändigt wird. Er unterstützt den Vertrieb und die Bereitstellung von IT Services. Der Servicekatalog enthält Angaben zu Lieferergebnissen, Preisen, Bestellungen und Anfragen sowie Kontaktinformationen. Siehe Vertragsportfolio.

Servicekultur [Service Culture]

Eine kundenorientierte Geschäftskultur. Die wichtigsten Ziele der Servicekultur sind Kundenzufriedenheit und die Unterstützung der Kunden beim Erreichen ihrer Business-Ziele.

Servicelinie (Line of Service, LOS) [Line of Service (LOS)]

(Service Strategy) Ein Core Service oder unterstützender Service, der über mehrere Service Level Packages verfügt. Eine Servicelinie wird vom einem Produktmanager verwaltet, und jedes Service Level Package ist für die Unterstützung eines bestimmten Marktsegments vorgesehen.

Servicepipeline [Service Pipeline]

(Service Strategy) Eine Datenbank oder ein strukturiertes Dokument, in dem alle IT Services aufgelistet sind, die zur Diskussion stehen oder sich in der Entwicklung befinden und noch nicht für den Kunden verfügbar sind. Die Servicepipeline bietet einen Überblick über mögliche zukünftige IT Services und ist Teil des Serviceportfolios, das in der Regel nicht an die Kunden weitergegeben wird.

Serviceportfolio [Service Portfolio]

(Service Strategy) Die Gesamtheit aller Services, die von einem Service Provider verwaltet werden. Das Serviceportfolio wird für das Management des gesamten Lebenszyklus aller Services genutzt. Es umfasst drei Kategorien: Servicepipeline (beantragt oder in der Entwicklung), Servicekatalog (Live oder bereit zum Deployment) und außer Kraft gesetzte Services. Siehe Service Portfolio Management und Vertragsportfolio.

Servicepotenzial [Service Potential]

(Service Strategy) Der mögliche Gesamtwert in Bezug auf die Fähigkeiten und Ressourcen des IT Service Providers.

Servicestunden [Service Hours]

(Service Design) (Continual Service Improvement) Der vereinbarte Zeitraum, innerhalb dessen ein bestimmter IT Service verfügbar sein soll. Zum Beispiel „Montag bis Freitag, 08:00 bis 17:00 Uhr, Feiertage ausgenommen". Servicestunden sollten in einem Service Level Aggreement festgelegt werden.

Serviceverbesserungsplan [Service Improvement Plan (SIP)]

(Continual Service Improvement) Ein formeller Plan zur Implementierung von Verbesserungen für einen Prozess oder IT Service.

Servicevertrag [Service Contract]

(Service Strategy) Ein Vertrag über die Erbringung eines oder mehrerer IT Services. Der Begriff „Servicevertrag" wird für jegliche Vereinbarungen über die Bereitstellung von IT Services verwendet ganz gleich ob es sich dabei um einen rechtsgültigen Vertrag oder eine SLA handelt. Siehe Vertragsportfolio.

Servicewartungsvorgabe (Service Maintenance Objective, SMO) [Service Maintenance Objective]

(Service Operation) Der voraussichtliche Zeitraum, in dem ein Configuration Item aufgrund einer geplanten Wartungsaktivität nicht verfügbar sein wird.

Sicherheit (Security) [Security]

Siehe Information Security Management.

Sicherheitsrichtlinie [Security Policy]

Synonym für Information Security Policy.

Simulations Modelling [Simulation modelling]

(Service Design) (Continual Service Improvement) Eine Technik, bei der ein detailliertes Modell erstellt wird, um das Verhalten eines Configuration Item oder IT Service zu prognostizieren. Simulationsmodelle können sehr präzise sein. Ihre Entwicklung ist jedoch sehr kostspielig und zeitaufwendig. Bei der Entwicklung eines Simulationsmodells werden häufig das Configuration Item, das modelliert werden soll, sowie fikti Alt d T kti dt Si fiktive Auslastungen oder Transaktionen verwendet. Sie werden im Capacity Management eingesetzt, wenn präzise Ergebnisse erforderlich sind. Ein Simulationsmodell wird gelegentlich auch als Performance Benchmark bezeichnet.

Single Point of Contact [Single Point of Contact]

(Service Operation) Der Single Point of Contact dient als einzige, konsistente Schnittstelle für die Kommunikation mit einer Organisation oder einem Geschäftsbereich. Der Single Point of Contact eines IT Service Providers wird in der Regel als „Service Desk" bezeichnet.

Single Point of Failure (SPOF) [Single Point of Failure (SPOF)]

(Service Design) Jedes Configuration Item, das durch einen Fehler einen Incident verursachen kann und für das noch keine Gegenmaßnahme implementiert wurde. Ein SPOF kann eine Person, ein Schritt in einem Prozess oder einer Aktivität oder eine Komponente der IT-Infrastruktur sein. Siehe Ausfall.

Skaleneffekt [Economies of scale]

(Service Strategy) Die Verringerung der durchschnittlichen Kosten, die durch den verstärkten Einsatz eines IT Service oder Asset erreicht wird. Siehe Synergie-Effekt.

Skalierbarkeit [Scalability]

Die Fähigkeit eines IT Service, Prozesses, Configuration Item usw., die dafür vereinbarte Funktion auszuführen, wenn sich die Auslastung oder der Umfang ändern.

SLAM-Diagramm [SLAM Chart]

(Continual Service Improvement) Ein SLAM-Diagramm wird für das Monitoring und die Berichterstattung für Ergebnisse in Bezug auf bestimmte Service Level Ziele verwendet. In einem SLAM-Diagramm wird in der Regel anhand bestimmter Farben dargestellt, ob ein vereinbartes Service Level Ziel innerhalb der vergangenen 12 Monate erreicht, verfehlt oder beinahe verfehlt wurde.

SMART [SMART]

(Service Design) (Continual Service Improvement) Akronym als Gedächtnisstütze für die Eigenschaften der Zieley in Service Level Agreements und Projektplänen. Steht für Spezifisch, Messbar, Akzeptabel, Realistisch und Terminiert (mit Zeitbezug).

Snapshot [Snapshot]

(Service Transition) Der von einem Such-Tool erfasste aktuelle Zustand einer Configuration. Wird auch als Synonym für Benchmark verwendet. Siehe Baseline.

Sofortige Wiederherstellung [Immediate Recovery]

(Service Design) Eine Wiederherstellungsoption, die auch als „Hot Standby" bezeichnet wird. Dabei erfolgt die Wiederherstellung des IT Service ohne eine Beeinträchtigung des Service. Für eine sofortige Wiederherstellung werden häufig Spiegelungs-, Lastausgleichs- und Split-Site-Technologien eingesetzt.

Source (Vergabe) [Source]

Siehe Service Sourcing.

Spezifikation [Specification]

Eine formale Definition von Anforderungen. Eine Spezifikation kann zur Definition technischer oder operativer Anforderungenkann verwendet werden und kann intern oder extern sein. Viele öffentliche Standards umfassen einen Code of Practice und eine Spezifikation. Die Spezifikation definiert den Standard, auf dessen Grundlage ein Audit für eine Organisation ausgeführt werden kann.

Stakeholder [Stakeholder]

Alle Personen, die ein bestimmtes Interesse mit einer Organisation, einem Projekt, einem IT Service etc.

verbindet. Stakeholder können an Aktivitäten, Zielen, Ressourcen oder Lieferergebnissen interessiert sein. Zu den Stakeholdern können Kunden, Partner, Mitarbeiter, Anteilseigner, Inhaber etc. gehören. Siehe RACI.

Standard [Standard]

Eine obligatorische Anforderung. Standards können internationale Standards (z. B. ISO/IEC 20000), interne Standards (z. B. ein Sicherheitsstandard für die Unix-Konfiguration) oder vom Gesetzgeber verordnete Standards (z. B. zur Aufbewahrung von Buchhaltungsunterlagen) sein. Der Begriff „Standard" bezeichnet außerdem bestimmte Codes of Practice oder Spezifikationen, die von Standardisierungsorganisationen wie der ISO oder BSI veröffentlicht werden.

Siehe Leitlinie.

Standard Operating Procedures (Standardbetriebsabläufe, SOP) [Standard Operating Procedures (SOP)]

(Service Operation) Verfahren, die vom IT Operations Management verwendet werden.

Standard-Change [Standard Change]

(Service Transition) Ein vorab genehmigter Change, der von geringem Risiko und relativ häufig eingesetzt wird und einem bestimmten Verfahren oder einer Arbeitsanweisung folgt. Zum Beispiel die Zurücksetzung eines Passworts oder die Bereitstellung der Grundausstattung für einen neuen Mitarbeiter. Für die Implementierung von Standard-Changes sind keine RFCs erforderlich. Sie werden über andere Mechanismen erfasst und verfolgt, wie z. B. über einen Service Request. Siehe Change-Modell.

Standby [Standby]

(Service Design) Der Begriff wird für Ressourcen verwendet, die nicht zur Erbringung von Live IT Services erforderlich sind,gg , sondern zur Unterstützung von IT Service Continuity Plänen dienen. Ein Standby-Rechenzentrum kann z. B. dazu eingerichtet werden, um Vereinbarungen zu Hot Standby, Warm Standby oder Cold Standby zu unterstützen.

Statement of Requirements (Anforderungserklärung, SOR) [Statement of requirements (SOR)]

(Service Design) Ein Dokument, das alle Anforderungen für einen Produktkauf bzw. für einen neuen oder geänderten IT Service enthält. SieheSiehe Terms of ReferenceTerms of Reference.

Status [Status]

Die Bezeichnung eines erforderlichen Felds, das in vielen Record-Typen enthalten ist. Der Status gibt die aktuelle Phase des zugehörigen Configuration Item, Incident, Problems etc. innerhalb des Lebenszyklus an.

Statusnachweis [Status Accounting]

(Service Transition) Die Aktivität, die für Aufzeichnung und Berichterstattung des Lebenszyklus jedes Configuration Item verantwortlich ist.

Steuerung [Control]

Eine Methode zur Verwaltung von Risiken, um sicherzustellen, dass ein Business-Ziel erreicht oder ein Prozess eingehalten wird. Beispiele für Steuerungen umfassen Richtlinien, Verfahren, Rollen, RAID-Systeme, Türschlösser etc. Eine Steuerung wird manchmal auch als Gegenmaßnahme oder Sicherheitsmaßnahme bezeichnet. Der Begriff „Steuerung" bezeichnet darüber hinaus das Management der Auslastung oder des Verhaltens eines Cfi i I St d IT S iConfiguration Item, Systems oder IT Service.

Steuerungsperspektive [Control perspective]

(Service Strategy) Ein Ansatz zur Verwaltung von IT Services, Prozessen, Funktionen, Assets etc. Es können mehrere unterschiedliche Steuerungsperspektiven für denselben IT Service, Prozess etc. vorhanden sein, so dass sich unterschiedliche Einzelpersonen oder Teams jeweils auf die für sie wesentlichen und relevanten Aspekte ihrer jeweiligen Rolle konzentrieren können. Beispiele für Steuerungsperspektiven umfassen ein reaktives und proaktives Management innerhalb des IT-Betriebs oder eine Betrachtung des Lebenszyklus aus dem Blickwinkel eines Anwendungsprojekt-Teams.

Stilllegen [Retire]

(Service Transition) Die dauerhafte Entfernung eines IT Service oder eines anderen Configuration Item aus der Live-Umgebung. Das Außerkraftsetzen ist bei vielen Configuration Items Bestandteil des Lebenszyklus.

Storage Management [Storage Management]

(Service Operation) Der Prozess ist verantwortlich für das Management der Speicherung und Pflege von Daten während ihres gesamten Lebenszyklus.

Strategie [Strategy]

(Service Strategy) Ein strategischer Plan zur Erlangung vordefinierter Ziele.

Strategisch [Strategic]

(Service Strategy) Die höchste der drei Planungs- und Bereitstellungsebenen (strategisch, taktisch, operativ). Zu den strategischen Aktivitäten zählen die Festlegung von Zielen und die langfristige Planung zum Erreichen der angestrebten Vision.

Stückkosten [Unit Cost]

(Service Strategy) Die Kosten, die für den IT Service Provider durch die Bereitstellung einer einzelnen Komponente eines IT Service entstehen. Zum Beispiel die Kosten für einen einzelnen Desktop-PC oder eine einzelne Transaktion.

Super-User [Super User]

(Service Operation) Ein Anwender, der anderen Anwendern hilft und sie bei der Kommunikation mit dem Service Desk oder anderen Bereichen des IT Service Providers unterstützt. Super-User bieten in der Regel Unterstützung bei kleineren Incidents oder bei Schulungen an.

Supplier [Supplier]

(Service Strategy) (Service Design) Eine Drittpartei, die für die Bereitstellung von Waren oder Services verantwortlich ist, die für die Erbringung von IT Services benötigt werden. Zu den Suppliern zählen u. a. Hardware- und Softwareanbieter, Netzwerk- und Telekommunikationsanbieter oder Outsourcing-Organisationen. Siehe Underpinning Contract, Supply Chain.

Supplier Management [Supplier Management]

(Service Design) Der Prozess ist verantwortlich dafür sicherzustellen, dass alle Verträge mit Suppliern die Anforderungen des Business unterstützen und alle SupplierAnforderungen des Business unterstützen und alle Supplier ihre vertraglichen Verpflichtungen erfüllen.

Supplier- und Vertragsdatenbank (Supplier and Contract Database, SCD) [Supplier and Contract Database (SCD)]

(Service Design) Eine Datenbank oder ein strukturiertes Dokument, das verwendet wird, um Supplier-Verträge während ihres gesamten Lebenszyklus zu verwalten. Die SCD enthält die wichtigsten Attribute aller Supplier-Verträge und sollte Teil des Service Knowledge Management Systems sein.

Supply Chain (Lieferkette) [Supply Chain]

(Service Strategy) Die von Suppliern innerhalb einer Wertschöpfungskette ausgeführten Aktivitäten. An einer Supply Chain sind in der Regel mehrere Supplier beteiligt, von denen jeder zur Wertsteigerung eines bestimmten Produkts oder Service beiträgt. Siehe Wertschöpfungsnetzwerk.

Support-Gruppe [Support Group]

(Service Operation) Eine Gruppe von Personen mit technischen Fachkenntnissen. Support-Gruppen stellen den Technical Support bereit, der von allen IT Service Management Prozessen benötigt wird. Siehe Technical Management.

Support-Stunden [Support Hours]

(Service Design) (Service Operation) Die Zeiten zu denen der Support den Anwendern zur Verfügung steht. In der Regel bezieht sich dies auf die Zeiten, in denen der Service Desk erreichbar ist. Support-Stunden sollten in einem Service Level Agreement definiert werden. Sie können von den Servicestunden abweichen. Beispielsweise könnten sich die Servicestunden über 24 Stunden pro Tag, Support-Stunden hingegen auf die Zeit zwischen 07:00 und 19:00 Uhr erstrecken.

SWOT-Analyse [SWOT Analysis]

(Continual Service Improvement) Technik, die die internen Stärken und Schwächen einer Organisation und die externen Gelegenheiten und Bedrohungen, die die Organisation nutzen kann bzw. zu bewältigen hat, überprüft und analysiert. SWOT steht für „Strengths" (Stärken), „Weaknesses" (Schwächen), „Opportunities" (Chancen) und „Threats" (Bedrohungen).

Synergie-Effekt [Economies of scope]

(Service Strategy) Die Verringerung der einem IT Service zugeordneten Kosten, indem ein vorhandenes Asset für einen zusätzlichen Zweck eingesetzt wird. Beispiel dafür ist die Bereitstellung eines neuen IT Service aus einer vorhandenen IT-Infrastruktur. Siehe Skaleneffekt.

System [System]

Elemente, die zusammenwirken, um ein bestimmtes Ziel zu, , erreichen. Beispiel:

- ein Computersystem einschließlich Hardware, Software und Anwendungen
- ein Management-System einschließlich mehrerer Prozesse, die zusammen geplant und verwaltet werden, wie zum Beispiel ein Quality Management System
- ein Datenbank-Management-System oder Betriebssystem mit zahlreichen Softwaremodulen die zur Ausführung mit zahlreichen Softwaremodulen, die zur Ausführung bestimmter zusammenhängender Funktionen vorgesehen sind

System Management [System Management]

Der Bereich des IT Service Management, bei dem nicht das Management von Prozessen, sondern das Management der IT-Infrastruktur im Vordergrund steht.

Tag [Tag]

(Service Strategy) Ein kurzer Code, der eine Kategorie identifiziert. Beispielsweise könnten die Tags EC1, EC2, EC3 etc. zur Identifizierung unterschiedlicher Kundenergebnisse bei der Analyse und beim Vergleich von Strategien verwendet werden. Der Begriff „Tag" bezeichnet zudem die Aktivität, bei der Tags bestimmten Elementen zugewiesen werden.

Taktisch [Tactical]

Die mittlere der drei Planungs- und Bereitstellungsebenen (strategisch, taktisch, operativ). Zu den taktischen Aktivitäten zählen die mittelfristigen Pläne, die zum Erreichen bestimmter Ziele, in der Regel innerhalb mehrerer Wochen oder Monate, erforderlich sind.

Tätigkeitsbeschreibung [Job Description]

Ein Dokument, das die für eine einzelne Person erforderlichen Rollen, Verantwortlichkeiten, Fähigkeiten und das Wissen beschreibt. Eine Tätigkeitsbeschreibung kann mehrere Rollen beinhalten. Beispielsweise die Rolle des Configuration Managers und Change Managers kann von ein und derselben Person besetzt werden.

Technical Management [Technical Management]

(Service Operation) Die Funktion, die für die Bereitstellung von technischem Fachwissen zur Unterstützung von IT Services und für das Management der IT-Infrastruktur verantwortlich ist. Das Technical Management definiert die Rollen von Support-Gruppen sowie die erforderlichen Tools, Prozesse und Verfahren.

Technical Observation (TechnischeÜberwachung, TO) [Technical Observationg) [(TO)]

(Continual Service Improvement) Eine Technik, die bei der Serviceverbesserung, der Problemuntersuchung und dem Availability Management verwendet wird. Dabei treffen sich Mitarbeiter des Technical Support, um das Verhalten und die Performance eines IT Service zu überwachen und Verbesserungsvorschläge einzubringen.

Technical Service [Technical Service]

Synonym für Infrastrukturservice.

Technical Support [Technical Support]

Synonym für Technical Management.

Terms of Reference (Aufgabenstellung, TOR) [Terms of Reference (TOR)]

(Service Design) Ein Dokument, in dem die Anforderungen der Umfang, die Lieferergebnisse, die Ressourcen und der Zeitplan für ein Projekt oder eine Aktivität festgelegt sind.

Test [Test]

(Service Transition) Eine Aktivität, mit der überprüft wird, ob ein Configuration Item, IT Service, Prozess usw. den Spezifikationen oder vereinbarten Anforderungen entspricht. Siehe Service Validation and Testing, Abnahme.

Testumgebung [Test Environment]

(Service Transition) Eine gesteuerte Umgebung, in der Configuration Items, Builds, IT Services, Prozesse usw. getestet werden.

Third-Level Support [Third-line Support]

(Service Operation) Die dritte Ebene in einer Hierarchie von Support-Gruppen, die mit der Lösung von Incidents und der Untersuchung von Problemen befasst sind.

Mit jeder Ebene sind mehr Know-how und Fertigkeiten von Experten vorhanden bzw mehr Zeit oder weitere Ressourcen verfügbarvorhanden bzw. mehr Zeit oder weitere Ressourcen verfügbar.

Tolerierter Datenverlust aufgrund von Ausfällen (Recovery Point Objective, RPO) [Recovery Point Objective (RPO)]

(Service Operation) Die maximale Menge an Daten, die bei der Wiederherstellung eines Service nach einer Unterbrechung verloren gehen darf. Der RPO wird als Zeitspanne vor dem Ausfall ausgedrückt. Ein RPO von einem Tag kann beispielsweise durch tägliche Backups unterstützt werden, so dass maximal Datenmengen aus dem Zeitraum von 24 Stunden verloren gehen können. RPOs sollten für jeden IT Service verhandelt, vereinbart, dokumentiert und anschließend als Anforderungen für das Service Design und IT Service Continuity Pläne verwendet werden.

Total Cost of Ownership (TCO) [Total Cost of Ownership (TCO)]

(Service Strategy) Eine Methodik, die beim Treffen von Investitionsentscheidungen verwendet wird. TCO beurteilt nicht nur die Anfangskosten oder den Kaufpreis, sondern die gesamten Lebenszykluskosten, die durch das Eigentum an einem bestimmten Configuration Item entstehen. Siehe Total Cost of Utilization.

Total Cost of Utilization (TCU) [Total Cost of Utilization (TCU)]

(Service Strategy) Eine Methodologie, die beim Treffen von Investitions- und Service Sourcing Entscheidungen verwendet wird. TCU beurteilt die gesamten Lebenszykluskosten, die für den Kunden durch die Verwendung eines IT Service entstehen. Siehe Total Cost of Ownership.

Total Quality Management (TQM) [Total Quality Management (TQM)]

(Continual Service Improvement) Eine Methodik für das Management kontinuierlicher Verbesserungen mithilfe eines Quality Management Systems. TQM etabliert eine Kultur, bei der alle Personen innerhalb einer Organisation in den Prozess kontinuierlicher Monitoring- und Verbesserungsaktivitäten eingebunden sind.

Transaktion [Transaction]

Eine eigenständige Funktion, die von einem IT Service ausgeführt wird. Zum Beispiel die Überweisung von Zahlungen von einem Bankkonto auf ein anderes. Eine einzelne Transaktion kann ein vielfaches Hinzufügen, Löschen und Modifizieren von Daten beinhalten. Wenn nur eine dieser Aktionen fehlschlägt, kann die gesamte Transaktion nicht ausgeführt werden.

Transition (Überführung) [Transition]

(Service Transition) Eine Zustandsänderung, die mit dem Übergang eines IT Service oder eines anderen Configuration Item von einem Lebenszyyklusstatus in den nächsten einhergeht.

Transition Planning and Support [Transition Planning and Support]

(Service Transition) Der Prozess, der für die Planung aller Service Transition Prozesse und die Koordinierung der hierfür benötigten Ressourcen verantwortlich ist. Zu diesen Service Transition Prozessen zählen Change Management, Service Asset and Configuration Management, Release and Deployment Management, Service Validation and Testing, Evaluation und Knowledge Management Evaluation und Knowledge Management.

Trendanalyse [Trend Analysis]

(Continual Service Improvement) Die Analyse von Daten, um bestimmte zeitabhängige Muster zu identifizieren. Die Trendanalyse wird beim Problem Management dazu verwendet, häufige Ausfälle oder anfällige Configuration Items zu identifizieren. Beim Capacity Management dient sie als Modelling-Hilfsmittel, mit dem zukünftiges Verhalten prognostiziert werden soll. Sie wird auch als Management-Hilfsmittel zur Identifizierung von Mängeln bei IT Service Management Prozessen verwendet.

Tuning [Tuning]

Die Aktivität, mit der Changes so geplant werden sollen, dass die zur Verfügung stehenden Ressourcen so effizient wie möglich genutzt werden. Das Tuning ist Teil des Performance Management, das zudem ein Performance-Monitoring sowie die Implementierung der erforderlichen Changes beinhaltet.

Typ I Service Provider [Type I Service Provider]

(Service Strategy) Ein interner Service Provider, der Teil eines Geschäftsbereichs ist. Innerhalb einer Organisation können mehrere Typ I Service Provider vorhanden sein.

Typ II Service Provider [Type II Service Provider]

(Service Strategy) Ein interner Service Provider, der gemeinsam genutzte IT Services für mehr als einen Geschäftsbereich bereitstellt.

Typ III Service Provider [Type III Service Provider]

(Service Strategy) Ein Service Provider, der IT Services für externe Kunden bereitstellt.

Umfang [Scope]

Das Ausmaß oder der Rahmen, innerhalb dessen ein Prozess, ein Verfahren, eine Zertifizierung, ein Vertrag etc. Gültigkeit hat. Der Umfang des Change Management kann beispielsweise alle Live IT Services und die damit verbundenen Configuration Items umfassen. Der Umfang eines Zertifikats nach ISO/IEC 20000 kann alle IT Services beinhalten, die von einem bestimmten Rechenzentrum bereitgestellt werden.

Umgebung [Environment]

(Service Transition) Ein Teil der IT Infrastruktur der für einen bestimmten Zweck eingesetzt wird. Beispiele dafür sind: Live-Umgebung, Testumgebung, Build-Umgebung. In mehreren Umgebungen kann dasselbe Configuration Item eingesetzt werden, so können beispielsweise Test- und Live-Umgebungen auf unterschiedlichen Partitionen eines einzelnen Mainframe-Computers ausgeführt werden. Wird auch im Begriff „physische Umgebung" als Bezeichnung für Räumlichkeiten, Klimaanlage, Stromversorgungssystem etc. verwendet. „Umgebung" bezeichnet darüber hinaus allgemein die äußeren Bedingungen mit Einflüssen oder Auswirkungen auf die Elemente innerhalb der Umgebung.

Underpinning Contract (Vertrag mit Drittparteien, UC) [Underpinning Contract (UC)](UC)]

(Service Design) Ein Vertrag zwischen einem IT Service Provider und einer Drittpartei. Die Drittpartei stellt Waren oder Services zur Verfügung, die die Bereitstellung eines IT Service gg, g für einen Kunden unterstützen. Der Underpinning Contract definiert Ziele und Verantwortlichkeiten, um die in einem SLA vereinbarten Service Level Ziele zu erreichen.

Unterstützender Service [Supporting Service]

(Service Strategy) Ein Service, der einen Core Service ermöglicht oder erweitert. Zum Beispiel ein Directory-Service oder ein Backup-Service. Siehe Service Package.

Use Case (Anwendungsfall) [Use Case]

(Service Design) Eine Technik zur Definition erforderlicher Funktionalitäten und Ziele sowie für das Design von TestsFunktionalitäten und Ziele sowie für das Design von Tests. Use Cases definieren realistische Szenarios, in denen Interaktionen zwischen Anwendern und einem IT Service oder einem anderen System beschrieben werden. Siehe Change Case.

Utility [Utility]

(Service Strategy) Eine Funktionalität, die von einem Produkt oder Service angeboten wird, um einem bestimmten Bedürfnis gerecht zu werden Utility" wird häufig auch bezeichnet als gerecht zu werden. „Utility wird häufig auch bezeichnet als „das, was ein Produkt oder Service tut". Siehe Service Utility.

Validation (Validierung) [Validation]

(Service Transition) Eine Aktivität, mit der sichergestellt wird, dass neue oder veränderte IT Services, Prozesse, Pläne oder andere Lieferergebnisse den Bedürfnissen des Business entsprechen. Die Validation stellt sicher, dass die Anforderungen des Business erfüllt werden, auch wenn sich diese seit dem ursprünglichen Design geändert haben. Siehe Verifizierung, Abnahme, Qualifizierung, Service Validation and Testing.

Value on Investment (Investitionswert, VOI) [Value on Investment (VOI)]

(Continual Service Improvement) Eine Messgröße für den erwarteten Nutzen einer Investition. Beim VOI wird sowohl der finanzielle als auch der immaterielle Nutzen berücksichtigt. Siehe Return on Investment.

Variable Kosten [Variable Cost]

(Service Strategy) Diese Kosten sind von Anzahl und Art der Anwender, davon, wie häufig ein IT Service genutzt wird oder davon wie viele Produkte produziert werden, sowie von anderen Faktoren abhängig, die nicht im Voraus festgelegt werden können. Siehe Variable Kostendynamik.

Variable Kostendynamik [Variable Cost Dynamics]

(Service Strategy) Eine Technik, mit der Erkenntnisse darüber gewonnen werden, welche Auswirkungen die zahlreichen komplexen Variablen, die zur Bereitstellung von IT Services erforderlich sind, auf die Gesamtkosten haben.

Vereinbarte Servicezeit [Agreed Service Time]

(Service Design) Ein Synonym für Servicestunden, das häufig in formalen Berechnungen der Verfügbarkeit verwendet wird. Siehe Ausfallzeit.

Vereinbarung [Agreement]

Ein Dokument, das die formale Absprache zwischen zwei oder mehr Parteien beschreibt. Eine Vereinbarung ist nicht rechtlich bindend, sofern sie nicht Teil eines Vertrags ist. Siehe Service Level Agreement, Operational Level Agreement.

Verfahren [Procedure]

Ein Dokument, in dem schrittweise die Durchführung einer Aktivität beschrieben ist. Verfahren werden als Teil von Prozessen definiert. Siehe Arbeitsanweisung.

Verfügbarkeit [Availability]

(Service Design) Fähigkeit eines Configuration Item oder IT Service, bei Bedarf die dafür vereinbarte Funktion auszuführen. Die Verfügbarkeit wird durch Aspekte in Bezug auf Zuverlässigkeit, Wartbarkeit, Servicefähigkeit, Performance und Sicherheit bestimmt. Die Verfügbarkeit wird in der Regel als Prozentwert ausgedrückt, der häufig basierend auf der vereinbarten Servicezeit und der Ausfallzeitbasierend auf der vereinbarten Servicezeit und der Ausfallzeit berechnet wird. Gemäß der Best Practice wird die Verfügbarkeit mithilfe von Messgrößen aus dem Business-Ergebnis des IT Service berechnet.

Verifizierung [Verification]

(Service Transition) Eine Aktivität, mit der sichergestellt wird, dass neue oder veränderte IT Services, Prozesse, Pläne oder andere Lieferergebnisse vollständig, genau und zuverlässig sind und den jeweiligen Design-Spezifikationen entsprechen. Siehe Validation, Abnahme, Service Validation and Testing.

Verifizierung und Audit [Verification and Audit]

(Service Transition) Die Aktivitäten, mit denen sichergestellt wird, dass die Informationen in der CMDB präzise sind und dass alle Configuration Items identifiziert und in der CMDB erfasst wurden. Die Verifizierung beinhaltet routinemäßige Prüfungen im Rahmen von anderen Prozessen. Zum Beispiel die Verifizierung der Seriennummer eines Desktop-PCs, wenn ein Anwender einen Incident meldet. Ein Audit ist eine periodisch durchgeführte, formale Prüfung.

Version [Version]

(Service Transition) Eine Version dient dazu, eine bestimmte Baseline eines Configuration Item zu identifizieren. Für Versionen wird in der Regel eine Namenskonvention verwendet, anhand derer die Abfolge oder das Datum jeder Baseline identifiziert werden kann. Beispiel: Version 3 der Lohnbuchhaltungs-Anwendung enthält überarbeitete Funktionen aus Version 2.

Vertrag [Contract]

Eine rechtlich bindende Vereinbarung zwischen zwei oder mehr Parteien.

Vertragsportfolio [Contract Portfolio]

(Service Strategy) Eine Datenbank oder ein strukturiertes Dokument, die bzw. das verwendet wird, um Serviceverträge oder Vereinbarungen zwischen einem IT Service Provider und dessen Kunden zu verwalten. Für jeden für einen Kunden bereitgestellten IT Service sollte ein Vertrag oder eine sonstige Vereinbarung bestehen, der bzw. die im Vertragsportfolio aufgeführt ist. Siehe Serviceportfolio, Servicekatalog.

Vertraulichkeit [Confidentiality]

(Service Design) Ein Sicherheitsprinzip, das fordert, dass ausschließlich autorisierte Personen auf Daten zugreifen können.

Vision [Vision]

Eine Vision beschreibt, in welche Richtung sich eine Organisation zukünftig weiterentwickeln möchte. Sie wird vom oberen Management ausgearbeitet und wird zur Unterstützung der strategische Planung und der Beeinflussung der Kultur der Organisation genutzt.

Vital Business Function (Kritische Business-Funktion, VBF) [Vital Business Function (VBF)]

(Service Design) Eine Funktion eines Geschäftsprozesses, die für den Erfolg des Business entscheidend ist. Vital Business Functions sind wichtige Faktoren, die beim Business Continuity Management, IT Service Continuity Management und Availability Management berücksichtigt werden müssen.

Voraussetzung für den Erfolg (Prerequisite for Success PFS) [Prerequisite for Success for Success, PFS)]

Eine auszuführende Aktivität oder einzuhaltende Bedingung, um eine erfolgreiche Implementierung eines Plans oderum eine erfolgreiche Implementierung eines Plans oder Prozesses zu ermöglichen. Eine PFS ist häufig der Output eines Prozesses, der als Input für einen anderen Prozess erforderlich ist.

Warm Standby [Warm Standby]

Synonym für zügige Wiederherstellung.

Warranty [Warranty]

(Service Strategy) Eine Zusage oder Garantie, dass ein Produkt oder Service den vereinbarten Anforderungen entspricht. Siehe Service Validation and Testing, Service WarrantyWarranty.

Wartbarkeit (Maintainability) [Maintainability]

(Service Design) Ein Maß dafür, wie schnell und effektiv der normale Betrieb für ein Configuration Item oder einen IT Service nach einem Ausfall wiederhergestellt werden kann. Die Wartbarkeit wird häufig als MTRS gemessen und berichtet.

Der Begriff „Wartbarkeit" wird auch im Zusammenhang mit der Entwicklung von Software oder IT Services verwendet, und bezeichnet dann die Fähigkeit, ob ein Change oder eine Reparatur einfach durchgeführt werden kann.

Wertschöpfungskette [Value Chain]

(Service Strategy) Eine Abfolge von Prozessen, mit denen Produkte oder Services erstellt werden, die für einen Kunden von Wert sind. Jeder Schritt dieser Abfolge baut auf den vorhergehenden auf und trägt zur Gesamtheit des Produkts oder Services bei. Siehe Wertschöpfungsnetzwerk.

Wertschöpfungsnetzwerk [Value Network]

(Service Strategy) Eine komplexe Reihe von Beziehungen zwischen zwei oder mehreren Gruppen oder Organisationen. Werte werden durch den Austausch von Wissen, Informationen, Waren oder Services generiert. Siehe Wertschöpfungskette, Partnerschaft.

Wiederherstellen [Restore]

(Service Operation) Die Maßnahmen, mit denen ein IT Service den Anwendern im Anschluss an Reparatur und Instandsetzung nach einem Incident wieder zur Verfügung gestellt wird. Dies ist das wichtigste Ziel des Incident Management.

Wiederherstellung des Service [Restoration of Service]

Siehe Wiederherstellen.

Wiederherstellungsoption [Recovery Option]

(Service Design) Eine Strategie, in der die Reaktion auf die Unterbrechung eines Service definiert wird. Häufig verwendete Strategien sind Nichts tun, manueller Workaround, gegenseitige Vereinbarung, allmähliche Wiederherstellung, zügige Wiederherstellung, schnelle Wiederherstellung und sofortige Wiederherstellung. Wiederherstellungsoptionen können auf dedizierte Einrichtungen oder auf Einrichtungen von Drittparteien zurückgreifen, die von mehreren Business-Organisationen gemeinsam genutzt werden.

Wirtschaftlichkeit [Cost Effectiveness]

Ein Maß für das Gleichgewicht zwischen der Effektivität und den Kosten für einen Service, einen Prozess oder eine Aktivität. Bei einem wirtschaftlichen Prozess werden die Ziele unter Aufwendung minimaler Kosten erreicht. Siehe KPI, Return on Investment, Kosten-Nutzen-Verhältnis.

Workaround (Umgehungslösung) [Workaround]

(Service Operation) Die Reduzierung oder Beseitigung der Auswirkungen von Incidents oder Problemen, für die noch keine vollständige Lösung verfügbar sind, z. B. durch den Neustart eines ausgefallenen Configuration Item. Workarounds für Probleme werden in Known Error Records dokumentiert. Workarounds für Incidents, die nicht über zugeordnete Problem Records verfügen, werden in Incident Records dokumentiert.

Zertifizierung [Certification]

Ausgabe eines Zertifikats, um die Konformität mit einem Standard zu bestätigen. Die Zertifizierung umfasst einen formalen Audit durch eine unabhängige akkreditierte Organisation. Der Begriff „Zertifizierung" bezeichnet darüber hinaus die Erlangung eines Zertifikats als Beleg dafür, dass eine Person eine bestimmte Qualifikation erreicht hat.

Ziel [Objective]

Der definierte Zweck oder die Zielsetzung eines Prozesses, einer Aktivität oder einer ganzen Organisation. Ziele werden in der Regel als messbare Elemente ausgedrückt. Der Begriff „Ziel" bezeichnet informell auch eine Anforderung. Siehe Ergebnis.

Zügige Wiederherstellung: [Intermediate Recovery]

(Service Design) Eine Wiederherstellungsoption, die auch als „Warm Standby" bezeichnet wird. Dabei erfolgt die Wiederherstellung des IT Service in einem Zeitraum zwischen 24 und 72 Stunden. Bei der zügigen Wiederherstellung werden in der Regel bewegliche oder feste Anlagen eingesetzt, die über Computersysteme und Netzwerkkomponenten verfügen. Im Rahmen des IT Service Continuity Plans müssen die Hardware und Software konfiguriert und Daten wiederhergestellt werden.

Zugrunde liegende Ursache [Root Cause]

(Service Operation) Die grundsätzliche oder ursprüngliche Ursache für einen Incident oder ein Problem.

Zuverlässigkeit [Reliability]

(Service Design) (Continual Service Improvement) Ein Richtwert, der wiedergibt, wie lange ein Configuration Item oder IT Service seine vereinbarte Funktion ohne Unterbrechung ausführen kann. Wird in der Regel als MTBF oder MTBSI angegeben. Der Begriff „Zuverlässigkeit" bezeichnet auch die Wahrscheinlichkeit, dass Prozesse, Funktionen etc. den gewünschten Output erzielen. Siehe Verfügbarkeit.

Zweckmäßig [Fit for Purpose]

Ein informeller Begriff, der einen Prozess, ein Configuration Item, einen IT Service etc. beschreibt, mit dem die zugehörigen Ziele oder Service Levels erreicht werden können. Die Zweckmäßigkeit eines Prozesses, eines Configuration Items, eines IT Services etc. benötigt geeignetes Design, geeignete Einführung, Steuerung und Wartung.